Les organisations internationales africaines

Regards croisés et défis contemporains

Collection « Études africaines »

dirigée par Denis Pryen et son équipe

Forte de plus de mille titres publiés à ce jour, la collection « Études africaines » fait peau neuve. Elle présentera toujours les essais généraux qui ont fait son succès, mais se déclinera désormais également par séries thématiques : droit, économie, politique, sociologie, etc.

Dernières parutions

Charlemagne SEGBEDJI, *Afro-brésiliens et processus de patrimonialisation dans le sud du Bénin. De la fin du XIXe siècle à nos jours,* 2022.

Guy Saturnin TSÉTSA, *Guide pratique de la saisie immobilière en droit Ohada*, 2022.

Ben Aymar BINASSOUA YEHOUESSI, *L'impôt en Afrique de l'Ouest francophone. L'exemple du Bénin,* 2022.

Fatoumata KABA, *Le droit minier et le droit au développement des communautés autochtones. L'exemple de la Guinée*, 2022.

Nico Shambouy MUAMBI, *L'impact de la décentralisation sur les municipalités en Afrique. Stratégies de développement local à Klouékanmè (Bénin)*, 2022.

Joseph ZIDI, *Histoire et usages du nom Kongo, Essai d'interprétation onomastique*, 2022.

Mohamed Ousmane KEITA, *Le Mali : l'État inachevé*, 2022.

Dominique OBA et Hilaire Kevin NZOUSSI, *Histoire de la République du Congo de 1958 à 2017*, 2022.

Saliou dit Baba DIALLO, *Vieillir en migration. Le cas des Soninké,* 2022.

Jean-Luc MOUTHOU, Hilarion Bagel MIZHAIRE, *Pointe-Noire, Dynamique spatiale et équipements urbains au Congo*, 2022.

Benjamin N. LAWRANCE, *Les Éwé sous le joug français. Le colonialisme périurbain au Togo (1900-1960)*, 2022.

Justo BOLEKIA BOLEKA, *Repenser la francophonie en Afrique*, 2022.

Zacharie BAENDA FIMBO, *Diplomaties africaines et crises politiques congolaises, De Nelson Mandela au Clergé catholique national*, 2022.

Yves-Junior Manzanza Lumingu, Bill Augustin Mikambu Lutondo et Placide Ponzo B. Kabamba (dir.), *Intellectuels et responsabilité sociale, Mélanges en l'honneur du Professeur Ignace Matensi Takikangu*, 2022

Jacques EVOUNA et Tony Onguene Mete, *L'état verbal. De la grammaire du verbe à la conjugaison en contexte camerounais plurilingue*, 2022.

Ngoy-Ndouba KAMATANDA, Kayamba TSHITSHI NDOUBA, *Constitutions et transition démocratique en R.D. Congo (1990-2006)*, 2022.

Albert MBAN, *Manuel de gestion des documents administratifs et des archives*, 2022.

Sous la direction de
Jean-Claude TCHEUWA

Les organisations internationales africaines

Regards croisés et défis contemporains

L'Harmattan

5-7, rue de l'Ecole-Polytechnique, 75005 Paris

http://www.editions-harmattan.fr

ISBN : 978-2-14-027895-2
EAN : 9782140278952

REMERCIEMENTS

Le projet d'un ouvrage collectif portant sur « *LES ORGANISATIONS INTERNATIONALES AFRICAINES* », rédigé sous ma direction, nait d'un échange que j'ai eu avec le Dr TCHAGNA TAKWI Arsène, alors doctorant au moment de la gestation de l'idée. Après quelques réflexions, le sous-titre « *Regards croisés et défis contemporains* », lui a été justement associé. Qu'il me soit permis, en mon nom propre, ainsi qu'au nom de tous les contributeurs au présent ouvrage, de lui adresser nos remerciements.

Ces remerciements vont également à l'endroit de tous les contributeurs qui ont bien voulu accompagner ce projet pionnier en adressant leurs contributions qui traitent, pertinemment, certaines problématiques actuelles liées aux organisations internationales africaines.

COMITÉ DE LECTURE

TCHOUBANG TCHANGA Deville, Docteur *PhD*, *Chargé de cours, Université de Yaoundé II/Cameroun*

FOPY Sylvain, Docteur PhD**,** *Chargé de cours, Université de Yaoundé II/Cameroun*

NGUEFACK NKOUEBO Serge, *Docteur PhD***,** *Chargé de cours, Université de Yaoundé II/Cameroun*

SOMMAIRE

PRÉFACE

Le phénomène des organisations internationales connait en Afrique un surcroît d'intérêt. La variété des domaines désormais investis, leur nombre sans cesse progressif et l'importance fonctionnelle dont elles sont revêtues témoignent, entre autres, de l'attrait dont elles sont l'objet à l'égard des États africains. Sur le plan épistémologique, l'étude des organisations internationales africaines permet de renouveler le débat scientifique, de revisiter le phénomène des organisations internationales à l'épreuve du contexte africain. Les réalités y sont rétives et rébarbatives, les défis nombreux à relever. Au-delà de l'opposition académique entre mimétisme et particularisme (leur africanité pourrait-on dire), accentuée sans doute par une coexistence pas toujours heureuse, les organisations internationales africaines font office de censeur et de catalyseur. L'accompagnement technique qu'elles offrent contribue à « discipliner » les États africains à travers l'émergence d'un leadership de plus en plus perméable aux valeurs démocratiques. Elles constituent également des levains permettant de capitaliser toutes les ressources disponibles, afin de canaliser leurs efforts vers une évolution durable.

Chapeauté par l'Union africaine au plan régional, le paysage institutionnel africain est constitué d'un maillage entre représentations d'organisations internationales à caractère universel et organisations internationales spécifiquement africaines. Cette précision fondée sur la luxuriance du paysage institutionnel peut conduire, si on en voit la nécessité, à repréciser le thème central. S'agit-il en effet d'organisations internationales africaines, c'est-à-dire d'organisations internationales opérant en Afrique, ou plutôt les deux ? Seule certitude, ces organisations opèrent en Afrique, et sont donc en principe, affectées au mieux-être des populations qui y résident. Cette brèche n'a toutefois qu'un caractère formel, en raison de l'appartenance de toutes ces organisations internationales à une « communauté de valeurs et de principes » axiologiques et normatifs qui structurent le droit international objectif.

Le présent ouvrage remplit ainsi plusieurs fonctions. Il fait office de sociogenèse puisqu'il permet de retracer les sources matérielles qui ont initié l'émergence des organisations internationales en Afrique. Il a également valeur de test, car il permet de mesurer l'efficacité de leur fonctionnement ou de leur action toujours pluriels, et donc la résilience des organisations internationales face aux crises politiques et sociales qui confinent toute volonté de développement faute de ressources financières et d'un consensus politique minimal, à un séjour parfois prolongé dans les limbes. La valeur suggestive qu'il emporte autorise enfin, au travers des perspectives heureuses qu'elle dresse et des vœux formulés, l'arrimage à une meilleure gouvernance. Assigné principalement aux États africains, cet objectif ne sera atteint qu'avec le concours permanent et efficient des organisations internationales soucieuses de donner à une Afrique impatiente, le bonheur escompté.

TCHEUWA Jean-Claude
Agrégé des facultés de droit
Professeur

CHAPITRE INTRODUCTIF

Des considérations générales pour une compréhension aisée des organisations internationales africaines

Par :

Jean-Claude TCHEUWA

Agrégé des Facultés de droit
Professeur
Université de Yaoundé II/Cameroun

Depuis des temps très anciens, les hommes se sont efforcés d'éviter les conflits en posant des règles appelées à régir les rapports entre les différentes institutions nées à la suite de leurs volontés concordantes. Ces institutions avaient pour but notamment de contribuer à la réalisation d'une paix durable, de renforcer les relations amicales et le bon voisinage entre les États et les peuples.

Sur le plan institutionnel, la société internationale et l'ordre international connaissent actuellement deux principales catégories de sujets : il s'agit de l'État et de l'organisation internationale (OI). Si l'État est à juste titre qualifié de sujet originaire du droit international, en ce que son avènement ou sa naissance ne procède de la volonté d'aucun autre sujet de droit, l'organisation internationale est, quant à elle, qualifiée de sujet dérivé en ce sens que sa création dépend de la volonté d'autres sujets de droit, à savoir les États et même d'autres organisations internationales le cas échéant.

En effet, la souveraineté, attribut de l'État, dote celui-ci d'un pouvoir singulier, celui de créer lui-même d'autres sujets dans l'ordre juridique international. C'est ce que Pierre Marie Dupuy appelle « le pouvoir de création subjective ». L'organisation internationale est créée à l'effet de réaliser les buts et les objectifs communs que les États se sont assignés[1]. Aussi, une organisation internationale ne saurait être un État et encore moins un super État. En réalité, les organisations internationales sont nées des rapports de tous ordres qu'entretenaient les Etats-Nations et dont la complexité de plus en plus croissante a suscité la création d'institutions dotées de structures plus ou moins permanentes et jouissant de la personnalité juridique internationale. Leur intervention s'est donc imposée depuis que l'État est devenu par la force des choses un instrument insuffisant pour l'accomplissement des besoins les plus divers de la société humaine actuelle. Dès lors, le développement du phénomène institutionnel dans la société internationale s'est produit comme une réponse à ses besoins évidents de « service public international »[2], pour reprendre Évelyne Lagrange.

---

[1] Ces objectifs sont généralement limités à la coopération et beaucoup plus rarement à l'intégration dans un secteur d'activité d'intérêt commun. Cette affirmation permet notamment de distinguer les organisations de coopération (ONU, OMC, UNESCO, OMS…), des organisations d'intégration qui bénéficient des mécanismes de fonctionnement plus contraignants (UE, CEMAC, UEMOA…). Dans tous les cas, le principe de spécialité, y compris pour les Nations Unies, cantonne ce type de sujet à une existence fonctionnelle limitée par la charte constitutive et développée par la pratique subséquente pertinente

[2] E. Lagrange, La catégorie « organisation internationale », *in Droit des organisations internationales*, E. Lagrange J-M Sorel, Paris, LGDJ, 2013, p.41.

Sur le plan purement théorique, la doctrine était restée jusque-là divergente quant aux éléments de définition de l'OI[3]. Ainsi, représentant la position classique sur la question, Dionisio Anziloti affirmait que « l'OI est constituée des organes collectifs institués par plusieurs États ensemble, et dont la déclaration de volonté est supportée par le droit international et présuppose des conséquences juridiques déterminées ». Cette approche laissait déjà entrevoir l'idée selon laquelle l'OI est fondée sur la volonté librement exprimée des États[4]. Dans la même lancée, pour le droit international conventionnel, l'expression «organisation internationale» s'entend d'une organisation intergouvernementale »[5]. Georges Perrin considère qu'une organisation internationale « est une association permanente d'États, fondée par un traité et dotée par celui-ci des compétences nécessaires en vue de gérer, au moyen d'organes propres, des intérêts communs à ces États »[6].Toutefois, signe d'une certaine évolution dans la conception de l'organisation internationale, l'article 2, a, du Projet d'articles sur la responsabilité des organisations internationales adopté en 2011 par la Commission du droit international des Nations Unies soutient que *« l'expression «organisation internationale» s'entend de toute organisation instituée par un traité ou un autre instrument régi par le droit international et dotée d'une personnalité juridique internationale propre. Outre des États, une organisation internationale peut comprendre parmi ses membres des entités autres que des États »*[7].

En pratique, le phénomène de l'OI naît à partir du 19e siècle sous diverses formes[8]. Elle a d'abord et pendant longtemps épousé la forme des Unions

---

[3] Sur cette divergence, voir M. Badjaoui, Un point de vue du Tiers Monde sur l'organisation internationale, in G. Abbi Saab (Dir), Le concept d'organisation internationale, Édition UNESCO, 1980, pp. 133-292

[4] Cette définition s'est élaborée au fur et à mesure, mais en gardant les mêmes bases. Aussi, Hans Kelsen affirmait-il « qu'une communauté internationale organisée et créée par un traité qui donne naissance aux organes spéciaux de la communauté, auxquels il incomberait de réaliser des fins pour lesquelles la communauté a été établie. Cette communauté est une communauté internationale, elle n'a pas le caractère d'État, c'est une OI » (H. Kelsen , Principles of International Law 1952). La communauté à laquelle Hans Kelsen fait allusion est bien différente de la communauté internationale telle que répandue dans le monde aujourd'hui. Celle-ci est une fiction d'une solidarité universelle affirmée a priori pour appeler les États à agir comme s'il était avéré qu'elle existait vraiment.

[5] Voir article 2, §1, (i), Convention de Vienne du 23 mai 1969 sur le droit des traités, voir aussi article 2, §1 (i), Convention de Vienne sur le droit des traités entre États et organisations internationales ou entre organisations internationales, adoptée le 21 mars 1986.

[6] Voir G. Perrin, Les privilèges et immunités des représentants des États auprès des organisations internationales, RGDIP, 1956, pp. 193-237.

[7] Article 2, (a), Projet d'articles sur la responsabilité des organisations internationales, CDI, 2011.

[8] Sur l'historique des organisations internationales, voir Jean-Claude Zarka, Institutions internationales, 7e édition Ellipses, Paris 2018, pp 37 et ss.

d'États ou des Unions Administratives[9]. Ce n'est que longtemps plus tard que l'on aboutira à la forme la plus élaborée connue aujourd'hui sous l'appellation organisation internationale ou intergouvernementale. Pour une bonne compréhension du phénomène des OI, hier, aujourd'hui et demain, il y a lieu de rappeler un extrait du cours de Jean Salmon dispensé à l'Académie de Droit International de La Haye. Il y affirmait que « l'été 1954, j'étais auditeur à l'Académie de Droit International ; Charles De Visscher y dispensait le cours général de droit international public ; on y découvrait un État dont le domaine réservé se réduisait progressivement au fur et à mesure des avancées du droit international, mais dont la souveraineté et le pouvoir restaient incontestables. Au cours de l'année académique suivante, à la Faculté de droit de Paris - à l'époque il n'y en avait qu'une – je suivais le cours de doctorat de Paul Reuter sur les organisations internationales. J'étais convaincu alors que l'État souverain était appelé à disparaitre et serait sinon remplacé au moins coiffé par des organisations internationales. À vrai dire, si tel devait être le cas, comme l'exposait Paul Reuter, c'est moins l'État que le droit international qui aurait disparu, remplacé par un droit interne de l'organisation internationale devenue elle-même un super État fédéral … Cinquante-cinq ans plus tard, il faut bien constater que ce n'est pas cela qui s'est produit. Depuis longtemps, l'État n'est plus le seul sujet de droit international et l'interdépendance l'a conduit à céder en particulier aux OI … des compétences de plus en plus notables »[10] : La première remonte aux années 1815, avec la création de la Commission pour la navigation sur le Rhin ou la création en 1878 de l'Union internationale de télécoms ou de l'Union Postale Universelle. La deuxième correspond à la période de l'entre-deux-guerres, avec la création de la toute première OI de nature politique et à vocation universelle ; c'est la SDN, dont l'avènement correspond à un idéal Wilsonien exprimé dans un message du Président des USA au Congrès américain, le 09 janvier 1918. Cette période correspond aussi à l'avènement de l'OIT, signe d'une volonté affirmée des États d'institutionnaliser les relations dans le domaine du travail. La troisième génération enfin correspond à la période qui s'est écoulée depuis la fin de la Deuxième Guerre mondiale jusqu'à nos jours. Elle s'illustre d'abord par la création de l'ONU dont la Charte fut adoptée à la conférence de San Francisco le 26 juin 1945 et entrée en vigueur le 24 octobre 1945, ainsi que par la création de plusieurs autres organisations internationales « connexes » qui forment ce qu'il est convenu de nommer « le système ou la famille des Nations Unies ». Cette période correspond également à l'avènement des OI régionales

[9] Forme suivant laquelle les États créent tout simplement des organes collectifs destinés à faciliter leurs actions dans un domaine précis sans nécessairement doter cet organe de la personnalité juridique internationale. C'est le cas du bureau des poids et mesures, sorte d'union administrative qui met en commun les compétences des différents États membres.

[10] Voir Jean Salmon, Quelle place pour l'État dans le droit international d'aujourd'hui, RCADI,2010, vol 347, p. 17

de coopération ou d'intégration qui, sur la base de la Charte des Nations Unies, travaillent en étroite collaboration avec l'organisation mondiale.

L'organisation internationale joue un rôle de premier plan dans l'affirmation de l'ordre mondial qui s'analyse juridiquement en termes notamment de protection des valeurs communes aux États, ainsi que de l'affirmation d'un ordre public international[11].

En dépit de la diversité et de la spécificité des organisations internationales contemporaines, il est néanmoins possible d'en établir une théorie générale[12]. Ces traits communs généraux sont visibles tant au niveau de la création (**Section1**) que du fonctionnement des organisations internationales dans l'ordre juridique contemporain (**Section2**).

Section 1 : La création des organisations internationales dans l'ordre juridique international contemporain

En droit international contemporain, les OI sont créées et n'existent que, parce que les États l'ont décidé en donnant une coloration juridique à une volonté politique, à travers l'acte constitutif. Même si elles procèdent de la volonté des États, les OI n'en sont pas moins des sujets de droit international, en ce sens qu'elles sont des êtres juridiques distincts de leurs créateurs et dotés d'une volonté propre. Cette présence des États dans la vie de l'organisation internationale est visible tant au niveau de l'assise juridique conduisant à l'existence de l'organisation internationale (**paragraphe 1**) qu'au niveau de la composition de ses organes (**paragraphe 2**).

[11] Les actions engagées par les premières OI ne prendront véritablement corps qu'au lendemain du second conflit mondial avec la création de l'ONU à qui il a été donné pour mission d'asseoir une paix durable et de maintenir la sécurité internationale. Dans l'esprit des pères fondateurs de cette organisation mondiale, cette paix durable devait se bâtir autour de trois piliers institutionnalisés autour des organisations spécifiques :

1) Le premier symbolisé par les Nations Unies s'articulait autour de la paix, de la sécurité, et des droits de l'homme. C'est le pilier dit politique.
2) Le deuxième articulé autour du système de la Banque Mondiale, correspondait quant à ses missions aux activités essentiellement financières. (FMI, BM).
3) Le troisième pilier était d'avantage économique et commercial et s'articulait autour des échanges commerciaux internationaux. Il se structurait autour d'une organisation voulue et souhaitée par les grandes puissances économiques de l'heure. Il s'agissait de l'OIC qui finalement se réduira essentiellement sui generis à savoir le GATT.

[12] Sur une théorie générale des organisations internationales, voir David Ruzié, Droit international public, 24e édition Dalloz, Paris, 2017, pp 183 et ss.

Paragraphe 1 : L'assise juridique de la création des organisations internationales

La création de l'OI est un acte de volonté des sujets originaires du droit international. Chaque organisation internationale obéit en la matière à des règles différentes parfois inscrites dans le traité constitutif. C'est parfois la raison pour laquelle l'on qualifie l'OI de sujet dérivé du droit international. La charte constitutive qui est son acte fondateur découle en effet de la volonté des États membres originaires. Cette affirmation laisse apparaitre le caractère essentiellement conventionnel des OI. C'est en effet à travers la charte constitutive que les États traduisent en acte juridique leur volonté politique ou leur intention de créer un sujet de droit. Aussi, la charte constitutive occupe-t-elle une place prépondérante, voire exceptionnelle dans la vie et le fonctionnement de l'OI[13]. Il conviendra dès lors de s'interroger sur les mécanismes particuliers de son élaboration (**A**), de sa modification et de son interprétation (**B**).

A- L'élaboration de la charte constitutive

La charte constitutive est un accord qui est comme tous les autres Traités élaborés sur la base des règles fixées par la Convention de Vienne de 1969 et pour certaines de leurs dispositions par des règles fixées par la Convention de Vienne de 1986 qui codifie certaines pratiques bien établies des OI. Ce double régime juridique apparait très clairement à la lecture du préambule de la convention de Vienne de 1986 et à l'analyse de son article 5. En effet, les parties « ayant à l'esprit la convention de Vienne de 1969 sur le droit des traités, conscientes des liens entre d'une part, le droit des traités entre États et d'autre part, le droit des traités entre États et organisations internationales ou entre organisations internationales, sont convenues de ce qui suit… ». Dès lors, les règles relatives à l'élaboration des chartes constitutives à savoir notamment la conclusion, l'entrée en vigueur, les réserves sont régies par les dispositions de l'une ou de l'autre convention sus évoquée.

La conclusion d'un traité, fût-il un acte constitutif, obéit aux règles et procédures établies par les conventions sus-citées. Elle s'ouvre par des négociations entre États et débouche sur l'engagement définitif à être lié. C'est donc une opération à procédures, c'est-à-dire l'ensemble des étapes qui comportent à la fois, la formulation et l'engagement des États futurs membres de l'organisation[14]. D'autres OI peuvent, en termes de traités constitutifs,

---

[13] Voir, G. Balladoré Palliéri, Le droit interne des organisations internationales, RCADI 1969-II, tome 127, pp 1-38 ; voir aussi, C. Economidès, Les actes institutionnels internationaux et les sources du droit international, AFDI 1988, pp.131 et ss. Sur la même question, voir L. Focsaneanu, Le droit interne de l'ONU, AFDI 1957 ; Ph Cahier, Le droit interne des organisations internationales, RGDIP, 1963.

[14] La conclusion de ce type de traité suppose fondamentalement l'existence d'un texte précisant la structuration et la répartition des compétences au sein de la future organisation. Sur la

participer aux négociations et même être membres à part entière de l'OI en création[15]. Ce fut le cas notamment pour la négociation et la conclusion des accords de Marrakech.

Dans la pratique, des dispositions expresses contenues dans les chartes constitutives règlent strictement la question de l'entrée en vigueur. Les chartes de certaines OI à caractère politique sont plus exigeantes quant au nombre d'États et quant à la qualité des États dont la ratification déclenchera l'entrée en vigueur[16].

Il convient cependant de distinguer la date d'entrée en vigueur de la charte constitutive, de celle de la mise en place et de l'entrée en fonction de la nouvelle organisation. Ce n'est en effet qu'à cette dernière date que la charte constitutive est susceptible de produire véritablement ses effets juridiques. Ainsi, le traité sur l'UA est entré en vigueur en 2001 après la réunion des 2/3 des instruments de ratification ; tandis que le traité constitutif n'a réellement pris effet qu'avec le lancement effectif des activités de l'Union à Duban le 09 juillet 2002. Il en avait été ainsi déjà pour les NU dont la charte était entrée en vigueur le 24 octobre 1945 et les organes mis en place et en mesure de fonctionner le 10 janvier 1946. Cette analyse peut se prolonger au plan théorique en distinguant l'entrée en vigueur objective et l'entrée en vigueur subjective.

Par ailleurs, compte tenu du fait que l'acte constitutif de l'organisation internationale est un traité régi par les conventions sus indiquées, il est dès

---

pratique de la création d'une OI et donc de l'élaboration de sa charte constitutive, il convient d'observer tout le cheminement parcouru à Syrte à Addis-Abeba en vue de la mise en place de la nouvelle organisation Africaine, baptisée UA. En effet, l'acte constitutif de la nouvelle OI codifie les contours d'une pratique qui avait été tracée à Syrte en Lybie le 09 septembre 1999 à travers de longues négociations. L'on peut même dans cette recherche remonter plus loin pour situer les négociations sur la réforme de l'organisation continentale. À cet égard, Albert Bourgi affirmait que « pareil tourment consacre certes plusieurs années de réparation et de négociation du texte fondateur de l'UA, mais il marque en même temps la clôture des débats parfois controversés et toujours passionnants sur les modalités et le calendrier de passage de l'OUA à l'UA ».

[15] Voir L. Grard, l'Union européenne, sujet de droit international, RGDIP, 2006, pp. 337 et ss.

[16] Il convient cependant de relever que le régime juridique qui découle des dispositions finales des chartes constitutives est extrêmement varié. Il varie selon que l'on se trouve dans le cadre d'une OI régionale, d'une OI universelle, politique, économique ou militaire. Elle est dès lors sujette à des modalités, elle peut être provisoire, restreinte ou échelonnée. Le traité créant l'UA du 11 juillet 2000 règle la question en son article28 qui dispose que « le présent acte entre en vigueur 30 jours après la date de dépôt des instruments de ratification par les 2/3 des membres de l'OUA ». La disposition relative à l'entrée en vigueur du traité sur l'UA est beaucoup plus libérale que celle encadrant l'entrée en vigueur de la charte des Nations Unies. Car, cette dernière pose une exigence supplémentaire à savoir celle de la qualité des États concernés. L'article110 alinéa3 exige en effet pour l'entrée en vigueur de la charte, le dépôt des instruments de ratification des 05 membres du conseil de sécurité, auquel vient s'ajouter la ratification de la majorité des États signataires.

lors loisible que l'on s'interroge sur la question des réserves en rapport avec le régime juridique des chartes constitutives. En clair, un État peut-il émettre des réserves à un traité qui est une charte constitutive ? Les deux conventions de Vienne de 1969 et 1986 reconnaissent aux États cette possibilité sous certaines conditions. La pratique internationale laisse cependant entrevoir plusieurs cas de figure. Certaines chartes sont muettes sur la question ; c'est le cas de la charte des Nations Unies. Par contre, certains actes constitutifs prennent position clairement. C'est le cas du traité créant la CPI qui dispose en son article120 que « le statut n'admet aucune réserve ». Par principe, le traité institutionnel doit être accepté intégralement. La technique des réserves parait toujours inacceptable, car elle serait par nature non conforme à l'objet et au but du traité constitutif[17].

B- La modification et l'interprétation des chartes constitutives

Les chartes constitutives comme tout traité et, peut-être même plus que ces dernières, s'intègrent dans un environnement juridique extrêmement mouvant et dynamique. Il se pose dès lors la problématique de leur adaptation aux exigences nouvelles qui ne peuvent se faire que par le biais de la modification ou de l'interprétation qui font partie du droit inter temporel.

En ce qui concerne la question de la modification des chartes constitutives, celle-ci peut apparaitre comme absolument nécessaire au cours de la période de validité de l'acte constitutif, en raison notamment des risques de décalage et de dysfonctionnement de l'organisation impliqués par un changement fondamental de circonstances. Aussi, comme tout traité, l'acte constitutif peut

[17] On voit mal en effet comment assurer un fonctionnement régulier d'une organisation internationale si tous les États membres ne respectent pas le même standard de règles. La solution est parfois expressément énoncée. Ainsi lors de la Conférence de Londres de 1929, les États participants avaient adopté une déclaration suivant laquelle aucune réserve ne serait admise lors de l'acceptation du statut de l'UPU. De même, certains ont souligné que c'est parce qu'elle craignait que son statut de neutralité permanente ne l'oblige à émettre une réserve à la Charte des NU que la Suisse s'est abstenue à demander son admission aux NU. En somme, il y a lieu de souligner que quand bien même cette possibilité est laissée aux États, la procédure est plus exigeante et s'écarte du droit commun applicable aux réserves, aux traités multilatéraux. En effet, une réserve à une charte constitutive doit être transmise à l'organe compétent de l'OI dans le but de veiller à une application intégrale ou alors à l'intégrité de la charte constitutive. Il est vrai que les États peuvent parfois faire l'économie des réserves en faisant inscrire les dérogations qu'ils souhaitent dans la charte constitutive de l'OI. La règle n'a cependant pas une portée absolue, car toutes les dispositions du traité constitutif n'ont pas un caractère absolument nécessaire au fonctionnement de l'OI. Ainsi, l'article 20 alinéa 3 dispose fort à propos que « lorsqu'un traité est un acte constitutif d'une OI et à moins qu'il n'en dispose autrement, une réserve exige l'acceptation de l'organe compétent de cette organisation ». À l'analyse de cette disposition, il ressort clairement la possibilité pour les organes de l'OI de contrôler les réserves. Que cette compétence de contrôle revienne à un organe de l'OI et non aux États membres s'explique, car elle sera mise en œuvre au moment de l'examen de la candidature des États accédant.

être modifié notamment par accord entre les membres de l'organisation[18]. Ainsi, les articles 32 du traité sur l'UA et 108 de la charte des NU encadrent le régime juridique de leur modification. Au regard de la pratique des OI, on peut envisager la modification explicite et les modifications implicites par le biais de la pratique suivie par les États membres dans la mise en œuvre de la charte constitutive[19].

En revanche, l'interprétation des chartes constitutives obéit à des règles particulières en rapport avec leur nature spécifique. Selon les principes du droit international public, les États membres disposent du pouvoir d'interprétation des chartes constitutives. L'interprétation a pour but de déterminer le sens et la portée exacts d'une clause ou d'une disposition de la charte constitutive. Ce qui, dans la pratique, fait la particularité des chartes constitutives, c'est aussi ce droit reconnu aux organes de l'OI d'interpréter ses dispositions soit par le biais d'une résolution, soit par une déclaration interprétative. Certaines chartes reconnaissent expressément au profit de certains organes le droit de recourir à une telle interprétation. C'est le cas notamment du FMI (art. 18) ou de la BIRD (art. 9) où ce droit est reconnu au Conseil d'Administration, avec la possibilité d'en appeler au Conseil des Gouverneurs qui statue en dernier ressort. D'autres traités combinent l'attribution de cette compétence à l'organe plénier (OMS art. 75 ; OMM art. 29 ; FAO art. 17), à l'organe restreint (OACI art. 84), avec la possibilité de recourir en cas de persistance du désaccord, à la CIJ, à un tribunal *ad hoc* ou à l'arbitrage.

---

[18] Voir Lambers, Les clauses de révision des traités instituant les Communautés européennes, AFDI, 1961, pp. 596 et ss.

[19] Au-delà du droit commun découlant de la convention de Vienne de 1969, les dispositions des chartes constitutives prévoient des procédures de modification qui peuvent être plus ou moins complexes suivant le compromis établi entre deux exigences parfois contradictoires, à savoir, celle d'assurer la stabilité du traité initial et celle permettant l'adaptation du traité au changement de circonstances. L'initiative de la modification appartient individuellement ou collectivement aux États. Ainsi, l'article 32 du traité sur l'UA organise clairement cette procédure autour de l'initiative de l'amendement, ses effets, et son adoption. Il précise que l'initiative appartient aux États qui soumettent la proposition au président de la commission, laquelle est examinée par la conférence de l'union et adoptée soit par consensus ou à la majorité de 2/3 avant d'être soumise à la ratification de tous les États membres. Tel n'est fondamentalement pas le cas pour ce qui est des NU dont l'article108 soumet l'adoption de l'amendement ou de la modification à une majorité de 2/3 et l'entrée en vigueur soumise à la ratification par les 2/3 des NU y compris les 05 membres permanents. Il peut dès lors se poser le problème du sort des États faisant partie de la minorité de 1/3 ou plus exactement de ceux qui n'ont pas ratifié la modification. La 1re, qui consiste à dire que la modification entrée en vigueur est opposable à tous les membres de l'OI y compris ceux qui ne l'ont pas ratifié ; La 2de approche consistant à laisser le libre choix aux États membres faisant partie de la minorité soit de se retirer, soit alors de se maintenir au sein de l'organisation avec toutes les conséquences de droit que ce maintien implique.

L'interprétation des chartes constitutives soulève deux questions fondamentales. Celle d'une part de l'autorité compétente et celle d'autre part de la méthode d'interprétation. Au plan purement doctrinal, Hans Kelsen a considéré que l'interprétation est une démarche de l'esprit qui accompagne le processus du droit lors du passage d'une norme supérieure à une norme inférieure. On le perçoit, elle s'inscrit fondamentalement dans un ordre juridique hiérarchisé. C'est le cas de l'ordre juridique des OI avec au sommet de la pyramide, la charte constitutive (que certains qualifient à juste titre de Constitution) qui conditionne la validité de toutes les autres normes inférieures (résolutions, recommandations, directives et règlements). L'ordre juridique des OI se caractérise par un partage de compétences en matière d'interprétation[20]. Quelques exemples tirés de la pratique démontrent bien les limites des efforts entrepris par la doctrine pour ordonner la compétence en matière d'interprétation. En tout état de cause, l'on peut distinguer l'interprétation unilatérale faite par les États membres[21] de l'interprétation faite par les organes de l'organisation internationale (le Conseil de sécurité des Nations unies ou encore l'Assemblée générale des Nations unies). L'interprétation faite par les instances juridictionnelles ou judiciaires d'une OI que l'on pourrait qualifier d'interprétation authentique (CIJ, CJCE).

En règle générale, il convient de retenir que l'interprétation unilatérale n'est pas une interprétation authentique, car une interprétation authentique est celle faite par l'organe habilité par la charte constitutive, la pratique en la matière étant variable.

Paragraphe 2 : Le caractère intergouvernemental de l'organisation internationale

L'inscription de l'élaboration de la charte constitutive des OI dans le régime juridique des conventions de Vienne de 1969 et de 1986 laisse apparaitre très clairement le caractère intergouvernemental de l'OI. À la différence des organisations non gouvernementales (ONG), les OI sont des organisations intergouvernementales en ce qu'elles sont composées des États souverains qui ont librement accepté d'y adhérer[22]. Ce caractère s'apprécie notamment à partir, d'une part de la participation au fonctionnement de l'OI, et d'autre part de la structuration de l'OI qui accorde une place prépondérante

[20] Sur l'ordre juridique des OI en général, voir G. Balladore Pallieri, op cit ; voir aussi Lagrange, L'ordre juridique de la CECA vu à travers la jurisprudence de sa Cour de justice, RDP, 1958, pp. 863 et ss.

[21] CIJ, Conditions d'admission d'un État comme membre des Nations Unies, Avis consultatif du 28 mai 1948 ; CIJ, Compétence de l'Assemblée générale pour l'admission de nouveaux membres, Avis consultatif, 3 mars 1950 ; CIJ, Certaines dépenses, Avis consultatif, 1962.

[22] Sur les organisations non gouvernementales (ONG), voir J-C Zarka, op. cit. , pp. 144 et ss.

aux organes pléniers que la doctrine a parfois qualifiés de « force vive de l'OI ».

A- La participation intergouvernementale aux activités des organisations internationales

La participation aux OI reste un acte de volonté susceptible de se manifester à tout moment si les États membres fondateurs en ont convenu ainsi. Elle peut se faire par le biais de la procédure d'admission ouverte aux États et aux OI[23]. Au regard des procédures y afférentes, certains auteurs ont évoqué la contractualisation de la participation en ce sens que l'État qui sollicite son admission peut être accepté ou refusé par les membres, notamment originaires. De manière générale, la participation aux activités de l'organisation internationale est essentiellement réservée aux États, quoique dans certains cas ,et selon les règles propres à l'organisation, elle peut être ouverte à des entités autres que les États.

La participation des États peut se faire initialement par la signature et la ratification (si nécessaire) de la charte constitutive ou par l'adhésion suivant les procédures établies par ladite charte. La participation est ainsi guidée par la liberté et la volonté clairement exprimée par l'État. Les États participent à l'OI sur une base volontaire et choisissent d'en ouvrir ou d'en fermer l'accès. Si les modalités de la participation varient d'une OI à une autre, le statut de membre quant à lui comporte un certain nombre d'éléments communs en termes de droits et d'obligations. Au-delà de la diversité des OI, il subsiste un droit commun applicable au statut de membre. En effet, quelle que soit la nature de l'OI, en principe, l'entrée ou l'acquisition de la qualité de membre est purement volontaire, car l'État engage une démarche sur la base des dispositions de l'acte constitutif de l'OI (article 4 de la charte des NU ; et article 29 du traité créant l'UA)[24]. Dans ce cadre, on peut distinguer les membres originaires, des membres admis qui, dans certains cas, verront leurs droits varier en fonction de leur qualification.

Participants essentiels, les États ne sont pas les participants exclusifs. En effet, rien ne fait obstacle aux membres, en tant que fondateurs, d'ouvrir la participation à d'autres entités. Les OI universelles, et même régionales ont toujours su exploiter cette possibilité qui peut notamment s'inscrire dans le cadre des exigences de gouvernance ou de bonne administration dans la sphère internationale. Ainsi et historiquement, la SDN avait déjà admis comme membre à part entière les dominions britanniques sur la base de l'article1er alinéa 2 du Pacte, qui disposait que : « Tout État, tout dominion ou colonie qui se gouverne librement peut devenir membre de la SDN ». C'est dire en

[23] J P. Jacqué, La participation de la CEE aux organisations internationales universelles, AFDI, 1975, pp. 923 et ss.
[24] Voir D. Ruzié et G. Teboul, op. cit. , pp. 186 et ss.

réalité que, partant de ce précédent historique, les collectivités humaines ou les entités non-étatiques peuvent participer, à un titre ou à un autre, aux activités de l'OI. Cette situation concerne aussi bien les OI qui peuvent participer aux activités d'autres organisations internationales[25], que d'autres entités dont le statut international reste fortement querellé[26]. C'est le cas notamment des ONG qui peuvent demander et obtenir le statut au moins de membre-observateur. C'est le cas du CICR, admis comme membre-observateur aux NU depuis 1990.

B- La structuration intergouvernementale de l'organisation internationale

La distribution du pouvoir au sein des OI diffère sensiblement du modèle applicable aux États, même si le cas de certaines organisations internationales soulève quelques interrogations[27]. La structuration de l'OI répond à deux principales préoccupations, à savoir : l'impératif d'efficacité d'une part, et la nécessité de faire une place à chaque État membre d'autre part. Ces deux considérations rappellent encore, si besoin en était, le caractère intergouvernemental de l'OI. Cela est valable tant au niveau des organes interétatiques qu'au niveau de certains organes intégrés.

Les organes interétatiques peuvent être à la fois pléniers ou restreints ,et traduire à la fois le besoin d'efficacité et de représentativité. Les chartes constitutives dans certains cas les classent suivant le moment de leur avènement. Ainsi, l'on distinguera notamment les organes principaux créés par la charte constitutive elle-même (article7 de la charte des NU) et les organes subsidiaires créés en tant que de besoin par des organes principaux.

De manière générale, les organes pléniers déterminent la politique de l'OI, prennent des décisions dans les matières rentrant dans leurs compétences sous forme de résolutions ou de recommandations[28]. De même, les organes pléniers veillent à l'exécution des missions et des buts de l'OI par les autres organes. Ils reçoivent ainsi, les rapports, à eux, adressés par les organes. Il est souvent prévu dans les chartes constitutives que les organes principaux peuvent créer

[25] Voir JP. Jacqué, La participation de la CEE aux organisations internationales, AFDI, 1975, pp. 923 et ss. Voir aussi, C. Flaesch-Mougin, Les relations avec les organisations internationales et la participation à celles-ci, in Commentaire Mégret, Relations extérieures, 2005, n° 12, p. 337.

[26] L'histoire atteste cette affirmation, à travers notamment la participation de l'OLP, de la SWAPO et l'ANC aux Nations Unies à l'OUA, ou encore de la RASD à l'OUA, puis à l'UA. Voir sur ces questions, A-C Robert et R. Sciora, Qui veut la mort de l'ONU : du Rwanda à la Syrie, histoire d'un sabotage, éd. Eyrolles, Paris 2019, p. 71.

[27] Le partage du pouvoir au sein de l'EU oriente vers ces interrogations (Exécutif, législatif et judiciaire).

[28] Voir sur la question, M. Merle, Le pouvoir réglementaire des institutions internationales, AFDI, 1958, pp. 341 et ss ; Ph. Cahier, Le droit interne des organisations internationales, RGDIP, 1963, pp. 563 et ss.

des organes subsidiaires susceptibles de permettre à leurs géniteurs d'accomplir leurs missions et d'atteindre leurs buts. Il convient de signaler par ailleurs que, quelle que soit l'importance d'un organe subsidiaire, celui-ci ne saurait acquérir la personnalité juridique internationale,[29] car il demeure sous le contrôle politique de l'organe principal qui l'a institué (exception faite des organes de nature juridictionnelle).

Outre les organes pléniers et les organes restreints de nature politique, la vie des OI est animée au quotidien par les organes intégrés à caractère bureaucratique qui sont des organes de direction administrative chargés du suivi, de la mise en œuvre des activités de l'OI. Qu'il soit collectif ou individuel, l'organe de direction administrative reste indépendant des États membres et n'agit que dans le sens de l'intérêt général de l'OI. Dans la pratique, on peut distinguer différents types d'organes intégrés à caractère bureaucratique, à savoir : le secrétariat général, pour ce qui est des NU ; la direction générale (UNESCO, OMS) et la commission (UA, CEMAC, UE).

Ces organes qui fonctionnent suivant le principe hiérarchique sont chargés de l'administration générale de l'OI, sous l'impulsion d'un haut fonctionnaire international dont les mécanismes de désignation sont définis par l'acte constitutif. Ces hauts fonctionnaires recrutent et gèrent le personnel de l'OI en termes de droits, d'obligations, d'évolution et de fin de carrière[30]. Ils sont aussi chargés de l'enregistrement et de la publication des actes juridiques de l'OI dont ils sont dépositaires[31]. Les responsables des organes intégrés jouent un rôle politique impressionnant dans la configuration actuelle de la société internationale et de l'ordre mondial. En d'autres termes, s'agissant notamment des secrétaires généraux des NU, ils ne sont pas de simples inaugurateurs de Chrysanthèmes, mais disposent fondamentalement d'une forte magistrature d'influence. Leurs fonctions et leur mode de désignation rappellent fort à propos le caractère intergouvernemental de l'OI, car dans la réalité, ils sont désignés par l'organe plénier de l'OI et produisent annuellement des rapports qu'ils soumettent à cet organe.

Section 2 : Le fonctionnement des organisations internationales

La principale caractéristique des OI réside en ce qu'elles sont créées sur la base d'un accord multilatéral liant les États qui ont convenu de mener en

---

[29] Sur certains aspects de la personnalité juridique des organisations internationales, notamment de ses volets implicites, de fait ou supposée, voir L. Grard, L'Union européenne, sujet de droit international, op. cit., pp. 350 et ss

[30] Voir D. Ruzié et G. Teboul, op. cit. pp. 188 et ss.

[31] Sur le rôle et la fonction de dépositaires, voir la convention de Vienne du 23 mai 1969 sur le droit des traités.

commun des missions d'intérêt collectif. En tant que groupement d'États créé par voie conventionnelle, doté d'organes permanents, l'OI a vocation à agir comme tel dans la vie juridique interne ou internationale. Cela suppose qu'elle soit dotée de la personnalité juridique, tant au plan international que dans l'ordre interne. C'est d'ailleurs le principal critère qui permettra de distinguer l'OI des États qui la composent. Bien plus, c'est cet attribut qui donne à l'OI, la capacité de participer au commerce juridique international[32]. Ainsi qu'on l'a noté plus haut, contrairement à l'État, l'OI qui ne doit son existence qu'à un traité institutionnel, tire les conditions ou les éléments qui constituent son statut dans l'ordre juridique international.

Par ailleurs, en tant qu'entité, l'OI a besoin pour son fonctionnement d'une structuration particulière qui rappelle encore à suffisance son statut international. En effet, toutes les problématiques liées au fonctionnement de l'OI tirent leur assise juridique de la charte constitutive qui dote celle-ci d'organes propres, lui permettant d'accomplir ses missions et d'atteindre ses buts.

Paragraphe 1 : La condition légale d'existence et de fonctionnement des organisations internationales

Si les OI ont une personnalité fonctionnelle qui leur permet d'accomplir valablement des actes juridiques, d'exercer des droits et d'accomplir des devoirs rentrant dans les fonctions qui leur ont été confiées par l'acte constitutif, c'est parce que les États leur reconnaissent la personnalité juridique et, plus globalement, la qualité de personne de droit international. La reconnaissance de cette personnalité repose sur la constatation de fait que les OI ont une volonté propre, autonome et indépendante de celle des États membres. La théorie de la personnalité juridique des OI a été conçue et énoncée au plan théorique, avant d'être consacrée et précisée par la CIJ en 1949[33].

Pour atteindre les buts qui lui sont confiés par les États membres à travers la charte constitutive, l'OI est dotée de la personnalité juridique. Celle-ci est consubstantielle à l'OI en ce qu'elle demeure tant que l'OI existe.

[32] Ainsi, interrogée sur la capacité de l'OI à présenter une réclamation internationale, la CIJ s'était prononcée en ces termes : « L'organisation est une personne internationale...cela signifie que l'OI est un sujet de Droit International, qu'elle a la capacité d'être titulaire de droits et devoirs internationaux et qu'elle a la capacité de se prévaloir de ses droits par la voie de la réclamation internationale » (CIJ, affaire de la réparation des dommages subis au service des NU ; Avis Consultatif 1949,p184).

[33] Voir, *Réparation des dommages subis au service des Nations Unies*, Avis consultatif du 11 avril 1949 : C. I. J. Recueil 1949. p.174.

A- La personnalité juridique internationale

Sur le plan théorique, la doctrine est restée pendant longtemps partagée sur l'attribution de la personnalité juridique internationale aux OI, avant d'être mise d'accord à la suite d'un avis de la CIJ de 1949. En d'autres termes, la théorie de la personnalité juridique des OI est une construction prétorienne. En réalité, c'est dans cet avis consultatif que la cour fît valoir que, au regard de ses buts et de ses principes, ainsi que des compétences propres à ses organes et l'importance de ses missions, les États membres avaient nécessairement revêtu les NU d'une personnalité juridique internationale. Dans la perspective d'une théorie générale de l'OI, il convient d'une part d'analyser les fondements de cette personnalité avant d'en décliner d'autre part, les implications juridiques.

Concernant les fondements de la personnalité juridique internationale des OI, la plupart des auteurs se rejoignent pour considérer que la personnalité juridique de l'OI est une personnalité subjective, car elle a un fondement conventionnel, c'est-à-dire fondé sur un accord de volonté entre les États membres. L'existence légale d'une OI, au-delà de l'appartenance au cercle des États-parties, passe assurément par sa reconnaissance. Cette reconnaissance résulte pour les États, non pas seulement de leur participation à la charte constitutive, mais également par l'acceptation de son rôle, de sa mission et de ses principes par les autres États[34]. Ce fondement subjectif de la personnalité juridique internationale est valable pour toutes les OI, à l'exception de l'ONU dont la personnalité a un fondement objectif, au moins depuis l'avis de 1949[35].

Les capacités juridiques reconnues à l'État en tant que sujet de droit international le sont aussi pour l'essentiel, s'agissant des sujets dérivés du droit international que sont les OI[36]. Elles varient naturellement d'une OI à une autre. Il est cependant possible d'établir un inventaire des capacités minimales communes à toutes les OI tel qu'elles découlent des chartes. D'abord, les OI ont la capacité de conclure des traités entre elles-mêmes ou

---

[34] Ce fondement subjectif se justifie davantage au regard du droit conventionnel, s'agissant notamment de l'interprétation de l'article 34 de la Convention de Vienne de 1969. Aussi, n'est-il pas sans intérêt de rappeler qu'un traité, fût-il, une charte constitutive ne crée ni droit, ni obligation pour les États tiers sans leur consentement.

[35] En effet, dans l'avis consultatif en date du 11 avril 1949 précité, la Cour a considéré que : « 50 États représentant une très grande majorité des membres de la communauté internationale avaient le pouvoir conformément au Droit International de créer une entité possédant une personnalité juridique internationale objective, et non pas seulement reconnue par eux-seuls ». En outre, si l'on peut admettre que la personnalité juridique d'une OI soit valable *erga omnes* sur la base d'une espèce de coutume internationale, il est plus difficile d'admettre une personnalité juridique objective pour toute autre OI à l'exception de l'ONU.

[36] L. Grard, op. cit. pp. 340 et ss.

entre elles et les États[37]. Les OI ont ensuite le pouvoir d'entretenir des relations diplomatiques dans le cadre d'une diplomatie multilatérale à travers l'exercice du droit de légation active et passive. Les agents des OI en poste ou en mission auprès d'un État sont dans une situation plus ou moins comparable à celle des diplomates dans le cadre d'une diplomatie classique[38]. À ce titre, ils bénéficient des privilèges et immunités reconnus par le droit conventionnel et coutumier[39]. Enfin, les OI ont la capacité de présenter des réclamations internationales, même à l'encontre des États non membres[40].

B- La personnalité juridique en droit interne

Celle-ci est nécessaire à l'OI pour agir dans l'ordre juridique des États membres ou dans celui des États non membres. N'ayant pas de territoire propre, l'OI ne peut s'installer que sur le territoire d'un État[41]. C'est naturellement sur ce territoire qu'elle est appelée à agir dans le sens de l'accomplissement de ses missions. C'est ce qui justifie l'octroi en sa faveur de la personnalité juridique de droit interne. Il convient d'aborder à la fois ses fondements et ses conséquences.

De manière générale, les chartes constitutives des OI contiennent des dispositions qui reconnaissent à l'OI sur le territoire des États membres, la capacité juridique nécessaire pour assurer ses missions et atteindre ses buts. C'est une pratique juridiquement constante en droit des OI. Historiquement, elle naït à partir de 1875, date à laquelle les parties à la convention sur l'unification internationale et le perfectionnement du système métrique avaient demandé au gouvernement français de prendre les dispositions nécessaires pour faire reconnaitre le bureau, organe de la convention comme Établissement de l'utilité publique. Plus tard, l'article 104 de la charte des NU est intervenu plus ou moins dans le même sens. Il énonce que : « L'organisation jouit sur le territoire de chacun de ses membres de la capacité juridique qui lui est nécessaire pour exercer ses fonctions et atteindre ses

---

[37] La Convention de Viennes de 1986, suivant en cela les dispositions de la Convention de Viennes de 1969 confirme cette capacité. En effet, l'article 6 de ladite Convention dispose que : « La capacité d'une OI de conclure des traités est régie par les règles pertinentes de cette OI ».

[38] A.J. Vranken, La position de la Belgique à propos de la convention de Vienne de 1975 sur la représentation des États dans leurs relations avec les organismes internationaux de caractère universel

[39] Convention de Vienne de 1975 sur la représentation des États dans leurs relations avec les OI.

[40] Cette troisième capacité s'inscrit fondamentalement dans la théorie de la responsabilité internationale des OI. En effet, l'OI peut voir sa responsabilité engagée pour fait internationalement illicite commis par ses organes, ses agents ou par elle-même. Elle peut demander et obtenir réparation pour des faits illicites causés par d'autres sujets.

[41] Sur l'ensemble de la question, voir notamment TCHEUWA (J-C.), « Le siège des organisations internationales : contribution à l'étude de son statut juridique au regard de la pratique contemporaine », Thèse, Université Robert Schuman de Strasbourg, 1997, 465 p. Voir aussi Ph Cahier, Étude des accords de siège conclus entre les organisations internationales et les États où elles résident, Milano, Giuffrè, 1959.

buts ». Ces dispositions qui font désormais partie du droit commun des OI rappellent, si besoin en était encore, le fondement conventionnel de cette personnalité. En réalité, l'État le fait sur son territoire par habilitation expresse de la charte constitutive. La consécration de cette personnalité donne à l'OI un haut degré d'autonomie[42].

Dotées de la personnalité juridique interne comme consacrée par la charte constitutive et développée par la pratique subséquente, les OI bénéficient de la pleine capacité juridique en droit interne. Elles peuvent, à ce titre, contracter, acquérir ou aliéner des biens mobiliers et immobiliers. De même, elles peuvent ester en justice sous réserve de leur immunité de juridiction. Cette capacité d'agir dans l'ordre interne suppose une personnalité juridique distincte, tant de celle des autres États membres, que de celle de l'État hôte. Pour les États membres de l'OI, ses conséquences se déclinent notamment à partir de la prise en compte des dispositions pertinentes de la charte constitutive et des autres conventions. Mais, tel n'est pas souvent le cas pour les États-non membres de l'OI. En effet, pour ces États dits tiers[43], cette personnalité peut être reconnue sur la base d'un accord ou d'une loi nationale. Reconnue par une partie tierce, elle offre à l'OI toutes les possibilités d'action sur le territoire de l'État concerné. Si un État membre peut toujours étendre dans un accord ou dans une loi interne la personnalité juridique de l'OI, il ne peut cependant pas la restreindre. L'OI, déployant de nombreuses activités dans l'ordre juridique interne de l'État où elle a son siège, peut ainsi bénéficier des avantages beaucoup plus étendus dans le cadre des privilèges et immunités. Cela se fait naturellement dans les accords de siège signés entre l'OI et l'État d'accueil[44].

Paragraphe 2 : L'autonomie et la mutation des organisations internationales

La personnalité juridique, condition légale d'existence d'une OI, fait de cette dernière un sujet de droit international distinct des États membres qui la composent. Elle a de ce fait, une volonté propre lui permettant de s'affirmer à la fois au plan interne et international. L'exploitation des dispositions

---

[42] En somme, elle permet à l'OI de déployer une existence propre confortée par un ensemble d'éléments dont l'effet juridique est de la rendre relativement indépendante vis-à-vis des États membres et notamment de l'État hôte. Les dispositions des chartes constitutives de certaines OI européennes vont dans ce sens de manière beaucoup plus claire. C'est le cas notamment de l'article 6 alinéa 1 de la CECA (Communauté économique du charbon et de l'acier) et l'article 210 du Traité créant les CEE (Communautés Économiques Européennes).

[43] Sur le statut de tiers dans le cadre des activités des organisations internationales, voir J C Tcheuwa, « Le siège des organisations internationales : contribution à l'étude de son statut juridique au regard de la pratique contemporaine », Thèse, Université Robert Schuman de Strasbourg, 1997, 465 p.

[44] Sur cette question, voir J C Tcheuwa, idem.

pertinentes des chartes constitutives, des accords sur les privilèges et immunités, ainsi que des accords de siège fixe le cadre d'analyse de la question de l'autonomie des OI[45]. Cette autonomie est, au-delà des discussions théoriques, assise sur les privilèges et immunités reconnus à ce type de sujet.

Cependant, créée par un traité, l'OI connait les trois dimensions du cycle de vie de tout sujet de droit, à savoir : sa naissance, son évolution et sa disparition. Cela traduit cette dynamique particulière dans le développement de l'OI, saisie à travers la problématique des mutations.

A- L'autonomie et l'indépendance des organisations internationales : les privilèges et immunités

Ne disposant pas d'un territoire propre, les OI sont nécessairement situées sur le territoire des États qui les hébergent[46]. Il en va de même de la plupart de leurs activités. Par ailleurs, elles n'exercent pas de compétences personnelles au sens du droit international stricto sensu. Des différends peuvent naître des rapports entre les États hôtes ou non et les OI[47]. S'agissant notamment de la protection du personnel de l'OI, cette protection et les différends qui en découlent sont abordés avec, en toile de fond, la problématique des privilèges et immunités dont il convient d'une part, d'analyser les fondements et d'autre part, d'interroger leur contenu.

Les chartes constitutives des OI contiennent généralement des clauses reconnaissant à l'OI, sur le territoire de chacun de ses membres, des privilèges et immunités nécessaires à l'accomplissement de ses missions[48]. En réalité, ce type de dispositions permet à l'OI d'agir en toute indépendance sur le territoire des États membres[49]. Il convient par ailleurs de relever que, contrairement à

---

[45] Voir J-M. Dufour, De l'exterritorialité à l'autonomie internationale : À propos des relations de l'organisation intergouvernementale avec l'État-hôte, in Mélanges Michel Virally, Le droit international au service de la paix, de la justice et du développement, Paris, Pedone, 1991, pp. 239 et ss.

[46] Voir Ph. Cahier, Etude des accords de siège conclus entre les organisations internationales et les Etats où elles résident, Milano, Giuffré, 1959.

[47] Sur cette question, voir Ch. Dominicé, Le règlement juridictionnel du contentieux externe des organisations internationales, in Mélanges Michel Virally, op. cit. pp. 225 et ss.

[48] Voir G. Perrin, Les privilèges et immunités des représentants des États auprès des organisations internationales, RGDIP, 1956, op. cit., pp. 193-237.

[49] Le but des privilèges et immunités est tout d'abord d'assurer le respect de l'action concertée des États souverains dans un but d'intérêt commun, mais aussi d'assurer le respect de l'égalité des États membres en empêchant notamment que, du fait de sa compétence territoriale, l'État hôte ne puisse occuper une situation prépondérante par rapport aux autres membres. Cette affirmation unanimement acceptée par la doctrine découle d'un Avis du Service Juridique des NU rendu le 16 mai 1968 à propos de l'immunité fiscale. Les privilèges et immunités dans le cadre des OI sont fonctionnels, c'est-à-dire limités au cadre strictement nécessaire à l'exercice de la fonction. Ainsi, ils ne font droit que dans la mesure et pour autant qu'ils permettent

la diplomatie classique et aux privilèges et immunités qui en découlent, la réciprocité ne joue pas pour ce qui est des OI, car il s'agit d'un type de relations particulières qualifiées de diplomatie multilatérale. Aussi, note-t-on que les privilèges et immunités font l'objet d'une réglementation conventionnelle bien détaillée relevant de trois catégories de normes ou instruments : d'abord, les dispositions des actes constitutifs des OI qui en posent le principe[50]. Ensuite, les instruments multilatéraux concernant spécifiquement les privilèges et immunités. C'est le cas de la convention de 1946 sur les privilèges et immunités des Nations Unies et la convention de 1947 sur les privilèges et immunités des institutions spécialisées. Enfin, les accords spécifiques qui définissent les conditions d'établissement d'une OI sur le territoire d'un État tels les accords de siège[51].

Tous les privilèges et immunités reconnus aux OI ont pour but de faire échapper celles-ci à l'autorité des États membres et même de l'État hôte[52]. De même, ils sont destinés à assurer à l'OI des facilités requises pour lui permettre de maintenir en toutes circonstances, les communications nécessaires à l'accomplissement de ses missions. L'immunité de juridiction et d'exécution[53] est reconnue à l'OI, à son personnel, à ses biens et à ses avoirs, où qu'ils se trouvent et, quel que soit le détenteur. Cette immunité concerne tous les actes de procédure devant l'autorité nationale exerçant en vertu de la législation nationale les fonctions judiciaires, administratives, ou exécutives. Elle s'applique non seulement à l'OI lorsque celle-ci est assignée, mais aussi dans le cas où on lui demande de s'acquitter d'une fonction liée à une telle

---

d'atteindre les buts fixés par la charte constitutive. On peut à cet égard citer 02 célèbres affaires : affaire Mazilu, Avis de 1989 et affaire *Dato Param Cumaraswamy*, 1999.

[50] Voir notamment l'article 105 de la Charte des Nations Unies et l'article 40 du statut du Conseil de l'Europe.

[51] Le développement du droit conventionnel en la matière est tel que l'on s'est posé la question de savoir si, au regard de *l'opinio juris*, les privilèges et immunités n'avaient pas finalement un caractère coutumier. La question s'est posée à la suite de la détention à Abidjan après l'atterrissage forcé d'un aéronef du représentant permanent de la Guinée auprès des NU et d'un fonctionnaire de l'Union Postale Universelle (UPU), lui aussi de nationalité Guinéenne. Il faut souligner, pour une meilleure problématisation de la question, que la Côte d'Ivoire n'était pas partie à la convention de 1946 et la Guinée n'y avait pas adhéré. Et donc tous deux étaient tiers à cette convention. Dans son Avis, le Conseil juridique de l'organisation des Nations Unies avait déclaré que : « les règles énoncées par la convention de 1946 sont devenues, dans les 22 ans qui se sont écoulés depuis l'adoption de cet instrument, la norme qui régit dans le monde entier les relations entre les États et les Nations Unies. Les principes de cette convention font maintenant partie du droit international général régissant les relations entre les États et l'ONU. Ainsi, il ferait droit même à l'égard des États-non parties » (avis de 1967). Le caractère coutumier est aujourd'hui expressément reconnu par les différentes conventions y afférentes qui s'affirment elles-mêmes comme étant des conventions de codification.

[52] On pense notamment à l'autorité juridique, autorité judiciaire, autorité administrative, pouvoir de contrainte, pouvoir fiscal.

[53] Sur quelques éléments de jurisprudence, voir JDI (Clunet) n° 4, octobre 2016, 18, commentaire G. Cuniberti.

procédure[54]. Il convient, au regard de cette immunité, de souligner que l'OI est en droit d'y renoncer ou de mettre en application la procédure de *l'amicus curiae*, c'est-à-dire agir en qualité « d'ami de la cour »[55].

L'inviolabilité des locaux, des archives, des documents et des communications des OI a pour but de protéger l'intimité, la dignité et la liberté d'action des OI. Cette liberté vise à la fois, les délibérations de l'OI qui, en principe, doivent se dérouler dans la confidentialité. Sauf autorisation ou consentement clairement formulé, les autorités de l'État hôte, les forces publiques locales ou toute autre autorité nationale ne doivent accéder aux locaux de l'institution[56].

Les immunités fiscales dont bénéficie l'OI concernent tout d'abord, les impôts directs, qui posent, dans leur mise en œuvre, pratiquement très peu de problèmes. Toutefois, il faut relever que l'OI ne se considère pas comme liée par des définitions d'impôts et taxes admis par certains systèmes juridiques[57].

---

[54] On remarquera cependant que les communautés Européennes ne disposent pas de l'immunité de juridiction (Article 40 CECA ; Article 183 CE). Cela se justifie, car la CJCE a en effet une compétence pour connaitre de la quasi-totalité des litiges soulevés à l'occasion de leurs activités. La jurisprudence en cette matière est abondante et concerne à la fois les affaires touchant aux immeubles de l'OI, aux contrats passés par l'organisation, aux sommes détenues par elle pour le compte des tiers.

[55] Il est parfois prévu que l'OI peut renoncer à son immunité pour un contrat ou par une convention signée à l'avance. Pour les NU, la Section 22 de la convention de 1946 dispose clairement que : l'immunité existe sauf dans la mesure où, l'organisation y a expressément renoncé dans un cas particulier. Il est toutefois entendu qu'une telle renonciation ne peut s'étendre aux mesures d'exécution. En d'autres termes, l'immunité d'exécution est absolue. (Voir en ce sens Cass, 1re civ, 25 mai 2016, Charles X C/ Banque des États de l'Afrique Centrale. Ici, le juge en reconnaissant que l'immunité d'exécution d'une OI diffère de celle des États membres a retenu que celle-ci ne pouvait pas résister à la pression des droits fondamentaux, à savoir le droit à un procès équitable, le droit à l'exécution d'une décision de justice.

[56] Dans la pratique, les manquements à cette obligation ont provoqué de vives protestations auprès des gouvernements intéressés. Ces derniers sont par ailleurs tenus de prendre toutes les mesures nécessaires à la protection des locaux et des archives de l'organisation. (CIJ affaire du personnel diplomatique et consulaire des USA à Téhéran). Elle est prévue à la fois par les chartes constitutives et les accords de siège signés entre l'organisation et l'État d'accueil. Elle est susceptible, dans sa mise en œuvre, d'ouvrir sur la problématique de l'asile diplomatique ; c'est-à-dire cette protection qu'un sujet de droit bénéficiant de l'immunité ou de l'inviolabilité des locaux peut accorder à toute personne fuyant un péril imminent (affaire du droit de l'asile Haya de la Torre).

[57] Cela veut dire que la qualification donnée à l'impôt par un ordre juridique national ne peut gouverner l'application de la Convention de 1946 qui doit être interprétée de manière uniforme à l'égard de tous les États membres. Le but recherché par cette immunité reste celui de l'égalité entre tous les États membres, y compris l'État hôte de l'organisation. Cela reste vrai s'agissant même des pensions-retraite perçues par les anciens fonctionnaires d'une OI (Sentence arbitrale SA UNESCO vs France 2003). Pour l'impôt direct, des mesures sont prises par les États membres en vue du remboursement des montants des taxes retenues, c'est le cas de la TVA par exemple.

Enfin, les OI bénéficient de l'exonération des droits de douane à l'égard des biens et autres objets importés ou exportés pour des usages officiels.

En somme, l'analyse du contenu des privilèges et immunités des OI peut s'apprécier à un triple niveau. D'abord, les privilèges et immunités des représentants des États membres que l'on peut analyser à travers la convention de Vienne de 1975. Ensuite, les privilèges et immunités des fonctionnaires internationaux que l'on peut également analyser à travers la convention de Vienne de 1946 et 1947. Enfin, les privilèges et immunités des collaborateurs occasionnels de l'OI[58].

B- Les mutations des organisations internationales

Le thème de la mutation n'intéresse pas que les États en rapport avec la succession et la reconnaissance d'État ; il concerne aussi et davantage, les OI qui, à l'image de tout sujet de droit, naissent, évoluent, s'adaptent aux changements ou disparaissent du fait d'un changement fondamental de circonstances (clause *rebus sic stantibus*). L'OI étant créée par un traité, la question de sa disparition relève en partie de la problématique de la fin des traités[59]. Aussi, les États parties gardent-ils tout entier le droit de s'en retirer à tout moment, moyennant le respect des modalités prévues à cet effet par la charte constitutive elle-même. Ainsi, en l'absence des dispositions spécifiques fixant le terme de l'existence de l'OI, le principe en la matière reste celui du droit commun applicable au droit des traités suivant lequel celui-ci peut être dénoncé par les États parties à tout moment[60]. La disparition de l'OI entraine la liquidation qui peut en pratique soulever quelques difficultés en termes de répartition de l'actif ou du passif de l'OI[61]. Au total, trois situations peuvent théoriquement se présenter : Celle où il y a cessation de l'accord à son terme normal et dissolution de l'OI, celle où l'accord est prorogé maintenant ainsi l'existence de l'OI, celle en fin où l'expiration de l'accord ou de la charte constitutive et la dissolution de l'OI s'accompagnent de la conclusion d'une

---

[58] Voir l'affaire dite « du Comte Bernadotte », l'Affaire Mazilu et l'affaire Cumaraswamy, op. cit

[59] Elle concerne à la fois la question de la fin de la participation à la charte constitutive et celle de la dénonciation ou des différentes sanctions pouvant être prises vis-à-vis d'un membre (la perte de la qualité de membre par la suspension, le retrait ou l'exclusion). Elle recouvre aussi la fin du traité lui-même entraînant la disparition de l'OI.

[60] Les États membres décident souverainement sous réserves, notamment du respect d'un préavis, de mettre un terme à la charte constitutive et, par voie de conséquence, à la vie de l'OI.

[61] Ainsi, vis-à-vis des créanciers, la responsabilité des États membres est en principe limitée à leurs obligations financières à l'égard de l'OI comme prévu par la charte constitutive. En principe, la répartition des actifs en fonction des contributions des États membres n'a lieu qu'après la liquidation des créances de l'OI. Lorsqu'un terme ou un délai a été prévu dans le cadre des chartes constitutives et qu'il survient, cela entraîne ipso facto la dissolution de l'OI. Toujours sur cette base, certaines chartes constitutives prévoient leur renouvellement à échéance.

nouvelle charte constitutive distincte de la précédente. On le perçoit clairement, toutes ces hypothèses posent en substance.

La problématique de la succession des OI

La problématique de la succession des OI[62] est moins connue que celle relative aux États, non pas seulement du fait de la fréquence moins grande du phénomène, mais davantage du fait de la pauvreté des analyses doctrinales y relatives. Toutefois, le développement des OI dans la seconde moitié du XXe siècle a conduit certains auteurs à appréhender en termes de « succession » les cas de disparition, de création et de substitution institutionnelle qui se sont multipliés et qui ont modifié la composition de la société internationale.

Mutatis mutandis, la succession d'OI se définit comme la substitution d'une OI à une autre dans la responsabilité de ses missions d'intérêts communs au plan international[63]. Le principe en la matière étant que l'organisation qui disparaît et celle qui lui succède doivent se mettre d'accord sur les transferts effectués. C'est en réalité un ensemble d'actes juridiques qui règlent la succession sur la base de la charte constitutive ou des autres actes dérivés de l'organisation[64].

En conclusion et en dépit de ces traits généraux communs applicables aux organisations internationales contemporaines, on peut noter que le mouvement d'universalisme à travers la création de l'ONU n'a pas empêché l'émergence et la floraison d'institutions qui s'inscrivent dans la logique du régionalisme. En effet, au lendemain de la création de l'ONU en 1945, et fort des leçons du passé, toutes les régions du monde, y compris l'Afrique, sont concernées aujourd'hui par ce mouvement de régionalisme dans la mesure où

[62] M-C Runavot, « La succession des OI dans la construction européenne », Revue Europe, N° 8, août 2011 ; D. Gnamou-Petauton, « Dissolution et succession entre OI : contribution à la théorie de la succession entre OI », Bruylant Bruxelles ; 2008 ; R. Ranjeva, *La succession des organisations internationales en Afrique*, Paris, Pedone, 1978, 418 p.

[63] Outre le cas bien connu de la SDN et l'ONU, on peut citer de nombreux autres cas de succession d'OI. Ainsi, l'UA a succédé à l'OUA, la CEMAC a succédé à l'UDEAC et dans certains aspects, l'UE à la CEE. La succession peut concerner le plus souvent partiellement aussi bien les missions, les fonctions, les normes, les agents ou même le patrimoine de l'organisation défunte. Elle peut aussi s'apprécier en termes de transfert de responsabilité dont l'étendue et les conditions font en principe intervenir une pluralité d'actes juridiques.

[64] Ainsi, la Résolution de 1945 signée le 19 juillet 1946 règle l'ensemble des arrangements concernant la succession entre les NU et la SDN. Les transferts effectués peuvent soulever de nombreuses difficultés non seulement en raison de l'existence des États qui ne sont pas membres de la nouvelle organisation, mais aussi en rapport avec cette possibilité pour les États membres des deux organisations concernées. S'agissant plus spécifiquement du statut de membre, il convient de souligner que les chartes constitutives des organisations qui succèdent règlent la question en précisant notamment que les États membres de l'organisation défunte sont membres originaires de la nouvelle organisation. Cette manière de procéder présente sur le plan de l'analyse juridique, une difficulté, en ce sens que les États membres de l'OI défunte voient leur liberté entamée du fait de l'octroi automatique d'un statut de membre originaire.

l'on assiste à la création d'organisations internationales régionales, dont la compétence s'étend jusqu'aux extrémités de la région ou de la sous-région concernée qui constituent le territoire de l'organisation.

Instrument privilégié de l'institutionnalisation des relations internationales contemporaines, le phénomène d'organisation internationale se développe également sur le continent africain. Largement inspiré par l'idée d'un panafricanisme pas toujours clairement affiné, insuffisamment compris et ayant deux tendances majeures. La création des organisations internationales africaines répond à des motivations à la fois endogènes et exogènes, multiples, renouvelées et diversifiées qui parfois se croisent, se recoupent, se chevauchent ou s'exposent à des risques de télescopage. Le résultat n'est pas toujours très rassurant, d'où la réflexion déjà engagée sur la réforme de l'Union africaine[65]. L'on assiste à une multiplication, peut-être exagérée, voire inutile, des organisations internationales africaines et à l'établissement de ce qu'on a nommé « la polygamie institutionnelle » qui affecte, assurément, leur efficacité[66]. Créée pour l'action, la recherche de l'efficacité est au centre de la mission des organisations internationales africaines et constitue, comme pour d'autres organisations internationales, l'un des défis majeurs à relever. Les difficultés rencontrées par ces organisations internationales africaines à réaliser les missions d'intérêts communs à leurs membres fondateurs sont là pour soutenir ce manque d'efficacité. Les exemples sont légion ; sans être exhaustif, l'on peut mentionner la peine des organisations internationales africaines à maintenir la paix ou à la rétablir lorsque celle-ci est menacée ou rompue dans une sous-région de l'Afrique, la problématique de la mise sur pied d'un marché africain commun où la libre circulation des biens et des personnes est respectée et soutenue par tous, la protection de l'environnement et la position commune de l'Afrique sur le sport dont la place et l'intérêt dans la société internationale contemporaine ne sont plus à démontrer.

Ce manque d'efficacité des organisations internationales africaines peut trouver sa cause, entre autres, dans leur faible autonomie que ce soit sur le plan juridique, matériel et surtout financier. Reposant, de manière originelle et principale, sur des États africains majoritairement sous-développés, aux structures non encore suffisamment solides, le fonctionnement des organisations internationales s'en trouve conséquemment émoussé. Aussi, se développe-t-il, dans la conscience publique africaine, une crise de représentativité et de légitimité des organisations internationales africaines. Les États et les peuples africains ne se retrouvent plus ou ne font plus

---

[65] Voir le Rapport de SE P. Kagamé, sur les recommandations proposées en vue de la réforme institutionnelle de l'Union Africaine, du 29 janvier 2017.

[66] Un inventaire des organisations internationales présentes dans la sous-région de l'Afrique centrale atteste de cette multiplication et de cette superposition des institutions.

confiance à ces organisations africaines, et préfèrent recourir, à leurs dépens, à des organisations internationales non africaines, notamment universelles.

Dans un tel contexte, ne pourrait-on pas soulever le problème de la responsabilisé de ces organisations internationales africaines, en raison de ces manquements relevés ?

Le contexte historique de la création des organisations internationales africaines, leur autonomie, leur efficacité, leur légitimité ,voire la question de leur représentativité et enfin celle de leur éventuelle responsabilité face aux enjeux et défis contemporains auxquels est confrontée l'Afrique, tels la gestion durable de l'environnement, la promotion de l'État de droit, le maintien de la paix, les rapports entre ordres juridiques africains, sont autant de sujets de réflexion que le présent ouvrage envisage d'analyser. Il le fera dans une double entrée à la fois descriptive et réflexive qui s'inscrit, assurément, dans le prolongement des problématiques des organisations internationales contemporaines.

Aussi, avant de faire un examen critique de l'action plurielle des organisations internationales africaines (**Deuxième Partie**), l'on abordera la question de leur existence (**Première Partie**).

PREMIÈRE PARTIE :

L'EXISTENCE DES ORGANISATIONS INTERNATIONALES AFRICAINES

Le phénomène « Organisation internationale » en Afrique, entre mimétisme et originalité

Par :

Jean-Marc II COUESSU' (*)

Docteur PhD en Droit public
Chargé de cours, Université de Yaoundé II/Cameroun

Résumé

Le phénomène « organisation internationale » en Afrique reproduit-il tous les caractères établis de la « catégorie organisation internationale » dont on convient généralement que les traits essentiels ont été posés en Europe et, sur le plan universel, par la SDN/ONU ou comporte-t-il des éléments de singularité, des éléments « d'africanité » ? L'organisation internationale africaine (OIA), puisqu'il s'agit d'elle, constitue-t-elle un simple mimétisme ou a-t-elle une originalité ? Telle est la problématique centrale posée dans la présente étude. Se fondant principalement sur l'analyse des actes constitutifs des OIA comme ceux de l'OUA/UA, CEEAC, CEDEAO, SADC, UMA, EAC, etc. l'on ne peut avoir une position tranchée. En réalité, *l'OIA évolue entre mimétisme d'un modèle et originalité d'une méthode.* Le mimétisme est principalement formel et se situe au niveau du processus d'institutionnalisation et de fonctionnement de l'OIA. Mais, c'est précisément sur le plan substantiel, au niveau de « l'idée d'œuvre » des OIA qui est celui de la réalisation à terme d'une unité et d'une solidarité des États et des peuples africains suivant une méthode communautaire totale, que l'OIA trouve son originalité. Cependant, la matérialisation de cette originalité révèle certains défis qu'il est plus qu'impérieux de « domestiquer » pour faire de l'OIA un véritable instrument efficace de réalisation de l'unité, de la solidarité et du développement des peuples africains.

Mots clés : organisation internationale, organisation internationale africaine, mimétisme, originalité, panafricanisme

Introduction

Il est commun de considérer que les premières organisations internationales ont vu le jour en Europe, au XIXe siècle, sous une forme embryonnaire, peu ambitieuse et essentiellement technique. Il s'agissait « des commissions fluviales et les unions administratives »[67]. Ces commissions fluviales et ces unions administratives étaient un mode d'institutionnalisation, c'est-à-dire d'organisation de manière durable au moyen de structures créées à cet effet, de la gestion d'une ressource naturelle partagée ou d'un besoin social international commun qui, par ses caractéristiques ordinaires, débordait le cadre national d'un État. Et, par conséquent, ne pouvait être administrée efficacement que par une entité autre que les États à qui les moyens nécessaires devaient être attribués pour le besoin de cette cause à caractère international[68]. Partant, le phénomène d'organisation internationale, dont les théories et la positivité conceptuelles se feront des décennies après son existence[69], connaitra un fort développement. Ce fort développement s'effectuera à l'intérieur des frontières européennes et, on doit le dire, en dehors de celles-ci au fur et à mesure que les États non européens notamment « découvraient »[70] des besoins d'intérêt commun à organiser. Ce phénomène d'institutionnalisation internationale se développera particulièrement dans l'entre-deux guerres et au lendemain de la création de l'ONU en 1945,[71] au point où aujourd'hui, l'on estime qu'il existe plus d'organisations internationales que d'États, « plus de créatures que de créateurs ». En effet, il n'existerait presque plus un secteur de la vie sociale qui n'aurait pas une organisation internationale chargée de l'organiser de manière durable. De

---

(*) Docteur *PHD* en Droit public, mention Droit public international et communautaire depuis le 21 novembre 2016. La thèse soutenue publiquement sur le thème « La nature juridique des fédérations internationales de sport, contribution à l'étude des institutions internationales », a été préparée sous la direction de M. TCHEUWA Jean-Claude, Professeur titulaire des universités. Chercheur au Centre d'Études et de Recherches en Droit International et Communautaire (CEDIC) et au Centre d'Études et de Recherches en Droit, Économie et Politique du Sport (CERDEPS) de l'Université de Yaoundé II, l'intéressé est l'auteur de plusieurs travaux scientifiques en cours de publication dans les domaines du droit des organisations internationales, du droit du sport, du droit de paix. Email : jmcouessu@yahoo.fr

[67] SOREL (J-M.), « L'institutionnalisation des relations internationales », *in Droit des organisations internationales,* LAGRANGE (E.) et SOREL (J-M.) (*Dir.*), Paris, LGDJ, 2013, p. 16.

[68] VIRALLY (M.), « La notion de fonction dans la théorie de l'organisation internationale », *in Le droit international en devenir*, Paris, PUF, 1re édition, 1990, 272 ; LAGRANGE (E.), « La catégorie « organisation internationale », *in Droit des organisations internationales,* LAGRANGE (E.) et SOREL (J-M.) (*Dir.*), op. cit., p. 41.

[69] SOREL (J-M.), « L'institutionnalisation des relations internationales », *in op. cit., p. 18.*

[70] HAURIOU (M.), « La théorie de l'institution et de la fondation. Essai de vitalisme social », *Cahiers de la nouvelle journée, n° 4, La cité moderne et les transformations du droit,* Paris, Blond & Gay, 1925, p. 101.

[71] V. entre autres SOREL (J-M.), « L'institutionnalisation des relations internationales », *in op. cit.,* pp. 17-34.

même, le phénomène se démocratisera et touchera toutes les régions du monde en s'inspirant, de manière générale, du modèle européen et, après 1945, du « prototype onusien ». Dès lors, relativement ancien par rapport au phénomène État ,et toujours en plein essor, le phénomène d'organisation internationale est devenu un phénomène universel.

Toutefois, le phénomène d'organisation internationale est également un phénomène pluriel. En effet, résultant d'une évolution encore en gestation, le phénomène d'organisation internationale ne saurait être réduit, actuellement, à la seule forme interétatique. Dans une société internationale contemporaine dont les mutations affectent la quintessence du droit international qui la régit, l'organisation internationale ne saurait être assimilée exclusivement à une « association d'États constituée par un traité, dotée d'une constitution et d'organes communs, et possédant une personnalité juridique distincte de celle des États membres »[72]. Suivant l'article 2(a), du projet d'articles sur la responsabilité des organisations internationales adopté en 2011 par la Commission du droit international, elle s'entend comme « toute organisation instituée par un traité ou un autre instrument régi par le droit international et dotée d'une personnalité juridique internationale propre »[73]. Aussi, à côté de la « sous-catégorie d'organisation internationale intergouvernementale (OIG) » dont la personnalité juridique internationale est présumée sauf dispositions contraires, l'on pourrait admettre l'émergence de la « sous-catégorie d'organisation internationale non gouvernementale (OING) » lorsqu'à celle-ci, une personnalité juridique internationale propre aura été dûment reconnue[74]. Quoique la présente étude soit circonscrite autour du phénomène d'organisation internationale « au sens classique sus-dit »[75], donc interétatique, ce « mouvement de diversification des formes d'organisation internationale »[76] méritait d'être noté. À cette pluralité des formes du phénomène d'organisation internationale contemporain, l'on doit aussi relever la diversité d'objets et la multiplicité des méthodes.

---

72 DAILLIER (P.), FORTEAU (M.), PELLET (A.), *Droit international public*, Paris, L.G.D.J., 8e édition, 2009, p. 643.

73 Article 2, (a), CDI, Projet d'articles sur la responsabilité des organisations internationales et commentaires y relatifs 2011.

74 Sur ce point, V. les développements que nous avons effectués dans le cadre des travaux antérieurs, notamment COUESSU' (J-M. II), « La nature juridique des fédérations internationales de sport, contribution à l'étude des institutions internationales », Thèse de doctorat, Université de Yaoundé II, 2016, 614 p, v. particulièrement pp. 6-26 ; v. aussi MERLE (M.), « Le concept de transnationalité », *in Humanité et droit international*, Mélanges René-Jean Dupuy, Paris, Pedone, 1991, pp. 223-231 ;

75 ; LAGRANGE (E.), « La catégorie « organisation internationale », *in op. cit.*, p. 41.

76 *Ibid.*, p. 39.

En réalité, chaque organisation internationale a son histoire et son objet propres. Des organisations à objet technique[77] à celles à objet politique, nous avons aussi des organisations à objets très variés dont la prétention à l'énumération peut exposer au danger de l'oubli. Cette singularité de l'objet affecte à la fois le processus de création de l'organisation internationale, l'ambiance des négociations relatives à l'adoption de son acte constitutif, sa structure organique ainsi que la distribution du pouvoir entre ces différents organes, sa personnalité juridique y compris la protection de ce moyen, la nature « ouverte » ou « fermée » a/de la participation à ses activités, ses compétences, son autorité, et les possibilités d'évolution[78] que cette dernière peut connaitre[79]. En d'autres termes, l'objet de l'organisation internationale, son « idée d'œuvre »[80] selon l'expression de Maurice Hauriou, donne à cette dernière une touche de singularité, de spécificité au-delà des points de convergence qu'elle pourrait avoir avec l'ensemble de l'espèce. Aussi, l'étude d'une organisation internationale particulière devrait-elle s'opérer *in situ*.

La pluralité du phénomène d'organisation internationale se situe également au niveau de la méthode retenue pour réaliser l'objet particulier assigné par les États fondateurs. À ce niveau, la doctrine a pendant longtemps fait une proposition manichéenne, distinguant la « méthode intergouvernementale »[81] de la « méthode communautaire »[82]. Révélateur d'un dynamisme dans les institutions internationales, la « méthode intergouvernementale » serait la caractéristique des organisations dites de coopération où « les États restent pleinement souverains et peuvent mettre fin à cette coopération à tout moment »[83]. En revanche, la « méthode communautaire [...] qui, comme son nom l'indique, a guidé la mise en place des Communautés [européennes]

---

77 Celles-ci nécessitent généralement une mise en commun de la régulation ou une unification des normes de nationalités différentes. SOREL (J-M.), « L'institutionnalisation des relations internationales », *in op. cit.*, p. 16.

78 BURGORGUE-LARSEN (L.), « La structure institutionnelle de l'organisation internationale », *in* Droit des organisations internationales, LAGRANGE (E.) et SOREL (J-M.), *op. cit.*, p. 391 et ss.

79 VIRALLY (M.), « La notion de fonction dans la théorie de l'organisation internationale », *in op. cit.*, p. 274.

80 HAURIOU (M.), « La théorie de l'institution et de la fondation. Essai de vitalisme social », *op. cit.*, p. 96. Selon Maurice Hauriou : « une institution est une idée d'œuvre ou d'entreprise qui se réalise et dure juridiquement dans un milieu social ; [...] L'élément le plus important de toute institution corporative est celui de l'idée d'œuvre à réaliser dans un groupement social ou au profit de ce groupement ». (p. 98).

81 BERNARD (E.), « La distinction entre organisation de coopération et organisation d'intégration : l'Union européenne au carrefour des « méthodes », *in Le phénomène institutionnel international dans tous ses états : transformation, déformation ou reformation ?*, DUBIN (L.), RUNAVOT (M-C.) (*Dir.*), Paris, Pedone, 2014, p. 103.

82 *Idem.*

83 BERNARD (E.), « La distinction entre organisation de coopération et organisation d'intégration : l'Union européenne au carrefour des « méthodes », *in op. cit.*, p. 103.

avant celle de l'Union » serait la caractéristique « des organisations dites d'intégration »[84]. Ces dernières « ont pour mission de rapprocher les États qui les composent, en reprenant à leur compte certaines de leurs fonctions, jusqu'à les fondre en une unité englobante dans le secteur où se développe leur activité, c'est-à-dire dans le domaine de leur compétence »[85]. Cette unité englobante se traduit par un centre d'impulsion normatif et opérationnel, « supranational », dont « les produits » pénètrent « directement » les ordres juridiques nationaux et forment avec ceux-ci un ordre juridique spécifique[86].

Partant de ces considérations, la présente étude a la prétention de faire une analyse du phénomène « organisation internationale » dans une ambiance africaine. Dès lors, par « phénomène « organisation internationale » en Afrique », on entend « toute organisation instituée [par les États africains au moyen] d'un traité ou un autre instrument régi par le droit international, et dotée d'une personnalité juridique internationale propre »[87], dont le siège et l'action se déploient sur le « territoire africain »[88]. Ainsi, l'expression renvoie, *in fine*, à *l'organisation internationale africaine* (OIA) et non à une quelconque organisation internationale dont l'action est posée en Afrique[89]. Dans cette limite notionnelle, matérielle et spatiale, il s'agit de poser le problème essentiel de savoir si en Afrique ledit phénomène institutionnel international partage des points de convergence avec l'ensemble du genre organisation internationale ou dispose-t-il d'éléments spécifiques,[90] voire exclusifs, dans l'espace en question. La question est pertinente dans la mesure où le phénomène d'organisation internationale en Afrique est relativement récent par rapport aux autres régions du monde ; il prend forme à une période où l'expérience institutionnelle internationale est déjà connue par d'autres continents et même sur le plan universel par deux fois[91]. Dès lors, les risques de mimétisme sont fort importants comme semblent l'indiquer les règles et la

[84] *Idem.*

[85] VIRALLY (M.), « Définition et classification approche juridique », *in op. cit.*, p. 231.

[86] Sur ce point relatif à l'ordre juridique, v. ROMANO (S.), *L'ordre juridique*, Traduction par L. François et P. Gothot, Paris, Dalloz, 1975, xxii + 174 p (réédition 2002) ; LATTY (F.), *La lex sportiva, Recherche sur le droit transnational,* Leiden/Boston, Martinus Nijhoff Publisher, coll. Études de droit international, 2007, 849 p ; VIRALLY (M.), « Un tiers droit ? Réflexions théoriques », *in op. cit.*, pp. 491-502.

[87] V. Article 2, (a), Projet d'articles sur la responsabilité des organisations internationales et commentaires y relatifs adopté par la CDI en 2011.

[88] Il s'agit ici de l'Afrique continentale et ses Îles périphériques telles que Madagascar ou São Tomé et Príncipe, etc.

[89] Les organisations internationales non créées par les États africains ,et agissant en Afrique sont exclues ici.

[90] FAU-NOUGARET (M.), « Originalité et convergence des phénomènes de décentralisation en Afrique Sub Saharienne »,

[91] La SDN en 1919, et l'ONU en 1945. Alors que la première organisation internationale africaine, établie par les États africains, advient en 1963 et porte le nom de l'Organisation de l'Unité Africaine (OUA).

pratique des organisations internationales africaines (**I**). Toutefois, on notera qu'en dépit de ces points de convergence, le phénomène d'organisation internationale en Afrique conserve néanmoins des éléments spécifiques qui en font son originalité (**II**).

I- La tendance au mimétisme : L'institutionnalisation des besoins d'intérêt commun aux États et peuples africains

Dans le cadre d'une contribution scientifique portant sur « *Les échecs du mimétisme constitutionnel en Afrique noire francophone* »[92], Madame Fleur Dargent affirme que « [l]a notion de mimétisme peut revêtir plusieurs sens. Elle peut consister, dans le règne animal ou végétal en une capacité à se confondre avec des éléments d'une autre espèce, mais il peut aussi s'agir d'une reproduction involontaire du comportement d'autrui. Ramené à la matière constitutionnelle, on pourrait définir le mimétisme comme la transposition d'une Constitution d'un État vers un autre État, une exportation plus ou moins consciente et plus ou moins complète. »[93] Après ce déblayage, l'auteure retient la position suivant laquelle la notion de mimétisme « consiste en la reproduction d'institutions et de mécanismes propres à un autre régime, transposition par le texte ou transposition dans la pratique constitutionnelle. »[94]

Aussi, soutenir l'idée de la tendance du mimétisme du phénomène « organisation internationale » en Afrique c'est appuyer la thèse selon laquelle, en raison d'un ensemble de considérations plus ou moins volontaires, ledit phénomène reproduit, de manière complète ou incomplète, les caractères établis[95] de l'ensemble de l'espèce organisation internationale. Cette tendance au mimétisme de l'organisation internationale en Afrique se vérifie à la fois sur le plan du processus d'institutionnalisation (**A**) que sur le plan du fonctionnement (**B**).

A- Le mimétisme dans le processus d'institutionnalisation du phénomène « organisation internationale » en Afrique

Compte tenu du fait que l'on a écarté de la présente étude les organisations internationales non gouvernementales (OING)[96], « toute organisation internationale se présente – au moins initialement – comme une association

---

[92] DARGENT (F.), « Les échecs du mimétisme constitutionnel en Afrique noire francophone », *Atélier n°4*
[93] *Ibid.*, p. 1.
[94] *Idem.*
[95] V. *Larousse de Poche 2007*, Paris, Larousse, 2006, p. 803.
[96] Voir *supra*, p. 3.

d'États »[97] « instituée par un traité ou un autre instrument régi par le droit international »[98]. Ce moyen de droit international porte création d'un être juridique, voire d'un ordre juridique[99], doté d'organes, d'une volonté et «d'une personnalité juridique internationale »[100] propres. Cette association d'États s'opère en réalité autour d'« une idée d'œuvre ou d'entreprise »[101] à réaliser durablement et juridiquement dans un milieu social donné. L'« idée d'œuvre ou d'entreprise » devient la fonction de l'organisation créée,et traduit ainsi l'existence « d'un besoin de « service international »[102] commun aux États fondateurs. Ce besoin de service public international « peut prendre concrètement la forme d'une réglementation, d'une régulation, d'une prestation de services »[103] divers dans un secteur d'activité donné où l'action classique de l'État, individuellement ou collectivement, présente des limites. Dès lors, indifféremment de l'espace où il se déploie, au centre du phénomène organisation internationale se trouve un besoin social de caractère international partagé par certains États. Ce besoin social commun de caractère international est juridiquement institué par un moyen de droit international portant création de l'organisation internationale (**1**) et par la disposition à cette dernière d'une structure organique propre à la réalisation de ce besoin (**2**).

1- La création de l'Organisation internationale africaine par un moyen juridique international

Comme l'organisation internationale de manière générale, la création de l'organisation internationale en Afrique s'effectue sur le fondement d'un moyen juridique international. Autrement dit, suivant la formule consacrée par le Projet d'articles sur la responsabilité des organisations internationales adopté par la Commission de Droit international des Nations Unies, l'organisation internationale en Afrique est « instituée par un traité ou un autre instrument régi par le droit international »[104].

---

97 VIRALLY (M.), « La notion de fonction dans la théorie de l'organisation internationale », *in op. cit.*, p. 272.

98 V. article 2 (a), Projet d'articles sur la responsabilité des organisations internationales, *op. cit, p7*

99 ROMANO (S.), *L'ordre juridique*, Traduction par L. François et P. Gothot, Paris, Dalloz, 1975, xxii + 174 p (réédition 2002).

100 V. article 2 (a), Projet d'articles sur la responsabilité des organisations internationales, *op. cit,p7.*

101 HAURIOU (M.), « La théorie de l'institution et de la fondation. Essai de vitalisme social », *op. cit.*, p. 96.

102 LAGRANGE (E.), « La catégorie « organisation internationale », *in Droit des organisations internationales,* LAGRANGE (E.) et SOREL (J-M.) (*Dir.*), *op. cit.*, p. 41.

103 LAGRANGE (E.), « La catégorie « organisation internationale », *in op. cit.*, p. 41.

104 Article 2, (a), Projet d'articles sur la responsabilité des organisations internationales et commentaires y relatifs adopté par la CDI en 2011

En effet, ayant des dénominations différentes[105], l'acte juridique portant création de l'organisation internationale en Afrique est un traité,et à ce titre, est régi par les Conventions de Vienne du 23 mai 1969[106] sur le droit des traités et celle du 21 mars 1986 sur la Convention de Vienne sur le droit des traités entre États et organisations internationales ou entre organisations internationales[107]. À l'image de tout traité international, celui portant création de l'organisation internationale africaine est un acte juridique négocié par les États africains, adopté suivants les termes convenus et qui, après une ratification dûment indiquée, entre en vigueur et lie les parties[108]. Ce traité constitutif contient, entre autres, le nom, l'objet, le but et les moyens de l'organisation, ainsi que les droits et obligations des parties et de l'organisation ainsi créée. Il a donc une dimension essentiellement conventionnelle. Mais à la différence d'un traité ordinaire, il faut noter que le traité portant création de l'organisation internationale en Afrique est également une constitution[109], c'est-à-dire l'acte de naissance d'un nouvel être juridique et la base légale d'un ordre juridique partiel nouveau[110] distinct de ceux des États créateurs et du droit international général auquel il est soumis. Avec cette double nature conventionnelle et constitutionnelle de son acte constitutif, l'organisation internationale en Afrique reproduit un caractère

[105] Les actes constitutifs des organisations internationales africaines prennent généralement le nom de Traité « institutif » ou constitutif. C'est le cas par exemple du Traité instituant la Communauté économique des États de l'Afrique centrale (CEEAC), adopté à Libreville le 18 octobre 1983 ; du Traité de la Communauté économique des États de l'Afrique de l'Ouest (CEDEAO), conclu à Lagos le 28 mai 1975 ; Traité constitutif de l'Union du Maghreb Arabe (UMA), signé le 17 février 1989 ; du *Treaty of The Southern African Development Community* (SADC) conclu à Windhoek le 17 août 1992, du Traité pour l'établissement de la Communauté d'Afrique de l'Est (EAC), conclu à Arusha, le 30 novembre 1999. Mais ils peuvent aussi prendre la dénomination d'Acte constitutif à l'instar de l'Acte constitutif de l'Union Africaine (UA) conclu à Lomé le 11 juillet 2000 ou de Charte constitutive, la Charte de l'Organisation de l'Unité Africaine (OUA) adoptée à Addis-Abeba le 25 mai 1963.

[106] Article 5, Convention de Vienne du 23 mai 1969 sur le droit des traités.

[107] Article 5, Convention de Vienne du 21 mars 1986 sur le droit des traités entre États et organisations internationales ou entre organisations internationales.

[108] COULÉE (F.), « La fondation de l'organisation internationale », *in Droit des organisations internationales,* LAGRANGE (E.) et SOREL (J-M.) (*Dir.*), *op. cit.,* p. 147 et ss. On doit par ailleurs relever la distinction entre l'entrée en vigueur du traité constitutif et l'entrée en fonction de l'organisation.

[109] PETERS (A.), « L'acte constitutif de l'organisation internationale », *in Droit des organisations internationales,* LAGRANGE (E.) et SOREL (J-M.) (*Dir.*), *op. cit.,* p. 201 et ss.

[110] TCHEUWA (J-C.), « Les manifestations de la primauté des chartes constitutives des organisations internationales : Une contribution à la théorie générale de l'acte juridique international », *in De l'Esprit du Droit Africain,* Mélanges en l'honneur de Paul-Gérard Pougoué, Wolters Kluwer, 2014, pp. 725-738. V aussi FORTEAU (M.), « Organisations internationales et sources du droit », in *in Droit des organisations internationales,* LAGRANGE (E.) et SOREL (J-M.) (*Dir.*), *op. cit.,* p. 257 et ss ; ROMANO (S.), *L'ordre juridique*, Traduction par L. François et P. Gothot, Paris, Dalloz, 1975, xxii + 174 p (réédition 2002).

commun à l'espèce de l'organisation internationale. Cette reproduction de caractère se poursuit également au niveau de l'architecture organique.

2- L'homogénéisation structurelle de l'Organisation internationale africaine

Ainsi que l'affirme le professeur Laurence Burgorgue-Larsen, « le droit commun institutionnel des organisations internationales induit l'existence d'une architecture institutionnelle garante d'un fonctionnement pérenne et, si possible, efficace »[111]. Pris au sens large, cette homogénéisation structurelle de l'organisation internationale africaine se retrouve tant au niveau de la structure organique qu'au niveau de la structure personnelle.

En ce qui concerne la structure organique, tout comme le phénomène organisation internationale de manière générale, l'organisation internationale en Afrique répond à la *summa divisio* consistant en la distinction entre les organes intergouvernementaux d'une part, et les organes intégrés d'autre part[112]. Les premiers, pouvant être pléniers ou restreints, généraux ou techniques, sont en quelque sorte le prolongement de la coopération interétatique au sein de l'organisation internationale et traduisent la présence des États africains dans la vie de l'organisation internationale africaine. Les seconds en revanche sont considérés comme étant ceux qui représentent et incarnent la volonté réelle de l'organisation internationale. Ils en sont les véritables moyens administratifs de son autonomie[113].

Dans le prolongement de l'idée ci-dessus développée, l'organisation internationale africaine est dotée de moyens humains (son personnel) nécessaires pour réaliser les objectifs à elle fixés par les États africains fondateurs. Il importe de relever que ce personnel comprend entre autres la catégorie des fonctionnaires internationaux dont l'essentiel se retrouve au sein des organes intégrés, et celle des représentants des États africains membres qui sont concentrés principalement dans les organes intergouvernementaux[114].

---

111 BURGORGUE-LARSEN (L.), « La structure institutionnelle de l'organisation internationale », *in Droit des organisations internationales,* LAGRANGE (E.) et SOREL (J-M.) (*Dir.*), *op. cit.*, p. 375.

112 *Ibid.*, p. 377 ; BETTATI (M.), *Le droit des organisations internationales*, Paris, PUF, 1re édition 1987, p. 53 et ss ; SOREL (J-M.), *Droit des organisations internationales*, Lyon, L'Hermès, 1re édition, 1997, p. 117 et ss.

113 LATTY (F.), « L'organe administratif intégré de l'organisation internationale », *in Droit des organisations internationales,* LAGRANGE (E.) et SOREL (J-M.) (*Dir.*), *op. cit.*, p. 491 et ss.

114 V. la composition des organes des organisations internationales africaines. À titre d'exemple, v. article 5 à 22 de l'Acte constitutif de l'UA. Selon l'article 6 « La Conférence est composée des Chefs d'État et de Gouvernement ou de leurs représentants dûment accrédités ». Quant à l'article 20, il pose que « La Commission [qui est le Secrétariat de l'Union] est composée du Président, du ou des vice-présidents et des commissaires. Ils sont assistés par le

B- Le mimétisme dans le fonctionnement du phénomène « organisation internationale » en Afrique

L'organisation internationale africaine est instituée pour l'action en vue d'effectuer une mission présentant un intérêt commun pour les États africains qui l'ont créée ou pour ceux qui, ultérieurement, manifesteront leur communion en adhérant à ladite organisation, conformément à ses règles particulières[115]. Cependant, même au niveau de l'action, du comportement ou du fonctionnement, l'organisation internationale africaine partage des points communs avec l'ensemble de la famille des organisations internationales. Cette reproduction de caractères fonctionnels est visible tant au niveau du statut international reconnu à l'organisation internationale africaine (**2**) qu'au niveau de la flexibilité des formes de participation à son activité ainsi que les dimensions de cette activité (**1**).

1- La flexibilité des formes de participation à/de l'organisation internationale africaine

C'est au professeur Mario Bettati que l'on doit l'expression de la « flexibilité des formes de participation »[116] à l'organisation internationale. Elle traduirait l'idée générale selon laquelle la participation aux activités d'une organisation internationale n'est pas exclusivement réservée aux États – fondateurs ou adhérents –, mieux que la participation à l'organisation internationale ne soit pas conditionnée uniquement par la qualité de membre. En réalité, suivant les « règles de l'organisation »[117] et les besoins spécifiques de la fonction, la participation à l'organisation internationale s'effectue sous des qualités diverses – membres, observateurs, associés… – et est ouverte à des entités différentes – entités étatiques ou non –. En fait, à la lecture des actes constitutifs des organisations internationales africaines et de la pratique subséquente, il en ressort que ces dernières partagent également ce trait caractéristique des organisations internationales contemporaines. En effet, à la participation aux organisations internationales africaines en qualité de membre réservée aux États africains fondateurs[118] ou aux États africains adhérents[119], d'autres formes de participation en qualité d'observateurs,

---

personnel nécessaire au bon fonctionnement de la Commission ». Si la Conférence peut être considérée comme un organe intergouvernemental, la Commission quant à elle doit être considérée comme un organe intégré.

[115] HAURIOU (M.), « La théorie de l'institution et de la fondation. Essai de vitalisme social », *in op. cit.*, p. 96.

[116] BETTATI (M.), Le droit des organisations internationales, *op. cit.*, p. 33.

[117] V. article 2, (1), (j), Convention de Vienne sur le droit des traités entre États et organisations internationales ou entre organisations internationales.

[118] V. les préambules des actes constitutifs des organisations internationales africaines.

[119] V. article 29, (1), Acte constitutif de l'UA.

d'associés, etc. sont ouvertes à des entités étatiques ou non étatiques, africaines ou non africaines.

Par ailleurs, à l'image des organisations internationales de manière générale, l'activité de l'organisation internationale africaine est orientée soit vers l'institutionnalisation de la coopération entre les États africains dans un domaine donné, soit vers la production des normes plus ou moins obligatoires en direction desdits États ou de leurs ressortissants[120], soit encore vers la prestation de services sur le territoire de ces derniers à leur demande ou à l'initiative de l'organisation africaine conformément à ses règles spécifiques[121].

2- Le statut juridique international reconnu à l'organisation internationale africaine

La personnalité juridique internationale est à l'organisation internationale ce que la souveraineté est à l'État. En effet, la personnalité juridique internationale est le prédicat de l'organisation internationale contemporaine. Après plusieurs propositions de définitions doctrinales plus ou moins convergentes, l'article 2, (a) du Projet d'articles sur la responsabilité des organisations internationales suscité, précise davantage ce critère dans la définition de l'organisation internationale et semble en faire également l'élément déterminant. Il importe de relever que cette mention de la personnalité juridique internationale n'est pas toujours expressément inscrite dans les actes constitutifs des organisations internationales, mais peut être impliquée, soit par une disposition de cet acte constitutif soit par la pratique subséquente et pertinente de l'organisation. C'est le cas notamment pour les organisations internationales africaines, dont les actes constitutifs ne contiennent pas la mention expresse de la dotation d'une personnalité juridique internationale. En fait, lorsque c'est disponible[122], l'acte constitutif de l'organisation internationale africaine indique simplement, suivant la formule lacunaire de l'article 104 de la Charte des Nations Unies que

[120] Pour le caractère plus ou moins contraignant des normes émises par l'OIA, on pense notamment aux recommandations et aux décisions dûment adoptées par ses organes compétents. Quant à la distinction entre la portée générale ou non de la norme émise, on voudrait évoquer la distinction entre les actes unilatéraux des OIA qui ont une portée générale et ceux qui ont une portée individuelle comme ceux adoptés par leurs organes juridictionnels à l'instar des décisions rendues par la Cour africaine des droits de l'homme et des peuples.

[121] Les situations sont variées. On peut évoquer les actions opérées sur le terrain dans le domaine du maintien de la paix coordonnée par exemple par le COPAX de l'UA, les opérations de surveillance électorale, etc.

[122] Notons pour le relever que l'Acte constitutif de l'UA ne contient pas de disposition y relative.

l'organisation en question « *jouit de la personnalité juridique et possède la capacité nécessaire* »[123].

De même que pour les organisations internationales de manière générale, la personnalité juridique internationale reconnue aux organisations internationales africaines est protégée, pour les besoins de la fonction assignée, par un ensemble de privilèges et immunités garantissant l'autonomie et l'efficacité de leur action[124].

II- La permanence de l'originalité : La réalisation de l'unité et de la solidarité africaines

Si, sur le fondement des développements précédents marqués par un interétatisme partagé par l'ensemble des organisations internationales, l'on peut conclure à une tendance au mimétisme – institutionnel et fonctionnel – du phénomène organisation internationale en Afrique, peut-on néanmoins défendre l'idée d'une certaine originalité de ce dernier ?

Dès lors, vu cette ressemblance formelle partagée, la démarche consistera peut-être à faire une analyse au fond, dans la substance même de l'organisation internationale africaine pour en détecter, s'il y'a lieu, des éléments d'originalité ; c'est-à-dire des points de singularité faisant de cette dernière une expérience unique dans le Monde[125]. Partant, il semble que c'est véritablement au niveau de l'idée d'œuvre, qui est à la base du phénomène organisation internationale en Afrique, que l'on pourrait identifier cette originalité (**A**). Toutefois, la matérialisation de cette idée d'œuvre révèle certains défis qu'il importe de souligner ici (**B**).

A- L'idée d'œuvre originale du phénomène « Organisation internationale » en Afrique : Établir une unité et une solidarité entre les États et les peuples africains

Posant, en 1925, les grandes lignes d'une nouvelle « théorie de l'institution et de la fondation »[126], Maurice Hauriou fait savoir que « l'élément le plus

---

[123] Article 87, Traité instituant la Communauté économique des États de l'Afrique Centrale (C.E.E.A.C).

[124] Article 87, (3), Traité instituant la Communauté économique des États de l'Afrique Centrale (C.E.E.A.C), *op. cit.* ; v. article 60, Traité de la Communauté économique des États de l'Afrique de l'Ouest (CEDEAO).

[125] V. Larousse de Poche 2007, op. cit., p. 567 ; CORNU (G.), *(dir.), Vocabulaire juridique, op. cit.*, p. 718.

[126] HAURIOU (M.), « La théorie de l'institution et de la fondation. Essai de vitalisme social » *Cahiers de la nouvelle journée, n° 4, La cité moderne et les transformations du droit,* Paris, Blond & Gay, 1925, pp. 89-128. À la page 96, il affirme que « les grandes lignes de cette nouvelle théorie [de l'institution] sont les suivantes : une institution est une idée d'œuvre ou

important de toute institution corporative est celui de l'idée de l'œuvre à réaliser dans un groupement social ou au profit de ce groupement. » Selon lui, « il ne faut pas confondre l'idée de l'œuvre à réaliser...avec la notion du but, ni avec celle de la fonction ». L'idée d'œuvre s'identifierait plutôt à « la notion d'objet. »[127] En outre, dans cette notion d'idée d'œuvre, il y'a non seulement l'indication de l'idée d'œuvre-objet à réaliser, mais aussi la méthode spécifique pour réaliser cette idée d'œuvre ou d'entreprise[128]. Ainsi, soutenir la thèse de l'originalité de l'organisation internationale africaine c'est défendre la proposition de la singularité de son objet dans cette région du Monde largement sous-développée. Dès lors, en se fondant sur les textes constitutifs des organisations internationales africaines, ainsi que sur les travaux préparatoires ayant conduit à leur adoption et les contributions de la doctrine pertinente sur la question, l'on peut faire le constat suivant : l'objet spécifique du phénomène organisation internationale en Afrique est la réalisation d'une unité et d'une solidarité africaines[129]. Il s'agit précisément d'une unité de tout (**1**) et d'une solidarité pour tous (**2**).

1- Une unité de tout...

Précisons d'emblée que « *l'unité de tout... »,* dont il est question ici est une unité de tout, par tous et pour tous. En effet, institué sur le plan continental dans la seconde moitié du XXe siècle, précisément à travers la création de l'Organisation de l'Unité Africaine (OUA) dont l'Acte constitutif a été adopté le 25 mai 1963 à Addis-Abeba en Éthiopie, le phénomène organisation internationale en Afrique est porteur d'un objet ambitieux.

En fait, à la lecture des dispositions de la Charte de l'OUA, de l'Acte constitutif de l'UA et des autres organisations sous régionales africaines – CEEAC, CEDEAO, UMA, SADC, EAC, UMEOA, CEMAC, etc. – il en ressort un point commun caractéristique de l'originalité des organisations internationales africaines : ces dernières sont toutes conçues comme des instruments de réalisation d'une unité africaine, unité de toutes les questions africaines d'intérêt commun par tous les États africains sans exception et pour tous les peuples africains.

---

d'entreprise qui se réalise et dure juridiquement dans un milieu social ; pour la réalisation de cette idée, un pouvoir s'organise qui lui procure des organes ; d'autre part, entre les membres du groupe social intéressé à la réalisation de l'idée, il se poursuit des manifestations de communion dirigées par les organes du pouvoir et réglées par des procédures ».

[127] *Ibid.,* p. 100. Notons que l'objet de l'organisation internationale est généralement indiqué dans les dispositions préliminaires ou générales des actes constitutifs. V. par exemple article 3, Acte constitutif de l'UA.

[128] *Ibid.,* p. 99.

[129] V. notamment article 3, (a), Acte constitutif de l'Union africaine ; article 2, (1), (a), Charte de l'OUA.

Concernant le premier volet, l'unité de toutes les questions africaines d'intérêt commun que l'on peut appréhender comme le champ matériel du phénomène, il s'agit, à travers ces organisations internationales africaines, de rapprocher, de fédérer, mieux d'unir les peuples et États africains autour de ces besoins d'intérêt commun dont les plus importants actuellement sont le maintien de la paix et le développement durable. Le deuxième volet, par contre, celui des parties impliquées dans ce mécanisme d'unité africaine renvoie au champ personnel du phénomène. À ce niveau, à la différence de la méthode de la construction de l'Union Européenne qui a été « élitiste », la démarche de l'Unité africaine est « populaire ». C'est une unité de tous les États africains sans exception et sans compte tenu de leurs différences réelles ou idéologiques pourtant importantes, c'est une unité à 55 ! Aucun État africain n'est laissé en dehors du processus unitaire. Enfin, le troisième volet, celui de la finalité dudit processus, permet de considérer le développement dans la paix des peuples africains d'abord et les États africains ensuite comme les principaux destinataires du projet panafricain[130].

Partant de ces considérations, on doit donc garder à l'esprit que, sous la coordination de l'organisation continentale, l'UA, les organisations internationales africaines sous régionales (OIAR) apparaissent en vérité comme de premiers niveaux de réalisation de cet objectif de la construction de l'Unité africaine[131]. À terme, parvenues à maturité, elles devraient être toutes fusionnées pour former, entre autres, une unité économique et monétaire africaine et, suivant une forme qui reste encore à déterminer[132], une unité politique africaine.

2- Une solidarité pour tous…

Le projet africain d'organisation internationale n'ambitionne pas uniquement à établir une unité de tous les peuples et États africains autour des diverses questions africaines qui présentent un caractère d'intérêt commun pour ces derniers. Il ne s'agit pas simplement d'une *fusion* des matières, des personnes et des territoires. Il est également question de créer et de développer une solidarité, une assistance mutuelle et un sentiment de fraternité entre les peuples et les États africains. Vu l'analyse des textes constitutifs des organisations internationales africaines, notamment leurs préambules et les

---

130 V. Préambule Acte constitutif de l'UA, Paragraphe 1.

131 V. la Résolution sur la division de l'Afrique en cinq régions, CM/Res.464 (XXVI), adoptée par la 26e session ordinaire du Conseil de ministres tenu à Addis-Abeba, Éthiopie, du 23 février au 1er mars 1976. Les cinq régions sont : Afrique du Nord, Afrique de l'Ouest, Afrique Centrale, Afrique de l'Est et Afrique australe.

132 À ce sujet, certains Chefs d'État africains ont avancé l'idée de la création des « États Unis d'Afrique ». On doit néanmoins relever que cette idée est très ancienne et voit le jour dès la naissance du mouvement panafricaniste avec entre autres KWAME NKRUMAH. Cette idée a été reprise par MOUAMMAR KADHAFFI à la veille de la création de l'Union africaine à l'an 2000.

dispositions relatives à l'objet, au but et dans une certaine mesure aux principes applicables, l'on peut affirmer qu'il s'agit d'une solidarité de tous les États africains pour tous les autres, de tous les États africains pour l'intérêt d'un seul ou l'action individuelle de ce dernier pour l'intérêt de la communauté.

Pour ce faire, certains mécanismes de solidarité africaine sont prévus par les actes constitutifs des organisations internationales africaines. À ce niveau, on peut mentionner à titre d'exemple « le droit de l'Union [africaine] d'intervenir dans un État membre sur décision de la Conférence, dans certaines circonstances graves, à savoir : les crimes de guerre, le génocide et les crimes contre l'humanité »[133].

B- Les défis de l'originalité de l'idée d'œuvre à réaliser par le phénomène « Organisation internationale » en Afrique

Les développements précédents ont permis de présenter, sans être exhaustif, la démarche du projet de construction de l'unité et de la solidarité africaines, projet qui est l'objet original du phénomène organisation internationale en Afrique.

Toutefois, la réalisation de ce projet africain ambitieux et légitime révèle certains défis qu'il n'est pas impertinent de montrer afin d'en prendre conscience et de mieux les « domestiquer ». L'effet final étant de parvenir à mettre sur pied cette unité africaine totale si chère aux pères fondateurs du panafricanisme et à leurs successeurs. Dès lors, l'on peut noter à ce niveau, deux principaux défis à relever à savoir celui de la méthode dans la réalisation de l'idée d'œuvre originale de l'organisation internationale africaine (**1**) et celui des moyens nécessaires à la réalisation pertinente de cette idée d'œuvre-objet (**2**).

1- Le défi de la méthode dans la réalisation de l'idée d'œuvre : « *Qui trop embrasse, mal étreint…* »

L'expérience nous renseigne que ce défi est grand pour de jeunes États africains en construction, et pourrait justifier les lenteurs observées dans la réalisation de l'unité et de la solidarité africaines. En effet, ainsi qu'on l'a souligné dans le point précédent, l'objet ultime de l'organisation internationale africaine, quelle qu'elle soit, est de réaliser à terme une unité intégrale des États et des peuples africains. Mais à la différence de l'exemple européen dont la réalisation de l'union a choisi une approche « élitiste », donc volontaire et progressive, partant des étapes techniques moins ambitieuses vers l'étape actuelle de la construction d'une Union européenne politique plus

133 V. article 4, (h), Acte constitutif de l'UA.

ambitieuse[134] qui peine à voir le jour, il faut le souligner, la démarche africaine peut être considérée comme étant celle d'une unité totale et quasi intégrale.

Le projet africain a fait le choix, au moins textuellement, d'une méthode communautaire continentale[135] intégrant, *d'un coup,* toutes les questions d'ordre social, économique, culturel, sportif, politique, monétaire, etc. d'une part et tous les États africains en dépit de leurs diversités ou de leurs distances idéologiques ou géographiques d'autre part.

À cela, il faut ajouter la prolifération des organisations internationales africaines sous régionales, avec des bases - sociale, personnelle, matérielle, territoriale – différentes dont les domaines se chevauchent ou s'exposent à des risques de compétition stérile. Aussi, ce qui pourrait apparaitre comme une vitalité de l'organisation internationale africaine devrait, à la vérité, être perçu comme une crise de cette dernière. Cette crise du phénomène affecte assurément les objectifs de l'Union de « réaliser une plus grande unité et solidarité entre les pays africains et entre les peuples d'Afrique »[136]. Ainsi, à vouloir tout embrasser d'un coup, les États africains qui sont largement sous-développés ne parviennent pas à étreindre efficacement les objectifs des organisations internationales qu'ils ont créées.

2- Le défi des moyens nécessaires à la réalisation de l'idée d'œuvre : « *À Membres sous-développés, Organisation internationale inefficace…* »

Créée pour l'action internationale, l'organisation internationale a besoin de moyens nécessaires pour agir efficacement, pour réaliser les objectifs que lui ont confiés les États fondateurs. De manière générale, ne disposant pas de certains attributs de l'État – territoire, population, etc. –, ces moyens nécessaires à l'action de l'organisation internationale sont mis à sa disposition principalement par ces États conformément aux règles propres à chaque organisation. Dès lors, on retient que la réalisation de l'objet de l'organisation internationale est largement tributaire de la participation pertinente desdits États. De natures diverses – humains, matériels, juridiques, financiers – l'assistance des États est décisive pour une mission efficace de l'organisation internationale. Notons que, juridiquement, cette mission objet de l'organisation internationale constitue à la fois son obligation et son droit

[134] On ne perd pas de vue que l'Union européenne existe, pour le moment c'est une union économique et monétaire essentiellement. Le projet d'une Union européenne politique n'a pas encore été adopté.

[135] Par continentale ici, on entend les États de l'Afrique tout entière. C'est-à-dire, suivant l'article 1, (2) de la Charte de l'OUA, « les États africains continentaux, Madagascar et les autres îles voisines de l'Afrique. »

[136] Cette crise traduit ou tire ses origines, entre autres, des insuffisances liées au découpage « arbitraire » des sous-régions de l'Afrique qui n'a pas notamment tenu compte des affinités entre ces États africains.

placés dans l'ordre juridique international. En créant ou en adhérant à l'organisation internationale, les États prennent l'engagement de respecter leurs obligations envers l'organisation internationale, notamment l'obligation de donner « à celle-ci pleine assistance dans toute action entreprise par elle conformément »[137] aux règles de l'organisation.

L'organisation internationale africaine n'est pas en marge de cette règle générale. Cependant, là est peut-être tout son mal. Doublé à la pratique de la polygamie institutionnelle, l'état de sous-développement qui caractérise les États africains de manière générale ne permet pas à ces derniers de remplir pertinemment leurs obligations d'assistance à l'action des organisations internationales africaines. À la différence de leurs homologues occidentaux, les organisations internationales africaines sont dépourvues de moyens pertinents. Ce qui pourrait justifier leur inefficacité voire leur incapacité à pouvoir atteindre les objectifs pour lesquels elles ont été créées. Au final, considérant l'expérience du phénomène vécu ailleurs, l'on peut avancer l'idée selon laquelle à pays membres sous-développés, organisation internationale inefficace. À cette réalité du sous-développement des États africains, on peut aussi ajouter le manque de volonté politique et le faible intérêt de ces États pour une action communautaire[138].

Conclusion

En guise de conclusion à la présente réflexion, l'on peut retenir que le phénomène organisation internationale en Afrique évolue en réalité entre mimétisme et originalité, entre reproduction d'un modèle établi et spécificité d'une méthode.

Sur le plan formel, institutionnel et fonctionnel, compte tenu du caractère international de l'objet à réaliser, l'organisation internationale africaine a des points de convergence avec ses « pairs » des autres régions du monde. Cependant, c'est sur le plan substantiel qu'elle se démarque singulièrement. D'abord, l'idée d'œuvre originale, qui est à la base de la fondation de l'organisation panafricaine continentale, l'OUA/UA et de toutes les organisations internationales africaines régionales (OIAR) qui ont suivi, est celle de l'unité et de la solidarité des États et des peuples africains. C'est une unité et une solidarité dans divers secteurs d'intérêt commun aux États africains tels que la Paix, la Démocratie, le Développement durable pour ne

[137] Article 2, § 5, Charte des Nations Unies. Dans la même lancée, v. CIJ, Réparation des dommages subis au service des Nations Unies, Avis consultatif du 11 avril 1949, notamment p. 178-180.

[138] La faible mobilisation des États africains à s'associer pour faire face à la pandémie du COVID-19 qui sévit actuellement dans le monde, et donc sur le continent, constitue une preuve éloquente de cette position.

citer que ceux-là. Ensuite, l'originalité du phénomène en Afrique est dans la méthode, celle suivie pour la réalisation de cette idée d'œuvre d'unité africaine. Il s'agit d'une méthode populaire, « unanimitaire » et généralement consensuelle qui peut avoir des avantages, mais qui, au regard des faits, présente certains inconvénients.

En effet, force est de constater que la réalisation de cet important et légitime dessein africain suivant cette méthode ambitieuse dévoile quelques défis tels que celui de l'immensité de l'objet pour de jeunes États africains en construction et l'insuffisance des moyens nécessaires à la réalisation efficace de cet objet. À cela, il faudrait insister surtout sur l'architecture des organisations internationales africaines marquée par une pluralité nocive exposant à des risques de chevauchement, de conflits de compétences pas toujours compatibles à une réalisation efficace de l'unité et de la solidarité des peuples et des États africains. Aussi, au-delà de l'urgence d'une réelle volonté politique communautaire et de l'indispensable développement des États africains, il est plus qu'impérieux de rationaliser les organisations internationales africaines par des réajustements pertinents pour permettre à ces dernières d'atteindre les buts et les espoirs fondés en elles par les pères fondateurs du panafricanisme, il y'a plus d'un demi-siècle.

Éléments de bibliographie

DAILLIER (P.), FORTEAU (M.), PELLET (A.), *Droit international public*, Paris, L.G.D.J., 8e édition, 2009, 1709 p.

LAGRANGE (E.), SOREL (J-M.), (*dir.*) *Traité de droit des organisations internationales*, Paris, L.G.D.J., 2013, 1197 p.

NOUROU TALL (S.), *Droit des organisations internationales africaines.* L'Harmattan, 2015, 550 p.

BETTATI (M.), *Le droit des organisations internationales*, Paris, P.U.F., « Que sais-je ? », 1re édition, 1987, 125 p.

SOREL (J-M.), *Droit des organisations internationales*, Lyon, L'Hermès, 1re édition, 1997, 160 p.

COUESSU' (J-M. II), « La nature juridique des fédérations internationales de sport, contribution à l'étude des institutions internationales », Thèse de Doctorat, Université de Yaoundé II, 2016, 613 p.

VIRALLY (M.), « Définition et classification des organisations internationales : approche juridique », *in Le droit international en devenir*, Paris, PUF, 1re édition, 1990, pp. 227-240 ; « La notion de fonction dans la théorie de l'organisation internationale », *in ibid.*, pp. 271-288.

HAURIOU (M.), « La théorie de l'institution et de la fondation. Essai de vitalisme social », *Cahiers de la nouvelle journée, n° 4, La cité moderne et les transformations du droit,* Paris, Blond & Gay, 1925, pp. 89-128.

FAU-NOUGARET (M.), « Originalité et convergence des phénomènes de décentralisation en Afrique Sub-Saharienne ».

DARGENT (F.), « Les échecs du mimétisme constitutionnel en Afrique noire francophone », *Atelier n°4*.

TCHEUWA (J-C.), « Les manifestations de la primauté des chartes constitutives des organisations internationales : Une contribution à la théorie générale de l'acte juridique international », *in De l'Esprit du Droit Africain, Mélanges en l'honneur de Paul-Gérard Pougoué*, Wolters Kluwer, 2014, pp. 725-738.

CDI, Projet d'articles sur la responsabilité des organisations internationales, 2011.

Charte de l'Organisation de l'Unité Africaine, Addis-Abeba (Éthiopie), 25 mai 1963.

Acte constitutif de l'Union Africaine, Lomé (Togo), le 11 juillet 2000.

Treaty of the Economic Community of West African States (ECOWAS), Lagos (Nigeria), 28 May 1975.

Traité instituant la Communauté Economique des États de l'Afrique Centrale (C.E.E.A.C), Libreville (Gabon), 18 octobre 1983.

Treaty of Southern African Development Community (SADC), Windhoek (Namibia), 17th August 1992.

Traité constitutif de l'Union du Maghreb Arabe, (UMA), Marrakech (Maroc), 17 février 1989.

« Réparation des dommages subis au service des Nations Unies », *Avis consultatif : C.I.J. Recueil* 1949, p. 174.

Le complexe des organisations internationales africaines : coexistence, concurrence, complémentarité

Par :

Arsène TCHAGNA TAKWI*

Docteur/PhD en droit public

Résumé

L'image que reflète *prima facie* la multitude d'organisations internationales africaines (OIA) est celle d'une mosaïque acéphale et difforme de l'espace institutionnel africain, peu propice à la stabilité des relations entre les États africains. En effet, fondant leur raison d'être sur la base de considérations différentes (idéologie panafricaniste, survivance de solidarités coloniales, nécessités objectives), les OIA ont surgi dans un monde confronté aux impératifs économiques, politiques, socioculturels en permanente mutation. Ainsi, écartelés entre le souci d'un dépassement de l'État-nation et le besoin de positionnement sur la scène juridique internationale, les États africains ont usé sans réserve de leur liberté de traiter, ce qui a été à l'origine d'une multiplication, voire une surabondance d'OIA. Ce *foisonnement* d'OIA, corrélatif aux *appartenances multiples* des États africains, est en toute logique une limitation à leur coexistence, et partant une source de concurrence de normes et de compétences. Ainsi, quoique conscientes de la nécessité de se compléter et pas de se neutraliser réciproquement, les OIA n'ont pas – par manque de savoir, de capacité ou de volonté – réussi à faire le choix entre la rationalisation et le dialogue inter-institutionnel, afin de réaffirmer l'idée d'une unité africaine en dépit de la pluralité de réalités objectives à la base de leur création.

Mots-clés : Organisations internationales africaines ; unité africaine ; liberté de traiter ; foisonnement ; appartenances multiples ; dialogue inter-institutionnel.

« *La relativité de la vérité juridique est probablement la seule vérité incontestable de ce droit international qui, comme toute science digne de ce nom, doit être une leçon de modestie et de tolérance intellectuelles* »,

WEIL P., « Le droit international en quête de son identité. Cours général de droit international public », *RCADI*, T.237, 1992-VI, pp.25-26

La proclamation des indépendances[139] a sonné le glas pour les États africains de se rassembler autour de leurs certitudes historique, sociale, culturelle, économique, voire politique. Laisser émerger leur identité plurielle et faire prévaloir leur unité sur la scène internationale, tels étaient les buts envisagés[140]. Ainsi, nourries aux mamelles idéologiques du panafricanisme et de la négritude, les premières fédérations d'États africains étaient d'emblée confrontées aux enjeux et défis du système juridique international post-Seconde Guerre mondiale[141]. En effet, la création de l'Organisation des Nations Unies (ONU) ainsi que des premières organisations internationales européennes était essentiellement motivée par le souci de préserver la paix et la relance du développement économique. Les premiers rassemblements d'États africains ne pouvaient s'y soustraire[142]. Bien plus, le besoin de constituer une substance crédible en soi et envers l'autre nécessitait le dépassement de l'État-nation hérité de la colonisation, et la formation corrélative d'entités sociales sur des bases politiques, économiques, culturelles, jugées moins artificielles.

Ainsi, pris en tenaille entre ces deux buts contradictoires, le besoin d'unité et l'impérative construction de l'État-nation, la négation, sans compromis, des principes de souveraineté des États et de préservation des frontières territoriales issues de la colonisation, a été le ver dans la pomme des premières associations de sociétés africaines. Le verdict fut sans appel[143]. Ces premières

---

* Email : arsenetchagna@gmail.com

[139] Voir Résolution 1514 de l'Assemblée générale des Nations Unies portant octroi de l'indépendance aux peuples coloniaux, 14 décembre 1960

[140] Voir YUSUF ABDULQAWI A., "Pan-Africanism and International Law", *RCADI*, vol.369, 2013, p.199

[141] Voir BORELLAF., « Le régionalisme africain et l'Unité africaine », *A.F.D.I.*, vol. 9, 1963, pp. 838-865

[142] Voir BIPOUN-WOUM J.-M., *Le droit international africain. Problèmes généraux. Règlement des conflits*, Paris, L.G.D.J., 1970, pp.8 et ss.

[143] La création de la *Fédération du Mali*, le 17 janvier 1959 à Dakar au Sénégal, était l'œuvre de quatre nouvelles Républiques issues des territoires d'outre-mer de l'ancienne Afrique occidentale française : le Sénégal, le Soudan, la Haute-Volta et le Dahomey. Sa création était le moyen pour ces jeunes États de retrouver leur passé, leur négritude, en adoptant le nom

expériences de fédération ont sans doute été déterminantes lors de la création de l'Organisation de l'Unité Africaine (OUA), première organisation pan-africaine[144]. Fondée sur les principes de souveraineté et d'intégrité territoriale des États membres, notamment - et non d'unité africaine, l'OUA a, pour ainsi dire, admis la formation d'autres associations d'États africains. Dans cette perspective, et au fil des années, plusieurs organisations internationales africaines (OIA) ont été établies. Les unes trouvaient leur raison d'être dans le processus d'unification africaine consigné dans le *Plan d'action et l'Acte final de Lagos* d'avril 1980, ainsi que dans le Traité d'Abuja du 3 juin 1991 instituant la Communauté Economique Africaine (CEA) ; les autres dans le maintien des anciennes solidarités coloniales entre la France, la Belgique, le Royaume-Uni d'une part, et les États africains d'autre part; un troisième groupe d'associations d'États africains tirait sa substance de l'activation des intérêts sectoriels partagés[145].

Cette trilogie serait donc à l'origine de la complexité des OIA[146], c'est-à-dire de leur multiplicité par-delà l'unipolarité dont elles tendent à être sujettes, au détriment des réalités[147]. En d'autres termes, au regard de la théorie classique des organisations internationales et de la multiplicité des OIA d'une part, de l'expérience d'unification européenne et des réalités de l'unité africaine d'autre part, la complexité permet « *de distinguer sans disjoindre,*

---

glorieux du vieil empire Mandingue. Malheureusement, la Fédération resta précaire et son éclatement survint quelque temps après, le 20 août 1960, à propos notamment du problème de la désignation du Chef d'État fédéral. À la suite de cet échec, le Président ivoirien Houphouët-Boigny initia une nouvelle tentative de regroupement dans le respect de la personnalité propre de chaque État. Ainsi fut mise sur pied l'Union Sahel-Bénin, encore désignée Conseil de l'Entente, le 29 mai 1959 à Abidjan, comprenant les mêmes États membres. De même, les 22 et 23 février 1960 à Paris, puis le 22 mars à Bangui, furent tenues des Conférences qui jetèrent les bases de l'*Union des Républiques d'Afrique Centrale* regroupant le Congo, le Gabon, le Tchad et la Centrafrique. Il s'agira d'une tentative de création d'organisation internationale mort-née, car l'Union ne vit jamais le jour. La création de l'*Union des États africains* entre le Ghana, la Guinée et le Mali, le 29 avril 1961, s'inscrit dans cette même logique. Elle a sans doute été la formulation la plus ambitieuse du regroupement régional, avant la création de l'Organisation de l'Unité Africaine le 25 mai 1963. Voir notamment BORELLA F., « Les regroupements d'États dans l'Afrique indépendante », *A.F.D.I.*, vol. 7, 1961, pp. 787-807 ; « Le régionalisme africain et l'Unité africaine », *op.cit.*, pp. 838 et ss.

144 Addis-Abeba, 25 mai 1963. BOUTROS-GHALI B., *L'Organisation de l'Unité africaine*, Paris, Armand Colin, 1969, pp.10 et ss.

145 Voir GONIDEC P.-F., *Les organisations internationales africaines. Étude comparative*, L'Harmattan, 1987, 303 pages

146 Sous un prisme global, Mireille DELMAS-MARTY parle de « *la Grande Complexité juridique du monde* ». DELMAS-MARTY M., *Les Forces imaginantes du droit II. Le pluralisme ordonné*, Paris, Seuil, 2006, p.27

147 Voir DELMAS-MARTY M., *Les Forces imaginantes du droit.Le Relatif et l'Universel*, Paris, Seuil, 2004, 439 pages ; CHAUMONT C., « Cours général de Droit international », *RCADI*, « Recueil de cours » vol.1, 1970, pp.335-527 ; JOUANNET E., « La pensée juridique de Charles Chaumont », *RBDI*, 2004/1, pp.259-289.

d'associer sans identifier ou réduire »[148]. Ainsi, dans quelle mesure la pluralité des OIA est-elle conforme à l'idée d'unité africaine ? Après avoir mis en exergue la coexistence originelle des OIA (**I**), ainsi que leur concurrence organique et fonctionnelle (**II**), il conviendra de souligner la complémentarité projetée à travers une approche dialogique (**III**).

I- Une coexistence originelle des organisations internationales africaines

Comme toute organisation internationale, la création des OIA obéit aux règles du droit des traités (**A**). Néanmoins, lors de la constitution des OIA, les États africains semblent être soumis à des impératifs non juridiques, lesquelles participent de la restriction de leur liberté de traiter (**B**).

A- Un facteur de coexistence : la libre volonté des États africains à la constitution des OIA

La volonté libre, souveraine[149], des États africains, est le principe de leur engagement dans la procédure de création des OIA. En effet, les OIA sont instituées sur la base de leur acte constitutif, conformément à la procédure classique de conclusion des traités en droit international[150]. Disposant de plein droit de la capacité de conclure des traités en droit international, les États africains sont également libres d'engager des négociations en vue de l'élaboration de traités constitutifs d'organisations internationales[151]. Dès

[148] Voir MORIN E., *Introduction à la pensée complexe*, Paris, ESF Éditeur, 1990, p.23

[149] Voir COMBACAU J., « Pas une puissance, une liberté : la souveraineté internationale de l'État », *Pouvoir* n°67, 1993, pp.47-58

[150] Voir TCHEUWA J.-Cl., *Le siège des organisations internationales : contribution à l'étude de son statut juridique au regard de la pratique contemporaine*, Thèse de Doctorat nouveau régime, Université Robert Schuman, Strasbourg, 1997, pp.19-20 ; TALL NOUROU S., *Droit des organisations internationales africaines. Théorie générale ; Droit communautaire comparé ; Droit de l'homme, paix et sécurité*, L'Harmattan, 2015, 550 pages

[151] Voir article 6 Convention de Vienne sur le droit des traités, 23 mai 1969 ; aussi TCHEUWA J.-Cl., « Les manifestations de la primauté des Chartes constitutives des organisations internationales : une contribution à la théorie générale de l'acte juridique international », in *De l'esprit du droit africain. Mélanges en l'honneur de Paul Gérard Pougoué*, Kluwer Law International / CREDIJ, 2014, pp.725 et ss.

lors, en tant qu'États souverains, ils bénéficient du *treaty making power* ou *Jus Tractus*[152], c'est-à-dire de la liberté de traiter en droit international[153].

Ainsi, une OIA est une association d'États africains - et non africains, constituée par traité et dotée d'une personnalité juridique distincte de celle des États membres[154].Dans ce sens, depuis l'accession aux indépendances, plusieurs OIA ont été instituées par les États africains, en considération de leur libre volonté. Dès sa constitution, chaque OIA forme un ordre juridique, c'est-à-dire un ensemble normatif, organisé et dynamique[155]. La personnalité juridique ainsi que l'autonomie de gestion résultent également de la constitution de l'OIA. De ce fait, chaque OIA étant instituée au regard du régime juridique relatif aux traités internationaux, coexiste *logiquement* avec ses pairs sur la scène juridique africaine. Cependant, la coexistence des OIA ne semble se limiter qu'au stade de leur constitution. Bien plus, des impératifs juridiques et non juridiques ont dérogé au formalisme du discours de la coexistence, en préfigurant celui de la concurrence entre les OIA.

B- Les restrictions juridiques et non juridiques à la coexistence des OIA

Les OIA sont-elles victimes de la liberté de traiter dont disposent les États africains ? En d'autres termes, l'exercice excessif de la capacité de conclure les traités n'a-t-il pas été un obstacle à la coexistence '*pacifique*' des OIA ? À cette possible restriction juridique à leur coexistence, s'adjoignent des restrictions non juridiques liées à la survivance de l'idéologie panafricaniste, au maintien de solidarités coloniales et à la formation de blocs d'intérêts.

D'une part, la jouissance excessive de la capacité de traiter par les États africains se présente comme une limite à la coexistence des OIA. En effet, et surtout à partir de la décennie 1990, une multiplicité d'OIA a vu le jour, au

[152] Voir DEHAUSSY J., *Propos sur les sources du droit international. L'exercice de la fonction normatrice dans un ordre juridique singulier*, Paris, A.Pedone, 2017, pp.73 et ss. ; AKAKPOVIE E.D., « L'importance de la capacité des parties lors de la conclusion d'un accord international. Vers une redéfinition du traité international », *Revue Études Internationales*, vol.XLI, n°3, 2010, pp.383 et ss.

[153] Voir CARREAU D., MARRELLA F., *Droit international*, 11e éd., A.Pedone, 2012, pp.147 et ss.

[154] A/CN, 4/101, article 3, *in* Ann. CDI, 1956-III, p.106. Voir, pour un point de vue différent sur la définition, les contours juridiques et les manifestations sociales de la notion d'organisation internationale, COUESSU' J.-M. II, « *La nature juridique des fédérations internationales de sport. Contribution à l'étude des institutions internationales* », Thèse de Doctorat/Ph.D en Droit public, Université de Yaoundé II, 2016, 614 pages

[155] Voir notamment ROMANO S., *L'ordre juridique*, 2e éd., trad. par L. François et P. Gothot, Paris, Dalloz, 2002, pp.6-7, 29 et ss. ; VIRALLY M., *La pensée juridique*, Paris, L.G.D.J., 1998, p.9.

point d'avoisiner deux cents (200)[156]. Étant entendu qu'il existe cinquante-cinq (55) États en Afrique, la formation de près de 200 OIA semble relever de la démesure. Un si grand nombre a poussé la doctrine internationale à parler de « *foisonnement* » des organisations internationales en Afrique[157]. Par voie de conséquence, il est rencontré des OIA superposées les unes sur les autres, c'est-à-dire qui se chevauchent les unes aux autres. Ce que les économistes et les politologues désignent par le syndrome du « *bol de spaghettis* »[158], autrement dit, la tendance pathologique des États à l'institutionnalisation quantitative des OIA. Par ailleurs et par inférence, chaque État africain se trouve membre de plusieurs OIA, ce qui est source des « *appartenances multiples* »[159]. À cet effet, la coexistence entre les OIA ne peut que revêtir des oripeaux artificiels, compte tenu des engagements multiples et analogues des États africains aux OIA apparentées. Ainsi, la problématique du *foisonnement* des OIA et celle des *appartenances multiples* des États sont analysées comme des limitations juridiques à la coexistence des OIA.

D'autre part, des considérations non juridiques sont également déterminantes à la formation des OIA. En effet, trois déterminants non juridiques, analysés comme autant d'entraves à la liberté de traiter des États africains, permettent de relativiser la coexistence des OIA. D'abord au regard de l'idéologie panafricaniste, fondée sur le postulat d'une unité culturelle, économique et politique des peuples d'Afrique. À la création de l'OUA en 1963, deux groupes, le « *groupe de Casablanca* » et le « *groupe de Monrovia* », s'affrontèrent déjà sur la nature de l'organisation continentale, ainsi que sur les modalités de son fonctionnement. La combinaison de cette double tendance emporta l'adhésion, fut réaffirmée dans le *Plan d'action et l'Acte final de Lagos*, et confortée dans le Traité d'Abuja. À cet effet, l'Afrique a été divisée en cinq régions[160]. Avec la succession de l'OUA par

---

[156] Voir YAO-N'DRE P., SCHRAEPLER H.-A., *Organisations internationales. Vol.2 Les organisations internationales africaines. Adresses, objectifs, États membres, structures, activités et informations*, éd. N.E.I., Abidjan, 1999, 222 pages

[157] Voir notamment KAMTO M., « La Communauté économique des États d'Afrique centrale, une Communauté de plus ? », *AFDI*, vol.33, 1987, pp.852 et ss. ; FOLEFACK E., « Traité d'Abuja et foisonnement des institutions d'intégrations régionales en Afrique : Problèmes de coordination, de compatibilité des projets et de la gestion des appartenances multiples. Le cas de l'Afrique Centrale, de l'Afrique Orientale et Australe », in FAU-NOUGARET M. (dir.), *La concurrence des organisations régionales en Afrique*, L'Harmattan, 2012, pp.175-195.

[158] Syndrome nommé par Jagdish Bhagwati, économiste néolibéral, ancien conseiller au GATT.

[159] Voir FOLEFACK E., « Traité d'Abuja et foisonnement des institutions d'intégrations régionales en Afrique : Problèmes de coordination, de compatibilité des projets et de la gestion des appartenances multiples. Le cas de l'Afrique Centrale, de l'Afrique Orientale et Australe », *op.cit.*, pp.175 et ss.

[160] Voir OUA, Résolution sur la division de l'Afrique en cinq régions, CM/Res.464 (XXVI), adoptée par la 26e session ordinaire du Conseil de ministres tenu à Addis-Abeba, Éthiopie, du 23 février au 1er mars 1976. Les cinq régions sont : Afrique du Nord, Afrique de l'Ouest, Afrique Centrale, Afrique de l'Est et Afrique australe.

l'Union africaine (UA), huit (8) OIA ont été reconnues comme issues de l'idéologie de l'unité africaine[161]. Ensuite, certaines OIA ont été établies en raison de la survivance des solidarités coloniales entre l'Afrique et l'Europe. Il s'agissait pour les États européens de conserver un droit de regard principalement sur le développement économique et financier des anciennes colonies. Les OIA créées sous ce prisme ont essentiellement pour membres ces anciennes colonies[162]. Quatre OIA se révèlent symptomatiques à cet égard : la CEMAC[163], l'UEMOA[164], la CEPGL[165] et l'ACP[166]. Enfin, quelques OIA ont été instituées en référence à des impératifs auxquels étaient confrontés les États membres. L'une des premières OIA créées dans cette perspective fut l'Autorité Intergouvernementale sur la Sécheresse et le Développement (IGADD), instituée en janvier 1986 à Djibouti, en réponse aux famines de 1984 et 1985 qu'avaient traversées des États de l'Afrique de l'Est. De même, la Conférence Internationale sur la Région des Grands Lacs

---

161 Voir UA, *Décision relative au moratoire sur la reconnaissance des Communautés économiques régionales (CER) – DOC.EX.CL/278(IX)*, Assembly/AU/Dec.112 (VII), septième session ordinaire de la Conférence de l'UA, Banjul, 2 juillet 2006. Formellement désignées Communautés économiques régionales (CER), les OIA considérées sont : l'Union du Maghreb Arabe (UMA), la Communauté Economique Sahélo-Saharienne (CEN-SAD), la Communauté Economique des États de l'Afrique de l'Ouest (CEDEAO), la Communauté de Développement de l'Afrique Australe (SADC), le Marché Commun pour l'Afrique de l'Est et du Sud (COMESA), la Communauté d'Afrique de l'Est (CAE), l'Autorité Intergouvernementale pour le Développement (IGAD) et la Communauté Economique des États de l'Afrique Centrale (CEEAC).Voir TCHAMENI A., *Les évolutions du régionalisme africain. Le fonctionnement des Communautés économiques régionales*, Paris, L'Harmattan, 2013, pp.15 et ss.

162 À l'exception de quelques États, tel la Guinée Equatoriale, qui du fait principalement de la proximité géographique ont adhéré à ces organisations sous-régionales.

163 Anciennement Union Douanière Equatoriale (UDE) créée le 29 juin 1959, puis Union Douanière et Economique de l'Afrique Centrale (UDEAC) le 8 décembre 1964, la Communauté Economique et Monétaire de l'Afrique Centrale (CEMAC) voit le jour avec la signature à N'Djamena le 16 mars 1994 de son traité constitutif, tel que révisé le 25 juin 2008. La CEMAC comprend 6 États membres, lesquels, à l'exception de la Guinée Équatoriale et partiellement du Cameroun, étaient des anciennes colonies françaises. Cependant, tous les 6 États membres ont en commun l'usage d'une monnaie unique, le Franc CFA, dont le caractère 'néocolonial' est de plus en plus mis en exergue.

164 Créée par le Traité de Dakar du 10 janvier 1994, tel que révisé le 29 janvier 2003, l'Union Economique et Monétaire Ouest Africaine (UEMOA) est présentée comme le pendant de la CEMAC dans la zone régionale Ouest Africaine. Regroupant 8 anciennes colonies françaises utilisant aussi le Franc CFA, les mêmes critiques sur cette monnaie ont été adressées à l'UEMOA.

165 La Convention portant création de la Communauté Economique des Pays des Grands Lacs (CEPGL) a été adoptée le 20 septembre 1976 à Gisenyi (Rwanda), et relancée en avril 2007 par les trois États membres, anciennes colonies belges.

166 L'accord d'association portant création de l'Afrique, Caraïbes, Pacifique (ACP) a été signé le 20 juillet 1963 à Yaoundé, entre la Communauté Economique européenne (CEE) et 17 États africains et Madagascar. Mais, c'est le 6 juin 1975 que l'Accord de Georgetown institutionnalise le groupe ACP. L'accord de Yaoundé a marqué le point de départ de plusieurs autres accords entre les deux groupes d'États.

(CIRGL) a été créée en décembre 2006, à l'initiative du Conseil de sécurité des Nations Unies afin de répondre aux nombreux conflits rencontrés dans la Région des Grands Lacs.

Ainsi, en restreignant la libre volonté des États membres, des considérations non juridiques ont, par une conséquence nécessaire, posé des bornes à la logique de coexistence des OIA. Le prolongement des restrictions énoncées invite à faire le constat et l'analyse de la concurrence existante entre les OIA, au cours de leur cheminement.

II- Une concurrence organique et fonctionnelle entre les organisations internationales africaines

La dynamique des OIA se manifeste aisément au stade de leur fonctionnement. Après leur naissance, les OIA doivent comme tout organisme vivant pourvoir à la satisfaction de leurs besoins afin d'échapper à la mort. Seulement, du fait de la surabondance des OIA, les normes produites (**A**), ainsi que les compétences attribuées (**B**), aux fins de la réalisation des besoins rentrent en conflit les uns envers les autres, précisément lorsqu'il s'agit des OIA œuvrant dans un secteur d'activité analogue ou couvrant la même zone géographique.

A- Les conflits de normes entre les OIA

La concurrence des OIA est fonctionnelle. Elle se présente principalement à travers les conflits de normes. Elle est également la conséquence du foisonnement des OIA ainsi que des appartenances multiples des États. En d'autres termes, du fait qu'elles constituent des unités juridiques, politiques, voire économiques, autonomes, chaque OIA se déploie sur le territoire des États membres et élabore ses normes sans obligation aucune de se référer à celles d'autres OIA. Dès lors surgit le relativisme normatif source d'insécurité juridique, et donc de conflits de normes. Ce conflit est notamment manifeste en Afrique de l'Ouest, en Afrique centrale et en Afrique australe.

Le conflit de normes apparaît dans plusieurs secteurs au regard desquels diverses OIA entendent y étendre leurs législations communautaires. Trois principaux secteurs sont éloquents à ce propos : le droit du maintien de la paix et de la sécurité, les droits de l'homme et la gouvernance démocratique, le droit économique et des affaires. D'abord, plusieurs OIA ont étendu leur domaine d'action au droit au maintien de la paix et de la sécurité au sein de leur région. À cet effet, elles ont édicté des normes y relatives. Le foisonnement des OIA ainsi que la multi-appartenance des États induit nécessairement à la collision des normes dans ce domaine. Autant les normes de l'UA et celles des organisations sous-régionales en matière de paix et de sécurité rentrent en conflit, logiquement, autant les règles correspondantes des organisations sous régionales sont dans un rapport de force les unes à l'égard des autres. Ainsi, tandis que l'UA consacre des normes mettant en relief sa position de « *clef d'une nouvelle architecture de stabilité en Afrique* »[167], la CEEAC prévoit les normes d'une « *[a]rchitecture de sécurité* » en Afrique centrale[168], le CEPGL et la CIRGL[169] énoncent des dispositions relatives « *au maintien de la paix et de la sécurité* » dans la région des Grands Lacs[170], pour ne citer que celles-là.

Ensuite, les questions de droit de l'homme et de gouvernance démocratique ont pris une place cruciale dans la production normative des OIA. Au regard de la place grandissante de ces questions sur la scène juridique internationale, les OIA ont en grand nombre adopté des instruments juridiques y relatifs. En effet, sur ces questions, l'on dénombre une multitude d'actes juridiques élaborés par les OIA[171]. Du fait notamment de leur nombre élevé, et au vu des considérations précédemment développées, ces actes juridiques posent des normes qui se concurrencent en toute logique[172].

Enfin, plusieurs OIA se sont spécialisées dans le domaine économique et des affaires, et par conséquent ont produit diverses normes encadrant ces questions. Le fait que ces OIA couvrent majoritairement les territoires des mêmes États membres, ces normes se télescopent logiquement. Il s'agit notamment des règles du droit de la concurrence, du droit de la propriété industrielle, du droit des assurances ou du droit bancaire, issus entre autres de

---

167 Voir LECOUTRE D., « Le Conseil de paix et de sécurité de l'Union africaine, clef d'une nouvelle architecture de stabilité en Afrique ? », *Afrique contemporaine*, Eté 2004, pp.131-162

168 Voir MEKA MVIE Élie, *Architecture de sécurité et gouvernance démocratique dans la CEEAC*, Yaoundé, Presses Universitaires d'Afrique, 2007, pp.49 et ss.

169 La Conférence Internationale sur la Région des Grands Lacs (CIRGL) a été créée à l'initiative du Conseil de sécurité des Nations Unies afin de répondre aux nombreux conflits rencontrés dans la Région des Grands Lacs. Constituée de douze États membres, la CIRGL trouve son fondement juridique dans le Pacte sur la sécurité, la stabilité et le développement dans la Région des Grands Lacs, signé à Nairobi le 15 décembre 2006.

170 Voir KILOMBA SUMAILI A., « Le potentiel de la Communauté Economique des Pays des Grands Lacs et de la Conférence Internationale sur la Région des Grands Lacs pour l'instauration d'une paix durable en RDC », *Librairie Africaine d'Études Juridiques*, n°1, 2014, pp.648-671 ; du même auteur, « La CIRGL et le règlement des différends dans la Région des Grands Lacs : cas de la rébellion des M23 », *RQDI*, vol.28.1, 2015, pp.203-218

171 Voir OLINGA A.D., « L'émergence progressive d'un système africain de garantie des droits de l'Homme et des peuples. Introduction générale », *in* OLINGA A.D. (dir.), *La protection internationale des droits de l'homme en Afrique. Dynamique, enjeux et perspective trente ans après l'adoption de la Charte africaine des droits de l'homme et des peuples*, Yaoundé, éd. Clé, 2012, pp.17-22

172 Voir MILINGO ELLONG J.J., « Les conflits de normes en matière de droits fondamentaux : le cas de l'OHADA et de l'Union africaine », *BDE*, n°2, 2014, pp.28-38

l'UEMOA, de l'OHADA[173], de la CEMAC. Ainsi, à l'image de la concurrence normative décriée entre les deux anciens systèmes, des conflits probables peuvent émerger entre les règles du système comptable OHADA révisé (SYSCOHADA)[174] et celles du système comptable Ouest-africain révisé (SYSCOA)[175] d'une part, entre les règles du système d'information financière OHADA (SIFOHADA) et celles du système d'information financière Ouest-africain (SIFOA). De même, divers règlements COBAC[176] sont rentrés en conflit avec les dispositions pertinentes des Actes Uniformes OHADA relatifs aux entreprises et au droit bancaire[177]. Les compétences attribuées semblent connaître le même destin.

B- Les conflits de compétences entre les OIA

En considération de leurs compétences analogues, les OIA semblent être vouées à un rapport conflictuel. La problématique peut être perçue en tant que conflit, d'un côté entre l'ordre juridique de l'UA et les ordres juridiques régionaux, de l'autre côté entre les ordres juridiques régionaux. À ce titre, deux catégories d'organes, pourvus de compétences analogues, concourent au soutien de cette analyse : les organes de paix et de sécurité d'une part, les organes juridictionnels d'autre part.

D'une part, plusieurs OIA ont institué des organes de paix et de sécurité afin d'agir dans le cadre de la prévention et du règlement des différends, du maintien de la paix et de la sécurité au sein de leur région d'appartenance. Autrement dit, la compétence desdits organes s'étend sur leurs États membres et est mise en œuvre en cas de violation des dispositions pertinentes en rapport à la stabilité régionale. Dès lors, la concurrence entre les OIA trouve son origine, du point de vue théorique, dans l'analogie de compétences dont

---

[173] L'Organisation pour l'harmonisation en Afrique du droit des affaires (OHADA) est une OIA créée à Port-Louis (Île Maurice) par le Traité du 17 octobre 1993, tel que révisé le 17 octobre 2008 au Québec (Canada).

[174] Le SYSCOHADA a été adopté le 26 janvier 2017 en annexe du nouvel Acte uniforme relatif au droit comptable et à l'information financière (AUDCIF), en remplacement du SYSCOHADA de 2001.

[175] Le 30 mai 2014, les autorités de l'UEMOA ont signé le règlement d'exécution n°05/2014/COM/UEMOA du nouveau référentiel comptable qui commande l'application obligatoire dans les pays de l'Union de ce qu'il est convenu d'appeler le SYSCOA révisé. Le SYSCOA de 2014 abroge ainsi le SYSCOA de 1998.

[176] La Convention portant création de la Commission Bancaire de l'Afrique Centrale (COBAC) a été signée le 16 octobre 1990 par les États de l'Afrique Centrale, avant qu'elle ne soit incorporée comme organe de la CEMAC dans son Traité constitutif de 1994.

[177] Voir TCHEUMALIEU FANSI M.R., *Droit et pratique bancaire dans l'espace OHADA*, L'Harmattan, 2013, pp.24 et ss. ; SAWADOGO F.M., « Les conflits entre normes communautaires : aspects positifs et prospectifs », *in* FAU-NOUGARET M. (dir.), *La concurrence des organisations régionales en Afrique*, op.cit., pp.283-314

jouissent leurs organes de paix et de sécurité[178]. Dans une perspective épistémologique, la concurrence envisagée tire également ses racines dans l'atténuation du rapport hiérarchique établi par la Charte des Nations Unies entre l'ONU et les organisations régionales en matière de paix et de sécurité internationales. En effet, les OIA privilégient désormais[179] une approche pragmatique en cette matière, intervenant *ipso facto* lorsque survient une situation considérée comme une menace contre la paix et à la sécurité régionales[180]. Ainsi se manifeste l'autonomie des OIA en matière de maintien de la paix et de la sécurité régionales, source de concurrence de compétence. Plus précisément, du fait des appartenances multiples, les actions d'un État africain peuvent porter atteinte aux instruments juridiques de plusieurs OIA, conduisant à des déclarations concurrentes de compétence, tant en matière de maintien de la paix qu'en matière juridictionnelle.

D'autre part, en cas de litiges, les organes juridictionnels des OIA peuvent concurremment se déclarer compétents, ou bien, dans la négative, réfuter concurremment leur compétence, débouchant ainsi sur un déni de justice. Un conflit de juridiction apparaît donc à ce niveau[181]. En effet, plusieurs OIA ont établi en leur sein des organes de contrôle juridictionnel. Il s'agit notamment des cours de justice communautaire[182], de la Cour africaine de justice, des droits de l'homme et des peuples[183] et de la Commission africaine des droits

---

178 Voir KOKOROKO D., « La coexistence entre organisations sous régionales : limites et perspectives », *in* FAU-NOUGARET M. (dir.), *La concurrence des organisations régionales en Afrique*, op.cit., p.200

179 Même s'il ne s'agit pas encore d'une position assumée, au regard de l'absence de constance dans cette perspective.

180 Voir BOUTROS-GHALI B., *Amélioration de la capacité de prévention des conflits et du maintien de la paix en Afrique*, Rapport du Secrétaire général, Doc. À/50/711-S/1995/711, New York, 1er novembre 1995 ; KOFI ATTA A., *Les causes des conflits et la promotion d'une paix et d'un développement durables en Afrique*, Rapport du Secrétaire général, Doc. À/52/871-S/1998/318, New York, 13 avril 1998 ; UA, *Déclaration d'engagement en faveur de la paix et de la sécurité en Afrique*, [PSC/AHG/ST.(X)], adoptée lors du lancement solennel du Conseil de Paix et de Sécurité, le 25 mai 2004 à Addis-Abeba ;PALIWAL S., « The Primacy of Regional Organizations in International Peacekeeping: The African Example », *VJIL*, n°51, 2010, pp. 185 et ss.

181 Voir notamment DELAS O., CÔTE R., CREPEAU F., LEUPRECHT P. (dir.), *Les juridictions internationales : complémentarité ou concurrence ?*, Bruxelles, Bruylant, 2005, 184 pages.

182 Plusieurs OIA ont prévu ou ont effectivement mis en place des Cours de justice, entre autres la Cour de justice de la CEDEAO, la Cour de justice de l'UEMOA, la Cour de justice de la CEMAC, la Cour de justice de la CEEAC, La Cour de justice de la CAE, la Cour de justice du COMESA, le Tribunal de la SADC et la Cour commune de Justice et d'Arbitrage (CCJA).

183 Voir notamment les décisions Assembly/AU/Dec.45 (III) et Assembly/AU/Dec.45 (V) de la Conférence de l'UA, adoptées respectivement à ses troisième (6-8 juillet 2004 à Addis-Abeba, Éthiopie) et cinquième (3-5 juillet 2005 à Syrte, Libye) sessions ordinaires, visant à fusionner la Cour africaine des droits de l'homme et des peuples et la Cour de justice de l'UA, en une seule Cour. Voir surtout Protocole portant Statut de la Cour africaine de justice et des droits de

de l'homme et des peuples[184] dans le système de l'UA[185].Bien plus, il est probable que la concurrence de compétence apparaisse plus véhémente entre les organes juridictionnels des OIA établis sur une même zone régionale et compétents dans les mêmes matières. Toutefois, et fort heureusement, les OIA ont emprunté la voie du dialogue inter-institutionnel afin de réduire les risques, voire d'éviter, des conflits de compétence entre elles.

III- Une complémentarité envisagée entre les organisations internationales africaines

La complémentarité revêt une pluralité de visages, voire de méthodes. Elle signifierait « *la coordination, par entrecroisements horizontaux, à l'unification imposée verticalement par transplantation ou par hybridation, en passant par l'harmonisation qui implique le rapprochement, mais sans prétendre à l'uniformité* »[186]. En effet, la complémentarité se présente comme l'expression la plus aboutie du discours de la complexité, de par sa prétention à concilier l'un et le multiple. Elle consiste à « *ordonner les nuages* »[187], c'est-à-dire, au-delà d'un simple réajustement, à procéder à une véritable « *refondation des pouvoirs* »[188] afin de déterminer et d'institutionnaliser des valeurs communes à l'échelle continentale[189], expression de l'idée d'unité africaine (**A**). Par ailleurs, la logique de la complémentarité met en exergue une dimension dialogique qu'il serait très imprudent d'éluder (**B**).

---

l'homme, adopté par la 11e session ordinaire de la Conférence de l'Union, Sharm-El-Sheik (Égypte), 1er juillet 2008, tel qu'amendé à Malabo (Guinée Équatoriale) le 27 juin 2014 par la 23e session ordinaire de la Conférence de l'UA.

[184] Voir article 31 de la Charte africaine des droits de l'homme et des peuples ; et Règlement intérieur de la CmADHP, révisé par la CmADHP lors de sa 47e session ordinaire tenue à Banjul (Gambie), du 12 au 26 mai 2010 [entrée en vigueur le 18 août 2010]

[185] Voir KAMTO M., « Les Cours de justice des Communautés et des Organisations d'intégration économique africaines », *AYIL*, vol.6, 1998, pp.107-150 ; MUBIALA M., « La Cour africaine des droits de l'homme et des peuples : mimétisme institutionnel ou avancée judiciaire ? », *RGDIP*, n°3, 1998, pp.765-780 ; OUGUERGOUZ F., « La Cour africaine des droits de l'homme et des peuples. Gros plan sur le premier organe judiciaire africain à vocation continentale », *AFDI*, 2006, pp.213-240 ;IBRIGA L.M., « Compétences des Cours de justice des Communautés africaines », *in* Séminaire organisé par l'Union internationale des Avocats et l'Ordre des Avocats du Bénin, *Intégration économique et exercice du métier d'avocat*, Cotonou, 2013 *in*www.uianet.org, consulté le 27 mai 2018

[186] Voir DELMAS-MARTY M., « Le pluralisme ordonné et les interactions entre ensembles juridiques », *RecueilDalloz*, n°14, 2006, p.951.

[187] Voir DELMAS-MARTY M., *Les Forces imaginantes du droit II. Le pluralisme ordonné*, op.cit., p.266

[188] Voir DELMAS-MARTY M., *Les Forces imaginantes du droit III. La refondation des pouvoirs*, Paris, Seuil, 2007, 303 pages

[189] Voir DELMAS-MARTY M., *Les Forces imaginantes du droit IV. Vers une communauté de valeurs ?*, Paris, Seuil, 2011, 432 pages.

A- La complémentarité par référence à l'idée d'unité africaine

L'atomisation de l'espace institutionnel africain a été source de conflits de normes et de compétences entre les OIA. Pourtant, l'aspiration à une unité africaine n'a pas diminué en ardeur. En effet, et précisément dans les domaines économique, sécuritaire et politique, une démarche d'unification a été engagée dans l'optique de porter sur le champ de la pratique l'idée d'unité africaine. Cette démarche est connue sous la désignation de « *processus de rationalisation* »[190].

Le domaine économique est le premier à connaître une matérialisation de l'idée d'unité africaine. Le Plan d'action et l'Acte final de Lagos, et surtout le Traité d'Abuja instituant la CEA, avaient attribué une valeur juridique à ladite idée. La mise en œuvre devait être assurée au niveau des régions par les Communautés économiques régionales (CER)[191]. Lorsque l'effectivité de l'idée d'unité africaine serait totale au niveau des CER, la dimension continentale serait ensuite envisagée. Il est question d'un mouvement ascendant des CER à la CEA. Ainsi, la CEA sera mise en place de façon progressive par l'établissement d'un marché commun africain, précédé notamment de l'élimination des barrières tarifaires et non tarifaires, de la création d'une zone de libre-échange continentale, de la mise en place de l'union douanière. Néanmoins, au regard de la multiplication des OIA et de la dispersion conséquente des énergies nécessaires, la mise en œuvre de la CEA a connu un net ralentissement. Afin de raviver la ferveur du processus, les États africains ont envisagé la mise sur pied du NEPAD[192], lequel sera définitivement intégré dans l'architecture africaine de développement économique en 2008 par la Conférence des Chefs d'État et de Gouvernement de l'UA[193]. Puis en 2009, un Programme minimum d'intégration (PMI) sera adopté dans le but d'accélérer le processus d'union économique. Ainsi est progressivement mise en œuvre l'idée d'unité africaine, dans sa dimension économique.

L'idée d'unité africaine a également connu une mise en œuvre dans le domaine sécuritaire. Dans ce cadre en effet, à partir de la décennie 1990, la création au sein des OIA d'un organe de paix et de sécurité n'a point constitué

---

190 Voir TCHAMENI A., *Les évolutions du régionalisme africain. Le fonctionnement des Communautés économiques régionales*, Paris, L'Harmattan, 2013, pp.53 et ss.

191 L'article 1 du Protocole d'Addis-Abeba du 25 janvier 1998 régissant les relations entre la CAE et les CER définit ces dernières comme « *un groupement d'États africains organisé en une entité juridique par un traité avec essentiellement pour objectif l'intégration économique et sociale* ».

192 Le Nouveau Partenariat pour le Développement de l'Afrique (NEPAD en langue anglaise) a été créé en 2001, en complément au processus établi par la CAE.

193 Voir GNAMOU-PETAUTON D., « Le Nouveau Partenariat pour le Développement de l'Afrique (NEPAD) dans l'architecture institutionnelle de l'Union africaine », in FAU-NOUGARET M. (dir.), *op.cit.*, pp.229-259

une négation de la primauté de l'UA sur cette question. Le Conseil de paix et de sécurité de l'UA[194] a conservé, en droit et en fait, une place privilégiée en matière de paix et de sécurité sur le continent. Il a ainsi servi de cadre référentiel de départ à la construction de l'Architecture africaine de paix et de sécurité (APSA). L'APSA est l'instrument africain au service de la paix et de la sécurité sur le continent. Elle est constituée d'une double dimension normative et institutionnelle, prenant en compte l'UA comme clef de voûte de l'édifice, et les CER ainsi que les brigades pré-positionnées en tant que piliers[195]. Dès lors, l'APSA est perçue comme la conséquence du processus de rationalisation sécuritaire, expression de la dimension sécuritaire de l'idée d'unité africaine.

Dans le prolongement de l'APSA, les États africains se sont engagés dans la construction d'une union politique africaine. La question des États-Unis d'Afrique a été à plusieurs reprises portée sur la table de discussions entre les Chefs d'État et de Gouvernement africains. À l'heure actuelle, la formulation la plus aboutie de cette question est sans ambages l'édification de l'Architecture africaine de gouvernance démocratique (AAGD). Cette dernière, tirant ses racines au sein d'ordres juridiques imbriqués, voire concurrents, procède également par rationalisation. À ce titre, une AAGD serait constituée d'un pan normatif bien ancré dans une composante institutionnelle. D'une part, diverses catégories de normes ressortent de l'AAGD : les normes imposant une obligation de démocratisation, les normes portant création des mécanismes de garantie du respect de l'obligation juridique de démocratisation, les normes relatives aux mécanismes de sanction, les normes liées au règlement négocié de crises politiques subvenant au sein des États africains[196]. D'autre part, l'AAGD prend appui sur des institutions de diverses OIA : les institutions d'édiction et de réception de l'obligation de démocratisation, les institutions de contrôle et de suivi, les organes de paix et de sécurité, les institutions relatives à l'élaboration et à l'application des accords de sortie de crise[197].

---

[194] Voir Protocole relatif à la création du Conseil de paix et de sécurité de l'UA, Durban, 9 juillet 2002

[195] Voir notamment le Protocole d'accord de coopération dans le domaine de la paix et de la sécurité entre l'Union africaine, les Communautés économiques régionales et les mécanismes de coordination des brigades régionales en attente de l'Afrique de l'Est et de l'Afrique du Nord, 27 février 2008. Également, SOMA A.T., « Les relations entre l'Union africaine et la Communauté Economique des États de l'Afrique de l'Ouest en matière de maintien de la paix », *AYIL*, vol.18, 2012, pp.345-388

[196]Voir TCHIKAYA B., « La Charte africaine de la démocratie, des élections et de la gouvernance », *AFDI*, n°54, 2008, pp.515-528 ; TCHAGNA A.,"*African Charter on Democracy, Elections and Governance*, 30thJanuary 2007", *OXIO 133*, 2017

[197] Voir TCHEUWA J.-Cl., « L'Union africaine et les changements anticonstitutionnels de gouvernement », *RRJ-DP*, 2009-2, PP. 993-1022 ; ATANGANA AMOUGOU J.-L.,

De façon plus concrète, la Commission de l'UA a présenté en mai 2013 à la Conférence des Chefs d'État et de gouvernement, un cadre de développement et de mise en œuvre de l'AAGD. Ainsi, placée sous le thème « *Année de l'autonomisation des femmes et Développement de l'Afrique pour la concrétisation de l'Agenda 2063* », la 24e Conférence des Chefs d'État et de gouvernement de l'UA tenue à Addis-Abeba du 30 au 31 janvier 2015 s'est achevée par l'adoption de l' « *Agenda 2063* ». Il s'agit d'une vision, d'un plan d'action et d'un processus concourant notamment à faire de l'Afrique un continent de démocratie et de paix. Ce processus, qui met en œuvre l'idée d'intégration africaine dans sa dimension politique, ne doit cependant pas faire abstraction des nombreuses entraves à sa réalisation. Raison pour laquelle tel Janus à double visage, la logique de la complémentarité n'a pas concédé son visage dialogique.

B- La complémentarité par instauration du dialogue inter-institutionnel

À la différence de la logique dialectique, la logique dialogique ne procède pas par l'opposition d'une thèse et d'une antithèse afin d'aboutir à une synthèse. Elle préserve l'intégrité de chaque point de vue, même si concurrent, en cherchant autant que faire se peut à les harmoniser autour de valeurs fondamentales. Dans ce sens, l'unité africaine est perçue comme une valeur d'harmonisation des normes et organes des OIA, prévalant par la méthode du dialogue inter-institutionnel[198].Dès lors, les manifestations du dialogue inter-institutionnel sont généralement perçues au regard de deux catégories d'organes des OIA : les organes de paix et de sécurité d'une part, les organes de contrôle juridictionnel, d'autre part.

D'une part, l'instauration du dialogue entre les OIA en matière de paix et de sécurité a été rendue nécessaire en considération du changement de paradigme qui s'est imposé. En effet, en réponse à la multiplication des crises et conflits en Afrique, les OIA ont adopté une approche pragmatique en matière de paix et de sécurité régionales. À ce titre, elles ont tempéré l'intransigeance de l'orthodoxie qui entoure habituellement la question[199]. Ainsi, à côté du rapport hiérarchique, a émergé un rapport de partenariat entre les OIA en matière de paix et de sécurité. Dans ce sens, le partenariat se définit par la complémentarité entre les OIA, par le biais d'une action commune et concertée[200]. Selon le Professeur Abdoulaye SOMA, la relation de partenariat

---

« Multiplication des juridictions internationales et sécurité juridique en Afrique », *in* FAU-NOUGARET M. (dir.), *op.cit.*, pp. 150 et 151.

198 Voir MBAYE K., *Les Droits de l'Homme en Afrique*, Paris, Pedone, 2e éd., 2002, pp.67-71, et 185-188.

199VoirPALIWAL S., « The Primacy of Regional Organizations in International Peacekeeping: The African Example », *op.cit.*, pp. 185 et ss.

200 Voir article 19 du Protocole d'accord de coopération du 27 février 2008

entre les OIA repose tant sur leur complémentarité caractérisée par le renforcement mutuel des capacités et la mise en œuvre du principe de subsidiarité et de l'avantage comparatif, que sur leur coopération en matière de diplomatie préventive et d'opérations « *curatives* »[201]. Ainsi, l'exemple de la Mission internationale de soutien au Mali sous conduite africaine (MISMA) renseigne à suffisance sur cette pratique. Bien qu'autorisée par le CSNU[202] et mandatée par le CPS[203], la MISMA a été une opération conjointe de l'UA et de la CEDEAO dans le but de restaurer la paix et la stabilité au Mali.

D'autre part, l'établissement d'un dialogue entre les OIA en matière juridictionnelle reste un défi et un enjeu majeurs à l'émergence de l'État de droit africain. À cet égard, le Professeur ATANGANA AMOUGOU Jean-Louis a pu dire que « *la mise en cohérence de l'activité des diverses juridictions à travers un dialogue inter juridictionnel plus connu sous l'expression de dialogue des juges, dans un esprit de complémentarité, peut contribuer au développement d'un droit international plus adéquat* »[204]. Ainsi, le dialogue des juges[205] charrie une logique de complémentarité entre les OIA, dans l'optique d'harmoniser l'un et le multiple. Avec notamment la multiplicité et l'enchevêtrement des normes applicables au procès à l'échelle régionale, la pluralité des organes de contrôle juridictionnel, la diversité des justiciables et des objets de droit, le dialogue des juges devient le gage le plus sûr de la sécurité juridique, c'est-à-dire de l'ordonnancement du pluralisme, de l'admission dudit pluralisme sans renoncement à un droit commun[206].Sous ce prisme, sans perdre de vue l'idée et le processus d'unité africaine, le dialogue inter-institutionnel concourt à souligner que l'importance de cette trajectoire ne doit pas faire oublier l'attitude de circonspection nécessaire à son aboutissement.

La logique de la complexité n'est pas un labyrinthe sans issue. Elle permet de compartimenter les différents champs d'analyse, puis d'établir le rapport

---

[201] Voir SOMA Abdoulaye, « Les relations entre l'Union africaine et la Communauté Economique des États de l'Afrique de l'Ouest en matière de maintien de la paix », *op.cit.*, pp.370-388

[202] Voir CSNU, résolution 2085 du 20 décembre 2012

[203] Voir CPS, communiqué PSC/AHG/COMM/2. [CCCLIII] du 25 janvier 2013

[204] Voir ATANGANA AMOUGOU J.-L., « Multiplication des juridictions internationales et sécurité juridique en Afrique », *op.cit.*, p. 152

[205] Dans ses conclusions dans l'arrêt d'Assemblée du Conseil d'État le 6 décembre 1978, ''Ministère de l'Intérieur c/ Cohn-Bendit'', le juriste Bruno GENEVOIS déclare qu'il ne doit avoir de place « *ni pour le gouvernement des juges, ni pour la guerre des juges, mais pour le dialogue des juges* ». Pour la première fois, l'expression ''dialogue des juges'' est employée, et la paternité a été naturellement reconnue au juriste.

[206] Voir DELMAS-MARTY M., « Le pluralisme ordonné et les interactions entre ensembles juridiques », *op.cit.*, p.951 ; SIMOND., «Dialogue des juges et droits de l'homme: en 2014, j'écris ton nom?», *Europe*, 2014/1, pp.1 et ss.

d'interdépendance, d'imbrication, d'osmose ou encore de symbiose existant entre ces champs. Dans cette mesure, la question de la complexité des OIA s'avère intéressante à étudier. Elle met en exergue sa double dimension dont la définition apparait nécessaire en théorie comme en pratique. D'une part, la dimension qualitative liée au foisonnement des OIA et aux appartenances multiples des États africains. D'autre part, la dimension quantitative relative à la mise en œuvre de l'idée d'unité africaine, par-delà la diversité de réalités juridiques et non juridiques considérées[207]. Par ailleurs, la complexité ne saurait se limiter aux rapports entre les OIA, mais se manifeste également dans les relations entre les OIA et les États africains, ainsi qu'entre les OIA et les institutions non africaines[208].

Éléments de bibliographie

BIPOUN-WOUM J.-M., *Le droit international africain. Problèmes généraux. Règlement des conflits*, Paris, L.G.D.J., 1970

BORELLA F., « Le régionalisme africain et l'Unité africaine », *A.F.D.I.*, vol. 9, 1963

BOUTROS-GHALI B., *L'Organisation de l'Unité africaine*, Paris, Armand Colin, 1969

CHAUMONT C., « Cours général de Droit international », *RCADI*, « Recueil de cours » vol.1, 1970

CARREAU D., MARRELLA F., *Droit international*, 11e éd., A.Pedone, 2012

COUESSU' J.-M. II, *La nature juridique des fédérations internationales de sport. Contribution à l'étude des institutions internationales*, Thèse de Doctorat/Ph.D en Droit public, Université de Yaoundé II, 2016

DEHAUSSY J., *Propos sur les sources du droit international. L'exercice de la fonction normatrice dans un ordre juridique singulier*, Paris, A.Pedone, 2017

DELAS O., CÔTE R., CREPEAU F., LEUPRECHT P. (dir.), *Les juridictions internationales : complémentarité ou concurrence ?*, Bruxelles, Bruylant, 2005

DELMAS-MARTY M., *Les Forces imaginantes du droit IV. Vers une communauté de valeurs ?*, Paris, Seuil, 2011

- *Les Forces imaginantes du droit III. La refondation des pouvoirs*, Paris, Seuil, 2007

---

207 Voir, pour les développements sur la double dimension quantitative et qualitative du discours de la complexité, MBIDA ELONO Th.A., *La norme juridique environnementale : réflexions sur l'efficacité de la protection juridique de l'environnement*, Thèse de Doctorat / Ph.D en Droit public, Université de Yaoundé II, 2017, pp.77 et ss.

208 Voir notamment TCHAGNA A., « L'internationalisation des Constitutions africaines : l'exemple des Constitutions d'Afrique subsaharienne francophone », *RIDC*, n°3, 2018, pp.509-542

- *Les Forces imaginantes du droit II. Le pluralisme ordonné*, Paris, Seuil, 2006
- *Les Forces imaginantes du droit. Le Relatif et l'Universel*, Paris, Seuil, 2004

FAU-NOUGARET M. (dir.), *La concurrence des organisations régionales en Afrique*, L'Harmattan, 2012

GONIDEC P.-F., *Les organisations internationales africaines. Étude comparative*, L'Harmattan, 1987

KAMTO M., « Les Cours de justice des Communautés et des Organisations d'intégration économique africaines », *AYIL*, vol.6, 1998

MORIN E., *Introduction à la pensée complexe*, Paris, ESF Éditeur, 1990

SOMA A.T., « Les relations entre l'Union africaine et la Communauté Economique des États de l'Afrique de l'Ouest en matière de maintien de la paix », *AYIL*, vol.18, 2012

TALL NOUROU S., *Droit des organisations internationales africaines. Théorie générale ; Droit communautaire comparé ; Droit de l'homme, paix et sécurité*, L'Harmattan, 2015

TCHAGNA A., « L'internationalisation des Constitutions africaines : l'exemple des Constitutions d'Afrique subsaharienne francophone », *RIDC*, n°3, 2018

TCHEUWA J.-Cl., *Le siège des organisations internationales : contribution à l'étude de son statut juridique au regard de la pratique contemporaine*, Thèse de Doctorat nouveau régime, Université Robert Schuman, Strasbourg, 1997

YAO-N'DRE P., SCHRAEPLER H.-A., *Organisations internationales. Vol.2 Les organisations internationales africaines. Adresses, objectifs, États membres, structures, activités et informations*, éd. N.E.I., Abidjan, 1999

YUSUF ABDULQAWI A., "Pan-Africanism and International Law", *RCADI*, vol.369, 2013

DEUXIÈME PARTIE :

L'ACTION PLURIELLE DES ORGANISATIONS INTERNATIONALES AFRICAINES

Titre 1 :

LES ORGANISATIONS INTERNATIONALES AFRICAINES ET LA PRISE EN COMPTE DES PRÉOCCUPATIONS ENVIRONNEMENTALES EN AFRIQUE

L'entreprise de la zone Communauté économique et monétaire de l'Afrique centrale et la protection de l'environnement : vers la gouvernance environnementale

Par :

Adelaïde NGUEJO THAYOH

Docteure Ph.D en droit public
Université de Yaoundé II/Cameroun
Chercheure au Centre d'études et de recherches en droit international et communautaire

Résumé

La contribution de l'entreprise de la zone CEMAC à la protection de l'environnement apparait modeste. La présente réflexion a pour objectif de mettre en exergue le potentiel de l'entreprise dans la mise en œuvre du développement durable. Cela a conduit d'une part à l'analyse du cadre juridique portant sur la participation de l'entreprise à la protection de l'environnement. Celui-ci dévoile une réglementation composite. En effet, le cadre communautaire parait sommaire tandis que les lois nationales sont plus élaborées, mais insuffisantes. On enregistre l'essor d'une autorégulation de l'entreprise qui se traduit par l'introduction de l'environnement dans son code de conduite et l'avènement de la protection de l'environnement comme conditionnalité pour les partenariats d'affaires.

D'autre part, les stratégies environnementales de l'entreprise témoignent de son engagement pour la protection de l'environnement. L'entreprise adopte des mesures techniques et managériales en faveur de la protection de l'environnement. Elle intègre même progressivement la RSE dans sa politique. À la réalité, les firmes multinationales développent mieux les stratégies environnementales que les PME. Celles-ci tendent à accorder une place secondaire à l'environnement au profit du développement économique. Pourtant, les entreprises peuvent constituer un excellent levier pour la construction et la mise en œuvre de la gouvernance environnementale. La zone CEMAC est gravement confrontée aux dégradations de l'environnement, dès lors, il est important qu'elle se dote d'un arsenal juridique favorable à la participation de l'entreprise. Aussi, il est souhaitable que les entreprises s'engagent véritablement pour la gouvernance environnementale.

Mots-clés : Code de conduite, entreprise, environnement, gouvernance environnementale, responsabilité sociale de l'entreprise.

Introduction

Respirer en pleine zone industrielle dans les États membres de la Communauté Économique et Monétaire de l'Afrique Centrale (CEMAC) peut être source de malaise tellement l'air y est chargé en gaz toxique. Ce fait parfois attribué à l'entreprise renforce l'opportunité d'une réflexion sur son rôle dans la protection de l'environnement. Bien que la CEMAC et l'entreprise n'ont pas pour vocation principale la protection de l'environnement, mais le développement économique.

La protection de l'environnement par les entreprises résulte de leur rôle dans le développement économique et la détérioration de la nature. En 2012, le Cameroun sanctionnait l'entreprise *Bolloré Africa logistics* et sa filiale *Navire MV Swift-split Panama* pour pollution des eaux du fleuve Wouri. Depuis la Conférence de Stockholm de 1972 sur l'environnement, les acteurs non étatiques (privés)[209] sont appelés à contribuer à la mise en œuvre du développement durable[210] ,et donc de s'inscrire dans la logique de la gouvernance environnementale, car la lutte contre les dégradations ne peut plus se suffire des actions des États et des organisations internationales. La Déclaration de Rio sur l'environnement et le développement de 1992 a cristallisé l'idée selon laquelle la protection de l'environnement est l'affaire « *de tous* »[211]. En 2002, le Sommet mondial sur le développement durable lance un appel en faveur de la responsabilité sociale de l'entreprise (RSE), réaffirmant le rôle que les entreprises doivent jouer dans le développement durable[212]. C'est dans cette perspective que s'inscrit l'entreprise. Celle-ci désigne : « *Toute entité, indépendamment de sa forme juridique, exerçant une activité économique* »[213]. Elle peut ainsi renvoyer aux firmes multinationales[214] ou aux petites et moyennes entreprises (PME)[215]. L'État

---

[209]**P. Daillier**, **A. Pellet**, *Droit international public*, Paris, LGDJ, 7e éd., 2002, p. 1280.

[210]**M. Bambara** et **A. Sene**, « L'évolution de la responsabilité sociétale de l'entreprise à la faveur du développement durable : vers une juridisation de la RSE », *Revue africaine de droit de l'environnement*, n° 00/ 2013, p. 85-91.

[211]Voir le préambule de la Déclaration de Rio de Janeiro sur l'environnement et le développement du 13 juin 1992.

[212]**M. Bambara** et **A. Sene**, « L'évolution de la responsabilité sociétale de l'entreprise à la faveur du développement durable : vers une juridicisation de la RSE », *op cit.*, p. 90.

[213]Recommandation de la Commission européenne du 6 mai 2003 concernant la définition des micros, petites et moyennes entreprises 2003/361/CE article 1 annexe.

[214]Sur la définition de la firme, voir **Ch. A. Michalet**, *Le capitalisme mondial*, Paris, PUF, 2e éd., 1985, p. 11.

[215]**J. Sotamenou** et **M. E. Ndonou Tchoumdop**, « Pratique de la responsabilité sociétale des entreprises (RSE) par les managers de PME au Cameroun », Dakar, 2012, p. 10 disponible sur www.trustafrica.org/icbe consulté le 20 juin 2019. La définition de la PME varie en fonction du contexte. En France, une PME est considérée comme une entreprise de moins de 500 employés dont le chiffre d'affaires est inférieur à 40 millions d'euros (environ 27 milliards de FCFA). Au Cameroun, *« une PME est une entreprise quel que soit son domaine d'activité qui*

coopère avec l'entreprise en lui attribuant des compétences pour protéger l'environnement. La Déclaration de Rio a donc eu un écho favorable tant sur le plan universel que régional. L'Afrique fait partie de « *l'un des premiers continent à prendre conscience de la nécessité de protéger l'environnement* »[216]. La consécration juridique de la prise en compte de l'environnement se trouve dans la Charte africaine des droits de l'homme et des peuples du 28 juin 1981, qui introduit le droit à l'environnement dans le droit international positif, fût-il de portée régionale[217]. Selon l'Acte Constitutif de l'Union africaine (UA) du 11 juillet 2000, la protection de l'environnement rentre dans les attributions du Conseil Exécutif[218]. Le texte par excellence sur l'environnement est la Convention africaine sur la conservation de la nature et des ressources naturelles du 11 juillet 2003, qui succède dans l'ordre juridique à la Convention d'Alger de 1968[219].

Dans la même lancée que l'UA, la CEMAC a intégré la protection de l'environnement, la section 5 de la Convention relative à l'Union Économique de l'Afrique Centrale (UEAC) lui est consacrée. La CEMAC est un espace d'une richesse environnementale remarquable, le bassin du Congo situé dans l'espace a même été déclaré patrimoine commun de l'humanité[220]. Les richesses de la CEMAC constituent donc un excellent atout pour la lutte contre la pauvreté et un outil au service de la protection de l'environnement. Les entreprises de la zone CEMAC participent à la protection de l'environnement, puisqu'elle fait généralement l'objet d'une intégration dans leurs activités.

---

emploie au plus 100 personnes et dont le chiffre d'affaires annuel hors taxes n'excède pas 3 milliards de FCFA ». Article 3 (1) de la Loi n° 2015/010 du 16 juillet 2015 modifiant et complétant certaines dispositions de la Loi n° 2010/001 du 13 avril 2010 portant promotion des petites et moyennes entreprises au Cameroun. Une PME est un ensemble composé de très petites entreprises (TPE), de petites entreprises (PE) et de moyennes entreprises (ME). Une TPE est une entreprise qui emploie moins de 5 personnes et dont le chiffre d'affaires annuel hors taxes n'excède pas 15 millions de FCFA. Article 4, de la Loi du 13 avril 2010 portant promotion des petites et moyennes entreprises au Cameroun. Une PE est une entreprise qui emploie entre 6 et 20 personnes et donc le chiffre d'affaires annuel hors taxes est supérieur à 15 millions de FCFA et n'excède pas 250 millions de FCFA. Article 5 de la Loi du 16 juillet 2015, *op cit*. La ME est une entreprise qui emploie entre 21 et 100 personnes et dont le chiffre d'affaires annuel hors taxes est supérieur à 250 millions de FCFA et n'excède pas 3 milliards de FCFA. Article 6 de la Loi du 16 juillet 2015, *op cit*.

216 **J.-P. Beurier**, *Droit international de l'environnement*, Paris, Pedone, 5e éd., 2017, p. 118.

217 **M. Kamto**, *Droit de l'environnement en Afrique*, Paris, Edicef/AUPELF, 1996, p. 51. L'article 21 de la Charte africaine des droits de l'homme et des peuples du 28 juin 1981 dispose que : « *Tous les peuples ont droit à un environnement satisfaisant et global, propice à leur développement* ».

218 **J.-P. Beurier**, *Droit international de l'environnement, op cit.*, p. 119. Article 13 de l'Acte Constitutif de l'Union africaine du 11 juillet 2000.

219 **S. Doumbé Billé**, « La nouvelle convention africaine de Maputo sur la conservation de la nature et des ressources naturelles », *Revue juridique de l'environnement*, 1/2005, p. 6.

220 **UNESCO**, *Le patrimoine mondial dans le Bassin du Congo*, 2010, p. 6, disponible sur http://www.unesco.org, consulté le 6 novembre 2019.

Pourtant, on observe une dégradation continue de l'environnement accompagnée des conséquences désastreuses (changements climatiques, pollution, perte de la biodiversité[221], déforestation, sécheresse[222], conflit...).

Cela amène à interroger les rapports entre l'entreprise et la protection de l'environnement pour relever la qualité de l'engagement des entreprises. Quelles sont les techniques utilisées par l'entreprise de la zone CEMAC pour la protection de l'environnement ? Il s'agira de démontrer que les actions de l'entreprise en faveur de la protection de l'environnement existent, mais elles sont modestes. De ce fait, on est conduit à analyser le cadre juridique de participation de l'entreprise à la protection de l'environnement (I) ainsi que les stratégies environnementales élaborées par elle (II).

I- Le cadre juridique de participation de l'entreprise à la protection de l'environnement

La participation de l'entreprise à la protection de l'environnement s'inscrit dans un cadre juridique précis. Son examen révèle qu'il s'agit d'un cadre juridique composite et fragile (A) à côté duquel a émergé une autorégulation environnementale à l'initiative de l'entreprise (B).

A- Un cadre juridique composite et fragile

L'analyse des instruments juridiques de la CEMAC permet de relever que sa politique environnementale est contenue dans plusieurs instruments. Le cadre juridique relatif à l'intervention de l'entreprise dans le domaine de l'environnement se caractérise par une impulsion communautaire sommaire (1) qui est enrichie par une réglementation nationale considérable (2).

1- Une impulsion communautaire sommaire

La protection de l'environnement n'est pas la vocation première de la CEMAC, car son ambition est le développement économique. C'est peut-être la raison pour laquelle l'environnement ne figure pas explicitement (mais implicitement) dans le Traité révisé CEMAC du 25 juin 2008[223]. La volonté d'harmonisation des droits et politiques de l'environnement au niveau de la

---

[221]On enregistre la disparition des derniers rhinocéros de République Centrafricaine et du Cameroun.

[222]Le lac Tchad ne cesse de rétrécir. En 1960, la taille du lac était de 25 000 km^2, en 2017 elle avoisinerait 2 500 km^2. **A. Bazzara-Kibangula**, « Au Tchad, la sécheresse décime les récoltes et fait craindre une explosion de l'insécurité alimentaire », *Le monde*, 24 septembre 2019.

[223]C'est le cas du Traité instituant la CEMAC du 16 mars 1994 ou le Traité révisé le 25 juin 2008.

sous-région est alors consacrée par la Convention régissant l'UEAC[224]. Sa section 5 dédiée à la protection de l'environnement attribue cette compétence au Conseil des ministres. Celui-ci définit et coordonne les politiques des États membres dans ce domaine. Dans le cadre de son programme de travail, le Conseil des ministres : « *a) définit par voie de règlements les systèmes d'information mutuels auxquels participent les États membres en vue de la coordination de leurs politiques en matière de protection de l'environnement et des ressources naturelles ; b) définit par voie de recommandations les orientations que les États membres sont invités à mettre en œuvre en vue de la protection, de la restauration et de l'amélioration de la qualité de l'environnement et des ressources naturelles ; c) engage, par voie de règlements ou de directives, des actions pilotes communes en la matière* »[225]. À la suite de cette orientation, la CEMAC s'est dotée de politiques environnementales ainsi que d'instruments régionaux d'opérationnalisation[226]. À cela s'ajoutent certaines institutions comme la Commission du Bassin du Lac Tchad (CBLT), la Commission des Forêts d'Afrique Centrale (COMIFAC), chargée de « *l'orientation, l'harmonisation et le suivi des politiques forestières et environnementales en Afrique centrale* »[227]. Malgré cet arsenal, la CEMAC ne dispose pas véritablement d'un cadre communautaire environnemental autonome. Cela ne favorise pas toujours une prise en compte réelle de l'environnement. Cet état des choses se fait également ressentir en ce qui concerne l'encadrement de la participation de l'entreprise en faveur de l'environnement. Lors du premier forum international des « *pionniers de la Responsabilité Sociétale des Entreprises en Afrique* », qui a eu lieu du 8 au 10 novembre 2011 à Douala (Cameroun), des propositions ont été formulées allant dans le sens de la création et de la mise en œuvre d'un standard RSE pour les industries extractives[228].

Dans la zone CEMAC, la RSE fait encore l'objet de réflexion. Dès lors, le cadre juridique d'intervention de l'entreprise en matière environnementale

---

[224]**P. Oumba**, « Le rôle des organisations sous-régionales dans l'intégration et le développement du droit international de l'environnement en Afrique centrale », *Revue africaine de droit de l'environnement*, n° 00/ 2013, p. 45.

[225]Article 39 de la Convention UEAC du 16 juillet 1996 telle que révisée le 25 juin 2008.

[226]**B. Doukpolo**, « Politiques environnementales en Afrique centrale », **CNUCED**, *Améliorer les effets structurants du secteur des ressources minérales dans les pays de la Communauté économique d'Afrique centrale*, atelier régional, Brazzaville, 8 au 30 septembre 2016, disponible sur https://unctad.org/meetings/en/Presentation/Congo_29092016_R6_Bertrand_Doukpolo.pdf consulté le 18 novembre 2019. À l'instar de la politique environnementale et de la politique commune d'amélioration de l'environnement de la CEMAC, la politique des ressources en eau.

[227]**P. Oumba**, « Le rôle des organisations sous-régionales dans l'intégration et le développement du droit international de l'environnement en Afrique centrale », *op cit.*, p. 43.

[228]**K. Diawara** et **S. Lavallée**, « La responsabilité sociale de l'entreprise (RSE) dans l'espace OHADA : pour une ouverture aux considérations non économique », *Revue internationale de droit économique*, t. XXVII 2014/4, p. 448.

semble « *flou* » et encore en construction. On est alors obligé de recourir aux lois des États membres pour déterminer le cadre juridique de participation de l'entreprise à la protection de l'environnement.

2- Une réglementation nationale considérable

Dans le domaine de l'environnement, l'application des règles et normes internationales entraine fréquemment l'adoption d'actes législatifs et réglementaires relevant du droit interne des États[229]. Tous les États de la CEMAC ont intégré la protection de l'environnement. Elle fait d'ailleurs l'objet de constitutionnalisation dans ces États[230], et d'une réglementation autonome soit par le biais de la loi-cadre (Cameroun[231]), de codes (République Centrafricaine[232]) ou de lois (Gabon, Tchad et Guinée Équatoriale[233]).

Dans les ordres juridiques nationaux, il faut scruter les instruments environnementaux pour repérer les règles qui s'appliquent aux entreprises. Ces instruments introduisent la protection de l'environnement dans tous les domaines de l'activité humaine. Les principes du droit de l'environnement comme celui de pollueur-payeur[234] s'appliquent à l'entreprise. Il s'agit d'un principe économique qui consiste à imputer la réparation des conséquences environnementales d'une activité dangereuse pour la nature à son

[229]**J.-C. Tcheuwa**, « Les préoccupations environnementales en droit positif camerounais », *Revue juridique de l'environnement*, n° 1, 2006. p. 24.

[230]La Constitution du Cameroun du 18 janvier 1996, en son préambule proclame « *le droit à un environnement sain* » et que « *l'État veille à la défense et à la promotion de l'environnement* ». La Constitution de la Centrafrique du 15 mars 2003 en son article 9 dispose que : « *La République garantit à chaque citoyen le droit à un environnement sain* ». La Constitution du Congo du 15 mars 1992 telle que révisée le 20 janvier 2002, dispose en son article 45 que : « *Chaque citoyen a droit à un environnement sain* », l'État veille à la conservation et à la protection de l'environnement. La Constitution du Gabon du 26 mars 1991 telle que révisée le 19 août 2003 en son article 1 alinéa 8 dispose que : L'État garantit à tous « *un environnement naturel préservé* ». La Constitution de la Guinée Équatoriale du 17 janvier 1995, en son article 6 dispose que « *l'État veille ...à la conservation de la nature* ». La Constitution du Tchad du 14 avril 1996 telle que modifiée le 4 mai 2018 en son article 51 dispose que : « *Toute personne a droit à un environnement sain* » et selon l'article 52, « *l'État et les collectivités Autonomes doivent veiller à la protection de l'environnement* ».

[231]Loi n° 96/12 du 5 août 1996 portant Loi-cadre relative à la gestion de l'environnement au Cameroun.

[232]Loi n° 07/018 du 28 décembre 2007 portant code de l'environnement en République Centrafricaine.

[233]Loi n° 007/2014 du 1er août 2014 relative à la protection de l'environnement en République Gabonaise. Loi n° 014/PR/98 du 17 août 1998 définissant les principes généraux de la protection de l'environnement au Tchad. Loi n° 003/91 sur la protection de l'environnement au Congo. Loi n° 07/03 du 27 novembre 2003 sur l'environnement en Guinée Équatoriale.

[234]Article 7 de la Loi sur la protection de l'environnement en République Gabonaise.

opérateur[235] : celui « *qui pollue paie* »[236]. Ce principe a été repris par les législations nationales des États de la CEMAC. Il en est ainsi de la Loi-cadre du Cameroun relative à la gestion de l'environnement de 1996 en son article 9 (c)[237]. On peut joindre à ce principe celui de la participation qui consiste à associer les personnes publiques et privées à la gestion de l'environnement[238]. L'entreprise intervient habituellement en matière d'étude d'impact environnemental (EIE), bien qu'en réalité son rôle dépasse largement le cadre de l'EIE. Selon l'article 40 de la Loi du Gabon sur la protection de l'environnement, les exploitants doivent veiller à la réduction et à la compensation de leurs émissions de gaz à effet de serre[239]. Cet article ne parle pas expressément de l'entreprise, mais d'exploitant, cette appellation engloberait ainsi l'entreprise. Selon l'article 30 de la même Loi, il est nécessaire pour les entreprises privées de se soumettre à l'exercice de l'EIE pour les projets d'une certaine importance[240]. Pour la Loi-cadre du Cameroun, le promoteur ou le maitre d'ouvrage, pour tout projet d'aménagement d'ouvrage ou d'équipement, doit se soumettre à l'EIE[241].

Au-delà des instruments sus-étudiés, il en existe d'autres réglementaires, qui ont pour objectif d'encadrer les actions de l'entreprise. C'est par exemple le cas du décret n° 2013/0171/PM du 14 février 2013 fixant les modalités de réalisation des études d'impact environnemental au Cameroun, ou de l'arrêté n° 04/MEEDD/DIRCAB fixant les règles et procédures relatives à la réalisation des études d'impact environnemental et social en République Centrafricaine du 21 janvier 2014. En cas de violation des règles environnementales, l'entreprise s'expose à des sanctions. Celles-ci peuvent être pécuniaires[242] ou disciplinaires[243].

---

[235] **P. Daillier, A. Pellet**, *Droit international public, op cit.*, p. 1298.
[236] **A. Nguejo Thayoh**, *L'aide publique au développement et la protection de l'environnement en zone CEMAC*, Mémoire de DEA en droit public international et communautaire, Université de Yaoundé II, Faculté des sciences juridiques et politiques, 2012, p. 28.
[237] Article 9 (e) de la Loi-cadre relative à la gestion de l'environnement au Cameroun.
[238] **M. Prieur**, « Démocratie et droit de l'environnement et du développement », *Revue Juridique de l'Environnement*, 1993/1, p. 13-17.
[239] Article 40 de la Loi sur la protection de l'environnement en République Gabonaise.
[240] *Ibid.*, Article 30.
[241] Article 17 de la Loi-cadre relative à la gestion de l'environnement au Cameroun.
[242] *Ibid.*, Article 78 : « *Lorsque les éléments de l'infraction proviennent d'un établissement industriel, commercial, artisanal ou agricole, le propriétaire, l'exploitant, le directeur ou le gérant peut être déclaré responsable du paiement des amendes et frais de justice dus par les auteurs de l'infraction et civilement responsable de la remise en l'état des sites* ».
[243] *Ibid.*, Article 20 : « *Lorsque l'étude d'impact est non respectée en tout ou en partie, l'Administration compétente ou, en cas de besoin, l'Administration chargée de l'environnement requiert la mise en œuvre des procédures d'urgence appropriées permettant de suspendre l'exécution des travaux envisagés ou déjà entamés* ». Il s'agit d'une fermeture temporaire. La Loi sur la protection de l'environnement en République gabonaise envisage même en son article 155, une fermeture définitive de l'activité à l'origine de l'infraction.

Toutefois, la réglementation est un peu fragile. L'entreprise n'est pas visée par un instrument particulier ou même citée comme partie prenante à la participation environnementale comme c'est le cas avec les populations[244]. Au Cameroun, la loi sur la RSE est encore en cours d'élaboration. Ceci traduit de la part des États membres, une considération secondaire du rôle que pourrait jouer l'entreprise dans le développement durable. Qu'à cela ne tienne, l'entreprise prend des initiatives diverses qui portent sur la protection de l'environnement.

B- L'émergence d'une autorégulation environnementale de l'entreprise

La participation de l'entreprise à la protection de l'environnement se traduit par sa prise en compte dans ses activités. En interne, l'entreprise procède à une régulation : on parle alors de « *l'autorégulation* ». Ainsi, au moyen de l'autorégulation l'entreprise introduit l'environnement dans son code de conduite (1) et dans certains cas, elle conditionne ses partenariats d'affaires à la protection de l'environnement (2).

1- L'introduction de l'environnement dans le code de conduite de l'entreprise

Le code de conduite, le guide, la charte ou les principes de conduite des affaires sont des synonymes qui désignent l'instrument comprenant un exposé systématique et complet des règles applicables à une matière déterminée[245]. Dans ce cadre, il s'agit d'un instrument élaboré volontairement par les dirigeants de l'entreprise ou par un groupe d'entreprises ayant pour objectif d'encadrer leurs activités. Le code de conduite est donc un document écrit qui expose les valeurs, les normes, les références, les pratiques managériales que l'entreprise entend appliquer en interne ou vis-à-vis de ses parties prenantes externes, en vue d'améliorer ses performances[246]. Dans l'optique de participer à la protection de l'environnement, les entreprises de la zone CEMAC ont intégré l'environnement dans leurs codes de conduite. C'est le cas de la société anonyme des brasseries du Cameroun (SABC). Dans son code de conduite, elle consacre le point 16 à l'environnement. La SABC exprime son attachement aux questions environnementales et sociales et intègre leur respect dans ses activités ; elle s'engage à limiter son impact sur l'environnement, à promouvoir les standards élevés de performance en

[244]Chapitre 1 titre 4 de la Loi-cadre relative à la gestion de l'environnement au Cameroun, *op.cit.*
[245]**J. Salmon** (dir.), *Dictionnaire de droit international public*, Bruxelles, Bruylant, 2001, p. 188.
[246]**M. Capron** et **F. Quairel-Lanoizelée**, *La responsabilité sociale d'entreprise*, Paris, La Découverte, 2010, 2e éd., 122 P.

matière environnementale[247]. Le groupe Eramet au Gabon dispose également d'un code de conduite qui intègre la protection de l'environnement[248]. Cette introduction contribue à donner plus de place à l'environnement, car la protection de l'environnement devient comme une règle que l'entreprise doit respecter. Toutefois, le code de conduite suscite des débats quant à sa valeur juridique. Étant du droit volontaire, provenant de l'entreprise, le code est de nature non contraignante. Le code de conduite apparait cependant tel un véritable cadre normatif[249], car il est doté d'une certaine valeur qui transcende le seul cadre de l'éthique. Pour l'entreprise, il s'agit du droit qui lui est applicable. C'est d'ailleurs la substance du principe « *pacta sunt servanda* »[250]. Les codes sont bien un ensemble de règles qui peuvent produire des effets sur les signataires. Le code peut même être assorti de sanctions. Plusieurs entreprises consacrent la protection de l'environnement dans leurs codes. Au Cameroun, Hysacam précise dans sa Charte sur la qualité que l'entreprise se doit de « *respecter les normes environnementales* »[251].

Dans l'objectif d'intégrer l'environnement dans leur fonctionnement, les entreprises procèdent donc au « *verdissement* » de leurs codes de conduite. Certaines entreprises, comme Total, ont adopté en plus du code, une charte portant sur la sécurité, la santé, l'environnement et la qualité[252]. Cependant, toutes les entreprises ne disposent pas d'un code de conduite et encore moins d'un code qui intègre l'environnement. Les codes de conduite sont plus utilisés par les firmes multinationales, certaines grandes entreprises locales et rarement par les PME. Cela ne favorise pas une prise en compte optimale de la protection de l'environnement par l'entreprise.

---

[247]Code de conduite groupe SABC, disponible sur http://www.lesbrasseriesducameroun.com/sites/default/files/code_de_conduite_groupe_sabc a5_2018_1.pdf, consulté le 24 avril 2020.

[248]Charte éthique groupe Eramet, disponible sur https://www.eramet.com/sites/default/files/inline-files/Charte%20Ethique%20Eramet%20-FR-2020.pdf, consulté le 24 avril 2020.

[249]**M. Amouroux**, *La société civile globale : « une chimère insaisissable », à l'épreuve de la reconnaissance juridique*, Mémoire de master en droit international, Faculté des études supérieures de l'Université de Montréal, 2007, lexelectronica vol. 12, n° 2, p. 58, disponible sur http://www.lesx-electronica.ca.org/articles/v12-2/amouroux.htm, consulté le 6 décembre 2019.

[250]Adage latin signifiant que : « *Les pactes doivent être respectés* ». **J. Salmon** (dir.), *Dictionnaire de droit international public*, *op cit.*, p. 797. La Convention de Vienne sur le droit des traités du 23 mai 1969 fait écho à cet adage à son article 26 qui dispose que : « *Tout traité lie les parties et doit être exécuté par elles de bonne foi* ».

[251]**Hysacam**, « Notre charte qualité, Hysacam, disponible sur https://www.hysacam-proprete.com/node/7, consulté le 16 novembre 2018.

[252]Total, Charte sécurité santé environnement qualité, décembre 2014.

2- L'avènement de la protection de l'environnement comme « conditionnalité » dans les partenariats d'affaires

L'entreprise prend des mesures incitatives pour généraliser la protection de l'environnement, mais aussi consolider son image de protecteur de l'environnement. Ces mesures permettent à l'entreprise de vérifier que son partenaire applique des standards environnementaux, éthiques et sociaux équivalents au sien. Généralement, dans leurs relations d'affaires, les firmes multinationales favorisent les partenariats avec les entreprises qui respectent la protection de l'environnement et ont une politique en la matière. On peut donc percevoir « *qu'une sorte de conditionnalité environnementale s'affirme dans les relations économiques de l'entreprise : l'existence d'une démarche éco-citoyenne va par exemple être exigée pour la conclusion de contrats bancaires ou d'assurance, dans ses relations avec ses fournisseurs, ou encore avec ses clients soucieux d'une consommation durable* »[253]. Les règles de conditionnalité sont contenues dans le code de conduite. Celui-ci a pour destinataires autant les parties prenantes internes qu'externes à l'entreprise (fournisseurs, prestataires de services). Les entreprises qui font de la protection de l'environnement une condition pour tout contrat d'affaires sont souvent les firmes multinationales. En effet, elles ont dans bien des cas une politique environnementale formalisée. Ce qui n'est pas toujours le cas pour les petites entreprises locales qui chaque fois qu'elles concluent un contrat avec les firmes multinationales ou dans le cadre de certains contrats avec l'État, sont obligées de respecter certaines exigences environnementales. Dans son code de conduite, Total affirme qu'elle « *choisit des fournisseurs avec une capacité à faire des affaires de manière responsable* »[254]. Dans le choix de ses partenaires industriels et commerciaux, l'entreprise Total privilégie leur capacité à appliquer une politique en matière de sécurité, de sûreté, de santé, d'environnement, de qualité et de sociétal, équivalente à la sienne[255].

La protection de l'environnement par l'entreprise dans la zone CEMAC est marquée par un engagement considérable des firmes multinationales alors que les PME locales participent encore de façon fragile. Cela se répercute sur les stratégies environnementales que les entreprises adoptent comme réponses à la dégradation de l'environnement.

---

[253]**M.-P. Blin-Franchomme**, « Le droit, le développement durable et l'entreprise éco-citoyenne : la place des accords environnementaux », *Revue européenne de droit de l'environnement*, n° 1, 2007, p. 5.

[254]Code de conduite Total, décembre 2018, p. 32.

[255]Point 5 de la Charte sécurité santé environnement qualité, Total 2014.

II- Les stratégies environnementales de l'entreprise

Face aux dégradations croissantes de l'environnement ainsi qu'aux enjeux en présence, l'entreprise de la zone CEMAC a construit une riposte, elle peut sembler insuffisante, mais elle existe. C'est dans cette perspective qu'il faut inscrire l'économie circulaire ou encore l'économie verte. Celle-ci consiste à développer des modèles « *d'économies durables* » qui conjuguent à la fois croissance, développement sociétal et protection des ressources naturelles.[256] L'économie circulaire consiste à changer de paradigme par rapport à l'économie linéaire[257], en limitant le gaspillage des ressources[258]. L'économie circulaire fait référence à un système économique « *d'échange et de production qui, à tous les stades du cycle de vie des produits (biens et services), vise à augmenter l'efficacité de l'utilisation des ressources et à diminuer l'impact sur l'environnement tout en développant le bien-être des individus* »[259]. Tout est recyclé, et cela permet de mobiliser le secteur privé dans l'atteinte des objectifs du développement durable[260]. Selon une étude réalisée par la Conférence permanente des chambres consulaires africaines et francophones en 2012, la protection de l'environnement est citée par plus de 90% des opérateurs économiques comme un enjeu de l'économie verte et 77.8% d'entre eux se disent soumis à des réglementations environnementales dans l'exercice de leurs activités[261].

Dans la zone CEMAC, l'entreprise adopte des mesures visant la protection de l'environnement (A) et intègre progressivement la gouvernance environnementale (B).

---

[256]**Y. Ibata**, « Économie verte : défis et opportunités pour le continent africain », **Pouffary (S)** (dir.), *Économie verte, économie verte*, *Médiaterre*, p. 1, 2015.

[257]Le modèle linéaire est un modèle économique consistant à extraire, fabriquer, consommer et jeter. Il n'est pas axé sur le développement durable. **V. Guillard**, « D'une économie linéaire à une économie circulaire », *Économie et management*, n° 16, juin 2018, p. 22, disponible sur http://cdnreseau-canope.fr, consulté le 27 mars 2019.

[258]**A. Geldron**, « Économie circulaire : notions », Agence de l'environnement et de la maitrise de l'énergie, octobre 2014, p. 1, disponible sur https://www.ademe.fr/sites/default/files/assets/documents/fiche-technique-economie-circulaire-oct-2014.pdf, consulté le 20 décembre 2018.

[259]*Ibid.*, p. 4.

[260]**Y. Ibata**, « Économie verte : défis et opportunités pour le continent africain », **Pouffary (S)** (dir.), *Économie verte, économie verte*, *op cit.*, p. 1.

[261]**Conférence permanente des chambres consulaires africaines et francophones**, *L'économie verte en Afrique centrale le point de vue des opérateurs économiques et des chambres* consulaires, 2012, disponible sur https://www.cpccaf.org/files/QVOU4ekPiUuclisXkBehOA.pdf, consulté le 20 septembre 2019.

A- Les mesures de l'entreprise visant la protection de l'environnement

Les entreprises constituent des acteurs importants dans la lutte contre les dégradations environnementales dans l'espace CEMAC. En effet, environnement et développement sont interdépendants. Au Cameroun, « *le secteur manufacturier et le secteur de la construction participent à 11% dans l'émission des déchets industriels gazeux issus de la combustion des combustibles liquides que sont, le pétrole, l'essence, le gasoil, le fuel* »[262]. C'est donc à juste titre qu'une politique environnementale efficace devrait intégrer l'entreprise. Un réseau sur l'économie verte a d'ailleurs été mis sur pied par la Communauté Économique des États de l'Afrique Centrale (CEEAC), il vise l'échange des pratiques et se veut un interlocuteur privilégié des institutions nationales et régionales. Le Cameroun, le Congo et le Gabon sont membres de ce réseau.

Dans le souci de lutter contre les dégradations de l'environnement, l'entreprise de l'espace CEMAC a élaboré des mesures environnementales techniques (1) et managériales (2).

1- Les mesures environnementales techniques de l'entreprise

Les réponses environnementales techniques à la protection de l'environnement par les entreprises peuvent être regroupées sous l'appellation d'« *engagements environnementaux techniques* »[263]. Ils consistent en la mise en place de stratégies permettant de protéger l'environnement. Il peut s'agir de technologies environnementales, d'équipements de production, des méthodes ayant pour objectif de conserver l'énergie et les ressources naturelles ou de minimiser l'impact négatif des activités humaines sur la nature[264]. Les engagements environnementaux interviennent sur plusieurs plans.

Sur le plan interne, l'entreprise utilise des « *pratiques écologiques responsables* »[265]. Celles-ci permettent d'adopter des gestes qui visent la protection de l'environnement. C'est le cas d'*Afriland first bank* au Cameroun qui se sert des enveloppes estampillées du label PEFC ("*Pan European Forest*

---

[262] **J. Sotamenou** et **M. E. Ndonou Tchoumdop**, « Pratique de la responsabilité sociétale des entreprises (RSE) par les managers de PME au Cameroun », *op cit.*, p. 7.

[263] **A. Turki,** « Les comportements écologiques des dirigeants des entreprises tunisiennes », *VertigO la revue électronique des sciences de l'environnement*, vol 9, n° 2, 2009.

[264] *Idem.*

[265] **Université de Genève**, « Responsabilité sociale de l'entreprise », janvier 2015, p. 8, disponible sur http://ise.unige.ch/isdd/IMG/pdf/dossier_isdd_responsabilite_sociale_des_entreprises.pdf, consulté le 3 décembre 2019.

Certification" : Certification Forestière Pan Européenne), attestant qu'elle utilise du papier issu d'une exploitation respectueuse de l'environnement.

Sur le plan externe, l'entreprise peut conditionner ses partenaires pour une relation d'affaires au respect des règles environnementales.

Les réponses techniques de l'entreprise en faveur de la protection de l'environnement concernent également la création d'entreprises œuvrant dans ce domaine. On remarque la création d'entreprises ayant pour finalité le développement de techniques respectueuses de l'environnement et le développement des emplois verts ou verdissants[266]. Les métiers verts ou durables ambitionnent de protéger les espaces naturels, mais aussi de prévenir, traiter et réduire les effets de la pollution sur l'environnement. La plupart concernent l'assainissement, le traitement et le recyclage des déchets[267], les énergies renouvelables, le reboisement, l'exploitation durable du bois et l'agroforesterie[268]. On a ainsi des ingénieurs et cadres techniques de l'environnement, des juristes en environnement ou des éco-gardes. À titre d'exemple, l'entreprise Hysacam, d'environ 5000 employés, qui s'occupe de la collecte et du traitement des déchets au Cameroun a construit des usines de captage et de traitement de biogaz et envisage de produire de l'électricité à partir de ce biogaz[269]. À côté de cette grande entreprise, on retrouve la PME, la *Start up Kemit Ecology*, qui transforme les déchets ménagers en charbon écologique. Ce dernier coûte moins cher et est deux fois moins polluant que le charbon de bois ; le produit de *Kemit Ecology* permet donc de préserver l'environnement en évitant la destruction de la mangrove que l'on retrouve dans la ville de Douala[270]. C'est dans cette mangrove que les producteurs

---

[266]« *Les métiers verdissants sont les métiers dont la finalité n'est pas environnementale, mais qui intègrent de nouvelles briques de compétences pour prendre en compte de façon significative et quantifiable la dimension environnementale* ». A. Cornet, « Les métiers liés au développement durable ou ("green jobs") », 14e et 15e journées sur la prospective des métiers, Paris, 2015, p. 6, disponible sur https://orbi.uliege.be/bitstream/2268/185476/1/article%20%20cornet%20emplois%20durables_2015.pdf, consulté le 18 novembre 2018.

[267]**Bercy Infos**, « Transition écologique : qu'est-ce qu'un métier vert ? », Bercy Infos, 30 avril 2018, disponible sur https://www.economie.gouv.fr/entreprises/metier-vert, consulté le 2 décembre 2019.

[268]**R. Mukongo Shabantu, H. Tubuna**, « Économie verte et gouvernance forestière dans les États membres de la CEEAC », Secrétariat International Francophone pour l'Évaluation Environnementale, *L'évaluation environnementale*, Colloque de Yaoundé, 2011, p. 9, disponible sur http://www.sifee.org/org/ressources/actes-du-colloque-international-de-yaounde, consulté le 2 mars 2019.

[269]**J. Ntsonde**, **F. Aggeri**, « Repenser la RSE dans le contexte d'un pays en voie de développement, le cas de l'économie circulaire au Cameroun », Paris, France, 2017, p. 12, disponible sur https://halshs.archives-ouvertes.fr/halshs-01620352/document consulté le 5 mai 2019.

[270]**Investir au Cameroun**, « Au Cameroun la start-up Kemit Ecology transforme les déchets végétaux en charbon écologique », *Investir au Cameroun*, 18 novembre 2015.

coupent la matière première nécessaire à la production des 90 tonnes de charbon consommées chaque mois par les ménages[271]. Kouran Jabo est une entreprise basée au Tchad qui rend l'énergie solaire accessible pour les ménages à revenus modestes et les petites entreprises.

2- Les mesures environnementales managériales de l'entreprise

L'intégration de la protection de l'environnement par l'entreprise contribue à l'adoption de mesures managériales environnementales, c'est-à-dire celles qui touchent à l'organisation et au fonctionnement de l'entreprise. Deux approches sont envisageables. D'un côté, l'approche des entreprises qui n'ont pas pour objectif la protection de l'environnement et de l'autre côté, celle des entreprises qui exercent dans des domaines qui lui sont connexes.

Pour les entreprises qui n'ont pas pour vocation première la protection de l'environnement, elles modifient leur organisation en introduisant les règles environnementales. Ou encore, l'entreprise procède à la création d'un département chargé des questions environnementales. Si la première orientation semble prendre de l'ampleur au sein des PME locales, la seconde quant à elle est généralement le fait des firmes multinationales. Au Cameroun, Guinness Cameroun SA a créé un service de gestion de l'environnement de la santé et des risques[272].

Les actions des entreprises consistent aussi à la prise de mesures environnementales destinées à rendre verts les espaces de travail, c'est-à-dire à réaliser une « *végétalisation* » des espaces de travail. Ceci s'effectue au moyen de l'introduction de plantes dans les bureaux ou la construction d'espaces verts. Ainsi, l'entreprise Total au Cameroun, au Congo, en Guinée, en République centrafricaine et au Congo a aménagé des espaces verts dans ses stations-service.

Il faut remarquer que les entreprises totalement dédiées à la cause environnementale développent exclusivement un management centré sur la protection de l'environnement. En ce qui concerne les entreprises qui officient dans les domaines connexes à l'environnement, les entreprises verdissantes[273], elles visent le développement de procédés environnementaux. Ainsi, les entreprises qui ont pour domaine d'activité la construction utilisent des matériaux respectueux de l'environnement. Un accent est mis sur les constructions écologiques (Eco construction Cameroon, qui utilise la terre

---

[271]*Investir au Cameroun, « Au Cameroun la start-up Kemit Ecology transforme les déchets végétaux en charbon écologique »,Investir au cameroun,18 novembre 2015.*

[272]**G. H. Fotso**, *La protection de l'environnement par les collectivités territoriales décentralisées au Cameroun : cas de la communauté urbaine de Douala*, Mémoire de master, Université de Douala, Faculté des sciences juridiques et politiques, 2012.

[273]**Bercy Infos**, « Transition écologique : qu'est-ce qu'un métier vert ? », Bercy Infos,30 avril2018 disponible sur https/www.economie.gouv.fr/entreprises/metier-vert,consulté le 2 décembre 2019.

comme matériel de construction et équipe ses maisons d'un système d'éclairage solaire, Ecowood au Gabon qui construit des bâtiments respectueux de l'environnement en intégrant l'énergie solaire...). Dans le même sillage, on peut citer les entreprises écotouristiques. L'écotourisme est présenté comme un outil de conservation de la nature et de développement[274]. L'entreprise Nicetrip au Cameroun fait du tourisme écologique un des segments de son activité de transport.

Les réponses des entreprises face aux dégradations environnementales prennent de l'ampleur, mais ne sont pas généralisées. Toutefois, elles témoignent de l'intégration progressive de l'entreprise dans la gouvernance environnementale.

B- L'intégration progressive de l'entreprise dans la gouvernance environnementale

« *La gouvernance africaine de l'environnement est une construction* »[275], elle invite à une gestion concertée de l'environnement[276]. Pour ce faire, les entreprises sont appelées à participer au dialogue environnemental au moyen de la concertation et de la consultation, et d'y associer toutes les parties prenantes (l'État, les employés et la société civile). Ainsi, les entreprises qui exercent leurs activités dans l'espace CEMAC s'orientent vers les principes de la gouvernance environnementale (1) et adhèrent timidement à la RSE (2).

1- L'orientation de l'entreprise vers les principes de la gouvernance environnementale

La gouvernance environnementale est soutenue par l'idée selon laquelle tous les acteurs doivent participer à la protection de l'environnement. Elle a pour socle plusieurs principes ; il s'agit du principe de transparence et d'ouverture, d'interdépendance, de coordination, de responsabilité, de primauté du droit, de coopération, de participation et d'information[277]. Dans leurs activités, les entreprises s'emploient à prendre en compte ces principes. C'est par exemple le cas avec le principe de participation. La Société

[274]**P. Oumba** « La pratique des projets environnementaux en Afrique », **J.-D Boukongou** (dir.), *Émergence de l'Afrique*, Presses de l'UCAC, 2015, p. 217-240.
[275]**B. Hamady Deme**, « Rio + 20 et l'avenir de la gouvernance de l'environnement en Afrique », *Revue africaine de droit de l'environnement,* n° 00/2013, p. 29.
[276]*Ibid,p.29.*
[277]**A. Nguejo Thayoh**, *La participation en droit international de l'environnement : contribution à l'étude de la gouvernance environnementale*, Thèse de doctorat / Ph. D en droit public, Université de Yaoundé II, Faculté des sciences juridiques et politiques, 15 février 2020, p. 67-76.

gabonaise de raffinage (SOGARA) entretient un dialogue régulier et constructif avec l'ensemble de son personnel[278].

Aussi, pour tout projet, les entreprises se soumettent à l'information et à la participation pendant l'EIE. En effet, au cours de l'étude, l'entreprise est obligée d'effectuer des études destinées à rendre compte de l'impact de son activité sur l'environnement et d'organiser des rencontres publiques au cours desquelles elle échange avec le public. Les entreprises disséminent aussi leurs informations à travers les déclarations environnementales et l'éco-étiquetage. Les déclarations environnementales sont les déclarations émanant des fabricants et des entreprises, destinées à fournir des informations sur leurs produits et services[279]. L'éco-étiquetage désigne « *tout message destiné à distinguer un produit aux yeux des consommateurs par rapport à des produits similaires en raison des attributs environnementaux* »[280]. Sur l'emballage de la bouteille de jus « *top grenadine* » produit par la SABC on peut lire : « *fabriqué et embouteillé sous licence internationale par les Brasseries du Cameroun, boite postale 4036- Douala/Cameroun ; produit recyclable, boisson rafraichissante sans alcool. Ingrédients : eau gazéifiée, sucre, arôme, acide citrique, benzoate de sodium E 211, colorants E 122 et E 124, édulcorants E 950 et E 954 ; valeurs nutritionnelles pour 100 ml, valeurs énergétiques 159 KJ/38 Kcal, glucides 9.5 g* ».

Les firmes multinationales mettent plus en application les principes de gouvernance environnementale que les entreprises locales. Parmi ces entreprises, on retrouve celles qui pratiquent l'éco-étiquetage (l'entreprise de jus de fruits Mba Lyon au Cameroun), certaines qui ne donnent pas d'informations sur leurs produits et d'autres qui fournissent des informations partielles. Au Cameroun, certains produits de la société New Foods (notamment la pâte à tartiner Bambi) ne comportent pas d'éco-étiquetage, en dehors d'informations sur la composition du produit. Pourtant ladite société est un acteur important dans le domaine de l'agroalimentaire[281]. Les produits New Foods sont commercialisés dans l'espace CEMAC.

L'information peut quelquefois prendre la forme d'une note apposée sur les produits. Sur certains emballages figure la mention « *sachet biodégradable, respecte l'environnement,...* ». Il existe des limites aux principes de gouvernance. Le secret industriel est souvent avancé par les

---

278 **Économie Gabon +,** n° 54, février 2017, p. 4, disponible sur http://economie-gabon.com/wp-content/uploads/2017/02/EG_N%C2%B0_54_WEB.pdf, consulté le 30 décembre 2019.

279 **Secrétariat Central de l'ISO**, *Les étiquettes et déclarations environnementales. La contribution des normes ISO*, ISO, 2012, p. 7 et 9, disponible sur www.iso.org, consulté le 29 mars 2019.

280 **D. Bougherara** et **G. Grolleau**, « L'éco-étiquetage des produits est-il crédible ? Proposition d'un cadre d'analyse », *Revue d'économie régionale urbaine*, 2004/3, p. 370.

281 **New Foods-Groupe Fokou**, disponible sur http://www.fokou.com/industrie/cameroun/new-foods/, consulté le 30 mars 2019.

entreprises pour se soustraire à l'obligation d'information et de transparence. Aussi, le risque des déclarations environnementales mensongères ou d'écoblanchiment (*greenwashing*) n'est pas à exclure. L'écoblanchiment « *consiste pour une entreprise à se fabriquer une image écologique responsable tout en pratiquant des activités nuisibles à l'environnement* »[282]. De plus, pour les PME locales, l'accent est mis sur la recherche du développement de l'entreprise et souvent cette dernière semble ne pas trop tenir compte de certains principes de gouvernance comme l'information ou la participation.

Les principes de la gouvernance environnementale peinent à être véritablement pris en compte par toutes les entreprises qui exercent des activités dans la zone CEMAC. Ceci se ressent avec leur adhésion à la RSE.

2- La timide adhésion des entreprises à la responsabilité sociale de l'entreprise

La définition de la RSE[283] est fluctuante et varie d'un contexte à un autre[284], ce qui rend difficile une acception unique. Malgré cela, la RSE peut être définie comme une démarche par laquelle les compagnies intègrent des soucis sociaux et environnementaux dans leurs opérations commerciales et dans leurs interactions avec leurs sous-traitants sur une base volontaire[285]. Pour compléter cette définition de l'Union européenne, il faudrait ajouter l'intégration de l'éthique au rang des préoccupations. La RSE est alors la prise en compte volontaire par les entreprises des considérations éthiques, sociales et environnementales dans leurs activités et dans leurs relations avec les parties prenantes. Il s'agit donc de « *l'intégration volontaire, par les entreprises, des préoccupations du développement durable* »[286]. Des pressions (société civile, gouvernements, consommateurs, investisseurs) ont écorché la légitimité de l'entreprise, allant jusqu'à la remise en cause du bien-fondé de l'activité économique[287]. La RSE est la résultante de ces pressions. Plusieurs instruments existent sur la RSE, tels que le Pacte Mondial des Nations unies ou le *Global compact* des années 2000, les principes directeurs de

[282]**A. Catellani**, **A. Crucifix**, **Ch. Hambursin** et **Th. Libaert** (dir.), *La communication transparente. L'impératif de la transparence dans le discours des organisations*, Belgique, Presses universitaires de Louvain, 2015, p. 278.

[283]La responsabilité « *sociale* » ou « *sociétale* » est employée pour parler de la RSE.

[284]**Y. Seign-Goura**, *État des lieux de la responsabilité sociale des entreprises de l'industrie extractive en Afrique centrale et au Tchad : Politiques et initiatives*, Rapport national, p. 4.

[285]**Commission des Communautés Européennes**, *Livre vert. Promouvoir un cadre européen pour la responsabilité sociale des entreprises*, Bruxelles, COM (2001) 366 final, 18 juillet 2001, p. 7, disponible sur https://eur-lex.europa.eu/legal-content/FR/TXT/PDF/?uri=CELEX:52001DC0366&from=FR, consulté le 22 novembre 2017.

[286]**M. Bambara** et **A. Sene**, « L'évolution de la responsabilité sociétale de l'entreprise à la faveur du développement durable : vers une juridicisation de la RSE », *op cit.*, p. 85.

[287]*Ibid.*, p .87

l'Organisation de la Coopération et de Développement Économique à l'intention des entreprises multinationales de 2011 et la déclaration de l'Organisation internationale du travail de 1976 ou encore les normes de l'*International Standard Organisation* (ISO), ISO 26 000 sur la normalisation et la vulgarisation de la RSE. Généralement, la RSE s'appuie sur les sept principes mis en exergue par ISO 26 000 que sont : le respect de la légalité, la transparence, le respect des droits de l'homme, la reconnaissance de l'intérêt des parties prenantes, le comportement éthique, la redevabilité de l'organisation à l'égard de la société (responsabilité) et le respect des normes internationales de comportement[288].

Les entreprises de la zone CEMAC intègrent progressivement la RSE dans leurs activités. Toutefois, le cadre juridique relatif à la RSE est quelque peu embryonnaire et la pratique par l'entreprise encore balbutiante. Cela ne favorise pas le contrôle. De plus, l'application de la RSE varie d'une entreprise à une autre. C'est sans doute ce qui a fait dire à l'Institut RSE Afrique que les entreprises camerounaises ne sont pas suffisamment imprégnées de la RSE[289]. En effet, selon les résultats de son sondage réalisé sur un échantillon de 16 entreprises revendiquant un chiffre d'affaires cumulé de 710 milliards de FCFA et plus de 20 000 employés, « *les gestionnaires des ressources humaines (des entreprises sondées) ne sont pas suffisamment imprégnées de la notion de responsabilité sociétale des entreprises* »[290]. En outre, « *73 % des sociétés sondées ne disposent pas d'un service développement durable ou RSE tandis que 57 % d'entre elles n'ont aucune idée de l'existence de la norme ISO 26 000* »[291]. À première vue, les initiatives de RSE au sein des entreprises camerounaises semblent se limiter aux filiales de multinationales qui transposent au niveau local des politiques de RSE souvent décidées au niveau de l'entreprise mère. C'est le cas des entreprises comme Orange Cameroun ou Total. Au sein des PME qui constituent la grande majorité du tissu économique local, les pratiques de RSE sont souvent présentes, bien que peu formalisées[292]. Il est regrettable de constater que beaucoup de PME exercent leurs activités sans véritablement tenir compte de la RSE.

La RSE implique pour l'entreprise le « *reporting* » qui consiste à fournir des rapports extra financiers sous une certaine périodicité présentant ses activités ainsi que les actions qu'elle mène en faveur de la protection de l'environnement. Cet aspect ne fait pas encore l'objet d'une grande

---

[288]**ISO**, *Découvrir ISO 26 000*, Genève, ISO, 2014, p. 14.

[289]**Investir au Cameroun**, « La RSE est ignorée par la majorité des entreprises camerounaises », *Investir au Cameroun*, 20 février 2014, disponible sur www.investiraucameroun.com, consulté le 8 décembre 2019.

[290]*Idem*.

[291]*Idem*.

[292]**J. Ntsonde, F. Aggeri**. « Repenser la RSE dans le contexte d'un pays en voie de développement, le cas de l'économie circulaire au Cameroun », *op cit*., p. 2.

appropriation par toutes les entreprises. Les multinationales pratiquent généralement le *reporting*[293] tandis que les PME locales ce n'est pas toujours le cas.

Les entreprises qui adhèrent à la RSE pratiquent aussi l'investissement responsable, celui-ci leur permettant de financer des projets sociaux et environnementaux. Une entreprise qui respecte la RSE est alors considérée comme une entreprise citoyenne. Au rang des entreprises qui appliquent la RSE, on peut citer : au Cameroun, la SABC, Cimencam. Il en est de même au Gabon, NSIA Gabon (domaine des assurances) et SOGARA[294].

La démarche RSE ne fait peut-être pas encore l'objet d'une application générale par les entreprises de l'espace CEMAC, mais quand elle existe, elle semble davantage porter sur l'amélioration des conditions du travailleur. Pourtant la protection de l'environnement en est une composante. Les coûts économiques relatifs à la protection de l'environnement semblent être un obstacle au développement d'une véritable RSE.

Conclusion

Les entreprises qui exercent leurs activités dans la zone CEMAC participent à la protection de l'environnement. Toutefois, il est regrettable que leur contribution soit encore modeste. La faiblesse de l'intervention de l'entreprise dans la protection de l'environnement est tributaire de la faiblesse du cadre juridique dédié à son action tant au niveau communautaire qu'au niveau national. Par ailleurs, les stratégies des entreprises permettent de constater l'émergence d'une régulation environnementale traduite par les codes de conduite, dotés d'un certain potentiel régulatoire. Bien que les actions de l'entreprise en faveur de l'environnement soient beaucoup plus le fait des firmes multinationales que des PME locales. Ces considérations permettent de formuler certaines suggestions pouvant améliorer la protection de l'environnement par l'entreprise. Il est souhaitable que la CEMAC se dote d'un cadre juridique relatif à la participation de l'entreprise et d'un standard sur la RSE. De plus, il est indispensable que les entreprises s'approprient la RSE, pour développer leur culture environnementale et être écoresponsables. Cela pourrait davantage améliorer la gouvernance environnementale, eu égard au fait que le développement et la protection de l'environnement sont interdépendants.

---

[293]Le rapport RSE de Orange Cameroun est disponible sur www.orange.com.

[294]**Économie Gabon +,** n° 54, février 2017, p. 4-14, disponible sur http://economie-gabon.com/wp-content/uploads/2017/02/EG_N%C2%B0_54_WEB.pdf, consulté le 30 décembre 2019.

Éléments de bibliographie

Acte Constitutif de l'Union africaine du 11 juillet 2000.

Amouroux (Mathieu), *La société civile globale : « une chimère insaisissable », à l'épreuve de la reconnaissance juridique*, Mémoire de master en droit international, Faculté des études supérieures de l'Université de Montréal, 2007, lexelectronica vol. 12, n° 2, 91 P, disponible sur http://www.lesx-electronica.ca.org/articles/v12-2/amouroux.htm, consulté le 6 décembre 2019.

Bambara (Marina) et Sene (Abdoulaye), « L'évolution de la responsabilité sociétale de l'entreprise à la faveur du développement durable : vers une juridicisation de la RSE », *Revue africaine de droit de l'environnement*, n° 00, 2013, p. 85-94.

Beurier (Jean-Pierre), *Droit international de l'environnement*, Paris, Pedone, 5e éd., 2017, 628 P.

Blin-Franchomme (Marie-Pierre), « Le droit, le développement durable et l'entreprise éco-citoyenne : la place des accords environnementaux », *Revue européenne de droit de l'environnement*, n° 1, 2007, p. 3-26.

Bougherara (Douadia) et Grolleau (Gilles), « L'éco-étiquetage des produits est-il crédible ? Proposition d'un cadre d'analyse », *Revue d'économie régionale & urbaine*, 2004/3, p. 369-390.

Capron (Michèle) et Quairel-Lanoizelée (Françoise), *La responsabilité sociale d'entreprise*, Paris, La Découverte, 2010, 2e éd., 128 P.

Catellani (Andréa), Crucifix (Audrey), Hambursin (Christine) et Libaert (Thierry) (dir.), *La communication transparente. L'impératif de la transparence dans le discours des organisations,* Belgique, Presses universitaires de Louvain, 2015, 330 P.

Charte africaine des droits de l'homme et des peuples du 28 juin 1981.

Charte sécurité santé environnement qualité de Total 2014.

Code de conduite groupe SABC.

Code de conduite Total, décembre 2018.

Commission des Communautés Européennes, *Livre vert. Promouvoir un cadre européen pour la responsabilité sociale des entreprises*, Bruxelles, COM (2001) 366 final, 18 juillet 2001, 35 P. disponible sur https://eur-lex.europa.eu/legal-content/FR/TXT/PDF/?uri=CELEX:52001DC0366&from=FR, consulté le 22 novembre 2017.

Constitution de la République Centrafricaine du 15 mars 2003.

Constitution de la République de Guinée Équatoriale du 17 janvier 1995.

Constitution de la République du Cameroun du 18 janvier 1996.

Constitution de la République du Congo du 15 mars 1992 telle que révisée le 20 janvier 2002.

Constitution de la République du Gabon du 26 mars 1991 telle que révisée le 19 août 2003.

Constitution de la République du Tchad du 14 avril 1996 telle que modifiée le 4 mai 2018.

onvention de Vienne sur le droit des traités du 23 mai 1969.

onvention UEAC du 16 juillet 1996 telle que révisée le 25 juin 2008.

aillier (Patrick), Pellet (Alain), *Droit international public*, Paris, LGDJ, 7e éd., 2002, 1510 P.

éclaration de Rio de Janeiro sur l'environnement et le développement du 13 juin 1992.

iawara (Karounga) et Lavallée (Sophie), « La responsabilité sociale de l'entreprise (RSE) dans l'espace OHADA : pour une ouverture aux considérations non économiques », *Revue internationale de droit économique*, t. XXVII 2014/4, p. 431-551.

oukpolo (Bertrand), « Politiques environnementales en Afrique centrale », CNUCED, *Améliorer les effets structurants du secteur des ressources minérales dans les pays de la Communauté économique d'Afrique centrale*, atelier régional, Brazzaville, 8 au 30 septembre 2016, disponible sur https://unctad.org/meetings/en/Presentation/Congo_29092016_R6_Bertrand_Doukpolo.pdf consulté le 18 novembre 2019.

oumbé-Billé (Stéphane), « La nouvelle convention africaine de Maputo sur la conservation de la nature et des ressources naturelles », *Revue juridique de l'environnement*, 1/2005, P. 5-17.

otso (Gilles Herbert), *La protection de l'environnement par les collectivités territoriales décentralisées au Cameroun : cas de la communauté urbaine de Douala*, Mémoire de master, Université de Douala, Faculté des sciences juridiques et politiques, 2012.

uillard (Valérie), « D'une économie linéaire à une économie circulaire », *Économie et management*, n° 16, juin 2018, p. 22-29, disponible sur http://cdnreseau-canope.fr, consulté le 27 mars 2019.

amady Deme (Baba), « Rio + 20 et l'avenir de la gouvernance de l'environnement en Afrique », *Revue africaine de droit de l'environnement*, n° 00/2013, p. 29-41.

amto (Maurice), *Le droit de l'environnement en Afrique*, Paris, Edicef/Aupelf, 1996, 413 P.

oi n° 003/91 sur la protection de l'environnement au Congo.

oi n° 007/2014 du 1er août 2014 relative à la protection de l'environnement en République Gabonaise.

oi n° 014/PR/98 du 17 août 1998 définissant les principes généraux de la protection de l'environnement au Tchad.

oi n° 07/018 du 28 décembre 2007 portant code de l'environnement en République Centrafricaine.

oi n° 07/03 du 27 novembre 2003 sur l'environnement en Guinée Équatoriale.

oi n° 2015/010 du 16 juillet 2015 modifiant et complétant certaines dispositions de la Loi n° 2010/001 du 13 avril 2010 portant promotion des petites et moyennes entreprises au Cameroun.

oi n° 96/12 du 5 août 1996 portant Loi-cadre relative à la gestion de l'environnement au Cameroun.

Iichalet (Charles-Albert), *Le capitalisme mondial*, Paris, PUF, 2e éd., 1985, 388 P.

Mukongo Shabantu (Remy), Tubuna (Honoré), « Économie verte et gouvernance forestière dans les États membres de la CEEAC », Secrétariat International Francophone pour l'Évaluation Environnementale, *L'évaluation environnementale*, Colloque de Yaoundé, 2011, p. 1-23, disponible sur http://www.sifee.org/org/ressources/actes-du-colloque-international-de-yaounde, consulté le 2 mars 2019.

Nguejo Thayoh (Adelaïde), *L'aide publique au développement et la protection de l'environnement en zone CEMAC*, Mémoire de DEA en droit public international et communautaire, Université de Yaoundé II, Faculté des sciences juridiques et politiques, 2012, 120 P.

Nguejo Thayoh (Adelaïde), *La participation en droit international de l'environnement : contribution à l'étude de la gouvernance environnementale*, Thèse de doctorat / Ph. D. en droit public, Université de Yaoundé II, Faculté des sciences juridiques et politiques, 15 février 2020, 633 P.

Ntsonde (Joël), Aggeri (Franc), « Repenser la RSE dans le contexte d'un pays en voie de développement, le cas de l'économie circulaire au Cameroun », Paris, France, 2017, p. 1-41, disponible sur https://halshs.archives-ouvertes.fr/halshs-01620352/document consulté le 5 mai 2019.

Oumba (Parfait), « La pratique des projets environnementaux en Afrique », Boukongou (Jean-Didier) (dir.), *Émergence de l'Afrique*, Presses de l'UCAC, 2015, p. 217-240.

Oumba (Parfait), « Le rôle des organisations sous-régionales dans l'intégration et le développement du droit international de l'environnement en Afrique centrale », *Revue africaine de droit de l'environnement,* n° 00/ 2013, p. 53-65.

Prieur (Michel), « Démocratie et droit de l'environnement et du développement », *Revue Juridique de l'Environnement*, 1993/1, p. 23-30.

Recommandation de la Commission européenne du 6 mai 2003 concernant la définition des micros, petites et moyennes entreprises 2003/361/CE.

Salmon (Jean) (dir.), *Dictionnaire de droit international public*, Bruxelles, Bruylant, 2001, 1198 P.

Secrétariat Central de l'ISO, *Les étiquettes et déclarations environnementales. La contribution des normes ISO*, ISO, 2012, disponible sur www.iso.org, consulté le 29 mars 2019.

Sotamenou (Joël) et Ndonou Tchoumdop (Michèle Estelle), « Pratique de la responsabilité sociétale des entreprises (RSE) par les managers de PME au Cameroun », Dakar, Trust africa, 2012, p. 1-37, disponible sur www.trustafrica.org/icbe consulté le 20 juin 2019.

Tcheuwa (Jean-Claude), « Les préoccupations environnementales en droit positif camerounais », *Revue juridique de l'environnement*, n° 1, 2006, p. 21-42.

Traité instituant la CEMAC du 16 mars 1994, tel que révisé le 25 juin 2008.

Turki (Ahmed), « Les comportements écologiques des dirigeants des entreprises tunisiennes », *VertigO la revue électronique des sciences de l'environnement*, vol 9, n° 2, 2009.

Vers la répression des graves atteintes à l'environnement du fait des entreprises multinationales, en tant que crime contre l'humanité en droit régional africain ? Réflexions au regard des articles 28C et 46C du statut amandé de la Cour Africaine de Justice et des Droits de l'Homme (C.A.J.D.H.)

Par :

Noël Gautier GUEAZANG NGUEPI

PhD en Droit public
Université de Yaoundé II/ Cameroun
Chercheur au CEDIC (Centre d'études et de recherches en droit international et communautaire)

Résumé

Le 27 juin 2014, la Conférence des chefs d'État et de gouvernement de l'Union africaine qui s'est tenue à Malabo en Guinée Équatoriale a adopté le Protocole portant amendements au Protocole portant statut de la CAJDH (Protocole de Malabo) et a invité les États membres de l'Union africaine à le ratifier et à le signer. Il s'agit d'un instrument juridique déterminant, bien que la CAJDH ne se soit pas encore effective. Ce d'autant plus qu'elle aura compétence à l'égard de plusieurs crimes, dont les crimes contre l'humanité, et elle permettra d'établir la responsabilité pénale des entreprises. De plus, elle servira de Cour pénale africaine au niveau régional. Cette dernière pourrait jouer un rôle déterminant dans un continent qui depuis plusieurs années est l'objet des graves atteintes à l'environnement du fait des grandes entreprises multinationales. Dans la mesure où des violations flagrantes par ces dernières du droit international relatif à l'environnement, que l'on pourrait qualifier de crimes contre l'humanité, sont observées de façon récurrente en Afrique.

Introduction

L'engagement de la responsabilité internationale pour atteinte à l'environnement s'est forgé autour des mécanismes classiques existants en cas de mise en cause de l'État. Ces principes consacrent le fait que lorsqu'une règle de droit en vigueur, qu'elle soit coutumière ou conventionnelle, a été violée, sa méconnaissance constitue un fait international illicite qui engage la responsabilité internationale. Cette responsabilité sera mise en œuvre lorsque seront réunis les éléments matériels établissant le lien de causalité et l'évaluation du préjudice. Bien qu'elle soit fondamentale pour une protection effective du milieu naturel, elle ne peut jouer qu'un rôle limité, étant donné que les principaux responsables des atteintes environnementales sont des personnes ou des entités privées, à l'instar des entreprises multinationales. Très tôt, ces principes classiques vont être sinon écartés, du moins contournés, pour caractériser suffisamment les situations exceptionnelles que font naître les questions environnementales. Plusieurs incohérences y ont été relevées quant à sa capacité à s'appliquer à l'environnement ; car, si ce dernier est de plus en plus la cible privilégiée des entités privées, les États expriment pour leur part la nécessité de ne répondre que des faits qui leur sont directement imputables. Pour cela, il fallait trouver de nouvelles techniques permettant une application des normes à caractère soft existantes en droit de l'environnement pour une juste réparation et indemnisation du préjudice subi indépendamment d'une responsabilité interétatique. Cinquante ans après les procès de Nuremberg et de Tokyo qui devaient conduire à la condamnation des grands criminels de guerre, la Commission du droit international des Nations Unies a adopté un projet de code des crimes contre la paix et la sécurité de l'humanité, tandis qu'à l'issue de la Conférence intergouvernementale de Rome était signée le 17 juillet 1998 la Convention portant statut d'une Cour pénale internationale, marquant ainsi la consécration d'une nouvelle branche du droit international public, le droit international pénal[295]. L'émergence de cette nouvelle branche du droit va très vite démontrer quelques faiblesses. Car en excluant de son champ de compétence certaines infractions pouvant faire l'objet de poursuite devant la Cour pénale internationale comme les atteintes graves à l'environnement, elle ne prévoit que la responsabilité pénale des personnes physiques. Mais, comme la préservation de l'environnement est devenue l'une des grandes préoccupations de la communauté internationale, et plus particulièrement en Afrique, en attendant des mesures internationales efficaces, des dispositions ont été prises au plan régional par l'Union africaine, pour mettre fin à l'impunité dont jouissent les entreprises multinationales. C'est ainsi le 27 juin 2014, les chefs d'État et de gouvernement de cette institution, réunis à Malabo en Guinée Équatoriale, vont adopter le Protocole

[295] SZUREK (S.), « La formation du droit international pénal »,in ASCENSIO (H.),DECAUX (E.),PELLET (A.),*Droit international pénal*,2e édition, A. Pedone, 2012,p.21.

portant amendements au Protocole portant statut de la CAJDH (Protocole de Malabo). Ce Protocole intègre dans le mandat de la CAJDH, une compétence en matière pénale. Ceci consécutivement aux cris des victimes des atteintes à l'environnement ; et surtout que, l'impunité a été de tout temps le dénominateur commun pour les entreprises multinationales. Pourtant soupçonnées d'être pénalement responsables pour des crimes au regard du droit régional, et rarement amenées à rendre compte. Cette consécration ressort des articles 26C et 46C du statut amendé de la CAJDH. Il est donc question ici d'explorer les possibilités de fonder les poursuites pénales à l'égard des entreprises multinationales, pour des atteintes graves à l'instar du crime contre l'humanité, sur un droit pénal international d'origine africaine. En effet, la consécration de la responsabilité pénale des entreprises au plan régional africain, constitue-t-elle un moyen susceptible de justifier les accusations de commission d'une infraction grave à l'environnement par les entreprises multinationales, à savoir le crime contre l'humanité ? En général, les effets de la pollution consécutive aux activités des entreprises multinationales en Afrique sont similaires à ceux des actes réprimés par les tribunaux pénaux internationaux. Dans la mesure où, ils ont toujours porté atteinte, de façon systématique et généralisée, aux mêmes valeurs que sont le droit à la vie et à la santé humaine. Pour bien mener ce travail, il sera question de présenter les notions relatives au crime contre l'humanité, et la responsabilité pénale des entreprises multinationales comme elles ressortent du statut amendé de la CAJDH (section I), afin de voir quel peut être leur apport dans la lutte contre les graves atteintes à l'environnement par les entreprises multinationales en Afrique (Section II).

SECTION I : Le crime contre l'humanité et la responsabilité pénale des entreprises dans le statut amendé de la CAJDH

De manière générale, le rôle du droit pénal international est de réprimer les infractions graves qui portent atteinte aux valeurs de l'humanité. Par conséquent, il doit être adapté aux nouvelles formes de criminalité internationale dont les atteintes environnementales sans aucun doute font désormais partie. Afin de décourager une conduite illégale et d'assurer la réparation des violations du droit, celui-ci doit élaborer des actions et des remèdes appropriés. Il doit s'attacher à résoudre des problèmes tels que la définition du seuil du dommage qui peut amener à intenter une action en justice, la détermination de la personne qui a le droit d'intenter des poursuites, la désignation du tribunal compétent et, enfin, l'adoption de décisions, sanctions et indemnisations appropriées[296]. Différents régimes juridiques de responsabilité peuvent être envisagés à l'encontre des entreprises multinationales, pour répondre aux dommages causés à l'environnement du fait de l'exercice de leurs activités. Cette responsabilité des personnes privées en droit de l'environnement semble inéluctable au regard de l'intervention de plus en plus croissante de celles-ci en ce domaine. C'est de toutes ces considérations qu'au niveau régional africain, l'adoption du Protocole de Malabo semble être une aubaine pour l'Afrique. Car, il institue une cour pénale régionale, qui fonctionnera de la même manière que la Cour pénale internationale, dans un continent qui est touché de façon chronique par les atteintes environnementales du fait des entreprises multinationales. Il convient à présent de donner la consistance du crime contre l'humanité et de dégager la responsabilité pénale des entreprises multinationales dans le statut amendé de la CAJDH (I), qui constituent certainement une réponse à la timide évolution des différents droits positifs, en faveur d'une pénalisation des atteintes environnementales causées par les entreprises multinationales (II).

I- La consistance du crime contre l'humanité et de la responsabilité pénale des entreprises dans le statut de la CAJDH

La consécration du crime contre l'humanité et de la responsabilité pénale des entreprises multinationales est un atout indispensable à l'amélioration de la protection de l'environnement en Afrique. Elle permet d'encourager les acteurs à se conformer aux normes existantes en ce domaine ou encore de sanctionner leur non-respect. Car, au fur et à mesure que les personnes privées sont devenues des acteurs effectifs dans une multitude de champs d'action internationaux et se livrent à l'exercice d'activités comportant des risques significatifs de dommages transfrontières, la communauté internationale a montré une certaine tendance à renforcer leur responsabilité transnationale[297]. L'Afrique pour sa part, a rénové son cadre juridico-institutionnel de la coopération continentale. L'adoption du protocole de Malabo se situe dans cette mouvance, dès lors qu'il élargit les compétences de la CAJDH[298], en y intégrant le crime contre l'humanité (A), et la responsabilité pénale des entreprises multinationales (B), dont il convient de préciser leur consistance.

[296] KISS (A.), SHELTON (D.), *Traité de droit européen de l'environnement*, édition Frison-Roche, Paris, 1995, p.68.

[297] BALLARINO (T.), « *Questions de droit international privé et dommages catastrophiques* », in *R.C.A.D.I.*, vol.220, 1990, p.360.

[298] En effet, le projet initial de la C.A.J.D.H. prévoyait une Cour avec deux domaines de compétence à savoir les affaires générales et les droits humains. Le protocole de Malabo ajoute une troisième compétence : le droit pénal international.

A- Du crime contre l'humanité dans le statut de la C.A.J.D.H.

L'article 28C(a) du protocole portant amendements au protocole portant statut de la Cour africaine de justice et des droits de l'Homme définit le crime contre l'humanité comme suit :« *Aux fins du présent statut, on entend par « crime contre l'humanité » l'un quelconque des actes ci-après s'il est commis dans le cadre d'une attaque ou d'une activité généralisée ou systématique lancée contre toute population civile et en connaissance de cette attaque ou activité : a) meurtre, b) extermination, c) réduction en esclavage ; d) déportation ou transfert forcé des populations ; e) emprisonnement ou autre forme de privation grave de liberté physique en violation des dispositions fondamentales du droit international ; f) torture, traitements cruels, inhumains ou dégradants et punition ; g) viol, esclavage sexuel, prostitution forcée, grossesse forcée, stérilisation forcée ou toute autre forme de violence sexuelle de gravité comparable ; h) persécution de tout groupe ou de toute collectivité identifiable pour des motifs d'ordre politique, racial, national, ethnique, culturel, religieux ou sexiste ou en fonction d'autres critères universellement reconnus comme inadmissibles en droit international ; i) disparition forcée de personnes ; j) crime d'Apartheid ; k) autres actes inhumains à caractère analogue causant intentionnellement de grandes souffrances ou des atteintes graves à l'intégrité physique ou à la santé physique ou mentale* ».

À la lecture de cette définition, il en ressort qu'un acte prohibé constitue un crime contre l'humanité lorsqu'il est commis dans le cadre d'une attaque généralisée ou systématique dirigée contre une population. Cet acte doit par la suite, être commis avec « *une intention requise dont l'évaluation se fait en application de la norme de faute subjective* »[299]. De plus, si l'acte doit s'inscrire dans le cadre d'une attaque généralisée ou systématique, dirigée contre une population ou un groupe identifiable de personnes, celle-ci n'a pas besoin d'être en même temps généralisée et systématique. L'essentiel est d'établir soit que l'attaque était systématique ou généralisée, et non de démontrer les deux à la fois[300]. Il en résulte que nombreux cas de pollution causés par les entreprises multinationales, peuvent répondre aux critères nécessaires pour qu'un acte criminel soit qualifié de crime contre l'humanité. Même s'il est clair que la liste d'actes criminels sous-jacents au crime contre l'humanité, énumérés par l'article 28C(a) du statut de la CAJDH ne prévoit pas explicitement les crimes contre l'environnement.

---

[299]MANIRABONA (A.M.), « L'affaire Trafigura : Vers la répression des graves atteintes environnementales en tant que crimes contre l'humanité ? », in *Revue de droit international et de droit comparé*, 2011, n°4, p.543.

[300] Le procureur c/ Kayishema et Ruzindana, ICTR-95-1-T, (jugement du 21 mai 1999) par. 123, (TPIR, Chambre de première instance), Ibid.

Ainsi, s'il est aujourd'hui urgent que le droit pénal international se porte « au secours de l'environnement », c'est que l'échelle des dégradations a changé au cours des dernières décennies. Le péril n'est pas seulement multicolore (boues rouges, marées noires et algues vertes) et multiforme (pollutions, biopiraterie, trafic de déchets, etc.). Désormais, il s'étend dans l'espace, comme en témoignent, notamment, le réchauffement du climat et l'épuisement des ressources naturelles, et dans le temps, car les générations futures semblent aussi menacées[301]. Ainsi, qu'elles résultent d'une décision délibérée de violer la loi ou d'une négligence grave, certaines atteintes à l'environnement par les entreprises multinationales apparaissent de plus en plus comme étant de véritables crimes, qui doivent être traités avec rigueur afin que les sanctions prévues pour réprimer ce genre d'infractions soient susceptibles d'exercer un véritable effet de dissuasion[302]. Mary Robinson déclarait en 2007 que : « *chaque fois que je vais dans les campagnes ou les bidonvilles, je constate que les habitants n'aiment pas les multinationales. Des milliers de personnes perdent leur logis à cause d'elles et se retrouvent déplacées parce qu'on construit un barrage* »[303]. Considérant de ce fait que, seul le droit pénal international combine valeur expressive et force répressive, le statut de la CAJDH va consacrer en droit régional africain un régime de responsabilité pénale des entreprises.

B- De la responsabilité pénale des entreprises dans le statut de la CAJDH

En consacrant la responsabilité pénale des entreprises en son article 46C, le statut de la CAJDH n'a cependant pas donné une définition de « l'entreprise ». Cet article dispose ce qui suit : « *1- aux fins du présent statut, la cour a compétence sur les personnes morales, à l'exception des États. 2- L'intention d'une entreprise de commettre une infraction peut être établie sur la preuve que c'était la politique de l'entreprise de commettre des actes constitutifs de cette infraction. 3- Une politique peut être attribuée à une entreprise là où elle fournit l'explication la plus fondée relativement à cette entreprise. 4- La connaissance au sein d'une entreprise de la perpétration d'une infraction peut être établie par la preuve que l'information pertinente réelle ou présumée était connue dans l'entreprise. 5- La connaissance peut*

---

301 NEYRET (L.), *Des écocrimes à l'écocide. Le pénal droit au secours de l'environnement*, préf. DELMAS-MARTY (M.), Bruylant, 2015, p.34.

302 COHEN (M.A.), « Environnemental Crime and Punishment: Legal/EconomicTheory and Empirical Evidence on Enforcement of Federal Environnemental Statutes », (1992) 82 J. Crim.L. &Criminology 1054,1105, in MANIRABONA (A.M.), *Entreprises multinationales et criminalité environnementale transfrontalière : applicabilité au droit pénal canadien*, éditions Yvon Blais, 2011, p.27.

303 Ancien Haut commissaire des Nations Unies aux droits de l'homme. Cité par LEMAITRE (F.), « l'entreprise entre profit et bien commun », *Le monde*, 5 janvier 2008.

exister au sein d'une entreprise même si l'information applicable divise le personnel de l'entreprise. 6- La responsabilité pénale des personnes morales n'exclut pas la responsabilité pénale des personnes physiques qui sont les auteurs ou les complices des mêmes crimes ».

L'émergence de la responsabilité pénale des entreprises en droit régional africain est due non seulement aux avancées réalisées en Afrique en matière de droits humains, mais aussi aux évolutions qui se sont produites dans d'autres branches du droit, tant interne qu'international. En effet, si la crainte des effets pervers d'une responsabilité qui inciterait à « *fuir devant le pouvoir afin d'éviter de répondre* » semble peu convaincante, confrontée à l'attrait du pouvoir, en revanche la difficulté à imputer la faute dans une organisation aussi complexe que l'entreprise multinationale, où la prise de décisions relève de plusieurs niveaux dans la chaine hiérarchique, est un réel problème, en droit pénal, dès lors que la sanction se veut punitive[304]. Ainsi, la consécration de la responsabilité pénale des entreprises en droit régional africain revêt une signification particulière. La course pour le développement est devenue une obsession pour les États africains. « *Aux yeux de nombreux décideurs publics, la sortie de la misère et de la croissance reste prioritaire sur la préservation de l'écosystème-même si, en réalité, on sait que les deux objectifs ne s'opposent pas, mais sont complémentaires* »[305]. La mise en œuvre de la responsabilité pénale des entreprises pour atteinte à l'environnement constitue une question fondamentale dans la mesure où la société civile est en demande croissante de prise en compte de l'impact environnemental et social des activités des opérateurs économiques. Cet intérêt pour la répression des atteintes à l'environnement est à l'origine de la mise en place d'une réglementation au plan régional africain à laquelle les États doivent souscrire. Car, le droit international de l'environnement engage les États à adapter les moyens d'action appropriés dans leur système juridique interne afin d'appliquer les lois qu'ils ont édictées, conformément à leurs obligations internationales[306]. Dès lors, la consécration du crime contre l'humanité et de la responsabilité pénale des entreprises comme contenue dans le statut de la CAJDH devrait s'apprécier, compte tenu du fait qu'ils vont favoriser, la mise en place de moyens de sanctions qui seront applicables en Afrique, afin de réprimer efficacement les atteintes environnementales causées par les entreprises multinationales. Globalement, cet objectif n'est pas toujours atteint, du fait de la timide avancée des différents droits nationaux, pour la

---

304BOURDON (W.), *Face aux crimes du marché. Quelles armes juridiques pour les citoyens ?*, préf. DELMAS-MARTY (M.),Paris, éditions La Découverte, 2010, p.9.

305 BEAUVAIS (P.), « Les limites de l'internationalisation du droit pénal de l'environnement», in *Des écocrimes à l'écocide. Le droit pénal au secours de l'environnement*, op.cit., p.7.

306 SHELTON (D.), « Techniques et procédures en droit international de l'environnement », in *cours 3 UNITAR, environnement et justice : responsabilité civile et pénale en matière d'environnement*, Rome 2005, *www.unitar.org*.

responsabilité pénale des entreprises multinationales en cas d'atteintes environnementales.

II- L'évolution timide du droit positif en faveur d'une responsabilité pénale des entreprises multinationales du fait des atteintes environnementales

La prise de conscience générale opérée en faveur de l'environnement s'est matérialisée par la tenue de la Conférence de Stockholm en 1972.La Déclaration qui s'en est suivie laissait présager des lendemains reluisants, pour la protection de l'environnement. La lutte contre les formes de pollution supposait, pour atteindre ses objectifs, que les efforts soient consentis tant au niveau international que dans les États. Néanmoins, la réalité des États est loin de cette déclaration d'intentions vivement exprimée au niveau international. La rédaction des dispositions nationales en la matière reste vague et, pour la plupart, elles deviennent une simple formule symbolique où l'application des sanctions et la détermination de la conduite criminelle sont sérieusement contestées[307]. Même si de nombreuses constitutions en Afrique ont consacré le droit à un environnement sain, la particularité des atteintes à l'environnement donne sujet à réflexion à cette consécration. Les États africains ne donnent pas l'impression d'être attachés à la promotion des intérêts environnementaux, en témoignent l'inexistence de législations en la matière. Et si elles existent, elles ne sont pas à la hauteur de l'intérêt qu'elles défendent. Or, certaines notions fortes du droit de l'environnement, à l'instar du « droit à l'environnement », sont d'inspiration africaine. En effet, « *tous les peuples ont droit à un environnement satisfaisant et global, propice à leur développement* ». C'est avec cette formulation que la CADHP en son article 24 fait œuvre pionnière, étant la première convention internationale de protection de droits humains à consacrer explicitement le droit à l'environnement. Plusieurs raisons semblent expliquer cette situation. Elles sont d'ordre socio-économique (A), et d'ordre pratique (B).

A- Les raisons socio-économiques

Dans une étude consacrée à la notion de développement durable, le professeur Doumbé-Billé faisait remarquer que cette notion présentait un double caractère. C'est une articulation difficile parce que la priorité n'est pas la même pour les pays en développement et pour les pays développés. Pour les uns, l'accent doit être mis sur les questions de développement pour parvenir à éradiquer certains maux comme la pauvreté et l'urbanisation

---

307 ESTUPINAN-SILVA (R.), « La lutte contre la criminalité environnementale au sein des États », in *Des écocrimes à l'écocide. Le droit pénal au secours de l'environnement*, op.cit., p.21.

anarchique qui sont à l'origine de nombreux problèmes d'environnement. Pour les autres, l'accent doit plutôt être mis sur les questions d'environnement afin de lutter contre les pollutions industrielles[308]. Cette réflexion, tout en gardant sa pertinence, peut aujourd'hui être repensée pour plusieurs raisons. Même si, l'ineffectivité des sanctions pénales en cas d'atteintes à l'environnement est liée aux considérations d'ordre économique en Afrique, les pays du Nord n'en sont pas moins complices. Car comme l'ont montré les travaux de la criminologie verte, « *la réglementation écologique plus avancée et plus rigoureuse des pays développés produit un transfert des atteintes à l'environnement vers les pays sous- développés* »[309] . En fonction des exigences de développement économique, les priorités des États africains sont le renforcement du système économique, au détriment de la protection de l'environnement. Ils sont aidés dans cette vision destructrice de l'environnement par les pays du Nord. La majorité des entreprises multinationales concernées par ces atteintes provient des pays développés, et est parfois subventionnée par leur pays d'origine. Elles ne prennent pas en compte les exigences du développement durable. Les pays africains en paient les conséquences.

Cet argument a eu une influence certaine sur l'édiction des textes réprimant les atteintes à l'environnement par les entreprises multinationales. Puisqu'il faut par tous les moyens les protéger, vu les intérêts financiers qui résultent de leurs activités. La question centrale des États africains est, celle de *« l'opportunité pour les pouvoirs publics de réprimer les infractions contre l'environnement alors que la plupart des activités à l'origine de ces infractions sont d'un intérêt socio-économique évident* »[310]. Par conséquent, bien que le droit à un environnement sain soit aussi important, il ne devrait pas prévaloir sur les avantages financiers procurés par les pollueurs. Ces derniers transforment les cours d'eau en poubelles, exploitent les ressources pétrolières sans tenir compte de la santé des populations environnantes. Sous le silence coupable des autorités[311], traduisant une tolérance aveugle des atteintes à l'environnement. Cette attitude est la manifestation d'une certaine ignorance généralisée, qui pour justifier ce silence estime qu'il n'est pas juridiquement possible d'imputer la responsabilité pénale environnementale aux personnes morales.

---

308 DOUMBE-BILLE (S.), « Droit international et développement durable », in *Les hommes et l'environnement : études en hommage à Alexandre Kiss,*édition Frison Roche, Paris, 1998, p.246.

309 Cité par BEAUVAIS (P.), « Les limites de l'internationalisation du droit pénal de l'environnement», in *Des écocrimes à l'écocide. Le droit pénal au secours de l'environnement*, op.cit., p.7.

310 MANIRABONA (A.M.), *Entreprises multinationales et criminalité environnementale transfrontalière : applicabilité au droit pénal canadien*, op.cit., p.29.

311 C'est le cas de Shell au Nigéria, Trafigura en Côte d'Ivoire, Areva au Niger….

B- Les raisons d'ordre pratique

Outre les raisons socio-économiques à l'absence d'une législation pénale en matière environnementale dans certains États africains, il existe des raisons pratiques à l'adoption d'infractions pénalisant les atteintes à l'environnement par les entreprises multinationales. En effet, il n'est plus un secret pour personne aujourd'hui, que la mondialisation économique est à l'origine de la mondialisation des atteintes à l'environnement. En général, les États africains se dotent de législations environnementales qui s'assignent des objectifs difficilement atteints. Parfois, elles sont trop ambitieuses et imposent des règles plus élevées, irréalistes et inaccessibles aux praticiens du droit, qui éprouvent des difficultés à les mettre en œuvre. L'impuissance, voire l'insuffisance des pouvoirs étatiques après chaque atteinte grave contre l'environnement, est une preuve de cette réalité, et ceci sans compter sur les difficultés subsistant en matière de sources et de juridictions en droit international[312].On risque ainsi, de demeurer dans une phase d'expérimentation perpétuelle du droit pénal de l'environnement fondé sur un droit de l'environnement dont la complexité est désormais admise en doctrine, et « *aurait pour cause, entre autres, le fait que, depuis quelques années, les normes environnementales seraient devenues « multidimensionnelles »en englobant des notions qui les rendent beaucoup plus techniques, obscures et différenciées* »[313].

De plus, l'existence de normes répressives en cas d'atteintes à l'environnement, ne constitue pas toujours une garantie pour leur applicabilité. De nombreux États le prévoient dans leur législation, sans aucun impact sur les comportements des entreprises impliquées dans les différentes pollutions. S'agissant du cas particulier du Cameroun, l'article 80 de la Loi du 5 août 1996 relative à la protection de l'environnement, qui punit toute personne qui introduit des déchets toxiques et/ou dangereux sur le territoire camerounais, de l'article 81(1) qui punit toute personne qui importe, produit, détient et/ou utilise contrairement à la réglementation, des substances nocives ou dangereuses. De l'article 82 (1), qui sanctionne toute personne qui pollue, dégrade ou altère la qualité de l'environnement en infraction aux dispositions de la présente loi. Il en est également de l'article 261 du Code pénal qui punit toute personne qui, par son activité, pollue l'eau potable susceptible d'être utilisée par autrui, au point de la rendre nuisible à la santé publique. Cependant, le législateur camerounais n'apporte aucune précision quant à la graduation de la peine, en fonction de la gravité des dommages causés à

---

[312] ESTUPINAN-SILVA (R.), « La lutte contre la criminalité environnementale au sein des États », in *Des écocrimes à l'écocide. Le droit pénal au secours de l'environnement,* op.cit., p.32.

[313] MANIRABONA (A.M.), *Entreprises multinationales et criminalité environnementale transfrontalière : applicabilité au droit pénal canadien*, op.cit., p.32.

l'environnement, de la particularité de la faute à l'origine desdits dommages. De plus, il ne fait aucune référence à la responsabilité pénale des personnes morales[314], mais se contente à l'article 78 de dire que « *lorsque les éléments constitutifs d'infraction proviennent d'un établissement industriel, commercial, artisanal ou agricole, le propriétaire, l'exploitant, le directeur, ou selon le cas, le gérant peut être déclaré responsable du paiement des amendes et frais de justice dus par les auteurs de l'infraction, et civilement responsable de la remise en l'état des sites* ». La responsabilité pénale des entreprises pour atteinte à l'environnement ici est paralysée, l'impunité est légitimée. Notons cependant qu'au Cameroun, le Code pénal actuel introduit cette innovation essentielle et définit à la fois le domaine de cette responsabilité et les conditions de sa mise en œuvre. À la lecture de l'article 74-1 de la loi n°2016/007 du 12 juillet 2016 portant Code pénal du Cameroun, la responsabilité pénale des personnes morales se rapporte aux infractions commises pour le compte desdites entités par leurs organes ou par leurs représentants.

De plus, le droit pénal de l'environnement apparaît comme un droit fondamentalement administratif, du fait du rôle prépondérant que jouent les règlements établis par les autorités administratives. *« « Gendarme » de l'administration, le droit pénal ne peut ainsi garantir efficacement cet intérêt supérieur qu'est devenue la protection de l'environnement »*[315]. Ainsi, malgré sa volonté de vouloir dire le droit, le juge peut se heurter à une question d'interprétation d'un acte administratif. Quoi qu'il en soit, et face à l'ampleur des catastrophes pouvant découler de la pollution de l'environnement par les multinationales, « *les arguments invoqués pour justifier l'inapplicabilité du droit pénal à ce domaine ne sont pas à annihiler l'attention de l'opinion publique sur la nécessité de punir les responsables des crimes contre l'environnement* »[316]. En effet, la consécration du crime contre l'humanité et de la responsabilité des entreprises en droit régional africain peut être d'un apport certain, dans la lutte contre les différentes formes d'atteintes environnementales causées par les entreprises multinationales en Afrique.

---

314 À moins que la notion de « toute personne » soit entendue dans son sens le plus large, incluant dans le champ de la responsabilité toute personne qui n'a pas causé directement le dommage.

315 JAROWSKI (V.), « La Charte constitutionnelle de l'environnement face au droit pénal », in *R.J.E.*, 2005, p.179.

316 MANIRABONA (A.M.), *Entreprises multinationales et criminalité environnementale transfrontalière : applicabilité au droit pénal canadien*, op.cit., p.36.

SECTION II : L'apport de la consécration du crime contre l'humanité et de la responsabilité pénale des entreprises par le statut de la CAJDH dans la lutte contre les graves atteintes à l'environnement par les entreprises en Afrique.

En dépit des concepts que véhicule le droit pénal, les atteintes à l'environnement n'ont fait que croître en Afrique, du fait du développement industriel et du commerce international, impulsé par les entreprises multinationales. Acteur international par essence, l'entreprise a logiquement tendance à identifier les failles de la réglementation internationale. Elle recherche les montages juridiques lui permettant d'éviter d'avoir à rendre compte de ses comportements ; elle délocalise ses activités vers des zones de non-droit « *paradis des pollueurs* » ; elle délocalise son siège vers les pays où le régime fiscal lui est plus avantageux. Tout en freinant le développement de la coopération internationale, s'opposant ainsi à une gouvernance internationale plus forte susceptible de la menacer davantage[317]. La prise de conscience de lutter contre les actes de pollution des entreprises est devenue une priorité en Afrique. Car, plusieurs formes d'atteintes environnementales causées par les entreprises multinationales peuvent être assimilées à certains crimes sous-jacents au crime contre l'humanité énumérés par la CAJDH, pouvant engager leur responsabilité pénale internationale en droit régional africain (I), ce qui à terme impose de rendre effectif la criminalisation des entreprises, pour des atteintes graves à l'environnement en Afrique (II).

I- Le parallèle entre les atteintes à l'environnement par les entreprises en Afrique, et certains crimes sous-jacents au crime contre l'humanité énumérés dans la CAJDH

Certaines atteintes à l'environnement du fait des entreprises sur le continent africain sont restées à ce jour très célèbres, et auraient sans doute motivé le législateur africain à rendre responsable pénalement les entreprises sur le continent. Les effets des déversements des déchets toxiques dans la ville ivoirienne d'Abidjan en 2006 par le Probo-koala ; la controverse sur le lait en poudre de Nestlé, dont la promotion irresponsable, au détriment du lait maternel sur le continent (en particulier au Nigéria) dans les années 1970 a été à l'origine d'une augmentation de la mortalité infantile ; les atrocités commises par le groupe pétrolier Shell dans le Delta du Niger ; sont des actes similaires à ceux énumérés dans le statut de la CAJDH. Dans la mesure où ils ont, de façon systématique ou généralisée, porté atteinte aux mêmes valeurs

---

[317] MALJEAN-DUBOIS (S.), « La portée des normes du droit international de l'environnement à l'égard des entreprises », in *J.D.I.*, n°139, 2012,p.98.

que sont, le droit à la vie et à la santé humaine. Bien que la liste d'actes criminels sous-jacents au crime contre l'humanité qu'énumère l'article 28C (a) ne prévoit pas explicitement les crimes contre l'environnement, elle ne les exclut pas non plus. En effet, si certains crimes tels que la réduction en esclavage, la déportation ou transfert forcé des populations ne sont pas susceptibles d'englober les atteintes à l'environnement, d'autres par contre peuvent faire tomber les atteintes à l'environnement dans la catégorie des crimes sous-jacents au crime contre l'humanité. Il s'agit du meurtre, de l'extermination (A), et d'autres actes inhumains de caractère analogues causant intentionnellement de grandes souffrances ou des atteintes graves à l'intégrité physique ou à la santé physique ou mentale (B).

A- Le meurtre et l'extermination

Le meurtre suppose qu'une ou plusieurs personnes meurent du fait de l'acte ou de l'omission de la part d'une autre personne. En droit international, le meurtre constitutif du crime contre l'humanité nécessite que l'accusé possède une *mens rea* subjective, sans toutefois vouloir la destruction partielle ou totale d'une communauté d'individus[318]. À l'opposé, l'approche objective de la *mens rea* relative au meurtre, et constitutive de crime contre l'humanité est aussi préconisée. En effet, la jurisprudence pénale internationale estime qu'étant donné que le meurtre sous-jacent au crime contre l'humanité n'a pas nécessairement besoin d'avoir une motivation quelconque, le fait d'imposer à une personne des conditions d'existence dangereuses pour sa vie peut, sans spécifiquement viser sa mort, constituer un crime contre l'humanité lorsque la mort qui en résulte pouvait être prévisible pour une personne raisonnable[319]. Il en découle, selon l'article 28C du statut de la CAJDH que, si des conditions circonstancielles sont réunies, la commission d'un crime contre l'environnement par une entreprise, et qui provoque la mort d'individus peut être qualifiée de crime contre l'humanité, lorsque les personnes ayant posé cet acte savaient que leurs agissements étaient de nature à entraîner cette mort.

Le statut de la CAJDH prévoit en son article 28C paragraphe 1(b) que l' « extermination comprend l'imposition intentionnelle de conditions de vie,… destinée à entrainer la destruction d'une partie d'une population ». De manière générale, elle requiert l'intention de tuer à grande échelle, une population ou une partie de cette population. En ce qui concerne le cas de la multinationale Suisse Nestlé, elle a participé à la soumission des personnes à des conditions d'existence devant entrainer leur mort à grande échelle. En

[318]MANIRABONA (A.M.), « L'affaire Trafigura : Vers la répression des graves atteintes environnementales en tant que crimes contre l'humanité ? », in *Revue de droit international et de droit comparé*, op.cit., p.546.
[319] Le procureur c/ blagojevic&Jokic, IT-02-60, jugement du 17 janvier 2005, par. 556, (TPIY, Chambre de première instance).

effet, en août 1973, l'industrie alimentaire a été accusée de promouvoir de manière inappropriée en Afrique ,et plus particulièrement au Nigéria ses produits lactés en poudre pour nourrissons et bébés favorisant ainsi le déclin de l'alimentation au sein. Le problème était décrit comme particulièrement aigu dans la mesure où, les mères étaient incapables de lire le mode d'emploi, où l'eau utilisée pour préparer les biberons était contaminée et le produit très souvent dilué. Loin de réduire la mortalité infantile causée par la malnutrition et les gastroentérites, ces pratiques ont contribué à l'aggraver[320]. Dans ces conditions, le crime d'extermination aurait été imputé à l'entreprise Nestlé, si des dispositions comme celles prévues dans le statut de la CAJDH existaient. Elle ne pourrait ainsi échapper à ces accusations en invoquant l'ignorance des effets néfastes que leurs produits pouvaient avoir sur les nourrissons et les bébés. Car les faits démontrent qu'ils étaient au courant de leur dangerosité pour la santé des enfants.

B- Autres actes inhumains

Parlant d'autres actes inhumains, le statut de la CAJDH se réfère aux actes de caractère analogues causant intentionnellement de grandes souffrances ou des atteintes graves à l'intégrité physique ou à la santé physique ou mentale. Dans la mesure où la plupart des atteintes à l'environnement par les entreprises peuvent avoir des effets néfastes à long terme, sur la vie et la santé des personnes affectées, il est incontestable que ces atteintes soient classées dans la catégorie d' « autres actes inhumains ».

Ainsi, le fait pour Nestlé d'écouler dans les pays africains les produits dont la date d'échéance était dépassée, d'envoyer dans les zones rurales des personnels non qualifiés, mais vêtus de blouses blanches pour en faire de vrais faux personnels de la santé, sont des actes qui ont certainement porté des atteintes graves à l'intégrité physique et mentale des populations qui y ont été exposées. Ces actes peuvent de ce fait être valablement considérés comme constituant, une véritable atteinte à leur dignité. En 2006, en Côte-d'Ivoire, à la suite du déversement des déchets toxiques à Abidjan par le Probo-koala, des centaines de milliers d'individus se sont rendus à l'hôpital avec comme symptômes les éternuements, les brulures des narines, les douleurs thoraciques, les difficultés respiratoires, l'essoufflement et la toux. Il a ensuite été rapporté de nombreux cas d'atteinte au système oculaire, caractérisés par des douleurs aux yeux. Les personnes affectées souffriraient aussi des maux

---

[320]BOURDON (W.), *Face aux crimes du marché. Quelles armes juridiques pour les citoyens ?*, préf. DELMAS-MARTY (M.), éditions La Découverte, op.cit., p.15.

de gorge, de douleurs abdominales, des vomissements et des démangeaisons graves[321].

Il est donc évident que ces cas d'atteintes à l'environnement par les entreprises multinationales en Afrique, à l'instar de certains crimes internationaux, ont porté gravement atteinte à l'intégrité physique des populations civiles, à leur santé et à leur bien-être social. Bien qu'ils soient de prime abord dirigés contre l'environnement, leur gravité est comparable à celle des actes énumérés par le statut de la CAJDH, dans la définition du crime contre l'humanité. S'impose à cet effet, la nécessité de rendre effectif en Afrique la criminalisation des atteintes à l'environnement par les entreprises multinationales.

II- De la nécessité de rendre la criminalisation des atteintes à l'environnement par les entreprises en Afrique effective

La lutte contre les formes d'atteintes à l'environnement par les entreprises multinationales en Afrique suppose d'envisager selon le législateur africain, des réponses graduées, où le droit pénal international serait la solution la mieux indiquée. Les sanctions devraient être proportionnées à l'importance des intérêts en jeu, à la gravité du dommage ou encore à la faute des auteurs des atteintes à l'environnement. Cela passe par la reconnaissance en Afrique d'un crime international pour dommage à l'environnement (A).Cette reconnaissance impliquerait des obligations de comportement de la part de tous les acteurs, en particulier l'État (B), car c'est à lui qu'incombe en définitive le devoir de tout mettre en œuvre pour réguler les activités se déroulant sur son territoire et qui risquent d'avoir des conséquences nuisibles à l'environnement.

A- La criminalisation internationale des atteintes à l'environnement par les entreprises en Afrique.

La répression pénale, même quand elle concerne les principaux acteurs de la mondialisation que sont les entreprises transnationales, se limite actuellement aux juridictions pénales nationales. Or, la compétence première, qui est la compétence territoriale, celle du lieu de l'infraction et/ou du dommage, parfois efficace quand il s'agit d'un pays développé (la France dans l'affaire Erika), conduit à l'impasse dans les pays en développement, comme le montre l'affaire Chevron-Texaco, véritable emblème des insuffisances du

---

[321]MANIRABONA (A.M.), « L'affaire Trafigura : Vers la répression des graves atteintes environnementales en tant que crimes contre l'humanité ? », in *Revue de droit international et de droit comparé*, op.cit., p.559.

droit pénal de l'environnement[322]. Si de manière générale, la situation aboutit à l'impasse, c'est parce que les formes de compétences sont peu utilisées. Pendant longtemps, l'environnement n'a pas été considéré comme un bien juridique suffisamment important, pour mériter une protection pénale. Le renouveau juridico-institutionnel opéré en Afrique se situe dans une mouvance de rupture avec le passé. Elle qui avait déjà été la première à consacrer le droit de l'homme à un environnement sain dans un instrument juridique de portée internationale. Ainsi, « *le choix d'appréhender une criminalité environnementale selon une approche globale a, en outre, conduit à distinguer entre les formes « ordinaires » et « extraordinaires » de cette criminalité* »[323]. Sont ainsi visées les violations les plus graves du droit international de l'environnement causées par les entreprises multinationales, qui ne sont pas justiciables devant la juridiction pénale internationale du fait de leur qualité de personne morale. Dès lors, la création d'une Cour pénale régionale à compétence internationale favoriserait la justiciabilité des questions relatives aux crimes environnementaux, dès lors qu'ils rentreront dans la catégorie de crimes sous-jacents au crime contre l'humanité à l'article 28C du statut de la CAJDH. Car, aucun outil juridique international ne permet aujourd'hui de poursuivre une entreprise multinationale responsable d'atteintes contre l'intégrité de l'environnement.

En réaction à l'engagement de l'Afrique, un projet citoyen a été initié par un groupe de personnalités de la société civile venant de divers horizons professionnels, autour de l'« *International Monsanto Tribunal* » pour juger la multinationale américaine Monsanto pour « *violation des droits humains et pour écocide* »[324]. Ce tribunal citoyen international s'est tenu à la Haye les 14 et 15 octobre 2016. Le projet est parti du fait qu'aujourd'hui, seules des actions civiles sont possibles contre les multinationales afin d'obtenir une indemnisation des victimes. Et lorsqu'une entreprise comme Monsanto se trouve sur la défensive, elle cherche à conclure des accords à l'amiable de manière à éviter qu'émerge une jurisprudence défavorable[325]. L'histoire de Monsanto constitue un paradigme de l'impunité des entreprises multinationales et de leurs dirigeants. À travers cette entreprise, il s'agit de démontrer un procès exemplaire pour dénoncer toutes les multinationales qui ont un comportement qui ignore les atteintes à la santé et à l'environnement[326].

---

[322] DELMAS-MARTY (M.), in NEYRET (L.), *Des écocrimes à l'écocide. Le droit pénal au secours de l'environnement*, op.cit., préf. p.IX-X.

[323] FOUCHARD (I.), « Projets de Conventions internationales », introduction, in *Des écocrimes à l'écocide. Le droit pénal au secours de l'environnement*, dir. NEYRET (L.), préf. DELMAS-MARTY (M.), op.cit., p.264.

[324] In, *fr.monsantotribunal.org.*

[325] Des sommes colossales sont ainsi approvisionnées chaque année pour faire face aux procès que pourraient intenter les victimes de ses produits.

[326] L'objectif du tribunal est d'obtenir un jugement, même symbolique, et contribuer à la mise

Le tribunal était appelé à examiner plusieurs points, dont le sixième était de savoir si les activités présentes et passées de la multinationale sont susceptibles de réunir les éléments constitutifs du crime d'écocide, entendu comme le fait de porter une grave atteinte à l'environnement ou de détruire celui-ci de manière à altérer de façon grave et durable des communaux globaux ou des services écosystémiques dont dépendent certains groupes humains. Le 18 avril 2017, le tribunal a rendu un Avis consultatif suivant les procédures de la Cour internationale de justice. À cet effet, les juges ont conclu que les activités de Monsanto ont un impact négatif sur les droits fondamentaux. Ils ont ainsi lancé un appel à une meilleure régulation afin de protéger les victimes des activités des multinationales. Enfin, ils considèrent que le droit international doit être amélioré pour mieux protéger l'environnement et donc inclure « *le crime d'écocide* ».

B- Le renouvellement des obligations conventionnelles des États africains pour la réalisation de la criminalisation internationale des atteintes à l'environnement par les entreprises multinationales.

Selon une analyse du professeur Laurent Neyret , la matière pénale est au cœur de la souveraineté des États et relève historiquement de leur pouvoir discrétionnaire : les États ont, en principe, toute latitude pour incriminer ou non, sanctionner plus ou moins sévèrement tel ou tel comportement commis sur leur territoire. Dès lors que les crimes ont dépassé les frontières nationales, ils ont également dépassé la capacité des États à les réprimer individuellement[327]. En pareille circonstance, il est souvent difficile d'identifier les personnes ayant participé à la commission de l'infraction en matière environnementale, et de les poursuivre. Alors qu'il a vocation à traiter d'une délinquance largement transfrontière, le droit pénal international ne prévoit pas de règles de coordination des poursuites entre les États ; que ce soit pour organiser la répartition des compétences judiciaires ou pour permettre l'entraide répressive[328]. Selon les cas, la répression du crime, qui,

---

en place des mécanismes internationaux permettant aux victimes des multinationales d'ester en justice. Il vise aussi à évaluer les faits qui sont reprochés à Monsanto, et juger les dommages causés par la multinationale au regard du droit international en vigueur. Évaluer les actions de Monsanto au regard du crime d'écocide, dont l'introduction dans le droit international a été proposée par des mouvements citoyens. Examiner l'opportunité de revoir le statut de Rome créant la CPI, afin d'y inclure le crime d'écocide et de permettre la poursuite des personnes physiques et morales soupçonnées d'avoir commis ce crime.

[327] NEYRET (L.), dir. *Des écocrimes à l'écocide. Le droit pénal au secours de l'environnement*, préf. DELMAS-MARTY (M.), op.cit., p.423.

[328] À titre d'exemple, la Convention CITES du 3 mars 1973 se contente d'obliger les États parties à prévoir des sanctions pénales pour frapper le commerce et la détention illicite des espèces menacées d'extinction (point 1 de l'article VIII).L'article 25 du Protocole de Carthagène du 29 janvier 2000 sur la prévention des risques biotechnologiques énonce de façon

pourtant, aura affecté plusieurs États, s'avère au mieux complexe, au pire impossible. C'est ainsi pour répondre à l'internationalisation de la criminalité, que les États ont conclu des Conventions internationales de coopération pénale au terme desquelles ils se sont engagés à définir les crimes visés par les Conventions dans leur droit pénal interne et établir la compétence de leurs tribunaux pour en juger[329]. Ce qui suppose, de passer sur le continent africain, d'une logique de souveraineté étatique à une logique de coopération interétatique pour réprimer efficacement les atteintes à l'environnement, causées par les entreprises.

De ce fait, les obligations de l'État doivent évoluer quant à la définition des crimes environnementaux dans leur droit pénal, leur engagement à établir et exercer leur compétence pénale ; et l'établissement d'une obligation de poursuivre et d'extrader les responsables des crimes environnementaux. En effet, pour qu'une juridiction nationale puisse exercer sa compétence, il faut au préalable que le comportement soit défini dans le cadre du droit national comme constitutif d'une infraction, et ce, conformément aux Conventions internationales. Ces dernières prescrivent généralement aux États-parties d'adopter les mesures nationales nécessaires afin d'incriminer les comportements visés par leurs dispositions. Il est désormais dans l'intérêt de l'Afrique que les États concernés s'obligent dans le cadre de la coopération continentale pour la concrétisation de ce projet ; tant il est vrai que nul État n'est à l'abri de l'affrontement incessant, fluctuant et aléatoire de deux logiques. Celle issue de la pente naturelle des souverainetés, qui conduit à l'accaparement prédateur des ressources prises à la masse du territoire et enserrées dans ses frontières ; celle qui résulte au contraire du constat lucide des faillites de la première tendance et engendre non plus la dynamique de l'accaparement, mais celle de la coopération et de la coordination internationale des usages d'un environnement perçu comme un bien collectif[330]. Mais curieusement, à ce jour le protocole de Malabo n'a pas toujours obtenu les signatures requises pour son entrée en vigueur.

Conclusion

On aurait souhaité que les instances juridictionnelles pénales internationales existantes accordent une attention particulière pour une

---

de manière très floue que « *chaque partie adopte des mesures nationales propres à prévenir et à réprimer, s'il convient, les mouvements transfrontières d'organismes vivants modifiés contrevenant aux mesures nationales qu'elle a prises pour appliquer le présent Protocole* ».

[329] NEYRET (L.), dir. *Des écocrimes à l'écocide. Le droit pénal au secours de l'environnement*, préf. DELMAS-MARTY (M.), op.cit., p.424.

[330]DUPUY (P.-M.), « Le droit international de l'environnement et la souveraineté des Etats : Bilan et perspectives », in *L'avenir du droit international de l'environnement*, Colloque de La Haye, 12-14 novembre 1984, dir. DUPUY (R.-J.), MartinusNijhoffPublishers, 1985, p.29.

question aussi sensible qu'est l'environnement. Que ces juridictions soient accessibles non seulement aux personnes physiques, mais aussi aux personnes morales. Mais, on vit dans une société internationale qui, en excluant cette possibilité pour les entreprises multinationales, compte tenu de leur implication dans la détérioration de l'environnement, celles-ci sont dans une certaine mesure protégées, on pourrait même dire « *chouchoutées* » par le droit international[331]. L'élargissement du mandat de la CAJDH, pour y inclure les crimes internationaux et la responsabilité pénale internationale, joue favorablement pour la protection de l'environnement en Afrique. En effet, rien n'est plus détestable pour les dirigeants d'une entreprise que de devoir répondre devant une juridiction civile, et a fortiori devant une juridiction pénale internationale, de leurs comportements fautifs, voire criminels, vis-à-vis de l'environnement. Le législateur africain, conscient de cet enjeu n'a pas lésiné sur les moyens, pour établir une liste de crimes sous-jacents au crime contre l'humanité, dont les crimes environnementaux pourraient être inclus. Dans la mesure où, les activités de pollution massive par les entreprises multinationales, comme celles qui ont été évoquées dans cette contribution, constituent une source de graves souffrances pour les populations qui y sont exposées. Car elles peuvent entraîner des maladies, des infirmités, et autres souffrances physiques. Il revient de ce fait aux États africains de montrer leur intérêt pour l'entrée en vigueur de ce protocole ambitieux, en le ratifiant.

Éléments de bibliographie

ASCENSIO(H.), DECAUX(E.), PELLET(A.), *Droit international pénal*, 2e édition, Paris, Pedone, 2012, 1280p.

BALLARINO (T.), « Questions de droit international privé et dommages catastrophiques », in *R.C.A.D.I., vol.220*, 1990, p.389-359.

BEAUVAIS (P.), « Les limites de l'internationalisation du droit pénal de l'environnement », in *Des écocrimes à l'écocide. Le droit pénal au secours de l'environnement*, NEYRET (L.), (dir.), préf. DELMAS-MARTY (M.), Bruylant, 2015, p.3-14.

BOURDON (W.), *Face aux crimes du marché. Quelles armes juridiques pour les citoyens ?*, préf. DELMAS-MARTY (M.), Paris, éditions La Découverte, 2010,331p.

DOUMBE–BILLE(S),«Droitinternationaletdéveloppementdurable», in *Leshommes et l'environnement : études en hommage à Alexandre KISS*, édition Frison Roche, Paris, 1998, p.245-257

DUPUY (P.-M.), « Le droit international de l'environnement et la souveraineté des États : Bilan et perspectives », in *L'avenir du droit international de*

[331] MALJEAN-DUBOIS (S.), « La portée des normes du droit international de l'environnement à l'égard des entreprises », in *J.D.I.*, n°139,op.cit.,p.96.

l'environnement, Colloque de La Haye, 12-14 novembre 1984, DUPUY (R.-J.), (dir.), MartinusNijhoffPublishers, 1985, p.29-50.

ESTUPINAN-SILVA (R.), « La lutte contre la criminalité environnementale au sein des États », in *Des écocrimes à l'écocide. Le droit pénal au secours de l'environnement,*dir. NEYRET (L.), préf. DELMAS-MARTY (M.), Bruxelles, Bruylant, 2015, p.19-38.

FOUCHARD (I.), « Projets de Conventions internationales », introduction, in *Des écocrimes à l'écocide. Le droit pénal au secours de l'environnement*, dir. NEYRET (L.), préf. DELMAS-MARTY (M.), Bruxelles, Bruylant, 2015, p.261-272.

JAROWSKI (V.) « Lacharte constitutionnelle de l'environnement face au droit pénal », in *R.J.E., 2005*, p.177-185.

KISS (A.), SHELTON (D.), *Traité de droit européen de l'environnement*, paris, édition Frison-Roche, 1995, 554p.

MALJEAN-DUBOIS (S.), « La portée des normes du droit international de l'environnement à l'égard des entreprises », in *J.D.I., n°139, 2012*, p.93-114.

MANIRABONA (A.M.), *Entreprises multinationales et criminalité environnementale transfrontalière : applicabilité au droit pénal canadien*, éditions Yvon Blais, 2011, 363p.

MANIRABONA (A.M.), « L'affaire Trafigura : Vers la répression des graves atteintes environnementales en tant que crimes contre l'humanité ? », in *Revue de droit international et de droit comparé*, 2011, n°4, p.535-576.

NEYRET (L.), (dir.), *Des écocrimes à l'écocide. Le droit pénal au secours de l'environnement*, préf. DELMAS-MARTY (M.), Bruxelles, Bruylant, 2015,465p.

ROBE (J.P.), « Les multinationales, vecteur d'un nouveau constitutionnalisme », in *L'entreprise multinationale dans tous ses états, Archives de philosophie du droit, Tome 56*, 2013, p.337-361.

SZUREK (S.), « La formation du droit international pénal », in ASCENSIO (H.),DECAUX (E.), PELLET (A.), *Droit international pénal*, 2e édition, Paris, Pedone, 2012, p.21-35.

La stratégie de l'Union africaine dans la lutte contre les changements climatiques

Par :

Thomas d'Aquin MBIDA ELONO

mbidathom@yahoo.fr
Docteur Ph.D en droit public
Chargé de cours, Université de Yaoundé II/Cameroun
Chercheur au CEDIC

Résumé

La stratégie africaine sur les changements climatiques séduit par son ambition de stabiliser le climat à partir du développement de l'Afrique, sur la base d'une optimisation de la norme climatique internationale, et de l'adaptation du système fonctionnel de l'organisation panafricaine. Toutefois, l'irréalisme de cette approche, principalement nourrie par sa forte occidentalisation, interpelle l'UA sur la nécessité de fonder la lutte contre les changements climatiques, sur une approche fondée sur les spécificités africaines.

Abstract

The African strategy on climate change, seduced by its ambition to stabilize the climate from the development of Africa, on the basis of an optimization of the international climate norm, and the adaptation of the functional system of the organization Pan. However, the unrealistic nature of this approach, mainly fueled by its strong Westernization, challenges the AU on the need to base the fight against climate change on an approach based on African specificities.

***Mots** clés : Union Africaine, stratégie climatique, norme climatique internationale*

L'engagement de l'Union Africaine dans la lutte contre les changements climatiques, à travers l'option stratégique d'une position commune fondée sur le développement de l'Afrique, témoigne de la volonté de l'organisation panafricaine de contribuer à cette lutte globale, mais plus encore, de la complexité de sa stratégie. En prélude à la Cop 2015 l'UA, sur le fondement de l'article 3d de son acte constitutif[332], a demandé à la Commission de faciliter l'élaboration d'une position commune africaine sur les problèmes climatiques. Cette initiative a donné lieu à l'adoption d'une « Stratégie africaine sur les changements climatiques » en mai 2014. Il s'agit d'une stratégie d'une durée de 20 ans, qui devrait s'étaler sur les années 2015-2035, révisable tous les cinq ans, selon les cycles de planification de l'UA[333]. Selon les termes de ce document, l'élaboration d'une stratégie africaine sur les changements climatiques se justifie par la nécessité de «*fournir aux communautés économiques régionales, aux États et autres parties prenantes, une source unique d'orientation stratégique qui leur permettrait de relever efficacement les défis des changements climatiques*»[334], dans un contexte marqué par l'existence d'une mosaïque de stratégies en la matière[335].

Si l'adoption d'une stratégie semble répondre au besoin d'une plateforme commune africaine sur les changements climatiques, elle est davantage motivée par la situation particulièrement ambiguë de l'Afrique par rapport à cette menace. L'Afrique, doit-on le rappeler, est le second poumon écologique de la planète, eu égard à l'importance de son couvert forestier[336], et, en raison du faible potentiel en carbone de ses économies, le continent dont le seuil des émissions des gaz à effet de serre (GES) est au plus bas. Mais,

---

[332] Conformément à la convention-cadre des Nations unies sur les Changements Climatiques, seuls les États signataires de cette convention et les organisations régionales d'intégration économique, dans le sens de son article 1er alinéa 6, sont soumis à cette convention. L'Union Africaine n'ayant pas signé cette convention, son engagement à travers la définition d'une stratégie reste donc à justifier, bien qu'elle se propose « d'accélérer l'intégration politique et socioéconomique du continent ». Du moins, au terme de l'article 3 d de son acte constitutif, l'UA se donne pour objectif de « promouvoir et défendre les positions africaines communes sur les questions d'intérêts pour le continent et ses peuples. »

[333] Stratégie africaine sur les changements climatiques, AMCEN-15-REF-11, mai 2014, p. 24.

[334]ibid, p. 21.

[335] Les changements climatiques sont au cœur de nombreuses stratégies tant aux plans mondial, sous régional et national. Au plan mondial, on cite le GIEC, le régime international du climat structuré autour de la CCNUCC, le protocole de Kyoto, et l'Accord de Paris sur les changements climatiques, auxquels on pourrait associer les plans d'action de Bali, et de Nairobi…au plan régional, on cite la Conférence ministérielle africaine sur les changements climatiques (CMAE), le cadre des programmes en matière de changement climatique pour l'Afrique Australe et l'Afrique du Nord, la politique sur les changements climatiques de l'Afrique de l'Est… Tout récemment, dans le contexte de la négociation de l'Accord de Paris, plusieurs États africains ont également adopté des stratégies sur les changements climatiques.

[336] Le couvert forestier de l'Afrique s'élève à plus de 200.000 Km2 selon les statistiques du CAFI. Voir https://pfbc-cbfp.org/actualites/items/CAFI-declaration.html, consulté le 18/06/2018.

paradoxalement, c'est le continent le plus vulnérable aux changements climatiques[337]. La forte dépendance de ses nombreux secteurs d'activité au climat expose les systèmes économiques de ses États membres à des conséquences sociales désastreuses[338]. Cette vulnérabilité est d'autant plus accentuée par de nombreuses crises économiques, sociales et sécuritaires, qui rendent son adaptation à cette menace plus laborieuse, au moment où l'on assiste au renouvellement des discours sur l'urgence du développement du continent noir. L'option d'une stratégie climatique fondée sur le développement de l'Afrique se trouve donc justifiée, si l'on s'en tient uniquement aux ressources financières et technologiques dont sont porteurs les mécanismes internationaux en la matière[339].

Toutefois, aussi astucieuse que puisse être l'idée d'une gestion du spectre climatique par le développement de l'Afrique, elle met en relief une série d'incongruités qui traduisent la difficulté de l'entreprise. En première ligne de ces incongruités, la complexité de la menace climatique. En effet, les changements climatiques sont des perturbations des cycles climatiques d'origine plus ou moins anthropique, qui réchauffent la planète. Ils constituent une forme de déséquilibre écologique qui met en perspective un problème majeur : celui de la difficulté, voire l'impossibilité de déterminer le niveau de GES présents dans l'atmosphère, afin d'adopter des mesures nécessaires à la stabilisation du climat. La difficulté de déterminer une telle variable confine de manière inéluctable la lutte contre la menace climatique dans l'incertitude.

De même, en fondant la lutte contre les changements climatiques sur le développement de l'Afrique, la stratégie de l'UA semble avoir fait du développement de l'Afrique, la finalité des mesures de lutte contre les

337 Cette vulnérabilité peut être perçue dans certains chiffres. Au Kenya par exemple, les effets globaux de la sécheresse, au cours de la période 2008-2011, ont été estimés à 968,6 milliards Ksh (12,1 milliards de dollars EU). Sur ce montant, 64,4 milliards Ksh (805,6 millions de dollars EU) pour la destruction de biens matériels et durables, et 904,1 milliards Ksh (11,3 milliards de dollars) pour les pertes dans les flux de l'économie dans tous les secteurs. En Ouganda, la valeur des dommages et pertes causés par la baisse des précipitations, durant la période 2010-2011, a été estimée à 2,8 billions de shillings soit 1,2 milliard de dollars EU. Ce montant équivalait 7,5 pour cent du produit intérieur brut du pays (PIB) en 2010. Source : https://www.gfdrr.org/gfdrr/PDNA.

338 Au Djibouti, les pertes économiques causées par la sécheresse, au cours de la période 2008-2011, étaient équivalentes à une moyenne de 3,9% par an du PIB et le total des besoins identifiés pour pallier à la sécheresse et à l'atténuation d'autres risques pour les 5 prochaines années s'élevaient à 318 millions de dollars EU. Au cours de la même période, la majeure partie des dommages et pertes, s'élevant à plus de 96 millions de dollars EU, ont été dans les secteurs de l'agriculture, l'élevage, l'eau et l'assainissement. Au cours des 4 années de sécheresse, 100% des puits traditionnels et 80% des puits communautaires ont été temporairement ou définitivement hors d'usage en raison de la pénurie d'eau ou de la qualité médiocre de l'eau due à un taux de salinité croissant et d'autres types de contaminations des aquifères. Source : https://www.gfdrr.org/gfdrr/PDNA.

339 Voir la CCNUCC.

changements climatiques. Comme le souligne le document y relatif, « *l'objectif de cette stratégie est de permettre au continent d'atteindre un développement socioéconomique en faveur du climat* »[340]. Dans ce contexte, la stratégie de l'UA, en tant qu'art de coordonner, d'harmoniser les actions en vue d'atteindre un but, ne semble pas encore suffisamment constituée pour prétendre conduire à la stabilisation du climat. Il est, semble-t-il, davantage question d'une stratégie climatique pour le développement de l'Afrique que d'une stratégie africaine sur les changements climatiques. Par ailleurs, le développement de l'Afrique semble encore prisonnier des aspérités fonctionnelles et institutionnelles tant de l'organisation panafricaine que de la situation socioéconomique de ses États membres.

Enfin, la forte dépendance occidentale de la stratégie africaine contre les changements climatiques reste aussi un obstacle non négligeable à la réalisation de cet objectif. La stratégie africaine dépend en effet de la réalisation des engagements des pays occidentaux dans le cadre de la mise en œuvre de la convention-cadre des Nations Unies sur les changements climatiques. Ces engagements qui gravitent autour du transfert technologique et financier des pays du Nord vers les pays du Sud, conformément au principe de la responsabilité commune, mais différenciée, constituent à n'en point douter l'un des aspects les plus clivants du régime climat, au regard non seulement de l'insuffisance des fonds alloués, mais encore de la qualité des technologies transférées[341]. Dans le même sens, l'ascendance axiologique de l'occident au sein de la stratégie africaine de lutte contre les changements climatiques atténue-t-elle aussi son autonomie dans ce domaine.

Aussi, compte tenu de ce qui précède, le présent papier se propose d'évaluer la capacité de l'organisation panafricaine à faire face à une menace aussi globale que les changements climatiques, en s'interrogeant sur la viabilité de sa stratégie. Il mettra notamment en exergue la frilosité de cette stratégie à travers l'étude des documents y afférents, sur la base d'une méthode pluridisciplinaire. La faible viabilité de cette stratégie est ainsi déclinée autour d'une double orientation : dans la première, son caractère fort ambitieux, bien que de bon augure, manifeste néanmoins la complexité de la démarche. La seconde partie traduit quant à elle, l'irréalisme de la stratégie, à travers sa forte dépendance à l'occident, ce qui de toute évidence rend nécessaire l'urgence d'une stratégie fondée sur les spécificités de l'Afrique.

---

340 La stratégie africaine sur les changements climatiques, op. cit., p. 23

341 André Meunié, Béatrice Quenault, « Le financement international du développement durable : la mobilisation contre les changements climatiques », Revue Tiers Monde 2007/4 (n° 192), p. 853-869. Voir notamment, la page 856 et svt.

I- La garantie climatique du développement de l'Afrique : une stratégie climatique panafricaine aux contours ambitieux

Pour prémunir les États africains des affres des changements climatiques, les rédacteurs de la stratégie africaine, au-delà du souci manifeste de parler d'une même voix autour d'une plateforme commune, proposent un schéma d'action non des moins ambitieux : développer l'Afrique à partir du climat selon une formule, qui consisterait d'une part, à acclimater la norme climatique internationale au développement de l'Afrique et d'autre part, à adapter le système de l'organisation panafricaine aux réalités des changements climatiques. Cette démarche aboutie finalement à l'adoption de 47 objectifs auxquels sont associées des actions dont la diversité et l'ambiguïté rendent quelque peu sceptique sur l'éventualité d'un succès.

A- L'adaptation de la norme climatique internationale au développement de l'Afrique

Le développement de l'Afrique dans le cadre de la stratégie africaine du climat repose sur une implémentation préalable de la norme climatique internationale. Il s'agit prioritairement de polariser les mécanismes financiers de la norme climatique vers l'amélioration des conditions de vie des peuples, le perfectionnement du tissu économique, et relativement, d'atténuer la teneur en carbone des économies africaines.

1- La polarisation des mécanismes financiers du régime climat vers le développement de l'Afrique

Le financement du développement dans la stratégie africaine du climat se fonde sur l'optimisation des fonds alloués aux pays en développement pour l'adaptation et l'atténuation des effets des changements climatiques. À ces mécanismes, la stratégie associe des mesures d'accompagnements tels que l'intégration des préoccupations climatiques dans les projets et programmes économiques, le renforcement des capacités et la protection des personnes vulnérables.

En effet, conformément à la convention-cadre des Nations Unies sur les changements climatiques, les pays développés sont tenus d'apporter une aide financière au pays en voie de développement dans le cadre de la mise en œuvre du principe de la responsabilité commune, mais différenciée[342]. Pour l'Afrique, les financements liés à l'adaptation sont une priorité pour la mise en œuvre des programmes et projets liés aux changements climatiques afin

[342] Voir les dispositions pertinentes de la CCNUCC, notamment l'article 4 al.3, 4 et 5.

d'atteindre les objectifs de développement, y compris les ODD[343]. En clair, dans l'optique de réaliser ses ambitions de développement, l'affectation des ressources liées à l'adaptation devrait contribuer à la réalisation des objectifs de développement. Aussi, face aux difficultés liées au transfert des fonds y afférents, les rédacteurs de la stratégie africaine ont-ils proposé plusieurs mesures en vue d'en faciliter l'accès[344].

Au-delà de faciliter l'accès aux ressources financières en vue du développement de l'Afrique, l'adaptation aux changements climatiques a aussi été conditionnée par l'intégration des impératifs climatiques au sein des programmes et projets de développement, la promotion d'une éducation verte et l'urgence d'une coopération internationale. Selon ce rapport, la vulnérabilité des secteurs d'activité qui composent l'économie africaine fragilise le développement. L'urgence d'une planification de ces secteurs en fonction des exigences climatiques est donc perçue comme une aubaine pour la renaissance du développement africain[345].

La maitrise des financements au titre du mécanisme pour un développement propre et la facilitation de l'accès au marché de carbone constituent également les piliers sur lesquels l'UA devrait s'appuyer pour financer le développement de l'Afrique, nécessaire à une gestion écologique du climat. Comme le souligne en effet le document précité, « *l'Afrique peut jouer un rôle efficace dans l'engagement des pays développés à atténuer en utilisant plusieurs instruments basés sur le marché tels que le Mécanisme de développement propre (MDP) et les programmes d'échange d'émissions* »[346]. Il s'agit des mécanismes incitatifs du régime climat dont la fonction à terme est de compenser les coûts de l'engagement des pays en développement dans le cadre de la lutte contre les changements climatiques[347].

À ces mesures, il est préconisé de renforcer les capacités des pays africains, et d'intégrer les personnes vulnérables dans les processus de développement si l'on veut efficacement tirer avantage des opportunités financières qu'offre la lutte contre le réchauffement de la planète[348]. Telles sont de manière générale, les mesures proposées par les rédacteurs de la stratégie africaine sur le climat pour réaliser le développement de l'Afrique.

Toutefois, le développement de l'Afrique dans la perspective de la stratégie climatique africaine doit être porté vers la maitrise des externalités qui accentuent le réchauffement de la planète. C'est dans cette optique que le

---

343 La stratégie africaine sur les changements climatiques, AMCEN-15-REF-11, mai 2014, p.28.

344 *Ibid.* p.29.

345 *Ibid.* p.36 et suiv.

346 La stratégie africaine sur les changements climatiques, op. cit., p. 44

347 Ce mécanisme est encadré à l'article 12 du protocole de Kyoto de 1998.

348 *Idem.*

verdissement du développement ainsi décliné, s'impose, bien que relativement dans la stratégie africaine[349].

2- La décarbonisation des économies africaines, un préalable à un développement respectueux du climat

La forte teneur en carbone des activités économiques dans les pays industrialisés avant les années 1990, explique en partie l'agressivité des phénomènes climatiques actuels. Conscients des conséquences climatiques d'une telle négligence, les rédacteurs de la stratégie africaine sur les changements climatiques, malgré l'urgence du développement de l'Afrique et son irresponsabilité historique sur les problèmes du climat, estiment nécessaire d'intégrer les aspects liés à l'atténuation, conformément à la convention-cadre des Nations Unies sur les changements climatiques. Concrètement, il s'agit de diminuer la teneur en carbone du développement, à travers le recours aux technologies écologiques, la promotion des métiers verts, le financement des projets de renforcement des puits de carbone…

Dans le sillage de cette ambition, la stratégie africaine entend mettre l'accent sur l'efficacité technologique. Depuis Cancun, la nécessité d'accélérer le transfert de technologie a donné lieu à une approche nouvelle des mécanismes y afférents, essentiellement articulés autour de deux exigences : l'accompagnement de « *toutes les activités de développement et de transfert de technologies* » par des «*activités de renforcement de capacités* » ; et la fondation du mécanisme de transfert « *sur les institutions technologiques nationales/régionales, ou des agences de l'innovation, et le renforcement de la recherche dans le domaine public* »[350].

En dehors des mécanismes technologiques, la décarbonisation des économies africaines devrait également s'appuyer sur la promotion des métiers verts. Cette génération nouvelle de métiers, moins énergivores et moins polluants, devrait néanmoins s'adosser sur un programme de société comme l'économie verte, pour concilier les impératifs de développement avec les exigences des changements climatiques. Popularisée dans le cadre de la déclaration Rio+20, l'économie verte est perçue comme un instrument de réalisation du développement durable. Selon cette déclaration, « *la réalisation d'une économie verte dans le contexte du développement durable et de l'élimination de la pauvreté est un des moyens précieux dont nous disposons pour parvenir au développement durable qui peut offrir des solutions pour l'élaboration des politiques sans pour autant constituer une réglementation rigide* »[351]. Au cœur des nombreux objectifs qu'elle s'assigne, l'élimination

[349] La stratégie africaine sur les changements climatiques ne considère pas l'atténuation comme une priorité.
[350] Stratégie africaine sur les changements climatiques, op.cit., p. 33
[351] Déclaration de Rio sur le développement durable, paragraphe 56.

de la pauvreté et la croissance économique durable, l'amélioration de l'intégration sociale et le bien-être de l'humanité, la création des possibilités d'emploi et de travail décent pour tous, tout en préservant le bon fonctionnement des écosystèmes de la planète. L'affectation climatique de l'économie verte dans le cadre de la stratégie climatique africaine se justifie ainsi, par la forte dépendance des différents secteurs des économies africaines aux ressources naturelles, qui rendent urgente leur écologisation, afin d'améliorer les conditions de vie des peuples et la résilience climatique dans le contexte de la mise en œuvre des ODD[352].

Ces mesures doivent-elles aussi s'appliquer parallèlement au renforcement des puits de carbone conformément au régime climat? En la matière, le mécanisme pour un développement propre et l'application conjointe devraient être mobilisés pour mieux lutter contre la déforestation dans le cadre de la mise en œuvre du mécanisme REDD+[353].

Au demeurant, la stratégie africaine, bien qu'orienter vers le développement, affiche un souci pour l'environnement sans lequel, les objectifs climatiques seraient vains. Sans substantiellement s'y appesantir, elle conditionne le succès de cette démarche à l'acclimatation de l'organisation panafricaine aux enjeux climatiques.

B- L'acclimatation du système organisationnel panafricain aux défis des changements climatiques

L'avènement des changements climatiques en Afrique, au sein d'un univers organique préconstitué comme celui de l'UA, met en évidence la nécessité d'adapter son système organisationnel aux complexes préoccupations climatiques. D'une part, l'ouverture de l'UA aux problèmes climatiques a suscité l'évolution de l'organisation vers des champs d'action qui transcendent son champ de compétence habituel. D'autre part, la mise en œuvre de cette stratégie a-t-elle aussi mis en relief le besoin de mécanismes adaptés à la menace?

1- La reconfiguration climatique des champs d'action de l'UA

La lutte contre le réchauffement climatique, dans l'esprit des rédacteurs de la stratégie africaine en la matière, est une problématique qui interpelle l'UA, sur l'urgence d'une reconfiguration de ses champs d'action, pour prendre en compte la complexité de cette menace. En effet, étant donné que la grille de

---

352 Stratégie africaine sur les changements climatiques, op.cit. p.33.

353 REDD+ est un mécanisme initié par un groupe de pays tropicaux, dans le cadre des négociations de la CCNUCC en 2005, en vue de réduire les émissions provenant de la déforestation. De manière globale, ce mécanisme intègre la conservation des forêts, leur gestion durable ainsi que l'accroissement des stocks de carbone forestier. Sur la question voir, interaction FLEGT-REDD+, note d'information n°2, janvier 2011.

compétence de l'UA, comme déclinée dans son acte constitutif ne semble pas tenir compte de la transversalité de la menace climatique, il paraissait utile dans le cadre de cette stratégie, d'intégrer de nouveaux champs d'intervention dans la démarche de l'organisation panafricaine. Fort de cet impératif, les rédacteurs de la stratégie africaine sur les changements climatiques ont défini une vingtaine d'actions stratégiques à mener dans cette perspective, dans de multiples domaines. Il s'agit pour l'essentiel, des domaines ayant trait à la science et l'éducation[354], l'industrie et l'énergie, les ressources naturelles[355], les activités économiques et la gestion des risques[356], auxquels s'ajoutent des questions dites transversales[357]. Chacun de ces champs d'action fait l'objet d'une série d'objectifs auxquels sont associées des actions en rapport avec le souci de juguler la menace climatique. Dans cette perspective, l'orientation de ladite stratégie se fonde-t-elle sur un ensemble d'objectifs et d'actions dont la synthèse tend à soutenir que : la promotion d'une science et d'une éducation sur le climat au sein de l'UA, dans un contexte économique tourné vers l'utilisation optimale des ressources naturelles et d'une maitrise énergétique, pourrait contribuer à une maitrise du climat. En clair, l'UA devrait se déployer vers ces nouveaux champs, y définir des politiques adéquates pour aborder avec sérénité l'épineux problème du climat.

Néanmoins, l'économie d'une adaptation du système de l'UA aux changements climatiques ne saurait se limiter aux éléments précédents. Elle se poursuit dans le champ de la mise en œuvre.

2- L'ajustement climatique des mécanismes de mise en œuvre de l'UA

La stratégie africaine sur le climat n'est pas auto exécutoire. Son implémentation nécessite aussi des outils forgés à la hauteur de la menace. Dans l'optique d'une gestion optimale du spectre climatique, la stratégie africaine sur les changements climatiques repose sur un ensemble d'institutions créées ou adaptées pour la circonstance. Certaines mesures ont aussi été prévues afin d'en assurer le respect et le suivi.

Ainsi, les institutions qui concourent à la mise en œuvre de la stratégie peuvent être classées en trois groupes. Dans le premier, essentiellement

---

354 Cette rubrique peut intégrer des thématiques telles que la science et les changements climatiques, les services d'informations climatiques, changements technologiques, voir la stratégie africaine sur le climat.

355 On y retrouve la biodiversité et les écosystèmes, les ressources en eau, les ressources marines et côtières ainsi que les forêts.

356 Les actions ciblées concernent la réduction des risques et catastrophes, la gestion durable des terres l'agriculture et la sécurité alimentaire, la santé le tourisme, le commerce, le transport et la gestion des déchets…

357 Elles portent sur la protection des jeunes, des femmes, des personnes et groupes défavorisés contre les changements climatiques. La paix et la sécurité ainsi que la situation des petits États insulaires en développement y sont aussi abordées.

constitué d'institutions de coordination, on peut citer : la Conférence Ministérielle Africaine sur l'Environnement (CMAE), créée en 1985 lorsque les ministres africains se sont réunis en Égypte pour adopter le Programme du Caire pour la coopération africaine. La Conférence est convoquée tous les deux ans[358]. En 2009, en rapport avec les changements climatiques, elle sera chargée de : « *(i) mettre en œuvre le processus du continent pour atteindre une position de négociation commune sur un régime de changement climatique international au-delà de 2012;(ii) fournir une plateforme pour débattre et s'entendre sur une vision commune et une position commune de l'Afrique pour lutter contre le changement climatique et parvenir à un développement durable sur le continent ;(iii) s'engager avec le reste de la communauté internationale à trouver des solutions pour relever les défis posés par le changement climatique; et(iv) mettre en place un cadre global des programmes africains sur les changements climatiques*»[359] ;

La Conférence des Chefs d'État et de gouvernement sur les changements climatiques (CAHOSCC), créée en 2009, son rôle est « *d'accorder la plus grande attention politique aux enjeux du changement climatique sur le continent, en particulier pour permettre au continent d'avoir une position commune et parler d'une seule voix sur les questions du changement climatique sur le continent* »[360] ; on pourrait aussi citer la Conférence ministérielle africaine sur la météorologie (AMCOMET) dont le but est « *de promouvoir la coopération politique et rationaliser les politiques panafricaines inspirées par la science à tous les niveaux* »[361].

Le deuxième groupe d'institutions peut être classé dans la catégorie d'institutions dites techniques. Il s'agit principalement des Centres Climatologiques africains, de la Surveillance de l'environnement pour la sécurité en Afrique (MESA) et de la Prévention de risques climatiques en Afrique (ARC) -Agence spécialisée de la Commission de l'Union africaine. Les Centres Climatologiques africains ont vocation à « *servir comme centres climatologiques régionaux (CCR) de l'OMM pour l'Afrique pour la révision à la baisse des produits du Système mondial de centres de production (centres mondiaux de production) dans les domaines spécifiques régionaux de développement* »[362]. La Surveillance de l'Environnement pour la Sécurité en Afrique, créée en 2013, « *doit fournir des informations appropriées sur*

---

[358] Voir la stratégie africaine sur les changements climatiques, *op. cit.* p. 27.
[359] *Idem.*
[360] *Idem.*
[361] *Idem.*
[362] Les quatre principaux centres liés au climat en Afrique sont les Centres africains pour les applications de la météorologie pour le développement (ACMAD), de l'agrométéorologie et le Centre régional d'hydrologie (AGRHYMET), la prévision climatique de l'IGAD et le Centre de demande (ICPAC) et le Centre de prévision climatique de la SADC anciennement appelé Centre de suivi de la sécheresse (DMC), voir le document de la stratégie africaine. *Ibid.*

l'environnement en utilisant des technologies d'observation de la Terre (OT) et de la technologie d'information et de communication »[363], pour soutenir les pays de l'IGAD à améliorer la gestion de leurs ressources naturelles. Enfin, l'ARC a été créée en 2014, en vue de compléter les activités de prévention des catastrophes nationale, régionale, continentale existantes et les initiatives d'adaptation aux changements climatiques. Selon le document précité, « *Il s'agit d'un régime d'assurance contre les intempéries extrêmes visant à aider les États membres à résister et à se remettre des ravages de la sécheresse* »[364].

Quant au troisième groupe, il regroupe des institutions qui ont des objectifs à caractère technique et financier. Il s'agit principalement de la Commission économique des Nations Unies pour l'Afrique (UNECA), de la Commission de l'Union africaine (CUA) et de la Banque Africaine de Développement (BAD). Depuis 2011, les trois institutions à travers le Climat pour le développement en Afrique (ClimDev Afrique) s'efforcent conjointement de: (i) construire une science solide et des infrastructures d'observation; (ii) permettre des partenariats de travail solides entre les institutions gouvernementales, le secteur privé, la société civile et les communautés vulnérables; et (iii) créer et renforcer des capacités pour soutenir et intégrer les objectifs de ClimDEV dans des programmes de développement[365].

En marge de ces mesures d'ordre institutionnel, la stratégie prévoit la mise en place d'un mécanisme de suivi, évaluation et établissement de rapport auquel s'ajoute un mécanisme de comptabilité des ressources naturelles en vue d'une maitrise du climat. Selon les objectifs de ces différents mécanismes, il convient d'une part, d'« *assurer la mise en place et l'opérationnalisation systématique d'un système de comptabilité des ressources naturelles robuste fonctionnelle* », et d'autre part, de « *Mettre en place un cadre standard de suivi, d'évaluation et d'élaboration des rapports relatifs au changement climatique* ».

Au demeurant, l'idée d'une garantie africaine du climat par le développement, par son ambition fortement marquée séduit et suscite de l'optimisme quant à sa réalisation, dans une certaine mesure. Mais, cette forte ambition masque presque mal sa complexité et rend quasiment sceptique sur le réalisme de cette stratégie.

---

363 *Idem.*
364 *Idem.*
365 *Idem.*

II- L'irréalisme de la garantie africaine du climat par le développement : vers une stratégie climatique fondée sur les spécificités africaines

L'idée d'une gestion de la menace climatique par l'écologisation du processus de développement, conformément aux orientations de la stratégie africaine sur le climat est-elle réaliste ? La réponse ne saurait être positive dans l'absolu. Les changements climatiques en tant qu'ils sont une forme de déséquilibre écologique sont au cœur d'une complexité qui perturbe encore des formes de gestion anthropiques fondées sur des approches sociales scientifiques de connotation capitaliste. L'irréalisme de cette stratégie apparait dès lors dans sa difficulté à maintenir l'équilibre climatique par une forme de développement non encore constituée et de surcroit, fortement imprégnée de considérations anthropocentriques. Dès lors, dans le contexte africain, il serait peut-être temps de penser la stratégie africaine du climat à partir des réalités africaines.

A- L'irréalisme de la garantie africaine du climat par le développement

Le réalisme de la stratégie africaine sur les changements climatiques est tributaire de sa capacité à mobiliser le développement comme un instrument de maintien de l'équilibre climatique, à partir non seulement de la cohérence de ses politiques avec le climat, mais encore de la capacité de l'Afrique à impulser le développement en faveur du climat. Or, à l'évidence, le processus de développement que propose cette stratégie, reste fortement orienté vers la protection des intérêts socio-économiques de l'Afrique, que vers la prise en compte véritable du climat. De même, la dépendance occidentale du développement de l'Afrique dans le cadre de cette stratégie, rend encore plus utopique son dessein climatique.

1- L'exacerbation anthropocentrique de la stratégie africaine sur les changements climatiques

L'anthropocentrisme est une tendance qui consiste, depuis Descartes, à mettre l'homme au cœur de la nature au nom de sa maitrise de la science. Cette attitude se caractérise, dans le cadre de la protection de l'environnement, par la mise en perspective des intérêts sociaux dans les conventions environnementales, à travers, la reconnaissance de droit réel à caractère exorbitant, aux sujets de droit, sur des ressources naturelles parfois en état de dégradation, soit par la transposition des approches sociales dans les gestions des problèmes environnementaux[366]. L'exacerbation de cette tendance au sein de la stratégie africaine du climat est marquée par la mobilisation de techniques sociales de type capitaliste dans la gestion de la crise climatique, et la prééminence des intérêts sociaux économiques des États africains.

Sur le premier point, il est utile de rappeler la nature capitaliste de la stratégie africaine à travers sa focalisation sur une approche financière. Que ce soit sur le plan de l'adaptation ou de l'atténuation, la protection du climat tourne autour des financements. Certes, la lutte contre les changements climatiques est au centre d'énormes besoins financiers, mais cela ne signifie pour autant pas que le financement, du moins tel qu'il est perçu dans cette stratégie, soit une solution viable au problème du climat. En effet, l'adaptation aux changements climatiques nécessite des transferts financiers dans l'optique de diminuer les effets sociaux économiques liés à cette menace. Toutefois, l'impact réel de ce mécanisme sur le climat reste quasiment nul, puisque l'affectation de ces fonds reste liée à la gestion des problèmes socio-économiques générés par la menace climatique. En science économique, la théorie du second dividende a relativisé l'impact environnemental des mesures sociales financées, en compensation de l'exploitation d'une ressource conformément au principe pollueur-payeur[367]. En clair, le financement lié à l'adaptation participerait essentiellement de la gestion des problèmes socioéconomiques relatifs aux changements climatiques.

Quant à l'atténuation dont la finalité est de renforcer la résilience climatique à travers le renforcement des puits de carbone, - par des mécanismes tels que le recours aux technologies vertes, les mécanismes d'application conjointe ou celui relatif au développement propre – son apport sur la gestion durable du climat reste-t-elle aussi problématique dans le cadre de la stratégie africaine? L'atténuation se fonde sur la théorie du premier dividende qui sous-tend que les compensations financières obtenues dans le cadre de l'exploitation d'une ressource environnementale, soient réinvesties dans des projets relatifs à la protection de l'environnement[368]. Cependant, il parait encore difficile d'attester de l'efficacité climatique de ces mécanismes pour un certain nombre de raisons :

D'une part, dans le cadre de la stratégie africaine inspirée du régime climatique international, les efforts d'atténuation effectués peuvent être contrebalancés par l'acquisition des droits de polluer dans le cadre du marché de carbone, conformément aux dispositions pertinentes de la CCNUCC. De

---

[366] Mbida Elono Thomas d'Aquin, *La norme juridique environnementale. Réflexions sur l'efficacité de la protection juridique de l'environnement, thèse de doctorat soutenue à l'université de Yaoundé II. 2017, 696 pages.*

[367] Chiroleu-Assouline Mireille, « Le double dividende. Les approches théoriques ». In: Revue Française d'Économie. Volume 16 N°2, 2001. pp. 119-147.

[368] *Idem.*

plus, la question de l'impact des technologies vertes sur le climat reste encore entière, si on s'en tient aux limitations dont elles font encore l'objet, en ce qui concerne leurs qualités, leurs quantités et le problème de leur appropriation.

D'autre part, les processus d'atténuation sont fortement plombés par la discordance entre les rythmes sociaux de développement et les rythmes écologiques. Pour s'en convaincre, rappelons que le rythme de consommation d'une ressource est plus rapide que celui de sa constitution. Un arbre qui fait pratiquement 15 à 50 ans pour satisfaire efficacement certains services écologiques peut être coupé en moins de 2 h pour répondre à un besoin ponctuel de quelques jours. Ce schéma est reproduit dans le cadre de la stratégie africaine du climat et même du régime juridique international du climat. Il s'agit, dans le cadre de l'atténuation pour les pays ayant investi dans un projet relatif à la lutte contre le réchauffement du climat, de bénéficier des crédits de carbone, alors même que les projets de reforestation qui font souvent l'objet de financement pour la plupart, et qui leur confèrent de tels droits, ne peuvent encore supporter les externalités générées par leurs activités économiques. Dans ce contexte, il est difficile de se convaincre sur l'efficacité climatique d'une telle stratégie.

Sur le second point, l'affirmation des intérêts africains au sein du régime climat démontre à suffisance que la priorité n'est pas la maitrise du climat, mais plutôt son développement. On n'en voudra pas à l'Afrique de se développer, c'est le prétexte qu'elle prend à cette fin qui fait problème. Les changements climatiques sont en fait traités comme une opportunité pour le développement, un moyen de réalisation des ODD, de résolution des problèmes de pauvreté…au point où des initiatives proprement liées à la maitrise du climat sont traitées de manière conditionnelle[369].

In fine, la fondation capitaliste de la lutte contre les changements climatiques affaiblit l'aspect climatique de la stratégie africaine. Sa vocation climatique se trouve finalement dénuée de toute objectivité au regard de sa dépendance occidentale.

2- La dépendance occidentale de la stratégie africaine du climat

Le second argument qui conforte l'irréalisme de la stratégie africaine du climat tient sans doute à sa dépendance occidentale, tant aux plans axiologique, financier que technologique[370]. Il est en effet difficile de faire

---

369 Tcheuwa Jean-Claude, « La conditionnalité environnementale », in, La conditionnalité dans la coopération internationale, Colloque De Yaoundé, CEDIC 2004.

370 Sur la question de la dépendance des stratégies africaines sur l'environnement, voir Kenfack Jean, « l'influence de l'Occident dans définition des normes et du développement durable en Afrique », Revue Camerounaise d'Études Internationales, 1er semestre 2007, pp. 203-222 ; Géraldine Froger, Fano Andriamahefazafy « Les stratégies environnementales des organisations internationales dans les pays en développement : continuité ou ruptures ? », Mondes en développement 2003/4 (no124), p. 49-76.

reposer le succès de la stratégie africaine du climat sur une forme de développement maitrisée de bout en bout par l'occident. Certes, l'occident doit-il être aux premières loges dans la lutte contre les changements climatiques, compte tenu de sa responsabilité historique, mais, ne doit significativement influer la stratégie africaine en raison de sa spécificité. La prééminence de l'occident dans l'opérationnalisation de la stratégie africaine sur le climat rend difficile sa concrétisation.

Ainsi, au plan axiologique, la stratégie africaine puise dans la stratégie globale sur les changements climatiques, les valeurs libérales qui donnent un ancrage important au capitalisme. Il suffit dans cette perspective de se référer aux différents mécanismes qu'elle propose pour se convaincre de la centralité de l'approche quasi marchande qui la caractérise[371].

Au plan financier, la dépendance est aussi flagrante. La lutte contre les changements climatiques en Afrique doit être financée par les pays développés selon les stratégies incitatives telles que celles prévues par la CCNUCC, ou encore par des transferts réels effectués par ces pays. Si cette approche semble équitable, du fait de la prise en compte de l'irresponsabilité de l'Afrique, elle est cependant conditionnelle. Elle conditionne la protection du climat au volume des fonds transférés par les pays du Nord. Dans ces conditions, le développement, base de la stratégie africaine sur le climat, prend la forme d'une quête dont l'occident détient la clé de l'énigme.

Sur le plan technologique, la stratégie africaine conditionne aussi l'opérationnalisation de la lutte contre les changements climatiques à l'effectivité du transfert des technologies par les pays occidentaux. C'est à l'occident qu'il revient de choisir la technologie nécessaire à la gestion du climat en Afrique. Tant que les technologies nécessaires ne sont pas transférées, l'irresponsabilité de l'Afrique demeure dans la lutte contre cette menace globale. C'est aussi à l'occident de collecter et diffuser les données relatives aux changements climatiques au regard de leur avance technologique sur l'Afrique, avec des risques de manipulations des données à des fins stratégiques.

Au demeurant, en mettant de côté les difficultés structurelles et fonctionnelles de l'UA, la stratégie africaine sur le climat pèche par son anthropocentrisme et la dépendance occidentale de ses moyens de mise en œuvre. Aussi parait-il nécessaire de faire reposer la stratégie climatique sur les spécificités africaines.

---

[371] Ce caractère marchand se déduit amplement de la nature des instruments financiers qui concourent à la gestion du climat au sein de cette stratégie africaine.

B- Vers une stratégie climatique fondée sur les spécificités africaines

L'Afrique bénéficie de deux atouts majeurs qui forgent sa réputation de second poumon écologique de la planète : il s'agit de l'importance de ses forêts et de la faible teneur en carbone de ses économies. À ces deux traits caractéristiques, il faudrait ajouter son besoin de développement et la fragile solidarité de ses États au sein de l'UA. Sur la base de ces traits caractéristiques, il serait possible d'envisager un affinement de la stratégie africaine, dans un sens qui tiendrait compte du climat et du développement de l'Afrique. Pour y parvenir, il conviendra de renforcer le potentiel forestier de l'Afrique par sa décapitalisation et sa communautarisation en autonomisant, autant que faire se pourrait, ses mécanismes de financement.

1- La décapitalisation et la communautarisation de la gestion des forêts africaines

Décapitaliser et communautariser la gestion des forêts africaines est un impératif catégorique si l'Afrique veut tirer avantage des changements climatiques, tant du point de vue de la protection de son environnement que de son développement. L'idée est nourrie par le constat effectué plus haut en vertu duquel, l'atténuation des changements climatiques est plombée par la gestion capitaliste des forêts, dans le cadre de la mise en œuvre des mécanismes d'atténuation prévus par la CCNUCC, au mépris des rythmes écologiques. La démarche serait donc, de limiter l'impact négatif des mécanismes financiers dans le renforcement des puits de carbone, afin de donner sens à l'ambition africaine de gestion écologique du climat.

Dans ce sillage, étant donné d'une part que le potentiel forestier africain ne semble pas encore suffisamment entamé, et que d'autre part, les mécanismes d'atténuation concourent à sa destruction par des droits qu'ils confèrent à ses initiateurs, avant même la maturité écologique des projets financés[372], il serait de bon aloi de suspendre ces mécanismes incitatifs, pour limiter l'impact négatif des droits qu'ils créent au profit des particuliers. Cette gestion libérale des forêts, qui encourage une gestion privative d'un bien collectif, ne saurait donner lieu au respect des intérêts de l'humanité, d'où l'urgence d'une gestion communautaire.

La gestion communautaire des forêts africaines se justifie par l'urgence de limiter les dérives capitalistes relevées plus haut, mais encore plus, par le souci

[372] On rappelle que les projets destinés à amortir l'impact négatif de l'exploitation forestière tels que les projets de reboisement ne sont pas souvent aptes à prendre la relève des forêts détruites, pour assurer les services écologiques que ces dernières assuraient. Il se crée donc souvent un écart considérable, entre le moment de destruction et celui de reconstitution du couvert forestier, laissant ainsi libre cours à l'aggravation des effets des changements climatiques.

de renforcer la résilience climatique des forêts africaines. Le statut de second poumon écologique de la planète qu'on reconnait aux forêts africaines devrait en effet participer à renforcer la solidarité des peuples africains sur la question climatique, mais aussi impulser une dynamique globale sur la gestion planétaire des forêts africaines, dès lors qu'elles constituent le patrimoine de l'Afrique et qu'elles s'intègrent dans le patrimoine forestier planétaire.

Ce processus de communautarisation pourrait s'appuyer sur un mécanisme institutionnel panafricain dont le rôle serait de définir des politiques de gestion communautaire en harmonie avec le climat. Il pourrait également s'agir, dans une certaine mesure, de définir des politiques de gestion universelle fondée sur le modèle de vente des services écologiques. Selon ce modèle, les citoyens des pays développés, pourraient au nom de la solidarité écologique, financer le climat en se portant acquéreur symbolique de droits spécifiques sur les forêts africaines, ou en instaurant une taxe volontaire de solidarité climatique en vertu de laquelle, chaque citoyen du monde financerait le coût du maintien des forêts africaines pour le bien de l'humanité. Au regard des conditionnalités qui jalonnent le financement des politiques environnementales, il serait peut-être utile d'explorer les avenues d'une gestion globalement participative de l'environnement, sur le fondement de la solidarité écologique. Ces modes de financement sans contrepartie sur les ressources naturelles pourraient permettre un renforcement optimal des puits de carbone.

2- L'autonomisation de la stratégie africaine du climat

La dépendance occidentale de la stratégie africaine du climat, fut-elle justifiée par la responsabilité historique de l'occident, limite les capacités de l'Afrique à gérer le climat. Pour y remédier, il serait utile de renforcer l'autonomie à la fois de ses mécanismes financiers, et la portée néfaste des entreprises occidentales sur le climat au sein des États africains.

À ce propos, les pays africains pourraient par exemple s'appuyer sur les entreprises occidentales qui œuvrent en Afrique dans divers secteurs, afin de financer aussi bien l'adaptation que l'atténuation relative aux changements climatiques. Il s'agira dans cette perspective, de cibler les entreprises œuvrant dans le domaine des jeux, ou des télécommunications dont le coût exorbitant des services constitue un facteur de pression sur l'environnement en général et du climat en particulier. Alors que ces entreprises ne sont pas souvent considérées comme des entreprises polluantes susceptibles d'être soumises au paiement de taxes environnementales, elles agressent cependant la nature par leurs politiques commerciales qui agissent négativement sur le comportement environnemental des consommateurs. Elles peuvent dès lors constituer d'importantes sources de financement pour la gestion du climat.

La stratégie africaine du climat pourrait aussi s'affranchir de la dépendance financière et technologique de l'occident, bien que de manière limitée, en rationalisant climatiquement les politiques des entreprises, dont les activités peuvent avoir une incidence sur le climat. Il s'agit à cet effet d'envisager des mécanismes de contrôle des politiques commerciales de ces dernières, dans le but de limiter leur impact climatique sur les consommateurs. En guise d'illustration, les entreprises de téléphonie imposent aux consommateurs africains, une gestion rapide de leurs forfaits de communication, au mépris de leur liberté. C'est le cas lorsqu'ayant souscrit à une offre, l'opérateur impose un délai d'utilisation au consommateur, délai au-delà duquel l'offre pourtant intéressante prend fin. Ce type de politique, non encore répertorié comme forme de pollution devrait être maitrisé pour diminuer l'impact des consommateurs sur l'environnement. De même, devrait-on limiter la portée environnementale de certains investissements, lorsque les données disponibles corroboreraient la possibilité qu'ils soient néfastes pour le climat. C'est le cas d'une banque qui finance les activités agricoles. Cette dernière devrait limiter ses investissements dans le temps, dès lors que ses financements sont susceptibles de nuire à l'équilibre naturel. En dernier lieu, il serait temps de tenir compte de la capacité d'une entreprise à restaurer le milieu naturel, dans l'octroi des droits sur la nature, dans le cadre d'une activité susceptible d'impacter les ressources naturelles.

Au demeurant, la stratégie africaine sur les changements climatiques affiche une envergure ambitieuse, au regard des moyens qu'elle propose pour lutter contre ce fléau global. Elle reste néanmoins en marge de l'objectif climatique, en raison non seulement du poids d'une approche libérale, mais davantage en raison de sa forte occidentalisation. Toute chose qui suscite son réaménagement à partir des spécificités africaines.

Éléments de bibliographie

CCNUCC, Stratégie africaine sur les changements climatiques, AMCEN-15-REF-11, mai 2014.

Déclaration de Rio+20 sur le développement durable

André Meunier, Béatrice Quenault, « Le financement international du développement durable : la mobilisation contre les changements climatiques », Revue Tiers Monde 2007/4 (n° 192), p. 853-869.

Mbida Elono Thomas d'Aquin, *La norme juridique environnementale. Réflexions sur l'efficacité de la protection juridique de l'environnement, thèse de doctorat soutenue à l'université de Yaoundé II. 2017, 696 pages.*

Chiroleu-Assouline Mireille, « Le double dividende. Les approches théoriques ». In: Revue Française d'Économie. Volume 16 N°2, 2001. pp. 119-147.

TCHEUWA Jean-Claude, « La conditionnalité environnementale », in, La conditionnalité dans la coopération internationale, Colloque de Yaoundé, CEDIC 2004.

Kenfack Jean, « l'influence de l'occident dans la définition des normes et du développement durable en Afrique », Revue Camerounaise d'Études Internationales, 1er semestre 2007, pp. 203-222 ;

Géraldine Froger, Fano Andriamahefazafy « Les stratégies environnementales des organisations internationales dans les pays en développement : continuité ou ruptures ? », Mondes en développement 2003/4 (no124), p. 49-76.

Les organisations sous régionales africaines et la protection de l'environnement : cas de la CEEAC et de la CEDEAO

Par :

Idriss Martial TCHOUGNA DIBANDOU

Doctorant en Droit public international à l'Université de Douala/Cameroun
Chercheur permanent au CEDIC de l'Université de Yaoundé 2

Résumé

Le présent article envisage de jeter un regard singulier sur la relation qu'entretient la dynamique du droit communautaire avec celle de la protection environnementale. En effet, substantiellement, le questionnement envisagé se propose d'explorer la fécondité sinon la particularité - s'il en est - de l'apport du système normatif issu des organisations régionales sur le terrain de la protection de l'environnement. Ce qui conduira à constater qu'en Afrique centrale tout comme en Afrique de l'Ouest, les organisations régionales n'ont pas vocation originelle à protéger l'environnement. C'est pourquoi la dynamique normative en matière environnementale y est tantôt assez originale, tantôt emprunte de dynamique réitérative. On y observe donc, au plan opérationnel, la prévalence d'une logique de coopération régionale par rapport à la logique communautaire projetée ou supposée. Somme de choses qui tend à minorer l'apport véritable de la construction communautaire à la consolidation de la solidarité des États africains face à l'urgence écologique.

Mots clés : Environnement, régionalisme, droit communautaire

Introduction

Si la justification première de l'avènement des organisations régionales en Afrique a été et reste largement liée à des préoccupations d'ordre économique, il apparait de plus en plus que les regroupements sous régionaux étendent considérablement le champ de leurs compétences. C'est donc à la faveur de l'admission de l'importance des externalités dans toute vision de développement que le régionalisme économique va progressivement s'ouvrir aux préoccupations environnementales. Seulement, avec l'affirmation de la spécificité du droit communautaire par rapport à l'ordre juridique international[373], il est apparu particulièrement stimulant de revisiter les dynamiques normatives du régionalisme à travers le prisme des questions environnementales.

D'ailleurs, en droit international, la création d'une organisation internationale apparait d'abord comme « *une forme de relations internationales susceptible de servir aux buts sociaux les plus divers, toutes les fois que les États ressentent le besoin pour y satisfaire, d'un mode de collaboration plus étroit et plus intense que celui de simples rapports conventionnels* »[374]. Certes, la complexité[375] des manifestations du régionalisme institutionnel invite à des clarifications conceptuelles essentielles, mais outre cette exigence, la précision de notre cadre d'orientation analytique pour mieux souligner la plus –value de l'étude envisagée. Au sens de la présente analyse, le vocable « organisations sous régionale » s'entend d'une « *organisation internationale intergouvernementale regroupant un nombre restreint d'États choisis principalement selon un critère géographique* »[376]. Concernant la protection de l'environnement, elle renvoie à l'« *Ensemble des actions visant à prévenir ou limiter ou éliminer les atteintes à l'environnement voire à assurer la restauration de ce dernier par des moyens juridiques, économiques, éducatifs, etc.* »[377]. On l'aura compris, la protection de l'environnement envisagée ici est une entreprise transversale qui s'appuie certes sur des règles de Droit international, mais seulement en vue de renforcer l'autorité ou mieux l'opposabilité de ses moyens de réalisation. Étant donné la transversalité et

---

373 Spécificité énoncée particulièrement par le juge européen dans l'affaire Van Gend & Loos c/ Administration fiscale néerlandaise rendue le 5 février 1963.

374 **(J- C) TCHEUWA**, *Le siège des organisations internationales : Contribution à l'étude de son statut juridique au regard de la pratique contemporaine,* thèse de Doctorat en droit public, Université Robert SCHUMAN, 1996-1997, p. 14, pp. 465.

375375 Compte tenu notamment, de la confrontation historique entre tendance souverainiste et tendance panafricaniste et fédératrice dans les regroupements régionaux en Afrique.

376 **(Jean) SALMON**, *Dictionnaire de Droit international public*, BRUYLANT, Bruxelles, 2001, 1198p, p. 793

377 **(Jean) SALMON**, *op cit.* , p. 901.

l'interdisciplinarité qu'exige l'analyse des préoccupations environnementales, le recours à un cocktail méthodologique semble aller de soi.

Dès lors, le questionnement se situera au niveau de la particularité de l'implication des organisations sous régionales africaines sur le terrain de la protection de l'environnement. En effet, au sein des espaces CEDEAO et CEEAC, quelle appréhension pouvons-nous faire de l'apport des organisations sous régionales à la protection de l'environnement ?

En présence d'une telle interrogation, il y a lieu d'espérer que l'implication de la CEEAC et de la CEDEAO dans la dynamique de protection de l'environnement se distinguera par l'amorce d'un système communautaire ou régional de protection environnementale à l'effectivité perceptible. Pour autant, la clarté de l'analyse commande qu'une distinction de situations soit faite suivant qu'il s'agit de la CEDEAO ou de la CEEAC. C'est pourquoi, de l'examen de la substance matérielle du cadre normatif de protection et de l'analyse des cadres institutionnels des organisations sous régionales concernées par l'étude, il convient de relever d'une part une contribution matérielle originale dans l'encadrement juridique des préoccupations environnementales (I) et d'autre part, la quête de cohérence et d'effectivité des dispositifs institutionnels régionaux de protection de l'environnement (II).

I- Une contribution matérielle à l'originalité variable dans la reconnaissance juridique des préoccupations environnementales

L'idée suivant laquelle la prise en compte des enjeux environnementaux liés au développement des espaces sous régionaux contribue matériellement d'un aménagement juridique relativement original découle de plusieurs observations. En effet, si en Afrique de l'Ouest on assiste à un aménagement normatif assez global et original, en Afrique centrale c'est plutôt sur les questions relatives à la gestion des ressources forestières que l'effort d'encadrement normatif apparaît avec plus de lisibilité. D'où l'affirmation d'une part, de l'émergence d'un droit communautaire de l'environnement en Afrique de l'Ouest (A) et le constat d'une orientation promotionnelle du cadre normatif de protection de l'environnement en Afrique centrale (B).

A- L'émergence d'un droit communautaire de l'environnement dans l'espace CEDEAO

En dépit de la précocité apparente de l'idée proposée ici, il doit être précisé que dans l'espace CEDEAO, c'est l'exploitation prospective des textes en vigueur[378] dans ce cadre qui constituera le principal matériau de l'analyse ici envisagée. Aussi, importe-t-il de préciser que comparativement à d'autres espaces d'intégration régionale[379], l'Afrique occidentale constitue un terreau fertile à la formulation d'une promesse de construction d'un droit communautaire[380] de l'environnement. Dans cette perspective, il y a lieu de relever d'une part l'esquisse d'une certaine originalité dans la consécration de principes communautaires de protection de l'environnement d'une part et la formulation d'une stratégie régionale de protection de l'environnement d'autre part.

1- Une certaine originalité dans la consécration de principes de protection de l'environnement

Dans l'espace CEDEAO, outre les principes de coopération et d'harmonisation des politiques sectorielles en vue de la réalisation d'un développement harmonieux[381], il y a lieu de noter avec une pointe d'optimisme que cette organisation régionale a décidé de se doter d'une politique environnementale[382]. Laquelle va principalement s'adosser sur des principes[383] spécifiquement transposables aux questions écologiques. Il s'agit du principe de précaution, du principe de prévention, du principe de réitération, du principe d'interdisciplinarité, du principe de traçabilité, du principe de transparence et du principe de renforcement des capacités. Si *a priori*, tous ces principes apparaissent comme des déclinaisons des principes de droit international de l'environnement, il importe de saisir sinon de questionner la singularité de ces principes en rapport avec les questions environnementales en Afrique centrale. C'est pourquoi, seuls les principes témoignant d'une certaine originalité bénéficieront ici d'une attention particulière.

C'est notamment le cas du principe de traçabilité[384], lequel implique fondamentalement que les produits issus de l'exploitation des ressources naturelles doivent être étiquetés ou identifiés de sorte que les autorités et les consommateurs soient aptes à déterminer le trajet suivi par ces derniers. Il s'agit donc là d'une démarche qui participe de la volonté d'impliquer les parties prenantes au processus décisionnel, dans l'exploitation des ressources

---

378 Notamment les protocoles, directives et décisions rendues par les organes décisionnels de la CEDEAO.

379 C'est le cas de l'espace CEEAC et de SADEC qui accusent manifestement un véritable retard en matière 'intégration.

380 Relevons à ce propos que la politique environnementale de la CEDEAO repose sur un acte additionnel au traité de la CEDEAO, et à ce titre fait partie intégrale des supports juridiques du droit communautaire de la CEDEAO.

381 Suivant le traité révisé de la CEDEAO il s'agit de réaliser une Union économique

382 Celle issue de l'Acte additionnel d'Abuja signé le 19 décembre 2008.

383 Article 7.2 de l'Acte additionnel précité.

384 Confère article 7. 2 (7) de l'Acte additionnel précité.

à une prise de conscience écologique. Et précisément de ce que leur mode de production peut être source de dégradation irréversible pour les ressources naturelles. Seulement, ce principe peut être peu efficace, voire improductif, notamment dans l'hypothèse d'un environnement de pauvreté généralisée et de déficit technologique des Hautes parties appelées à le mettre en œuvre.

Le principe de partenariat apparaît comme un outil de clairvoyance et réaliste au service de l'opérationnalité de la protection environnementale. Il faut relever que ce principe implique concrètement que les programmes ou actions de protection de l'environnement doivent se faire en prenant compte des actions parallèles prises par des acteurs nationaux ou internationaux sur les mêmes thématiques. Et ce, en vue d'éviter les doublons et dispersions d'énergies qui participent de l'incohérence et de l'inefficacité dans la gestion des projets ou programmes de développement durable. En effet, il faut noter la présence d'autres acteurs sur le terrain de la protection de l'environnement en Afrique de l'Ouest, notamment le CILLS[385] et l'UEMOA[386]. Il y a donc lieu de coordonner les actions des acteurs multiples et aux agendas variés.

Pour sa part, le principe d'itération s'inscrit dans la démarche d'adaptabilité de la politique environnementale de la CEDEAO. Et ce, à la lumière des évolutions technologiques, des contingences et des incertitudes concernant les menaces environnementales globales et régionales. Il s'ensuit que depuis 2008, la CEDEAO s'est résolument inscrite dans une démarche assez consistante de renforcement du cadre normatif régional de protection de l'environnement.

Concernant le principe d'interdisciplinarité, il constitue substantiellement le principe qui confère à la politique environnementale de la CEDEAO une colonne vertébrale assez originale. Cette originalité se ressentirait d'abord, de ce qu'elle invite les États membres à une ouverture disciplinaire dans l'analyse et la définition des stratégies nationales de protection de l'environnement. Par ailleurs, ce principe implique que le traitement des questions environnementales suggère une approche intersectorielle et donc transversale. Confirmation de l'idée que l'environnement est au-delà de l'abstraction, une réalité humaine[387]. Et à ce titre, couvre bien toutes les activités qui affectent le cadre de vie et la qualité de vie des êtres vivants.

Le principe de renforcement des capacités pour sa part, traduit la nécessité d'inscrire la politique environnementale de la CEDEAO dans la perspective

---

385 Le CILSS constitue le premier cadre technique intergouvernemental en Afrique de l'Ouest à s'être attaqué à une thématique inhérente aux enjeux écologiques. Il s'agit du Comité permanent Inter-Etats de Lutte contre la Sécheresse dans le Sahel créé le 12 septembre 1973 et composé de 13 États membres

386 Union économique et monétaire de l'Afrique de l'Ouest

387 C'est du moins ce que consacre la CIJ dans l'affaire sur la licéité de la menace ou de l'emploi d'armes nucléaires, avis consultatif du 08/07/1996, Rec. 1996, pp. 241-242, § 29.

d'une mise à jour des moyens de réalisation de la protection de l'environnement au sein de chaque État membre. Ce principe est également expressif de la prise en compte des disparités en termes de qualité des ressources humaines et de quantité des ressources financières au sein de la communauté. C'est pourquoi ce principe témoigne de ce que cette politique s'inscrit dans la réalité et sur la longue durée.

L'originalité de ce cadre normatif ne tient certainement pas qu'à ces principes, mais également à la formulation de sa stratégie régionale.

2- Une stratégie régionale ambitieuse de protection de l'environnement

Si classiquement les traités constitutifs des espaces d'intégration économiques en Afrique ne mettent pas l'emphase sur l'environnement dans la formulation des stratégies régionales, il apparait depuis 2008 que la CEDEAO, en plus de la politique commune de l'environnement formulée par l'UEMOA, a entrepris d'ébaucher intégralement une stratégie régionale laquelle pourrait dessiner les linéaments d'un droit communautaire de l'environnement propre à cet espace géographique. Cette stratégie se traduit concrètement par la formulation d'une vision, la définition d'objectifs précis et la détermination des axes stratégiques de réalisation de la politique environnementale dans le temps et l'espace.

Concernant sa vision de développement durable, la CEDEAO retient le tableau d'une « *Afrique de l'Ouest paisible, digne et prospère dont les ressources naturelles, diverses et productives sont conservées, renforcées et gérées durablement pour le développement et l'équilibre de l'espace sous régional* »[388]. Cette vision s'inscrit donc dans un projet de paix, de dignité et de prospérité dans l'exploitation, la conservation et la gestion de ses ressources naturelles. On note à ce propos, une quête de durabilité du développement mis au service de l'équilibre sous régional.

Cette stratégie régionale mise également sur un certain nombre d'objectifs majeurs. Ceux-ci s'énoncent à l'article 5 de l'acte additionnel portant sur la politique environnementale de la CEDEAO. D'après ce texte, la politique environnementale ainsi adoptée se justifie par la nécessité « *d'inverser l'état de dégradation des ressources naturelles, d'améliorer la qualité des milieux et des cadres de vie et de conserver la diversité biologique, en vue d'assurer un environnement sain et productif, en améliorant l'équilibre des écosystèmes et le bien-être des populations* ». Il apparait certes, dans cette formulation, une démarche quelque peu floue. Mais, l'originalité de cette politique régionale ne sera véritablement perceptible qu'avec l'examen des axes stratégiques de cette politique.

---

[388] Confère article 4 de l'Acte additionnel portant politique environnementale de la CEDEAO.

À ce propos, la CEDEAO retiendra (04) axes stratégiques qu'il convient ici d'analyser.

Le premier axe stratégique de cette politique communautaire repose sur la promotion de la Gouvernance environnementale[389] et le Renforcement des Capacités à cet effet. On y perçoit le souci d'opérationnalisation de la politique environnementale. Ce qui, dans son principe, est une démarche assez louable et en adéquation avec la volonté politique de sauvegarde des ressources naturelles.

Le deuxième axe vise la promotion de la gestion durable des ressources pour l'amélioration de l'Économie sous régionale dans le respect de l'environnement. Dans cet axe stratégique, la mise en évidence de l'omniprésence de la perception des ressources naturelles comme capital économique est indéniable. Il y a donc lieu de s'interroger si ce rappel fut nécessaire dès lors qu'à l'échelle internationale le principe de la souveraineté des États dans l'exploitation de leurs ressources[390] a mainte fois été consacré. Néanmoins, cet axe peut également traduire l'idée d'une appréhension anthropocentrique de la politique environnementale en Afrique de l'Ouest.

Par ailleurs, le troisième axe consiste à avoir une meilleure maîtrise cognitive et managériale des pollutions et nuisances ainsi que des flux de produits dangereux dans l'économie de la sous-région. Il y apparaît l'amorce d'une projection en termes de détermination des conditions d'effectivité de la politique environnementale énoncée. Ce qui traduit en d'autres termes la prise en compte de l'ouverture disciplinaire et cognitive qui conditionne, à une très grande échelle, l'effectivité à défaut de l'efficacité d'une telle stratégie de protection de l'environnement. La protection de l'environnement y apparait donc non plus seulement comme un savoir-être, mais comme un ensemble de savoirs et de savoir-faire.

Enfin, la CEDEAO retient comme axe stratégique la promotion de l'information, de l'éducation et de la communication environnementales dans la sous-région. En effet, à l'ère de la postmodernité, l'information et l'éducation apparaissent de l'avis de **Nathalie SEMAL**[391] comme des conditions liminaires de l'intégration ou encore de redécouverte des arts de vivre en phase avec les enjeux écologiques.

À la faveur de ces considérations, il y a lieu de souligner que la CEDEAO a, du point de vue matériel, édifié un cadre normatif dont l'originalité et la pertinence restent soumises aux aléas de la multiplication des cadres

---

389 Établissement d'un dispositif sous-régional.

390 C'est ce qui ressort de l'article 2 § 1 de la Charte des Nations Unies, du principe 2 de la Déclaration de Rio de Janeiro de 1992.

391 (**Nathalie**) **SEMAL**, « le développement durable est-il l'héritier du mouvement pro-environnement ? », *Esprit critique*, hiver 2005, vol.07, n°01, p. 108.

régionaux dans le traitement des questions environnementales. De sorte que les organisations sous régionales puissent paraître peu efficaces comme cadre de protection de l'environnement. Seulement, il demeure incontestable que l'esprit et la lettre des supports juridiques qui fondent la politique environnementale en Afrique de l'Ouest bénéficient d'un pragmatisme et d'une effectivité opératoires plus que probants.

B- L'orientation promotionnelle des dispositions normatives de protection de l'environnement dans l'espace CEEAC : de l'ambiguïté à la subsidiarité

En Afrique centrale, l'intérêt pour les questions environnementales va apparaître à une échelle régionale à partir de la prise de conscience du potentiel économique des ressources forestières du Bassin du Congo. Dès lors, l'amorce d'un certain encadrement juridique va se faire jour. Mais bien avant cet encadrement juridique spécifique, les textes constitutifs de la CEEAC ne confèrent qu'indirectement et implicitement une certaine place[392] aux questions environnementales. Il y a donc lieu de s'intéresser à la configuration de cet espace juridique d'intégration en rapport avec la protection de l'environnement. Pour l'essentiel, celle-ci oscille entre ambiguïté dans le renouvellement des engagements internationaux en faveur de la conservation de la biodiversité dans l'espace CEEAC et consécration de principes subsidiaires de protection des écosystèmes forestiers en Afrique centrale.

1- Les ambiguïtés dans la réitération des engagements internationaux en matière de conservation de la biodiversité dans l'espace CEEAC

À la lecture du traité constitutif de la CEEAC, il apparait un certain désintérêt[393] pour les questions environnementales. Certes, cette organisation sous régionale va connaître des périodes de paralysie[394] qui vont déteindre sur son action et ses ambitions. On peut dès lors passablement comprendre ses retards, voire ses hésitations à s'approprier les questions environnementales comme matière dotée d'intérêt à l'échelle régionale. Il y aurait dès lors lieu de parler *a priori* d'un cadre partiel ou partial de protection de l'environnement. D'ailleurs, compte tenu des enjeux stratégiques[395] que comporte cet espace

---

[392] Place plutôt marginale et symbolique, voire utopique.

[393] Au-delà des éléments factuels d'ordre fonctionnel, la posture de la CEEAC en termes de protection de l'environnement laisse la place à une double interprétation presque contradictoire. Soit, la CEEAC était insensible ou inapte à l'encadrement normatif des questions environnementales, soit elle a tout simplement fait le choix de confier cette mission à une autre institution spécialisée à dimension régionale.

[394] En effet, du fait des troubles sociopolitiques et des conflits armés dans la majorité des États membres, la CEEAC a connu une période d'inactivité de 1992 à 1998.

[395] Tant au plan diplomatique qu'au plan économique

géographique, ce désintérêt ne pouvait être que de courtes durées. D'où la mise sur pied d'une institution spécialisée dans la conception et la conduite d'une vision régionale de protection de l'environnement. C'est dans cet esprit que la COMIFAC[396] verra le jour. Il y a donc lieu d'explorer le cadre normatif régional de cette dynamique régionale de protection de l'environnement et d'en analyser la consistance.

D'abord, il faut relever que le cadre normatif de la CEEAC s'est particulièrement réorienté vers les questions de paix et de sécurité,[397] d'une part et vers des questions de gestion des ressources naturelles, d'autre part. C'est pourquoi cet édifice juridique va se faire de manière singulière au sein de la COMIFAC pour ce qui est des questions environnementales.

Il n'existe donc pas à proprement parler de principes communautaires[398] de protection de l'environnement, car, cette protection est adossée sur ceux consacrés par les conventions signées sous l'égide des Nations Unies[399]. Pour autant, le cadre juridique régional ne s'en trouve pas dépourvu d'instruments juridiques propres en matière de protection de l'environnement.

En effet, le traité instituant la COMIFAC signé à Brazzaville en date du 5 février 2005, pose les bases juridiques d'une vision régionale de protection de l'environnement. Cette vision s'énonce dans un projet de « *conservation et de la gestion durable des écosystèmes forestiers d'Afrique Centrale* »[400]. Dans ce sillage, un certain nombre d'engagements spécifiques seront pris par les États membres de la COMIFAC. Il s'agit notamment de : l'inscription de la conservation et la gestion durable des forêts ainsi que la protection de l'environnement dans les politiques publiques nationales prioritaires ; l'harmonisation des politiques nationales en matière de forêts ; la prise de

---

[396] La COMIFAC est la Commission des Forêts d'Afrique Centrale. En effet, les Chefs d'État d'Afrique Centrale se sont mobilisés le 17 mars 1999 à Yaoundé (Cameroun) lors du premier Sommet sur la conservation et la gestion durable des forêts tropicales. Au cours de ce premier Sommet, ils ont signé la Déclaration dite « Déclaration de Yaoundé », qui proclame solennellement leur attachement au principe de conservation de la biodiversité et de la gestion durable des écosystèmes forestiers, ainsi que le droit des peuples à compter sur les ressources forestières pour soutenir leurs efforts de développement économique et social. À ce jour, elle comprend dix(10) pays : Burundi, Cameroun, Congo, Gabon, Guinée-Equatoriale, République Centrafricaine, République Démocratique du Congo, Rwanda, Sao-tomé & Principe et Tchad.

[397] En effet, la rupture de la paix dans la majorité des États membres et ses conséquences justifie-t-elle la place prépondérante que prennent les questions de paix et de stabilité dans le « Programme de relance et de redynamisation » adopté par les Chefs d'État et de Gouvernement en juin 1999 à Malabo, après la décision de réactiver la CEEAC prise en février 1998 à Libreville.

[398] Entendu ici comme principes garantissant l'effectivité des aspirations propres à une communauté juridique ou politique.

[399] Il s'agit notamment de la Convention de Rio de 1992, la Convention sur la conservation de la biodiversité, la Convention des Nations Unies sur la Lutte contre la Désertification et de la Convention des Nations Unies sur les Changements Climatiques

[400] Confère article 1er du traité instituant la COMIFAC.

mesures destinées à concilier les actions en faveur de la conservation et de la gestion durable des écosystèmes forestiers avec les politiques de développement ; l'aménagement de mécanismes durables de financement du développement du secteur forestier à partir des revenus générés par l'activité forestière et la coopération internationale ; la mise en œuvre des actions prioritaires du Plan de Convergence ; le développement d'une fiscalité forestière adéquate et les mesures d'accompagnement des efforts de conservation, d'aménagement durable et de recherche sur les écosystèmes forestiers.

2- La consécration de principes subsidiaires de protection des écosystèmes forestiers par la COMIFAC dans l'espace CEEAC

La place singulière de ces axes apparait clairement à la lecture des missions de la COMIFAC et à l'observation des stratégies régionales de protection de l'environnement. Concrètement, l'objectif de la COMIFAC est de gérer de manière durable et concertée les ressources forestières de la sous-région et le réseau d'aires protégées représentatif de la diversité biologique et des écosystèmes, pour le bien-être des populations et l'équilibre de la planète[401]. Pour atteindre cet objectif, la COMIFAC a adopté un plan régional de convergence dont les axes stratégiques majeurs sont : l'harmonisation des politiques forestières et fiscales ; la connaissance de la ressource ; l'aménagement des écosystèmes, le reboisement forestier ; et la conservation de la diversité biologique.

Le potentiel écologique et économique que constituent les ressources du Bassin du Congo justifie légitimement ce choix. D'ailleurs, compte tenu notamment de la configuration contigüe et de l'importance planétaire[402] de ce massif forestier, la tentation est plutôt forte de brandir la dimension forestière comme instrument d'attractivité et de surenchère ou de faire valoir dans le cadre des relations internationales contemporaines[403].

De ce qui précède, il apparait que la spécificité de la protection régionale de l'environnement en Afrique centrale réside dans la place particulière qu'occupent les ressources végétales et fauniques qu'abrite le Bassin du Congo. C'est donc la conservation de la biodiversité et la gestion

---

[401] Plus précisément, l'article 5 du traité de Brazzaville stipule que « *La COMIFAC est une organisation chargée de l'orientation, de l'harmonisation, et du suivi des politiques forestières et environnementales en Afrique Centrale* ».

[402] Le Bassin du Congo est considéré par les scientifiques écologistes comme le deuxième poumon écologique en termes de régulation de la température et d'absorption des émissions de gaz à effet de serre sur la planète.

[403] C'est ce qu'illustrent fort bien les négociations qui sont menées au sujet du financement des pays africains pour compenser les sacrifices qu'implique le développement durable pour leurs ambitions économiques.

écologiquement rationnelle des ressources naturelles qui constituent le cœur de la stratégie régionale de protection de l'environnement.

Il s'ensuit que les ressources forestières apparaissent comme la ressource et l'enjeu écologique majeur autour duquel la COMIFAC va se construire pour s'ouvrir finalement aux problématiques de désertification, de normes et standards environnementaux, de protection des mangroves. Dans ce sillage, il faut noter que cette approche sectorielle de protection de l'environnement peut paraître pertinente dans la mesure où l'interdépendance et la complexité qui saisissent cet espace écologique ne pouvaient pas être efficacement traitées exclusivement à l'échelle nationale. Ce choix n'est donc pas contestable sur le fond, mais peut l'être plutôt du point de vue méthodologique. D'où l'importance de l'examen des approches opératoires de protection régionale de l'environnement en zone CEEAC.

II- Une quête de cohérence et d'effectivité des dispositifs institutionnels régionaux de protection de l'environnement

La protection de l'environnement repose tant sur des bases normatives que sur l'action d'institutions qui garantissent l'effectivité et le respect des obligations juridiques qui en découlent. C'est à ce titre que l'examen de la spécificité de la dynamique institutionnelle des organisations régionales de protection de l'environnement peut paraître envisageable. Dès lors, les tendances observées varient suivant que l'on se situe en Afrique centrale ou en Afrique de l'Ouest. À ce propos, il y a lieu de relever d'emblée l'ambivalence du dynamisme institutionnel qui prévaut au sein de l'espace CEDEAO (A), de la spécificité des procédés opératoires du dispositif institutionnel de protection environnementale dans l'espace CEEAC (B).

A- L'ambivalence du dynamisme institutionnel dans la protection de l'environnement dans l'espace CEDEAO

L'ambivalence de la dynamique institutionnelle sur le terrain de la protection de l'environnement résulte à première vue de ce que l'espace régional de protection de l'environnement apparait en Afrique de l'Ouest comme tiraillé entre fécondité des ambitions écologiques et timidité des cadres opératoires. C'est du moins ce que semblent confirmer deux observations concomitantes : la prévalence des missions de contrôle et de coordination des institutions régionales de protection environnementale d'une part, et la timide juridictionnalisation de la protection régionale de l'environnement d'autre part.

1- La prévalence des missions de contrôle et de coordination des institutions régionales de protection environnementale

Il faut préciser avant toute chose qu'en Afrique de l'Ouest, la CILSS, la CEDEAO et l'UEMOA apparaissent comme les piliers institutionnels autour desquels s'articule l'action régionale de sauvegarde des enjeux environnementaux. En effet, si un souci de complémentarité[404] et de cohérence[405] commence à connaître un certain satisfecit, il reste que d'un point de vue fonctionnel, les moyens d'action des organes régionaux de protection de l'environnement semblent ne pas être à la hauteur des promesses entretenues par les instruments normatifs. Il suffit pour s'en convaincre, de convoquer ici quelques réalités fonctionnelles qui mettent presque à mal le projet communautaire de traitement des questions environnementales.

D'abord, la nature des attributions conférées généralement aux organes régionaux de protection environnementale. À ce propos, il ressort globalement en Afrique de l'ouest la polarisation de la vocation de ces organes autour de 03 missions : la coordination des politiques régionales, l'harmonisation du cadre normatif, et le contrôle de l'effectivité des engagements des Hautes parties contractantes. Seulement, pour louable que puisse paraître cette dévolution, elle ne se démarque finalement pas - ou que très peu- du cadre normatif international existant. Pour faire plus concret, limiter l'action protectrice des institutions régionales à ce niveau, conduirait fort probablement à réduire sa raison d'être à des nécessités esthétiques voire de réitération d'une ou des obligations internationales en matière de protection environnementale. C'est pourquoi, il eût été souhaitable que tout au moins, l'étendue de ces missions bénéficiât d'une plus grande lucidité quant aux difficultés opérationnelles[406] que comporte cette ambition.

Concernant l'étendue des attributions conférées aux acteurs institutionnels régionaux, il y a par ailleurs lieu de regretter la restriction de la consistance de celles-ci. Relativement à la mission de coordination, celle-ci n'est pas toujours assortie de moyens aptes à anticiper les éventuels doublons[407] ou contradictions[408] dans la vision stratégique. De même, en se référant à la mission de contrôle, la pratique laisse apparaître que la CEDEAO ne dispose que de moyens de contrôle d'envergure administrative et financière. D'ailleurs, ces contrôles administratifs se heurtent parfois aux susceptibilités

---

[404] Notamment une complémentarité thématique entre UEMOA et CEDEAO.

[405] Cohérence, dans la mesure où il prévaut dorénavant une subsidiarité opérationnelle entre CEDEAO et le CILSS ou encore entre CEDEAO et organismes de Bassins.

[406] Et ce, compte tenu tant de la dimension géographique que de l'hostilité naturelle des gouvernements à céder leur souveraineté dans la gestion des ressources naturelles.

[407] C'est - à-dire des structures ayant les mêmes attributions au sein d'un même espace géographique et politique, contribuant par là même à une dispersion inutile d'énergies.

[408] Dans la mesure où les programmes à réaliser par plusieurs organisations au sein d'un même espace peuvent s'opposer matériellement ou méthodologiquement parlant.

d'ordre diplomatique que suscite la collaboration entre organismes spécialisés dont l'existence dépend exclusivement de plusieurs volontés étatiques souveraines.

Certes, comme le relève **Parfait OUMBA,** « *l'efficacité des normes environnementales dépend des moyens de contrôle mis en œuvre pour en assurer le respect.*»[409], seulement, il y a fort à douter que seuls des contrôles d'ordre administratif puissent aboutir à quelques résultats en termes de management quotidien des questions environnementales.

Sur le plan financier, ce contrôle de la CEDEAO ne parait pas aussi incitatif ou dissuasif que celui s'inscrivant dans le cadre de la conditionnalité environnementale[410]. Et ce, en raison de ce que la subsidiarité opérationnelle existant entre la CEDEAO et les autres structures spécialisées implique une certaine impuissance opérationnelle de la CEDEAO, mais aussi une certaine assistance technique dont la CEDEAO apparait comme principal bénéficiaire.

Faudrait-il espérer qu'à cette apparente fébrilité des attributions dévolues aux organes régionaux de protection environnementale, le juge communautaire apparaisse comme le véritable bouclier qui vienne parachever le dispositif de protection régionale des intérêts écologiques ?

2- Une juridictionnalisation timorée des dispositifs régionaux de protection de l'environnement

Le dispositif institutionnel de la CEDEAO est en effet doté d'un organe juridictionnel dont la principale vocation est de veiller à l'application des textes communautaires ainsi que leur interprétation dans un élan de dialogue avec les juges nationaux ou avec les autres institutions régionales. Si l'on peut se réjouir de l'effectivité de ce dispositif et du dynamisme de son prétoire de façon générale, il apparait que la plupart des différends résultant du non-respect des obligations relatives à la protection environnementale restent encore résolus par des voies non contentieuses. D'où la prévalence des modes non contentieux[411] de règlement des différends dans la plupart des cas.

---

[409] **(Parfait) OUMBA**, « le rôle des organisations sous-régionales dans l'intégration et le développement du droit international de l'environnement en Afrique centrale », *revue africaine de droit de l'environnement*, 2013, p. 54, pp. 42-54.

[410] Pour Alain VANDERVORST, la conditionnalité environnementale s'entend du fait pour une organisation financière internationale de considérer une ou plusieurs mesures liées à la protection de l'environnement comme nécessaires ou souhaitables au déclenchement ou au maintien d'une ou plusieurs de ses opérations. Cf. (A.) VANDERVORST, « contenu et portée du concept de conditionnalité environnementale : vers un nouvel instrument au service du droit et de la protection de l'environnement en Afrique ? », p. 4. pp. 20.

[411] Ce qui *a priori*, ne constitue point une défaillance ; ce d'autant plus que le règlement à l'amiable participe sans doute de l'esprit de maintien d'une coopération pacifique et amicale entre les États membres et l'organisation régionale dans la perspective d'une diligente et sereine réalisation des objectifs communs. D'ailleurs, suivant la lettre et l'esprit de l'article 76 du traité

Toutefois, il y a lieu de noter que les juridictions nationales des États membres peuvent également connaître des contrôles de conventionnalité des actes ou décisions administratives en contradiction avec des engagements régionaux en matière environnementale. C'est à ce niveau que l'effectivité du principe de l'application immédiate[412] du droit communautaire sur le territoire des États parties est souvent jaugée ou mieux évaluée. En Afrique de l'Ouest, la difficulté réside dans la concurrence des engagements régionaux sur les questions environnementales. De sorte qu'un État pourrait bien faire valoir l'application d'un engagement de l'UEMOA jugé plus flexible ou plus incitatif dans la perspective de la protection de l'environnement.

En effet, sur le terrain de la protection environnementale, ce sont davantage les organes quasi-juridictionnels qui administrent un certain nombre de sanctions en réaction aux atteintes environnementales. De ce point de vue, il existe un certain nombre de plateformes corporatives[413] de nature consultative et aux attributions de sanctions administratives. Pourtant, de l'avis d'**Anne-Claire CHAMPENOIS**, « *Dans le cadre d'une communauté (...), le principe de « hiérarchie des normes juridiques » doit être appliqué. Il faut savoir que cette hiérarchie ne peut être respectée que si son respect est contrôlé par un juge* »[414].

C'est du moins ce que corrobore autrement **Parfait OUMBA** lorsqu'il souligne que « *le fait que le DIE (droit international de l'environnement) reconnaisse à chaque État le droit de définir sa politique environnementale et ne formule pour ainsi dire que des recommandations constitue un autre bémol à l'applicabilité des programmes des organisations sous-régionales* »[415].

B- Les faiblesses des procédés opératoires du dispositif institutionnel de protection environnementale dans l'espace CEEAC

Le traitement des questions environnementales par la CEEAC a connu un essor particulier depuis la déclaration dite de Yaoundé par laquelle nombre de

---

de la CEDEAO, la possibilité de saisir la cour de justice de la communauté est clairement exprimée.

412 En vertu notamment des articles 4 (i) et 5.2 du traité révisé instituant la CEDEAO.

413 Dans ce sillage, il y a lieu de relever l'activisme des organisations de la société civile telles que le Secrétariat pour l'Évaluation Environnementale en Afrique Centrale (SEEAC), l'Association Camerounaise pour l'Évaluation Environnementale (ACAMEE), l'Association Congolaise pour les Études d'Impacts Environnementaux (ACEIE), Association Centrafricaine des Professionnels en Évaluation Environnementale (ACAPEE) ou encore Association pour la Promotion des Études d'Impacts Environnementaux au Rwanda (APEER).

414 (**Anne Claire**) **CHAMPENOIS**, « *Inventaire des normes et standards environnementaux en Afrique centrale, Force juridique dans les pays membres du SEEAC* », SEEAC et Netherland commission for Environment Assessment, Utrecht, Pays-Bas, 2011, p. 22. pp. 34.

415 Parfait OUMBA, *op. cit.*, p. 51.

Chefs d'État et de Gouvernement prendront l'engagement de mettre sur pied une organisation régionale chargée de coordonner et harmoniser les politiques de gestion des ressources naturelles en général et des écosystèmes forestiers en particulier. C'est pourquoi, d'un point de vue opérationnel, il convient de relever la fébrilité interne de la COMIFAC et la posture peu coopérative des États membres dans la mise en œuvre de la stratégie régionale de protection de l'environnement en Afrique centrale.

1- La fébrilité des moyens de surveillance et de contrôle dans la mise en œuvre de la stratégie régionale de protection des ressources naturelles par la COMIFAC

Au-delà, sur le terrain de l'opérationnalité de la protection des écosystèmes forestiers, la COMIFAC se distingue par une volonté d'action qui s'inscrit principalement dans le sillage de la coordination régionale des programmes d'action auxquels ont souscrit les États membres. Pour ce faire, la COMIFAC dispose généralement d'équipes dépourvues de véritables moyens de suivi et de certification des mesures de protection environnementale projetée à l'échelle régionale.

En effet, ni la CEEAC ni la COMIFAC ne disposent véritablement de pouvoirs leur permettant de s'assurer de l'effectivité des engagements pris par les États membres à travers leurs programmes et politiques régionales en matière de sauvegarde des écosystèmes forestiers d'Afrique centrale. Ce qui peut largement mettre en minorité le projet régional de protection de l'environnement. Dès lors, l'option de déléguer la conception et la mise en œuvre de politiques régionales en matière environnementale est apparue comme porteuse d'énormes espoirs en termes d'opérationnalité du projet régional. Ce d'autant plus que la COMIFAC est constituée d'organes techniques censés permettre la réalisation sereine des actions projetées.

De même, l'inexistence de cadres régionaux de certification environnementale fragilise considérablement la force normative des politiques régionales de protection de l'environnement à travers la COMIFAC. Le besoin de certification peut certes paraître superflu étant donné l'existence de standards internationaux de normes environnementales[416], mais il reste que face à la distinction entre durabilité faible et durabilité forte[417], la COMIFAC aurait bien pu constituer un cadre favorable à l'émergence de normes et standards environnementaux d'envergure régionale et plus en phase avec les réalités d'Afrique centrale. La plupart des États d'Afrique centrale de ce point

[416] On parle de normes ISO ou encore de normes de la Banque mondiale.

[417] Lire utilement à ce propos (N.) **KOUSNETZOFF,** « le développement durable : quelles limites à quelle croissance ? », p. 93-106. p.97, in *l'économie mondiale* 2004, CEPII, éditions la découverte, collection repères, Paris, 2003.

de vue ont plutôt délégué cette activité à des acteurs non institutionnels[418]. À ce propos, **Anne Claire CHAMPENNOIS** et **Alain - Rodrigue NGONDE ELONG**[419] soulignent le silence ou mieux l'aveu d'impuissance des législations nationales dans l'élaboration ou mieux la consécration de tels instruments de mesure et d'appréciation de la conformité environnementale. Cette défaillance congénitale dans le fonctionnement opérationnel de la COMIFAC laisse plutôt interrogateur quant à l'attitude des États membres de la CEEAC dans la mise en œuvre des politiques et stratégies de protection environnementale adoptées par cette institution spécialisée.

D'où l'inquiétude d'**Alain VANDERVORST**[420], lorsqu'il relève que le recours quasi systématique aux normes environnementales anglo-saxonnes ou européennes par les bailleurs de fonds internationaux dans leurs pays d'intervention, fait courir le risque d'une perte de diversité du droit de l'environnement. Car, susceptible de conduire à la caducité des normes non occidentales et à l'omniprésence des normes occidentales.

2- Les défaillances dans la transposition des mesures régionales de protection de l'environnement par les États membres de la CEEAC

Au sein de l'espace CEEAC, il apparait que la coopération des États membres dans la mise sur pied des stratégies régionales de protection de l'environnement souffre de quelques attitudes et aptitudes.

D'abord, la plupart des États membres n'appliquent que très modérément sinon symboliquement les décisions ou politiques régionales impulsées par la COMIFAC. Certes, en raison des incidences financières que comportent la plupart des projets ou programmes régionaux, il n'apparait pas distinctement que ces États y trouvent un intérêt écologique stratégique. Concrètement, le personnel des administrations en charge des questions environnementales n'est encore que très imparfaitement au fait de la vision régionale de protection de l'environnement telle que pensée et projetée par la COMIFAC. Par ailleurs, face aux mesures régionales initiées par la COMIFAC, il s'observe que la qualité du personnel en charge de la mise en œuvre des projets régionaux empêche une effectivité ou mieux une applicabilité immédiate des stratégies protectrices de l'environnement. De l'avis de nombreux

---

418 Il s'agit notamment d'organismes non gouvernementaux qui participent par leurs activités à des échanges et des consensus au terme desquels des propositions de normes sont formulées à l'attention des pouvoirs publics pour encadrement normatif.

419 (**Anne-Claire**) **CHAMPENNOIS** et (**Alain-Rodrigue**) **NGANDE ELONG**, « *États des lieux des normes et standards environnementaux en Afrique centrale* », in Colloque international en évaluation environnementale, du 13/09/2011 à Yaoundé, p. 26.

420 (**A.**) **VANDERVORST**, « contenu et portée du concept de conditionnalité environnementale : vers un nouvel instrument au service du droit et de la protection de l'environnement en Afrique ? », p.20.

observateurs, les enjeux environnementaux impliquent professionnalisation et spécialisation des ressources humaines. De sorte que la réalisation des politiques régionales de protection environnementale ne repose pas sur un personnel à expatrier ou à importer.

C'est possiblement eu égard à ces considérations que l'attitude des administrations nationales reste fortement marquée par une absence ou une faible transposition des mesures régionales de protection environnementale.

L'absence de transposition de ces actions ou initiatives régionales s'observe particulièrement dans l'espace CEEAC dans les pays tels que le Cameroun, le Tchad, la RCA, le Gabon et le Rwanda.

Curieusement, nombre d'États membres de la CEEAC se contentent de l'application ou de la référence à quelques normes et standards environnementaux d'envergure mondiale. On peut néanmoins se réjouir que certains projets initiés par la COMIFAC et financés par la BAD ou la BEDEAC bénéficient d'un certain engouement ou tout au moins d'attitudes plus coopératives sur le terrain de la mise en œuvre.

Ces défaillances de transposition des initiatives et prescriptions régionales en matière de protection de l'environnement peuvent potentiellement s'expliquer, outre la mauvaise foi et le volontarisme des Hautes parties contraignantes, par le fait qu'il n'existe pratiquement pas de mesures incitatives. En effet, la fiscalité verte peine encore à trouver un terreau fertile et fécond auprès des institutions régionales ou communautaires. De sorte que, face à la réticence et à l'impossibilité pour certains États de s'acquitter de leurs cotisations au titre de fonctionnement des institutions communautaires, les organes décisionnels et techniques de ces organisations considèrent comme illusoire et utopique tout projet allant dans ce sens.

Conclusion

En définitive, le projet initial cognitif se proposait de saisir la particularité de l'intervention des organisations régionales dans la protection de l'environnement en Afrique centrale et de l'ouest. À ce sujet, l'exploitation des cadres normatifs et institutionnels de même qu'une évaluation panoramique des initiatives régionales ont donné à constater que les organisations régionales participent considérablement à l'émergence d'un projet communautaire d'encadrement juridique des préoccupations environnementales. Seulement, face aux obstacles structurels et conjoncturels auxquels font face ces organisations, un certain nombre de rouages nécessaires à l'effectivité de visions communautaires de sauvegarde des enjeux écologiques à l'échelle régionale ne demeure finalement qu'un accélérateur ou mieux un multiplicateur de la dynamique de coopération régionale dans la gestion des préoccupations environnementales. Et donc, une source de densification de la diplomatie environnementale qui reste encore malheureusement peu perceptible auprès des couches sociales vulnérables. Ce sont là de notre modeste point de vue, les chantiers sur lesquels les organisations régionales soucieuses des enjeux écologiques devraient se pencher. C'est donc à l'effectivité d'un véritable droit communautaire de l'environnement qu'il faudrait espérer pour la CEDEAO et l'appel à la réalisation d'un véritable pôle international de négociations sur les enjeux environnementaux qu'il faut formuler pour la CEEAC.

Éléments de bibliographie

CHAMPENOIS Anne Claire, « *Inventaire des normes et standards environnementaux en Afrique centrale, Force juridique dans les pays membres du SEEAC* », SEEAC et Netherland commission for Environment Assessment, Utrecht, Pays-Bas, 2011, 34p.

CHAMPENNOIS Anne-Claire et Alain- Rodrigue NGANDE ELONG, « *États des lieux des normes et standards environnementaux en Afrique centrale* », in Colloque international en évaluation environnementale, du 13/09/2011 à Yaoundé, p. 26.

GRANIER Laurent (coord), *Aspects contemporains du droit de l'environnement en Afrique de l'Ouest et centrale*, UICN, GLAND, Suisse, 224p.

KAMTO (M.), *Droit de l'environnement en Afrique*, Edicef /Aupelf, 1996, 417p.

MEKOUAR Mohamed Ali, « la convention africaine sur la conservation de la nature : hâter son entrée en vigueur en vue d'assurer sa mise en œuvre », actes du colloque d'Abidjan du 29 au 31 octobre 2013 sur le thème : Mécanismes institutionnels et financiers de mise en œuvre du droit de l'environnement en Afrique dans la perspective du développement durable, pp. 155-161

OUMBA Parfait, « *Le rôle des organisations sous-régionales dans l'intégration et le développement du droit international de l'environnement en Afrique centrale* », RADE, 2013, pp. 42- 55.

SALMON. (J), *Dictionnaire de droit international public,* édition, Bruylant Bruxelles, 2001, 1198.p.

SEMAL Nathalie, « le développement durable est-il l'héritier du mouvement pro-environnement ? » Esprit critique, hiver 2005, vol.07, n°01, 108p.

9TCHEUWA J- C, *Le siège des organisations internationales : Contribution à l'étude de son statut juridique au regard de la pratique contemporaine,* thèse de Doctorat en droit public, Université Robert SCHUMAN, 1996-1997, 465p.

VANDERVORST (A.), « contenu et portée du concept de conditionnalité environnementale : vers un nouvel instrument au service du droit et de la protection de l'environnement en Afrique ? », Afrilex, n° 2-2001, 20p.

La commission des forêts d'Afrique centrale : Étude sur l'efficacité du cadre juridique de protection des écosystèmes forestiers d'Afrique centrale

Par :

Sylvain Christian FOPY

Chargé de cours
Université de Yaoundé II/Cameroun
Faculté des Sciences Juridiques et Politiques
Département de droit public international et communautaire

Introduction

L'unité et l'interaction des éléments vivants et abiotiques qui composent l'écosystème forestier assurent sa pérennité, et la protection holistique de ce dernier est nécessaire pour garantir sa conservation. Les forêts du bassin du Congo n'échappent pas à cette logique. En effet, elles sont considérées comme le deuxième bassin forestier le plus important du monde[421] après celui de l'Amazonie[422] communément qualifié de poumon de l'humanité. La multifonctionnalité des forêts en général et de celles du bassin du Congo pour ainsi dire n'est plus à démontrer ; tant elles assurent la conservation des terres, la purification de l'air, la régulation des climats, en plus d'être une réserve d'importantes espèces de faune et de flore dont une partie essentielle n'est pas encore connue de la science. Ainsi, la diversité des écosystèmes et leurs interactions dictent la nécessité d'envisager une politique globale de protection même si des politiques sectorielles de conservations doivent être envisagées pour prendre en compte les spécificités.

L'art2 de la Convention sur la diversité biologique[423] donne une définition précise de la notion d'écosystème. Il s'agit d'un *« complexe dynamique formé de communautés de plantes, d'animaux et de micro-organismes et de leur environnement non vivant qui, par leur interaction, forment une unité fonctionnelle.* » En d'autres mots, un écosystème est un système interactif d'éléments biotiques et abiotiques qui, mis ensemble, constituent une unité

[421] Avec une superficie qui s'élève à plus de 20.000 Km2 d'après les données récentes du CAFI. Voir https://pfbc-cbfp.org/actualites/items/CAFI-declaration.html, consulté le 15/06/2018.
[422] Située en Amérique du Sud avec une superficie dix fois supérieure à celle de la France soit 5,5 millions de km2. https://fr.wikipedia.org/wiki/For%C3%AAt_amazonienne
[423] Convention de Rio sur la diversité biologique de 1992.

fonctionnelle. On peut donc aisément déduire qu'un écosystème forestier est constitué en plus d'éléments biotiques saillants que sont les arbres et les animaux, d'éléments abiotiques tels que l'air, l'eau et le sol qui doivent individuellement être cernés par le droit pour assurer à l'ensemble de l'écosystème une protection certaine.

Sur le continent africain, la question préoccupe depuis longtemps. Ainsi, en 1968 fut adoptée à Alger la Convention africaine sur la conservation de la nature et des ressources naturelles communément connue sous le nom de « *la Convention d'Alger* ». On lui reconnaissait déjà d'être un « *modèle de par son caractère global* »[424]. Cette Convention sera elle-même modifiée en 2003 à Maputo pour devenir la *« Convention africaine révisée sur la conservation de la nature et des ressources naturelles »*. Ledit texte a été favorablement accueilli au point de faire dire à certains auteurs qu'il exprime « *un engagement renouvelé* »[425] traduisant de ce fait « *un vrai défi* »[426] et opère une « *cristallisation des avancées récentes* »[427] en matière de protection de l'environnement, même si on est fondé à émettre des réserves sur son efficacité «*opérationnelle*»[428].

Cette initiative continentale a le mérite d'avoir donné le ton aux organisations sous régionales d'intégration économique qui commenceront à s'intéresser aux questions environnementales. L'Afrique centrale ira d'ailleurs jusqu'à se spécialiser dans les questions forestières, ce qui est de bon ton puisqu'elle se situe au cœur même de la forêt équatoriale qui a une forte influence sur l'économie des pays de cette zone géographique. Ceux-ci ont accordé depuis la déclaration de Yaoundé[429] une attention particulière à ce patrimoine qu'ils ont en partage[430], pour assurer à celui-ci une protection

---

[424] Kiss (A.), *Droit international de l'environnement,* Paris, Pedone, 1986, 1ère éd, P.6

[425] IUCN, An *introduction to the African Convention on the Conservation of nature and natural ressources – Introduction à la Convention africaine sur la conservation de la nature et des ressources naturelles*, Environmental Policy and Law paper No 56 Rev., 2e éd., Gland, 2006, P.35.

[426] Doumbé-Billé (S.), « la nouvelle convention africaine de Maputo sur la conservation de la nature et des ressources naturelles », *Revue Juridique de l'Environnement,* 1/2005, pp.5 et ss.

[427] Mekouar (M.A.), « La convention africaine : petite histoire d'une grande rénovation » Environmental Policy and Law, 2004, 31/1, pp.43 et ss.

[428]Mekouar (M.A.) et Doumbé-Billé (S.), « la convention africaine révisée sur la conservation de la nature et des ressources naturelles »in Aspects contemporains du droit de l'environnement en Afrique de l'ouest et du centre Granier (L.) (dir), IUCN, droit et politique de l'environnement, No9, pp 209 et ss.

[429] Il s'agit de la déclaration des chefs d'État d'Afrique centrale du 17 mars 1999 sur la conservation et la gestion durable des forêts tropicales. Cette déclaration est d'ailleurs le socle et le précurseur du traité sur la COMIFAC qui interviendra sept ans après.

[430] Le Pr Maurice Kamto parlera de « *patrimoine d'intérêt écologique commun ou mondial* ». Voir Kamto (M.), rapport introductif No ''Les forêts, patrimoine commun de l'humanité'' in Droit, forêts et développement durable, PRIEUR (M.) et DOUMBE (S.), (dir), Droit, forets et

concertée dans le cadre de la COMIFAC[431]. L'ambition est sans doute louable, mais au vu des intérêts multiples et divers qui existent autour de ces forêts, on peut de prime abord s'inquiéter de l'objectivité des différents acteurs étatiques quant à la mise sur pied d'un cadre juridique efficace. On entendra par efficacité de ce cadre juridique au sens de Éric Millard, la production des « *effets qui apparaissent comme recherchés* »[432] ou poursuivis par les auteurs de l'énoncé, voire de la norme. On peut sur cette base et à juste titre s'interroger sur la capacité du dispositif normatif et institutionnel de la COMIFAC à assurer la protection des écosystèmes forestiers d'Afrique centrale. En d'autres termes, le cadre juridique sous-régional de protection des écosystèmes forestiers d'Afrique centrale comme il se présente aujourd'hui peut-il assurer la conservation de ces derniers ?

L'importance de la protection de ce massif forestier ne se démontre plus. Sa destruction pourrait entrainer l'extinction de certaines espèces avant même qu'elles ne soient découvertes. De plus, l'interdépendance des espèces est telle que l'humanité se trouve elle-même en danger de survie si l'équilibre naturel de ce massif forestier, pourvoyeur d'oxygène et de ressources, est menacé. La communauté des États en a pris conscience et on peut bien le remarquer au travers des divers instruments jusqu'ici adoptés, visant à assurer un encadrement juridique des forêts du bassin du Congo et à lutter contre le changement climatique qui est le problème environnemental le plus perceptible de l'heure.

En réalité, à la lecture, le cadre juridique sous-régional étonne par son manque d'ambition (**I**), et rappelle l'urgence et la nécessité d'un renforcement du mécanisme sous-régional de protection(**II**).

I- Un cadre juridique peu ambitieux

La mise sur pied d'une organisation sous-régionale spécialisée dans la conservation des écosystèmes forestiers en Afrique centrale était probablement un moyen pour les États concernés de se doter d'un instrument qui leur permettrait d'atteindre le but recherché. Le cadre juridique mis sur pied trahit pourtant, soit une maladresse, soit une réticence face aux effets induits de la conservation sur leurs politiques internes. C'est certainement pourquoi ils ont opté pour une forme de régulation souple, débarrassée du pouvoir de contrainte tel qu'habituellement pratiqué en droit international de

---

développement durable, actes des premières journées scientifiques du réseau « droit de l'environnement » de AUPELF-URF, Limoges, du 7 au 8 novembre 1994, P86.

431 Commission des forêts d'Afrique centrale instituée à Brazzaville le 05 février 2005 par le traité relatif à la conservation et à la gestion durable des écosystèmes forestiers et instituant la commission des forêts d'Afrique centrale.

432 Millard (E.), Théorie générale du droit, Paris, Dalloz, collection Connaissance du droit, 2006, p. 53.

l'environnement, et dont l'essentiel des instruments relève de la *soft Law*[433] et se traduit par leur imprécision et leur caractère parfois déclaratoire. Les textes dans la cadre de la COMIFAC n'échappent malheureusement pas à cette réalité. Les normes y sont essentiellement souples(A) pour des raisons qu'on peut bien identifier(B).

A- Un choix prépondérant en faveur du *soft Law*

Entre le *soft Law* et le *hard Law*, la COMIFAC a vite fait son choix en faveur de la prépondérance du droit mou (1), même si on observe une certaine réticence à basculer entièrement dans le *soft Law*. Ainsi, malgré la prépondérance du *soft Law*, il existe tout de même une frêle survivance de la sanction au sein de la COMIFAC (2).

1- L'adoption de textes peu contraignants

Si on peut comprendre que les textes fondateurs de la COMIFAC soient souples parce qu'essentiellement conventionnels et conclus sous la pression des intérêts divergents des parties (a), on se surprend par contre de voir que les textes dérivés émanant des organes de la COMIFAC reflètent eux aussi ce caractère (b).

a- La souplesse des textes fondateurs

Les textes fondateurs[434] ont cette caractéristique qu'ils sont suffisamment vagues et n'expriment en réalité que l'intention des parties à reconnaître la nécessité de la conservation des écosystèmes forestiers qu'ils ont en partage. Ces textes donnent la vague impression d'être l'expression d'une obligation morale et d'un encouragement[435] à faire ou à ne pas faire. Il s'agit pour ce qui est du Traité[436] d'une technique qui a cours en droit de l'environnement[437] à savoir la technique du traité-cadre. Le principal objectif d'une telle technique est d'énoncer des principes[438] qui ne peuvent être mis en œuvre en l'état en tant qu'engagements des États dans le cadre d'une coopération[439]. Elles sont assimilables à des directives[440] tout en étant moins précises que ces dernières.

---

433 Autrement appelé droit mou

434 Il s'agit notamment de la déclaration de Yaoundé et du traité relatif à la conservation et la gestion des écosystèmes forestiers d'Afrique centrale et instituant la commission des forêts d'Afrique centrale.

435 Kiss (A.C), Les Traités-cadre: une technique juridique caractéristique du droit international de l'environnement. In: Annuaire français de droit international, volume 39, 1993. pp.795.

436 Entendons « Traité relatif à la conservation et la gestion des écosystèmes forestiers d'Afrique centrale et instituant la commission des forêts d'Afrique centrale ».

437 Kiss (A.C), op.cit.

438 Voir le titre I du Traité COMIFAC sur les engagements des États.

439 Ils ont généralement besoin de textes subséquents qui précisent les modalités de leur mise en œuvre.

440 Kiss (A.C), op.cit.p.795.

On se serait tout de même attendu à ce que les États parties au Traité définissent un cadre précis qui convienne à la spécificité de cet écosystème en s'inspirant bien entendu de la convention sur la diversité biologique à laquelle ils sont tous partis. La convention sur la diversité biologique aurait ainsi pu servir de convention-cadre, ce qui éviterait au traité COMIFAC de reproduire ce même modèle pour être en fin de compte un instrument définissant des moyens précis et des obligations concrètes.

Certains auteurs assimilent les traités-cadres à la *soft Law*[441]. C'est certainement leur caractéristique essentielle. Leur intérêt principal tient dans le fait que des précisions lui sont généralement apportées par des textes conventionnels postérieurs qui font l'objet de négociations particulières et n'engagent pas nécessairement tous les États parties au traité initial. Tout ceci peut bien expliquer la timidité de la mise en œuvre du processus de Yaoundé. En effet, de Yaoundé à Brazzaville[442] six années se sont écoulées pendant lesquelles une tentative fragile de mise en œuvre de la déclaration par les ministres en charge des forêts s'est opérée à travers l'élaboration d'un plan de convergence qui ne sera adopté par les chefs d'État qu'en 2005. Dès lors, commencera le déploiement de la COMIFAC qui, elle, ne bénéficie pas d'une base juridique solide et d'un pouvoir de contrainte lui permettant de mettre sereinement en œuvre les principes contenus dans le titre I du traité l'instituant. Il s'agit d'une construction lente et molle, caractéristique des conventions-cadres. Tout se passe comme si la volonté ici était davantage de créer un concept intégrateur, capable de fédérer tous les États concernés sans fixer un certain niveau minimum de contrainte s'imposant à tous ; ce qui révèlerait certainement la détermination des parties à atteindre les objectifs déclinés, c'est-à-dire la conservation et la gestion rationnelle des écosystèmes forestiers en Afrique centrale.

L'ambition initiale des auteurs des textes fondateurs ne semble pas avoir été traduite dans ces textes, et si oui, de façon assez générale de sorte qu'il soit difficile qu'une obligation pèse sur leur tête. C'est peut-être du fonctionnement des institutions mises sur pied dans le cadre de la COMIFAC que l'on pourra voir se dessiner une certaine volonté, à défaut d'une volonté certaine, d'atteindre ces objectifs. Les textes définissant leurs compétences le leur permettent-ils seulement ? Le pouvoir réglementaire[443] de la COMIFAC peut-il permettre de résorber les défaillances des textes fondamentaux ?

---

[441] Kiss (A.C), op.cit,p.795.

[442] La déclaration a été adoptée à Yaoundé et le traité à Brazzaville

[443] En référence au titre de l'article de Merle Marcel. "Le pouvoir réglementaire des institutions internationales". In: Annuaire français de droit international, volume 4, 1958. pp. 341-360.

b- La souplesse des textes dérivés

Les textes dérivés dans le contexte du droit des organisations internationales sont des actes rédigés et adoptés au sein de ladite organisation après sa création, en direction des États membres ou en direction des organes de la même organisation. Michel Virally remarque que la valeur juridique de tels textes diffère en fonction de son destinataire[444]. Seuls les textes dérivés en direction des États retiendront l'attention dans le cadre de cette étude.

On remarque déjà que le traité COMIFAC en ses arts. 8 et 11 n'identifie nommément qu'un seul type d'acte dérivé qu'est la *décision*[445]. Dans la pratique pourtant, divers actes aux appellations variés sont pris par les organes de la COMIFAC en direction des États membres. On est ainsi en position de se demander si le traité identifie de façon limitative ou indicative la typologie d'actes réglementaires pouvant être prise par la COMIFAC et ses organes. De plus, il ne précise pas le régime de ces actes réglementaires de sorte qu'on peut être en droit de s'étonner de la capacité opérationnelle de cette institution, étant entendu que c'est ce pouvoir réglementaire qui est l'instrument d'implémentation d'une politique organisationnelle.

Quoi qu'il en soit, il faut bien pouvoir identifier la typologie d'actes réglementaires destinés aux États existant au sein de la COMIFAC et tenter de comprendre leurs portées. Ainsi, il est possible de les regrouper en deux catégories, les textes ayant un caractère purement technique et dont le pouvoir de contrainte est relâché (i) et le texte pouvant se prévaloir d'une valeur juridique contraignante (ii).

i- Les textes à caractère technique

Il s'agit essentiellement du plan de convergence pour la conservation et la gestion durable des écosystèmes forestiers d'Afrique Centrale[446] et des directives. Pour ce qui est du premier, il est l'instrument définissant la vision commune des États d'Afrique centrale dans le domaine de la gestion forestière. Sa première version fut adoptée en 2000 par les ministres en charge des forêts des pays signataires de la déclaration de Yaoundé. Il est articulé autour de dix axes stratégiques [447] qui fondent l'action des États membres, ce

---

[444] Voir Virally (M.) « *La valeur juridique des recommandations des organisations internationales* » In: Annuaire français de droit international, volume 2, 1956. pp. 66-96.

[445] Art 11 al6 « *Les décisions du Conseil des ministres sont prises par consensus. À défaut, elles le sont à la majorité simple des membres.* »

[446] Encore appelé le plan de convergence

[447] Ces axes stratégiques sont articulés autour de :

a) L'harmonisation des politiques forestières et fiscales ;

b) La connaissance des ressources ;

c) L'aménagement des écosystèmes et les reboisements nationaux et régionaux ;

d) La conservation de la diversité biologique ;

e) La valorisation durable des ressources forestières

qui devrait conduire à terme à une harmonisation[448] des politiques forestières au niveau sous-régional. Ce document n'est qu'un plan de travail sans réel pouvoir de contrainte ; les États membres étant juste encouragés à prendre des mesures pour adapter leurs politiques nationales au dit plan. Encore que chaque État est libre des moyens qu'il utilise pour s'y conformer, ce qui pose le problème de l'efficacité de la technique d'harmonisation surtout dans un contexte comme celui du droit de l'environnement.

Les directives quant à elles sont les instruments qui visent à rendre concret le plan de convergence et à proposer aux États des éléments qui leur permettent d'harmoniser leurs législations forestières. Deux directives majeures existent au sein de la COMIFAC. Il s'agit de la directive sur la participation des populations locales et autochtones et des ONG à la gestion durable des forêts d'Afrique centrale[449] et les directives sous-régionales relatives à la gestion durable des produits forestiers non ligneux d'origine végétale en Afrique Centrale[450]. La difficulté de ces directives est double : en amont lors de son adoption et en aval lors de son application. Le conseil des ministres les adopte sous forme de décision et l'art 11 du Traité indique que les décisions du conseil des ministres se prennent par consensus. C'est à défaut de consensus qu'elles peuvent être prises à la majorité simple des membres. L'on n'ignore pas les conséquences de la technique du consensus sur les décisions. La décision devient alors le fruit de négociations, d'arrangements qui doivent absolument satisfaire l'ensemble des parties, et du coup, elle se trouve le plus souvent vidée de sa substance. En outre, ces décisions ne sont pas contraignantes pour les parties qui ne peuvent se voir opposer une sanction pour non-application ou pour mauvaise application des directives. En tout cas, le Traité ne le prévoit pas. Au plus, seule la crainte d'un rapport défavorable lors de l'évaluation peut imposer à l'État une certaine contrainte morale pour l'obliger à s'exécuter. Ce sont là encore les manifestations de la *soft Law*.

On remarque que l'attrait pour des formes de normativité souples transparaît dans les domaines où l'État veut conserver sa souveraineté ou est désireux de préserver une certaine autonomie, alors que l'impératif du développement d'une coopération internationale se fait ressentir. Les États peuvent en effet vouloir atteindre un certain nombre d'objectifs en menant une action collective tout en s'imposant des obligations assez limitées. Manifestement, les États d'Afrique centrale s'inscrivent dans cette logique,

f) Le développement des activités alternatives et la réduction de la pauvreté ;
g) Le renforcement des capacités, la participation des acteurs, l'information et la formation ;
h) La recherche et le développement ;
i) Le développement des mécanismes de financement ;
j) La coopération régionale et les partenariats.

[448] L'harmonisation et non l'uniformisation précise le plan de convergence.

[449] Adoptées en novembre 2010 par le conseil des ministres

[450] Adoptées en 2008 par le conseil des ministres

l'environnement ou les écosystèmes forestiers plus spécifiquement étant un domaine à forte attractivité des souverainetés au même titre d'ailleurs que le nucléaire, les relations économiques et financières, le droit du développement et le droit international du travail.

On peut malgré tout se réjouir de ce qu'un texte dérivé de la COMIFAC ait une portée contraignante. À côté d'une grande majorité de textes de *soft Law*, un Accord en bonne et due forme a été adopté par les États du bassin du Congo sur le contrôle forestier.

ii- L'Accord sous-régional sur le contrôle forestier en Afrique centrale

L'Accord sur le contrôle forestier a été signé par les États membres de la COMIFAC en octobre 2008. Par cet Accord, ceux-ci ont démontré qu'ils étaient convaincus du rôle essentiel des forêts sur le triple plan économique, écologique et culturel. Ils ont de ce fait pris en compte le fait que la conservation et la gestion durable de la faune et de la flore sauvages d'Afrique Centrale revêtent une importance non négligeable pour la préservation de l'ensemble de la biodiversité des forêts en Afrique et dans le monde. L'objectif de cet Accord est d'assurer la promotion de la coopération entre les États membres de la COMIFAC en vue de renforcer le contrôle de la production et de la circulation commerciale des produits forestiers de la sous-région au sein de cette dernière. Cet instrument conventionnel vise aussi à promouvoir le développement, la conservation et la gestion durable des forêts d'Afrique Centrale, dans l'intérêt des générations présentes et futures ; à promouvoir le commerce des produits forestiers, en vue de lutter contre la pauvreté et de contribuer au développement socio-économique des États-parties[451].

Pour la première fois au moins, un texte de la COMIFAC évoque la possibilité d'engager la responsabilité d'un État membre en cas de non-respect d'une obligation contractuelle. On y voit une volonté de contraindre les États à respecter leurs engagements ; mais jusqu'à quel point ont-ils poussé cette audace ?

2- Une survivance subtile de la sanction

D'une manière générale, le droit international admet, dans le cadre d'un traité multilatéral, qu'un État réponde à la violation d'une obligation conventionnelle par un autre État, en suspendant à son tour, partiellement ou totalement, l'application du traité. Ce genre de réaction n'est pas en principe approprié dans le cadre des conventions environnementales. Les contre-mesures peuvent être efficaces dans le cas où les États auraient un intérêt réciproque à ce que le traité soit correctement mis en œuvre. Elle est inadaptée dans l'hypothèse où les engagements que celui-ci contient ne sont pas

---

[451] Cf. préambule de l'Accord sous-régional sur le contrôle forestier octobre 2008.

réciproques, mais basés sur le principe d'un intérêt supérieur qu'est dans le cas présent le *« patrimoine commun »*[452] ou le *« patrimoine national d'intérêt commun »*[453]. Le droit international de l'environnement n'est cependant pas dépourvu de toute possibilité de contrainte puisque la possibilité de sanction existe malgré tout. Dans le contexte de la COMIFAC, la question des sanctions n'est pas très explicitement envisagée. Il faut lire entre les lignes du texte pour admettre qu'il peut exister contre les États membres des sanctions aussi bien dans un cadre non juridictionnel (a), que dans un cadre juridictionnel (b).

a- La souplesse des sanctions non juridictionnelles

Dans le cadre des institutions conventionnelles, certaines sanctions sont théoriquement envisageables et parfois mises en œuvre. Du moment où les obligations contenues dans le traité ne sont pas réciproques, l'efficacité des sanctions collectives par rapport aux sanctions individuelles est avérée. Au rang de celles-ci, on peut citer les sanctions disciplinaires[454], les sanctions « *morales* » ou « *psychologiques* »[455]et même des sanctions économiques qui consistent principalement en un retrait des avantages que trouvent les États par leur participation à la convention concernée[456]. Dans le contexte de la COMIFAC, la seule cause de sanction non juridictionnelle évoquée par le Traité l'instituant est le non-respect par une partie de ses obligations financières. Il est alors envisagé dans cette hypothèse comme sanction la

---

452 Sur les origines de cette notion, voir A.-C. Kiss, « la notion de patrimoine commun de l'humanité», *B.C.A.D.I.*, 1982, II, pp. 109-119 ; H.R. HERRERA CACERES, « La sauvegarde du patrimoine commun de l'humanité », in *La gestion des ressources pour l'humanité : le droit de la mer,* Colloque de La Haye, 29-31 octobre 1991, Martinus Nijhoff Publishers, 1978, pp. 125-126.

453 Pour reprendre l'expression de Maurice Kamto, voir Kamto (M), « Les forêts, patrimoine commun de l'humanité et droit international », in Michel PRIEUR et Stéphane DOUMBE-BILLE (dir.), Droit, forêt et développement durable, Bruxelles, Brulants, 1996, pp.79-90.

454 Suspension du droit de vote ou même la suspension de l'ensemble des droits et privilèges inhérents à la qualité de partie

455 L'effet *name and shame* est d'une efficacité incontestable dans le domaine de l'environnement. La stigmatisation d'un État au travers de la publication des rapports défavorables, des résolutions, ou même des débats des conférences de parties est amplifiée par la présence des ONG qui servent de relais auprès de l'opinion publique.

456 Cela est surtout vrai pour les subsides financiers. Il peut aussi s'agir du déclassement d'un site sur une liste internationale ou labellisée, de la suspension des missions d'assistance, etc. ces sanctions sont ainsi par nature ponctuelles et limitées. Ponctuelles, parce que toutes les conventions ne procurent pas de tels avantages et ne peuvent par conséquent pas les retirer. Mais aussi parce que les conventions qui les procurent le font elles-mêmes de manière très ponctuelle. Limitées, car ces violations correspondent à la violation en cause. Il n'est donc encore pas question de déclasser un site pour une obligation autre que celle de conserver le site en question. De même, lorsque l'on retire des subsides financiers, le retrait correspond à un manquement dans l'utilisation de ces ressources et non pas le manquement à la convention qui n'aurait qu'un rapport éloigné avec le versement.

suspension du droit de vote et la perte de tout appui de l'organisation[457]. Apparemment, cette disposition n'a jusque-là pas été appliquée, alors que les arriérés de contribution sont monnaie courante au sein de l'organisation[458].

On peut aussi être fondé à croire qu'une sanction morale pèse sur la tête des États contrevenants aux conventions applicables au sein de la COMIFAC puisque son secrétariat exécutif produit annuellement un rapport technique qui pourrait indexer une partie. Il aurait pu s'agir là d'un outil efficace de contrainte même si elle est légère. On ne retrouve pas malheureusement dans les rapports de la COMIFAC des rubriques sur l'état de mise en œuvre du plan de convergence par exemple, pour ne pas parler du rapport des États membres faisant le point sur la tenue de leurs engagements. Ledit rapport jusqu'ici n'est consacré qu'aux activités annuelles de la COMIFAC elle-même, à tel point qu'on a le sentiment qu'il évite d'aborder les activités des États parties.

Par ailleurs, les chapitres 2 et 3 qui déterminent les compétences du sommet des chefs d'État et du conseil des ministres n'attribuent à aucune de ces instances la compétence pour connaître d'éventuels rapports produits par les parties sur l'état de la mise en œuvre des conventions et directives concernées. Le texte n'impose d'ailleurs pas aux parties de produire de rapport encore moins qu'il ne permet au secrétariat général de commettre des missions d'inspection pour produire lui-même lesdits rapports. L'effet *« name and shame »*[459] est ainsi balayé du revers de la main.

Ainsi, si on peut retrouver des éléments qui permettent de voir quelques traits qui offrent la possibilité d'une sanction non juridictionnelle, on se doit d'être prudent en ce qui concerne la sanction juridictionnelle au sein de la COMIFAC.

b- Le rejet incomplet de la sanction juridictionnelle

Tant le Traité[460] que l'Accord[461] semblent traduire le recul que les parties ont pris face à l'idée d'instituer une juridiction pouvant connaître des différends qui les opposeraient dans la mise en œuvre de leurs obligations. D'ailleurs, l'art 31 du Traité[462] reprenant presque mot pour mot l'art 41 de

---

457 Art 20 du Traité. On peut se surprendre de ce que seule la question de contributions financières soit impérativement soulignée dans le cadre des sanctions. Les obligations fondamentales liées à l'objet même du traité ne font pas l'objet de sanction expresse dans celui-ci malheureusement.

458 Voir Rapport 2013 de la COMIFAC P. 32 par exemple. Seuls trois États parties se sont acquittés de leurs cotisations annuelles à savoir le Cameroun, le Congo et la Guinée Équatoriale.

459 En français « dénoncer pour faire honte ».

460 Entendons Traité COMIFAC de 2005

461 Entendons L'Accord sous régional sur le contrôle forestier en Afrique centrale

462 « *En cas de différend entre parties contractantes touchant à l'interprétation ou à l'application du présent Traité, les parties concernées recherchent une solution par voie de négociation. Si les parties concernées ne peuvent pas parvenir à un accord par voie de*

l'Accord[463] exclut explicitement la possibilité d'une résolution juridictionnelle de leurs différends. Non seulement elle évite d'instituer une juridiction dans le cadre du traité, mais surtout elle empêche le recours aux juridictions déjà existantes[464]. Certains auteurs pensent que cette réticence est plus accentuée dans le domaine du droit de l'environnement puisque « *les obligations définies même sur le plan conventionnel sont souvent vagues, parce que les éléments de l'environnement ne présentent pas de valeur marchande ou bien une faible valeur marchande en raison des spécificités des dommages environnementaux de nature à décourager le déclenchement de telles procédures* »[465].

Seul l'art 11 de l'Accord évoque la possibilité d'engager la responsabilité de l'État membre, mais seulement devant une juridiction nationale[466]. Il ne précise pourtant pas quelles sont les personnes qui ont qualité pour le faire. S'agirait-il des autres États membres ou de personnes privées soumises au droit national de l'État en question ? La dernière hypothèse est certainement la plus plausible. En tout cas, cette responsabilité jusque-là est encore limitée à la seule hypothèse de délivrance irrégulière d'un titre d'exploitation et non au manquement à une obligation conventionnelle. Ce qui réduit pratiquement à sa plus simple expression la possibilité d'engager la responsabilité internationale des parties. Cette phobie du droit, ou du moins du *hard Law,* qu'ont les États d'Afrique centrale a des causes bien précises.

B- Les causes de la souplesse du droit sous-régional

L'une des caractéristiques de l'ordre juridique international est que les États sont les acteurs principaux de la formation du droit, tout au moins de ses sources classiques, en même temps qu'ils sont chargés de le mettre en œuvre. Ainsi, le besoin d'une hiérarchie dans l'ordre juridique international et d'un mécanisme de coercition pour définir des instruments de régulation et veiller à appliquer n'a jamais été autant important. Mais la société internationale actuelle reste une société d'entités souveraines juxtaposées et non

---

négociation, elles peuvent conjointement faire appel aux bons offices ou à la médiation d'une tierce partie.

463 « 1.*Tout différend entre les parties touchant à l'interprétation ou à l'application du présent accord sera soumis au conseil des ministres aux fins d'une solution négociée.*

2. *Si les parties ne parviennent pas à un accord par voie de négociation, la question est soumise aux bons offices et à la médiation ou à la conciliation d'une tierce partie.* »

464 La CIJ notamment.

465 Maljean-Dubois(S.) et Richard (V.), *Mécanismes internationaux de suivi et de mise en œuvre des conventions internationales de protection de l'environnement*, Notes de l'IDDRI, N° 09 , Paris, 2004, p27.

466 Art 11 « *le non-respect des obligations découlant du présent Accord peut entrainer la mise en jeu de la responsabilité d'un État partie devant la juridiction nationale compétente, en particulier en cas de délivrance irrégulière d'un titre d'exploitation.*»

hiérarchisées, avec la capacité de créer des normes et des institutions désarticulées dans un contexte dominé par la primauté du consentement.

Dans le cadre des relations interétatiques, il n'existe pas de hiérarchie entre les sources du droit. La principale raison réside dans le rapport égalitaire qui existe entre les États et l'exigence de leurs consentements à être liés par les règles du droit international. Cette position centrale de l'État (1), comme acteur du droit international en général et du droit international de l'environnement en particulier, influence négativement son efficacité auquel s'ajoute très souvent la rédaction imprécise des textes (2).

1- La toute-puissance des acteurs étatiques

« *La Terre est une, mais le monde ne l'est pas* ». C'est sur cette phrase que s'ouvre le rapport Brundtland de 1987, publié par la Commission mondiale sur l'environnement et le développement. Elle traduit le dilemme qu'est censé gérer le droit international de l'environnement. En effet, les problèmes environnementaux vont au-delà des limites territoriales des États, mais la conclusion des traités internationaux et la création des institutions internationales relèvent de la compétence exclusive de ces derniers.

C'est là une situation propre au droit international public qui organise une société internationale composée d'États souverains juxtaposés, et qui ont la charge de créer et de mettre en œuvre ce droit. Dans ce contexte, un État demeure libre de s'engager ou de ne pas s'engager. En acceptant de se soumettre au droit international, il décide librement de s'autolimiter. D'après une formule de la Cour permanente de justice internationale de 1923, *« la Cour se refuse à voir dans la conclusion d'un traité quelconque, par lequel un État s'engage à faire ou à ne pas faire quelque chose, un abandon de sa souveraineté »*[467]. Selon cette conception traditionnelle, lorsqu'un État intervient dans la conclusion d'un traité qui lui impose des contraintes, il exerce d'une autre manière sa liberté, mais ne la limite pas. En droit international, il s'agit de la théorie dite « *volontariste* » qui considère les traités comme des instruments de régulation des relations diplomatiques. Cette théorie reflète ainsi la fonction historique des traités internationaux.

Ce schéma est très peu adapté aux enjeux environnementaux actuels. La souveraineté absolue se trouve être le reflet des intérêts égoïstes des États, et du rapport de puissance qui existe entre eux. C'est probablement la volonté de préserver cette souveraineté qui constitue la cause principale de la souplesse et des multiples blocages de la protection par le droit sous-régional en Afrique centrale, des écosystèmes forestiers.

---

[467] Cour permanente de justice internationale, 17 août 1923, Affaire du Vapeur « Wimbledon », Série A, n°1

Il est alors urgent de redéfinir les contours du droit à la souveraineté des États. Quelques-uns ont même proposé, en s'inspirant du droit international humanitaire, d'introduire la notion de « *droit d'ingérence écologique* »[468]. Pareil concept, en dehors peut-être des cas d'urgence exceptionnels, ne saurait être adapté aux problématiques environnementales. Il serait plutôt intéressant, tout en conservant le principe même de la souveraineté des États, d'accorder plus de place en droit international à la société civile (peut-être pas au même titre que les acteurs privilégiés que sont les États) qui jusque-là se positionne comme le véritable contre poids à la toute-puissance de l'État.

2- Une rédaction imprécision des textes

Le caractère imprécis des textes environnementaux peut limiter l'intervention des organismes sous-régionaux. À titre illustratif, le Traité de Brazzaville n'est pas assorti ni de protocole additionnel, ni d'annexe apportant des clarifications et des détails précis de son application[469]. Le caractère diffus et peu usité des normes environnementales constitue une autre limite à l'action des organismes sous-régionaux. Les règles du droit international de l'environnement étant éparses et diversifiées, il est difficile de les utiliser ou de les invoquer. Et leur insertion dans les pratiques africaines n'en est pas non plus aisée. Sa réception dans le continent se fait donc très lentement, ce qui réduit considérablement l'action des organismes sous-régionaux d'Afrique centrale. Si des programmes, projets ou politiques sont arrêtés, leur pleine effectivité dépend de l'importance attachée à l'environnement par les États concernés et de la précision des textes. Or, les États d'Afrique centrale ne mettent pas toujours un point d'honneur à assurer la préservation des écosystèmes forestiers. Même lorsque les textes sont bien conçus, ils sont peu valorisés en pratique. Les efforts de la COMIFAC de protéger l'environnement ne peuvent pas produire les résultats escomptés si des réflexions ne sont pas engagées dans le but de renforcer l'efficacité de ce mécanisme sous-régional original[470].

---

468 Bachelet (M.), L'ingérence écologique, Frison-Roche, 1995.

469 Assembe Mvondo (S.), «Dynamiques de gestion transfrontalière des forêts du bassin du Congo : une analyse du traité relatif à la conservation et la gestion des écosystèmes forestiers d'Afrique Centrale», LEAD Journal, vol. 2/1, 2006, p. 108

470 Il est original dans la mesure où à la différence de la plupart des autres mécanismes sous-régionaux de protection de l'environnement qui sont adossés aux institutions sous-régionales d'intégration économique, celui de la COMIFAC est une organisation internationale autonome dont la mission est exclusivement basée sur la conservation des écosystèmes forestiers d'Afrique centrale.

II- L'urgence d'un renforcement du mécanisme sous-régional de protection

Dans le contexte international, il n'existe pas une autorité que l'on pourrait comparer à celle d'un gouvernement à l'intérieur d'un État, avec tous les pouvoirs qu'on peut lui reconnaître pour impulser l'application du droit international. Ce sont les institutions internationales créées par les conventions qui assurent ce rôle, et l'efficacité de leur action est bien fonction des compétences à elles reconnues par lesdites conventions. Le Traité COMIFAC semble ne pas donner les moyens qu'il faut à cette institution pour réaliser les missions qui lui sont par ailleurs assignées.

S'il faut atteindre les objectifs que se sont fixés les chefs d'État de la COMIFAC depuis la Déclaration de Yaoundé de 1999 jusqu'à l'Accord de Brazzaville de 2008, il sera nécessaire que l'ensemble des acteurs du processus et principalement les parties aux différentes conventions soient plus ambitieuses et disposées à céder un peu plus de leurs droits souverains sur les questions liées aux écosystèmes forestiers. D'ailleurs, leur détermination à mettre en commun leurs efforts dans le but d'assurer une meilleure conservation de ces écosystèmes trahit nécessairement deux choses : d'une part leur aveu de ce qu'il est aujourd'hui impossible d'assurer une protection efficace de l'environnement en solitaire (l'environnement était un tout que se partagent simplement des territoires souverains), d'autre part le fait que ces richesses naturelles sont un patrimoine commun de l'humanité et donc un instrument de développement commun et durable. Mais la souplesse du cadre juridique et l'attachement presque viscéral à la souveraineté en matière de gestion des écosystèmes forestiers peuvent-ils seulement jouer en faveur de cette ambition commune ?

L'éviction de la contrainte reste un gros problème si l'on considère l'importance de cette ambition. C'est pourquoi il est urgent de développer des techniques d'incitation à la mise en œuvre des textes par les États membres(A), d'assurer un véritable mécanisme de contrôle de leur mise en œuvre (B) et de définir un système de sanction des manquements aux obligations conventionnelles des parties (C). Ceci mettrait au moins un peu de pression sur les parties qui trainent le pas à honorer leurs obligations contractuelles.

A- L'incitation à la mise en œuvre des Conventions sous régionales

Certains moyens permettent aujourd'hui, en dehors de la sanction, d'inciter les États à mettre en œuvre le droit international de l'environnement. Il s'agit pour l'essentiel de l'assistance financière(1) et technique(2) dont ont généralement besoin la plupart des États d'Afrique.

1- L'assistance financière

Un fonds spécial d'incitation à la mise en œuvre du droit forestier sous-régional pourrait être institué aux fins d'encourager les États qui se démarquent par leur assiduité dans l'application du plan de convergence sous-régional. Ceci s'inspirerait d'une pratique communément observée au niveau international[471]. La question la plus difficile à résoudre ici sera probablement celle de l'origine de ces fonds. On pourrait se dire qu'une contribution des États membres permettrait d'alimenter un tel fonds. La question ne sera pas résolue pour autant, étant entendue que ces derniers ont déjà beaucoup de mal à s'acquitter de leurs contributions statutaires et les appuis financiers des institutions partenaires ne sont pas toujours de nature à faciliter l'atteinte des objectifs préétablis[472].

D'ailleurs, les pays membres se tournent plutôt vers les bailleurs de fonds internationaux pour le financement de leurs projets de conservation avec tous les aléas que l'on peut imaginer tenant aux conditions posées par ces bailleurs de fonds et qui ne s'inscrivent pas toujours dans la logique du plan de convergence. Ceci témoigne à suffisance de l'urgence d'instituer un tel fonds pour assurer aux États un soutien indispensable aux activités de conservation en cohérence avec la politique commune. On peut penser que ce fonds avec un peu de volonté de la part des États membres, pourrait bien être alimenté par un prélèvement fiscal imposé aux différents concessionnaires forestiers et par des soutiens financiers activement recherchés par la COMIFAC elle-même, auprès des bailleurs de fonds internationaux [473] tels que la banque mondiale qui dispose de fonds spéciaux capables de soutenir de telles initiatives[474].

Cette initiative viendrait s'ajouter aux multiples mécanismes internationaux de financement tels que les mécanismes liés au traitement de la dette[475], ceux liés à la convention-cadre sur le changement climatique[476] et

---

471 Il s'agit des fonds internationaux et des fonds spéciaux. Sur la question voir KISS (A.) et BOJIC (D.), *« Aspect financier de la protection des forêts en droit international »*, in Michel PRIEUR et Stéphane DOUMBE-BILLE : Droit, forêt et développement durable, Bruxelles, Brulants, 1996, pp.440 et ss.

472 Rapport annuel COMIFAC 2011 et 2012 notamment.

473 Le Traité COMIFAC n'exclut d'ailleurs pas ces pistes pourtant peu exploitées. Voir art 20.

474 Kiss (A.) op. cit.

475 Les échanges de dettes contre nature ont à nos jours permis à plusieurs états d'entreprendre des projets de conservation, de financer des systèmes de contrôle, des améliorations techniques, des activités proposées par des ONG locales, etc. Ce mécanisme commence à être utilisé dans le cadre des contrats de désendettement développement (C2D) pour les pays pauvres très endettés (PPTE), et la France a conclu un premier accord de ce type avec le Cameroun en 2006. Ces accords permettent aussi que des activités soient entreprises concernant des biens environnementaux. Cet instrument est donc intéressant, bien que son usage répété dans un même pays soit limité par les caractéristiques mêmes de la dette, et son épuisement. Il peut être tout à fait adapté pour constituer le capital initial d'une Fondation destinée à gérer des aires protégées.

476 Il s'agit d'un mécanisme de rémunération des pays en développement qui s'engagent à réduire leur rythme de déforestation. Ce mécanisme est encore connu sous le nom de «

au protocole de Kyoto[477], et enfin les financements privés. Mais on peut regretter que ces initiatives soient individuelles puisqu'elles auront pour effet de multiplier les dynamiques de protection alors qu'une approche collective sous la houlette de la COMIFAC par exemple permettrait une synchronisation de la politique de protection.

À leur tour, les États peuvent bien développer des mesures fiscales incitatives à la protection. En effet, le défrichement est l'une des causes majeures de déforestation dans les pays du bassin du Congo. La raison principale en est l'agriculture (qu'elle soit rudimentaire ou extensive) et la recherche du bois d'œuvre pour les travaux de construction. Le prélèvement fiscal ou taxe communautaire évoqué ci-dessus peut porter sur l'exportation des produits forestiers et sur le défrichement[478] par les entreprises qui font dans l'agriculture à grande échelle ou dans la commercialisation du bois de chauffage ou du bois d'œuvre. Cette taxe permettrait à la COMIFAC, en plus de soutenir les États membres dans l'application du plan de convergence, de financer les projets d'agrandissement des superficies boisées, ce qui opérerait comme une sorte de compensation. T. SCHMITT voit dans une telle solution une illustration du principe pollueur-payeur lorsqu'il écrit que *« Les diverses taxes de défrichement, ou parfois de reboisement, s'apparentent en effet à de véritables redevances de pollution qui permettent plus ou moins d'internaliser dans les calculs économiques le coût social d'une activité dangereuse pour l'environnement. Le produit de ces impôts est d'ailleurs en général affecté au financement d'opérations de boisement ou de protection des forêts.»*[479]. Il sera donc nécessaire qu'il soit institué à l'avance une autorisation de défrichement, ce qui permettra d'évaluer le montant de la taxe en fonction de la superficie concernée.

Si l'assistance financière est importante pour la conservation, elle n'est pas cependant exclusive. L'assistance technique elle vient opportunément en appui.

2- L'assistance technique de la COMIFAC

La nécessité d'une assistance technique est avérée. Elle permettrait d'aider les administrations nationales, très souvent mal loties, dans un domaine comme l'environnement où les avancées technologiques sont très rapides. Il est bien plus aisé pour ces dernières de mobiliser les compétences

---

déforestation évitée » ou REDD (réduction des émissions liées à la déforestation et la dégradation des forêts). Ce mécanisme devrait être mis en œuvre au niveau de chaque pays et non au niveau de chaque parcelle forestière, en comparant le taux de déforestation réelle sur la «période d'engagement» avec un taux correspondant à un scénario de référence « sans action particulière» sur la même période.

477 Le mécanisme de développement propre (MDP) en est le principal instrument.

478 À l'instar de celle instaurée en France par l'art L314.1 du Code Forestier

479 Schmitt (T.), « Les mesures incitatives et fiscales de protection des forêts » in Michel PRIEUR et Stéphane DOUMBE-BILLE (dir.), *Droit, forêt et développement durable*, Bruxelles, Bruylant, 1996, p.329

internationales dans le domaine afin de les mettre à contribution dans les stratégies de conservation.

Il s'agira de mettre à la disposition des administrations nationales des États membres des experts pouvant les aider à mieux concevoir leurs programmes d'action en matière de conservation des écosystèmes en veillant à l'adaptation de ces programmes avec le plan de convergence en même temps qu'ils veilleront à les aider à adapter leurs textes de loi aux directives sous-régionales et aux accords internationaux auxquels ils sont parties pour veiller à l'harmonie des textes internes traitant de la même question. Ceci permettrait bien d'assurer la mise en œuvre de ces conventions[480]. Le Cameroun heureusement a tenté une solution à cette question en consacrant la supériorité des conventions par lui ratifiées sur les lois[481] et donc sur les règlements[482].

Aussi, le renforcement des capacités dans les domaines jugés nécessaires à l'atteinte des objectifs communs de conservation est une nécessité. Il s'agit bien de formation continue, étant entendu que l'évolution est très rapide dans ce domaine. La COMIFAC devrait donc multiplier les séminaires sous-régionaux et nationaux pour faciliter la mise en œuvre technique, juridique et même institutionnelle des différentes conventions. Il faut déjà apprécier l'effort entrepris à ce niveau,avec la mise sur pied par le RIFFEAC de la *revue scientifique et technique forêt et environnement* qui est une source d'informations scientifiques pour les patries.

On ne peut pas affirmer avec force et conviction que la COMIFAC s'inscrit résolument dans cette logique qui pourtant aurait permis une meilleure mise en œuvre de son plan de convergence. Il faut reconnaître que les pays membres ont très souvent besoin d'un appui technique pour leur permettre d'adapter efficacement leurs politiques nationales au plan de convergence. Ce que la COMIFAC n'est pas toujours en même de fournir, peut-être, à cause des moyens financiers limités[483]. Elle se résume seulement à mettre sur pied un système de suivi-évaluation qui consiste en une plateforme de suivi du plan de convergence qui lui donne des renseignements sur les performances de la mise en œuvre du plan de convergence dans chaque pays membre. On se serait attendu à ce que cet important outil d'aide à la décision permette de prendre des mesures fortes contre les pays membres à la traine. Il n'en est cependant rien, encore que l'esprit du texte fondateur de la COMIFAC en fait plus une

---

480 Les États rechignent souvent à mettre en œuvre de façon naturelle les conventions environnementales surtout que celles-ci limitent leurs marges de manœuvre dans l'exploitation de leurs ressources naturelles, sources principales de revenus pour la plupart d'entre eux.

481 Art. 45.- Les traités ou accords internationaux régulièrement approuvés ou ratifiés ont, dès leur publication, une autorité supérieure à celle des lois, sous réserve pour chaque accord ou traité, de son application par l'autre partie.

482 Puisque dans la hiérarchie des normes la loi est supérieure au règlement

483 Voir budget COMIFAC rapport annuel 20011, 2012,2013 par exemple.

structure de coordination qu'une véritable organisation d'intégration en matière d'environnement[484] ; ce qui, on peut bien l'imaginer, limite ses compétences.

À côté de tout ceci, l'adoption de nouvelles techniques de contrôle serait un bon palliatif à l'absence de contrôle juridictionnel déploré dans le système sous-régional de protection.

B- La nécessité d'instituer des techniques innovantes de contrôle de la mise en œuvre

Dans le processus de mise en œuvre de leurs engagements internationaux en matière environnementale, les États sont généralement accompagnés par des procédures internationales de *surveillance et vérification*[485] ; l'intervention du juge pour connaître des obligations contractées par les parties étant toujours appréhendée avec méfiance par celles-ci. Les États ont alors établi des procédures non juridictionnelles spécifiques, s'inspirant en partie de techniques ayant fait leurs preuves dans d'autres domaines. Ces procédures n'ont pas pour seul objet le contrôle de la mise en œuvre par les États de leurs obligations internationales. Elles permettent aussi de préciser et de concrétiser ces obligations, en favorisant un apprentissage collectif[486], d'évaluer tant le comportement des parties que l'efficacité de la norme qu'elles ont en commun.

Les premières conventions environnementales ne prévoyaient pas de techniques de contrôle spécifiques de leur mise en œuvre, pas plus qu'elles n'institutionnalisaient la coopération entre parties à la convention, condition essentielle de ce type de contrôle. Ces conventions étaient alors très peu effectives. Dès les années 70, des formes de coopération institutionnelles se profilent et de nouvelles techniques de contrôle sont expérimentées, s'inspirant fortement des méthodes observées dans le domaine des droits de l'homme. La plus usitée étant bien sûr le *« système des rapports »*. C'est aussi la technique employée, hors du cadre conventionnel, par la CDD[487] pour évaluer la mise en œuvre d'Action 21 par exemple. Non dénuée d'intérêt, elle

---

484 Art 5 du Traité COMIFAC "Article 5 Pour la mise en œuvre du présent Traité, il est créé une Organisation internationale sous-régionale dénommée 'Commission des Forêts d'Afrique Centrale', en abrégé 'COMIFAC'. La COMIFAC est une organisation chargée de l'orientation, de l'harmonisation, et du suivi des politiques forestières et environnementales en Afrique Centrale."

485 Plus connu en anglais sous l'appellation «*implementation review mechanisms* »

486 La technique du « *leaning by doing* »

487 La Commission sur le Développement Durable

ne figure cependant pas parmi les moyens les plus poussés de contrôle du droit international et rencontre d'importantes limites[488].

Dans le cadre de la COMIFAC, c'est le conseil des ministres qui assure le contrôle de la mise en œuvre en matière de gestion durable des écosystèmes forestiers[489]. Mais le Traité ne dit mot sur les moyens de contrôle de la mise en œuvre. Serait-il au choix du conseil des ministres ou alors c'est tout simplement une astuce de la part du texte de faire obstacle à un tel contrôle ? Quoi qu'il en soit, cette préoccupation s'inscrit dans la logique de la souplesse du cadre juridique sus-évoqué, et pour lequel il est urgent d'apporter quelques remédiations.

C- La nécessité d'un système innovant de sanction

Les mécanismes de sanction tels qu'étudiés dans la première partie de ce travail sont expressément éludés par les textes. Pourtant, c'est « *la crainte du juge qui est le commencement de la sagesse* »[490]. Comment donc contraindre sans le juge puisque l'intention manifeste des parties est d'éviter le juge ? Fort heureusement, le droit de l'environnement offre une batterie de possibilités grâce aux innovations qui y sont opérées. Des systèmes de contrainte ont alors été mis sur pied pour concilier la volonté des États de conserver leurs droits souverains sur leurs ressources forestières et l'obligation de les exploiter dans la perspective d'un développement durable qui protège tant les intérêts des générations présentes que celles futures.

Ainsi, l'un des meilleurs instruments de sanction non juridictionnels reste l'instrument économique. Puisque ce qui cristallise les intérêts est en réalité la valeur économique du bien environnemental concerné, il est tout à fait logique que le moyen le plus indiqué pour sanctionner l'inobservance des règles d'exploitation durable soit le marché. Le discrédit jeté le plus souvent par la société civile détériore la valeur marchande du produit et réduit dès lors sa compétitivité sur le marché. Ce qui oblige le producteur à veiller au respect des règles d'exploitation à l'avenir pour s'assurer de réaliser des gains.

L'accord sous-régional sur le contrôle forestier en Afrique centrale institue un instrument efficace de contrôle de l'exploitation forestière appelé « Label COMIFAC ». Il s'agit d'une marque « *pour la délivrance des titres et permis d'exploitation forestiers, ainsi que des documents d'exportation des produits*

[488] Le système des Rapports a pour limite principale le fait que le rapport est rédigé par l'État lui-même pour rendre compte de l'état de la mise en œuvre de ses obligations contractuelles. Il est donc son propre juge et il va de soi qu'il sera difficile pour lui-même de se désavouer.

[489] Article 10 du traité relatif à la conservation et à la gestion durable des écosystèmes forestiers d'Afrique centrale et instituant la commission des forêts d'Afrique centrale.

[490] Pour paraphraser un verset biblique Psaume 111 verset 10.

forestiers à l'extérieur de la sous-région »[491]. Un tel instrument[492] rassure le marché de ce que le produit vendu vient d'un espace où l'exploitation forestière est faite dans les conditions respectueuses de l'environnement. Ainsi, l'absence d'un tel label sur le produit alerte immédiatement le marché et met l'entreprise, et donc le pays de provenance en difficulté, de sorte qu'ils se trouvent tenus de respecter lesdites règles. La promotion sur le plan international de ce label et sa généralisation sur le plan sous-régional feraient de cet instrument un outil efficace de sanction et/ou de dissuasion tant pour les États parties que pour les entreprises opérant dans le secteur forestier.

Cependant, un problème non moins important se pose ! Qui assure le processus de labellisation desdits produits forestiers ? L'État ou la COMIFAC ? L'art 35 al 2 de l'Accord apporte une réponse claire à la question : ce sont les États qui ont le contrôle du processus avec la collaboration du secrétariat exécutif de la COMIFAC. Il est donc à craindre que les États manquent d'objectivité, puisqu'ils ne sauraient être un obstacle pour leurs propres intérêts. Il aurait donc été intéressant que soient associés à ce processus des organismes indépendants, telles les ONG qui veilleraient à la régularité du processus. Quoi qu'il en soit, la certification devrait, si elle est bien utilisée permettre d'agir comme une sanction contre les États qui ne respectent pas la réglementation forestière et l'exploitation durable de leurs forêts.

Au terme de cette analyse, l'on peut constater qu'il existe véritablement une volonté de la part des États qui ont les écosystèmes forestiers du bassin du Congo en partage d'entreprendre une protection concertée de ce patrimoine naturel. Elle est d'ailleurs manifeste au travers de l'adoption de quelques textes communs dans ce sens et surtout à travers la mise sur pied d'une organisation de coordination des politiques de protection qu'est la COMIFAC. Malheureusement, l'efficacité de la protection envisagée s'annonce faible pour une raison majeure : le cadre juridique souple ne présage pas du tout l'atteinte de résultats satisfaisants. Il est donc urgent à défaut de la part de la COMIFAC de contraindre juridiquement les États membres, de les encourager par diverses incitations à la mise en œuvre tant du droit universel que du droit sous-régional en rapport avec les écosystèmes forestiers; de veiller au contrôle de cette mise en œuvre par diverses méthodes qu'offre le droit de l'environnement. Tout ceci sera appuyé par la sanction qu'offrent aujourd'hui les divers instruments du marché.

---

[491] Art 35 de l'accord

[492] Nous y voyons un instrument de marché d'un genre particulier.

Éléments de bibliographie

1. OUVRAGES

Bachelet (M.), *L'ingérence écologique,* Frison-Roche, 1995.

Kiss (A.), Droit international de l'environnement, Paris, Pedone, 1986, 1 ière éd.

Doumbé-Billé (S.), « la nouvelle convention africaine de Maputo sur la conservation de la nature et des ressources naturelles », *Revue Juridique de l'Environnement*, 1/2005.

IUCN, « An introduction to the African Convention on the Conservation of nature and natural ressources – Introduction à la Convention africaine sur la conservation de la nature et des ressources naturelles », *Environmental Policy and law paper No 56 Rev.*, 2ème éd., Gland, 2006.

Millard (E.), *Théorie générale du droit, Paris*, Dalloz, collection Connaissance du droit, 2006.

2. ARTICLES DE DOCTRINE

Doumbé-Billé (S.), « la nouvelle convention africaine de Maputo sur la conservation de la nature et des ressources naturelles », *Revue Juridique de l'Environnement*, 1/2005.

Kiss (A.-C.) « La notion de patrimoine commun de l'humanité », B.C.A.D.I., 1982, II, pp. 109-119 ; H.R. HERRERA CACERES, « La sauvegarde du patrimoine commun de l'humanité », in *La gestion des ressources pour l'humanité : le droit de la mer,* Colloque de La Haye, 29-31 octobre 1991, Martinus Nijhoff Publishers, 19786.

HERRERA CACERES (H.R.), « La sauvegarde du patrimoine commun de l'humanité », in *La gestion des ressources pour l'humanité : le droit de la mer,* Colloque de La Haye, 29-31 octobre 1991, Martinus Nijhoff Publishers, 19786.

Kamto (M.), rapport introductif No 4 '*'Les forêts, patrimoine commun de l'humanité*'' in Droit, forêt et développement durable, PRIEUR (M.) et DOUMBE (S.), (dir), Droit, forets et développement durable, actes des premières journées scientifiques du réseau « droit de l'environnement » de AUPELF-URF, Limoges, du 7 au 8 novembre 1994, P86.

Kamto (M.), « *Les forêts, patrimoine commun de l'humanité et droit international* », in Michel PRIEUR et Stéphane DOUMBE-BILLE (dir.), Droit, forêt et développement durable, Bruxelles, Brulants, 1996.

Mekouar (M.A.), *« La convention africaine : petite histoire d'une grande rénovation* » Environmental Policy and Law, 2004.

Mekouar (M.A.) et Doumbé-Billé (S.), *« la convention africaine révisée sur la conservation de la nature et des ressources naturelles* »in Aspects contemporains du droit de l'environnement en Afrique de l'ouest et du centre Granier (L.) (dir), IUCN, droit et politique de l'environnement, No9.

Maljean-Dubois(S.) et Richard (V.), « *Mécanismes internationaux de suivi et de mise en œuvre des conventions internationales de protection de l'environnement* », Notes de l'IDDRI, No 09 , Paris, 2004.

Mekouar (M.A.) et Doumbé-Billé (S.), « *la convention africaine révisée sur la conservation de la nature et des ressources naturelles* »in Aspects contemporains du droit de l'environnement en Afrique de l'ouest et du centre Granier (L.) (dir), IUCN,

Virally (M.) « *La valeur juridique des recommandations des organisations internationales* » In: Annuaire français de droit international, volume 2, 1956. pp. 66-96.roit et politique de l'environnement, No9.

Assembe Mvondo (S.), «*Dynamiques de gestion transfrontalière des forêts du bassin du Congo : une analyse du traité relatif à la conservation et la gestion des écosystèmes forestiers d'Afrique Centrale*», LEAD Journal, vol. 2/1, 2006.

Schmitt (T.), « *les mesures incitatives et fiscales de protection des forêts* » in Michel PRIEUR et Stéphane DOUMBE-BILLE (dir.), Droit, forêt et développement durable, Bruxelles, Brulants

3. TEXTES

Traité COMIFAC de 2005

Accord sous régional sur le contrôle forestier octobre 2008.

L'Union africaine et la lutte contre le commerce illicite des espèces de faune et de flore sauvages en Afrique

Par :

Serges Roméo FOTSING TAKAM

Ph.D. en droit public
Chercheur au Centre d'Études et de Recherches en Droit international et Communautaire (CEDIC).
Université de Yaoundé II (Cameroun)

Résumé

La lutte contre le commerce illicite des espèces de faune et de flore sauvages africaines fait partie des défis que l'Union Africaine s'est engagée ces dernières années à relever. À cet effet, l'Organisation panafricaine a adopté un cadre juridique dont l'efficacité réside aussi bien dans une double approche préventive et répressive des normes produites que dans la mobilisation, suivant une perspective coopérative et participative, d'une diversité d'acteurs chargés de la matérialisation de ces normes. Mais cette efficacité reste théorique, en raison des difficultés qui touchent ladite matérialisation. Ces difficultés sont principalement liées, d'une part aux questions de financement et, d'autre part, à la réticence actuelle de la grande majorité des États africains à ratifier les traités porteurs de ces normes. La solution à ces problèmes passe par une synergie d'actions entre l'Organisation continentale et ses États membres.

Abstract

The fight against the illicit Trade in species of african wild fauna and flora is part of the challenges the African Union have committed itself to take up in latter years. To that effect, the Pan African Organization has adopted a juridical frame whose efficacy lies as well, in a double preventive and repressive approach of the enacted norms, as in the mobilization, according to a cooperative and participative perspective, of diverse actors charged with the implementation of these norms. But, this efficacy remains theoretical, because of the difficulties which concern the said implementation. These difficulties are mainly linked, in one hand, to the funding matters and, in other hand, to the actual omission by the very large number of African States to ratify the treaties containing these norms. The solution to these problems passes by a synergy of actions between the Continental Organization and its member States.

Fondée officiellement en juillet 2002 à Durban en Afrique du Sud pour succéder à l'Organisation de l'Unité Africaine (OUA), l'Union Africaine a comme vision de « *bâtir une Afrique intégrée, prospère et en paix, dirigée par ses citoyens et constituant une force dynamique sur la scène mondiale* »[493]. L'un de ses objectifs est « *de promouvoir le développement durable aux plans économique, social et culturel* »[494]. L'Organisation continentale compte pour cela sur ses ressources naturelles, dont la faune et la flore sauvages, qu'elle entend gérer durablement[495].

Or, l'Union ne peut parvenir à la durabilité si elle ne relève pas un ensemble de défis au rang desquels le trafic illicite des espèces de la faune et de la flore sauvages[496]. Il en est d'autant plus qu'en cette période où l'on parle de plus en plus de la sixième extinction massive[497], l'Afrique se trouve particulièrement touchée avec, pour ne prendre que cet exemple, la perte de 62% environ de ses éléphants entre 2002 et 2011[498]. Cette situation dramatique, essentiellement liée au commerce illicite[499], deuxième menace et cause d'extinction des espèces au monde juste derrière la disparition des habitats naturels de celles-ci[500], impacte négativement les systèmes environnementaux et les pans entiers de la vie humaine.

C'est donc conscient de la recrudescence de cette activité au cours des années récentes, et de sa contribution au ralentissement du développement durable, de la paix, de la sécurité, de l'État de droit et de la bonne

---

493 Commission de l'Union Africaine et Ministère des Affaires étrangères et du Commerce extérieur de Nouvelle Zélande, *Guide de l'Union Africaine 2017*, Addis-Abeba, 2017, p. 11, *in* : www.au.int, www.mfat.govt.nz.

494 Lire l'article 3 (j) de l'Acte constitutif de l'Union Africaine du 11 juillet 2000, *in* : http://ww.au.int.

495 Commission de l'Union Africaine, *Agenda 2063. L'Afrique que nous voulons*, Édition finale, avril 2015, p. 3.

496 Voir : Stratégie africaine de lutte contre l'exploitation illégale et le commerce illicite de la faune et de la flore sauvages en Afrique, Résumé, pp. 5-6, *in* : https://au.int/sites/default/files/documents/33796-doc-african_strategy_strategy_africaine_au.pdf.

497 Lire notamment : E. Kolbert, *The sixth extinction : an unnatural history*, New York, Henry Holt and Company, 2014, 319 p.; National Geographic, « La sixième extinction massive a déjà commencé », *in*: https://www.nationalgeographic.fr/environnement/la-sixieme-extinction-massive-deja-commence

498 Pour les détails, aller sur : https://www.worldwildlife.org/species/elephant

499 *Idem.*

500 R. Reeve, *Policing Trade in Endangered Species: the CITES Treaty and Compliance*, London, The Royal Institute of International Affairs/Earthscan, 2002, p. 8; UNEP, *Global Environment Outlook-3. Past, present and future perspectives*, London/Sterling, UNEP/Earthscan Publications Ltd, 2002, p. 121.

gouvernance[501] que l'organisation panafricaine s'est engagée dans *« la lutte contre le commerce illicite des espèces de la faune et de la flore sauvages »*[502].

Pour l'UA, le commerce illicite des espèces *« (...) implique la récolte, l'approvisionnement, le transport et la distribution à l'échelle nationale et internationale, des animaux et des plantes, ainsi que leurs parties, produits et dérivés, en violation des lois et des traités en vigueur. Ils varient des simples collectes et transactions de ventes au commerce via des conteneurs commerciaux transportés dans le monde vers des marchés internationaux »*[503]. Cette définition s'avère intéressante en ce qu'elle tend vers la complétude tout en étant synthétique de celle qu'on peut formuler à partir de la conception donnée au commerce international dans le cadre de la CITES[504].

---

[501] Voir Conseil Exécutif de l'Union Africaine, Décision sur la conservation des espèces de faune et de flore africaines et sur le commerce illicite des espèces sauvages, Décision EX.CL/Dec.832 (XXV), Doc. EX.CL/843(XXV), 25e session ordinaire, 20 – 24 juin 2014, Malabo (Guinée Équatoriale), paragraphe 2 ; Stratégie africaine de lutte contre l'exploitation illégale et le commerce illicite de la faune et de la flore sauvages en Afrique, p. 5, *in* : https://au.int/sites/default/files/documents/33796-doc-african_strategy_strategy_africaine_au.pdf.

[502] La susvisée stratégie africaine de lutte contre l'exploitation illégale et le commerce illicite de la faune et de la flore sauvages en Afrique porte, tel que l'exprime son intitulé, sur cette lutte. Cette expression est aussi expressément utilisée par d'autres instruments de l'UA. À ce propos, voir notamment : Conseil Exécutif de l'Union Africaine, Décision sur la conservation des espèces de faune et de flore africaines et sur le commerce illicite des espèces sauvages, Décision EX.CL/Dec.832 (XXV), *op. cit.*, paragraphe 11 , Déclaration de Brazzaville à l'occasion de la Conférence internationale du 27 au 30 avril 2015 sur l'exploitation illégale et le commerce illicite de la faune et de flore sauvages d'Afrique, *in* : Conseil Exécutif de l'Union Africaine, Rapport de la commission sur la Conférence internationale sur le commerce illégal et l'exploitation de la flore et de la faune sauvages en Afrique, 27-30 avril 2015, Brazzaville (République du Congo), Décision EX.CL/910(XVII), 27e session ordinaire, 7 – 12 juin 2015, Johannesburg (Afrique du Sud), Annexe).

[503] Stratégie africaine de lutte contre l'exploitation illégale et le commerce illicite de la faune et de la flore sauvages en Afrique précitée, Résumé, p. 5.

[504] Il convient de relever que la CITES est l'acronyme anglais de la Convention sur le commerce international des espèces de faune et de flore sauvages menacées d'extinction, convention adoptée le 03 mars 1973 à Washington D.C et entrée en vigueur le 1er juillet 1975 (*RTNU*, vol. 993, p. 243 ; ou L. B. De Chazournes et al., *Protection internationale de l'environnement. Recueil d'instruments juridiques*, Paris, Pedone, 2006, pp. 170-189). Ce traité qui organise « *la coopération internationale essentielle à la protection de certaines espèces de la faune et de la flore sauvages contre une surexploitation par suite du commerce international* » entend par commerce, l'exportation, la réexportation, l'importation et l'introduction en provenance de la mer de ces espèces. Son droit dérivé est venu étendre la définition aux activités non proprement commerciales (chasse, abattage, détention, collecte, commerce intérieur, transport...), mais pouvant avoir une portée ou une fin commerciale (Ensemble article I (c) de la CITES et M.-L. Lambert-Habib, *Le commerce des espèces sauvages : entre droit international et gestion locale,* Paris, L'Harmattan, 2000, p. 272). Partant, le commerce illicite des espèces sauvages peut donc être entendu comme l'exportation, la réexportation, l'importation et l'introduction en provenance de la mer effectuées en méconnaissance des règles en vigueur sur la protection de

Quant à la lutte contre le commerce illicite des espèces de faune et de flore sauvages, elle est conçue par l'Union comme le fait de le prévenir, de le réduire en vue de l'éliminer[505]. C'est notamment par l'outil juridique[506] que la prévention, la réduction et l'élimination s'opèrent. Par conséquent, on entendra par commerce illicite des espèces de faune et de flore sauvages, *« l'ensemble des actions menées par l'UA, et qui consistent dans l'adoption et la mise en œuvre de mécanismes normatifs et institutionnels de prévention, de réduction et d'élimination de toutes activités ayant pour but l'obtention d'un avantage économique, exercées en méconnaissance des règles juridiques applicables et portant sur les espèces, sous-espèces, une de leurs populations géographiquement isolées, ou tout animal et toute plante sauvages, leurs parties, produits et dérivés »*. Cette conception est pertinente en ce qu'elle implique aussi bien la dimension préventive que curative de la lutte. C'est à partir d'elle qu'on propose donc de mener cette étude.

Dans le cadre de l'étude justement, il sied de noter que l'UA a mis en place un ensemble de mécanismes dont il convient d'interroger la capacité à juguler le phénomène combattu. Aussi, la question centrale de cette étude est la suivante : les mécanismes juridiques mis en place par l'Union Africaine pour prévenir, réduire et, à terme, éliminer le commerce illicite des espèces de faune et de flore sauvages en Afrique sont-ils efficaces ?

La problématique ainsi formulée permet de réfléchir sur un sujet qui intègre le champ du régionalisme environnemental ou, pour reprendre les mots de Mmes Carole Migazzi et Françoise Paccaud, dans celui de *« la régionalisation du droit international de l'environnement »*[507]. Car, on est amené à voir comment la Région d'Afrique, institutionnellement organisée dans le cadre de l'UA, participe à la protection de la faune et de la flore sauvages contre le trafic illicite à travers des règles "*made in Africa*". Le sujet s'inscrit ainsi dans la volonté générale bien marquée de l'Afrique de trouver

---

ces espèces, ainsi que toutes les activités illégales non proprement commerciales afférentes à ces dernières (chasse, abattage, détention, collecte, commerce intérieur illégaux…), mais de nature à favoriser leur commerce.

[505] Stratégie africaine de lutte contre l'exploitation illégale et le commerce illicite de la faune et de la flore sauvages en Afrique précitée, Résumé, *op. cit.*, p. 6.

[506] L'outil juridique est en effet l'un des moyens majeurs de protection de l'environnement (voir : M. Kamto, *Droit de l'environnement en Afrique*, Paris, EDICEF/AUPELF, 1996, p. 17 ; S. Maljean-Dubois, « La contribution de l'Union Africaine à la protection de la nature en Afrique : de la convention d'Alger à la convention de Maputo », *in* : M. Kamga et M. M. Mbengue (dir.), *L'Afrique et le droit international : variations sur l'organisation internationale/Africa and International Law: Reflections on the International Organization, Liber Amicorum* Raymond Ranjeva, Paris, Editions A. Pedone, 2013, p. 206).

[507] C. Migazzi et F. Paccaud, « La régionalisation du droit international de l'environnement », *in* : S. Doumbé-Billé (sous la coordination de), *La régionalisation du droit international*, Bruxelles, Éditions Bruylant, Collection « Cahiers de droit international », 2012, pp. 71-95.

des *« solutions africaines aux problèmes africains »*[508]. Plus encore, comme on a pu le marteler : *« Par la création d'une nouvelle organisation, les dirigeants africains, convaincus d'être les plus aptes à résoudre leurs propres problèmes, souhaitaient également manifester leur volonté de prendre leur destin en main »*[509]. Le tout n'est visiblement pas de trouver des solutions africaines aux problèmes touchant le continent noir ; l'enjeu réside surtout dans la capacité de l'Union à mettre en œuvre des solutions efficaces, celles qui peuvent effectivement et adéquatement résoudre les problèmes auxquels le continent est confronté.

C'est dire qu'il s'agira dans la présente étude de voir si l'Organisation panafricaine a pu mettre en place des solutions de nature à prévenir, à réduire et à faire cesser le trafic illicite des espèces de faune et de flore sauvages en Afrique. Autrement dit, on doit modestement contribuer à évaluer, en termes d'efficacité, l'action de l'Organisation continentale en la matière. À ce propos, à la lumière de la définition proposée, et au moyen de la méthode juridique soutenue, au besoin, par les approches comparative et sociologique, on défendra l'idée selon laquelle les mécanismes mis en place par l'UA pour éliminer le commerce illicite des espèces sauvages africaines sont partiellement efficaces. En effet, si ces mécanismes attestent d'une formalisation louable de la lutte contre le commerce illicite des espèces sauvages africaines (I), il n'en demeure pas moins que ladite lutte est handicapée par une matérialisation encore problématique (II) des normes à elle consacrées.

I- Une formalisation louable de la lutte contre le commerce illicite des espèces de faune et de flore sauvages par l'Union Africaine

Comme le relève le Pr Maurice Kamto, *« il est indéniable aujourd'hui que le droit est le moteur des politiques environnementales. Il en facilite l'adoption et la mise en œuvre. (...) La force du droit comme instrument de protection de l'environnement vient de sa capacité à intégrer, au-delà des chapelles scientifiques, l'ensemble des données exogènes nécessaires à la formation d'un cadre juridique idoine »*[510]. Or, un cadre juridique idoine en la matière suppose l'adoption des normes juridiques cohérentes (A) ainsi que la définition des acteurs (B) chargés de leur opérationnalisation. C'est dans cette veine que s'inscrit l'action de l'Union africaine en matière de prévention, de réduction et d'élimination du commerce des espèces sauvages en Afrique.

---

[508] R. Esmenjaud, « L'Union Africaine 10 ans après », *Annuaire français de Relations Internationales*, Vol. XIII, 2012, p. 517.
[509] R. Esmenjaud, « L'Union Africaine 10 ans après », *op. cit.*, p. 517.
[510] M. Kamto, *Droit de l'environnement en Afrique*, *op. cit.*, p. 17.

A- L'utilisation d'une approche normative cohérente

Pour paraphraser le Pr Maurice Kamto, toute œuvre de protection dans le domaine de l'environnement comme dans tout autre domaine doit nécessairement s'appuyer sur des normes juridiques, c'est-à-dire des règles obligatoires donc contraignantes[511]. Il en est ainsi d'autant plus qu' *« il ne peut y avoir de protection ou de prévention sans interdiction ou, plus largement, sans prescription de comportement. Or le droit — du moins dans sa représentation la plus simple — n'est rien d'autre qu'un ensemble de prescriptions prohibitives ou permissives »*[512]. Dans son entreprise de protection de la faune et de la flore sauvages africaines, l'UA suit cette logique pour combattre le trafic illicite des espèces sauvages. Aussi prescrit-elle une approche préventive (1) préalable à toute action répressive (2).

1- La prescription des mesures préventives

« Prévenir vaut mieux que guérir », a-t-on coutume de dire. En matière d'environnement, cet adage a un relief particulier en raison du caractère irréversible de certains dommages. En effet, *« l'exigence de la prévention est un fil d'Ariane qui parcourt l'ensemble du droit de l'environnement et se trouve à la base de pratiquement tout le droit conventionnel de l'environnement »*[513]. Elle est « une règle d'or »[514], « la bouteille d'encre du droit de l'environnement »[515] que la CIJ n'a pas hésité à consacrer en ces termes : *« Dans le domaine de la protection de l'environnement, la vigilance et la prévention s'imposent en raison du caractère souvent irréversible des dommages causés à l'environnement et des limites inhérentes au mécanisme même de la réparation de ce type de dommage »*[516].

Comme le juge international, la doctrine voit en la prévention l'outil juridique de base dans la lutte contre les nuisances à leur source, à la lumière des connaissances scientifiques acquises au moment de l'action[517]. Ainsi, contrairement à l'approche curative qui se limite à remédier à l'atteinte portée à l'environnement, l'approche préventive cherche à empêcher qu'un trouble écologique pressenti survienne ou à éviter l'extension d'un trouble déjà réalisé[518]. Entrent en ligne de compte de cette dernière approche, les

---

511 *Idem.*
512 *Idem.*
513 J.-P. Beurier, *Droit international de l'environnement*, 4e édition, Paris, Pedone, 2010, p. 152.
514 *Ibid.*, p. 156.
515 N. De Sadeleer, *Les principes du pollueur-payeur, de prévention et de précaution. Essai sur la genèse et la portée juridique de quelques principes du droit de l'environnement*, Bruxelles, Bruylant, 1999, p. 106.
516 Rec. 1997, p.41, § 140 al. 3.
517 J.-P. Beurier, *Droit international de l'environnement*, 4e édition, *op. cit.*, p. 156.
518 N. De Sadeleer, *Les principes du pollueur-payeur, de prévention et de précaution. ..., op. cit.*, p. 106.

autorisations ou la réglementation des activités nuisibles à l'environnement ou de contrôle de telles activités[519]. La philosophie générale qui la gouverne est simple : il est impossible d'empêcher l'apparition de toute forme de dégradation de l'environnement qui paraît d'ailleurs inhérente aux activités humaines[520]. La seule solution viable réside alors dans l'autorisation des activités préjudiciables moyennant le respect de seuils au-delà desquels la détérioration de l'environnement est jugée inacceptable[521]. Cette technique appelée « prévention active » relève des pouvoirs publics auxquels revient la tâche d'établir la réglementation nécessaire[522]. C'est une telle technique qui est consacrée par l'UA dans la lutte contre le trafic illicite des espèces sauvages. Au fait, dans sa Convention de Maputo sur la conservation de la nature et des ressources naturelles (ci-après « Convention de Maputo » ou « Convention »)[523], par un article XI intitulé « Commerce de spécimens et de leurs produits », l'UA exige des Parties qu'elles *« réglementent le commerce intérieur ainsi que le transport et la détention de spécimens et produits pour faire en sorte que les spécimens et produits concernés aient été prélevés ou obtenus en conformité avec la législation nationale et les obligations internationales relatives au commerce des espèces »*[524]. Plusieurs remarques s'imposent à la lecture de cette disposition :

- Sur le plan formel, le caractère obligatoire de la disposition ne fait pas de doute compte tenu de la forme verbale utilisée, à savoir : le présent de l'indicatif qui, en droit, est généralement la forme par excellence de la prescription. Elle met ainsi à la charge des États une véritable obligation de faire dont le contenu est varié.

- Sur le plan substantiel, l'obligation consiste en la réglementation non seulement du commerce intérieur, mais également des actes qui lui sont attachés tels que le transport, la détention et le prélèvement. Cette obligation de réglementer les activités associées n'est pas neutre. De fait, pour que le contrôle du commerce puisse véritablement servir les buts de la conservation, on doit éviter d'accorder des permis y afférents pour des spécimens obtenus par des voies illicites comme le braconnage qui, très souvent, nourrit le trafic illégal[525]. De même, l'obligation de réglementer la détention et le transport de

519 *Ibid.*, pp. 44 et 106, notamment.
520 *Ibid.*, p. 124.
521 *Ibid.*, pp. 44 et 124.
522 *Ibid.*, p. 124.
523 Pour le texte de la Convention de Maputo, voir : *IELMT* 2003 : 52 ; *RTNU*, vol. 1950, p. 35 ; ou aller sur : https://au.int/sites/default/files/treaties/7782-sl-revised_african_convention_on_the_conservation_of_nature_and_natural_re.pdf.
524 Article XXI, § 1 (a).
525 D. Biggs & al., *Engaging local communities in tackling illegal wildlife trade: Can a 'Theory of Change' help?*, IIED Discussion Paper, London, International Institute for Environment and Development (IIED), August 2015, p. 4, *in*: http://pubs.iied.org/14656IIED.

spécimens est animée par le souci d'éviter que des trafiquants puissent entrer en possession de ceux-ci ou de leurs produits sans contrôle ou se livrer à la contrebande ou user encore des canaux mafieux pour transporter les animaux et plantes ou leurs produits récoltés illégalement. On ne peut sans doute pas lutter contre le trafic illicite des espèces tout en laissant libre cours au transport et à la détention illégale de ses composantes. C'est donc pour prévenir un tel trafic que la réglementation du prélèvement de plantes et d'animaux sauvages est prescrite par la Convention de Maputo.

Or, si dans sa dimension nationale le commerce des espèces est clairement mentionné, son aspect international ne transparait pas formellement dans la disposition précitée. Pour autant, il en ressort que la réglementation du commerce intérieur, du transport, de la détention a pour objet de *« faire en sorte que les spécimens et produits concernés aient été (...) obtenus en conformité avec la législation nationale et les obligations internationales relatives au commerce des espèces »*[526]. Si l'on se réfère au substantif issu du verbe « obtenir » conjugué ici, on peut envisager que le spécimen peut être obtenu, ne serait-ce que, par le biais de l'importation, de l'introduction en provenance de la mer, de l'exportation, de la réexportation ou de centre de reproduction artificielle ou d'élevage en captivité, comme dans le cadre de la CITES. À ce propos précisément, on doit noter que cette dernière fait partie des conventions dont relèvent les obligations internationales des États en matière d'obtention des spécimens d'espèces auxquelles se réfère la Convention de Maputo. Aujourd'hui justement, presque tous les Etats africains sont parties à la Convention de Washington, soit cinquante et un sur cinquante-cinq membres que compte l'UA[527].

Pour cette dernière convention, on doit rappeler que si selon son texte, son champ se limite formellement au commerce international des espèces menacées d'extinction, la recherche de la cohérence dans la protection de ces espèces a, en pratique, conduit à aller au-delà pour intégrer, au gré des résolutions de sa Conférence des Parties, des activités internes aux États[528]. Il s'agit notamment : des prélèvements dans le milieu naturel, des programmes de gestion nationale des espèces, ou plus généralement de la protection juridique accordée aux espèces par l'État[529]. En plus, même si elle ne le dit pas, elle prévient le commerce des espèces en promouvant l'utilisation durable de celles-ci. Par ricochet, elle vise à combattre toute utilisation illicite de la faune et de la flore sauvages, dont leur trafic illicite.

---

[526] Article XXI, § 1 (a).

[527] Pour s'en rendre compte, consulter la liste actuelle des parties sur : https://cites.org/fra/disc/parties/chronolo.php?order=field_country_date_of_joining&sort=desc

[528] M.-L. Lambert-Habib, *Le commerce des espèces sauvages…, op. cit.*, p. 272.

[529] *Idem.*

C'est donc dire qu'en prescrivant aux Parties de réglementer les prélèvements ou obtentions des espèces en conformité avec leurs législations nationales et leurs obligations internationales, la Convention de Maputo partage également le champ d'application de la CITES et son approche préventive[530]. Cela n'est pas surprenant. En effet, la Convention d'Alger que celle de Maputo rénove les intégrait déjà[531] ; on ne saurait imaginer, en vertu du principe de non-régression[532], que Maputo ait fait « peau neuve »[533] de la Convention d'Alger tout en reculant. En outre, la stratégie africaine de lutte contre le trafic illicite de la faune et de la flore, adoptée en application de la Décision EX.CL/Dec.832 (XXV) du Conseil Exécutif de l'UA[534], inclut dans ce trafic, l'achat, le transport et la distribution au niveau national et international d'animaux et de plantes ainsi que leurs produits constitutifs et dérivés, en violation des lois et des traités en vigueur. La stratégie éclaire ainsi, davantage, les options de l'UA pour la lutte préventive contre toutes les activités nationales et internationales relatives au trafic illicite des espèces sauvages africaines. Mais, en plus de la prévention, elle s'intéresse également, à la suite de la Convention de Maputo, à la répression de ce fléau.

2- La consécration des mesures répressives

L'importance de la répression des atteintes aux règles juridiques est bien affirmée par la doctrine. Cette dernière en fait, en bonne partie, une condition aussi bien de l'effectivité que de l'efficacité de la règle juridique. Comme l'indique M. Julien Bétaille à ce propos, la sanction, instrument de la répression, « est une norme dont la fonction est d'assurer le respect d'une autre norme. En assurant le respect de cette autre norme, elle contribue aussi à son effectivité »[535]. Pour sa part, le Professeur Frédéric Rouvillois pense que : « la

---

530 Sur l'approche de prévention, Wijnsterkers est expressif lorsqu'il précise que : « La CITES, en tant qu'instrument du droit international, offre un cadre légal pour la prévention du commerce des espèces menacées et la réglementation effective du commerce d'autres espèces » (voir : W. Wijnstekers, *L'évolution de la CITES*, 9e édition, Budapest, Budakeszi, International Council for Game and Wildlife Conservation, 2011, p. 29).

531 Pour s'en rendre compte, lire notamment l'article IX de la Convention d'Alger du 15 septembre 1968 sur la conservation de la nature et des ressources naturelles, article intitulé « Trafic de spécimens et de trophée ».

532 Sur ce principe, lire notamment M. Prieur, « Le principe de non régression en droit de l'environnement, condition du développement durable », *Revue Africaine de Droit de l'Environnement* n° 00, 2013, pp. 17-21.

533 Expression empruntée au Professeur M. A. Mekouar (M. A. Mekouar, « Le texte révisé de la convention africaine sur la conservation de la nature et les ressources naturelles : petite histoire d'une grande rénovation », *Étude juridique en ligne de la FAO n° 54*, Rome, 2006, 1re page, http://www.fao.org/legal/prs-ol/paper-e.htm).

534 Voir Conseil Exécutif de l'Union Africaine, Décision sur la conservation des espèces de faune et de flore africaines et sur le commerce illicite des espèces sauvages, Décision EX.CL/Dec.832 (XXV) ..., *op. cit.*, Résumé, p. 5.

535 J. Bétaille, « Répression et effectivité de la norme environnementale », *Revue Juridique de l'Environnement*, n° spécial, 2014, pp. 47

sanction sert incontestablement à assurer le respect de la règle, à garantir son application correcte et donc son efficacité »[536].

S'inscrivant dans cette perspective, l'UA prescrit, à travers la Convention de Maputo, que, dans le cadre de leurs réglementations du commerce des spécimens et de leurs produits, les États prévoient des sanctions pénales appropriées, y compris des mesures de confiscation[537]. Conformément à ce que recouvre ce commerce – comme nous avons vu ci-avant[538] – il s'agit certainement pour les Parties de procéder à deux opérations, au regard du principe de légalité bien connu en droit pénal :

- D'une part, il est question d'ériger en infraction le prélèvement, le commerce intérieur, le transport, la détention, le commerce international dans toutes ses composantes, en méconnaissance des lois et règlements nationaux qui soumettent chacune de ces activités à l'obtention et à la présentation d'une autorisation administrative matérialisée par un document administratif appelé permis ou certificat, selon le cas ;

- D'autre part, il faut prévoir des sanctions, et pour des besoins d'efficacité, des sanctions dissuasives et proportionnées à chacune des infractions définies.

Ces deux opérations sont donc une autre dimension de la réglementation relative à la lutte contre le trafic illicite des espèces que l'UA met à la charge des Parties. L'Union y tient, au point de faire recours au droit dérivé, par essence non contraignant, en appui à sa prescription précédente. Par exemple, elle invite tous les pays à appliquer des politiques de tolérance zéro, à prendre des mesures décisives et urgentes de renforcement des législations et des politiques, à mobiliser les communautés afin de mettre en place des moyens de dissuasion efficaces contre les malfaiteurs qui s'attaquent à la faune et les activités criminelles connexes à cette pratique telles que la corruption, le blanchiment d'argent, le crime organisé, les armes à feu illicites, les drogues et le terrorisme[539]. Aussi, exhorte-t-elle tous les pays africains à réviser et à amender leurs législations nationales, selon qu'il s'avèrera nécessaire et approprié, de sorte que les délits contre les espèces sauvages et les délits forestiers soient considérés comme des « infractions principales » telles que définies dans la Convention des Nations unies contre la criminalité

---

[536] F. Rouvillois, « L'efficacité des normes. Réflexions sur l'émergence d'un nouvel impératif juridique », Working paper, *Fondation pour l'innovation politique*, novembre 2006, p. 24, *in* : www.fondapol.org.
[537] Article XXI, § 1 (b).
[538] Cf. la deuxième page de l'introduction de cette étude.
[539] Conseil Exécutif de l'Union Africaine, Décision sur la conservation des espèces de faune et de flore africaines et sur le commerce illicite des espèces sauvages, Décision EX.CL/Dec.832 (XXV), *op. cit.*, § 9.

transnationale organisée[540], et soient par conséquent passibles de poursuites en vertu des dispositions internes du droit pénal[541]. Elle attire également leur attention sur la nécessité de renforcer leurs législations nationales et de veiller ainsi à ce que le trafic d'espèces sauvages soit plus largement considéré comme une activité criminelle d'une gravité comparable à celle du trafic de drogues[542].

Cette insistance de l'Union montre clairement qu'elle a compris l'importance de la répression pour l'efficacité de la lutte contre le trafic illicite des espèces sauvages. En réalité, elle suit la tendance qui veut qu'en raison du caractère finaliste du droit de l'environnement[543], la sanction soit utilisée en vue de lui faire produire les effets escomptés. Elle rejoint ainsi la communauté internationale, la doctrine et les praticiens pour qui l'effectivité et l'efficacité des normes de cette discipline sont devenues un défi majeur[544]. Concernant par exemple la doctrine, l'UA n'est pas loin de M. Willem Wijnstekers, qui dans le cadre de la CITES, a pu écrire : *« L'interdiction et la sanction de certaines activités impliquant des spécimens CITES commercialisés illégalement sur un territoire sous la juridiction d'une Partie sont indispensables pour une application correcte de la Convention. L'interdiction de posséder ces spécimens est la mesure la plus stricte possible; j'estime donc qu'elle est la plus appropriée. Si les mesures sont limitées aux activités commerciales, elles devraient au moins inclure l'interdiction d'exposition au public, de vente, de garde ou de transport en vue de la vente, et de mise en vente »*[545].

Au demeurant, la stratégie de l'Organisation continentale africaine est perceptible : utiliser « la dialectique de la rigueur et de la flexibilité »[546] pour pousser les États à réprimer les atteintes à la réglementation relative au commerce licite des espèces de faune et de flore sauvages. Elle se situe ainsi comme à l'avant-garde de la lutte contre le trafic illicite des espèces sauvages

---

540 Pour le texte de cette Convention, voir : Office des Nations Unies contre la Drogue et le Crime, Convention des Nations Unies contre la criminalité transnationale organisée et protocoles s'y rapportant, New York, Nations Unies, 2004, Annexe I, pp. 5-40.

541 Conseil Exécutif de l'Union Africaine, Rapport de la commission sur la Conférence internationale sur le commerce illégal et l'exploitation de la flore et de la faune sauvages en Afrique, *op. cit.*, § 23 (d).

542 *Ibid.*, § 21.

543 J. Bétaille, « Répression et effectivité de la norme environnementale », *op. cit.*, p. 47.

544 Voir notamment : S. Maljean-Dubois, - « La mise en œuvre du droit international de l'environnement », *IDDRI*, notes n° 4, 2003, pp. 8-9, http://www.iddri.org; - « La mise en œuvre du droit international de l'environnement : enjeux et défis », *RGDIP*, 1995, pp. 37-76.

545 W. Wijnstekers, *L'évolution de la CITES*, 9e édition, *op. cit.*, p. 240

546 Expression empruntée au Professeur A. Mahiou (A. Mahiou, *Le droit international ou la dialectique de la rigueur et de la flexibilité. Cours général de droit international public*, Leiden/Boston, Martinus Nijhoff Publishers, 2009, 516 p.).

en Afrique, lutte à laquelle elle convie nécessairement, en dehors des États africains, plusieurs autres acteurs.

B- La mobilisation nécessaire d'une diversité d'acteurs

Pour rendre opérationnelles les normes relatives à la lutte contre le trafic illicite d'espèces sauvages qu'elle a adoptées, l'UA a besoin d'un certain nombre d'acteurs dont les uns sont situés au premier plan (1), et les autres, au second (2).

1- Les acteurs principaux

L'UA investit principalement chaque État membre partie, pris individuellement, à mettre en œuvre les traités africains relatifs à la lutte contre le trafic illicite des espèces sauvages en Afrique. Elle compte également sur ces États réunis dans le cadre de la Conférence des parties (CdP) et sur le Secrétariat de la Convention. De même, la Cour de justice et des droits de l'Homme est compétente à ce sujet.

Concernant les États membres parties individuellement pris, ils sont le pilier central de l'UA dans sa lutte contre le trafic illicite des espèces sauvages. L'atteste, à suffisance, l'obligation qui leur est faite d'organiser le commerce légal afin de prévenir ou de réprimer ledit trafic. Il ne saurait d'ailleurs en aller autrement. En effet, quoiqu'on ait souhaité et même postulé que la faune et la flore sauvages africaines, comme celles d'autres régions du monde, puissent faire partie du « patrimoine commun de l'humanité »[547], ces ressources se trouvent sur le territoire de ces États. Et, en tant qu'éléments de leur environnement, elles sont encore considérées comme « le patrimoine de la nation »[548], avant d'être une composante du « patrimoine universel »[549]. En outre, en raison des questions relatives entre autres à la souveraineté permanente sur les ressources naturelles[550], à la propriété intellectuelle et, plus généralement, des oppositions entre le Nord et le Sud, l'idée même d'un statut de patrimoine commun de l'humanité espéré avant la Conférence de Rio de 1992 n'a pu prospérer[551]. Dans ces circonstances, il est apparu fondamental,

---

[547] M.-L. Lambert-Habib, *Le commerce des espèces sauvages...*, *op. cit.*, pp. 382-384.

[548] Voir par exemple l'article 2, al. 1 de la loi n° 96/12 du 05 août 1996 portant loi-cadre relatif à la gestion de l'environnement au Cameroun : « L'environnement constitue en République du Cameroun un patrimoine commun de la nation. Il est une partie intégrante du patrimoine universel ».

[549] *Idem.*

[550] La souveraineté permanente sur les ressources naturelles est un principe bien connu du droit international classique (voir les développements faits à son sujet dans : D. Rosenberg, *Le principe de souveraineté des États sur leurs ressources naturelles*, Paris, Librairie générale de droit et de jurisprudence, 1983, 400 p.) qui a été introduit en droit international de l'environnement, notamment, par les déclarations de Stockholm (principe 21) et de Rio (principe 2).

[551] M.-L. Lambert-Habib, *Le commerce des espèces sauvages...*, *op. cit.*, pp. 382-401.

au nom du principe de l'utilisation non dommageable du territoire[552], de faire reposer sur l'État qui héberge la faune et flore sauvages, l'obligation de protéger celles-ci pour les générations actuelles et à venir, sans oublier le respect des droits et intérêts des autres collectivités. Aussi, est-il question pour les États africains de sauvegarder des éléments ayant une valeur économique et écologique au profit de toutes les générations, conformément au concept de développement durable et, à celui de justice intra et inter générationnelle que ce dernier implique. Comme le relève fort à propos le Professeur Marie-Laure Lambert-Habib : *« une des fonctions de l'État est de garantir la sécurité et le bien-être de ses nationaux, et donc du point de vue matériel, de favoriser un certain développement économique. Ce dernier est pour partie conditionné par une gestion du potentiel économique national qui permette d'optimiser l'utilisation actuelle des ressources, tout en garantissant leur pérennité dans l'avenir. Ainsi la vie sauvage, appréhendée comme ressource économique, doit être utilisée de façon à éviter la dilapidation de la ressource et assurer une utilisation durable dans l'avenir »*[553].

C'est donc à juste titre que les États africains sont investis de la mission principale de lutte contre le trafic des espèces de faune et de flore sauvages d'Afrique et que, de ce fait, c'est à eux que l'UA demande de réglementer et de sanctionner efficacement ce trafic au plan national.

Dans la même lancée, ils sont, chacun, chargés de créer ou de désigner, s'ils ne l'ont déjà fait, une autorité nationale ayant dans ses attributions toutes les matières traitées par la présente Convention et/ou lorsque cela s'avère approprié, de mettre en place un mécanisme de coordination entre les institutions existantes[554]. Cette obligation est proche de celle que la CITES fait à ses Parties de désigner au moins un organe de gestion et une autorité scientifique chargés respectivement de la délivrance des permis et/ou certificat de commerce d'un spécimen et de l'avis nécessaires pour l'octroi de ces permis ou certificat[555]. « (...) Ayant dans ses attributions toutes les matières traitées par la présente Convention [de Maputo] »[556], il va sans dire que, comparativement à l'organe de gestion CITES, la susmentionnée autorité nationale est chargée notamment de délivrer les permis et certificat exigibles, au titre de la réglementation que l'article XI, § 1 (a) fait obligation à l'État de prendre. Dans cette perspective, il pourrait être, comme l'organe de gestion

---

[552] Sur l'importance de ce principe pour la protection de l'environnement, lire notamment : L.R. Awa Noa, *Le principe de l'utilisation non dommageable du territoire*, thèse de doctorat/Ph.D. en droit public, Université de Yaoundé II, 2018, 476 p.

[553] M.-L. Lambert-Habib, *Le commerce des espèces sauvages..., op. cit.*, p. 42.

[554] Article XXI.

[555] Lire notamment l'article IX, § 1, les articles III et IV de la Convention sur le commerce international des espèces de faune et de flore sauvages menacées d'extinction.

[556] *Idem.*

CITES, le principal organe par lequel la coopération avec les autres États en matière de commerce des espèces passera.

Entre les États africains, cette coopération est très importante, en raison du caractère très souvent transnational du phénomène du braconnage et du trafic illicite d'espèces, de la porosité et de la proximité de leur frontière. En témoignent les affaires d'abattage massif et sauvage d'éléphants dans le Nord Cameroun en février 2012, et dans le sud-est du Tchad en mars 2013, par des escadrons de chevaliers lourdement armés venant du Soudan[557]. C'est certainement l'une des raisons pour lesquelles le texte de Maputo demande aux Parties de coopérer entre elles pour donner plein effet aux dispositions de la présente Convention ; pour harmoniser leurs politiques et législations au niveau du continent africain ou au niveau régional, selon le cas[558]. Dans ce cadre, les Communautés Economiques Régionales (CER) apparaissent comme l'un des cadres institutionnels de mise en œuvre des normes de lutte contre le trafic illicite des espèces sur le plan panafricain[559].

Quant à la CdP et au Secrétariat, il s'agit de deux organes mis en place par la Convention de Maputo, deux organes spécifiques qui sont devenus courants dans le cadre des Conventions internationales de protection de l'environnement[560]. Comme dans les autres cadres conventionnels[561], ils sont chargés d'assurer une vie institutionnelle autonome propre à la Convention de Maputo[562]. Ce sont des mécanismes de "soft responsability"[563] chargés

---

[557] Consulter notamment : http://www.rfi.fr/afrique/20130320-tchad-89-elephants-massacres-une-nuit-braconniers

[558] Article XXII, § 1 (a et d).

[559] En témoigne la décision EX.CL/Dec.832 (XXV), du Conseil Exécutif de l'UA, dans laquelle celui-ci « DEMANDE à la Commission, en collaboration avec les CER et les partenaires, d'élaborer des stratégies de protection et de conservation de la faune sauvage » (Voir Conseil Exécutif de l'Union Africaine, Décision sur la conservation de la faune et de la flore africaines et le commerce illicite d'espèces sauvages, Décision EX.CL/Dec.832 (XXV), *op. cit.*, § 2).

[560] M. A. Mekouar et S. Doumbé-Billé, « La nouvelle Convention africaine de Maputo sur la conservation de la nature et des ressources naturelles : un cadre nouveau pour le développement intégré du droit de l'environnement en Afrique », *in* : L. Granier (coordonné par), *Aspects contemporains du droit de l'environnement en Afrique de l'Ouest et Centrale*, Gland (Suisse), UICN, 2008, p. 209.

[561] À titre indicatif, on peut citer : la Convention de Washington du 03 mars 1973 sur le commerce international des espèces de faune et de flore sauvages menacées d'extinction, articles XI, XII et XIII ; le Protocole de Montréal du 16 septembre 1987 relatif aux substances qui appauvrissent la couche d'ozone, articles 6, 7, 11 et 12, la Convention de Rio de Janeiro du 05 juin 1992 sur la diversité biologique, articles 23, 24 et 26 et la Convention-cadre de New-York du 9 mai 1992 sur les changements climatiques, article 7, 8, 10 et 12. Ces traités ont été notamment publiés dans : L. B. De Chazournes, M. Mbengue et C. Romano, *Protection internationale de l'environnement*..., *op. cit.*, respectivement aux pages 170, 586, 230, 616.

[562] M. A. Mekouar et S. Doumbé-Billé, « La nouvelle Convention africaine de Maputo sur la conservation... », *op. cit.*.

[563] La "soft responsability" renverrait à une conception de la réaction à la violation de l'obligation internationale par le recours au règlement non contentieux, par essence différente

notamment d'assurer l'effectivité des dispositions conventionnelles, en en suivant et en en contrôlant la mise en œuvre par les États [564]. Dans ce sillage, la CdP et le Secrétariat ont un rôle majeur dans la garantie de la prise, par les Parties, des mesures nécessaires pour la réglementation relative à la prévention et à la répression de toutes les activités liées au trafic illicite des animaux et plantes africains. Par exemple, ils peuvent être amenés à réagir à des cas de non-conformité en aidant les États qui rencontrent des problèmes dans l'exécution des normes conventionnelles sur la lutte. Ce qui est tout le contraire de la Cour de justice et des droits de l'Homme.

Pour sa part, la Cour de justice et des droits de l'Homme[565] s'inscrit dans les mécanismes classiques contraignants de réaction à la violation d'une règle internationale. En tant qu'organe judiciaire principal de l'UA, elle a ainsi compétence pour connaître des affaires ou régler les différends à lui soumis, conformément à son statut. Au terme de l'article 28 L bis du Protocole portant amendements au protocole portant statut de la Cour[566] en l'occurrence, font partie de cette compétence, les affaires relatives à l'« Exploitation illégale des ressources naturelles ». En vertu de cet article, il s'agit par exemple de l'exploitation des ressources naturelles sans respect des normes en matière de protection de l'environnement et la sécurité des populations et du personnel.

---

de la sanction classique de la méconnaissance du droit (voir notamment : M. Kamto, « Rapport introductif général », *in* : M. Prieur, *La mise en œuvre nationale du droit international de l'environnement dans les pays francophones*, Paris, PULIM, 2003, p. 31 ; J.-C. Tcheuwa, « L'environnement en droit positif camerounais », *Juridis Périodique*, n° 63, 2005, pp. 96).

[564] Lire particulièrement les articles XXII, XXVI et XXVII de la Convention de Maputo du 11 juillet 2003 sur la conservation de la nature et des ressources naturelles. Sur les mécanismes de contrôle et de suivi de manière générale, de nombreuses études ont été conduites dans le cadre des conventions relatives à la protection de l'environnement ou de leur mise en œuvre. À titre indicatif, voir notamment : C. Impériali (dir.), *L'effectivité du droit international de l'environnement. Contrôle de la mise en œuvre des conventions internationales*, Collection Coopération et développement, Paris, Economica, 1998, 291 p. ; F. R. Jacur, « Les conférences des parties des Conventions internationales de protection de l'environnement en droit international », *in* : S. Maljean-Dubois et L. Rajamani (dir.), *La mise en œuvre du droit de l'environnement*, Vol. 32, série des Livres de droit de l'Académie, La Haye, Martinus Nijhoff, 2011, pp. 251-282 ; H. Hellio, « De la theory of compliance à la pratique du non-respect et des procédures associées en droit international de l'environnement », S. Maljean-Dubois et L. Rajamani (dir.), *ibid.*, pp. 285-317 ; S. Borràs, « Comparative analysis of selected compliance procedure under multilateral environmental agreements », *in* : S. Maljean-Dubois et L. Rajamani (dir.), *ibid.*, pp. 319-371 ; S. Urbinati, *Les mécanismes de contrôle et de suivi des conventions internationales de protection* de l'environnement, Milan, éd Giuffré, 2009, xvii + 388 p.

[565] Ci-après « Cour ».

[566] Protocole portant amendements au protocole portant statut de la Cour africaine de justice et des droits de l'homme adopté par la 23e session ordinaire de la conférence tenue à Malabo, Guinée Équatoriale, 7 juin 2014. Consulter : https://au.int/sites/default/files/treaties/36398-treaty-0045_-_protocol_on_amendments_to_the_protocol_on_the_statute_of_the_african_court_of_justice_and_human_rights_f.pdf

On peut facilement y faire entrer le trafic illicite,dans la mesure où celui-ci consiste généralement en une exploitation d'un spécimen en violation de l'exigence de permis prévue par la réglementation de l'État concerné. La Cour pourra ainsi être amenée à sanctionner toute personne impliquée dans la contrebande, et par ricochet concourir à l'effectivité de la lutte contre le trafic des espèces. C'est sans nul doute dans ce sens que la Conférence Ministérielle Africaine sur l'Environnement (CMAE) disait *« accueillir avec satisfaction l'élargissement des compétences de la Cour africaine de justice et des droits de l'homme pour y inclure les questions relatives à l'exploitation illicite des ressources naturelles »*[567].

La CMAE a donc raison de se réjouir, d'autant plus que, *« s'il ne fait pas de doute que le droit n'est pas le juge, il n'en demeure pas moins vrai qu'un droit sans garantie juridictionnelle n'est qu'un vain mot, car il sera abandonné au seul bon vouloir et aux intérêts contradictoires de ses sujets, s'ils daignent y prêter oreille. Sans être une condition sine qua non de l'effectivité d'une règle de droit, le juge en demeure donc un maillon essentiel »*[568]. D'où l'importance de l'investir de cette mission de la sanction du respect de la Convention.

Ainsi, comme les États, et les institutions de la Convention, la Cour a un rôle à jouer. Elle constitue, à l'image des deux premiers, le pilier principal sur lequel l'UA fonde la matérialité de sa lutte contre le commerce illicite des espèces sauvages. Aussi, l'Organisation continentale recourt-elle à la coopération d'autres acteurs non directement concernés que nous qualifions de secondaires.

2- Les acteurs secondaires

L'efficacité de la lutte contre le trafic illicite des espèces sauvages sur le continent africain dépend également des pays non-africains. En effet, l'exploitation de ces espèces est tributaire des marchés étrangers en ce sens que ce sont souvent les prix dans les pays consommateurs qui exacerbent le braconnage et la contrebande des animaux et des plantes sauvages. C'est pourquoi la coopération des pays non africains consommateurs est nécessaire[569]. À ce sujet, M. Willem Wijnstekers est catégorique, qui note : *« il est matériellement impossible pour un pays de surveiller le prélèvement de tous les animaux et de toutes les plantes et leur exportation, quels que*

[567] Conférence Ministérielle Africaine sur l'Environnement (CMAE), Déclaration du Caire sur la gestion du capital naturel de l'Afrique au service du développement durable et de l'élimination de la pauvreté, § 17, p. 4, in : http://www.un.org/fr/africa/osaa/pdf/au/cap_naturalcapital_2015f.pdf

[568] E. D. Kemfouet Kengny, *Droit international de l'environnement et fonction juridictionnelle*, thèse de doctorat en droit international, Université de Limoges, 2008, pp. 28-29.

[569] W. Wijnstekers, *L'évolution de la CITES*, *op. cit.*, p. 28

soient la qualité de sa législation et de sa gestion et les moyens mis en œuvre pour les appliquer. Il est impossible d'éradiquer le braconnage et la contrebande et les mesures prises ne peuvent qu'échouer si les pays consommateurs ne complètent pas l'action des pays producteurs en appliquant des mesures de contrôle strictes »[570].

Ayant compris cela, l'UA appelle aussi les États étrangers consommateurs à s'investir dans la lutte contre le trafic de la faune et de la flore sauvages africaines. Elle demande par exemple à la Conférence de l'UA de nommer des ambassadeurs au niveau des Chefs d'État chargés de promouvoir la cause de la lutte contre le commerce illicite d'espèces sauvages, en coopération avec les pays de transit et de destination[571]. Cette mesure rejoint celle plus générale qui, aux termes de l'article XXII, § 1 (a) de la Convention précitée, donne la possibilité aux États parties de coopérer, si cela s'avère approprié et nécessaire, avec d'autres États pour donner plein effet à ses dispositions. Il s'agit là certainement d'États africains qui ne seraient pas parties, mais surtout d'États non africains, principaux marchés demandeurs des spécimens ou de leurs produits.

En tout état de cause, cette coopération souhaitable et souhaitée est nécessaire pour protéger des ressources utiles pour toutes les parties. L'UA y compte, tout comme elle mise sur l'apport de ses partenaires non étatiques.

La lutte contre le commerce illicite des espèces a un coût financier important et exige une expertise technique. C'est, sans nul doute, ce qui pousse l'Union à associer les Organisations Internationales comme la Banque Mondiale, la BAD, le PNUD, l'UE, INTERPOL, ainsi que les ONG à sa lutte. On sait en effet que les quatre premiers ont des capacités non négligeables en matière de financement notamment. De même, certaines ONG, exemple pris du WWF ou de la WCS sont dotées d'une expertise scientifique utile, alors que INTERPOL a une expérience notable en matière d'investigation et de démantèlement des réseaux de contrebande.

En l'occurrence, dans la cadre de la Conférence internationale de Brazzaville sur l'exploitation illégale et le commerce illicite de la faune et de la flore sauvages d'Afrique et de l'élaboration de sa stratégie concernant la lutte contre cette exploitation illégale et ce commerce illicite, ils ont été les partenaires financiers et/ou techniques de l'UA [572].

570 *Idem.*

571 Conseil Exécutif de l'Union Africaine, Rapport de la commission sur la Conférence internationale sur le commerce illégal…, *op. cit.*, § 23 (a) ; voir aussi les paragraphes 2 et 4 de ce rapport.

572 *Ibid.*, § 4, 5, 6, 25. À titre indicatif, il ressort du paragraphe 6 ci-avant que « le PNUD, la BAD, la CEEAC, la BM, la Délégation de l'UE au Congo et l'Ambassade de la Chine au Congo ont apporté un soutien financier et logistique dans le cadre de l'organisation de la conférence,

Autant dire que c'est aussi bien sur ces institutions que sur les États africains que l'Union veut s'adosser pour épurer effectivement et efficacement la faune et la flore africaines du trafic illicite.

II- Une matérialisation problématique de la lutte contre le commerce illicite des espèces de faune et de flore sauvages dans le cadre de l'Union Africaine

Malgré l'élaboration par l'UA de normes juridiques spécifiques convenables, il est à douter que la lutte contre le trafic illicite des espèces sauvages dans le cadre panafricain puisse actuellement prospérer. La raison principale réside dans les difficultés de mise en œuvre des normes produites (A). Il s'ensuit alors la nécessité de trouver des solutions pour une mise en œuvre réussie (B) de ces dernières.

A- Les difficultés de mise en œuvre des normes panafricaines de lutte contre le trafic illicite des espèces sauvages

Les difficultés auxquelles l'UA fait actuellement face en matière de lutte contre le trafic illicite des espèces sauvages sont liées non seulement à la réticence de la grande majorité des États africains à ratifier les conventions applicables (1), mais également aux problèmes d'ordre financier (2).

1- Des difficultés liées à la réticence en matière de ratification des Conventions applicables

La capacité d'une norme juridique à réaliser ses objectifs est très souvent conditionnée par son effectivité[573], et celle-ci par sa mise en œuvre[574]. Or, en droit international, en raison du principe de l'autonomie de la volonté[575] qui domine, la mise en œuvre des normes conventionnelles ne s'impose à un État que pour autant que le traité est en vigueur à son égard.

---

tandis que la Commission de l'Union africaine a fourni les services de traduction des documents et d'interprétation des travaux de la conférence »

[573] F. Rangeon, « Réflexions sur l'effectivité du droit », *in* : CURAPP, *Les usages sociaux du droit*, PUF, Paris, 1989, p. 130.

[574] En effet, l'effectivité est généralement définie comme *« le caractère d'une règle de droit (...) qui est appliquée réellement »* (à ce sujet, voir notamment : G. Cornu et al., *Vocabulaire juridique*, 9e édition mise à jour, Association Henri Capitant, Paris, P.U.F., collection « Quadrige », 2011, p. 384 ; Conseil d'administration du PNUE, Présentation des conclusions et recommandations de la table ronde sur la réalisation par le droit des objectifs du millénaire, Comité plénier du lundi 21 février 2005, par Guy Canivet, premier président de la Cour de cassation).

[575] Sur la question en général, lire M. Kamto, *La volonté de l'État en droit international*, Leiden/Boston, Martinus Nijhoff Publishers, 2007, 428 p.

En effet, pour certains traités, il faut distinguer l'entrée en vigueur générale et l'entrée en vigueur à l'égard d'un État[576]. Pour la première, lesdits traités exigent un nombre précis de ratifications pour que le texte conventionnel puisse commencer à produire ses effets. Pour la deuxième, les traités déjà en vigueur commencent à produire leurs effets à l'égard d'un État le jour qu'ils fixent, après que celui-ci a exprimé sa volonté à être lié par eux. L'entrée en vigueur générale est donc le premier préalable à l'entrée en vigueur à l'égard d'un État, tout comme elle l'est pour la mise en œuvre du traité.

Dans le cas de la Convention de Maputo, l'entrée en vigueur générale est prévue pour le trentième jour suivant la date du dépôt du quinzième instrument de ratification, d'acceptation, d'approbation ou d'adhésion auprès du dépositaire[577]. Pourtant, c'est plus d'une décennie passée,c'est-à-dire le 23 juillet 2016, que la Convention du 11 juillet 2003 a pu avoir le nombre de ratifications nécessaires à son entrée en vigueur,soit après que le Burkina Faso a déposé son instrument de ratification : le 15e exigible[578]. Actuellement, la Convention ne compte que dix-sept Parties sur les cinquante-cinq possibles qui sont membres de l'UA[579]. Un tel état des choses traduit une réticence manifeste des États membres de l'Union à s'engager dans la protection juridique de l'environnement dans le nouveau cadre conventionnel de Maputo.

La conséquence logique est que ses dispositions ou prescriptions, donc celles relatives à la lutte contre le trafic illicite des espèces, ne peuvent obliger que peu d'États : les dix-sept qui en sont parties. Autrement dit, seule une minorité de dix-sept États se trouve obliger à prendre une réglementation de lutte contre le commerce illicite des espèces en vertu des dispositions pertinentes de la Convention de Maputo, notamment celles de son article XI. Ainsi, en raison des possibilités juridiques réduites de mise en œuvre de la Convention, l'effectivité et, par suite, l'efficacité de la lutte juridique contre le fléau considéré ne peuvent que s'en trouver fortement fragilisées. Avec ces lacunes, on ne peut donc imaginer arriver à un résultat satisfaisant en une matière comme celle-là, dont l'efficacité repose sur la force de tous, et non de quelques-uns.

Cette situation déjà très peu reluisante est aggravée par le fait que la Cour de justice et des droits de l'Homme ne pourrait connaître d'aucune affaire

---

576 S. Eulalio do Nascimento E Geraldo, « Le facteur temps et les traités », *RCADI*, Vol. 154, 1977-I, pp. 225-226.
577 Article XXXVIII, § 1.
578 Consulter la liste des pays qui ont signé, ratifié/adhéré à la Convention du 11 juillet 2003 sur la conservation de la nature et des ressources naturelles sur : https://au.int/sites/default/files/treaties/7782-sl-revised_african_convention_on_the_conservation_of_nature_and_natural_re.pdf
579 *Idem.*

relative au trafic illicite des espèces que lui confère l'article 28 L bis du Protocole de Malabo. En effet, la Cour n'est pas encore fonctionnelle,en raison du défaut des ratifications exigées par le Protocole originaire[580] relatif à son statut et celui portant amendements[581]. Ainsi, elle ne pourrait rien faire pour sanctionner un quelconque trafic illicite d'espèces afin de concrétiser l'approche répressive de lutte consacrée par son statut.

En raison de ces défaillances, les mécanismes formalisés dans le cadre de l'UA ne peuvent donc pas efficacement servir la cause de la conservation. Pourtant, on aurait cru qu'en adoptant ces mécanismes, et eu égard aux différents discours affirmant fermement leur volonté à prévenir, réduire et éradiquer le trafic illicite des espèces sauvages, les États africains entendaient également agir pour atteindre les objectifs ainsi fixés. On se serait trompé, au regard de la frilosité déjà mentionnée qui les caractérise. Cela ne devrait pas surprendre : ces États ne se pressent jamais à agir effectivement[582] alors même que, pour le cas d'espèce, il s'agit d'une urgence. Il suffit d'ausculter également l'état des ratifications d'autres conventions, particulièrement celles applicables à la conservation des espèces en Afrique pour s'en convaincre. Pour ne prendre que cet exemple, l'Accord de Lusaka du 09 septembre 1994 auquel l'UA accorde un intérêt indéniable[583], n'a que sept Parties pour le moment[584]. En outre, il a fallu deux ans pour obtenir le nombre de ratifications exigées par lui, et limitées à quatre[585] seulement, pour son entrée en vigueur.

---

[580] L'article 9, al. 1 du Protocole du 1er juillet 2008 portant Statut de la Cour de justice et des droits de l'homme postule son entrée en vigueur et celle du statut à lui annexé, trente jours après le dépôt des instruments de ratification de quinze États membres de l'Union. Or actuellement, sept États seulement ont déposé leurs instruments de ratifications (A ce sujet, consulter : https://au.int/sites/default/files/treaties/7792-sl-protocol_on_the_statute_of_the_african_court_of_justice_and_human_rights_3.pdf).

[581] L'article 11, al. 1 du Protocole du 27 juin 2014 portant amendements du Protocole portant Statut de la Cour de justice et des droits de l'homme est identique à l'article 9 susmentionné. Il faut préciser que jusque-là, aucune ratification n'a été enregistrée (consulter : https://au.int/sites/default/files/treaties/7804-sl-protocol_on_amendments_to_the_protocol_on_the_statute_of_the_african_court_of_justice_and_human_rights_5.pdf).

[582] À cet égard, le faible nombre de ratifications du protocole portant statut de la Cour de justice et des droits de l'homme ainsi que le défaut de ratification du protocole amendant celui-ci déjà mentionnée ci-avant sont un exemple parmi tant d'autres.

[583] Cet intérêt se manifeste par exemple par le fait que l'UA exhorte les États qui ne l'ont pas encore fait, à adhérer à cet accord (A ce propos, voir : Conseil Exécutif de l'Union Africaine, Rapport de la commission sur la Conférence internationale sur le commerce illégal et l'exploitation de la flore et de la faune sauvages en Afrique, *op. cit.*, § 23 (c)).

[584] Consulter : https://treaties.un.org/doc/Publication/MTDSG/Volume%20II/Chapter%20XXVII/XXVII-11.fr.pdf ou http://lusakaagreement.org/?page_id=179#

[585] Pour les modalités d'entrée en vigueur de la Convention, lire l'article 13 de l'Accord.

Or, cet accord est une initiative régionale unique et appréciée[586] qui porte sur les opérations concertées de coercition visant le commerce illicite de la faune et de la flore sauvages[587], opérations concertées tant vitales à la lutte contre une activité aussi transfrontière que complexe. Pourtant, comme il précède, l'Accord est, à l'instar de la Convention de Maputo, délaissé par la quasi-totalité des États africains.

Ainsi, si *« la responsabilité fondamentale de la mise en œuvre repose, aux deux bouts de la chaîne, sur l'action de l'État qui demeure le bras séculier, seul capable de donner à la norme environnementale une traduction concrète »*[588], dans le cadre de l'UA en particulier, c'est l'État qui constitue un des principaux freins à l'effectivité de cette norme, spécifiquement en ce qui concerne la lutte contre le trafic illicite des espèces sauvages.

Cependant, il faut se garder de penser que ces freins se résument au seul problème de ratification. Il est aussi à craindre que l'Union puisse faire face à des difficultés d'ordre financier.

2- Des difficultés liées aux questions de financement

Comme toute œuvre de protection de l'environnement, la lutte contre le trafic illicite des espèces sauvages d'Afrique a un coût financier que l'UA et ses États membres doivent assumer[589]. En l'occurrence, pour la promotion des ratifications de la Convention de Maputo – qui encadre cette lutte – auprès de ses États membres non encore partie, l'UA doit pouvoir financer les déplacements de son personnel. Quant aux États, il faut par exemple acheter du matériel roulant ou des scanners nécessaires pour contrôler les marchandises des voyageurs, afin de détecter les potentiels trafiquants illicites de spécimens. Ainsi, les mécanismes financiers font partie des instruments d'une mise en œuvre efficace des dispositions de la Convention de Maputo, particulièrement celles relatives à la lutte contre ce trafic illicite[590].

---

586 Sur ce point, lire les Annexes I et IX de la version française de l'Accord téléchargeable sur : http://lusakaagreement.org/wp-content/uploads/2013/12/LATF_Final_Act_French_Small.pdf

587 Pour la version anglaise du texte de l'Accord, voir : *RTNU*, vol. 1950, 2005, p. 35.

588 C. Impériali, « Le contrôle de la mise en œuvre des conventions internationales », *in* : C. Impériali (dir.), *L'effectivité du droit international de l'environnement. Contrôle de la mise en œuvre des conventions internationales*, Collection Coopération et développement, Paris, Economica, 1998, p. 8.

589 C'est ce qui ressort des dispositions de l'article XXVIII, § 2, relativement à la protection de l'environnement en général : « Les ressources financières au titre du budget de la Convention comprennent les contributions des Parties, les contributions annuelles de l'Union africaine et les contributions d'autres institutions. Les contributions des Parties au budget de la Convention sont fixées conformément au barème des contributions approuvé par la Conférence des Parties à sa première réunion ».

590 UICN, *An Introduction to the African Convention on the Conservation of Nature and Natural Resources – Introduction à la Convention africaine sur la conservation de la nature et*

Or, il est à redouter qu'en plus des entraves liées au défaut de ratification, la mise en œuvre des normes relatives à cette lutte puisse pâtir des difficultés financières[591]. Concernant l'UA en effet, la question des moyens financiers a toujours été l'une des « bêtes noires » à laquelle l'Organisation panafricaine a souvent été confrontée. On imagine dès lors mal comment la lutte contre le commerce illicite des espèces, en particulier, peut échapper à cette entrave quelque peu « consubstantielle » à l'Union. En outre, il n'est pas sûr que les questions environnementales soient la priorité de cette dernière. Comme ont pu le souligner les Professeurs Mohamed Ali Mekouar et Stéphane Doumbé-billé : *« Compte tenu de ses contraintes budgétaires et de ses programmes prioritaires, il est peu probable que l'UA puisse allouer des ressources significatives à l'application de la Convention Africaine »*[592]. Il s'agit là des lacunes qui ne sont pas sans conséquence négative sur l'effectivité actuelle de la Convention, « la faiblesse des moyens financiers pouvant être mobilisés à cette fin [d'effectivité], notamment par l'UA, constitu[ant] assurément un facteur limitant »[593].

Quant aux États africains, ils ne sont pas épargnés des problèmes auxquels la lutte contre le trafic illicite des espèces risque d'être butée, en raison du défaut de financement du fonctionnement de la Convention de Maputo. Ainsi, *« pour des motifs là aussi budgétaires, il est également fort possible que bon nombre d'États ne soient pas en mesure de verser leurs contributions, en dépit du caractère obligatoire de celles-ci. A fortiori, il est encore plus douteux qu'ils puissent volontairement alimenter le Fonds de conservation dont la mise en place est prévue par l'article XXVIII. Comme naguère, la mise en œuvre de la Convention risque donc d'être tributaire des contributions extérieures, dont la mobilisation devient de plus en plus difficile du fait des conditionnalités attachées à de tels financements, ainsi que l'a longtemps illustré le Mécanisme mondial créé dans le cadre de la Convention sur la lutte contre la désertification »*[594].

S'il est vrai que les États africains ont beaucoup d'autres défis à relever et ont, pour la majorité, des ressources financières limitées, cela ne pourrait constituer une excuse absolutoire pour eux. Car, en dépit des difficultés financières, très souvent, le problème est aussi bien celui d'une souveraineté

---

des ressources naturelles. 2e édition, Gland, IUCN Environmental Policy and Law Paper n° 56 Rev., 2006, p. 30.

591 Ces difficultés financières touchent d'ailleurs la mise en œuvre du droit de l'environnement et pas seulement l'Afrique (Voir M. Kamto, « La mise en œuvre du droit de l'environnement : forces et faiblesses des cadres institutionnels », *Revue Africaine de Droit de l'Environnement*, n° 01, 2014, pp. 31-32).

592 M. A. Mekouar et S. Doumbé-Billé, « La nouvelle Convention africaine de Maputo sur la conservation de la nature et des ressources naturelles … », *op. cit.*, p. 211.

593 *Idem.*

594 *Idem.*

nationale outrancièrement mobilisée que celui d'une gouvernance non acceptée par tous. À cet égard, est frappante l'illustration concernant la décision d'autonomisation financière de l'UA prise en juillet 2016, à la 27e session ordinaire de sa Conférence. En effet, il y a été décidé de l'institution et de l'application d' *« une taxe de 0,2% sur toutes les importations éligibles en Afrique pour financer le budget de fonctionnement, le budget-programme et le budget des opérations de soutien à la paix de l'Union africaine, à partir de l'exercice financier 2017 »*[595]. Or, certains États ont clairement manifesté leur circonspection à propos de ce mode alternatif de financement, en arguant d'un manque de consultation de la part de ses initiateurs[596]. En outre, depuis janvier 2017, date à partir de laquelle la décision commence à être exécutoire pour les États membres, seulement cinq d'entre eux ont déjà pris des mesures de mise en œuvre[597].

Cet exemple montre donc qu'on ne saurait trop parier actuellement sur ce moyen alternatif pour le financement de la protection de l'environnement, en général, et de la lutte contre le trafic des espèces africaines, en particulier. Encore faudrait-il que le domaine de l'environnement soit pris en compte par ce moyen alternatif. Au cas contraire, il faudrait penser à l'y inclure. Car, il n'y a plus de temps pour les atermoiements. Il est urgent que, sous l'impulsion de ces États et de leurs gouvernements, l'UA prenne des mesures qu'il faut pour refaire de l'Afrique un lieu où l'être humain, partie de la nature, cohabite paisiblement avec ses autres éléments, dont la faune et la flore sauvages. Il est notamment question de trouver des voies pour une lutte effective contre le trafic illicite des espèces sauvages en Afrique, ce, à travers une mise en œuvre réussie des normes y afférentes.

B- L'amélioration nécessaire de la matérialisation des normes panafricaines de lutte contre le commerce illicite des espèces sauvages

Afin de rendre certaine et efficace la mise en œuvre de la lutte contre le commerce illicite des espèces sauvages en Afrique, il est nécessaire que les États africains ne l'ayant pas encore actuellement fait ratifient la Convention de Maputo qui encadre cette lutte (1). Après l'entrée en vigueur de ladite Convention à leur égard, il sera aussi important de prendre effectivement des mesures de lutte, de former le personnel afférent… Mais la réalisation de

595 Assembly/AU/Dec.605(XXVII), Décision sur les conclusions de la retraite des Chefs d'État et de Gouvernement, des Ministres des affaires étrangères et des Ministres de finances sur le financement de l'Union Africaine, 27e session ordinaire, Kigali (Rwanda), 17-18 juillet 2016, § 5, a (i).

596 Lire le rapport de Crisis Group : « Sept priorités pour l'Union africaine en 2018 », *in* : https://www.crisisgroup.org/fr/africa/b135-seven-priorities-african-union-2018

597 Lire la Foire aux questions sur le financement de l'Union, à la page 1, sur: https://au.int/sites/default/files/pages/31953-file-faq_fr.pdf

toutes ces actions est conditionnée par la résolution d'une difficulté majeure, celle liée au financement (2).

1- La ratification[598] généralisée de la Convention de Maputo et de l'Accord de Lusaka par les États africains

On peut être tenté d'objecter au tableau dressé ci-dessus sur les défaillances étatiques tirées du défaut de ratification de la Convention de Maputo en excipant l'argument de la souveraineté et de son corolaire, le volontarisme qui laisse la liberté de choix à l'État. Mais, on fera vite de se rebiffer, pour peu que l'on prenne conscience de ce qu'en face d'un défi comme celui de la dégradation de l'environnement en général, et de la perte des espèces sauvages, en particulier, il ne devrait plus être question de souveraineté égoïste, mais plutôt d'une souveraineté agissante au service de la solidarité continentale inscrite dans l'Acte constitutif de l'Union[599] par les États africains eux-mêmes. Cette solidarité ne devrait donc pas rester théorique. Elle devrait être construite et mise effectivement au service des défis communs comme ceux que nous traitons ici.

À l'heure où l'un des enjeux en droit de l'environnement est à l'action utile et efficace, on ne peut prévenir la survenance du pire, ni d'ailleurs dissuader et réprimer les trafiquants illégaux des espèces sauvages, si on n'adhère pas aux textes y relatifs qui encadrent la lutte contre les atteintes à la faune et à la flore sauvages. C'est ce pire qui risque d'arriver si les États africains ne sortent pas vite la Convention de Maputo *« du magasin des accessoires juridiques »*[600] dans lequel ils semblent vouloir la confiner pour le moment. Ainsi, pour que ce soient de véritables outils de lutte contre le trafic illicite des espèces, il est urgent que les États qui ne l'ont pas encore fait, – c'est-à-dire la très grande majorité, – ratifient effectivement la Convention de Maputo et, pourquoi pas, l'Accord de Lusaka. Cette invitation a d'ailleurs été déjà faite par l'UA. Dans une résolution de son Conseil Exécutif en effet, les États africains sont tous exhortés *« à envisager la ratification et/ou l'adhésion aux instruments continentaux existants, tels que l'Accord de Lusaka sur les opérations concertées de coercition visant le commerce illicite de la faune et de flore sauvages, ainsi que la Convention de Maputo, afin de renforcer la*

---

[598] Nous utilisons ce terme de manière générique, dans un sens large, pour désigner tous les modes de l'expression par l'État de son engagement à être lié, modes dont la variété n'a pas de véritables conséquences quant aux effets du traité pour les Parties.

[599] Voir le paragraphe 1 du préambule et l'article 3 (a) de l'Acte Constitutif adopté le 11 juillet 2000 à Lomé au Togo, acte téléchargeable sur : https://au.int/sites/default/files/treaties/7758-treaty-0021_-_constitutive_act_of_the_african_union_f.pdf

[600] Expression emprunté aux Professeurs M. A. Mekouar et S. Doumbé-Billé, *in* : « La nouvelle Convention africaine de Maputo sur la conservation de la nature et des ressources naturelles … », *op. cit.*, p. 212.

coopération dans la lutte contre les infractions et atteintes aux espèces animales et végétales sauvages »[601].

Cette répétition pourrait paraître ennuyeuse. Mais, à la vérité, il n'en est rien, au regard de l'enjeu. À notre décharge, il suffit de se reporter à la Convention de Maputo pour remarquer que le trafic illicite des espèces est un des dangers majeurs pris en compte, que ces ressources sont d'une importance toujours grandissante du point de vue économique, social, culturel et environnemental[602]. Or, en donnant la responsabilité aux États de protéger et conserver individuellement et collectivement leur environnement et leurs ressources naturelles, et de les utiliser de manière durable, dans le but de répondre aux besoins de l'homme en accord avec les capacités limites de l'environnement[603], la Convention n'entend pas rester aux solutions théoriques[604].

Ainsi, à Maputo, il a été consacré de nouvelles solutions pour la protection intégrée de l'environnement ; *« il faut [maintenant] s'atteler à sa mise en œuvre effective sur le terrain afin qu'il puisse, à travers un parcours dynamique et fécond, contribuer utilement [à la lutte contre le trafic illicite des espèces de faune et de flore sauvages en Afrique, ou tout simplement à la conservation de la nature et de ses ressources] »*[605]. Ce d'autant plus, si l'on s'accorde avec le Professeur Maurice Kamto, qu' *« une architecture juridique, si belle soit-elle, est sans intérêt si elle ne s'applique pas ou ne peut s'appliquer concrètement »*[606]. De manière générale, il appartient donc aux États africains, à leurs dirigeants et à l'UA d'éviter que ce texte *« constitue, dans la marginalisation actuelle de l'Afrique, une sorte de '' vaisseau amiral '' qui s'auto-saborde »*[607].

Dans cette perspective, l'UA gagnerait par exemple à organiser des actions de promotion et de sensibilisation auprès des États encore réticents pour inciter ceux-ci à la ratifier ou à y adhérer. Ces actions constituent, aux dires des Professeurs Mohamed Ali Mekouar et Stéphane Doumbé-Billé, *« les*

---

601 Conseil Exécutif de l'Union Africaine, Rapport de la commission sur la Conférence internationale sur le commerce illégal et l'exploitation de la flore et de la faune sauvages en Afrique, *op. cit.*, § 23 (c).

602 Convention de Maputo précitée, préambule, § 4.

603 *Ibid.*, § 7 et 9.

604 L'aspiration de la Convention se déduit notamment du fait qu'elle met de véritables obligations de faire à la charge des Parties et qu'elle crée des mécanismes de contrôle et de suivi de leur mise en œuvre (Cf. la première partie de la présente étude).

605 M. A. Mekouar et S. Doumbé-Billé, « La nouvelle Convention africaine de Maputo sur la conservation de la nature et des ressources naturelles ... », *op. cit.*, p. 212.

606 M. Kamto, « Rapport introductif général », *in* : M. Prieur, *La mise en œuvre nationale du droit international de l'environnement ..., op. cit.*, p. 12

607 M. A. Mekouar et S. Doumbé-Billé, « La nouvelle Convention africaine de Maputo ... », *op. cit.*, p. 212.

meilleurs atouts pour que la portée pratique de la nouvelle Convention soit enfin à la mesure de son caractère novateur »[608].

Mais la ratification et la mise en vigueur ne suffisent pas. Encore faut-il également trouver les ressources financières nécessaires à la réalisation effective de la Convention, et de la lutte contre le commerce illicite des espèces sauvages en Afrique, en particulier.

2- La mise en place effective des moyens nécessaires de financement

En vue de financer effectivement et efficacement la lutte contre le commerce illicite des espèces, l'Union et ses États membres gagneraient à sortir de leur léthargie habituelle pour générer les ressources financières nécessaires.

Mais, il ne s'agit pas de mettre fin aux ressources financières extérieures que fournissent actuellement les partenaires extérieurs de l'Union. On peut s'étonner de cette proposition, au moment où l'Afrique cherche à s'autonomiser sur le plan financier, notamment. L'étonnement s'estompe, si faisant preuve de réalisme, on prend conscience du fait que le recouvrement de cette autonomie n'est pas synonyme d'autarcie. En effet, l'autosuffisance financière dans la théorie comme dans la pratique contemporaine des finances publiques est un mythe : par exemple, aucun État au monde ne peut se targuer de vivre exclusivement sur fonds propres ; tout en étant financièrement autonome, l'État a toujours recours aux ressources exogènes, mais dans une moindre proportion. Ainsi, le recours aux financements externes n'est pas une preuve de faiblesse ou de dépendance, s'il vient seulement en complément des moyens propres conséquents de l'Union. Ces fonds externes peuvent alors intégrer les ressources additionnelles que les parties sont appelées par la Convention à mobiliser individuellement ou collectivement[609]. Ils peuvent également faire partie de « toute autre source acceptée par la Conférence » prévue par l'article XXVIII, § 3, dans la perspective d'un Fonds de conservation alimenté volontairement par les Parties et que cette Conférence pourra créer.

Ainsi, il est question de compter d'abord sur les ressources financières propres. Dans cette perspective, le souci d'effectivité et d'efficacité commande à la CdP de créer sans tarder le Fonds de conservation susmentionné, et aux Parties de montrer leur engouement en matière de conservation en contribuant réellement à ce fonds. Certes, comme il est courant dans les Conventions environnementales, ici les États le feront

---

[608] *Idem.*

[609] Article XXVIII, § 4 de la Convention de Maputo précitée.

également, dans la mesure de leurs capacités[610]. Mais, cette disposition n'est pas rédhibitoire pour le financement de la Conservation et de la lutte contre le commerce illicite des espèces si chaque Partie s'engage vraiment pour la protection de la nature et des ressources naturelles sur le Continent.

Cet engagement sera nécessairement apprécié à l'aune de la réalisation effective de toutes les dispositions de l'article XXVIII. Celle-ci devra venir s'ajouter au versement de leurs contributions par l'UA et les autres institutions considérées par cet article, lequel prévoit en son paragraphe 2 : *« Les ressources financières au titre du budget de la Convention comprennent les contributions des Parties, les contributions annuelles de l'Union africaine et les contributions d'autres institutions (...)»*. Reste qu'en vertu de ce même paragraphe, le versement par chaque contributeur de ses contributions au budget de la Convention dépend d'un barème que la CdP devra approuver à sa première réunion. Il est donc urgent que la Conférence des Parties jusque-là inopérante se réunisse finalement, et établisse un tel barème.

Une fois que cela est fait, il est à souhaiter que les différentes contributions soient effectivement versées, et que la lutte contre le commerce illicite des espèces sauvages reçoive une place importante dans les dépenses de l'Union en matière de conservation. Car, on ne peut assurément pas gagner le combat contre un fléau aussi juteux pour les trafiquants que ce commerce illicite sans moyens financiers conséquents.

Conclusion

L'étude de la lutte contre le commerce illicite des espèces de faune et de flore sauvages dans le cadre de l'Union Africaine est riche d'enseignements au sujet de la capacité de celle-ci à prévenir, réduire et, à terme, à éradiquer ce fléau. Il en ressort en effet que l'Organisation continentale fait œuvre utile en adoptant un cadre juridique propice à la lutte. Ainsi, dans un esprit de coopération et de participation, l'UA mobilise-t-elle des acteurs variés, allant des États aux ONG en passant par les organisations intergouvernementales, autour d'une approche qui se veut être préventive et répressive. En gros, alors que l'approche préventive vise à empêcher que le trafic illicite soit réalisé, l'approche répressive vise essentiellement à sanctionner les personnes qui, malgré tout, s'adonnent à cette activité illégale.

Pourtant, cette œuvre reste encore théorique, en raison des difficultés opérationnelles, difficultés principalement liées à la réticence de la grande majorité des États africains à ratifier les traités porteurs de normes relatives à la lutte, d'une part, et aux questions de financement, d'autre part. Ces problèmes interpellent l'Union et ses États membres, à qui il appartient

[610] Article XXVIII, § 1 de la Convention de Maputo précitée.

principalement d'agir en synergie pour trouver des solutions. On espère qu'au bout de tous ces efforts, pourraient se trouver l'endiguement et, à terme, l'éradication du trafic illicite des espèces sauvages sur le sol africain.

Références bibliographiques

Accord de Lusaka du 09 septembre 1994 sur les opérations concertées de coercition visant le commerce illicite de la faune et de la flore sauvages, http://lusakaagreement.org/wp-content/uploads/2013/12/LATF_Final_Act_French_Small.pdf

Acte constitutif de l'Union Africaine adoptée à Lomé au Togo le 11 juillet 2000, https://au.int/sites/default/files/treaties/7758-treaty-0021_-_constitutive_act_of_the_african_union_f.pdf

Assembly/AU/Dec.605(XXVII), Décision sur les conclusions de la retraite des Chefs d'État et de Gouvernement, des ministres des Affaires étrangères et des ministres de finances sur le financement de l'Union Africaine, 27e session ordinaire, Kigali (Rwanda), 17-18 juillet 2016, 3 p.

Awa Noa (L.R.), *Le principe de l'utilisation non dommageable du territoire*, thèse de doctorat/Ph.D. en droit public, Université de Yaoundé II, 2018, 476 p.

Bétaille (J), « Répression et effectivité de la norme environnementale », *Revue Juridique de l'Environnement*, n° spécial, 2014, pp. 47-59.

Beurier (J.-P.), *Droit international de l'environnement*, 4e édition, Paris, Pedone, 2010, 588 p.

Biggs (D.) & al., *Engaging local communities in tackling illegal wildlife trade: Can a 'Theory of Change' help?*, IIED Discussion Paper, London, International Institute for Environment and Development (IIED), August 2015, 26 p., http://pubs.iied.org/14656IIED

Borràs (S.), « Comparative analysis of selected compliance procedure under multilateral environmental agreements », *in*: Maljean-Dubois (S.) et Rajamani (L.) (dir.), *La mise en œuvre du droit de l'environnement*, Vol. 32, série des Livres de droit de l'Académie, La Haye, Martinus Nijhoff, 2011, pp. 319-371.

Chazournes (L. B. De), « La mise en œuvre du droit international de l'environnement : enjeux et défis », *RGDIP*, 1995, pp. 37-76.

Chazournes (L. B. De), Mbengue (M.) et Romano (C.), *Protection internationale de l'environnement. Recueil d'instruments juridiques*, Paris, Pedone, 2006, 1117 p.

CITES, *Vision de la stratégie CITES pour 2008 à 2020*, Conf. 16.3 (Rev. CoP17), Johannesburg (Afrique du Sud), 24 septembre – 04 octobre 2016, 4 p.

Déclaration de la Conférence des Nations Unies sur *« L'environnement humain »*, Stockholm, 5-16 novembre 1972, *in* : Boisson De Chazournes (L.) et al., *Protection internationale de l'environnement. Recueil d'instruments juridiques*, Paris, Pedone, 2006, pp. 22-29.

Déclaration sur l'environnement et le développement, Rapport de la Conférence des Nations Unies sur l'environnement et le développement, Rio de Janeiro, 3-4 juin 1992, Doc. À/CONF.151/26 (Vol. I), Annexe I, *in*: http://www.un.org/documents/ga/conf151/french/aconf15126-1annex1f.htm

Commission de l'Union Africaine, *Agenda 2063. L'Afrique que nous voulons*, Édition finale, avril 2015, 24 p., www.agenda2063.au.intagenda2063.au.intpw.agenda2063.au.int

Commission de l'Union Africaine et Ministère des Affaires étrangères et du Commerce extérieur de Nouvelle Zélande, *Guide de l'Union Africaine 2017*, Addis-Abeba, 2017, 234 p., www.au.int, www.mfat.govt.nz

Conférence Ministérielle Africaine sur l'Environnement, Déclaration du Caire sur la gestion du capital naturel de l'Afrique au service du développement durable et de l'élimination de la pauvreté, 9 p., http://www.un.org/fr/africa/osaa/pdf/au/cap_naturalcapital_2015f.pdf

Conseil d'administration du PNUE, Présentation des conclusions et recommandations de la table ronde sur la réalisation par le droit des objectifs du millénaire, Comité plénier du lundi 21 février 2005, par Guy Canivet, premier président de la Cour de cassation française.

Conseil Exécutif de l'Union Africaine, Décision sur la préservation de la faune et de la flore d'Afrique et le commerce illicite d'espèces sauvages, Décision EX.CL/Dec.832 (XXV), Doc. EX.CL/843(XXV), 25e session ordinaire, 20 – 24 juin 2014, Malabo (Guinée Équatoriale), 2 p.

Convention d'Alger du 15 septembre 1968 sur la conservation de la nature et des ressources naturelles, https://au.int/sites/default/files/treaties/7763-treaty-0003_-_african_convention_on_the_conservation_of_nature_and_natural_resources_f.pdf

Convention de Maputo du 11 juillet 2003 sur la conservation de la nature et des ressources naturelles, https://au.int/sites/default/files/treaties/7782-sl-revised_african_convention_on_the_conservation_of_nature_and_natural_rc.pdf

Cornu (G.) et al., *Vocabulaire juridique*, 9e édition mise à jour, Association Henri Capitant, Paris, P.U.F., collection « Quadrige », 2011, 951 p.

Déclaration de Brazzaville adoptée à l'occasion de la Conférence internationale du 27 au 30 avril 2015 sur l'exploitation illégale et le commerce illicite de la faune et de flore sauvages d'Afrique, *in* : Conseil Exécutif de l'Union Africaine, Rapport de la commission sur la Conférence internationale sur le commerce illégal et l'exploitation de la flore et de la faune sauvages en Afrique, 27-30 avril 2015, Brazzaville (République du Congo), Décision EX.CL/910(XVII), 27e session ordinaire, 7 – 12 juin 2015, Johannesburg (Afrique du Sud), Annexe), 5 p.

Esmenjaud (R.), « L'Union Africaine 10 ans après », *Annuaire français de Relations Internationales*, Vol. XIII, 2012, pp. 517-532.

État des ratifications du Protocole du 27 juin 2014 portant amendements du Protocole portant Statut de la Cour de justice et des droits de l'homme, https://au.int/sites/default/files/treaties/7804-sl-protocol_on_amendments_to_the_protocol_on_the_statute_of_the_african_court_of_justice_and_human_rights_5.pdf

Eulalio do Nascimento E (S. G.), « Le facteur temps et les traités », *RCADI*, Vol. 154, 1977-I, pp. 215-297.

Foire aux questions sur le financement de l'Union, https://au.int/sites/default/files/pages/ 31953-file-faq_fr.pdf

Hellio (H.), « De la theory of compliance à la pratique du non-respect et des procédures associées en droit international de l'environnement », *in* : Maljean-Dubois (S.) et Rajamani (L.) (sous la direction de), *La mise en œuvre du droit de l'environnement*, Vol. 32, série des Livres de droit de l'Académie, La Haye, Martinus Nijhoff, 2011, pp. 285-317.

Impériali (C.), « Le contrôle de la mise en œuvre des conventions internationales », *in* : Impériali (C.) (sous la direction de), *L'effectivité du droit international de l'environnement. Contrôle de la mise en œuvre des conventions internationales*, Collection Coopération et développement, Paris, Economica, 1998, pp. 7-22.

Jacur (F. R.), « Les conférences des parties des Conventions internationales de protection de l'environnement en droit international », *in* : Maljean-Dubois (S.) et Rajamani (L.) (sous la direction de), *La mise en œuvre du droit de l'environnement*, Vol. 32, série des Livres de droit de l'Académie, La Haye, Martinus Nijhoff, 2011, pp. 251-282.

Kamto (M),

- *Droit de l'environnement en Afrique*, Paris, EDICEF/ AUPELF, 1996, 416 p.

- « La mise en œuvre du droit de l'environnement : forces et faiblesses des cadres institutionnels », *Revue Africaine de Droit de l'Environnement* n° 01, 2014, pp. 29-36.

- *La volonté de l'État en droit international*, Leiden/Boston, Martinus Nijhoff Publishers, 2007, 428 p.

- « Rapport introductif général », *in* : Prieur (M.) (sous la direction de), *La mise en œuvre nationale du droit international de l'environnement dans les pays francophones*, Paris, PULIM, 2003, pp. 9-41.

Kemfouet Kengny (E. D.), *Droit international de l'environnement et fonction juridictionnelle*, thèse de doctorat en droit international, Université de Limoges, 2008, 482 p.

Kolbert (E.), *The sixth extinction: an unnatural history*, New York, Henry Holt and Company, 2014, 319 p.

Lambert-Habib (M.-L.), *Le commerce des espèces sauvages : entre droit international et gestion locale,* Paris, L'Harmattan, 2000, 604 p.

Liste des parties à l'accord de Lusaka du 09 septembre 1994 sur les opérations concertées de coercition visant le commerce illicite de la faune et de la flore sauvages, http://lusakaagreement.org/?page_id=179#

Liste des Parties au Protocole du 1er juillet 2008 portant Statut de la Cour de justice et des droits de l'homme, https://au.int/sites/default/files/treaties/7792-sl-protocol_on_the_statute_of_the_african_court_of_justice_and_human_rights_3.pdf

Liste actuelle des parties à la Convention de Washington du 03 mars 1973 sur le commerce international des espèces de faune et de flore sauvages menacées d'extinction, https://cites.org/fra/disc/parties/chronolo.php?order=field_country_date_of_joining&sort=desc

Liste des pays qui ont signé, ratifié/adhéré à la Convention du 11 juillet 2003 sur la conservation de la nature et des ressources naturelles, https://au.int/sites/default/files/treaties/7782-sl-revised_african_convention_on_the_conservation_of_nature_and_natural_re.pdf

Mahiou (A.), *Le droit international ou la dialectique de la rigueur et de la flexibilité. Cours général de droit international public*, Leiden/Boston, Martinus Nijhoff Publishers, 2009, pp. 9-516.

Maljean-Dubois (S.),

- « La contribution de l'Union Africaine à la protection de la nature en Afrique : de la convention d'Alger à la convention de Maputo », *in* : M. Kamga et M. M. Mbengue (sous la direction de), *L'Afrique et le droit international : variations sur l'organisation internationale/Africa and International Law: Reflections on the International Organization, Liber Amicorum* Raymond Ranjeva, Paris, Editions A. Pedone, 2013, pp. 205-218.

- « La mise en œuvre du droit international de l'environnement », *IDDRI*, notes n° 4, 2003, 64 p. http://www.iddri.org.

Mekouar (M. A.), « Le texte révisé de la convention africaine sur la conservation de la nature et les ressources naturelles : petite histoire d'une grande rénovation », *Étude juridique en ligne de la FAO n° 54*, Rome, 2006, http://www.fao.org/legal/prs-ol/paper-e.htm.

Mekouar (M. A.) et Doumbé-Billé (S.), « La nouvelle Convention africaine de Maputo sur la conservation de la nature et des ressources naturelles : un cadre nouveau pour le développement intégré du droit de l'environnement en Afrique », *in* : Granier (L.) (coordonné par), *Aspects contemporains du droit de l'environnement en Afrique de l'Ouest et Centrale*, UICN, Suisse : Gland, 2008, pp. 197-223.

Migazzi (C.) et Paccaud (F.), « La régionalisation du droit international de l'environnement », *in* : Doumbé-Billé (S.) (sous la coordination de), *La régionalisation du droit international*, Bruxelles, Éditions Bruylant, Collection « Cahiers de droit international », 2012, pp. 71-95.

National Geographic, « La sixième extinction massive a déjà commencé », *in*: https://www.nationalgeographic.fr/environnement/la-sixieme-extinction-massive-deja-commence

Prieur (M.), « Le principe de non régression en droit de l'environnement, condition du développement durable », *Revue Africaine de Droit de l'Environnement* n° 00, 2013, pp. 17-21.

Protocole du 1er juillet 2008 portant Statut de la Cour de justice et des droits de l'homme, adopté par la 11e session ordinaire de la Conférence de l'Union tenue le 1er juillet 2008 à Sharm El Sheikh, en Égypte, https://au.int/sites/default/files/treaties/36396-treaty-0035_-_protocol_on_the_statute_of_the_african_court_of_justice_and_human_rights_f.pdf

Protocole portant amendements au protocole portant statut de la Cour africaine de justice et des droits de l'homme adopté par la 23e session ordinaire de la Conférence de l'Union tenue à Malabo, Guinée Équatoriale, le 27 juin 2014, https://au.int/sites/default/files/treaties/36398-treaty-0045_-_protocol_on_amendments_to_the_protocol_on_the_statute_of_the_african_court_of_justice_and_human_rights_f.pdf

Rangeon (R.), « Réflexions sur l'effectivité du droit », *in* : CURAPP, *Les usages sociaux du droit*, PUF, Paris, 1989, pp. 126-149.

Reeve (R.), *Policing Trade in Endangered Species: the CITES Treaty and Compliance*, London, The Royal Institute of International Affairs/Earthscan, 2002, 368 p.

Rosenberg (D.), *Le principe de souveraineté des États sur leurs ressources naturelles*, Paris, Librairie générale de droit et de jurisprudence, 1983, 400 p.

Rouvillois (F.), « L'efficacité des normes. Réflexions sur l'émergence d'un nouvel impératif juridique », Working paper, *Fondation pour l'innovation politique*, novembre 2006, pp. 1-34. www.fondapol.org.

« Sept priorités pour l'Union africaine en 2018 », Rapport de Crisis Group, https://www.crisisgroup.org/fr/africa/b135-seven-priorities-african-union-2018

Stratégie africaine de lutte contre l'exploitation illégale et le commerce illicite de la faune et de la flore sauvages en Afrique, https://au.int/sites/default/files/documents/33796-doc-african_strategy_strategy_africaine_au.pdf

Sadeleer (N. De), *Les principes du pollueur-payeur, de prévention et de précaution. Essai sur la genèse et la portée juridique de quelques principes du droit de l'environnement*, Bruxelles, Bruylant, 1999, 437 p.

Tcheuwa (J.-C.), « L'environnement en droit positif camerounais », *Juridis Périodique* n° 63, 2005, pp. 87-100.

UICN, *An Introduction to the African Convention on the Conservation of Nature and Natural Resources – Introduction à la Convention africaine sur la conservation de la nature et des ressources naturelles.* 2e édition, Gland, IUCN Environmental Policy and Law Paper n° 56 Rev., 2006, xvi + 96 p.

UNEP, *Global Environment Outlook-3. Past, present and future perspectives*, London/Sterling, UNEP/Earthscan Publications Ltd, 2002, 426 p.

Urbinati (S.), *Les mécanismes de contrôle et de suivi des conventions internationales de protection* de l'environnement, Milan, éd Giuffré, 2009, xvii + 388 p.

Wijnstekers (W.), *L'évolution de la CITES*, 9e édition, Budapest, Budakeszi, International Council for Game and Wildlife Conservation, 2011, 517 p.

Titre 2 :

LES ORGANISATIONS INTERNATIONALES AFRICAINES ET LA PROBLÉMATIQUE DE LA LÉGITIMITÉ

Union Africaine et consolidation de l'État de droit en Afrique

Par :

Aristide CHIMANYE MOTIO

Doctorant en Droit public international et Communautaire
Université de Yaoundé II/Cameroun

Résumé

La création de l'Union Africaine en 2002 constitue, au moins du point de vue formel, un début de contribution à la consolidation de l'État de droit en Afrique. La présente réflexion met en exergue la réalité de cette contribution.

Dans la pratique, la contribution de l'UA à la consolidation de l'État de droit sur le continent se traduit par des actions diverses qui postulent contre les changements anticonstitutionnels de gouvernements et le renforcement du processus de démocratisation des États membres. Mais, à l'œuvre, l'UA se heurte à des obstacles d'ordre endogène et exogène. Pour surmonter ces difficultés, les États membres doivent faire montre d'un sérieux en suivant l'impulsion donnée par l'organisation en charge de la construction de leurs destinées collectives.

Introduction

Depuis plus de deux décennies, l'Afrique est devenue le terrain fertile des actions des organisations internationales. Le XXIe siècle est marqué par des mutations multiples. À l'époque contemporaine, les sociétés humaines sont gouvernées sous la bannière d'un système de pouvoir politique apparu en Europe avec la modernité et devenu depuis lors quasi universel : l'État souverain[611]. La période de la colonisation a vu les États européens exporter dans le monde leurs systèmes politiques. S'il est possible de dire qu'ils ont implanté l' « Etat » partout où ils sont passés, préparant l'avènement de l'autonomie de nombreux pays de notre époque, il est de bon ton de se demander dans quelle mesure ils ont eu le souci d'implanter l'État de droit, avant de voir poindre à l'horizon la décolonisation[612]. Les évènements tragiques dans certaines régions du monde comme dans les Balkans et le Caucase, sans oublier de multiples crises en Afrique (Libye, Mozambique, RCA, RDC Somalie, etc.) montrent comment les droits de l'homme peuvent être violés, mettant ainsi en péril la situation de la personne humaine face à l'État. Il a fallu établir des mécanismes appropriés de contrôle et d'encadrement du pouvoir et des institutions de l'État. Dès lors, seront transposés dans les pays africains des mécanismes ayant cours dans certains pays occidentaux. C'est dans ce cadre que la notion de l'État de droit va aussi vite trouver une place de prédilection en Afrique.

L'avènement de l'État de droit dans l'ordre juridique des États africains fait ressortir certaines réalités. Après les indépendances, l'histoire constitutionnelle de ces États montre un renforcement du pouvoir exécutif au profit du président de la République. Tout ceci ne pouvait aboutir qu'à la marginalisation et la confiscation des autres pouvoirs. Les dirigeants de cette époque affirmaient qu'il était opportun de rassembler toutes les forces entre les mains du président afin de promouvoir le développement et de consolider la Nation[613]. Toutefois, si l'on apprécie le bilan de cette politique, on peut relever tout simplement son échec.

Si l'on s'intéresse à la question du développement, on constate non seulement que le décollage n'a pas eu lieu, et les populations demeurent toujours dans une pauvreté non justifiée et une misère galopante. Pour ce qui est de l'État-nation, on a pu observer que l'appareil d'État a été incapable de susciter les populations aux projets initiaux d'intégration nationale dans certains pays du continent. À l'absence d'un esprit de rassemblement et de

[611] (J.-Y.) MORIN, « L'État de droit : émergence d'un principe du droit international », *RCADI*, 1996, p. 21. Voir également Colloque de Nancy, *L'État souverain à l'aube du XXIe siècle*, SFDI, A. Pedone, 1994.
[612] Ibid., p. 45.
[613] Ibid., p. 856.

mobilisation, mais au renforcement de la solitude de l'État, on ne pouvait observer que la sécrétion des circuits parallèles aux circuits administratifs institués. C'est ce qui justifie la forte présence de l'irresponsabilité des agents publics[614]. Avec cet état de choses, pour étudier l' « État africain », on le qualifie sous le prisme de certaines pratiques déviantes (corruption, gestion patrimoniale, tribalisme, népotisme, etc.) qui ont cours dans la quasi-totalité des sociétés africaines. Aussi, certains ne manquent pas d'épithètes pour permettre la bonne compréhension de cette forme de l'État en Afrique. Il est un État sous-développé[615], prédateur[616], mou, patrimonial[617], néo-patrimonial[618], et surtout à décalages multiples, etc. Quoi qu'il en soit, cette technique de gestion de l' « État africain » dominée par l'architecture autoritaire des dirigeants se trouve battue en brèche et privée de toutes justifications. C'est la raison pour laquelle le retour au pluralisme politique est revendiqué et proposé comme l'une des alternatives aux maux dont souffrent les États en Afrique. Dès lors, on note un changement dans le modèle proposé pour reconstruire (ou réaménager) l' « État africain ». Ce dernier doit désormais à l'instar des démocraties occidentales devenir un État de droit[619].

Avec la chute du mur de Berlin en 1989 et la dislocation du bloc soviétique en 1990 jusqu'à nos jours, un ensemble de valeurs sont diffusées dans le monde tout en orientant les politiques juridiques des États tant au plan interne qu'international[620]. Ces valeurs sont principalement la démocratie, les droits de l'homme et l'État de droit[621]. L'État de droit se présente désormais comme une véritable contrainte axiomatique dont dépend la légitimité politique. Il est dès lors important d'encadrer et de limiter la puissance de l'État par le droit. Dans presque tous les pays africains, la fin du système de parti unique accompagnée de l'introduction de l'État de droit dans les nouvelles constitutions est devenue un rituel.

---

614 (Ch.) ZORBIBE, Préface de l'ouvrage de (G.) PAMBOU TCHIVOUNDA, *Essai sur l'État africain post colonial*, L.G.D.J., 1982, p. 11.

615 (J.-F.) MÉDARD, « L'État sous-développé au Cameroun », in *L'année africaine*, 1997, pp. 35-84.

616 DOMINIQUE, « L'État prédateur », *Politique africaine*, 1990, n°39, pp. 37-45.

617 (A.S.) MESCHERIAKOFF, « L'ordre patrimonial : essai d'interprétation du fonctionnement de l'administration d'Afrique francophone subsaharienne », in *Revue française d'administration publique*, 1987, pp. 323-351.

618 (J.-F.) MÉDARD, « L'État sous-développé en Afrique noire : clientélisme politique ou néo-patrimonialisme », in *C.E.A.N.*, Travaux et Documents n°1, Bordeaux, 36 pages.

619 (A.) MOYRAND, « Réflexions sur l'introduction de l'État de droit en Afrique noire francophone », in *Revue internationale de Droit comparé*, Vol. 43 n°4, 1991, p.855.

620 (M.) KAMTO, « Mondialisation et droit », *Revue hellénique de droit international*, 53e année, 2/2000, p. 460.

621 (J.) CHEVALLIER, « Les aspects idéologiques de l'État de droit », in *L'État de droit en droit international*, Colloque de Bruxelles, A. Pedone, 2009, p. 77.

Si l'on s'en tient au dictionnaire de droit international public, l'État de droit est un *« État dont l'organisation interne est régie par le droit et la justice »*[622]. À la lecture de cette définition, deux dimensions importantes se dégagent. La première dimension est qualifiée de formelle et la deuxième de substantielle. En application de la première dimension (formelle), qui est historiquement liée à l'origine de cette notion conceptualisée à la fin du XXe siècle, l'État de droit est un État au sein duquel chacun, y compris l'État lui-même et ses organes sont soumis au droit[623]. La notion d'État de droit soulève ainsi la question tant défendue par Hans Kelsen de la hiérarchie des normes au-dessus de laquelle se trouve une norme fondamentale : la Constitution.

Pour ce qui est de la dimension substantielle, elle se développe à partir de la moitié du XXe siècle et signifie essentiellement que l'État de droit *« ne peut être l'État de n'importe quel droit »*. Ainsi, il ne suffit pas de se soumettre aux différentes règles juridiques, encore faut-il que ces règles soient conformes aux impératifs de justice, qui se ramènent essentiellement aux droits fondamentaux de l'Homme ou à de grands principes de la démocratie (pouvoir reposant sur la volonté du peuple, élections libres et régulières…)[624]. Pris sous cet angle, Jacques Yvan Morin[625] et Mathias Forteau[626] soulignent la difficulté de distinguer l'État de droit des droits de l'Homme et de la démocratie comme le mentionnent de nombreuses Constitutions des États africains de nos jours.

---

[622] (J.) SALMON (dir.), *Dictionnaire de droit international public*, Bruxelles Bruylant/AUF, 2001, Voir État de droit, sens A, p. 456. Cf. aussi (A.) WATTS, « The International Rule of law », *G.Y.I.L.*, 1993, p. 16. Cité par (O.) CORTEN, « L'État de droit en droit international: Quelle valeur ajoutée? », in *L'État de droit en droit international*, Colloques de Bruxelles, A. Pedone, 2009, p. 11.

[623] (J.) CHEVALLIER, *L'État de droit*, 4e éd., Paris, Montchrestien, 2003, pp. 14 et ss. ; (M.) TROPPER, « Le concept d'État de droit », *Droits*, 1992, n°15, pp. 52-53 ; (F.) RIGAUX, *Introduction à la science du droit*, Bruxelles, éd. Vie ouvrière, 1974, p. 35. Cité par (O.) CORTEN, « L'État de droit en droit international: Quelle valeur ajoutée? », Ibid. ; (A.) MOYRAND, « Réflexion sur l'introduction de l'État de droit en Afrique noire francophone », Op.cit., p. 855 ; (M.) FORTEAU, « Existe-t-il une définition et une conception univoques de l'État de droit dans la pratique des organisations régionales ou politiques ? », in *L'État de droit en droit international,* Op.cit., p. 283.

[624] (O.) DUHAMEL et (Y.) MEGNY (dir.), *Dictionnaire de droit constitutionnel,* Paris, P.U.F., 1992, p. 418 ; (P.) MARTENS, *Théories du droit et pensée juridique contemporaine*, Bruxelles, Larcier, 2003, p. 191 ; J. BELL, « Le règne du droit et le règne du juge. Vers une interprétation substantielle de l'État de droit », in *L'État de droit*, Mélanges Guy Braibant, Paris, Dalloz, 1996, pp. 15-28. Cité par (O.) CORTEN, « L'État de droit en droit international: Quelle valeur ajoutée? », Op.cit., pp. 11-12.

[625] (J. Y.) MORIN, « L'État de droit : émergence d'un concept en droit international », Op.cit., p. 29.

[626] (M.) FORTEAU, « Existe-il une définition et une conception univoques de l'État de droit dans la pratique des organisations régionales ou politiques ?, in *L'État de droit en droit international*, Op.cit., p. 279.

D'où l'idée de trilogie inséparable[627]. L'idée de *« Justice »* ne doit pas être occultée dans la mesure où c'est cette institution qui assure le respect des règles établies sous peine de sanction.

De ce fait, étudier l'État de droit devient une opération complexe ; l'on a l'impression que l'État de droit dans les sociétés contemporaines présente une dimension peu saisissable si bien qu'on le perçoit comme un mythe,[628] voire une tautologie. Ainsi, on retiendra l'État de droit dans le cadre de cette étude comme la soumission de l'État aux règles juridiques conformément aux impératifs de justice et moyennant le respect de la démocratie et des droits de l'Homme.

À l'époque contemporaine, l'État ne peut plus prétendre être la seule forme d'organisation sociale[629]. Ceci étant, l'État de droit comme démontré tantôt, est de nos jours l'un des domaines d'action de certaines organisations internationales (ci-après dénommée OI). Cette prise en compte par le droit des organisations internationales à l'instar de l'UA, de la notion d'État de droit appelle à plusieurs clarifications. L'existence des OI (comme l'Union Africaine) dépend de la volonté des États qui décident de donner vie à celles-ci pour certaines missions précises. Si elles existent, c'est pour assurer des missions dont un État seul ne serait à la hauteur. D'après la Convention de Vienne, l'expression OI s'entend d' *« une association d'États constituée par traité, dotée d'une constitution et d'organes communs et possédant une personnalité juridique distincte de celle des États membres »*[630]. Cette définition permet de constater d'un point de vue formel que les actes constitutifs des OI sont des traités multilatéraux[631] qui définissent leurs compétences, leurs domaines d'intervention et en fixent les limites.

Ayant à l'esprit le souci de la défense les intérêts africains par les OIA, les États de ce continent ont décidé de donner une place importante aux actions de l'UA pour le renforcement des domaines encore fragiles et précaires. Dès lors, parler de la consolidation de l'État de droit en Afrique par l'UA témoigne tout simplement, des manquements qui existent encore au sein des États. Cependant, mettre en rapport l'Union africaine et la consolidation de l'État de

---

627 (J. Y.) MORIN, Op.cit., p. 36; (B.) BOUMAKANI, « Démocratie, Droits de l'Homme et État de droit », in *Annales de la Faculté des Sciences Juridiques et Politiques*, T1, Vol1, PUA, 1997, pp. 5-22.

628 (J.) CHEVALLIER, *L'État de droit*, Documentation française, mars 2004, p. 5.

629 (P.-C.) NYAMNDING MESSANGA « Peut-on envisager la translation du concept de la constitution dans le cadre juridique international ? », *RCEI*, n° 001, 1er septembre 2007, p. 71.

630 Convention de Vienne sur la représentation des États, art 1er (1975). Voir également Sir Gerald FITZMAURICE , Premier rapport sur le droit des traités, *Ann.* C.D.I. 1956-II, p. 106.

631Voir Avis consultatif du 8 juillet 1996, *Licéité de l'utilisation de l'arme nucléaire par un État dans un conflit armé,* Rec. 1996, p. 74. Cité par (A.) PELLET, « Le droit international à l'aube du XXIe », *Cours euro-méditerranéens Bancaja de droit international*, Espagne, septembre 1997, p. 72.

droit en Afrique, nous amène à nous interroger sur la contribution de cette institution dans la consolidation de l'État de droit dans ses États membres. Ainsi, la question qui gouvernera notre travail sera : **quel est l'apport de l'Union africaine dans la consolidation de l'État de droit en Afrique ?**

Dans cette étude qui est en quelque sorte une évaluation des actions de l'UA depuis sa mise en œuvre en faveur de l'État de droit en Afrique, on se propose de démontrer que la consolidation de l'État de droit par l'UA présente un apport perceptible (I) malgré que celui-ci demeure perfectible (II).

I- Un apport perceptible : une variété d'actions de l'UA en faveur de l'État de droit dans ses États membres

L'action des OI sur la scène internationale et dans les États n'est plus à démontrer. La création des OI n'a jamais été dans l'optique de concurrencer l'État, mais de favoriser une forme de coopération avec ce dernier afin de sauvegarder et de préserver certains intérêts. Ce qui est important dans la structure d'une OI ,et même en ce qui concerne sa vocation, c'est la possibilité concrète de remplir ses fonctions ,et par conséquent d'atteindre ses objectifs[632]. La réalisation de ces objectifs n'est effective que pour une organisation possédant un ordre juridique, dont les éléments sont une structure autonome[633]. L'UA avec son cadre juridique bien établi (A) nous permet d'observer la matérialisation de ses actions (B) qui occupent une place importante dans ses États membres.

A- Un cadre juridique attrayant pour la consolidation de l'État de droit

Par référence au cadre juridique de l'UA, c'est mettre un point d'honneur sur les normes, règles et instruments juridiques qui définissent et orientent ses différentes actions. De ce fait, l'UA comme toute autre OI, dispose d'un ensemble de normes (1) et d'organes (2) qui lui permettent de mener ses différentes missions.

1- Un cadre normatif appréciable

L'UA au regard de son Acte constitutif (a) s'est dotée d'instruments normatifs tels que la Charte africaine de la démocratie, des élections et de la gouvernance (CADEG), la Charte africaine des droits de l'Homme et des peuples (CADHP) (b) qui encadrent la volonté de ses États membres.

---

632 (R.) MONACO, « Les principes régissant la structure et le fonctionnement des organisations internationales », *RCADI-I*, 1977, vol. 156, p.97.
633 Ibid, p.93.

a- L'Acte constitutif de l'UA

L'An 2000 marque un tournant décisif dans la politique africaine. En succédant à l'Organisation de l'Unité Africaine (OUA), l'Union Africaine (UA) se donne pour ambition principale de consolider le projet d'intégration politique [...] dont les bases avaient été jetées en 1963[634]. Ce projet politique tourne autour du respect de la démocratie, des droits de l'homme et de l'État de droit. Le document fondateur de l'UA a été adopté à Lomé (Togo) le 11 juillet 2000. Cependant, c'est la 38e Conférence des Chefs d'État et de gouvernement de l'OUA réunis à Durban en Afrique du Sud les 9 et 10 juillet 2002 qui proclame la naissance officielle de l'UA[635].

C'est en faveur d'une grande mutation idéologique et politique à l'échelle planétaire qu'émerge une codification dans sa large dimension d'une politique institutionnelle de défense de l'État de droit en Afrique. Dans ce qui peut être qualifié de droit constitutif de l'UA, une place est effectivement accordée à la démocratie, aux droits de l'homme et à l'État de droit. La référence aux valeurs suscitées est faite dans le neuvième considérant de la manière suivante : « *[Nous, Chefs d'État et de Gouvernement des États membres de l'Organisation de l'Unité Africaine (OUA) ...] Résolus à promouvoir [...] les droits de l'homme et des peuples, à consolider les institutions et la culture démocratiques, à promouvoir la bonne gouvernance et l'État de droit »*[636]. La démocratie constitue un modèle politique dans lequel s'inscrit la garantie des droits de l'homme. Il n'y a de droit de l'homme et des libertés publiques, que dans un État de droit [637]où y règne une démocratie « véritable ». De même, dans le corpus juridique, figurent des objectifs (article 3) nouveaux tels que l'accélération de l'intégration politique [...] du continent ; la participation populaire et la bonne gouvernance ; la promotion et la protection des droits de l'homme et des peuples, conformément à la Charte africaine des droits de l'homme et des peuples et d'autres instruments pertinents[638]. En matière de principes politiques, l'Acte marque également une grande avancée reflétant

---

634 (A.) BOURGI, « *L'Union Africaine entre les textes et la réalité* », *Afrilex*, *Vol.v,2004,p.237.*

635 (T.) MALUWA, « La transition de l'Organisation de l'Unité Africaine à l'Union Africaine », in (A.A) YUSUF et (F.) OUGUERGOUZ (dir.), *L'Union Africaine : cadre juridique et institutionnel. Manuel sur l'organisation panafricaine*, Ed. A. Pedone, 2013, p. 35. Cf également (A.) BOURGI, « L'Union Africaine entre les textes et la réalité », *Afrilex*, Vol. V, 2004, p. 327.

636 Préambule de l'Acte constitutif de l'Union Africaine. Cf. également (R.) LIKIBI, *La Charte africaine pour la démocratie, les élections et la gouvernance : analyse et commentaires,* Ed. Publibook, Africa, 2012, p. 45.

637 (C.-A.) COLLIARD, *Les libertés publiques*, 6e éd., 1982, p. 105 Cité par (J.-Y.) MORIN, L'État de droit : émergence d'un principe du droit international, Op.cit., p. 36.

638 (T.) MALUWA, « La transition de l'Organisation de l'Unité Africaine à l'Union Africaine », in (A.A) YUSUF et (F.) OUGUERGOUZ (dir.), *L'Union Africaine : cadre juridique et institutionnel. Manuel sur l'organisation panafricaine,* Ed. A. Pedone, 2013, p. 48.

au moins au plan formel, une grande cohérence de l'Organisation[639]. La démocratie et les droits de l'homme ont été pendant longtemps, le « maillon faible » de l'organisation panafricaine, très retardataire par rapport à ses devancières : le Conseil de l'Europe et l'Organisation des États américains (OEA)[640]. Pour le cas présent de l'UA, l'on peut relever le caractère général du « respect des principes démocratiques, des droits de l'homme, de l'état de droit et de la bonne gouvernance ». C'est un véritable principe chapeau qui coiffe les autres principes politiques et démocratiques[641].

Le point (g) de ce même article 3 est particulièrement édifiant. En effet, il apparaît précisément que l'un des objectifs de l'UA est de : « *promouvoir les principes et les institutions démocratiques, la participation populaire et la bonne gouvernance »*[642]. Cette prédilection démocratique est aussi étayée par le point (m) de l'article 4 faisant obligation de : *« Respecter des principes démocratiques, des droits de l'homme, de l'État de droit et de la bonne gouvernance »*[643]. Ces valeurs contenues dans des objectifs et des principes de l'UA, sont aujourd'hui plus ou moins reconnues par le droit international. C'est sous cet angle que la démocratie depuis lors s'est imposée dans la conscience universelle et est considérée comme un critère de crédibilité et de légitimité. Or, la légitimité au sein d'un État vient du peuple qui ne peut l'exercer que par la voix des élections libres et régulières. L'État post-moderne tend à s'ouvrir, à se décloisonner, pour admettre l'expression en son sein de la diversité du social[644]. Malgré ce caractère démocratique de l'État dans l'Acte constitutif, ledit caractère ne constitue aucunement la condition d'adhésion à l'Union. Bref, aucune condition n'est posée aux États pour leur adhésion à l'UA.

L'une des nouvelles approches, et la plus remarquable est la lutte contre les changements anticonstitutionnels de gouvernement. Ce principe (article 4(p)) : de la *« Condamnation et rejet des changements anticonstitutionnels de gouvernement »* est une dimension fondamentale de la démocratie. Il vise à renforcer la légitimité des régimes politiques africains en les soumettant désormais au respect de la volonté populaire et à la loi des urnes[645]. Cette position est renforcée par l'article 30 qui prévoit que : *« les gouvernements qui accèdent au pouvoir par des moyens anticonstitutionnels*

---

[639] (S.) DOUMBE-BILLE, « L'Union Africaine : objectifs et principes », in (A. A.) YUSUF et (F.) OUGUERGOUZ (dir.), *L'Union Africaine : cadre juridique et institutionnel. Manuel sur l'organisation panafricaine,* Op.cit. p. 71.
[640] Idem.
[641] Ibid., p. 73.
[642] (R.) LIKIBI, *La Charte africaine pour la démocratie, les élections et la gouvernance : analyse et commentaires,* Ed. Publibook, Africa, 2012, p. 45.
[643] Idem.
[644] Idem.
[645] (S.) DOUMBE-BILLE, « L'Union Africaine : objectifs et principes », Op.cit., p. 74.

ne sont pas admis à participer aux activités de l'Union ». C'est ce qui fait dire que les États africains ont décidé de sanctionner, à travers le traité constitutif, « le gouvernement illicite au regard du régionalisme africain »[646]. Toujours dans le souci de marquer son empreinte dans la consolidation de l'État de droit à travers le respect de la démocratie et la protection des droits de l'homme, l'UA a préconisé par la suite au « droit d'intervention dans les États membres »[647] en cas de menace de l'ordre constitutionnel et de la paix. L'Acte constitutif de l'UA est depuis lors la source d'inspiration des autres normes de l'organisation à l'instar de la Charte Africaine des Droits de l'Homme et des Peuples et de la Charte Africaine de la Démocratie, des Élections et de la Gouvernance.

b- Les deux importantes Chartes de l'UA : la Charte africaine des droits de l'homme et des peuples et la Charte africaine de la démocratie, des élections et de la gouvernance

Adoptée par la Conférence des Chefs d'État et de Gouvernement de l'Organisation de l'Unité Africaine (OUA) le 27 juin 1981[648], la Charte africaine des droits de l'homme et des peuples est entrée en vigueur le 21 octobre 1986. Elle est une expression de la volonté des États africains à adopter un instrument juridique qui se démarque de l'approche occidentale, voire universelle des droits de l'homme[649]. Après son adoption, le besoin d'une démocratisation de l'espace politique en Afrique devient pressant avec certains concepts qui ont de plus en plus gagné du terrain[650]. Cependant, l'adoption de la Charte africaine n'est pas synonyme d'une rupture totale avec d'autres textes internationaux relatifs aux droits de l'homme qui l'ont précédée[651]. C'est un texte qui se situe entre tradition et modernité, entre droits individuels et droits collectifs et entre universalisme et régionalisme.

---

[646] (S.) BULA BULA, « Mise hors-la-loi ou mise en quarantaine des gouvernements anticonstitutionnels par l'Union Africaine ? », in (A.-A.) YUSUF (dir.) Annuaire africain de droit international, Volume 11, Leiden/Boston, Martinus Nijhoff Publishers, 2003, p. 24.

[647] Voir Article 4 (p) du Protocole d'amendement de l'Acte constitutif adopté respectivement par la 1re session extraordinaire de la Conférence de l'Union à Addis-Abeba (Éthiopie), le 03 février 2003 et par la 2e session ordinaire de la Conférence de l'Union à Maputo (Mozambique), le 11 juillet 2003. Cité par (R.) LIKIBI, *La Charte africaine pour la démocratie, les élections et la gouvernance : analyse et commentaires, Ed. Publibook, Africa,2012,p.45.*

[648] Résolution adoptant le projet de Charte africaine des droits de l'homme et des peuples du 24-27 juin 1981 (OUA Doc.AHG/Dft. Res. 55).

[649] (M.) KAMTO, « Charte africaine, instruments internationaux de protection des droits de l'Homme, Constitutions nationales : articulations respectives », in (J.-F.) FLAUSS et (E.) LAMBERT-ABDELGAWAD (dir.), *L'application nationale de la Charte africaine des droits de l'homme et des peuples*, Eds Nemesis et Bruylant, 2004, p. 11.

[650] (P.-G.) POUGOUE, « Lecture de la Charte africaine des droits de l'homme et des peuples », in *Droits de l'homme en Afrique centrale*, Colloque régional de Yaoundé, Eds UCAC et Karthala, 1996, p. 31.

[651] (M.) KAMTO, « Charte africaine, instruments internationaux de protection des droits de l'Homme, Constitutions nationales : articulations respectives », Op.cit, p.11.

Universalisme dans la mesure où la Charte africaine se situe dans le prolongement des instruments internationaux et s'y réfère expressément[652]. C'est pour dire à cet égard qu'il y a une forte empreinte des textes internationaux[653] et des points communs avec d'autres systèmes régionaux[654] dont l'objectif est la promotion et la protection des droits de la personne humaine[655]. Régionalisme parce que la Charte fait ressortir une certaine spécificité africaine des droits de l'Homme. Bref c'est un texte de portée régionale.

La reconnaissance par les États africains de la protection internationale des droits de l'homme se dessine dès le préambule de la Charte de l'OUA[656] et se matérialise dans le préambule de la Charte africaine des droits de l'homme et des peuples en son paragraphe 10 où ces États *« Réaffirment leur attachement aux libertés et aux droits de l'Homme [...] contenus dans les déclarations, conventions et autres instruments adoptés dans le cadre de l'Organisation de l'Unité Africaine [...] et de l'Organisation des Nations Unies ».* C'est pour cette raison qu'elle présente les droits civils, politiques, économiques, sociaux et culturels comme droits des première et deuxième générations dont chaque État membre s'engage à respecter et à promouvoir dans sa législation interne.

En ce qui concerne les droits civils et politiques[657] reconnus par la Charte africaine, on peut citer entre autres le principe de non-discrimination ; le principe d'une totale égalité devant la loi ; l'inviolabilité de la personne humaine ; le droit au respect de sa vie et à son intégrité physique et morale, ainsi que l'interdiction d'une privation arbitraire de liberté; le respect de la

---

652 (P.-G.), « Lecture de la Charte africaine des droits de l'homme et des peuples », Op.cit., p. 33.

653 Il s'agit de : La Déclaration universelle des droits de l'homme (1948) ; les deux Pactes internationaux de 1966 portant respectivement sur les droits civils et politiques et sur les droits économiques, sociaux et culturels. Il en est aussi des instruments déclaratoires : la résolution 1514 (XV) du 14 décembre 1960 portant Déclaration sur l'octroi de l'indépendance aux pays et aux peuples coloniaux, la résolution 1803 (XVIII) du 14 décembre 1962 portant Déclaration sur la souveraineté permanente des États sur leurs ressources naturelles, la résolution 2625 (XXV) du 24 octobre 1970 portant Déclaration relative aux principes de droit international touchant les relations amicales et la coopération entre les États. D'autres textes adoptés au sein de l'ONU, de l'UNESCO et de l'OIT constituent également le socle juridique dont s'est inspirée la Charte africaine des droits de l'homme et des peuples. Voir à ce sujet (M.) KAMTO, « Charte africaine, instruments internationaux de protection des droits de l'homme, Constitutions nationales : articulations respectives », Op.cit., pp. 11-24.

654 Nous pouvons citer entre autres : la Convention européenne de sauvegarde des droits de l'homme et des libertés fondamentales (en vigueur depuis 1953) et la Convention américaine relative aux droits de l'homme (en vigueur depuis 1978).

655 Rapport d'Amnesty International, « Introduction à la Charte africaine des droits de l'Homme et des Peuples », IOR 63/005/2006, p. 11.

656 Paragraphe 4 de la Charte de l'OUA, les États africains « Réaffirment l'engagement qu'ils ont solennellement pris [...] de favoriser la coopération internationale en tenant dûment compte de la Charte des Nations Unies et de la Déclaration universelle des droits de l'Homme ».

657 Voir des articles 2 à 13 de la Charte africaine des droits de l'homme et des peuples.

dignité humaine et de la reconnaissance de la personnalité juridique, d'une part, puis de l'interdiction de toute forme d'exploitation et d'avilissement de l'homme, notamment par l'esclavage, la traite des personnes, la torture physique ou morale, les peines ou traitements cruels, inhumains ou dégradants d'autre part ; la liberté et la sécurité de l'individu ; le droit à la justice, à la présomption d'innocence, à la défense, à être jugé dans un délai raisonnable et à la légalité des infractions et des peines ; la liberté de conscience et de religion ; la liberté d'information et d'opinion ; la liberté d'association ; le droit de toute personne de se réunir librement avec d'autres personnes ; le droit de se conformer aux règles édictées par la loi ou de protéger la sécurité nationale, l'ordre public, la santé ou la moralité publiques ; le droit de tous les citoyens de participer librement à la direction des affaires publiques de leurs pays.

Cependant, pour les droits économiques, sociaux et culturels[658], la Charte africaine reconnaît des droits importants et elle impose aux États des devoirs particuliers dont le but est de protéger et de promouvoir ces droits. Ces derniers se regroupent en termes de droit de propriété ; droit de travail et de syndicat ; droits à la santé ; droit à l'éducation et à la culture ; et droit à la famille dont la Charte affirme qu'elle représente l'élément naturel et la base de la société et que l'État doit la protéger.

Ces différents droits civils et politiques et droits économiques, sociaux et culturels sont-ils respectés dans les États membres de l'UA ? Il s'est posé un problème de l'universalisme en droit international dont les pays nouvellement indépendants (surtout les pays africains) ont manifesté une méfiance légitime au droit international. Le droit international des droits de l'homme n'a pas échappé à cette critique. Malgré toute cette méfiance, il faut reconnaître qu'il existe un *« noyau dur»*[659] des droits de l'homme qui n'est rien d'autre que la dignité humaine.

C'est ce qui fait naître d'après la Charte d'une autre catégorie de droits que l'on qualifie de droits de la troisième génération[660] qui ne sont autres que les droits des peuples. La Charte est l'un des rares traités relatifs aux droits de l'homme à reconnaître aux peuples des droits collectifs. Ces droits sont entre autres : les droits du peuple à disposer de lui-même qu'on désigne encore de droit à l'autodétermination ; droit du peuple à disposer de ses richesses naturelles ; droit du peuple au développement, droit à la paix et à la sécurité ; droit du peuple à un environnement sain, etc. Ainsi, au terme de la Charte, les peuples ont le droit de s'opposer à l'exploitation par les étrangers leurs ressources naturelles. Ils ont aussi le droit d'utiliser leurs richesses dans

---

658 Voir des articles 14 à 18 de la Charte africaine des droits de l'homme et des peuples.

659 (K.) M'BAYE, « Droit de l'homme et pays en développement », *Mélanges René-Jean DUPUY, Humanité et droit international*, A. Pedone, Paris, 1991, p. 217.

660 Voir les articles 19 à 24 de la Charte africaine des droits de l'homme et des peuples.

l'intérêt de la population tout entière et pour le renforcement de l'unité africaine.

En plus de ces droits, certains devoirs sont reconnus aux individus[661] dans l'État. Ces devoirs viennent dans une certaine mesure contrebalancer ou assouplir les droits énoncés aux articles 2 à 17[662]. Ces devoirs se résument en ces termes : chaque individu a des devoirs envers la communauté (y compris la communauté internationale) et l'État, et qu'il doit exercer ses droits et libertés sans porter atteinte à ceux d'autrui ; de préserver et de renforcer l'indépendance nationale et l'intégrité territoriale de la patrie. En filigrane de ces devoirs de l'individu, il en ressort la notion de la communauté dans la société africaine[663]. C'est pour dire que la Charte africaine a inscrit les « devoirs » de l'individu dans la « conception philosophique africaine du droit » qui répond aux besoins de l'Afrique[664]. Cette conception africaine met côte à côte les « droits » et les « devoirs » de l'individu. Cela permet de relever que: « *[i]n traditional African societies, there is no opposition between rights and duties or between the individual and the community. They blend harmoniously*"[665].

Cependant, prise dans le cadre de la 8e Conférence des Chefs d'État et de Gouvernement tenue à Addis-Abeba les 29 et 30 janvier 2007, la Charte Africaine de la Démocratie, des Élections et de la Gouvernance entre en vigueur le 15 février 2012. La Charte vise à réglementer sur le continent africain les notions de démocratie, des élections et de gouvernance et d'adopter des pratiques consensuelles et des règles communes dans les domaines sus évoqués. Ainsi, dès son préambule, la Charte fait ressortir un certain nombre de principes pour l'intérêt de ses États membres. Parmi ces principes, nous pouvons lire : « *Réaffirmant notre volonté collective d'œuvrer sans relâche pour l'approfondissement de la démocratie, l'État de droit [...] »*[666] *; « soucieux d'enraciner dans le continent une culture d'alternance politique fondée sur la tenue régulière d'élections transparentes, libres et justes, conduites par les organes électoraux nationaux, indépendants,*

---

661 Voir articles 27, 28, 29 de la Charte africaine.

662 (M.) KAMTO, « Charte africaine, instruments internationaux de protection des droits de l'homme, Constitutions nationales : articulations respectives », Op.cit., p. 28.

663 Rapport d'Amnesty International, Op.cit., p. 35.

664 (M.) KAMTO, « Charte africaine, instruments internationaux de protection des droits de l'homme, Constitutions nationales : articulations respectives », Op.cit., p. 28.

665 (Ph.) KUNIG, (W.) BENEDEK, (C.R.) MAHALU, *Regional Protection of Human Rights by International Law: the Emerging African System,* Baden-Baden, Nomos Verlagsgesellschaft, p. 108. Cité par (M.) KAMTO, « Charte africaine, instruments internationaux de protection des droits de l'homme, Constitutions nationales : articulations respectives », Ibid.,p.28.

666 Voir para 4 du préambule de la Charte africaine de la démocratie, des élections et de la gouvernance.

compétents et impartiaux »[667]. À une certaine époque, le continent africain était présenté comme un continent de toutes les dérives marquées surtout par des instabilités politiques multiples. Les coups d'État étaient considérés comme mode par excellence de prise du pouvoir. L'adoption de la Charte africaine s'inscrit dans la continuité du processus de démocratisation engagé depuis les années 1990 sur le continent africain. C'est la raison pour laquelle la Charte considère les changements anticonstitutionnels de gouvernements comme l'une des causes essentielles d'insécurité et d'instabilité en Afrique.

La question de la démocratie occupe une place de choix dans les objectifs[668] de la Charte où on peut lire en son article 2 al.1 la nécessité pour la Charte de « *Promouvoir l'adhésion de chaque État partie aux valeurs et principes universels de la démocratie et le respect des droits de l'homme ».* Cette disposition est renforcée par les principes[669] en son article 3 al.1. Les États parties s'engagent à mettre en œuvre la présente Charte conformément à ses principes dans : « le respect des droits de l'homme et des principes démocratiques ». En plus de ce principe, nous avons : « la promotion d'un système de gouvernement représentatif » ; « la tenue régulière d'élections transparentes, libres et justes » ; « la séparation des pouvoirs » ; « la participation effective des citoyens aux processus démocratiques et de développement et à la gestion des affaires publiques » ; « le rejet et la condamnation des changements anticonstitutionnels de gouvernement » ; « le renforcement du pluralisme politique, notamment par la reconnaissance du rôle, des droits et des obligations des partis politiques légalement constitués, y compris les partis politiques d'opposition qui doivent bénéficier d'un statut sous la loi nationale ». Dans le Chapitre IV, *(De la démocratie, de l'État de droit et des droits de l'homme)* les États parties prennent l'engagement de promouvoir la démocratie, le principe d'État de droit et les droits de l'homme. De même, ces États parties considèrent la participation populaire par le biais du suffrage universel comme un droit inaliénable des peuples. Tout ceci ne peut avoir pour effet que dans une culture démocratique et de paix[670] à travers l'élaboration au sein des États parties des cadres législatifs et politiques nécessaires à l'instauration et au renforcement de ladite culture[671].

Pour ce faire, les institutions démocratiques (chapitre VI) établies par les États parties assurent et soutiennent la promotion de la démocratie et de l'ordre constitutionnel[672]. Pour appuyer la coopération entre les États, il est prévu que les États parties coopèrent, aux niveaux régional et continental, à

667 Voir para 7 du préambule de la Charte africaine de la démocratie, des élections et de la gouvernance.
668 Voir Chapitre II de la Charte.
669 Voir Chapitre III.
670 Voir Chapitre V.
671 Voir Article 11 al.1.
672 Voir article 15.

l'instauration et à la consolidation de la démocratie par l'échange de leurs expériences[673].

Dans les États modernes, la tenue de façon régulière et transparente des élections n'est que l'aboutissement d'une bonne culture démocratique. Le respect de ces normes et principes pour la promotion de la démocratie et la protection des droits de l'homme ne peut être assuré que par les organes dédiés à cet effet.

2- Un cadre institutionnel rénové

La naissance de l'UA dans un contexte tumultueux dans certains pays africains[674] fait naître beaucoup d'espoirs avec tout un ensemble d'institutions dont les missions touchent presque tous les domaines. C'est avec ce cadre institutionnel que les changements au sein de l'Union étaient plus attendus, d'ailleurs ils sont presque palpables[675]. Ainsi, les domaines que touche la nouvelle architecture institutionnelle sont multiples : Démocratie, droits de l'homme et État de droit ; paix et sécurité ; économie, social et bonne gouvernance. Ces domaines sont portés par des institutions dont les missions sont certes élogieuses : Conférence des Chefs d'État et de Gouvernement ; le Conseil de Paix et de Sécurité ; la Cour Africaine de Justice et des Droit de l'Homme. Ces organes constituent la clé de voûte de l'UA devant lui permettre d'atteindre ses objectifs[676] dans la consolidation de l'État de droit en Afrique.

La Conférence des Chefs d'État et de Gouvernement est l'organe suprême de l'Union. C'est le détenteur de l'autorité politique et collective des États membres de l'UA. Les pouvoirs et attributions sont définis à l'Article 9 de l'Acte constitutif où le point(g) au regard de notre thématique, lui permet de « *donner des directives [...] sur la gestion des conflits, des situations de guerre et autres situations d'urgence ainsi que sur la restauration de la paix* ». En Afrique depuis plus de deux décennies, les conflits et la menace à la paix ont pour cause principale les situations d'instabilité politique. Cette instabilité est occasionnée par la rupture de l'ordre constitutionnel. De ce fait, l'article 37 du règlement intérieur de la Conférence lui donne de pleins pouvoirs en son alinéa 1), *« En application de l'Article 30 de l'Acte constitutif, les États membres dont les gouvernements accèdent au pouvoir par des moyens anticonstitutionnels sont suspendus et ne sont pas admis à participer aux*

---

673 Voir article 16

674 Le cas de la crise politique en Côte d'Ivoire (2000), la crise en Centrafricaine (2003), etc.

675 (A.) BOURGI, « L'Union Africaine entre les textes et la réalité », Annuaire français des Relations Internationales, 2004, p. 332.

676 (J.-M.) BISWARO, « La Conférence, le Conseil exécutif et la Commission », in (A.-A.) YUSUF et (F.) OUGUERGOUZ, *L'Union africaine, cadre juridique et institutionnel*, Op.cit., p. 79.

activités de l'Union »[677]. Ce pouvoir de sanction conféré à la Conférence fait de cette institution le « gendarme » de l'Union.

Le CPS[678] (prévu par l'article 5 al.2 de l'Acte constitutif de l'Union africaine) témoigne de la volonté des États africains à renforcer leur ambition dans le cadre du règlement des conflits et de la sécurité collective. La gestion des conflits sur le continent incombe d'abord aux Africains au regard des mécanismes qu'ils ont eux-mêmes élaborés. À cet égard, le CPS se donne pour mission de veiller à l'instauration et au maintien de la paix et de la sécurité sur l'ensemble du continent. Il se présente comme l'un des organes les plus ambitieux de l'UA devant permettre une réaction quasi instantanée et efficace des États face aux situations de conflits et de crises qui minent l'Afrique[679]. Ainsi, la préservation de la paix, de la sécurité et de la stabilité passe aussi par le renforcement de l'État de droit dans les États membres de l'Union africaine. C'est la raison pour laquelle dans ses objectifs, en son article 3 (e), le CPS se doit *« d'élaborer une politique de défense commune de l'Union conformément à l'article 4 (d) de l'Acte constitutif ; de promouvoir et d'encourager les pratiques démocratiques la bonne gouvernance et l'état de droit, la protection des droits de l'homme et des libertés fondamentales, le respect du caractère sacré de la vie humaine ainsi que du droit international humanitaire dans le cadre des efforts de prévention des conflits »*. Cet objectif devra conduire le CPS à faire respecter l'ordre constitutionnel et le mode légitime d'accession au pouvoir en Afrique. C'est pour cette raison que le CPS manque une innovation pour les conditions d'adhésion. Au-delà de ce qu'on peut considérer de conditions classiques liées au principe de la représentation régionale et de rotation, en son article 5 § 2 point (g), le CPS précise d'autres conditions très importantes : *« le respect de la gouvernance, conformément à la Déclaration de Lomé, ainsi que de l'État de droit et des droits de l'homme »*. Ceci marque une avancée significative d'un organe de l'UA.

La Cour africaine de justice et des droits de l'homme a été créée par le Protocole portant Statut de la Cour africaine de justice et des droits de l'homme, adopté le 1er juillet 2008 à la 11e session ordinaire de l'UA qui s'est tenue à Sharm El-Sheikh (Égypte). Cette Cour est issue de la fusion entre la Cour de justice et la Cour africaine des droits de l'homme et des peuples[680]. La proposition de les fusionner était gouvernée par « la nécessité de les

[677] Pour de différents moyens anticonstitutionnels d'accession au pouvoir, lire l'article 37 (al.2) et suivant du Règlement intérieur de la Conférence des Chefs d'État et de Gouvernement de l'Union Africaine

[678] Protocole relatif au Conseil de paix et de sécurité a été adopté le 09 juillet 2002 à Durban en Afrique du Sud.

[679] Voir article 2 du Protocole relatif au Conseil de paix et de sécurité de l'Union africaine.

[680] Décision prise lors de la Conférence des Chefs d'État et Gouvernement de l'UA au cours de la 3e session ordinaire de l'UA à Addis-Abeba (Éthiopie) en juillet 2004.

rationaliser et de les rendre efficaces et efficientes »[681]. Ainsi cette Cour pourrait-elle combler les attentes des Africains sur le phénomène de l'extradition et autres des ressortissants africains vers la Cour Pénale Internationale (CPI) ? La réponse à cette interrogation trouvera écho dès sa mise en œuvre. Cette nouvelle institution de l'UA, une fois opérationnelle, reprendra les fonctions des deux anciennes institutions judiciaires, en occurrence consultative et contentieuse[682]. Les Statuts de la Cour ne définissent pas de façon claire ses fonctions. Néanmoins dans une certaine mesure, l'article 28 desdits Statuts lui confère un champ de compétences très large[683]. Pour ce qui est du renforcement de l'État de droit, nous pouvons lire (article 28 (c)): la compétence de la Cour s'étend sur toutes les affaires et à tous les différends liés à *[...] « l'interprétation et l'application de la Charte africaine des droits de l'homme et des peuples ou [...] de tout autre instrument juridique relatif aux droits de l'homme, auxquels sont parties les États concernés »*. Cette disposition confère à la Cour une compétence en matière des droits de l'homme. Pour ce qui est de sa saisine, en plus des États parties et d'autres organes de l'UA (article 29), l'article 30 prévoit également la saisine par d'autres entités dans des affaires relatives à la violation des droits garantis par l'un des instruments juridiques visés à l'article 28 (c)[684]. Cette disposition en plus de son originalité, est beaucoup plus ouverte que d'autres institutions régionales à l'instar de la Cour interaméricaine des droits de l'homme[685].

Au regard des objectifs et des missions des organes de l'UA, l'on est en droit de s'interroger sur la matérialisation de leurs actions dans les différents États membres.

B- Une activité matérielle diversifiée de l'UA

Celle-ci relève du soutien que l'UA apporte dans des situations particulières et à la demande des États membres. L'évolution de la situation

---

[681] Rapport sur la Décision de la Conférence de l'Union de fusionner la Cour africaine des droits de l'homme et des peuples et de la justice de l'Union Africaine, AU Doc. EX.CL/162 (VI).

[682] (F.) OUGUERGOUZ, « La cour africaine de justice et des droits de l'homme », in (A.A.) YUSUF et (F.) OUGUERGOUZ (dir.), *L'Union Africaine : cadre juridique et institutionnelle*, Ed. Pedone, Paris, 2013, p. 114.

[683] Ibid., p. 119.

[684] Nous pouvons citer : les États parties au Protocole ; la Commission africaine des droits de l'homme et des peuples ; le Comité africain d'experts sur les droits et le bien-être de l'enfant ; les organisations intergouvernementales africaines accréditées auprès de l'Union ou de ses organes ; les institutions nationales des droits de l'homme ; les personnes physiques et les organisations non gouvernementales accréditées auprès de l'Union africaine ou de ses organes ou institutions, sous réserve des dispositions de l'article 8 du Protocole.

[685] Voir article 61 de la Convention américaine : la Cour interaméricaine des droits de l'homme ne peut être saisie que par la Commission interaméricaine et les États parties à la Convention américaine. Cité par (F.) OUGUERGOUZ, « La Cour africaine de justice et des droits de l'homme », Op.cit., p. 120.

politique de ses États membres occupe une place de choix. C'est sur cette base que depuis sa création l'Union a suscité tant d'espoir dans la lutte contre les Changements anticonstitutionnels de Gouvernement (1) qui affectent très souvent la paix et la sécurité régionales. De ce fait, l'Union Africaine avec ses différents instruments s'efforce de l'enracinement de la démocratie (2) qui est une condition nécessaire au respect des droits de l'homme.

1- La lutte contre les changements anticonstitutionnels de gouvernement : le recours aux sanctions

La consécration sous forme de principe constitutif de l'UA, de la condamnation et du rejet des changements anticonstitutionnels de gouvernements représente un aspect fondamental des principes démocratiques[686]. Cette condamnation et ce rejet répondent à la préoccupation de l'organisation continentale de mettre un terme aux modes non démocratiques d'accession au pouvoir qui ont caractérisé et affaibli certains régimes africains. Ce projet africain pour être effectif s'accompagne de mécanismes de sanctions qui ont pour but de renforcer l'exécution et le respect des principes de l'Union.

La sanction dès lors, n'est pas toujours l'usage de la force. Elle est aussi une obligation juridique qui naît d'une obligation violée ou non exécutée[687]. Le continent africain est loin de tourner la page aux changements anticonstitutionnels de gouvernement. Pour être plus simple dans l'appréhension des changements anticonstitutionnels de gouvernement, on dira tout simplement qu'il s'agit de tout changement de pouvoir qui est contraire à la Constitution de l'État. Si les années avant 1990 et bien après étaient considérées comme la période des coups d'État en Afrique, les années après 2000 ont redynamisé les politiques internes des États. Ces États dans leur acte fondamental respectif ont inscrit une série de principes, règles et normes qui conditionnent l'accession au pouvoir. Ces principes, règles et normes s'inspirent de ce fait des instruments juridiques de l'UA qui promeuvent les droits de l'homme, la démocratie, l'État de droit et la paix sur le continent. En clair, l'UA amène ses États membres à avoir comme source de légitimité que des institutions démocratiquement élues[688]. Cependant, tout mode d'accession au pouvoir, contraire à ces principes et règles, relève purement d'un mouvement anticonstitutionnel de gouvernement. C'est ce qui

---

686 (S.) DOUMBE-BILLE, « L'Union africaine : objectifs et principes », in (A.-A.) YUSUF et (F.) OUGUERGOUZ, L'Union africaine : cadre juridique et institutionnel, Op.cit., p. 74.

687 (J.-C.) TCHEUWA, « L'Union Africaine et les changements anticonstitutionnels de gouvernement », Revue de la recherche juridique, N° XXXIV-127 (34e année-127ème numéro), Presses Universitaires d'Aix-Marseille-PUAM, 2009-2, p. 1018.

688 (M.) FAU-NOUGARET, « Les organisations régionales africaines et les changements de pouvoir anticonstitutionnels », in (M.) FAU-NOUGARET (dir.), *La concurrence des organisations régionales en Afrique*, L'Harmattan, Paris, 2012, p. 411.

peut amener l'UA à actionner des mesures qu'elle a prévues dans ses différents mécanismes qui ne sont autres que des sanctions[689]. Il serait important de rappeler que dans son fonctionnement, lorsqu'un acte anticonstitutionnel se pose dans l'un de ses États membres, l'UA observe toutes les étapes prévues dans ses mécanismes avant de prendre toute sanction possible. Au-delà de ces sanctions contenues dans l'Acte constitutif, nous pouvons ajouter le droit d'intervention de l'Union sur décision de la Conférence, dans certaines circonstances graves à savoir : les crimes de guerre, de génocide et de crimes contre l'humanité ainsi qu'une menace grave de l'ordre légitime afin de restaurer la paix et la stabilité dans l'État membre de l'Union sur recommandation du Conseil de paix et de sécurité[690].

Dès lors, l'UA procède d'abord par un rappel à l'ordre soit pour la transmission du pouvoir au Président nouvellement élu afin que l'ordre constitutionnel soit respecté, ou au respect du verdict des urnes. Nous pouvons citer à cet effet le cas de la Gambie en janvier 2017 entre le Président sortant Yahya Jammeh et le Président nouvellement élu Adama Barrow[691]. Ensuite, si les injonctions ne sont pas respectées, elle peut procéder à la suspension de l'État concerné de ses activités. C'est le cas du coup d'État militaire du 06 août 2009 en Mauritanie mené par le général Mohamed Ould Abdel Aziz où l'État mauritanien s'est vu suspendre des travaux de l'Union[692].

Pour le cas de Madagascar en 2009, le CPS de l'UA en sa réunion tenue le 19 février 2010 a adopté des sanctions ciblées à l'encontre de certains auteurs du mouvement anticonstitutionnel. Le CPS a décidé ce qui suit : Interdiction de voyager à l'encontre de tous les membres des institutions mises en place par les autorités de fait issues du changement anticonstitutionnel et des autres membres de la Mouvance Rajoelina ; le gel des fonds, autres avoirs financiers et ressources économiques de tous les individus et entités concourant, d'une manière ou d'une autre au maintien du *statu quo* anticonstitutionnel et enfin l'isolement diplomatique des autorités de fait issues du changement anticonstitutionnel, à travers une action concertée des États membres[693].

Au Niger aussi, l'ancien Président Mamadou Tandja avait fait l'objet de sanctions de la part des institutions régionales et sous régionales du fait de la

---

[689]Article 30 de l'Acte constitutif et Article 37 du Règlement intérieur de la Conférence des Chefs d'État et de Gouvernement de l'Union.

[690] Voir article 4 (h) du Protocole d'amendement de l'Acte constitutif de l'Union du 11 juillet 2003.

[691] Communiqué PSC/PR/COMM. (DCXLVII) du 13 janvier 2017 sur la situation post-électorale en République Islamique de Gambie.

[692] (M.) FAU-NOUGARET, « Les organisations régionales africaines et les changements de pouvoir anticonstitutionnels », in (M.) FAU-NOUGARET (dir.), *La concurrence des organisations régionales en Afrique*, Op.cit., p. 427.

[693] Communiqué PSC/PR/COMM. (CCXV) du 19 février 2010 sur la République de Madagascar.

révision constitutionnelle dont le « principal » objet, était de passer outre la limitation de mandat prévue par l'article 36 de la Constitution du 9 août 1999[694].

D'autres situations dont l'UA a fait montre de l'application de ses instruments sont nombreuses. Nous pouvons relever : le cas de la Guinée-Bissau[695], Mali[696] et de la Guinée,[697] etc. Malgré les ambigüités qui persistent autour des actions prises par l'UA, celles-ci contribuent néanmoins au renforcement du processus démocratique dans les États membres.

2- Le renforcement du processus démocratique dans les États

Cette idée comporte deux dimensions. La première implique la dimension humaine qui, de nos jours, ne relève plus exclusivement des affaires intérieures des États. La deuxième intègre le triptyque : droits de l'homme-démocratie-État de droit qui s'incorporent dans un contexte de sécurité intégrale[698].

Pour la première dimension, cela ne fait plus d'aucun doute la reconnaissance à l'Union le droit d'intervenir dans un État membre sur décision de la Conférence dans certaines circonstances[699]. Au-delà du recours à la force dont peuvent faire valoir certains États et OI en cas de violation des droits de l'homme, la clause « droits de l'homme » apparaît comme condition de coopération ou d'association. C'est le cas par exemple de la politique de coopération instituée entre la CEE (actuelle UE) et les pays ACP. Les accords de coopération pour le développement ACP-UE, signés à Cotonou (couramment sous le nom d'accords de Cotonou) en 2000, contiennent dans leur dispositif une référence claire aux droits de l'homme en tant que fondement de la coopération de développement[700]. Étant une condition de la coopération, les droits de l'homme font partie intégrante des mécanismes de sécurité. De même, la dimension humaine reflète une nouvelle vision des rapports entre droits de l'homme et développement, et plus exactement une

---

[694] Cet article 36 précisait *« le président de la République est élu pour cinq (5) ans ...Il est rééligible une seule fois »*. Et l'article 136 prévoyait *« ...les dispositions des articles 36... ne peuvent faire l'objet d'aucune révision »*. Cité par (M.) FAU-NOUGARET, « Les organisations régionales africaines et les changements de pouvoir anticonstitutionnels » in (M.) FAU-NOUGARET (dir.) *La concurrence des organisations régionales en Afrique*, Op.cit., p. 431.

[695] Communiqué PSC/PR/COMM (CCCXVIII) du 17 avril 2012 et Communiqué PSC/MIN/COMM/1. (CCCXIX) du 24 avril 2012 sur la situation en Guinée-Bissau.

[696] Communiqué PSC/PR//COMM (CCCXV) du 23 mars 2012 sur la situation en République du Mali.

[697] Communiqué PSC/PR/COMM.2 (CCLII) du 9 décembre 2010 sur la situation en République de Guinée.

[698] (L.-A.) SICILIANOS, *L'ONU et la démocratisation de l'État. Système régionaux et ordre juridique universel*, Ed. A. Pedone, 2000, p. 95.

[699] Article 4 (h) du Protocole d'amendement de l'Acte constitutif du 11 juillet 2003.

[700] (L.-A.) SICILIANOS, *L'ONU et la démocratisation de l'État. Système régionaux et ordre juridique universel*, Ed. A. Pedone, 2000, p. 105.

conception élargie de la notion de développement qui ne se limite plus à la dimension économique, mais qui intègre aussi la protection des droits de l'homme[701].

Pour la seconde dimension, le triptyque : droits de l'homme-démocratie-État de droit, fait renaître une valorisation de la volonté librement exprimée du peuple comme fondement de l'effectivité du pouvoir[702] au sein des États africains. Ceci fait jaillir la notion du système représentatif. C'est pour dire de façon claire comme dans la plupart des Constitutions actuelles des États africains, *« la souveraineté nationale appartient au peuple [...] »*[703]. La légitimité démocratique permet dès lors que les régimes politiques des différents États puissent tirer leur effectivité, sur le pluralisme politique, le respect des droits de l'homme, de la volonté générale du peuple par des élections périodiques, libres et honnêtes, et le respect de l'État de droit[704]. C'est dans cette logique que la Charte africaine de la démocratie, des élections et de la gouvernance prend position dans son Chapitre IV intitulé « De la démocratie, de l'État de droit et des droits de l'homme » pour relever que : *« les États parties considèrent la participation populaire par le biais du suffrage universel comme un droit inaliénable du peuple »*[705]. Ceci marque une évolution de l'organisation continentale africaine pour placer les élections au centre de la dévolution du pouvoir. Pour marquer ses empreintes dans ses États membres, elle agit à travers l'assistance électorale. Depuis lors, la pratique de l'UA en la matière s'est développée à un rythme impressionnant[706]. Au terme de l'article 18 al. 2, l'Union à travers sa « Commission peut, à tout moment, en concertation avec l'État partie concerné, envoyer des missions consultatives spéciales pour fournir à cet État l'assistance en vue de renforcer ses institutions et processus électoraux ».

---

701 Ibid., p. 106.

702 (J.-C.) TCHEUWA, « L'Union Africaine et les changements anticonstitutionnels de gouvernement », Op.cit., p. 1012.

703 Voir article 2(1) de la Constitution camerounaise du 18 janvier 1996. Sur le plan de la discussion théorique, voir (M.) TROPER, « La souveraineté nationale appartient au peuple. L'article 3 de la Constitution de 1958 », in (M.) TROPER et (J.) JAUME (dir.), *1789 et l'invention de la Constitution*, Paris Bruxelles, LGDJ-Bruylant, 1993, pp. 252 et ss ; (Ph.) BRAUD, Le suffrage universel contre la démocratie, Paris, PUF, 1980. Cité par (J.-T.) TCHEUWA,_« L'Union Africaine et les changements anticonstitutionnels de gouvernement », Ibid.

704 (Th.) HUBERT, « L'État et l'organisation de la société internationale », in *S.F.D.I.*, Colloque de Nancy, *L'État souverain à l'aube du XXIe siècle*, Paris, éd. A.Pedone, 1994, p. 196.

705 Voir article 4 al.2 de la Charte africaine de la démocratie des élections et de la gouvernance.

706 (L.-A.) SICILIANOS, *L'ONU et la démocratisation de l'État. Système régionaux et ordre juridique universel*, Ed. A. Pedone, 2000, p. 163.

Ainsi, il ne se passe plus une élection dans un État membre sans que ce dernier sollicite la présence de l'Union pour une assistance[707].

En réalité, l'ambition de l'Union africaine est d'œuvrer aux côtés de ses États membres afin de les encourager d'être de véritables sociétés démocratiques. Mais en Afrique, il y a toujours un fossé entre la théorie et la pratique. Ce qui empêche considérablement à l'Union d'atteindre ses objectifs.

II- Un apport perfectible : des pesanteurs aux actions de l'UA nécessitant des améliorations pour une efficacité de l'organisation

L'ambition de l'UA d'œuvrer à la consolidation de l'État de droit dans ses États membres est louable. Avec un arsenal juridique tant normatif qu'institutionnel, l'organisation continentale africaine a véritablement basculé dans une pratique politique décisive pour son avenir. Sauf qu'elle va faire face à certaines pesanteurs (A) dont l'urgence d'une correction profonde s'impose afin que son efficacité (B) puisse trouver un écho favorable.

A- Les pesanteurs à la consolidation de l'État de droit en Afrique

Comme toute activité humaine, l'UA dans son action peut réussir, échouer ou être en proie à certains dysfonctionnements qui affectent son efficacité : c'est-à-dire l'inadéquation entre ce qui doit être et ce qui est réellement[708]. Les pesanteurs font appel aux différents obstacles dont fait face l'UA dans le renforcement de l'État de droit dans ses États membres. Ces obstacles sont d'ordre endogène (1) et exogène (2).

1- Les obstacles endogènes à l'action de l'UA

Le bilan de plus d'une décennie après la création de l'UA, n'est pas rayonnant au regard des ambitions portées par ses différents instruments juridiques. C'est dire que l'UA brille par son impuissance. En effet, intéressons-nous de la gestion de certaines crises en Afrique. À ce niveau, on note une impuissance institutionnelle de l'UA dans la mesure où à l'observation, la gestion des crises dépend moins de l'implication des mécanismes africains de gestion des crises, que de l'action de certains pays ou

---

[707] Election présidentielle au Zimbabwe en 2008 ; élection présidentielle en Côte d'Ivoire en 2010 et 31 octobre 2020; élection présidentielle à Madagascar en 2010 ; élection présidentielle en RCA en 2016 ; élection présidentielle au Tchad en 2016 ; élection présidentielle en Gambie en 2017 ; élections présidentielles et législatives en RCA le 27 décembre 2020, etc.

[708] (P.-M.) MARTIN ''Les échecs du droit international'' *Que sais-je?*, 1re éd, PUF, Paris, 1996, p. 5.

groupements extérieurs. Face à de nombreuses crises en Afrique, l'UA s'est souvent cantonnée dans un registre de protestations et de condamnations formelles[709]. Pour illustrer nos propos, nous pouvons prendre la crise politique en Côte d'Ivoire après les contestations liées aux élections présidentielles de 2010. L'intervention de la France à travers la « *Force Licorne* » avec le soutien de l'ONU *(résolution 1975)* sous le couvert des Casques bleus de l'*ONUCI*, a montré le rôle périphérique de l'UA dans la résolution de certaines crises majeures en Afrique[710].

La crise au Mali en 2012 ayant conduit à une fracture du pays entre Nord et Sud constitue un autre élément de faiblesse. Si la CEDEAO et l'UA s'y sont déployées sous le couvert de la Mission internationale de soutien au Mali *(MISMA)*, on note toutefois une limitation des capacités d'ordre matériel, logistique et financier de ces deux organisations africaines pour restaurer la paix au Nord Mali. C'est encore l'intervention de la France par l'opération *Serval* en janvier 2013 appuyée par la *résolution 2085* du Conseil de sécurité de l'ONU qui va se montrer très efficace puisque cette action permettra de repousser les indépendantistes intégristes et le retour normal à la vie constitutionnelle[711]. Aujourd'hui, malgré le calme relatif qui règne dans le pays, certaines zones de tension persistent et la situation dès lors est sous le contrôle de la Mission multidimensionnelle intégrée des Nations unies pour la stabilisation du Mali *(MINUSMA)* depuis le 1er juillet 2013 (elle a remplacé la *MISMA*).

Dans le cadre de la lutte contre les changements anticonstitutionnels de gouvernements, la position de l'UA présente un jeu trouble. Si l'on s'en tient aux dispositions des articles 30 de l'Acte constitutif de l'Union et 37 du règlement intérieur de la Conférence, on peut lire ceci : tous gouvernements qui accèdent au pouvoir par des moyens anticonstitutionnels, doivent être sanctionnés par l'Union au cas où ces États ne respectent pas les injonctions de cette dernière. Il y a des cas où il y a eu un calme absolu de la part de l'UA. Les exemples emblématiques sont : la Centrafrique en mars 2003, avec le Général François Bozize[712], la tricherie de la succession constitutionnelle au Togo après la mort du Président Gnassingbé en février 2005[713], du Burundi en

---

709 (A.) BOURGI, « L'Union Africaine entre les textes et la réalité », Op.cit., p. 342.

710 (R.) PALIGWENDE KONOMBO, « L'Union africaine et son Conseil de paix et de sécurité à l'épreuve des crises en Afrique », Tribune n°518, p. 4. www.defnat.fr (consulté le 06 mai 2018).

711 Ibid., p. 5.

712 Le 15 mars 2003, le Président Ange Félix Patasse fut renversé par une rébellion dirigée par le Général François Bozize. La Conférence des Chefs d'État et de Gouvernement de l'Union qui s'était réunie les 10 au 12 juillet 2003 à Maputo au Mozambique ne s'est pas prononcée sur la situation. Cité par (A.) LALI, « La perception de l'État de droit dans le droit et la pratique de l'Union africaine », Op.cit., p. 297.

713 Après la mort du Général Gnassingbé, aussitôt son fils Faure Gnassingbé se vit confier par l'armée et le parti au pouvoir la succession au détriment du Président de l'Assemblée, M.

2015, avec l'usage de la force par M. Pierre Nkurunziza pour briguer un troisième mandat[714]. Pourtant, la Constitution ainsi que les Accords d'Arusha (qui, en 2000, mettaient fin à une longue guerre civile) sont clairs à ce sujet : le mandat présidentiel n'est renouvelable qu'une seule fois. Qu'est-ce qui explique le fait que, dans certains États, les lois fondamentales sont soit battues en brèches, soit taillées à la mesure afin d'ôter la limitation de mandat ou d'âge[715] sans aucune sanction de la part de l'organisation continentale? Nous pouvons aussi relever le cas du Zimbabwe avec l'élection présidentielle de 2008[716]. Le cas du printemps arabe n'est pas en reste[717].

Au-delà de ce qui précède, il faut aussi relever les réticences des pays d'Afrique australe pour la construction des États unis d'Afrique. Aussi dans

---

Fambaré Natchaba, personnalité à qui la Constitution attribue l'intérim. Pour éviter tout désaveu, les autorités de Lomé se sont précipitées à simuler une succession constitutionnelle en réunissant l'Assemblée nationale le 6 février 2005 pour réviser l'article 65 de la Constitution en y supprimant toute référence tant au caractère provisoire de la succession qu'au scrutin qui doit mettre fin à la période intérimaire. Les députés de leur côté pour contribuer à cette tricherie, ont également révisé la loi électorale aux fins de favoriser la démission de M. Faure Gnassingbé de ses fonctions ministérielles, le temps pour ce dernier de redevenir député et se faire élire Président de l'Assemblée nationale pour finalement succéder à son père. L'autre élément intéressant prévu est « le nouveau Président de la République exerce ses fonctions jusqu'au terme du mandat de son prédécesseur ». Pour ce qui concerne M. Natchaba, absent du territoire national, son sort politique serait scellé par sa prétendue décision de prolonger la durée de son escale à Cotonou. Cité par (A.) LALI, Op.cit., p. 298.

[714]Après ses deux mandats (2005 et 2010) comme prévus par la Constitution et les Accords d'Arusha, le Président sortant Pierre Nkuruziza décida de briguer un troisième en 2015. Cette position de M. Pierre Nkuruziza déclencha une crise en avril 2015. Malgré la crise dans le pays, il s'est toujours présenté à l'élection présidentielle de juin 2015, qu'il a d'ailleurs gagné. Bien que l'UA à travers son CPS décida le 18 décembre de la même année, d'envoyer plus de 5.000 hommes dans l'optique de protéger la population, le président burundais s'y opposa et menaça d'attaquer cette force au cas de sa présence sur le territoire burundais.

[715]Cas du Rwanda avec Paul Kagame qui a dû modifier la Constitution afin de se représenter. Cas du Congo Brazzaville où la Constitution prévoyait l'âge limite pour accéder au pouvoir était de 75 ans. Après la modification de la Constitution de 2015, cette clause de limitation d'âge a été supprimée.

[716]En 2008 au Zimbabwe, lors du premier tour le candidat Morgan Tsvangirai de l'opposition arriva en tête des suffrages. Les troubles de la période suivant ce tour entrainèrent son retrait du second tour, en signe de protestation. Le 27 juin 2008, Robert Mugabe fut donc réélu sans concurrent au second tour. Les observateurs (ceux de la SADC et de l'UA) firent des rapports négatifs. Deux jours plus tard, se rendit à la 11e Conférence des Chefs d'État et de Gouvernement de l'Union. Au cours de cette session, le Botswana pour marquer son indignation, demanda la prise de sanction par l'UA et la suspension de la SADC. Malgré une résolution (Doc. Assembly /AU/Res.1 (XI), du 30 juin au 1er juillet 2008, SharmEl Cheikh) prise par la Conférence qui dit être gravement préoccupée par la situation des droits de l'homme, aucune sanction n'a été prise contre le Zimbabwe. Cité par (M.) FAU-NOUGARET, « Les organisations régionales africaines et les changements de pouvoir anticonstitutionnels » in (M.) FAU-NOUGARET (dir.) *La concurrence des organisations régionales en Afrique*, Op.cit., pp. 428-429.

[717]Voir aussi le dénouement du printemps arabe : Tunisie, Égypte et surtout la Libye ; les différents affrontements qui ensanglantèrent l'Est du Congo, etc.

le même sillage, les divisions entre l'Afrique arabo musulmane et noire et la faiblesse de l'intégration régionale en Afrique. Nous ne manquerons pas de souligner aussi le problème de financement des États et l'absence de consensus au sein de l'Union[718].

Ce tableau noir de la pratique de l'UA dans la consolidation de l'État de droit en Afrique justifie l'ensemble des dérives que l'on observe aujourd'hui dans les États. Qu'est-ce qui peut expliquer cette attitude ou ce laxisme de l'UA face à ses propres règles ? Pourquoi cette politique de deux poids deux mesures au sein de l'UA ? La réponse demeure dans la volonté des États membres à vouloir faire de cette organisation une véritable OI pour la cause des Africains. Il est temps de mettre un terme à ce deal politique[719] dans le fonctionnement de cette organisation.

2- Les obstacles exogènes : le fait des États membres

Des indépendances jusqu'en 1990, la forme par excellence de prise de pouvoir en Afrique, était le coup d'État[720]. Avec l'avènement de la démocratie après les années 1990, et surtout avec la création de l'UA, qui a pour ambition principale de consolider le projet d'intégration politique[721] commencée par sa devancière (OUA), faisait naître quelques lueurs d'espoir. Cet espoir va tomber dans les oubliettes. Malgré l'adoption par cette instance continentale des instruments juridiques tant normatifs qu'institutionnels pour la sauvegarde de ces valeurs, les États africains continuent d'être le théâtre de crises politiques aigües à ramifications multiples. Non-respect de la légalité constitutionnelle, absence de démocratie, violation des droits de l'homme, manque de transparence dans la gestion des affaires publiques et les fraudes électorales sont autant de maux qui minent le continent. Une remarque jaillit après plus de deux décennies de pratique démocratique, c'est que la transmission du pouvoir politique n'obéit pas toujours aux prescriptions constitutionnelles[722]. Dans la plupart des États d'Afrique, la vie politique est

---

[718] (R.) LIKIBI, *La Charte africaine de la démocratie, des élections et de la gouvernance*, Op.cit., p. 21.

[719] (A.) LALI « La perception de l'État de droit dans le droit et la pratique de l'Union africaine », Op.cit., p. 299.

[720] (C.) TCHEJIP KAPTCHOUANG, « La dévolution du pouvoir en Afrique noire francophone entre tensions et compromis », *Revue Africaine d'Études Politiques et Stratégiques*, UYII, n°6, 2009, p. 125.

[721]Ce projet d'intégration politique tourne autour de la promotion et du respect des valeurs de démocratie, des droits de l'homme et de l'État de droit.

[722] (B.) GUEYE, « Les coups d'État en Afrique entre légalité et légitimité », *Droit sénégalais*, n°9, novembre 2010, p. 259-277 ; (F.-J.) AIVO, « La crise de la normativité de la Constitution en Afrique », *RDP*, n°1, janvier-février 2010, p. 141 et suivantes ; (I.) SOUARE, *Guerres civiles et coups d'État en Afrique de l'Ouest : comprendre les causes et identifier des solutions possibles*, L'Harmattan, Paris, 2007.

restée dominée par des Chefs d'État[723] qui brillent par leur longévité au pouvoir[724]. La limitation du nombre de mandats présidentiels est un principe de promotion de l'alternance démocratique. Dans le constitutionnalisme moderne, la limitation du nombre de mandats présidentiels, considérée comme un verrou constitutionnel contre la monarchisation des Républiques, s'inscrit dans une dynamique de lutte contre une présidence à vie[725]. Bref, elle traduit le souci non seulement de préserver les acquis démocratiques des années 1990 par une limitation de la rééligibilité indéfinie, mais également d'éviter que se renouvelle le phénomène de la personnalisation[726] et de la monopolisation du pouvoir politique.

De même, un autre phénomène qui transparaît dans la pratique des États africains est la fraude électorale. Elle est d'ailleurs une autre source de conflit en Afrique. Pour presque toutes les élections organisées dans les États, les fraudes sont devenues la règle. En consacrant le pluralisme politique, les constituants africains des années 1990 ont fait de la concurrence électorale la source de légitimité. La caractéristique essentielle d'un système politique démocratique repose d'abord sur le principe du pluralisme politique qui fait de la concurrence, du moins de la compétition, le ciment du jeu politique et électoral[727]. On peut noter avec Georges Burdeau que dans tout régime démocratique, le pouvoir n'est légitime que lorsqu'il émane d'une forte adhésion populaire[728].

Ces différents comportements ne peuvent conduire qu'à la paupérisation de l'Afrique. L'extrême pauvreté qui sévit en Afrique y est envisagée aussi comme l'un des obstacles au développement démocratique des peuples

---

723 El Hadj Omar BONGO ONDIMBA au Gabon (1969-2009) ; le président Lansana COMTE en Guinée Conakry (1984-2008) ; le président Gnassingbé EYADEMA au Togo (1967-2005) ; le président Sese Seko MOBUTU au Zaïre (1965-1997) ; le président Maaouiya Ould Sid'Ahmed TAYA (1965-2005) ; le président Mathieu KEREKOU au Bénin (1961-1991) ; le président Blaise COMPAORE au Burkina Faso (1987-2015) ; le président Paul BIYA au Cameroun (1982 à ce jour) ; le président Théodoro OBIANG NGUEMA en Guinée Equatoriale (1979 à ce jour) à ne citer que ces cas de figure qui ne sont pas exhaustifs.

724 El Hadj MBODJ, *La succession du Chef de l'État en droit constitutionnel africain. Analyse juridique et impact politique,* Thèse de doctorat, Université Cheikh Anta Diop, juin 1991, 532 p.

725 (A.) LOADA, « La limitation du nombre de mandats présidentiels en Afrique francophone » *Revue électronique Afilex*, n°3, 2003, pp. 139-162.

726 (P.-F.) GONIDEC, « À quoi servent les Constitutions africaines. Réflexions sur le constitutionnalisme africain », *RJPIC*, octobre-décembre 1988, pp. 860-862 ; (F.) VANGAH WODIE, « Les régimes militaires et le constitutionnalisme en Afrique, *Penant*, juin-septembre, p. 196 ; El Hadj MBODJ, *La succession du Chef de l'État en droit constitutionnel africain. Analyse juridique et impact politique,* Op.cit., p. 36 et ss.

727 (B.Y.S.) ETEKOU, *L'alternance démocratique dans les États d'Afrique francophone*, Thèse de doctorat, Université Paris-Est/Université de COCODY-Abidjan, 2012-2013, p. 148.

728 (G.) BURDEAU, *Traité de science politique*, 3e édition, Tome III, La dynamique politique, Volume 1, *Les forces politiques*, Paris, LGDJ, 1982, p. 441.

africains. Son élimination reste une partie essentielle de la consolidation de la démocratie représentative et relèverait de la responsabilité commune et partagée[729] des États africains.

Un constat mérite d'être fait dans le rapport entre ces États et les différents instruments juridiques de l'UA. Le fonctionnement tant de l'UA que des États membres est plombé à cause d'un manque de volonté de la part de ces États de prendre au sérieux l'organisation continentale. Nous prenons pour preuve l'absence de reconnaissance des principes par exemple de la Charte africaine de la démocratie, des élections de la gouvernance depuis son entrée en vigueur en 2012 dans presque toutes les Constitutions des États africains. Or avec ce texte, l'UA marquait un nouveau départ à l'orée du troisième millénaire pour la consolidation de la démocratie dans ses États membres.

B- Vers une organisation efficace dans la consolidation de l'État de droit en Afrique

Le tournant entrepris depuis la création de l'UA marque une étape importante pour le continent africain. La société internationale est une société composite dont les acteurs sont en concurrence permanente et l'UA ne doit pas être en retard. Avant de devenir une organisation audacieuse pour le respect de ses objectifs (2), la nécessité d'une prise de conscience s'impose à l'égard de ses États membres (1).

1- La nécessité d'une prise de conscience des États africains

Les États africains à ce niveau ont une double responsabilité. La première concerne la gouvernance politique et démocratique de chaque État et la seconde se résume en termes de volonté réelle de faire de l'UA une organisation au service des États africains et du peuple africain.

Pour ce qui est de la responsabilité de chaque État dans sa propre gestion, les États africains doivent devenir de véritables sociétés politiques démocratiques modernes, dans lesquelles un équilibre est établi entre l'exercice du pouvoir par les autorités publiques et la garantie des droits des citoyens[730]. C'est dans l'optique d'assurer la participation de toutes les couches sociales dans le respect de leurs droits, dans la gestion de l'État tel que prévu dans les objectifs de l'organisation continentale africaine. Selon Jacques Cadart[731], seule l'élection se déployant dans un environnement de pluralité politique où tous les droits sont respectés, comme procédé par excellence de la légitimité, permettrait l'accession au pouvoir. Dès lors, le juge

---

729 (L.-A.) SICILIANOS, *ONU et la démocratisation de l'État*, Op.cit. pp. 72-73.

730 (S.) DOUMBE-BILLE, « L'Union africaine : objectifs et principes », in (A.-A.) YUSUF et (F.) OUGUERGOUZ, *L'Union Africaine : cadre juridique et institutionnel*, Op.cit., p. 64.

731 (J.) CADART, *Institutions politiques et droit constitutionnel*, 3e édition, Tome 1, 1999, pp. 13 et ss

constitutionnel en encadrant l'exercice du pouvoir et le jeu politique devient à partir de l'interprétation dynamique de la Constitution, non seulement le protecteur de l'État de droit, mais bien plus, pose le droit constitutionnel comme droit de référence de l'État et dans l'État[732]. De même, dans les États africains, le rôle des parlements et des partis politiques doit être renforcé. Ils sont d'ailleurs l'une des composantes majeures du processus démocratique[733]. Le respect de la diversité des opinions dans l'État comme une expression de l'État de droit traduit une orientation selon laquelle seul le droit permet de garantir de façon suffisante à l'individu, la possibilité d'exercer et d'assumer ses choix politiques.

La deuxième responsabilité est liée au rôle à jouer par chaque État africain comme membre à part entière de l'UA. Elle a été créée par les États africains et doit vivre grâce au concours de ceux-ci. Le succès de toutes les actions et stratégies de cette institution dépendra aujourd'hui en grande partie d'une volonté affirmée de l'ensemble des dirigeants du continent. Une réflexion profonde doit être menée par ces dirigeants afin de redéfinir les meilleures formes de collaboration qui peuvent dans une certaine mesure permettre à l'Union de défendre la cause africaine et non de recourir aux autres organisations et puissances étrangères. Les enjeux de l'UA sont ceux de l'Afrique toute entière.

2- L'UA : pour une organisation audacieuse dans le respect de ses objectifs et principes

Les défis à relever par l'UA sur le continent et pour ses États membres sont nombreux[734]. Cependant, les guerres civiles qui affaiblissent trouvent leur fondement dans les situations régionales. De ce fait, le développement du continent doit obéir à une série d'actions coordonnées entre les pays africains. La démocratie et le respect des droits de l'homme ne s'imposent pas d'eux-mêmes. L'idée d'une UA comme pierre angulaire de la consolidation de l'État de droit est importante pour la survie de l'Afrique.

Cette OI doit sa réussite à son cadre juridique. Le droit produit par l'UA est formé de normes acceptées par les États qui en sont les destinataires immédiats ; la conséquence logique serait que les mêmes États qui ont consenti à l'adoption de ces normes en exécutent spontanément les

[732] (B.-Y.-S.) ETEKOU, *L'alternance démocratique dans les États d'Afrique francophone*, Op.cit., p. 30.
[733] (R.) LIKIBI, *La Charte africaine de la démocratie, des élections et de la gouvernance*, Op.cit., p. 16.
[734] Avec l'aspiration n°3 de l'Agenda 2063 de l'UA visant la promotion de la bonne gouvernance, la consolidation de la démocratie, le respect des droits de l'homme, le renforcement de la justice et de l'État de droit.

prescriptions[735]. Les États devront donc se soumettre aux normes qu'ils ont eux-mêmes adoptées pour le compte de leur organisation.

Pour être plus crédible et efficace, l'UA devra revoir son corpus juridique pour y introduire des clauses statutaires portant sur des conditions d'adhésion. Bien que ce mécanisme ressorte dans le cadre du Protocole créant le CPS[736], l'UA devra introduire dans son Acte constitutif un point sur le respect de la démocratie, des droits de l'homme et de l'État de droit comme condition fondamentale pour adhérer à l'Union[737]. Si nous prenons le cas du Conseil de l'Europe, nous constatons que l'engagement démocratique et la relation intrinsèque entre démocratie, État de droit et protection des droits de l'homme ont constitué la pierre angulaire de l'organisation[738]. L'Union devra s'inspirer de cet exemple européen. Au-delà de ce qui précède, l'Union africaine devra aussi procéder à la transformation du principe de la condamnation et du rejet des changements anticonstitutionnels de gouvernements en une *règle impérative* pour ses États membres. Cette mesure sera dans l'optique de renforcer les compétences de l'organisation continentale africaine.

De même, l'UA devra aussi reformer les mécanismes d'application de ses différents textes. L'exemple de la Charte africaine de la démocratie, des élections et de la gouvernance en dit long. Ce texte a été adopté en 2007 et est entré en vigueur en 2012, soit cinq (05) ans après. Cette longue période peut justifier un manque de volonté des États africains. Aussi, pouvons-nous relever une absence de contraintes qui s'imposent aux États africains pour ratifier les textes de l'UA.

Pour ce qui est de la dimension des crises en Afrique, l'UA doit travailler en étroite collaboration avec les organisations sous régionales tout en harmonisant et coordonnant leurs diverses politiques existantes. C'est d'amener les organisations sous régionales à pouvoir contenir les éventuelles crises qui peuvent naître dans un pays de la sous-région dont l'État fait partie. En matière d'intégration en Afrique, c'est la CEDEAO et la SADC qui sont les deux organisations sous régionales où l'intégration semble être réelle.

---

735 (P.) DE VISSCHER, « Cours général de droit international public », *RCADI*, Volume II, Tome 136, Ed. A. W. Sijthoff, 1972, p. 138.

736 Voir article 5 para 2 (g) du Protocole de 2002 portant création du CPS qui prévoit : *« le respect de la gouvernance constitutionnelle, conformément à la Déclaration de Lomé, ainsi que de l'État de droit et des droits de l'homme ».*

737 (R.) LIKIBI, *La Charte africaine de la démocratie, des élections et de la gouvernance*, Op.cit., p. 45.

738 (N.) VALTCOS, « La démocratie et les droits de l'Homme », 35 annuaire européen (1987), pp. 53-66 ; (P.-H.) IMBERT, « L'action intergouvernementale du Conseil de l'Europe en matière des droits de l'homme : sauvegarde ou développement ? » dans la *Protection des droits de l'homme : la dimension humaine* - Mélange en l'honneur de (G.J.) WIARDA ((F.) Matscher, (H.) Petzold, éd.), Koln, (C.) Heymanns Verlag, 1988, pp. 259-271. Cité par (L.-A.) SICILIANOS, *L'ONU et la démocratisation de l'État : systèmes régionaux et ordre juridique universel*, Op.cit., p. 45.

L'UA devra s'assurer que les autres organisations sous régionales puissent évoluer et atteindre leur niveau d'intégration. C'est au prix d'une intégration réelle et profonde que l'Afrique serait capable de « faire front », de faire valoir son point de vue propre et de se faire entendre sur la scène internationale[739].

Conclusion

Au sujet de l'État de droit depuis les années, l'Afrique est l'un des continents le mieux doté textuellement[740]. C'est aussi le continent où on observe constamment toutes les formes de dérives et de crises. C'est pour cette raison que l'apport de l'UA en faveur de la consolidation de l'État de droit demeure mitigé.

L'organisation continentale africaine dispose d'un arsenal juridique dense permettant de construire et de consolider la démocratie, l'État de droit et le respect des droits de l'homme. Les principes énoncés dans son Acte constitutif, ses différentes Chartes et son cadre institutionnel en témoignent à suffisance. Mais l'on note toujours des disparités dans le respect par les États membres des principes de l'Union. C'est ce qui explique la survivance des crises sur le continent.

Face à cette situation, l'UA doit prendre la mesure de la situation en reformant son cadre normatif et institutionnel. Elle doit y insérer des clauses statutaires en faveur de l'État de droit, la démocratie et du respect des droits de l'homme comme des préalables à l'adhésion.

Bibliographie

OUVRAGES

(A.A.) YUSUF et (F.) OUGUERGOUZ, *L'Union Africaine : cadre juridique et institutionnel. Manuel sur l'organisation panafricaine*, Ed. Pedone, 2013, 405 p.

(G.) BURDEAU, *Traité de science politique*, 3e édition, Tome III, La dynamique politique, Volume 1, *Les forces politiques*, Paris, LGDJ, 1982

(G.) PAMBOU TCHIVOUNDA, *Essai sur l'État africain post colonial*, L.G.D.J., 1982, 165 p.

(J.) CHEVALLIER, *L'État de droit*, 4e éd., Montchrestien, col. « Clefs-Politique », Paris, 2003.

---

739 (S.) DOUMBE-BILLE, « L'Union africaine : objectifs et principes », in (A.-A.) YUSUF et (F.) OUGUERGOUZ, *L'Union Africaine : cadre juridique et institutionnel*, Op.cit., p. 63.

740 (M.) FAU-NOUGARET, « Les organisations régionales africaines et les changements de pouvoir anticonstitutionnels », in (M.) FAU-NOUGARET (dir.) *La concurrence des organisations régionales en Afrique*, Op.cit., p. 433.

(J.) SALMON (dir.), *Dictionnaire de droit international public*, Bruylant Bruxelles, 2001, 1198 p.

(K.) MBAYE, *Les droits de l'Homme en Afrique*, 2e éd., A. Pedone, Paris, 2002, 386 p.

(L.-A.) *SICILIANOS, L'ONU et la démocratisation de l'Etat : systèmes régionaux et ordre juridique universel,* Ed. A. Pedone, 2000, 321 p.

(P.-M.) MARTIN ''Les échecs du droit international'' *Que sais-je?,* 1re éd, PUF, Paris, 1996, 127 p.

(R.) LIKIBI, *La Charte africaine pour la démocratie, les élections et la gouvernance : analyse et commentaires,* Ed. Publibook, Africa, 2012, 419 p.

THÈSES

(B.Y.S.) ETEKOU, *L'alternance démocratique dans les États d'Afrique francophone*, Thèse de doctorat, Université Paris-Est/Université de Cocody-Abidjan, 2012-2013, 449 p.

El Hadj MBODJ, *La succession du Chef de l'État en droit constitutionnel africain. Analyse juridique et impact politique,* Thèse de doctorat, Université Cheikh Anta Diop, juin 1991, 532 p.

COURS

(J.-Y.) MORIN, « L'État de droit : émergence d'un principe du droit international », *RCADI*, 1996, pp. 9-462.

(P.) DE VISSCHER, « Cours général de droit international public », *RCADI*, Volume II, Tome 136, Ed. A. W. Sijthoff, 1972, pp 7-178.

(R.) MONACO « Les principes régissant la structure et le fonctionnement des organisations internationales », *RCADI-I,* 1977, pp. 83-225.

ARTICLES

(A.) BOURGI, « L'Union Africaine entre les textes et la réalité », *Afri,* Vol. V, 2004, pp. 327-344.

(A.) LALI, « La perception de l'État de droit dans le droit et la pratique de l'Union Africaine », in *L'État de droit en droit international*, Colloques de Bruxelles, A. Pedone, 2009, pp. 287-300.

(A.) LOADA, « La limitation du nombre de mandats présidentiels en Afrique francophone » *Revue électronique Afilex*, n°3, 2003, pp. 139-162.

(A.) MOYRAND, « Réflexions sur l'introduction de l'État de droit en Afrique noire francophone », *Revue Internationale de Droit Comparé*, Vol. 43 n°4, octobre-décembre, 1991, pp. 853-878.

(A.) MOYRAND, « Réflexions sur l'introduction de l'État de droit en Afrique noire francophone », in *Revue internationale de Droit comparé*, Vol. 43 n°4, 1991, pp. 853-878.

(A.S.) MESCHERIAKOFF, « L'ordre patrimonial : essai d'interprétation du fonctionnement de l'administration d'Afrique francophone subsaharienne », in *Revue française d'administration publique*, 1987, pp. 323-351.

(B.) BOUMAKANI, « Démocratie, droits de l'Homme et État de droit », *Annales de la Faculté des Sciences Juridiques et Politiques*, Université de Dschang, Tome 1, Vol. 2, PUA, 1997, pp. 5-23.

(B.) GUEYE, « Les coups d'État en Afrique entre légalité et légitimité », *Droit sénégalais*, n°9, novembre 2010, p. 259-277.

(C.) TCHEJIP KAPTCHOUANG, « La dévolution du pouvoir en Afrique noire francophone entre tensions et compromis (1990-2009) », *Revue Africaine d'Études Politiques et Stratégiques,* UYII, n°6, 2009, pp. 125-143.

(F.) OUGUERGOUZ, « La cour africaine de justice et des droits de l'homme », in (A.A.) YUSUF et (F.) OUGUERGOUZ (dir.), *L'Union Africaine : cadre juridique et institutionnelle*, Ed. Pedone, Paris, 2013, pp. 113-131.

(J.) CHEVALLIER, « Les aspects idéologiques de l'État de droit », in *L'État de droit en droit international*, Colloque de Bruxelles, A. Pedone, 2009, pp. 69-100.

(J.-C.) TCHEUWA, « Les manifestations de la primauté des chartes constitutives des organisations internationales : une contribution à la théorie générale de l'acte juridique international », in *De l'esprit du droit africain*, Mélanges en l'honneur de Paul Gérard POUGOUE, Wolters kluwer, 2014, pp. 725-738.

(J.-F.) MÉDARD, « L'État sous-développé au Cameroun », in *L'année africaine*, 1997, pp. 35-84.

(J.-M) BISWARO, « La Conférence, le Conseil exécutif et la Commission », in (A.A.) YUSUF et (F.) OUGUERGOUZ, *L'Union africaine, cadre juridique et institutionnel. Manuel sur l'organisation panafricaine*, Ed. A. Pedone, 2013, pp. 79-91.

(J-C.) TCHEUWA, « L'Union Africaine et les changements anticonstitutionnels de gouvernement », *Revue de la Recherche Juridique, Droit prospectif*, PUAM, 34e année-127ème numéro, 2009-2, pp. 995-1022.

(K.) M'BAYE, « Droit de l'homme et pays en développement », Mélanges (R-J.) DUPUY, *Humanité et droit international*, A. Pedone, Paris, 1991, pp. 211 222.

(M.) FAU-NOUGARET, « Les organisations régionales africaines et les changements de pouvoir anticonstitutionnels, Actes du colloque de Bordeaux, *La concurrence des organisations régionales en Afrique,* 2009, pp. 419-445.

(M.) FORTEAU, « Existe-t-il une définition et une conception univoques de l'État de droit dans la pratique des organisations régionales ou politiques ?, in *L'État de droit en droit international*, Colloques de Bruxelles, A. Pedone, 2009, pp. 263-286.

(M.) KAMTO, « Charte africaine, instruments internationaux de protection des droits de l'Homme, Constitutions nationales : articulations respectives », in (J-F)

FLAUSS et (E.) LAMBERT-ABDELGAWAD (dir.), *L'application nationale de la Charte africaine des droits de l'homme et des peuples*, Eds Nemesis et Bruylant, 2004, pp. 11-47.

(O.) CORTEN, « L'État de droit en droit international : quelle valeur ajoutée », in *L'État de droit en droit international*, Colloques de Bruxelles, A. Pedone, 2009, pp. 11-40.

(P.C.)NYAMNDING MESSANGA, « Peut-on envisager la translation du concept de la constitution dans le cadre juridique international ?, *Revue Camerounaise d'Études Internationales, (RCEI)*, 1er semestre 2007, pp. 69-101.

(P-G) POUGOUE, « Lecture de la Charte africaine des droits de l'homme et des peuples », in *Droits de l'homme en Afrique centrale*, Colloque régional de Yaoundé, Eds UCAC et Karthala, 1996, pp.31-45.

(S.) DOUMBE-BILLE, "L'Union Africaine : objectifs et principes », in (A. A.) YUSUF et (F.) OUGUERGOUZ (dir.), *L'Union Africaine : cadre juridique et institutionnel. Manuel sur l'organisation panafricaine,* Ed. A. Pedone, 2013, pp.57-76.

(T.) MALUWA, "La transition de l'Organisation de l'Unité Africaine à l'Union Africaine", in (A.A) YUSUF et (F.) OUGUERGOUZ (dir.), *L'Union Africaine : cadre juridique et institutionnel. Manuel sur l'organisation panafricaine*, Ed. A. Pedone, 2013, pp. 35-55.

DOMINIQUE, « L'État prédateur », *Politique africaine*, 1990, n°39, pp. 37-45.

COLLOQUES

SFDI (Colloque de Bruxelles), *L'État de droit en droit international*, A. Pedone, 2009.

SFDI (Colloque de Nancy), *L'État souverain à l'aube du XXIe*, A. Pedone, 1994.

SFDI (Colloque de Nancy), *L'État dans la mondialisation*, A. Pedone, Paris, 2013.

RAPPORTS

Communiqué PSC/PR/COMM. (DCXLVII) du 13 janvier 2017 sur la situation post-électorale en République Islamique de Gambie.

Communiqué PSC/PR/COMM. (CCXV) du 19 février 2010 sur la République de Madagascar

Communiqué PSC/PR/COMM (CCCXVIII) du 17 avril 2012 et Communiqué PSC/MIN/COMM/1. (CCCXIX) du 24 avril 2012 sur la situation en Guinée-Bissau.

Communiqué PSC/PR//COMM (CCCXV) du 23 mars 2012 sur la situation en République du Mali.

Communiqué PSC/PR/COMM.2 (CCLII) du 9 décembre 2010 sur la situation en République de Guinée.

TEXTES ET DOCUMENTS OFFICIELS

Acte constitutif de l'Union Africaine du 11 juillet 2000.

Charte africaine des droits de l'homme et des peuples de juin 1981.

Charte africaine de la démocratie, des élections et de la gouvernance du 30 janvier 2007.

Protocole relatif à la création du Conseil de paix et de sécurité de l'Union africaine du 09 juillet 2002.

Protocole portant Statut de la Cour africaine de justice et des droits de l'homme du 1er juillet 2008.

L'OUA, l'Union africaine et le Sahara occidental : à propos de la reconnaissance des organisations internationales

Par :

Luc Roger AWA NOA

Docteur/ PhD en droit public
Chargé de cours à la Faculté des Sciences juridiques et politiques
Université de Yaoundé II
Chercheur au CEDIC[741]

Résumé

Sans surprise, le retour du Maroc au sein de l'Union africaine a fait ressurgir le problème du *Sahara occidental.* Recalé, boudé, ignoré, seule la fidélité d'une poignée d'États africains notamment offre encore au Sahara occidental le luxe de caresser le rêve d'être un « Etat ». Au titre de ses soutiens, figure également en bonne place celui de l'Union africaine. À l'image de sa devancière, l'Union africaine constitue pour le Sahara occidental une véritable ombrelle protectrice. Face à une opposition grandissante, les garanties statutaires inhérentes à sa qualité d'État membre de l'Union lui permettent d'accorder à son statut, répit et sérénité. De plus, l'irréversibilité de son admission au sein de l'organisation continentale dissimule de moins en moins mal le caractère tactique qu'elle revêt. Le statut du *Sahara occidental*, hier encore par trop controversé, tend de plus en plus à s'objectiver, sous l'égide bienveillante d'une Union africaine qui reste comme sa devancière la défunte OUA, fidèle à l'esprit de ses pères fondateurs.

[741] Centre d'études et de recherches en droit international public et communautaire.

Introduction

« Voilà, et je le déplore, l'heure de nous séparer. En attendant des jours plus sages, nous vous disons adieu (…) ». C'est par ces mots que Ahmed Réda GUERIDA donnait lecture du message du Roi HASSAN II, roi du Maroc dont il était le Conseiller, aux chefs d'État et de gouvernement à Addis-Abeba le 12 novembre 1984, et officialisait par la même occasion, le départ du Maroc de l'Organisation de l'unité africaine (OUA). Après trois décennies d'absence, le Maroc signe son retour au sein du concert des États africains, au grand bonheur des autorités marocaines[742]. Pourtant, ce retour n'a pas fait consensus au sein des États africains. Il a largement été applaudi par la majorité des Chefs d'État et de gouvernement africains qui considèrent le Maroc comme un acteur incontournable en Afrique[743]. Une minorité par contre s'y est vertement opposée en raison notamment de la politique hégémonique du Maroc à l'égard de la République arabe sahraouie démocratique (R.A.S.D)[744]. Vieux de plus de quatre décennies déjà, ce conflit oppose le Maroc qui conteste jusqu'à ce jour à la R.A.S.D le statut d'État.

À la suite d'un processus de décolonisation mené sous la férule des Nations Unies, l'Espagne mit fin à l'occupation sur le territoire du Sahara Occidental[745]. Au moyen d'une consultation populaire ayant pris la forme d'un référendum, les tribus qui peuplaient ce territoire décidèrent de se constituer en État. La naissance de la République Arabe Sahraouie Démocratique fut ainsi proclamée. Cette proclamation a très vite reçu le soutien de l'O.U.A dont la mission principale, comme voulu par ses pères fondateurs, était de bouter le colonialisme hors des frontières du continent[746]. Toutefois, des voix s'élevèrent contre la naissance de ce nouvel État. En tête de file, le Maroc et la Mauritanie s'opposèrent à cette démarche, au motif que le Sahara occidental ne pouvait prétendre accéder à l'indépendance parce que, initialement, il faisait partie intégrante de leurs territoires respectifs. Cette opposition de vues va déboucher sur un conflit qui revêtira plusieurs caractères. Politique d'abord, il opposera les autorités marocaines et mauritaniennes à celles de la

---

[742] « **Il est beau, le jour où l'on rentre chez soi, après une trop longue absence ! Il est beau le jour où l'on porte son cœur vers le foyer aimé ! L'Afrique est mon continent, et ma maison. Je rentre enfin chez moi, et vous retrouve avec bonheur. Vous m'avez manqué** ». Extrait du discours du Roi Mohammed VI prononcé devant l'Assemblée générale de l'Union africaine lors de son 28e sommet à Addis-Abeba.

[743] 42 États africains se sont, au moyen de copies adressées à la Commission de l'Union africaine, prononcés en faveur du retour du Maroc au sein de l'Union africaine. Mais encore, 39 chefs d'État et de gouvernement sont montés au pupitre pour saluer le retour du Maroc au sein de cette institution.

[744] Il s'agit notamment de **l'Afrique du Sud**, l'**Algérie**, l'**Angola**, le **Botswana**, le **Lesotho**, **Mozambique**, la **Namibie**, l'**Ouganda** et le **Zimbabwe**.

[745] Résolution 2229 de l'Assemblée générale des Nations Unies du 20 décembre 1966.

[746] Article 2(d) de la Charte de l'Organisation de l'unité africaine, 25 mai 1963.

R.A.S.D qui bénéficiaient du soutien opiniâtre des dirigeants de l'O.U.A. En représailles, le Roi du Maroc HASSAN II va ordonner le retrait de son pays de cette institution[747]. Le conflit va par la suite revêtir un caractère armé suite notamment à la création du *Front polisario* le 10 mai 1973. Branche armée soutenue avec véhémence par l'Algérie, le *Front Polisario* a reçu pour mission principale de défendre l'intégrité du territoire du Sahara occidental dont il proclamera d'ailleurs l'indépendance le 26 février 1976. Ce conflit va également revêtir un caractère judiciaire à la suite de la saisine de la Cour internationale de justice par le Maroc et la Mauritanie principalement, à l'effet d'invalider la naissance de ce nouvel État.

À la faveur d'un accord signé le 10 août 1979 avec le *Front Polisario*, la Mauritanie renonça à toutes prétentions sur le Sahara occidental. En conséquence, le *Front Polisario* va s'engager unilatéralement à cesser toute activité armée contre la Mauritanie. Le conflit armé par contre va s'enliser davantage entre le Front Polisario et le Maroc, malgré un accord de cessez-le-feu obtenu par l'entregent du Secrétaire Général des Nations unies[748]. Toute évocation, même allusive, de la R.A.S.D suffit à susciter l'ire des autorités marocaines. Excipant l'existence de « liens juridiques d'allégeance »[749] avérés entre certaines tribus qui peuplaient le Sahara occidental et le Sultan, le Maroc n'a eu de cesse de revendiquer sa souveraineté sur ce territoire. De même que demeure intacte sa volonté de reconquérir « tout » son territoire et de mettre ainsi fin à ce qu'il considère encore comme un « fait accompli immoral, un coup d'État contre la légalité internationale »[750] et le peuple marocain. La grande marche baptisée « marche verte » qui a connu la participation de 350 000 Marocains et Marocaines décidés à reprendre leur bien (le Sahara occidental) n'a pas fait mystère sur les intentions du Royaume chérifien. Cette démonstration de force permit au Maroc d'occuper la majeure partie (80%) du territoire du Sahara occidental, ignorant les appels du Conseil de sécurité et de l'Assemblée générale des Nations Unies qui l'invitaient à plus de retenue et au respect du droit international[751]. À l'image de son territoire[752] dont elle n'occupe plus que la portion congrue, la R.A.S.D a vu au fil des années la liste de ses soutiens s'étioler considérablement[753]. Hormis l'Union africaine et

747 « (...) nous vous disons adieu et nous vous souhaitons bonne chance avec votre nouveau partenaire ». Extrait du discours du Roi HASSAN II prononcé par son Conseiller lors du retrait du Maroc de l'O.U.A.

748 Cet accord fut signé le 30 août 1988.

749 *Sahara occidental, avis consultatif, C.I.J. Rec. 1975*, p. 68, par. 162.

750 Extrait du discours du Roi du Maroc MOHAMMED VI lors du 27e sommet de l'Union africaine, adressé aux chefs d'État et de gouvernement réunis à Kigali.

751 V. Les Résolutions 379 du 2 novembre 1975 et 380 du 6 novembre 1975.

752 Le territoire de la R.A.S.D s'étend sur 266 000 km^2.

753 Une trentaine d'États africains ont reconnu la R.A.S.D.. Depuis, plusieurs d'entre eux sont revenus sur leurs décisions. Seuls 9 États en Afrique continuent de lui accorder son soutien. Il s'agit **l'Afrique du Sud**, l'**Algérie**, l'**Angola**, le **Botswana**, le **Lesotho**, **Mozambique**, la

la solidarité d'une poignée d'États membres, la R.A.S.D connait un véritable isolement diplomatique[754]. En effet, la R.A.S.D n'appartient à aucune organisation sous-régionale. Elle n'est reconnue en tant qu'État ni par l'Union européenne malgré une décision judiciaire qui conforte partiellement sa position[755], ni par aucun de ses États membres[756]. Ignorée par la Ligue arabe, elle figure également sur la liste des huit pays non membres des Nations-Unies[757] et est considérée comme un « territoire autonome » depuis 1963. L'accord entre le *Front polisario* et le Maroc qui mit fin à une guerre d'embuscades en 1991 ne doit nullement faire illusion. Le Maroc et la R.A.S.D, comme pour marquer leurs profondes divergences, vivent séparés par un mur de sable[758] derrière lequel sont tapis de part et d'autre des hommes en treillis.

Ces rappels historiques ne constituent pas l'objet de la présente analyse, bien que déterminants dans la compréhension du nœud gordien que constitue l'opposition entre le Maroc et la R.A.S.D, et qui préoccupe également l'Afrique tout entière. Il importe de s'interroger ici sur le phénomène de la reconnaissance internationale en droit international, et particulièrement celui de la R.A.S.D. dont le statut juridique alimente encore la controverse.

La reconnaissance internationale est (presque) toujours associée à l'État. Elle désigne un acte juridique propre à un État et par lequel il accepte un fait

---

Namibie, l'**Ouganda** et le **Zimbabwe**. La position égyptienne est quant à elle quelque peu ambiguë. L'Égypte a certes salué le retour du Maroc au sein de l'Union africaine, mais continue d'entretenir des relations diplomatiques avec la R.A.S.D, ce qui bien sûr plombe la sérénité de ses rapports avec le royaume chérifien. La dernière en date c'est la réception jugée « trop chaleureuse » par les autorités égyptiennes d'une délégation Sahraouie conduite par le Chef du parlement de cet État en vue de prendre part à une conférence parlementaire arabo-africaine tenue le 10 octobre 2017.

754 Cet isolement diplomatique remet au gout du jour la théorie constitutive. Même si elle a été surclassée par la théorie déclarative, la théorie constitutive reste pertinente sur le plan de la *praxis*. À ce titre, nous partageons l'avis du Pr Hélène RUIZ-FABRI selon lequel, « un État qui n'a obtenu aucune reconnaissance, ou même un nombre très faible de reconnaissances n'est en définitive rien dans la société internationale ». In, « Genèse et disparition de l'État à l'époque contemporaine », *A.F.D.I, vol. 38*, 1992, p. 154.

755 Dans un arrêt en date du 21 décembre 2016, la grande chambre de la Cour de justice de l'Union européenne, suite à une requête du Sahara occidental, a invalidé en partie l'accord euro-méditerranéen (Bruxelles, 26 février 1996) signé entre le Maroc et les États européens « compte tenu du statut séparé et distinct reconnu au territoire du Sahara occidental ». Voir cet arrêt, par 92.

756 L'Albanie qui l'avait initialement reconnue y a renoncé en 2004.

757 Il s'agit du Kosovo, de l'Ossétie du sud et Abkhasie, du Haut-Karabakh, de la République moldave du Dnietsr, de la Nouvelle Russie, de la République Turque de Chypre du Nord, de Taiwan et de la République arabe Sahraouie démocratique.

758 Construit par les autorités marocaines avec l'aide d'experts américains et israéliens, le mur de sable fait plus de 2 000 km de long et 3 mètres de hauteur, renforcé par des fortifications et des champs de mines.

ou un acte juridique comme lui étant opposable[759]. En droit positif, la reconnaissance internationale a valeur de cooptation, de cautionnement. Elle n'a plus vocation à donner naissance à un État comme le préconisait la *doctrine constitutive*[760], confortée qu'elle était par l'idée que la naissance d'un État est tributaire de la *garantie fédérale*[761] que lui offrirait la communauté des États existants. Cette théorie a toutefois été abandonnée en raison du risque de la création de l'État par procuration. Se limitant désormais à des bases plus respectueuses à l'égard de la souveraineté, la reconnaissance internationale n'a pour seule vocation que de légitimer le statut juridique de l'État. En effet, la reconnaissance « a pour effet de transformer le statut juridique incertain et précaire de l'État (…) en un statut certain et stabilisé »[762]. Un État qui accède à l'indépendance existe juridiquement dès lors qu'un gouvernement exerce une autorité certaine sur la population vivant sur un territoire bien délimité. Toutefois, la reconnaissance internationale des autres États lui donne la pleine possibilité de déployer ses ailes hors de ses frontières et de commercer avec les autres États. C'est elle qui, réellement, donne au nouvel État le sentiment qu'il peut se prévaloir de cette qualité, mais également l'opportunité de le faire. L'exemple de la Catalogne en Espagne en est fort évocateur[763]. Fort de son adoubement, le nouvel État régularise ses rapports avec les États qui l'ont exceptionnellement reconnu. La reconnaissance internationale constitue en conséquence une démarche subjective. Elle reste majoritairement prisonnière de la volonté des États.

Le phénomène de la reconnaissance internationale qui va cristalliser l'attention lors des futurs développements revêt une double particularité. La première tient dans l'auteur de ladite reconnaissance. Il ne s'agit plus de l'État comme il est de tradition, mais d'une organisation internationale. L'Union africaine puisqu'il s'agit d'elle, reprenant (ou plutôt héritant de) la position de l'O.U.A à laquelle elle a succédé, reconnait au sein de ses membres le Sahara occidental. Deuxième particularité, cette reconnaissance est loin de faire consensus. Plusieurs États africains qui avaient fait cause commune derrière le Sahara occidental ont depuis lors fait volte-face. L'Union africaine est une organisation internationale régionale qui a pour mission de réaliser à terme, l'unité des États et des peuples africains. Elle est dotée comme toute organisation internationale, de la personnalité juridique internationale. À ce

---

[759] Sir JOHN FISCHER WILLIAMS, « La doctrine de la reconnaissance en droit international et ses développements récents », *R.C.A.D.I*, tome 44 (1933), p. 206.

[760] ERICH (R), « La naissance et la reconnaissance des États », *R.C.A.D.I*, tome 13 (1926), p. 442.

[761] REUTER (P), « Principes du droit international », *R.C.A.D.I*, tome 103 (1961), p. 509.

[762] REMIGIUSZ BIERZANECK, « La non-reconnaissance et le droit international contemporain », *A.F.D.I*, vol 8, 1962, p. 128.

[763] La proclamation de son indépendance par les autorités catalanes a été suivie d'une répression judiciaire du gouvernement de Madrid. De plus, la Catalogne n'a reçu au plan européen, aucun soutien formel. Conséquence, le projet indépendantiste a échoué.

titre, elle prend des actes juridiques pour la plupart opposables aux États membres. Dans le sillage ainsi tracé, il convient de s'interroger sur la capacité juridique dont elle disposerait en l'espèce. Dit autrement, l'Union africaine a-t-elle qualité, au même titre que les États membres, pour reconnaitre un État africain? En cas de réponse positive, quelle est la portée juridique qu'une telle décision est susceptible de revêtir ? Ces interrogations se résument toutes en une seule, celle de l'existence d'un droit de reconnaissance dévolu à une organisation internationale.

Cette interrogation qui appelle une réponse positive, revêt une importance particulière pour plusieurs raisons. Elle offre un éclairage sur la reconnaissance des États par les organisations internationales spécifiquement, et sur la problématique plus générale de l'autonomie de la volonté de ces dernières. De manière plus pragmatique cette fois, cette analyse permettra (on l'espère), autour de points essentiels, de lever l'équivoque sur le statut par trop controversé du Sahara occidental. Le premier point va consister à mettre en lumière les sources juridiques d'un droit de reconnaissance dévolu à l'organisation (I). Le second point quant à lui aura vocation à déterminer ses effets juridiques non seulement à l'égard des États membres, mais également au plan international (II).

I- L'objectivation d'un droit de reconnaissance dévolu à l'organisation internationale

Pareillement, pour l'OUA en son temps, l'Union africaine possède la personnalité juridique internationale. Ce prédicat permet à l'entité qui la possède d'accéder à la vie sur le plan international. À la différence des États qui ont une personnalité juridique générale, les organisations internationales et l'Union africaine en particulier ne disposent que d'une personnalité juridique fonctionnelle, c'est-à-dire que son existence n'a de sens qu'en raison de son utilité[764]. Limité par le *principe de spécialité*, l'Union africaine est un « instrument » voulu et créé par les États africains dans le but de régler à l'échelle du continent, des problèmes auxquels ils ne peuvent faire face individuellement. Toutefois, le recours à la figure de l'instrument n'a qu'une valeur explicative et ne doit par conséquent pas déposséder l'Union africaine des prérogatives qui lui sont reconnues. Elle possède en effet la capacité de reconnaitre un État africain comme ce fut le cas en son temps du Sahara occidental. Cette prérogative prend appui sur des compétences explicites contenues dans son acte constitutif (A), qui peuvent y être déduites des objectifs et des principes qui gouvernent son action (B).

---

[764] *Réparation des dommages subis au service des Nations Unies, avis consultatif, C.I.J, Rec. 1949*, p. 179.

A- Les compétences explicites

Les compétences explicites prêtent moins le flanc à la controverse que les compétences implicites. Elles font référence aux sources formelles qui justifient qu'un tiers puisse se prévaloir d'un droit ou être tenu à un devoir en vertu d'une obligation préexistante. En l'espèce, l'OUA puis l'Union africaine tient son pouvoir de reconnaissance de son acte fondateur (1), mais également de sa personnalité juridique et de « l'autonomie » inhérente à celle-ci (2).

1- L'acte constitutif

Au sein de l'Union africaine, la reconnaissance internationale revêt la forme d'une « admission ». Prévue à l'article 29 de son acte constitutif, l'« admission » sanctionne l'intégration de l'entité postulante au sein de l'organisation. L'admission toutefois n'est pas donnée. Elle reste majoritairement soumise à la volonté des États membres et des Chefs d'État et de gouvernement du continent. L'admission d'un nouveau membre revêt donc d'abord un caractère politique.

Après réception de la demande d'un État africain, la Commission de l'Union africaine communique ladite demande aux États membres, lesquels lui communiquent en retour leurs décisions respectives[765]. L'admission se fait sur une base démocratique, elle est décidée à la majorité simple des États membres, et communiquée in fine à l'État demandeur[766]. L'admission officielle qui intervient généralement lors de l'Assemblée générale n'est qu'une pure formalité protocolaire[767]. Bénéficiant d'un contexte favorable à l'époque, le Sahara occidental avait recueilli plus de la moitié du quota de signatures favorables requises. Pareillement pour le Maroc dont le retour « patiemment préparé » a été approuvé par une large majorité des Chefs d'État et de gouvernement.

L'admission constitue donc une aubaine doublée d'un caractère tactique parce qu'elle permet de faire la courte échelle aux États désireux d'objectiver, au moins à l'échelle de l'Afrique, le statut d'État dont ils se prévalent. On comprend ainsi pourquoi le statut du Sahara occidental, contesté et surtout débattu au sein des Nations unies, est résolument tranché depuis lors au sein de l'organisation continentale. En principe, l'admission n'octroie pas la qualité d'État à l'entité postulante. Pour preuve et selon l'acte constitutif de l'Union africaine, l'admission au sein de cette institution est ouverte à tout « État africain [768]». En clair, la nature étatique de l'entité postulante est supposée être un acquis. L'admission par contre a valeur de légitimation sur

[765] Article 29 de l'Acte constitutif de l'Union africaine.
[766] Idem.
[767] V. le discours du Roi MOHAMMED VI lors au 28e sommet de L'Union tenu à Addis-Abeba, date de son retour au sein de cette institution.
[768] Article 29 (1).

la scène internationale africaine. Par l'admission, l'Union africaine prend acte du caractère étatique du nouveau membre, ce qui lui permet de conforter son statut d'État et de bénéficier en retour d'avantages statutaires reconnus à chacun des États membres. L'admission qui fait office de reconnaissance internationale de la part de l'organisation internationale revêt ainsi un caractère tactique indéniable. Cette démarche est teintée des réminiscences de la *thèse constitutive* peut-être hâtivement jetée aux orties. L'indépendance avortée (parce qu'ignorée et condamnée) de la Catalogne semble le démontrer. Plus proche de nous, l'exemple de la République chimérique d'Ambazonie (Cameroun) l'atteste aussi. Le Sahara occidental a su, à son époque, saisir cette perche tendue pour s'affirmer à toute l'Afrique comme un État à part entière, revêtu au même titre que tous les autres États, de cet attribut qui lui vaut de prendre part au commerce international entre États, la personnalité juridique internationale.

2- La personnalité juridique internationale

Convoquer la personnalité juridique internationale de l'Union africaine au titre des sources juridiques formelles en matière de reconnaissance internationale semble quelque peu curieux, voire maladroit. Le débat sur les sources d'un droit de reconnaitre relève en principe de la seule juridiction de la *capacité juridique*. Inséparables[769], *personnalité juridique internationale* et *capacité juridique* entretiennent pourtant des rapports empreints de complémentarité. De la *personnalité juridique* découle la *capacité juridique* de l'organisation concernée. Aussi, en l'absence de précision expresse (OUA, Union africaine), la personnalité juridique internationale de l'organisation internationale est déductible de sa capacité juridique[770].

La personnalité juridique de l'Union africaine ne renseigne en rien sur la capacité juridique de cette institution. Cette dernière constitue une catégorie juridique à laquelle le droit international attache des conséquences juridiques précises. La personnalité juridique internationale est un invariant en ce qu'elle constitue le titre juridique qui donne qualité pour agir. La *capacité juridique* est variable, elle dépend de la volonté des États membres qui déterminent, au moyen d'un *acte constitutif*, l'étendue des compétences dévolues à l'organisation.

La personnalité juridique internationale peut figurer au titre des « sources juridiques » du droit de reconnaissance conféré à l'Union africaine, en raison de sa vocation à habiliter à exercer une telle prérogative. Le propos, un tantinet

---

769 VIRALLY (M), « L'ONU devant le droit », *Le droit international en devenir*, op cit, p. 243. Lire également D'ARGENT (P), « La personnalité juridique internationale de l'organisation internationale », LAGRANGE (E), SOREL (J-M), (Dir), *Droit des organisations internationales*, *L.G.D.J*, 2013, P. 454, par.888.

770 *Réparation des dommages subis au service des Nations Unies, avis consultatif, C.I.J, Rec. 1949*,op cit, p. 178.

prétentieux, et quoiqu'inspiré par la pensée du juge de la C.I.J[771], n'est pas moins dépourvue d'intérêt scientifique. La personnalité juridique n'a-t-elle pas le droit de figurer parmi les « source » de ce droit ?

La personnalité juridique internationale est souvent la grande « oubliée » du débat sur la capacité juridique des organisations internationales. Omettre, sciemment, de l'invoquer dans le cadre de la détermination des attributions reconnues à l'organisation internationale revient presque à mettre la charrue avant les bœufs, ou peut-être même, d'envisager la charrue sans les bœufs. La personnalité juridique internationale de l'organisation tient en réalité lieu d'avant-propos dans le débat sur la capacité juridique. Elle est première, et d'elle, découlent les droits qui sont reconnus à l'organisation internationale. L'exercice d'un droit qui interpelle la capacité juridique n'est possible que si l'organisation internationale possède au préalable la personnalité juridique[772]. L'équation est donc simple. Pour exercer un droit ou jouir d'une prérogative, il faut au préalable y être éligible. Si la personnalité juridique ne constitue pas une source juridique classique au même titre que l'Acte constitutif de l'Union africaine, elle prédispose toutefois cette organisation à l'exercice d'un droit de reconnaissance. Elle peut à ce titre être considérée comme la source à la source de laquelle s'abreuvent toutes les sources.

L'Union africaine dispose ainsi de la capacité juridique de reconnaitre un État parce qu'elle possède la personnalité juridique internationale. La subjectivité de l'Union africaine ne prête plus à équivoque, l'Acte constitutif vient par la suite déterminer jusqu'où s'étend, selon la volonté des « créateurs », le pouvoir d'action de l'organisation.

Aussi, convient-il d'ajouter, l'Union africaine possède une personnalité propre, distincte des États membres. Dire que l'organisation internationale n'est pas *un État, encore moins un super-État*[773] revient à affirmer la singularité de la personnalité juridique de celle-ci. À l'image de toute organisation internationale[774], l'Union africaine constitue un terrain d'affrontement politique entre États membres. Face aux positions divergentes de ses membres, l'Union africaine vient en « tampon » pour *stabiliser* les rapports entre États, ou pour garantir la sécurité juridique de certaines situations[775]. À titre d'exemple, malgré des tensions et des divergences de vues qui demeurent vives, malgré la colère des autorités marocaines, la R.A.S.D est un État aux yeux de l'Union africaine. Elle y siège au même titre que le Maroc

771 *ibid*, p. 179.
772 *Ibid*,p.179.
773 *Ibid*,p.179.
774 DUBIN (L), RUNAVOT (M-C), « Représentativité, efficacité, légitimité : des organisations internationales en crise ? », Évelyne LAGRANGE, Jean-Marc SOREL (Dir), *Droit des organisations internationales, LGDJ*, 2013, p. 78.
775 VIRALLY (M), *Le droit international en devenir, Puf*, 1990, p. 241.

et tous les autres États membres en vertu de cette qualité. En revanche, son statut est intersubjectif. Seuls les États qui l'ont reconnue lui confèrent ou non le statut d'État. L'Union africaine est ainsi revêtue d'une fonction légitimante. Sans son quitus, les actes des États sont comme empreints d'illégalité. En reconnaissant la R.A.S.D, l'Union africaine comme l'OUA, a rendu objectif à l'échelle africaine, le caractère étatique de cette entité. Ne pas le reconnaitre revient quasiment à se mettre en marge de la légalité internationale. La personnalité juridique de l'Union africaine s'élève au-dessus de celle des États, sans pour autant leur être supérieure, mais se pose comme objective. Tirant profit des positions des États membres et des divergences qui les caractérisent, l'Union africaine se pose comme l'arbitre objectif du jeu politique. Prenant également appui sur ses objectifs et ses principes, la *reconnaissance* en faveur de la R.A.S.D effectuée par son prédécesseur et perpétuée par l'Union africaine en est une parfaite illustration.

B- Les compétences implicites

L'abord des *compétences implicites* d'une organisation internationale laisse toujours planer le spectre d'une autonomie de cette dernière à l'égard de ses « créateurs ». L'hypothèse de son émancipation grippe le débat sur l'admission des *compétences implicites*. Le risque d'un « détournement de pouvoir » hante les esprits. Pourtant, les *compétences implicites* sont, par déduction de son acte constitutif, considérées comme reconnues à l'organisation. Pour preuve, le droit de reconnaissance conféré à l'Union africaine se trouve justifié au regard des objectifs et principes assignés à cette organisation (1), mais également du rôle politique dont elle est investie (2).

1- Les objectifs et principes de l'organisation

L'organisation internationale selon le Professeur Michel VIRALLY, est un « phénomène social, inscrit dans une histoire qui lui est propre au sein de l'histoire générale des rapports internationaux »[776]. Pour la comprendre, il faut apprivoiser les faits, c'est-à-dire le contexte politique et socio-économique qui a présidé à sa création. Le contexte en effet est éclairant dans la détermination du rôle qui suscite sa création. L'organisation internationale s'apparente ainsi à la norme juridique qui vient elle aussi, non pour enjoliver le décor, mais pour juguler une crise, pour pallier un manque certain. Arrivé aux premières lueurs de l'émancipation du continent, l'exemple de l'OUA en est à suffisance révélateur.

La création de l'OUA a ainsi été dictée par le contexte politique. Elle naquit en 1963 dans un contexte bouillonnant marqué par l'irradiation d'un sentiment national chez les peuples africains. Le contexte de sa création la dévouait ainsi

---

[776] VIRALLY (M), « La notion de fonction dans la théorie de l'organisation internationale », *Le droit international en devenir*, op cit, p. 271.

à une mission défensive[777]. Ses pères fondateurs lui avaient assigné principalement pour mission de protéger les États africains fraichement indépendants contre le colon blanc, et aussi de permettre aux peuples africains qui y aspirent, de pouvoir y parvenir[778]. Cette institution a donc servi de levain pour l'émancipation de la cause africaine. Le rôle providentiel qu'elle a joué dans la libération du continent a d'ailleurs été salué par les Chefs d'État et de gouvernement africains lors de la création de l'Union africaine[779]. L'aversion qu'elle avait pour le colonialisme explique à n'en point douter ce réflexe pavlovien qui l'a incité à prendre la R.A.S.D sous son aile, traduction du « dévouement sans réserve »[780] auquel elle était tenue à l'égard de la cause africaine. Le pouvoir et le droit de reconnaissance dévolus à l'OUA sont ainsi conformes aux objectifs assignés, aux principes qui guidaient son action, mais surtout aux « intentions »[781] de ses pères fondateurs.

En succédant à l'OUA, l'Union africaine a hérité de son *actif*. Les objectifs et les principes de l'OUA font écho dans l'acte constitutif de l'Union africaine. Le contexte politique a certes connu quelques évolutions. Les ingérences, avec leur lot de coups d'État orchestrés de l'extérieur, sont passées de mode. La quête vers le développement mobilise désormais toutes les énergies. Toutefois, le souci de protéger et défendre les intérêts des États et des peuples africains est permanent. En permettant à la R.A.S.D d'accéder à son enceinte, l'Union africaine préserve ainsi l'héritage de l'OUA, tout en se conformant au rôle politique qu'elle joue sur la scène continentale.

2- Le rôle politique de l'Union africaine

En plus de son assise juridique, le droit de reconnaissance conféré à l'Union africaine doit être examiné en rapport avec la portée politique de l'acte de reconnaissance lui-même, et du rôle politique de cette institution.

L'acte de reconnaissance de l'OUA avait sans conteste une portée politique. Il permit d'objectiver, pour l'Afrique tout au moins, l'existence de l'État postulant. La reconnaissance apparait ainsi comme un moyen déguisé par lequel un État officialise son statut. Pour l'État reconnu, la reconnaissance est une aubaine lui permettant d'objectiver son statut. Pour l'OUA et l'Union africaine, elle constitue un moyen de défense par lequel elle protège

[777] Lire KAMTO (M), ZANG (L), PONDI (J-M), *L'OUA : Rétrospectives et perspectives africaines*, Paris, Economica, 1990.

[778] Article 2 de la Charte de l'OUA ; TIYANJANA MALUWA, « La transition de l'Organisation de l'unité africaine à l'Union africaine », YUSUF A. ABDULQAWI, FATSAH OUGUERGOUZ (Dir.), *L'Union africaine : cadre juridique et institutionnel*, Pedone, 2013, p. 37.

[779] V. Préambule de l'acte constitutif de l'Union africaine.

[780] Lire article 3, alinéa 6 de la Charte de l'OUA.

[781] Cette même logique a été appliquée aux Nations Unies. Lire à cet effet, *Réparation des dommages subis au service des Nations Unies, avis consultatif, C.I.J, Rec. 1949*, p. 179.

l'existence et la stabilité du nouvel État en rappelant aux États membres les *obligations* auxquelles ils sont assujettis[782]. La reconnaissance internationale offre ainsi, tant à l'État reconnu qu'à l'Union africaine, la sécurité juridique escomptée. À titre d'illustration, l'OUA a pris fait et cause pour la R.A.S.D malgré plusieurs oppositions. Aujourd'hui, l'Union africaine compte 54 États parmi lesquels la R.A.S.D. Ce chiffre officiel s'impose à tous, indépendamment ou non d'une reconnaissance expresse. De plus, l'accession au statut officiel d'État par le biais de la reconnaissance offre à la R.A.S.D la possibilité de se prévaloir comme tout État membre, d'avantages statutaires qui la prémunissent de certains dangers. Conformément à l'Acte constitutif, les rapports entre États membres sont gouvernés principalement par les principes de l'égalité souveraine, du règlement pacifique des conflits, du non-recours à la force et de leur corolaire immédiat, la coexistence pacifique des États membres. À côté de ces principes universels, vient s'ajouter un autre principe auquel l'OUA hier et l'Union africaine aujourd'hui sont particulièrement attachées, le respect des frontières existant au moment de l'accession à l'indépendance[783]. Ces principes ne sont pas toujours respectés, surtout dans la querelle qui oppose le Maroc à la R.A.S.D. Toutefois, force est de constater que la situation actuelle connait depuis plusieurs années une certaine accalmie. Certes, la tension entre les deux États demeure vive, mais les affrontements d'ordre diplomatique pour la grande majorité se résument à de simples condamnations. C'est bien le signe que les règles internationales y relatives et les obligations énoncées dans l'Acte constitutif opèrent en sourdine, au point de stabiliser un conflit qui aurait pu se dégrader davantage. Le Maroc « retient ses coups » parce qu'il se sent juridiquement tenu de le faire en vertu des normes juridiques précitées qui opèrent au sein de l'ordre juridique de l'Union africaine. Un retour à la normale est vivement souhaité, même s'il est exagéré de faire reposer l'issue escomptée sur les seules épaules du droit[784] et de l'Union africaine. Cette dernière n'ayant qu'un rôle de médiateur, l'issue dépendra d'abord des États concernés et de leur capacité à concilier leurs positions.

Fort de la reconnaissance internationale de l'OUA qui avait juré de se *dévouer sans réserve*[785] à l'émancipation des peuples africains, plus de quatre décennies après son indépendance, le débat sur l'existence de la R.A.S.D semble désormais inapproprié. La possibilité d'un retour en arrière est difficilement envisageable. Même les instances marocaines le reconnaissent,

---

[782] *Ibid,p.179.*

[783] Article 4 (b) de l'Acte constitutif de l'Union africaine.

[784] « Tous les problèmes ne sont pas susceptibles d'être résolus par le droit » nous rappelle Prosper WEIL. Voir son cours, *Le droit international en quête de son identité, Cours général de droit international public, RCADI,* tome 237 (1992), p. 65.

[785] Article 3 alinéa 6 de la Charte de l'OUA.

l'existence de la R.A.S.D est désormais un « fait accompli »[786], eu égard surtout aux conséquences juridiques qu'elle emporte.

II- La portée juridique et politique de l'acte de reconnaissance

L'admission de la R.A.S.D comme État membre de l'OUA puis de l'Union africaine emporte des effets juridiques empreints d'une certaine radicalité. Concrétisée au terme d'une décision revêtue de l'onction de souveraineté, la reconnaissance de la R.A.S.D est en conséquence irréversible (A). De plus, tirant argument de son vécu, cet État peut et doit compter sur le soutien de l'Union africaine qui joue sa partition, mais également son avenir (B).

A- Le caractère souverain de la reconnaissance

La décision d'admission est souveraine. Cette radicalité tient principalement dans la nature de l'organe qui en est à l'origine à savoir la Conférence des chefs d'État et de gouvernement et des modalités prévues par le droit international positif. Deux traits caractérisent ainsi la décision de reconnaissance. Cet acte juridique est à la fois inattaquable (1) et irréversible (2).

1- Le caractère inattaquable de la reconnaissance

La reconnaissance au moyen de l'admission d'un État membre relève de la compétence discrétionnaire des chefs d'État et de gouvernement réunis au sein de la Conférence des chefs d'État et de gouvernement. Cette institution constitue l'organe suprême de l'organisation[787]. Ce statut privilégié déteint sur les décisions qu'elle adopte puisqu'elles sont inattaquables. Elles ne peuvent faire l'objet d'un *recours gracieux* visant à l'amender, encore moins d'un recours en annulation.

Le caractère inattaquable de la décision d'admission tient en partie dans le statut des membres qui composent la Conférence à savoir les Chefs d'État et de gouvernement. Pareillement à la charte de l'OUA, l'Acte constitutif de l'Union africaine ne renseigne nullement sur la question. L'*immunité juridictionnelle* reconnue aux décisions qu'elle rend s'explique d'abord en raison d'une pratique constante. Il est d'usage qu'au sein des organisations internationales africaines notamment, les décisions prises par les Chefs d'État ne fassent pas l'objet de contestation en raison de la « souveraineté » dont elles sont imprégnées. En vertu d'une répartition des pouvoirs au sein de

[786] Lors du discours prononcé à l'occasion du 28e sommet de l'Union africaine marquant le retour officiel du Maroc au sein de l'Union africaine, Le Roi MOHAMMED VI a qualifié l'indépendance et la reconnaissance de la RASD de « fait accompli immoral ».
[787] Article 6 alinéa 2 de l'acte constitutif de l'Union africaine.

certaines organisations internationales sur une base coutumière, un Chef d'État peut même prendre une décision contraire à celle attendue par la Conférence des Chefs d'État sans que sa décision soit remise en cause par les autres chefs d'État. Au sein de la Communauté économique et monétaire des États de l'Afrique centrale (CEMAC), l'affaire Thomas DAKAYI KAMGA en est une parfaite illustration[788].

Le caractère inattaquable de la décision d'admission est également un corolaire du droit international positif, et notamment du *volontarisme* qui guide et conditionne son évolution. La décision d'admettre un nouveau membre est arrêtée sur une base démocratique. Toutefois, il revient initialement aux États membres de se prononcer en amont sur ladite admission au moyen de communications adressées à l'instance habilitée à les réceptionner. Chacune des communications constitue en réalité un *acte unilatéral* propre à l'État qui en est le destinateur. Elle est la concrétisation de la volonté de celui-ci. Le droit international positif reconnait la possibilité d'attaquer cette décision soit en raison d'un défaut d'habilitation de son auteur, d'un défaut d'authenticité du consentement donné sous la pression ou le conseil mal avisé d'un tiers, ou encore en cas d'illicéité de son objet[789]. En dehors de ces trois hypothèses qui interpellent la validité juridique de l'acte concerné, contester la pertinence ou la posture que cette institution adopte revient à faire entorse au *volontarisme* et aux principes de liberté et d'égalité qui en constituent le socle. Les États sont libres de décider, en toute discrétion, de la suite à donner à la demande d'admission. De même qu'en vertu de l'égalité entre États, un État ne peut contraindre un autre État à orienter sa décision dans un sens précis. L'admission est acquise lorsque l'État demandeur obtient au moins la majorité simple de décisions favorables[790]. L'organisation officialise cette admission suivant ses règles de procédure. À l'abri de toutes contestations, l'acte d'admission brille ainsi par son caractère inattaquable, doublé par voie de conséquence de son irréversibilité.

2- Le caractère irréversible de la reconnaissance

La décision d'admission émanant de l'organisation continentale est irréversible. Une fois officialisée, l'admission d'un nouveau membre ne peut plus être invalidée au moyen d'un vote contraire. Ni l'organisation, encore moins les États membres n'ont la possibilité d'y remédier. Les États africains n'ont prévu aucun mécanisme de sortie d'un État membre de l'organisation initiée par les autres États membres. La Charte de l'OUA et l'Acte constitutif

---

[788] Affaire Thomas DAKAYI KAMGA c. CEMAC, arrêt n°004/CJ/CEMAC/CJ/03, arrêt rendu le 17 mars 2003.

[789] Lire JACQUÉ (J-P), *Acte et norme en droit international public, RCADI*, tome 227 (1991), pp. 375-381 ; KAMTO (M), *La volonté de l'État en droit international, RCADI*, tome 310 (2004), pp. 226-248.

[790] Article 29 alinéa 2 de l'Acte constitutif de l'Union africaine.

de l'Union africaine ont prévu deux hypothèses de sortie d'un membre de l'organisation. Il peut s'agir d'un *acte volontaire* d'un État membre comme ce fut le cas du Maroc. Libre d'appartenir à l'organisation, chacun des États membres est également libre d'en sortir par simple décision[791]. Le retrait d'un État membre de l'organisation peut également intervenir à la suite d'une suspension temporaire dans l'hypothèse d'un changement anticonstitutionnel[792] à la tête de l'État suspendu. En dehors de ces deux hypothèses, lorsque la Conférence des chefs d'État et de gouvernement officialise l'admission d'un nouvel État membre, cette admission est considérée comme immuable, et donc bloquée. L'hypothèse suivant laquelle un État membre peut être poussé à la sortie à l'initiative des autres États membres n'est nullement envisageable, ce qui atteste assurément du caractère tactique que revêt la procédure d'admission. L'organisation internationale à l'instar de l'Union africaine y trouve une occasion heureuse de consolider un acquis, à savoir l'indépendance du nouvel adhérent. L'État en retour peut bénéficier de l'ombrelle protectrice de l'organisation et des avantages statutaires dont elle est garante, éventuellement du soutien des autres États membres acquis à sa cause. Les États membres se trouvent en quelque sorte prisonniers non pas de leurs décisions sur laquelle ils peuvent en toute liberté revenir[793], mais de la décision finale de l'Union africaine, assortie en l'espèce d'une sorte d'*effet bloquant.*

Conscient de son irréversibilité, le Maroc tente depuis quelques années, avec le soutien de plus en plus véhément de plusieurs États africains, d'amender l'Acte constitutif de l'Union africaine à l'effet d'y introduire une disposition prévoyant la possibilité pour les États membres de décider de l'expulsion d'un État membre. Si un tel amendement venait à passer, l'avenir de la R.A.S.D au sein de l'Union africaine serait fortement compromis, compte tenu du caractère de plus en plus restreint de ses soutiens au sein de cette institution. Pour l'instant, la R.A.S.D continue de siéger au sein de cette institution en qualité d'État membre, malgré l'opposition grandissante de plusieurs États membres qui lui contestent désormais cette faculté et ce statut.

B- Les perspectives politiques de la reconnaissance de la R.A.S.D

Le problème du Sahara occidental doit à plus d'un titre interpeller l'Union africaine. Cette institution a un devoir de protection vis-à-vis de la R.A.S.D., non pas seulement de son intégrité territoriale, mais aussi, et surtout de son

---

791 Article 29 alinéa 1er de l'Acte constitutif de l'Union africaine.

792 Article 25 alinéa 1er de la Charte africaine de la démocratie, des élections et de la gouvernance, adoptée le 30 janvier 2007. Lire également TCHEUWA (J-C), « L'Union africaine et les changements anticonstitutionnels de gouvernement », *Revue de la recherche juridique, N°127, P.U.A.M, 2009-2*, pp. 995-1022.

793 KAMTO (M), *La volonté de l'État en droit international, RCADI*, op cit, p. 114.

existence (1). La marche vers l'unité de l'Afrique en est tributaire, pareillement pour l'avenir du continent (2).

1- L'objectivation du statut juridique de la R.A.S.D

Bien qu'elle ne soit pas susceptible de « créer » un nouvel État, la reconnaissance internationale pose toujours en filigrane l'existence même de l'État en question. La situation n'est pas différente suivant que cette reconnaissance soit propre à un État ou à une organisation internationale. C'est toujours l'existence de l'État qui est au cœur du débat.

La perspective d'une sortie provoquée de l'Union africaine semble être l'amorce d'un processus qui vise à terme à remettre en cause le caractère étatique au Sahara occidental. À cet effet, il importe de dire que, de même que la reconnaissance internationale n'octroie pas la qualité d'État à une entité, le retrait de cette reconnaissance ne vient pas dépouiller l'État initialement reconnu de son caractère étatique. Le départ doit être fait entre *reconnaissance* et *existence* de l'État. La première constitue un acte unilatéral propre à un État ou une organisation internationale, la seconde est un fait juridique dont le droit international prend acte.

L'existence de la R.A.S.D est en réalité objective, et ce même à l'égard des États africains qui lui contestent aujourd'hui cette qualité. La R.A.S.D est vieille de plus de quatre décennies, pareillement pour son admission au sein de l'OUA et de L'Union africaine. De plus, l'admission rend sans objet toute contestation potentielle sur sa qualité d'État. L'admission en qualité de membre au sein de cette institution est ouverte non pas aux peuples, mais bien aux seuls États africains. Les États africains qui se sont prononcés favorablement pour l'admission de la R.A.S.D au sein de l'OUA ont implicitement admis que sa qualité d'État constitue, désormais, un *fait accompli*. Donc, même dans l'éventualité d'une sortie provoquée de l'Union africaine, la qualité d'État s'impose aussi bien à l'Union africaine, qu'aux États qui l'ont reconnue initialement. Ils ne peuvent donc plus se dédire sous peine d'être sous le coup de *l'estoppel*. La conviction que le *Sahara occidental* était un État au moment de son admission au sein de l'OUA, cumulée à la pratique comme État membre de cette institution rend objective l'existence de cet État non seulement à l'égard des États africains, mais aussi de l'Union africaine. Placée *en face des États membres*[794], l'Union africaine a le devoir de le leur rappeler.

De plus, l'hypothèse d'une disparition de la R.A.S.D serait plus problématique que celle d'un maintien en l'état de la situation existante. Cette perspective constituerait sans aucun doute, un dangereux précédent. Les États africains pourraient désormais être à même de faire et de défaire d'autres

[794] *C.I.J, Rec. 1949*, op cit, p. 179.

États. Cette perspective est dangereuse pour les États africains compte tenu de leur instabilité politique, sociale et économique. De plus, les prétentions marocaines, fussent-elles légitimes, ne fondent pas son droit à intervenir au Sahara occidental, encore moins de décider du sort, à lui, réservé. De même qu'elles ne l'exonéreraient pas de sa responsabilité internationale[795]. À la différence de l'OUA dont l'impotence a confiné à l'apathie, l'Union africaine est outillée pour défendre et protéger le Sahara occidental[796]. Juridiquement d'abord, l'Acte constitutif l'autorise à intervenir dans un État membre en cas de crime de guerre, crime contre l'humanité et génocide[797]. L'Union dispose à cet effet d'une force de coercition pour y parvenir. L'existence des États africains en dépend, la marche vers « l'unité » du continent l'exige également.

2- L'objectivation de la mission unificatrice dévolue à l'organisation

Conformément au vœu des Chefs d'État africains, l'Union africaine doit être, avec le soutien des États africains, le catalyseur et l'architecte de l'unité des États africains. Cette unité ne peut être objectivée sans la contribution des États africains eux-mêmes. Tout comme le rêve d'un continent pacifié dépend de leur capacité à capitaliser cette paix dans les rapports qu'ils entretiennent mutuellement. Car on le sait, « la stabilité des rapports étatiques est en grande partie conditionnée par la stabilité des protagonistes de ces rapports »[798]. À la suite des États, il revient également à l'Union africaine d'apporter une solution efficace et pérenne aux problèmes qui gangrènent l'Union africaine. L'union africaine est donc interpellée sur les plans vertical et horizontal.

Dans sa verticalité, conformément à son caractère *supranational*, l'Union africaine a le devoir de s'élever au-dessus des querelles qui divisent les États africains. Malgré la volonté affichée lors de la création de l'Union africaine de soigner cette aménité pathologique qui a diminué l'OUA, l'influence des Chefs d'État africains (principalement les plus influents) sur l'organisation demeure importante[799]. Pourtant, l'accent doit être mis sur la recherche d'une réelle « autonomie ». Pour y parvenir, les dirigeants de l'Union africaine doivent veiller à ne pas être les porte-voix des intérêts des quelques États membres. Le devoir d'unification de l'Afrique auquel elle est soumise conformément à l'Acte constitutif de l'Union lui commande une approche holistique que doit concrétiser une diplomatie dynamique dans la résolution

---

795 *Conséquences juridiques pour les États de la présence continue de l'Afrique du Sud en Namibie (sud-ouest africain), avis consultatif, C.I.J, Rec. 1971*, par. 118, p. 54.

796 ABDULQAWI A. YUSUF, « La licéité de l'intervention dans les conflits armés », in *L'Union africaine : cadre juridique et institutionnel, op cit*, p. 294.

797 Article 4 (h) de l'Acte constitutif de l'Union africaine.

798 RUIZ-FABRI (H), « Genèse et disparition de l'État à l'époque contemporaine », *A.F.D.I, vol. 38*, 1992, p. 155.

799 JORAM MUKUMA BISWARO, « La Conférence, Le Conseil exécutif et la Commission », in *L'Union africaine : cadre juridique et institutionnel*, op cit, pp. 89-90.

des problèmes africains. Cela passe assurément par la protection de l'indépendance et de l'intégrité de la R.A.S.D.

Sur le plan horizontal, l'Union africaine doit être la promotrice d'un *sentiment africain* partagé par les peuples africains. Les valeurs de *paix* et de *cohésion sociale* constituent un matériau indispensable pour la construction de l'unité du continent. Le conflit entre le Maroc et la R.A.S.D ne saurait se limiter à une querelle entre États. Il s'agit aussi et surtout de celle de deux peuples ayant en partage un patrimoine historique, culturel et religieux. Le peuple sahraoui s'est prononcé en faveur de la création d'un État indépendant. Nonobstant la pertinence de plusieurs arguments mobilisés par la partie marocaine, justifiés en partie par le rôle trouble joué par l'Espagne à cette époque, la naissance de la R.A.S.D n'est que la concrétisation du *droit du peuple sahraoui à disposer de lui-même*. Contrarier sa décision équivaut à remettre en cause une évolution juridique à laquelle l'OUA et l'Union africaine ont souscrit. De même qu'elle constitue une violation des droits du *peuple Sahraoui*. La prise en compte du « peuple » constitue d'ailleurs une spécificité africaine en matière de promotion et de protection des droits de l'Homme[800]. Le préambule de l'Acte constitutif en est fort révélateur, tout comme les *objectifs* et *principes* de l'Union qui laissent clairement percevoir la volonté d'offrir au *peuple* un cadre d'épanouissement certain. De plus, au plan institutionnel figure en bonne place le **Parlement panafricain** qui doit en principe tenir lieu de tribune aux peuples du continent[801]. Au plan normatif, on cite la *Charte africaine des droits de l'Homme et des* ***peuples*** qui reconnait à chaque peuple africain, le *droit imprescriptible et inaliénable à l'autodétermination*[802]. Le référendum qui a conduit à la création de la R.A.S.D ne peut en principe être remis en cause en raison de *l'imprescriptibilité* et de *l'inaliénabilité* de ce droit reconnu au peuple sahraoui. Dans la résolution de ce conflit, l'Union africaine doit garder présent à l'esprit qu'elle a été investie de cette mission[803], et les États membres des droits du peuple sahraoui en cause. L'issue de ce conflit en est tributaire, l'avenir du continent et surtout de l'Union africaine le sont tout autant. Dans la marche vers l'unité dont l'Union africaine doit s'employer à imprimer la bonne cadence, c'est son existence même qui est concernée.

---

[800] KAMTO (M), « Charte africaine, instruments internationaux de protection des droits de l'Homme, constitutions nationales : articulations respectives », in Jean-Francois FLAUSS, Élisabeth LAMBERT-ABDELGAWAD (Dir.), *L'application nationale de la Charte africaine des droits de l'homme et des peuples*, Bruylant, 2004, p. 11.

[801] Article 17 de l'Acte constitutif de l'Union africaine.

[802] Article 20 de ladite Charte.

[803] Article 4 (h) de l'Acte constitutif de l'Union africaine.

Bibliographie

Conventions internationales et résolutions

Charte de l'Organisation de l'unité africaine, 25 mai 1963 (Addis-Abeba)

Acte constitutif de l'Union africaine, 11 juillet 2000 (Lomé).

Résolution *2229* de l'Assemblée Générale des Nations Unies, 20 décembre 1966

Résolution *379* du Conseil de Sécurité, 2 novembre 1975

Résolution *380* du Conseil de Sécurité, 6 novembre 1975

Cours

ERICH (R), « La naissance et la reconnaissance des États », *R.C.A.D.I*, tome 13 (1926), pp. 427-508.

Fischer WILLIAMS, Sir JOHN, « La doctrine de la reconnaissance en droit international et ses développements récents », *R.C.A.D.I*, tome 44 (1933), pp 199-314.

JACQUé (J-P), « Acte et norme en droit international public », *R.C.A.D.I*, tome 227 (1991), pp 357-418.

KAMTO (M), *La volonté de l'État en droit international, RCADI*, tome 310 (2004), pp 9-428.

REUTER (P), « Principes du droit international », *R.C.A.D.I*, tome 103 (1961), pp 425-656.

WEIL (P), *Le droit international en quête de son identité, Cours général de droit international public, R.C.A.D.I*, tome 237 (1992), pp. 9-370.

Ouvrage :

KAMTO (M), ZANG (L), PONDI (J-M), *L'OUA : Rétrospectives et perspectives africaines*, Paris, Economica, 1990.

Articles

ABDULQAWI A. YUSUF, « La licéité de l'intervention dans les conflits armés », in YUSUF A. ABDULQAWI, FATSAH OUGUERGOUZ (Dir.), *L'Union africaine : cadre juridique et institutionnel, Pedone,* 2013, 294- 308.

D'ARGENT (P), « La personnalité juridique internationale de l'organisation internationale », Évelyne LAGRANGE, Jean- Marc SOREL (Dir), *Droit des organisations internationales, L.G.D.J*, 2013, pp.439-488.

DUBIN (L), RUNAVOT (M-C), « Représentativité, efficacité, légitimité : des organisations internationales en crise ? », Évelyne LAGRANGE, Jean-Marc SOREL (Dir), *Droit des organisations internationales, L.G.D.J,* 2013, pp. 77-103.

JORAM MUKUMA BISWARO, « La Conférence, Le Conseil exécutif et la Commission », in YUSUF A. ABDULQAWI, FATSAH OUGUERGOUZ (Dir.), *L'Union africaine : cadre juridique et institutionnel, Pedone,* 2013, pp. 79- 91.

KAMTO (M), « Charte africaine, instruments internationaux de protection des droits de l'Homme, constitutions nationales : articulations respectives », in Jean-Francois FLAUSS, Élisabeth LAMBERT-ABDELGAWAD (Dir.), *L'application nationale de la Charte africaine des droits de l'homme et des peuples,* Bruylant, 2004, pp. 11- 47.

REMIGIUSZ BIERZANECK, « La non-reconnaissance et le droit international contemporain », *A.F.D.I*, vol 8, 1962, pp. 117-137.

RUIZ-FABRI (H), « Genèse et disparition de l'État à l'époque contemporaine », *A.F.D.I, vol. 38*, 1992, pp. 153-178.

TCHEUWA (J-C), « L'Union africaine et les changements anticonstitutionnels de gouvernement », *Revue de la recherche juridique, N°127, P.U.A.M, 2009-2*, pp. 995-1022.

TIYANJANA MALUWA, « La transition de l'Organisation de l'unité africaine à l'Union africaine », YUSUF A. ABDULQAWI, FATSAH OUGUERGOUZ (Dir.), *L'Union africaine : cadre juridique et institutionnel, Pedone*, 2013, pp. 35- 56.

VIRALLY (M), « L'ONU devant le droit », *Le droit international en devenir, Puf,* 1990, pp.241-270.

« La notion de fonction dans la théorie de l'organisation internationale », *Le droit international en devenir, Puf,* 1990, 271-288.

Jurisprudence :

Cour internationale de justice

Réparation des dommages subis au service des Nations Unies, avis consultatif, C.I.J, Rec. 1949.

Sahara occidental, avis consultatif, C.I.J. Rec. 1975, p. 12.

Conséquences juridiques pour les États de la présence continue de l'Afrique du Sud en Namibie (sud-ouest africain), avis consultatif, C.I.J, Rec. 1971, p. 16.

Cour de justice de la CEMAC

Affaire Thomas DAKAYI KAMGA c. CEMAC, arrêt n°004/CJ/CEMAC/CJ/03, arrêt rendu le 17 juillet 2003.

Cour de justice de l'Union européenne

Front Populaire pour la libération de la Saguia-el-hamra et du rio d'oro (Front Polisario) c. Commission européenne, arrêt du 21 décembre 2016 (Grande chambre).

La représentation des peuples dans les institutions parlementaires régionales africaines : *Cas des parlements panafricain et de la CEDEAO*

Par :

Gilbert BIENDA

Ph.D en Droit Public International et Communautaire
Université de Yaoundé II (Cameroun)
Chercheur au CEDIC (Centre d'Études et de Recherche en Droit International et Communautaire)

Le foisonnement des institutions parlementaires est une donnée prégnante dans les organisations internationales notamment de coopération[804] et d'intégration[805]. Il a comme conséquence, l'émergence au sein de ces institutions d'une démocratie représentative manifestée par la participation des peuples, à travers leurs représentants au processus décisionnel. Si le parlement européen incarne pour l'instant ce modèle[806], il n'en demeure pas moins que, le parlement panafricain et le parlement de la CEDEAO semblent s'inscrire dans la même logique, en faisant de la représentation des peuples le moyen d'asseoir leur légitimité. Que recouvre alors dans ce contexte la notion de représentation ?

La représentation des peuples est susceptible de plusieurs assertions. Au plan classique, la représentation consiste à assurer la présence au moins symbolique de quelqu'un qui est absent[807] ; c'est un mécanisme de délégation

[804] Assemblée interparlementaire de l'ANASE (1977), Commonwealth Parliamentary association (1911) ; Assemblée interparlementaire des États membres du CEI (1992), Assemblée Parlementaire du conseil de l'Europe (1946), Assemblée parlementaire de l'OSCE (1991) ; Assemblée parlementaire de la Francophonie (1967) ; Assemblée parlementaire de l'OTAN (1955) ; conseil interparlementaire consultatif de Benelux (1955.)

[805] Parlement Européen (1952) ; Parlement de l'UEMOA (2003) ; Parlement communautaire de la CEMAC (2010) Assemblée Législative de la CAE (1999).

[806] D'ailleurs depuis l'origine, une partie des promoteurs de l'idée d'Europe sont convaincus que seule l'adhésion des peuples assurera une légitimité à un processus qui les conduit au-delà de l'État-nation. Le contexte d'impératif démocratique et de protection des droits humains de l'après-guerre froide, qui repose sur la lutte contre le fascisme puis sur la protection face à la menace communiste entraine la participation des peuples au projet européen. M. Catala, « La communauté à la recherche de son identité. De l'Europe des citoyens à la citoyenneté européenne (1957-1992) », *Relations internationales*, 2009/4, n° 140, p.83.

[807] O.Costa, « Qui représente les députés européens ? Socialisation et représentation territoriale au parlement européen », *Conférence du standing group on EU politics de l'ECPR, Bordeaux,*

[808]c'est-à-dire un procédé en vertu duquel le représentant accomplit un acte au nom et pour le compte du représenté[809]. Cette approche assez vague est à bien des égards éloignée de la présente réflexion. En droit constitutionnel, la représentation repose sur le postulat que le peuple ne peut matériellement exercer la souveraineté et qu'il est nécessaire de confier à des représentants, le soin de décider lui-même au nom de la nation[810]. Axée sur le droit constitutionnel, cette approche de la représentation qui fait référence à la légitimité des représentants constitue le socle à partir duquel on peut concevoir une définition de la représentation dans les institutions parlementaires régionales et de manière large, dans les organisations internationales. Sur ce, la représentation est conçue comme s'inscrivant dans le processus de légitimation de ses organes et, consiste à impliquer les peuples par l'élection de leurs représentants à la prise de décisions importantes engageant la vie de l'organisation. Dans les institutions parlementaires régionales africaines en voie de démocratisation, la représentation s'exerce de deux manières ; une représentation directe par l'élection des représentants au suffrage universel direct et une représentation indirecte à travers l'élection des représentants par les parlementaires nationaux. Mais à la lumière des instruments juridiques régissant ces parlements, il semble que la première variante soit privilégiée.

Puisque ce sont les peuples qui dans une large mesure sont représentés, ils méritent quelques clarifications. En fait, parler de peuples africains[811] suppose au minimum un certain degré d'histoire et d'identité commune.[812] Dans ce sens, le peuple serait un ensemble collectif indifférencié[813], en somme, une collectivité humaine[814]. Mais cette réalité valable dans une structure étatique

---

septembre 2002, p.24 ; L. Dubin,C. Runavot, « Représentativité, efficacité, légitimité. Des organisations internationales en crise » in (Dir.) J.M. Sorel, E. Lagrange, *Droit des organisations internationales, LGDJ*, Paris, 2013, p.81.

[808] J. Navarro, *Les députés européens et leur rôle. Analyse sociologique de la représentation parlementaire de l'UE,* thèse de l'Université Montesquieu-Bordeaux IV, 2007, p.62.

[809]D. Turp, « La représentation parlementaire au sein des institutions internationales », A paraître dans, *Sur l'avenir des organisations internationales. Perspectives juridiques, Actes du colloque de la société italienne de droit international et de la société française de droit international,* Courmayeur, Val d'Aoste 2014, p.1. Disponible sur www.danielturpqc.org Consulté le 12 mai 2017.

[810]L. Favoreu, P. Gaïa,R. Ghevonthian,J.L. Mestre, O. Plersmann, G. Scoffon, *Droit constitutionnel*, 12eédition, Paris, Dalloz, 2009, p.586.

[811] M. Bedjaoui, F. Ouguergouz, « Article 19 » in M. Kamto (Dir.), *La charte africaine des droits de l'homme et des peuples et le protocole y relatif portant création de la cour de la cour africaine des droits de l'homme, commentaire article par article*, Bruxelles, Bruylant, 2011, p.446.

[812]J. Krulic, « L'idée de peuple dans la tradition constitutionnelle française », Disponible sur www.sens.public.org, p.5. Consulté le 18/02/2018.

[813]O. Duhamel, Y. Meyni, *Dictionnaire de droit constitutionnel*, Paris, *PUF,* 1992, p.751.

[814] M. Hébié, « Article 20§ 1 » in M. Kamto (Dir.), *La charte africaine des droits de l'homme et des peuples et le protocole y relatif portant création de la cour de la cour africaine des droits de l'homme, commentaire article par article*, Bruxelles, Bruylant, 2011, p.452.

organisée[815] n'est qu'imaginaire dans l'ordre juridique régional de l'UA ou sous régional de la CEDEAO. Bien plus, une homogénéité caractéristique des peuples dans ces régions serait à notre sens réductrice. Car, les textes régissant leurs institutions parlementaires mettent davantage en exergue le terme englobant de population[816] qui renvoie à une réalité géographique, démographique et quantitative[817]. Bref, un reflet en quelque sorte de l'hétérogénéité[818] des sociétés politiques africaines[819]. En conséquence, la notion de peuples africains s'appréhende comme un corps politique composé de l'ensemble des citoyens des États membres de l'UA et de la CEDAO. Ainsi, comme dans l'UE, il n'existe pas de peuples africains à proprement parler, c'est-à-dire conçus comme un tout indivisible,[820] mais, une collectivité homogène et unifiée des citoyens[821] des États membres de l'UA et de la CEDEAO.

Cadre en construction de la représentation des peuples africains, les institutions parlementaires régionales se définissent suivant l'approche des professeurs Robert M. Culter et Michael Giesen comme, *an international institution or a transnational collegial organisation within a given, regionally confined geographically*[822]*that is a parlementary nature, whither legislative*

---

[815] *Ibid.* p.752. Pour la commission, la notion de « peuple » utilisée par la Charte recouvre non seulement la population en tant qu'élément constitutif de l'État, mais également les groupes ou communautés ethniques identifiés, faisant partie de cette population au sein d'un État constitué. *Commission africaine des droits de l'homme et des peuples c. Kenya* (fond) (2017) 2 RJCA 9, paragraphe 98. G. Rossatanga-Rignault l'appréhende comme l'ensemble des citoyens d'un pays donné. « We the people ! Propos incorrects sur un objet scientifique non identifié : Le peuple » in Palabres actuelles, *Revue de la Fondation Raponda-Walker, État-nation-peuple, ethnie, religion, parti, entreprise, facebook...Comment dit-on nous dans l'Afrique du 21ᵉ siècle ?* p.11.

[816] Article 2 (3), Protocole à l'Acte constitutif de l'union africaine relatif au parlement panafricain ; article 2 (2), protocole ou traité instituant la communauté économique Africaine relatif au parlement panafricain. Il faut toutefois relever que l'union africaine ne fait pas de différence entre la population et le peuple, d'où leur utilisation presque simultanée ce qui n'est pas le cas de la CEDEAO. Voir considérant 2, préambule du protocole A/p2/8/94 protocole relatif au parlement de la communauté ; considérant 2, Acte additionnel A/SA. 1/12/16 relatif au renforcement des prérogatives du parement de la communauté.

[817] J. Krulic, « L'idée de peuple dans la tradition constitutionnelle française », *op.cit.*, p.5.

[818] J.L Atangana Amougou, « Pratique et jurisprudence de la commission des droits de l'homme » cité par J.C Tcheuwa, « Article 21§ 2 » in M. Kamto (Dir.), *La charte africaine des droits de l'homme et des peuples et le protocole y relatif portant création de la cour de la cour africaine des droits de l'homme, commentaire article par article*, Bruxelles, Bruylant, 2011, p.546.

[819] A. Ondoua, « La population en droit constitutionnel. Le cas des pays francophones », *Afrique contemporaine*, n°242, 2012, p.88.

[820] O. Costa, « Qui représentent les députés Européens ? », *op.cit.*, p.6.

[821] S. Pierre-Caps, « Les minorités et la notion de représentation », *Cahiers du Conseil constitutionnel,* n°23, février 2008.

[822] M. Giesen, « Regional parliamentary institutions: Diffusion of a global parliamentary organizational design? » KFG Working Paper Series, N°80, August, 2017,Kolleg-Forschergruppe(KFG) *The Transformative Power of Europe*, Free Universitat Berlin, p.3.

or consultative, on which the parlementarian are either selected from national legislatures in a manner they determine or populary elected by the electorates of the member states[823].

Il y a au demeurant une nouvelle approche des organisations internationales qui se structure, allant au-delà du cadre classique des relations entre États membres pour impliquer le peuple, de qui elles tirent leur légitimité. Dès lors, se pose le problème de la réalité de la démocratie dans ces institutions. Au fait, le parlement panafricain et le parlement de la CEDEAO représentent-ils vraiment les peuples africains ? Sont-ils l'émanation d'une collectivité homogène et unifiée des citoyens des États membres conçue comme un tout et reflétant ses aspirations ?

Par l'approche de ces institutions parlementaires qui tendent vers l'institution d'une démocratie parlementaire, grâce au suffrage universel direct pour assurer la représentation des peuples, il apparaît qu'en l'état actuel de leur fonctionnement, ladite représentation n'est pas pleinement assurée. Pour le démontrer, deux approches méthodologiques à savoir l'approche juridique et l'approche comparative sont nécessaires. L'approche juridique consistera à analyser le droit régissant le parlement panafricain et celui de la CEDEAO, pour mettre en exergue les dispositions juridiques fondant la représentation des peuples. Quant à l'approche comparative, elle permettra non seulement de comparer ces institutions pour voir laquelle est susceptible à bref délai de s'ériger en véritable institution parlementaire au sens du droit constitutionnel. Mais aussi, de se rapprocher du parlement européen qui est l'exemple le plus abouti en matière de représentation des peuples.

De ce qui précède, il apparaît que la représentation des peuples dans les institutions parlementaires régionales africaines est consacrée (**I**), mais partiellement implémentée (**II**).

I- Une consécration explicite de la représentation des peuples

La représentation des peuples découle précisément des instruments juridiques régissant les institutions parlementaires régionales africaines. Ces instruments juridiques constituent ainsi leur fondement juridique. Dans ce sens, étant donné que chaque institution parlementaire dans son acte constitutif a formalisé la représentation des peuples, ainsi que, les procédés par lesquels ils sont représentés, il apparaît dès lors que la représentation des

[823]M.R. Cutler, « The emergence of international parliamentary institutions: new networks of influence in world society », in *Who is afraid of the state? Canada in world of multiple centers of power*, (Dir.), Smith (G), Wolfish (D), University of Toronto press, 2001, p. 209.

peuples repose sur un fondement juridique diversifié **(A)** dont le contenu est parallèlement variable (**B**).

A- Un fondement juridique diversifié

Le fondement juridique de la représentation des peuples est diversifié dans la mesure où, c'est chaque institution parlementaire, en l'occurrence le parlement panafricain et le parlement de la CEDEAO, qui l'inscrit dans son acte constitutif. Ainsi, le parlement panafricain présente à cet effet un cadre juridique attractif (**1**) tandis que celui de la CEDEAO est marqué par un certain dynamisme **(2).**

1- Un cadre juridique attractif dédié à la représentation des peuples africains

La représentation des peuples au parlement panafricain jouit d'un encadrement juridique attrayant au regard de sa double consécration. D'abord, le protocole de la CEA qui stipule que « *les parlementaires panafricains représentent toutes les populations africaines* »[824]. Ensuite, le protocole à l'Acte constitutif de l'Union africaine de 2014, qui a repris dans une large mesure, les dispositions sus-citées du protocole de la CEA en y greffant cependant, l'expression « et les intérêts de la diaspora »[825]. Un tel encadrement juridique vise d'une part, à offrir une plateforme commune à ces peuples africains dans le continent et la diaspora, mais aussi, à leurs organisations de base en vue de leur assurer une plus grande participation aux discussions et à la prise de décisions concernant les problèmes et les défis qui se posent au continent[826]. D'autre part, leur assurer une pleine participation au développement et à l'intégration économique du continent, de même qu'aux objectifs et politiques visant à intégrer le continent dans la mise en place de l'UA[827].

En fait, ces objectifs ne peuvent être réalisés qu'à la condition que le parlement panafricain soit érigé en institution représentative, qui assurera au sein du système de gouvernement communautaire[828], la participation directe ou indirecte des peuples africains. En cela, il s'est inspiré du parlement européen, institution parlementaire de référence en matière de représentation des peuples dont, le traité de l'UE stipule que « *les eurodéputés représentent directement les citoyens dans l'union et non plus seulement les peuples des*

[824] Article 2(2), Protocole créant la Communauté Economique Africaine relative au parlement panafricain.
[825] Article 2(3), Protocole relatif à l'acte constitutif de l'Union Africaine relatif au parlement panafricain.
[826] Considérant 5, Préambule du protocole à l'acte constitutif de l'Union africaine relatif parlement panafricain
[827] Considérant 14 du même texte.
[828] J. Navarro, *Les députés européens et leur rôle*, *op.cit.*, p.56.

États réunis dans la communauté »[829]. On peut espérer que le parlement panafricain connaisse le même degré de développement. En attendant, il faut savoir gré à l'UA d'avoir par la consécration de la représentation des peuples dans le récent protocole, entamé tout au moins le processus de légitimation d'une institution majeur en matière d'intégration régionale.

Par ailleurs, il convient de s'appesantir un tant soit peu sur la notion de diaspora dont à bien observer, le protocole la distingue des peuples africains[830]. La question est de savoir si elle participera aussi, à l'élection des représentants au parlement panafricain. Quoique superflue en l'état actuel du fonctionnement du parlement panafricain, cette question sera inévitable au sortir de cette transition. D'où, la nécessité par le service juridique de l'UA d'une interprétation téléologique de cette disposition afin d'éviter à l'avenir des amalgames. Car, comme on le voit, le représentant n'est pas un délégué impérativement attaché aux intérêts de ses électeurs, mais un avocat de l'intérêt général et des intérêts de ses électeurs, tel qu'il les apprécie raisonnablement à la lumière du tout[831].

2- Un cadre juridique dynamique afférant à la représentation des peuples de la CEDEAO

Mieux que le parlement panafricain, le parlement de la CEDEAO est marqué par le dynamisme des textes qui l'érigent en Assemblée représentative des peuples. D'abord, le protocole de 1994 qui stipule « *qu'il est l'assemblée représentative des populations de la communauté »*[832]. Cet encadrement juridique concourt à l'accélération du processus d'intégration régionale dans lequel le parlement communautaire devient un espace de dialogue, de concertation et de consensus pour des représentants des populations de la communauté[833]. Il illustre de fait, l'idée que la CEDEAO soit en quête d'une légitimité dont seule l'institution parlementaire, sous son organisation actuelle paraît incarner. Le préambule de la convention régissant le parlement de la CEMAC paraît éclairant à ce propos, en soulignant que « *la mise en place du parlement communautaire contribuera à renforcer la solidarité entre les peuples des États membres de la CEMAC et donnera une nouvelle impulsion au processus d'intégration du CEMAC par une plus large participation des populations de la communauté audit processus »*[834]. Aussi, faut-il y voir une des réponses adressées aux critiques formulées contre les institutions sous

---

[829] Article 10.

[830] Dans l'article 1er, elle est conçue comme les peuples d'origine africaine vivant en dehors de l'Afrique, sans distinction de leur citoyenneté et de leur nationalité et qui désirent contribuer au développement du continent et à la construction de l'Union africaine.

[831] O. Duhamel, Y. Meyni, *Dictionnaire de droit constitutionnel, op.cit.*, p. 916.

[832] Article 2(1), protocole A/p2/8/94 relatif au parlement de la communauté.

[833] Considérant 2, préambule A/p2/8/94, Protocole relatif au parlement de la communauté.

[834] Considérant 3

régionales africaines, souvent qualifiées de distantes des préoccupations réelles de la population.

Ensuite, l'Acte additionnel portant renforcement des prérogatives du parlement de la CEDEAO adopté par la conférence des chefs d'État et de gouvernement. Ces derniers, dans cet acte, n'insistent pas uniquement sur la nécessité de passage d'une CEDEAO des États à une CEDEAO des peuples dont la conséquence est l'implication du parlement dans le processus décisionnel de la communauté[835]. Mais davantage, ils cristallisent cette configuration du parlement de la communauté comme assemblée représentative des populations[836], laquelle contribue à renforcer la démocratie représentative dans la communauté[837]. Dans ce sens, le peuple a plus que jamais voix au chapitre par le biais de ses représentants ; ces derniers ayant le pouvoir de créer et d'exprimer, ou de recevoir par le moyen de ses organes, des manifestations de volonté dont les effets se produiront à bien des égards pour le compte du peuple représenté[838].

Toutefois, « cette représentation des peuples par le haut » c'est-à-dire pensée par les dirigeants de la CEDEAO, et ce, malgré leur bonne foi, peut à la longue poser des problèmes dont celui lié à la non implication de ces peuples dans la définition de leurs propres aspirations. Or, il nous semble que, si cette représentation était portée dans les fonts baptismaux par les peuples de la CEDEAO eux-mêmes, on pourrait aboutir à la mise en place d'une institution parlementaire plus proche des préoccupations de la population. Ce d'autant plus que l'implication plus étroite des peuples dans la gouvernance ouest-africaine peut être considérée comme le principal moyen de réduire le déficit démocratique de l'organisation sous régionale[839]. À la condition toutefois que, par la logique du consensus, ils participent à la définition de nouvelles orientations dans l'optique d'une intégration régionale plus efficace.

Au final, la représentation des peuples consacrée dans les textes régissant le parlement panafricain et celui de la CEDEAO emporte au regard de leur contenu deux variables assez expressives de la volonté de démocratisation d'une institution placée au cœur de l'intégration régionale ou sous régionale africaine.

---

[835] Considérant 2, Acte additionnel A/SA.1/12/16 relatif au renforcement des prérogatives du parlement de la CEDEAO.

[836] Article 2(1), Acte additionnel A/SA.1/12/16 relatif au renforcement des prérogatives du parlement de la CEDEAO.

[837] Article 4 (b), Acte additionnel A/SA.1/12/16 relatif au renforcement des prérogatives du parlement de la CEDEAO.

[838] P.A. Sereni, « La représentation en droit international », *RCADI*, 1929, p.96.

[839] O. Costa, « Qui représentent les députés européens ? », *op.cit.*, p.4.

B- Le contenu variable de la consécration

De la consécration de la représentation des peuples à la fois dans les textes régissant le parlement panafricain et le parlement de la CEDEAO, il en découle deux formes de représentation symbolisant les deux modalités principales de la démocratie représentative : une représentation directe par l'élection des représentants au suffrage universel direct fort privilégiée **(1)** et une représentation indirecte par l'élection des parlementaires à partir de l'Assemblée nationale des États membres maintenue de manière transitoire (2).

1- Une représentation directe des peuples privilégiée

La représentation directe des peuples par l'élection de leurs représentants au suffrage universel direct, mode d'investiture fort privilégié, ne s'apprécie pas de la même manière aussi bien dans le droit régissant le parlement panafricain que celui structurant le parlement de la CEDEAO.

Dans le cas du parlement panafricain, son protocole de 2014 fait de cette institution, l'organe législatif de l'UA[840], concrétisant au passage l'objectif formulé dans le protocole au traité instituant la CEA, qui était de faire du parlement panafricain une institution dotée de pleins pouvoirs sur le plan législatif[841]. Mais il ne tire pas clairement la conséquence qui en découle à savoir, l'élection des représentants des peuples africains au suffrage universel. D'ailleurs, la phrase nominale « *En attendant l'élaboration d'un code pour l'élection au parlement panafricain au suffrage universel direct* »[842] en dit long sur l'hésitation des dirigeants africains, quant à la nécessité de mettre en place une institution véritablement légitime. Au passage, elle pourrait indiquer qu'un certain nombre de préalables tels que, l'absence de citoyenneté africaine ne sont pas encore réunis pour que le choix des représentants au suffrage universel direct puisse s'opérer. Dans tous les cas, l'usage des expressions « organe législatif de l'Union africaine », « l'élection au suffrage universel direct » est suffisamment expressif du choix de l'UA, de faire du parlement panafricain un organe dont les représentants seront élus au suffrage universel. Car, seule l'élection directe des membres du parlement panafricain est à même de témoigner de la réalisation de l'objectif d'un parlement, qui est de garantir un fort mandat de représentation des peuples qu'il sert et d'étendre le

---

[840] Article 8 (1).

[841] Article 2 (3), Protocole au traité instituant la communauté économique africaine relatif au parlement panafricain.

[842] Article 4 (3), Protocole à l'Acte constitutif de l'union africaine relatif au parlement panafricain

processus démocratique en Afrique[843]. Elle est donc dans ce cas tout simplement incontournable[844].

La CEDEAO par contre, au regard du droit sous régional régissant le parlement communautaire, est très explicite sur le mode de désignation des représentants. Ainsi, dans le but de renforcer la performance dudit parlement et de transformer progressivement son rôle consultatif en celui de codécideur, puis législatif dans des matières définies[845], les membres du parlement de la CEDEAO sont élus au suffrage universel direct par les citoyens des États membres[846]. Cette disposition a été reprise *in extenso* dans l'Acte additionnel de 2016 de la conférence des chefs d'État et de gouvernement de la CEDEAO[847].

Comme on le voit, la CEDEAO a une longueur d'avance sur l'UA du moins sur le plan de la clarté du dispositif normatif ; une clarté justifiée par le fait qu'un certain nombre de préalables à toute possibilité d'élection au plan supranational tels que la citoyenneté communautaire a été définie.[848] Ainsi, contrairement à l'UA où des mécanismes doivent être mis en place pour qu'on arrive effectivement à l'élection des représentants au suffrage universel direct, la CEDEAO avec l'adoption de l'Acte additionnel de 2016 semble avoir franchi le dernier palier. En témoigne le rapport du Ghana au parlement de la CEDEAO où il est clairement indiqué que : « *Les citoyens du Ghana attendent avec impatience la mise en œuvre intégrale du renforcement des prérogatives du parlement de la communauté et sont impatients de voir le jour où les députés de cette auguste chambre seront élus au suffrage universel* »[849].

Au demeurant, il faut dans cette perspective considérer que la représentation directe des peuples par l'élection des représentants au suffrage universel direct par ailleurs privilégiée reste encore au stade des prémices[850] et qu'est maintenue la représentation indirecte, cependant à titre transitoire.

---

[843]L.S. Mohamed, « Le parlement panafricain » in *L'Union africaine,* F. Ougergouz (Dir.), A.Yusuf, Paris, Pedone, 2013, p.97.

[844] L.A. Aka, « L'évolution du régime représentatif dans les États d'Afrique noire francophone », *Jurisdoctoria*, n°9, 2013, p.125.

[845] Considérant 4, Préambule du protocole additionnel A/SP.3/06/06 / portant amendement du protocole A/P.2/8/94 relatif au parlement de la communauté.

[846] Article 7(1) i, protocole A/P.2/8/94 relatif au parlement de la communauté.

[847] Article 18 (1) a.

[848] Voir Article 27 du traité de la CEDEAO ; article 1er, tiret 7, A/p1/5/79, Protocole sur la libre circulation des personnes, et droit de résidence et d'établissement.

[849] Rapport pays du Ghana, première session ordinaire de l'année 2017 du parlement de la CEDEAO, 10-25 mai 2017, p.32.

[850]A. Tchameni, *Les évolutions du régionalisme africain,* Paris, *L'harmattan*, 2013, p.173.

2- Une représentation indirecte des peuples maintenue à titre transitoire

En faisant le choix de la représentation directe par l'élection des représentants au suffrage universel direct, la conférence des chefs d'État et de gouvernement aussi bien de l'UA que de la CEDEAO était bien consciente des difficultés à surmonter. C'est pourquoi, elle a décidé d'y procéder de manière progressive en établissant à cet effet une période transitoire. On le voit avec le protocole à l'UA relatif au parlement panafricain où il est stipule qu' « *en attendant l'élaboration d'un code pour l'élection au parlement panafricain au suffrage universel, le mode d'élection au parlement panafricain doit être déterminé par le parlement national ou tout autre organe délibérant que de chaque État membre* »[851]. De même dans le cadre de la CEDEAO, l'Acte additionnel de 2016, à la suite du protocole de 1994 relatif au parlement de la CEDEAO a également aménagé cette période transitoire. Il précise en effet qu' « *en attendant l'élection des députés par les citoyens des États membres, les assemblées nationales des États membres ou les institutions ou organes équivalents élisent les députés du parlement en leur sein* »[852].

Seulement, cette période de transition, par ailleurs nécessaire pour les institutions considérées de mener à terme, des réformes et pour des États membres de se préparer à relever le défi de l'organisation d'une élection supranationale, semble se prolonger indéfiniment[853]. Et déjà, des voix s'élèvent pour dénoncer l'étatisme excessif et la volonté de vouloir exclure le peuple dans le processus d'intégration régionale[854] et sous régionale. Cette critique paraît sévère quand on sait que la représentation indirecte des peuples est une variante de la démocratie représentative. Ici en effet, les peuples des États membres n'élisent que les parlementaires nationaux au suffrage universel direct, à charge pour ces derniers d'élire en leur sein[855] des parlementaires panafricains ou dans le cas de la CEDEAO, des parlementaires de la CEDEAO. Ce système dans le cadre de l'UE a longtemps structuré le parlement européen, soit 27 ans après sa création en 1952[856]. Ainsi, malgré le niveau de développement de ses membres, ce n'est que progressivement que cet organe a gagné en influence et en visibilité[857]. On peut donc présumer que

---

[851] Article 4(3), Protocole à l'Acte constitutif de l'Union africaine relatif au parlement panafricain.
[852] Article 18 (1) g.
[853]A. Tchameni, *Les évolutions du régionalisme africain, op.cit.*, p.172.
[854]C.D. Nguefack Tsafack, « La citoyenneté communautaire africaine et l'avenir du processus d'intégration régionale en Afrique. Comment œuvrer pour une bonne gouvernance future de l'Union africaine ? *Codesria*, Juin 2015, p.2.
[855]F.M. Soucramanien, P. Pactet, *Droit constitutionnel*, 34e édition, *Sirey*, 2012, p.85-86.
[856]L.S. Mohamed, « Le parlement panafricain », *op.cit.*, p.97.
[857]*Ibidem.*

les systèmes africains actuels qui ont maintenu à titre provisoire le mode de représentation indirect s'inscrivent dans la même trajectoire. Et ce, même s'il est indéniable que la participation populaire directe confèrera davantage plus de légitimité [858]au parlement panafricain et au parlement de la CEDEAO.

Quoi qu'il en soit, le maintien de ce système aussi bien dans le droit régissant le parlement panafricain que dans celui régissant le parlement de la CEDEAO montre qu'on est encore à l'étape primaire de la construction d'un droit parlementaire communautaire. Il n'a à cet effet aucun impact sur le mandat des représentants qui est bien entendu législatif. Même si dans une large mesure, il influence en pratique la mise en œuvre de la représentation des peuples, qui de ce point de vue, doit être qualifiée de partielle.

II- Une implémentation partielle de la représentation des peuples

La représentation des peuples est partiellement implémentée dans la mesure où, ce qui est mis en œuvre de manière effective et continue, c'est le mécanisme de la représentation indirecte (**A**). C'est dire que les représentants des peuples siégeant soit au parlement panafricain, soit au parlement de la CEDEAO sont plus ou moins élus au sein des assemblées nationales de leurs États membres. Il en est ainsi parce que, bien que consacré, le mécanisme de représentation directe éprouve encore des difficultés à rentrer dans sa phase opérationnelle (**B**).

A- L'effectivité constatée du mécanisme de représentation indirecte

L'implémentation du mécanisme de représentation indirecte est effective quant au choix des représentants des peuples dans les institutions parlementaires régionales. Mais leur mode d'investiture diffère d'une institution parlementaire à l'autre. Il s'agit de l'élection ou la désignation pour le parlement panafricain et de l'élection pour le parlement de la CEDEAO. On parlera dans le premier cas d'une dualité des modes d'investiture**(1)** et dans le second, d'une uniformité du mode d'investiture**(2).**

1- La dualité des modes d'investiture des représentants des peuples au parlement panafricain

Au terme de l'article 5(1) du traité de la CEA relatif au parlement panafricain[859], « *les parlementaires panafricains sont élus ou désignés par*

[858]*Ibidem.*

[859]En 2016, le parlement panafricain était à sa quatrième législature. Recommandations du parlement panafricain sur le Burundi à l'issue de la deuxième session ordinaire de la quatrième

leurs parlementaires nationaux respectifs au tout autre organe législatif des États membres, par leurs membres ».

De cette disposition, se dégagent deux modes de choix par les parlementaires nationaux des représentants des peuples d'Afrique à savoir, l'élection et la désignation. En tant que processus de droit commun de désignation des gouvernants[860], l'élection est le mode de choix des représentants des peuples d'Afrique en vigueur dans les assemblées nationales de nombreux États tels que le Bénin, le Burkina Faso et le Mali. En effet, au sein de ces assemblées, les représentants des peuples sont élus à l'issue d'une procédure qui comprend d'une part, la répartition en commission des sièges à pourvoir entre les partis politiques représentés à l'Assemblée nationale et d'autre part, le choix des candidats à élire. La pratique révèle que le consensus autour de la répartition des sièges à pourvoir dans ces assemblées nationales est parfois difficile à obtenir. Ce fut le cas notamment en 2008 au Mali où l'opposition non satisfaite de la répartition des sièges dans certaines institutions parlementaires régionales a bloqué le jeu en dénonçant la rupture du consensus[861].

Certes, il faut y voir dans cette pratique, une expression de la vitalité de la démocratie dans l'enceinte de l'institution qu'est l'Assemblée nationale, mais, une vitalité pour le moins contrastée. Car, on peut douter de la capacité des députés élus dans ces conditions à s'ériger en véritables représentants des peuples d'Afrique. Car manifestement, ce qui prime dans cette élection, c'est le respect de la logique partisane et non l'aptitude des élus à porter les projets intégrateurs pour le continent. Or, il nous semble que, dans ce genre d'élection, la logique des calculs politiques [862]doit être battue en brèche au profit des candidats dont les idéaux pour le développement intégral de l'Afrique sont largement partagés. Quoi qu'il en soit, même élus dans ce contexte, ces parlementaires ne sont aucunement des représentants des États[863].

A contrario, la désignation comme mode d'investiture des représentants des peuples d'Afrique au parlement panafricain caractérise les assemblées nationales de l'ensemble des États membres de la CEMAC. Pouvait-il

---

législature. Avec la réélection du président du parlement panafricain le Camerounais Roger Nkodo Ndang, le 10 mai 2018, il entame sa quatrième législature.

[860]J. Gicquel, J.E. Gicquel, *Droit constitutionnel et institutions politiques*, 30e édition, Paris, *LGDJ,* 2016-2017, p.185.

[861]https://www.maliweb.net/politique/assemblée-nationale/désignation-de-deputés-uemoa-cedeao-hcj-lopposition-bloque-le-jeu-du-pouvoir-200899.html.consulté le 23 avril 2018.

[862]Y. Niyiragira, Le parlement panafricain, qui représente-t-il ? Disponible sur https://www.pambazuka.org/fr/pan.../, juin, 2016. Consulté le 18 novembre 2018.

[863] R.J Dupuy, « Démocratie et droit international » in *Dialectique du droit international. Souveraineté des États, communauté internationale et droits de l'humanité*, A, Paris, Pedone, 1999, p.79.

d'ailleurs en être autrement, quand on sait qu'elle est le mode par excellence, d'investiture au parlement de la CEMAC, comme l'énoncent les dispositions pertinentes de l'article 32[864]. Dans la pratique au demeurant, les représentants des peuples sont en plus d'être désignés par l'Assemblée nationale des États membres, adoubés par les chefs d'État. Le Cameroun en est un exemple topique, avec les députés désignés par l'assemblée nationale et siégeant comme représentants des peuples d'Afrique et de la CEMAC, tous ayant reçu par ailleurs l'onction du chef d'État[865]. Certes, il est admis que ce procédé ne répond pas au critère de représentativité[866] recherché. Mais on peut penser que la consécration répondait à un objectif précis : celui de faire en sorte que tous les États membres de l'UA adhèrent à cette institution, porteuse des aspirations des peuples à une plus grande unité, cohésion et solidarité au sein d'une communauté large[867]. Mais ce procédé, sorte de flexibilité, est contraire à l'idée d'un droit parlementaire qui implique en république, une forme de participation à la vie de la cité en tant qu'électeur[868]. Bien plus, il tend à accentuer l'impression déjà assez répandue qu'une telle institution n'est que l'affaire des politiciens et des fonctionnaires et jamais du peuple en l'absence de son implication[869].

On aurait espéré que le protocole de Malabo de 2014 vînt corriger cette imperfection. Tel n'est malheureusement pas le cas puisqu'il laisse la latitude à tout parlementaire national ou organe législatif de chaque État membre de déterminer le mode d'élection[870] des représentants des peuples au parlement panafricain. Derrière cette indétermination du protocole de Malabo, se cache l'idée du déficit démocratique au sein des assemblées nationales de certains États. Car, comme le relève le professeur Kisiangani Emmanuel,

---

864 « Dans l'attente de l'élection des députés de la CEMAC au suffrage universel direct (…), les députés au parlement de la CEMAC sont désignés par l'Assemblée Nationale de chaque État membre ».

865 http://www.cameroun-info.net/article/parlement-CEMAC-les-investitures.comme-mode-de-désignation-123651.html. Consulté le 25 avril 2018 ; parlement panafricain : premiers pas des camerounais. www.journaldu cameroun.com. Consulté le 26 avril 2018.

866 C. PARENT, *Le concept d'État multinational. Essai sur l'union des peuples*, disponible sur www.books.google.cm Consulté le 12 juin 2018.

867 Considérant 4, préambule au protocole instituant la CEA relatif au parlement panafricain.

868 J.R. Keujeu de Keudjeu, « Citoyenneté et république dans le constitutionnalisme africain », *Juridis Periodique*, N°107, juillet. Août – septembre, 2016, p.174. Or en maintenant cette pratique, le vocable parlement apparaît pour le moins dans les institutions parlementaires régionales africaines comme une dénomination flatteuse. Mieux un emprunt peu conforme à ce qu'il recouvre réellement dans le droit interne. Lagrange(E), *La représentation dans les institutions internationales*, cité par A. Tchameni, *Les évolutions du régionalisme africain, op.cit*, p.169.

869 R. LAVERGNE, *Intégration, coopération en Afrique*, *International development Research*, Canada, 1996, disponible sur www.books.google.cm Consulté le 15 juin 2018.

870 Article 5 (3), Protocole à l'Union africaine relatif au parlement panafricain.

"Many countries have weak legislature that can hardly be classified as democratic. Since it is these national parliaments that currently provide the basis of the continent legislative structure, it is important that these national legislatures are also strengthened, made more effective legislatures are also strengthened, made more effective and based on democratic practices values and principles[871]".

À supposer même que ce déficit démocratique soit résorbé, les assemblées nationales des États ne peuvent pas demeurer ce cénacle à partir duquel on élit ou désigne les représentants des peuples d'Afrique. Il faut rapidement rompre avec ce mécanisme, en instituant leur élection au suffrage universel direct par les populations des États d'Afrique. Une logique d'élection populaire portée notamment dans le cadre de l'Assemblée Législative des États de l'Afrique de l'Est par la doctrine qui affirme que « *Issues of representativeness as well as accountability are definitely difficult to map out since the individual thus elected to the EALA could not claimed to have a direct popular mandate similar to the one that can be claimed by the elected constituency MPS in the national parliament*[872].

En attendant, même dans le cadre de la CEDEAO, l'élection des représentants des peuples est organisée au sein des assemblées nationales des États membres, et ce malgré l'adoption de l'Acte additionnel de 2016 portant renforcement des prérogatives du parlement de la CEDEAO.

2- L'uniformité du mode d'investiture des représentants des peuples au parlement de la CEDEAO

Contrairement au parlement panafricain, le parlement de la CEDEAO[873] est composé de représentants des peuples élus par les assemblées nationales des États membres, conformément aux dispositions pertinentes du protocole de la CEDEAO relatif au parlement de la communauté et désormais, de l'Acte Additionnel de 2016. Cette élection est en réalité le résultat d'un long processus. En l'absence dans les règlements intérieurs des assemblées nationales des dispositions juridiques précises y afférentes, la pratique parlementaire consiste en la répartition en commissions des sièges à pourvoir entre les partis politiques représentés à l'Assemblée nationale. Puis l'élection en séance plénière par les députés présents, des représentants dans cette institution à la lumière de la liste partielle arrêtée. Les travaux en commission

[871]E. Kisiangani, « The European Union and the Pan African parliament: Adding value to the partnership », *IDEA*, 2010, p.5.

[872]B. Killian, P. Mwambutsya Ndebesa, J. Kasombo, E. Ndayizeye, A. Mutabingwa, "A synthesis research report on the participation of citizens in the East African community integration process", *Friedrich Ebert Stiftung,* November, 2012, p.19.

[873]Le parlement de la CEDEAO est aujourd'hui à sa quatrième législature. Voir Plan stratégique de la quatrième législature du parlement de la CEDEAO (2016-2020), p.3.

y relatifs devant les assemblées nationales du Burkina Faso[874] et du Bénin sont illustratifs de cet état de fait. Dans le cas du Bénin d'ailleurs, ledit processus a fait l'objet de contestation devant la cour constitutionnelle à l'initiative du député Comlan Degla. Ce dernier ayant estimé que la désignation le 17 décembre 2008 des représentants de l'Assemblée nationale dans les parlements régionaux est contraire à la constitution. Dans la mesure où en adoptant la modalité d'une élection libre, elle a méconnu les dispositions de l'article 31 du règlement intérieur qui entérine le principe de la proportionnelle à la représentation du groupe au sein de l'assemblée[875]. Or, elle doit se faire selon le principe à valeur constitutionnelle de la représentation proportionnelle majorité / minorité qui préserve la participation de toutes les forces politiques représentées à l'Assemblée nationale[876].

C'est donc à bon droit que la cour constitutionnelle a accueilli favorablement cette contestation dans sa décision du 19 février 2009, en jugeant que l'assemblée a violé les dispositions de l'article 124 de la constitution du Bénin en tous ses alinéas[877], que le président de l'Assemblée nationale devra lui transmettre systématiquement, les comptes rendus de toutes les séances consacrées à cette question[878].

Comme on le voit, ce qui est contesté devant la cour constitutionnelle, c'est le mode de désignation par candidature libre et indépendante, lequel ce faisant est inadapté à une institution censée représenter toutes les sensibilités politiques de l'Assemblée nationale. Il est donc avéré que dans cette bataille interne à l'Assemblée nationale, les préoccupations liées aux intérêts des peuples de la communauté sont reléguées au second plan. Dans ce sens, l'exaspération de l'honorable François Bacye se trouve justifiée. Celui-ci désapprouvant l'absence des représentants issus de l'opposition burkinabé dans les parlements régionaux affirme « *Les politiques de la CEDEAO nous concernent. Le paysan qui est de l'autre côté, on doit entendre sa voix à travers son député. Malheureusement, on a affecté comme si c'était une*

[874]« Mise en place des organes de l'Assemblée. Les membres des commissions et les membres des parlements communautaires ». Disponible sur www.assembléenationale.bf. Consulté le 26 avril 2018.
[875] « Décision relative à la désignation des députés dans les parlements régionaux ». La nouvelle tribune info/archives/Benin/politique/2982 consulte le 23 avril 2018.
[876] « Désignation au sein d'institutions nationales et régionales les représentants du parlement connus jeudi prochain », fr. africatime.com. Consulte le 23 avril 2018.
[877] Selon cet article, « une disposition déclarée inconstitutionnelle ne peut être promulguée ni mise en application. Les décisions de la cour constitutionnelle ne sont susceptibles d'aucun recours. Elles s'imposent aux pouvoirs publics et à toutes les autorités civiles et juridictionnelles ».
[878] Décision DCC, 09-057 du 21 avril 2009, p.1.

répartition pour remercier ou récompenser une certaine classe de la majorité »[879].

Dans ces conditions, les représentants désignés puis finalement élus sont des mandataires[880] des partis politiques au niveau du parlement national et par conséquent, enclins à suivre leur ligne politique, au détriment des intérêts des peuples de la CEDEAO qu'ils doivent défendre. Dès lors, l'élection des représentants des peuples au parlement de la CEDEAO, par les assemblées nationales des États membres, se fait pour le moins dans l'amertume,[881] car, ce qui est recherché au fond, c'est une représentation des partis politiques en fonction de leur force politique au parlement.

Dans ce contexte, il est douteux que les représentants élus puissent représenter les besoins et les intérêts des citoyens de la CEDEAO. Le maintien de ce système d'élection indirect est un frein à l'intégration sous régionale en zone CEDEAO. Il faut sortir rapidement de cette transition interminable,[882] car, comme on le sait, l'élection au suffrage universel reste un principe de base[883]. C'est dire qu'un parlement véritablement représentatif doit être composé de membres élus démocratiquement, qui considèrent que leur mandat vient de leurs électeurs et qu'ils sont responsables devant eux. L'élection directe des membres de la CEDEAO obligerait à tenir réellement compte des besoins et des aspirations de leurs élus[884]. Ce souci d'élection populaire anime au demeurant les analyses autour d'une institution parlementaire comme l'ALEAE. L'on estime qu'elle ne deviendra une assemblée représentative des peuples qu'à la condition que ces derniers participent directement au vote de leurs représentants[885].

Cette ouverture démocratique populaire ne saurait relever d'un « coup de baguette magique ». Des difficultés réelles existent encore, notamment au

---

879O. Koeta, « Assemblée Nationale : les députés CDP, ADF/RDA, NAFA et UPC dénoncent une répartition biaisée des postes ». Disponible sur https://burkina24.com.consulté le 24 avril 2018.

880T. Fomegang, « Les tendances de citoyenneté sous régionales en Afrique » in (Dir.), J.D. Mouton, P. Kovacs, *Le concept de citoyenneté en droit international, Académie de droit international de la Haye*, 2018, p.507.

881M.H Ongwenyi, « L'inauguration de l'Assemblée législative est africaine : faut-il s'en réjouir ? », N°2001, *Halshs,* p.3.

882A. Tchameni, « les évolutions du régionalisme africain », *op.cit.*, p.172.

883 Voir à cet effet, l'article 25 du pacte international relatif aux droits civils et politiques de 1966 qui dispose que « tout citoyen a le droit et la possibilité (...) de voter et d'être élu, au cours d'élections périodiques, honnêtes au suffrage universel et égal et au scrutin, secret, assurant l'expression libre de la volonté des électeurs ».

884M.H Ongwenyi, « L'inauguration de l'Assemblée législative est africaine : faut-il s'en réjouir ? », *op.cit.*, p.2

885E. Killian,P. Mwambutsya Ndebetsa, J. Kasombo, E. Ndayizeye, A. Mutabingwa, « A synthesis research report on the participation of citizens in the East African community integration process »,*op.cit*, p.41.

niveau de l'UA, avec l'absence de définition par exemple, d'une citoyenneté africaine.

B- Les difficultés de mise en œuvre réelles du mécanisme de représentation directe

La mise en œuvre du mécanisme de représentation directe bute à un certain nombre de difficultés, lesquelles varient selon les espaces régionaux considérés. La première est l'absence de définition claire de la citoyenneté **(1)** qui est spécifique à l'UA. La seconde à savoir l'absence d'un échéancier établi pour la concrétisation de ce mécanisme **(2)** est commune à ces espaces, notamment aux instruments juridiques régissant leur institution parlementaire.

1- L'absence dommageable de définition de la citoyenneté de l'Union africaine

La qualité de représentant des peuples africains attestée par les textes[886] régissant le parlement panafricain ne s'est matérialisée pour l'instant que de manière partielle ; leur choix étant opéré à partir des assemblées nationales des États membres de l'UA conformément à leurs règles internes. Cela s'explique en partie par le fait que la citoyenneté n'est pas clairement définie dans l'Acte constitutif de l'UA, encore moins dans les différents protocoles relatifs au parlement panafricain. Cette absence de définition de la citoyenneté compromet en effet l'ambition de l'UA de faire du parlement panafricain une institution proche des préoccupations des peuples d'Afrique. Or, l'enjeu d'une telle définition tient justement de l'accélération de l'intégration des peuples par une meilleure connaissance de l'organisation continentale et partant, le développement d'une conscience communautaire[887].

Le constat est donc saisissant : c'est qu'en la matière, l'UA accuse un retard non seulement par rapport à l'UE[888] qui est le modèle de référence, mais également à la CEDEAO dont la citoyenneté jouit d'un ancrage juridique certain. En témoigne notamment le protocole de la CEDEAO sur la libre circulation des personnes, le droit de résidence et d'établissement qui définit la citoyenneté communautaire en relation avec l'État membre[889]. Ainsi, est

[886]O. Costa, « Qui représentent les députés européens ? », *op.cit*, p.11.
[887]C.D. Nguefack Tsafack, « La citoyenneté communautaire africaine et l'avenir du processus d'intégration régionale en Afrique », *op.cit.*, p.10. Dans le cas de l'UE, le professeur Paul Magnette pense que la citoyenneté européenne a une double fonction : c'est un marqueur de l'adhésion des peuples à la construction européenne, mais également, le signe de l'appartenance à une communauté politique en projet. P. Magnette, *La citoyenneté européenne, Études européennes,* édition de l'université libre de Bruxelles, 1999.
[888]Voir article 20, TFUE.
[889] Article 1er.

citoyen de la communauté un citoyen de tout État membre[890]. Et l'Acte additionnel de 2016 d'ajouter « *remplissant les conditions fixées par le protocole A/P3/5/82 portant code de la citoyenneté ou dans l'acte le plus actuel définissant la citoyenneté de la communauté*[891].

Comme on le voit, la citoyenneté de la communauté vient compléter[892] la citoyenneté nationale sans la remplacer[893] outre mesure. Au fait, tout national d'un État membre est citoyen de la CEDEAO. C'est au fond une citoyenneté de superposition[894] et non de substitution par rapport à la citoyenneté nationale[895]. Une telle démarche peut néanmoins inspirer l'ordre juridique régional de l'UA dans la quête d'une approche de la citoyenneté. Ainsi, dans un protocole relatif au code de la citoyenneté de l'UA, le citoyen pourrait être appréhendé comme tout ressortissant d'un État membre de l'UA[896]. Dans ce cas, le rapprochement avec la citoyenneté telle que définie par l'UE, puis reprise par la CEDEAO est incontestable. Comme le relève, à juste titre, l'Avocat général Poiares Maduro, *« la citoyenneté de l'union présuppose l'existence d'un lien de nature politique entre les citoyens européens, bien qu'il ne s'agisse pas d'un lien d'appartenance à un peuple. Ce lien unit au contraire les peuples d'Europe*[897] *»*.C'est dire qu'en l'absence d'un État et d'un peuple africain, et même d'une nationalité commune à l'UA, la construction juridique de la citoyenneté africaine reposera sur les valeurs communes aux peuples qui composent l'UA. D'où l'urgence de l'enraciner dans la transmission d'une histoire et d'une civilisation, au risque de demeurer à l'image de la citoyenneté européenne, une utopie créatrice[898].

---

[890] Article 1er 7e tiret, protocole A/P1/5/79, Journal officiel de la CEDEAO ; article 27 (1), Traité de la CEDEAO.

[891] Article 1er (5).

[892]M. Catala, « La communauté à la recherche de son identité. De l'Europe des citoyens à la citoyenneté européenne (1957-1992) », *op.cit*, p.99.

[893]F. Chaltiel, « La citoyenneté européenne », *Cahiers du droit constitutionnel*, N°23, février 2008, p.1.

[894]A.H. Dompy, *Le paradoxe de l'internationalisation du droit constitutionnel en Afrique. Réflexions sur les interactions normatives, institutionnelles et politiques dans l'espace CEDEAO*, thèse de l'université de Bordeaux, janvier 2017, p.751.

[895]T. Fomegang, « Les tendances de citoyenneté sous régionales en Afrique », *op.cit*, p.494.

[896] Ne peut-on pas voir dans le lancement du passeport africain au cours du 27e sommet des Chefs d'État de l'UA à Kigali, une étape importante vers la construction de la citoyenneté africaine. Assurément pas, car, ce serait mettre la charrue avant les bœufs.
La logique voudrait que cette soit l'aboutissement et non le début du processus. Voir Union africaine :Le passeport africain est désormais une réalité. Disponible sur http://Camerounlink.com/actu/Union-africaine.Consulter le 18 mai 2018.

[897]Conclusions de l'Avocat général Poiares Maduro, 30 septembre 2009, *Affaire Rottman c/ Freistaat Bayern*, point 23.

[898]Conseil d'État, cinquième conférence, *La citoyenneté européenne : mythe ou utopie ?*25 mars 2018, p.7.

Néanmoins, avec ce statut fondamental de ressortissant des États membres[899], ce dernier participera effectivement à la gouvernance démocratique[900] de l'UA par l'élection directe de ses représentants au parlement panafricain. Dès lors, la définition de la citoyenneté de l'UA devient un impératif catégorique pour une institution dont le déficit démocratique est fortement décrié.[901] Elle permettra alors de rétablir le lien avec les institutions de l'UA, mais surtout de fonder leur légitimité sur les citoyens[902]. Ainsi, l'UA pourra être considérée comme une véritable démocratie[903] avec la participation directe des citoyens à la gestion de leurs affaires par le biais des représentants élus. Pour l'heure, aucun espace régional, encore moins la CEDEAO dont les mécanismes juridiques paraissent adéquats, n'est engagé dans cette voie. Pourtant, dans ce dernier cas précisément, l'expérience d'un pays comme la Côte d'Ivoire peut constituer un atout. Ce pays a par le passé fait preuve d'une ouverture en reconnaissant la citoyenneté et par conséquent, des droits politiques à des personnes n'ayant pas la nationalité ivoirienne[904]. Il faut donc présumer que si la CEDEAO concrétise l'élection des représentants au parlement régional au suffrage universel direct, celle-ci serait ouverte à tout citoyen de la communauté même résidant dans un État autre que son État d'origine.

De toutes les façons, sans une approche africaine de la citoyenneté qui offre aux peuples le droit politique d'élire directement leurs représentants au parlement panafricain, les institutions africaines seront toujours perçues comme étant éloignées de leurs préoccupations[905]. C'est dire que même l'élection de ces représentants par les assemblées nationales des États membres, lorsqu'on connaît les conditions dans lesquelles ces derniers sont élus le plus souvent au plan national[906], ne peut en constituer une réelle solution. Pire encore, l'absence d'un échéancier établi sur la concrétisation du mécanisme de représentation directe n'augure en elle-même, aucune perspective heureuse.

[899]CJUE, 20 septembre 2001, *affaire Gzelcyk*, para.31.
[900]C.D Nguefack Tsafack, « La citoyenneté communautaire et l'avenir du processus d'intégration régionale en Afrique », *op.cit*, p.8.
[901]*Ibidem.*
[902]*Ibidem.*
[903]*Idem.*
[904]F. Meledje Djedjro, « Le système politique ivoirien dans la géopolitique Ouest africaine », *Revue de Droit Public,* N°3, 2006, p.706.
[905]C.D. Nguefack Tsafack, « La citoyenneté communautaire africaine et l'avenir du processus d'intégration régionale en Afrique », *op.cit.*, p.9.
[906]Les élections dans les États d'Afrique noire francophone s'avèrent peu efficaces à traduire la réalité des opinions publiques. Leur déroulement souvent entaché d'irrégularités finit toujours par produire des résultats, qui sont remis par les candidats perdants et leurs électeurs, ce qui évidemment enlève au représentant une bonne part de sa légitimité. L.A. Ake, « L'évolution du régime représentatif dans les États d'Afrique noire francophone », *op.cit.*, p.140-141.

2- L'absence d'un échéancier établi pour la concrétisation du mécanisme de représentation directe

Si l'option pour une élection au suffrage universel direct est clairement établie aussi bien dans le droit régissant le parlement panafricain que dans celui régissant le parlement de la CEDEAO, il reste que l'étape de sa concrétisation devrait se faire suivant un calendrier précis. L'absence de ce « tableau de bord » laisse interrogateur et partant, entretient le doute chez ceux pour qui l'association des peuples d'Afrique à la gestion de leurs propres affaires demeure « un vœu pieux ». La fixation d'un échéancier est, pourrait-on dire, une exigence pour une organisation en quête de crédibilité comme l'UA. Elle permet, sans négliger la progressivité y afférente, de prévenir toute attitude dilatoire[907] en décrivant avec minutie, toutes les étapes à suivre pour que les peuples africains, par le biais de leurs représentants puissent réaliser leurs aspirations.

Certes, on peut considérer, par une manière d'analyse, l'élection des représentants des peuples tant au parlement panafricain qu'au parlement de la CEDEAO comme participant de la logique de l'établissement d'un échéancier. Mais il s'agit là d'un échéancier implicite non limité dans le temps. Car, il subsiste une incertitude relative au temps qu'il faudra au parlement panafricain pour procéder aux aménagements nécessaires, avant l'organisation de l'élection des représentants au suffrage universel direct.

Dans une certaine mesure, le protocole de Malabo peut être analysé comme ayant structuré cet échéancier. Il stipule que « *les États parties peuvent organiser à des intervalles de dix ans ou dans des délais plus courts selon les décisions du parlement, des conférences pour examiner le fonctionnement et l'efficacité du protocole, le mandat législatif et le système de représentation du parlement en vue de s'assurer que les objectifs du présent protocole ,ainsi que la vision qui le sous-tend se réalisent et que le protocole répond aux besoins changeants des États africains* »[908]. À bien observer, c'est une stipulation lâche sur laquelle il n'est pas possible de tirer argument de ce que l'on serait dans une période transitoire bien calibrée. Cette dernière ayant pour objectif de permettre aux États parties de l'UA de s'adapter progressivement au système parlementaire régional[909] en expérimentant dans un premier temps, l'élection des représentants de manière indirecte par leur assemblée nationale. Bien plus, l'expression « les États peuvent » est appréhendée comme une faculté et non une obligation. Elle n'est donc pas révélatrice de la ferme détermination de la conférence des chefs d'État et de gouvernement de l'UA de planifier de manière méthodique et structurée sur une période arrêtée, la

---

[907]Extrait du rapport Vedel, S. 4/72, p.44. Disponible sur www.ec.europa.eu/dorie/fileDownload.do.Consulté le 15 avril 2018.
[908]Article 26
[909]Extrait du rapport Vedel, *op.cit*, p.40.

construction d'une institution régionale reflétant les aspirations des peuples d'Afrique.

Cela dit, en conférant des pouvoirs législatifs à la fois au parlement panafricain et au parlement de la CEDEAO, il aurait été nécessaire au même moment de fixer un calendrier pour leur exercice concret. Ce calendrier *with a specific time frame*[910] pourrait comprendre trois étapes. La première étape consisterait au déploiement de la diplomatie à la fois de l'UA et de la CEDEAO pour amener les États membres à ratifier les instruments juridiques amendés afférents soit au parlement panafricain soit au parlement de la CEDEAO. Elle pourrait durer trois ans. La deuxième porterait sur l'évaluation par les États parties ou par un groupe d'experts constitués à cet effet, de l'état du fonctionnement actuel des deux parlements marqué par l'élection des représentants par les assemblées nationales des États membres. Puis en relever des insuffisances et proposer des ajustements surtout au niveau de l'UA[911], ou la question de la citoyenneté est une réelle préoccupation. Cette étape pourrait s'étaler sur une période de 10 ans. La dernière étape marquerait la fin du processus avec le fonctionnement concret du pouvoir législatif africain à l'issue de l'élection des représentants des peuples d'Afrique au suffrage universel direct. Ce serait là, il nous semble, la meilleure démarche pour que ces institutions reflètent à terme les aspirations des peuples d'Afrique et partant, contribuent à l'enracinement de la démocratie participative sur le continent.

Conclusion

Au final, la représentation des peuples est bel et bien consacrée dans les textes régissant à la fois le parlement panafricain et le parlement de la CEDEAO. De cette consécration, il en ressort que seule la représentation indirecte des peuples est à ce jour implémentée de façon effective, au moyen de l'élection des représentants par les assemblées nationales des États. Même si ce mécanisme s'inscrit en effet dans une phase transitoire, il impacte néanmoins négativement les institutions parlementaires régionales étudiées. Au fait, ces institutions parlementaires constituées dans ces conditions ne reflètent que partiellement les traits d'un parlement démocratique[912] au regard

[910]S. Mpanyane, « Transformation of the pan-African parliament. A path to a legislative body? », *ISS paper* 181, march 2009, p.3.

[911]Car au niveau de la CEDEAO, cette question a été depuis lors définitivement réglée. Bien plus, la CEDEAO par un acte additionnel de 2016 a procédé au renforcement des prérogatives du parlement communautaire. À partir de là et au vu du schéma qui vient d'être proposé, on peut considérer qu'elle a amorcé la dernière ligne droite vers l'élection des représentants par les citoyens de la communauté au suffrage universel direct. Dans tous les cas, il est souhaitable que la CEDEAO lève cette équivoque en fixant un échéancier tout au moins précis.

[912]E. Kisiangani, « The European Union and the Pan African parliament: Adding value to the partnership ». *IDEA*, 2010, p.5.

d'une part, de leur inaptitude à porter les aspirations des peuples d'Afrique et d'autre part, d'exercer une réelle influence sur certains organes à savoir, le conseil exécutif et la commission. Quoiqu'une représentation directe des peuples d'Afrique par l'élection de leurs représentants au suffrage universel direct, à l'image de ce qui se passe au parlement européen, reste un mirage. Il n'en demeure pas moins qu'elle s'inscrit dans l'objectif à atteindre : celui de faire participer les peuples d'Afrique, par l'élection de leurs représentants au suffrage universel direct, à la prise de décisions importantes pour le fonctionnement efficace de la communauté. Des difficultés existent en l'occurrence, l'absence de définition d'une citoyenneté communautaire africaine. Mais elles ne doivent pas altérer l'idée que, les peuples d'Afrique puissent contribuer de cette manière, à la construction des institutions démocratiques sur le continent.

Éléments de bibliographie

1- Ouvrages généraux et dictionnaires

DUHAMEL(O), MEYNI(Y), *Dictionnaire de droit constitutionnel*, Paris, *PUF,* 1992, 1112 p.

FAVOREU(L), GAÏA(P), GHEVONTHIAN(R), MESTRE (J.L), PLERSMANN(O), SCOFFON(G), *Droit constitutionnel*, 12[e]édition, Paris, Dalloz, 2009, 1080 p.

GICQUEL(J), Gicquel (J.E), *Droit constitutionnel et institutions politiques*, 30e édition, Paris, *LGDJ,* 2016-2017, 914 p.

SOUCRAMANIEN (F.M), PACTET(P), *Droit constitutionnel*, 34e édition, *Sirey*, 2015, 680 p.

TCHAMENI(A), *Les évolutions du régionalisme africain,* Paris, *L'harmattan*, 2013, 486 p.

2- Cours et thèses

DOMPY (A.H), *Le paradoxe de l'internationalisation du droit constitutionnel en Afrique. Réflexions sur les interactions normatives, institutionnelles et politiques dans l'espace CEDEAO*, thèse de l'université de Bordeaux, janvier 2017, 1010 p.

NAVARRO(J), *Les députés européens et leur rôle. Analyse sociologique de la représentation parlementaire de l'UE,* thèse de l'Université Montesquieu-Bordeaux IV, 2007, 508 p.

SERENI (P.A), « La représentation en droit international », *RCADI*, 1929, 166 p.

3- Articles et contributions

AKA (L.A), « L'évolution du régime représentatif dans les Etats d'Afrique noire francophone », *Jurisdoctoria*, n°9, 2013, pp.119-153.

BEDJAOUI (M), Ouguergouz(F), « Article 19 » in KAMTO (M), (Dir.), *La charte africaine des droits de l'homme et des peuples et le protocole y relatif portant création de la cour africaine des droits de l'homme, commentaire article par article*, Bruxelles, Bruylant, 2011, pp.444-451.

CATALA (M), « La communauté à la recherche de son identité. De l'Europe des citoyens à la citoyenneté européenne (1957-1992) », *Relations internationales*, 2009/4, n° 140, pp.83-101.

COSTA (O), « Qui représente les députés européens ? Socialisation et représentation territoriale au parlement européen », *Conférence du standing group on EU politics de l'ECPR, Bordeaux*, septembre 2002, 27p.

CUTLER (M.R), « The emergence of international parliamentary institutions: new networks of influence in world society », in *Who is afraid of the state? Canada in world of multiple centers of power*, SMITH (G), WOLFISH (D),(Dir.), University of Toronto press, 2001, pp.201-229.

DUBIN (L), RUNAVOT (C), « Représentativité, efficacité, légitimité. Des organisations internationales en crise » in (Dir.) SOREL (J.M), LAGRANGE(E), (Dir.), *Droit des organisations internationales*, LGDJ, Paris, 2013, p.77-103.

DUPUY (R.J), « Démocratie et droit international » in *Dialectique du droit international. Souveraineté des Etats, communauté internationale et droits de l'humanité*, A, Paris, Pedone, 1999, pp.71-86.

FOMEGANG (T), « Les tendances de citoyenneté sous régionales en Afrique » in (Dir.), MOUTON (J.D), KOVACS(P), *Le concept de citoyenneté en droit international, Académie de droit international de la Haye*, 2018, pp.489-530.

HEBIE (M), « Article 20§ 1 » in KAMTO(M), (Dir.), *La charte africaine des droits de l'homme et des peuples et le protocole y relatif portant création de la cour de la cour africaine des droits de l'homme, commentaire article par article*, Bruxelles, Bruylant, 2011, pp.452-487.

KEUJEU de KEUDJEU (J.R), « Citoyenneté et république dans le constitutionnalisme africain », *Juridis Periodique*, N°107, Juillet-Août - septembre, 2016, pp.167-180.

KILLIAN (B), MWAMBUTSYA NDEBESA(P), KASOMBO(J), NDAYIZEYE(E), MUTABINGWA(A), « A synthesis research report on the participation of citizens in the East African community integration process », *Friedrich Ebert Stiftung,* November, 2012, 60p.

MELEDJE DJEDJRO (F), « Le système politique ivoirien dans la géopolitique Ouest africaine », *Revue de Droit Public,* N°3, 2006, pp.701-705.

MOHAMED (L.S), « Le parlement panafricain » in *L'Union africaine,* OUGERGOUZ (F), (Dir.), YUSUF(A), Paris, Pedone, 2013, pp.93-110.

NGUEFACK TSAFACK (C.D), « La citoyenneté communautaire africaine et l'avenir du processus d'intégration régionale en Afrique. Comment œuvrer pour une bonne gouvernance future de l'Union africaine ? *Codesria*, Juin 2015, 21 p.

ONDOUA(A), « La population en droit constitutionnel. Le cas des pays francophones », *Afrique contemporaine*, n°242, 2012, pp.87-97.

ONGWENYI (M.H), « L'inauguration de l'assemblée législative est africaine : faut-il s'en réjouir ? », N°2001, *Halshs.*

TURP(D), « La représentation parlementaire au sein des institutions internationales », A paraître dans, *Sur l'avenir des organisations internationales. Perspectives juridiques, Actes du colloque de la société italienne de droit international et de la société française de droit international,* Courmayeur, Val d'Aoste 2014. Disponible sur www.danielturpqc.org

4- Textes internationaux et africains

Acte additionnel A/SA.1/12/16 relatif au renforcement des prérogatives du parlement de la CEDEAO, cinquantième session ordinaire de la conférence des chefs d'Etat et de gouvernement de la CEDEAO, 17 décembre 2016

A/p1/5/79, Protocole sur la libre circulation des personnes, et droit de résidence et d'établissement, Journal officiel de la CEDEAO, juin 1979.

Protocole A/p2/8/94 relatif au parlement de la communauté

Protocole Additionnel A/SP.3/06/06 portant amendement au protocole A/P.2/8/94 relatif au parlement de la communauté

Protocole relatif à l'acte constitutif de l'Union Africaine la Communauté Economique Africaine relatif au parlement panafricain, 2 mars 2001.

Traité sur le fonctionnement de l'Union européenne, Lisbonne, 2009.

Titre 3 :

LES ORGANISATIONS INTERNATIONALES AFRICAINES ET LES INVESTISSEMENTS

L'arbitrage CCJA et les spécificités d'un arbitrage d'investissement

Par :

Estelle Carine GASSI MATAGO

Docteure / PhD en droit public
Enseignant-Chercheur, Chargé de cours, Université de Yaoundé II/Cameroun
gamaesca2@gmail.com

Résumé

Institution juridictionnelle principale de l'Organisation pour l'Harmonisation en Afrique du Droit des affaires (OHADA), la Cour Commune de Justice et d'arbitrage (CCJA) a longtemps été perçue à tort ou à raison comme une institution spécialisée seulement en matière d'arbitrage commercial, c'est-à-dire ne prenant pas en compte les spécificités d'un arbitrage d'investissement. Pourtant, c'est le souci d'encourager les investissements qui est à la base de la création de l'OHADA. C'est sans doute ce paradoxe qui a suscité la révision des textes relatifs à l'arbitrage dans cet espace. Or, dès sa création, la CCJA portait déjà en elle les signes d'une institution apte à connaitre d'un arbitrage d'investissement, laquelle aptitude a été renforcée avec la réforme normative de novembre 2017.

Introduction

En l'absence d'une juridiction internationale en matière d'investissements étrangers, l'arbitrage se présente comme « *la seule méthode réaliste de résolution des litiges* »[913]. Les raisons qui fondent son exaltation sur la scène internationale tiennent à sa nature hybride. En effet, l'arbitrage est un mode de règlement des différends à la frontière du juridictionnel et du conventionnel[914]. Il a un fondement conventionnel[915] qui produit des effets juridictionnels[916]. L'on comprend dès lors la volonté des pères fondateurs de l'OHADA qui, pour sécuriser les investissements en Afrique et apporter une réponse positive aux plaintes des investisseurs étrangers[917], ont décidé de l'ériger en mode privilégié et prioritaire de règlement des différends[918]. Dans l'espace OHADA, l'on distingue deux types d'arbitrage : l'arbitrage *ad hoc*[919] et l'arbitrage institutionnel[920] dans lequel on range celui sous l'égide de la Cour Commune de Justice et d'Arbitrage (CCJA).

---

913 BRINER (R.), « L'avenir de l'arbitrage : note introductive, dans arbitrage : un regard pour la décennie », cité par A. Rusca in « L'arbitrage, une stimulation à l'investissement », *Revue Camerounaise de l'Arbitrage* n°7 octobre- novembre- décembre 1999 p. 3.

914 BERNHEIM – VAN DE CASTEELE (L.), *Les principes fondamentaux de l'arbitrage*, *Bruylant*, 2012, p.39.

915 Dire de l'arbitrage qu'il a un fondement conventionnel revient à dire qu'il nait de la volonté des parties. Cette volonté peut découler d'une convention d'arbitrage ou d'une offre publique d'arbitrage.

916 La nature juridictionnelle de l'arbitrage tient au fait que le procès arbitral se déroule suivant des règles que l'on retrouve devant les juridictions étatiques. De même, la sentence arbitrale a la même force qu'une décision d'une juridiction étatique.

917 En effet, dans les années 90, les investisseurs étrangers étaient hésitants à l'idée d'investir en Afrique, car ils estimaient que les règles relatives à l'investissement étranger n'étaient pas claires, et surtout que l'appareil juridictionnel existant n'était pas adapté au nouvel essor économique, car datait de l'époque coloniale. Voir KATENDI (F.), PLACCA (J-B), « Savoir accepter la pauvreté : Interview de KEBA MBAYE », disponible sur le site www.afrology.com/eco/pdf/kebam.pdf, consulté le 22 janvier 2018.

918 En effet, depuis le préambule du traité relatif à l'Harmonisation en Afrique du droit des Affaires signé à Port-Louis le 17 octobre 1993 on peut déjà y voir une volonté ferme des pères fondateurs de « promouvoir l'arbitrage comme instrument de règlement des différends contractuels ». De même, tout un titre y est consacré à l'arbitrage. Il s'agit du titre IV.

919 L'arbitrage *ad hoc* est ce type d'arbitrage qui se développe sans aucune structure préexistante. Il n'implique que les parties et les arbitres qui, dès lors, bénéficient de la plus grande liberté dans l'organisation de l'arbitrage. Dans l'espace OHADA, il tire son fondement du Traité OHADA, et de l'Acte Uniforme sur l'arbitrage.

920 L'arbitrage institutionnel est ce type d'arbitrage qui se déroule sous les auspices d'une institution d'arbitrage. Dans l'espace OHADA, il tire son fondement du règlement d'arbitrage de la CCJA, du traité OHADA et de l'Acte Uniforme OHADA sur le droit de l'arbitrage. Pour ce dernier cas, il est important de noter qu'il a fait couler beaucoup d'encre. En effet pour certains auteurs, cet acte ne s'appliquerait pas à l'arbitrage CCJA. Cependant, l'on pense que le débat ne se pose pas, l'Acte Uniforme sur le droit de l'arbitrage constituant le droit commun de l'arbitrage en Afrique, c'est-à-dire, régissant à la fois l'arbitrage *ad hoc* et l'arbitrage institutionnel dont celui sous l'égide de la CCJA ne s'en affranchit guère. D'ailleurs? l'Acte

La CCJA est l'institution juridictionnelle de l'OHADA qui se singularise par sa double fonction[921], c'est-à-dire à la fois une Cour judiciaire suprême[922] et un centre permanent d'arbitrage[923]. En tant que centre d'arbitrage, elle est régie par un règlement signé en 1999 et révisé en novembre 2017. À sa création, l'arbitrage CCJA semblait n'avoir été conçu que pour régir les relations entre personnes privées. C'est ce qui justifie le principe de confidentialité qui entoure sa procédure. Cependant, une telle limitation était paradoxale aux objectifs qui ont présidé à la création de l'OHADA : l'encouragement de l'investissement[924]. Comment donc concevoir qu'un instrument mis sur pied pour sécuriser les investissements ne prenne pas en considération les spécificités d'un arbitrage d'investissement? Voulant résoudre un problème, ils en ont plutôt créé un autre[925]. C'est sans doute l'une des raisons qui a conduit à la révision de l'Acte Uniforme relatif au droit de l'arbitrage et du règlement d'arbitrage de la CCJA en novembre 2017. L'idée de cette révision était d'adapter l'arbitrage CCJA aux exigences d'un arbitrage d'investissement afin de le rendre plus attrayant et susciter son insertion dans les accords d'investissement; et surtout son choix en tant qu'institution devant administrer les arbitrages entre investisseurs étrangers et États. S'il est vrai qu'à la base, ce sont les mêmes principes généraux qui encadrent la procédure dans ces deux types d'arbitrage[926], l'arbitrage d'investissement se distingue tout de même de l'arbitrage commercial international.

En effet, à la différence de l'arbitrage commercial international, l'arbitrage d'investissement comporte des particularités liées à la transparence dans la procédure[927] qui présente un certain nombre d'enjeux. Les enjeux immédiats sur la base desquels la différenciation est faite entre les deux formes d'arbitrage sont ainsi que l'arbitrage privé commercial[928] participe de la protection des intérêts économiques privés des parties impliquées, tandis que

Uniforme sur le droit de l'arbitrage est clair sur la question lorsqu'en son article premier il dispose : « *Le présent Acte uniforme a vocation à s'appliquer à tout arbitrage lorsque le siège du tribunal arbitral se trouve dans l'un des États Parties* ».

921 POUGOUE (P.-G.), TCHAKOUA (J. M.), FENEON (A.), *Droit de l'arbitrage dans l'espace OHADA*, P.U.A, Yaoundé, 2000, p.231.

922À ce titre, elle est non seulement la Cour de cassation de ses États membres, mais également elle contrôle la régularité des sentences et délivre l'exéquatur.

923À ce titre, elle administre les arbitrages qui se déroulent sous son égide.

924Voir préambule du traité instituant l'OHADA.

925En effet, en voulant résoudre le problème de l'insécurité juridique et judiciaire qui régnait en Afrique, afin d'attirer les investissements, ils ont plutôt créé le problème lié à l'aptitude de la CCJA à pouvoir connaitre d'un arbitrage d'investissement, vu le principe de confidentialité qui n'a de sens que dans les relations entre personnes privées.

926 Au rang de ces principes, l'on peut citer entre autres, le principe du contradictoire, le principe d'indépendance et d'impartialité du tribunal, l'autorité de la chose jugée des sentences arbitrales, etc.

927Notons que l'on ne retrouve pas cette transparence dans l'arbitrage privé commercial.

928Tel qu'il est régulé dans le cadre de l'OHADA par le Règlement de la CCJA l'arbitrage d'investissement fait naître une forte composante d'intérêts publics du simple fait de la participation à cet arbitrage de l'État. C'est cette forte composante d'intérêts publics, présente dans le cadre d'un arbitrage d'investissement et absente dans l'arbitrage commercial international qui emporte la nécessaire protection de la part de l'État d'un certain nombre de droits et d'acquis fondamentaux pour lesquels la confidentialité dont l'arbitrage est généralement empreint est évincée et qui justifie l'intérêt porté à cette étude.

S'il n'est plus de doute que de nos jours, l'arbitrage se présente comme le mode privilégié de règlement des différends dans les relations commerciales internationales, ce sujet trouve son intérêt dans l'actualisation du débat sur la capacité de la CCJA à pouvoir connaître d'un arbitrage d'investissement. Notons que, sans traiter exactement de cette question, certains auteurs en ont effleuré les contours. Pour ne prendre que quelques exemples, TAMKAM SILATCHOM GuyArmel a mené une étude comparative sur la capacité des systèmes d'arbitrage de la CCJA et du CIRDI[929] à promouvoir l'investissement[930]. Dans la démonstration de son hypothèse, il soutient que le système d'arbitrage CCJA est un système prévu pour les relations commerciales entre personnes privées, qui n'a pas été construit spécifiquement pour la résolution des litiges opposant un État à un investisseur privé étranger[931], tandis que celui du CIRDI a été conçu spécialement pour les investissements. À cet effet, il propose au législateur OHADA d'adopter des réformes nécessaires pour permettre au système CCJA d'atteindre au mieux l'objectif de protection des investissements[932]. L'on peut donc aisément comprendre les réformes qui s'en sont suivies. Abordant la question au sens plus large de l'attractivité du droit de l'arbitrage de l'OHADA, ADAMA Koffi Drissa, quant à lui, soutient dans ses développements la thèse selon laquelle si le système OHADA se révèle apte à connaitre des contentieux relevant du commerce international, son aptitude à répondre diligemment aux contentieux des investissements reste quelque peu problématique[933]. Cependant, il reconnait tout de même que ce système d'arbitrage réussit tant bien que mal à s'imposer comme un moyen de résolution de ce type de litige. Sans balayer d'un revers de la main les travaux précédents en la matière, le présent travail va au-delà de ceux-ci en systématisant une étude sur la compétence de l'arbitrage CCJA en matière d'investissement dans une

---

929 Le sigle CIRDI signifie Centre International pour le Règlement des Différends relatifs aux Investissements.

930 TAMKAM SILATCHOM (G.A.), *La contribution de l'arbitrage à la promotion des investissements. Études comparées des systèmes d'arbitrage de la Cour Commune de justice et d'arbitrage (CCJA) et du Centre International pour le Règlement des Différends relatifs aux Investissements*, Thèse de doctorat Université de Yaoundé II, 2015, 454 p.

931. *ibid,* p.397.

932 *Ibid.*, p.398.

933 ADAMA (K.D.), *L'attractivité du droit de l'arbitrage de l'OHADA*, Thèse de Doctorat de l'Université Alassan Ouattara, Bouaké, 2019, p. 135.

démarche à la fois descriptive, analytique évolutive et comparative pour *in fine* clarifier la problématique de la capacité réelle de l'arbitrage CCJA à connaitre de façon efficace d'un arbitrage d'investissement. En d'autres termes, peut-on affirmer, à la lecture des textes en vigueur, que l'arbitrage CCJA prend suffisamment en compte les spécificités d'un arbitrage d'investissement ? À cette préoccupation, l'on soutient l'hypothèse selon laquelle depuis sa création, l'arbitrage CCJA était déjà apte à connaitre d'un arbitrage d'investissement. Cette aptitude a été renforcée par la réforme de 2017.

La démonstration de cette approche se fera à travers un raisonnement combinant à la fois l'interprétation, la méthode comparative et la méthode historique. L'interprétation des textes juridiques et jurisprudentiels s'avère nécessaire pour la compréhension des spécificités d'un arbitrage d'investissement. Il s'agira alors de clarifier le sens donné par les auteurs de ces textes et de reconstruire un sens à partir de la combinaison des textes régissant le droit de l'arbitrage dans l'espace OHADA. La méthode historique permettra d'analyser l'évolution de cet arbitrage dans cet espace. La méthode comparative quant à elle permettra de faire ressortir les spécificités de l'arbitrage d'investissement par rapport à l'arbitrage commercial international d'une part, et de faire une comparaison entre les systèmes CIRDI et CCJA. En considération de cette méthode, l'on présentera dans une première partie l'arbitrage CCJA comme un modèle d'arbitrage adapté à un arbitrage d'investissement depuis sa création(I) et dans une seconde partie l'on montrera que cette aptitude a été renforcée par la réforme du 23 novembre 2017 (II).

I- L'arbitrage CCJA comme modèle d'arbitrage adapté aux exigences d'un arbitrage d'investissement depuis sa création

Bien qu'apparemment créé pour régir les relations entre personnes privées, l'arbitrage CCJA portait déjà en lui des éléments le rendant capable de connaitre de façon efficace d'un arbitrage d'investissement. En effet, dès sa création, plusieurs principes applicables à l'arbitrage CCJA prenaient en compte les spécificités d'un contentieux lié aux investissements, de sorte que l'investisseur étranger pouvait légitimement d'ores et déjà saisir la CCJA pour administrer un différend l'opposant à son partenaire étatique. Il s'agit de l'aptitude des personnes morales de droit public à compromettre (A) et de la neutralisation des pouvoirs de l'État hôte dans la procédure arbitrale (B).

A- L'aptitude des personnes morales de droit public à compromettre

Dans plusieurs législations nationales, le principe de la non-arbitrabilité des litiges impliquant les personnes morales de droit public est posé[934]. Il était donc interdit aux personnes morales de droit public de compromettre.

L'acceptation d'une telle prohibition serait un frein pour le développement du commerce international en général et de l'investissement international en particulier. En effet, en interdisant à l'État et aux autres personnes morales de droit public de compromettre, elle restreint ainsi la participation de ceux-ci à l'activité économique internationale puisque le règlement arbitral des différends se présente de nos jours comme une condition d'existence du lien contractuel entre un État ou ses démembrements et un investisseur privé étranger. Ce dernier préférant presque toujours l'arbitrage. Le législateur OHADA l'a très vite compris. Ainsi, pour favoriser le flux d'investissements étrangers en Afrique, il a posé le principe de l'aptitude des personnes morales de droit public à compromettre en ces termes : « *Les États, les autres collectivités publiques territoriales, les établissements publics, et toute autre personne morale de droit public peuvent également être parties à un arbitrage, quelle que soit la nature juridique du contrat, sans pouvoir invoquer leur propre droit pour contester l'arbitrabilité d'un différend, leur capacité à compromettre ou la validité de la convention d'arbitrage* »[935]. Le principe ainsi posé emporte renonciation irrévocable à l'immunité de juridiction (1) et renonciation tacite à l'immunité d'exécution des États hôtes (2).

1- Une renonciation irrévocable à l'immunité de juridiction

Lorsqu'une personne morale de droit public décide de se comporter comme une personne privée, c'est-à-dire tel un opérateur économique, il est tout à fait normal « *qu'il puisse lui aussi recourir à l'instrument privilégié de gestion du contentieux économique qu'est l'arbitrage* »[936]. Il s'agit d'une exigence de bonne foi, qui crée elle-même un autre principe fondamental en droit des contrats : le principe de la force obligatoire des contrats énoncé à l'article 1134 du Code civil en ces termes : « *les conventions légalement formées tiennent lieu de loi à ceux qui les ont faites* ». C'est ce que matérialise le législateur OHADA lorsqu'après avoir posé le principe de l'aptitude des personnes morales de droit public à compromettre, il affirme : « *...sans pouvoir invoquer leur propre droit pour contester l'arbitrabilité d'un litige,*

934 KAMTO (M.), « La participation des personnes morales Africaines de droit public à l'arbitrage OHADA », in *l'OHADA et les perspectives de l'arbitrage en Afrique*, FOUCHARD (Ph.) (S/dir.), Bruylant, Bruxelles 2000, p.89.

935 Voir article 2 AUA de 2017.

936 POUGOUÉ (P-G), « L'arbitrage dans l'espace OHADA », *RCADI*, 2015, p.159.

leur capacité à compromettre ou la validité de la convention d'arbitrage »[937]. Saisi d'une action en contestation de validité de la sentence arbitrale, le tribunal arbitral, constitué dans l'affaire République de Guinée Équatoriale et CEMAC contre la Commercial Bank Guinea Ecuatorial (CBGE) a rappelé ce principe[938].

Par l'insertion d'une convention d'arbitrage dans un contrat le liant à une personne privée, l'État ou ses démembrements manifestent leur volonté de renoncer à l'immunité de juridiction. Cette renonciation est sans équivoque. La conséquence directe est qu'en cas de conflit entre cette personne morale de droit public et son partenaire privé, le différend sera jugé devant un tribunal arbitral conformément aux stipulations de la convention d'arbitrage.

Cependant, il est important de noter que cette possibilité accordée aux personnes morales de droit public de compromettre n'emporte pas obligation pour elles de recourir à l'arbitrage, mais plutôt obligation de respecter les engagements pris sans aucune possibilité de refuser d'y recourir dès lors qu'une convention d'arbitrage aura été insérée dans le contrat.

C'est donc à juste titre que le législateur OHADA a levé cette interdiction afin de favoriser le développement de l'investissement étranger en Afrique.

2- Une renonciation tacite à l'immunité d'exécution

L'immunité d'exécution des États est une notion qui s'inscrit dans le prolongement de l'immunité de juridiction[939]. L'immunité d'exécution de l'État interdit qu'un créancier privé ou public puisse obtenir des mesures d'exécution sur les biens de l'État débiteur[940]. Elle a pour effet de soustraire l'État qui en bénéficie à toute contrainte administrative ou judiciaire résultant de l'application d'une décision de justice. Il s'agit d'une conception extrémiste de la souveraineté d'un État selon laquelle cette dernière ne saurait être violée aussi facilement.

Selon les tenants de l'immunité d'exécution de l'État, le fait pour l'État de conclure une convention d'arbitrage emporte bel et bien renonciation à l'immunité de juridiction, mais pas à l'immunité d'exécution. À cet effet, il

937 Voir article 2 alinéa 2 AUA de 2017.

938 Affaire République de Guinée Équatoriale et CEMAC contre la Commercial Bank Guinea Ecuatorial (CBGE), arrêt N. 012/2011, Recours en contestation de validité de sentence arbitrale n° 065/2009/pc du 13 juillet 2009.

939 Cette immunité interdit que les actes d'un État soient jugés dans un autre État.

940 BEGUIN (J.) et MENJUCQ (M.), (s/s la direction de), *Droit du commerce* international, éditions LexisNexis, 2011, n* 1416.

ne saurait être soumis à des mesures d'exécution forcée pouvant porter sur n'importe quels biens lui appartenant[941].

Cet argument échappatoire pour les États ne convainc pas, car viole gravement les principes du droit de l'arbitrage et par là, remet en cause la crédibilité de ce mode de règlement des différends. Le principe d'immunité d'exécution au profit des États s'avère donc être inadéquat aux principes fondant l'efficacité de l'arbitrage. En effet, l'immunité d'exécution invoquée à l'issue d'une procédure arbitrale contrevient à l'exigence de loyauté contractuelle qui impose aux parties un comportement intègre avant et pendant l'exécution du contrat[942]. L'État ne saurait accepter d'être jugé et venir à la phase d'exécution de la sentence brandir son immunité d'exécution. Permettre un tel acte reviendrait à subordonner l'exécution de la sentence arbitrale à la discrétion de l'État. L'exécution de la sentence relèverait donc du pouvoir discrétionnaire de l'État. Il s'agit là d'une manifestation de la mauvaise foi et du manque de loyauté.

Ayant été édictée pour protéger les États, l'immunité d'exécution constitue un droit pour les personnes morales de droit public qui peuvent y renoncer. En réalité, elle n'est pas d'ordre public, elle présente un caractère relatif. Rien n'empêcherait donc aux États de renoncer à leur immunité d'exécution et d'en tirer les conséquences. À cet effet, lorsque l'État contractant décide de renoncer à son immunité de juridiction, l'on est en droit d'en déduire qu'il renonce de ce fait à son immunité d'exécution sans que l'on soit en droit de remettre en question cette renonciation.

Le seul consentement à l'arbitrage dans une convention d'arbitrage ou dans une offre publique d'arbitrage par l'État hôte engendre *de facto* l'obligation pour les parties d'exécuter spontanément, et de bonne foi, la sentence et la renonciation tacite de l'État à son immunité d'exécution[943]. On présume ainsi que par la souscription d'une clause arbitrale, l'État renonce implicitement à son immunité d'exécution.

En posant donc le principe de l'aptitude des personnes morales de droit public à compromettre, le législateur OHADA posait implicitement, selon notre entendement, le principe de leur renonciation à l'immunité d'exécution. Il s'agit d'un principe qui met la personne morale de droit public au même niveau que son cocontractant privé afin de leur permettre de s'engager à « armes égales » et sans crainte. Cette égalité

---

941 PINGEL-LENUZZA (I.), *Les immunités des États en droit international*, cité par BERNHEIM – VAN DE CASTEELE (L.), *Les principes fondamentaux de l'arbitrage*, *op.cit.*, p.634.

942 BERNHEIM – VAN DE CASTEELE (L.), *Les principes fondamentaux de l'arbitrage*, *op.cit.*, p.636.

943 *Ibid.*, p.640.

d'armes est encore plus garantie par la neutralisation des pouvoirs de l'État dans la procédure.

B- La neutralisation des pouvoirs de l'État dans la procédure arbitrale

De façon générale, lorsque les parties, et surtout l'investisseur privé étranger optent pour le règlement arbitral de leurs différends, il en résulte qu'elles entendent limiter, voir empêcher les interférences de l'État contractant tout au long de la procédure. En effet, dans le cadre d'un arbitrage entre personnes privées, il y'a moins de chance que l'État de l'une des parties soit impliqué dans la procédure. Pourtant, dans un contentieux d'investissement, l'État partie au différend est presque toujours l'État du lieu d'exécution de la sentence à venir. Cet état de choses pourrait engendrer un grand risque d'implication des juridictions de cet État à tous les niveaux de la procédure arbitrale.

Conscient du fait que l'État ne pouvait être à la fois juge et partie, le législateur OHADA a très tôt trouvé des mécanismes pour limiter les pouvoirs de l'État dans la procédure arbitrale, parmi lesquels un mécanisme que l'on retrouve de façon générale dans tous les régimes d'arbitrage : Il s'agit du principe compétence-compétence (1) et un mécanisme propre à l'arbitrage CCJA : c'est la technique de l'exequatur communautaire (2).

1- La neutralisation du pouvoir de l'État par l'application du principe compétence-compétence dans l'arbitrage CCJA

Lorsqu'une clause d'arbitrage est insérée dans un contrat, elle fait automatiquement naître un principe appelé principe compétence-compétence. Ce principe a un double effet : un effet positif qui veut que seuls les tribunaux arbitraux soient compétents pour statuer sur leur propre compétence même en cas de contestation de celle-ci. Un effet négatif qui fait obligation au juge étatique de décliner sa compétence lorsqu'il est saisi d'un litige soumis à l'arbitrage.

Ce principe a été reconnu par le législateur OHADA dans le règlement d'arbitrage de la CCJA de 1997 en ces termes : « *l'arbitre peut statuer sur l'exception d'incompétence soit par une sentence préalable, soit dans une sentence finale ou partielle après débat au fond*»[944] et maintenu dans la réforme de 2017, notamment dans le règlement d'arbitrage de la CCJA[945]. C'est dire que l'arbitre est seul compétent pour statuer sur sa propre compétence.

[944] Voir article 21.3 RA/CCJA de 1997.

[945] Voir article 10.4 de ce règlement qui stipule : « *l'arbitre est seul compétent pour statuer sur sa propre compétence ainsi que sur la recevabilité de la demande d'arbitrage* ».

À cet effet, si au mépris de cette obligation, une partie venait à saisir la juridiction étatique y compris avant le début de l'instance arbitrale, le juge étatique est tenu de renvoyer les parties à l'arbitrage et de ne pas se prononcer sur le fond des questions qui commandent la compétence des arbitres avant que ceux-ci n'aient eu l'occasion de le faire. L'on peut voir par là une volonté du législateur OHADA d'exclure toute possibilité aux juridictions étatiques d'intervenir dans une affaire dans laquelle est impliqué leur État, et dont il est formellement fait mention d'une résolution par le mécanisme de l'arbitrage.

Il s'agit d'un principe fondamental du droit de l'arbitrage particulièrement important dans l'arbitrage d'investissement en ce sens que si les parties, et surtout l'investisseur étranger font recours à l'arbitrage, c'est parce qu'elles veulent soustraire leur différend à la connaissance des juridictions étatiques, et ceci à toutes les étapes de la procédure ; il serait donc imprudent de remettre entre les mains de ces mêmes juridictions étatiques que l'on veut éviter, la condition de déclenchement de la procédure arbitrale.

2- La neutralisation des pouvoirs de l'État par l'application de l'exequatur communautaire dans l'espace OHADA

En principe, la sentence arbitrale a vocation à être exécutée spontanément par les parties. L'exequatur intervient lorsqu'une partie refuse d'exécuter spontanément la sentence rendue. Il désigne donc « *la mise en œuvre de l'impérium du juge auquel il est demandé d'apposer sur un titre émanant, soit d'une autorité publique étrangère, soit d'un tribunal arbitral, la formule exécutoire* »[946].

De façon générale en droit de l'arbitrage, l'exequatur est ordonné par l'autorité compétente du lieu d'exécution de la sentence arbitrale. Ce lieu d'exécution est généralement le territoire de l'État partie au différend, c'est-à-dire du cocontractant de l'investisseur étranger. L'on peut dès lors avoir des raisons de penser que les décisions de ces autorités courent un très grand risque de partialité, surtout lorsque c'est l'État hôte qui est le débiteur de la sentence rendue.

L'ayant compris, le législateur OHADA a très tôt soustrait cette question de la connaissance des juridictions étatiques[947]. L'on pourrait légitimement penser qu'il s'est inspiré du système CIRDI, institution spécialisée en matière d'investissement, qui ne prévoit pas d'exequatur, ses sentences étant par nature exécutoires de plein droit[948].

---

946 SANTA-CROCE (M.), « Exequatur », *in* CADIET (L.) (s/s la direction de), *Dictionnaire de la justice* Puf, 2004, p.500.

947 Voir article 30.1 du règlement d'arbitrage de la CCJA qui stipule : « L'exequatur est demandé par une requête adressée à la Cour »

948 Voir article de la convention instituant le CIRDI qui dispose ; «*chaque État contractant reconnait toute sentence rendue dans le cadre de la présente convention comme obligatoire et*

Ainsi, l'exequatur des sentences rendues sous les auspices de la CCJA se fait, non pas devant le juge national du lieu d'exécution de la sentence, mais devant la CCJA statuant dans sa formation juridictionnelle. Il est accordé « *par une ordonnance du Président de la Cour ou du juge délégué à cet effet et confère à la sentence un caractère exécutoire dans tous les États-parties. Cette procédure n'est pas contradictoire* »[949]. C'est donc à juste titre que la CCJA avait été saisie pour prononcer l'exequatur dans l'affaire République de Guinée Équatoriale et CEMAC contre la Commercial Bank Guinea Ecuatorial (CBGE).[950]

Audacieuse, cette solution est aussi très séduisante, car elle met l'État à l'écart de tout le processus arbitral.

De ce qui précède, il en ressort que dès sa création, la CCJA était déjà apte à connaitre de façon efficace d'un arbitrage d'investissement au même titre que le CIRDI qui est spécialisé en la matière. Cette aptitude a été renforcée par la réforme de 2017 qui a pris en compte tous les reproches avancés contre le système d'arbitrage de la CCJA.

II- Le renforcement de l'aptitude de l'arbitrage CCJA à connaître des différends en matière d'investissement par la réforme de 2017

La prise en compte des spécificités d'un arbitrage d'investissement par l'arbitrage CCJA a atteint son point culminant avec la réforme de novembre 2017, par l'insertion du recours à l'arbitrage par consentement dissocié (A) et une meilleure articulation entre la confidentialité et la transparence dans la procédure (B).

A- L'intégration du recours à l'arbitrage par consentement dissocié

Avant novembre 2017, les textes relatifs à l'arbitrage dans l'espace OHADA subordonnaient le recours à l'arbitrage à l'existence d'une convention d'arbitrage[951] entre les parties. Celles-ci devaient dès lors opter

---

assure l'exécution sur son territoire des obligations pécuniaires que la sentence impose comme s'il s'agissait d'un jugement définitif d'un tribunal fonctionnant sur le territoire dudit état ».

[949] Voir article 30.2 du règlement d'arbitrage de la CCJA de 1999.

[950] Affaire République de Guinée Équatoriale et CEMAC contre la Commercial Bank Guinea Ecuatorial (CBGE), arrêt N. 012/2011, requête en exequatur du 18 juin 2009.

[951] La convention d'arbitrage désigne la convention par laquelle les parties s'engagent à faire trancher par un ou plusieurs arbitres le les litiges susceptibles de s'élever entre elles ou ceux déjà nés. Voir POUGOUÉ (P-G), TCHAKOUA (J-M), FENEON (A.), *Droit de l'arbitrage dans l'espace OHADA*, Presses Universitaires d'Afrique, Yaoundé, 2000, p.16.

pour une clause compromissoire[952] ou pour un compromis d'arbitrage[953]. C'est dire qu'entre l'État et la personne privée étrangère, il devait en principe exister un contrat d'État[954]. Cependant, il convient tout de même de préciser que la pratique durant cette période montrait que les États faisaient déjà recours à ce type de consentement à l'arbitrage. La réforme de 2017 n'est donc venue que consolider et officialiser une pratique qui existait déjà. Ainsi, depuis cette réforme, il y'a eu extension textuelle des moyens de recours à l'arbitrage[955], celui-ci pouvant désormais se faire officiellement de façon dissociée[956]. Cette extension des moyens de recours à l'arbitrage est un avantage pour l'investisseur étranger. En effet, en plus du mode traditionnel de recours à l'arbitrage, il pourra également solliciter le règlement arbitral même en l'absence d'un contrat d'investissement le liant à l'État contractant. Tel sera le cas toutes les fois où l'État aura fait une offre publique d'arbitrage dans sa législation interne (1) ou dans les traités d'investissement (2).

1- Manifestation de la volonté de l'État hôte dans sa législation interne

La sécurité judiciaire que peut offrir un État aux investissements étrangers est une mesure incitative pour les investisseurs étrangers. Cette sécurité judiciaire passe par la mise en place d'un système fiable de règlement des différends relatifs aux investissements et en l'occurrence, l'arbitrage[957]. Le législateur OHADA l'a compris et a donné la possibilité aux États parties d'exprimer leur consentement à l'arbitrage à travers leurs législations internes.

Si pour la plupart des États africains, les dispositions de ces législations nationales n'emportent pas consentement irrévocable de leur part d'avoir recours à l'arbitrage en cas de survenance de différends, mais simple volonté de se soumettre à ce mécanisme[958], d'autres par contre renferment un

---

952 La clause compromissoire est une convention par laquelle les parties décident, dans un contrat, de soumettre au tribunal arbitral le différend qui pourrait naitre entre elles. Cette clause a une fonction préventive. Car, au moment de son insertion, le litige n'est qu'éventuel.

953 Le compromis d'arbitrage est une convention par laquelle les parties décident de soumettre à l'arbitrage le différend qui les oppose.

954 Le contrat d'État est un contrat signé entre une personne privée étrangère et l'État ou une personne morale de droit public.

955 Voir article 3 AUA qui stipule : « L'arbitrage peut être fondé sur une convention d'arbitrage ou sur un instrument relatif aux investissements, notamment un code des investissements ou un traité bilatéral ou multilatéral relatif aux investissements ».

956 Le consentement dissocié est un moyen de recours à l'arbitrage par lequel l'État partie donne son consentement longtemps à l'avance sans même savoir qui sera son cocontractant étranger. Celui-ci quant à lui donnera son consentement une fois qu'il décidera de saisir le tribunal arbitral. Le consentement ici est dissocié dans le temps.

957 GASSI MATAGO (E.C.), Arbitrage et sécurité des investissements directs étrangers en Afrique Centrale », Thèse de Doctorat /PHD, Université de Yaoundé 2, 2018, p.74.

958 Voir à cet effet l'article 11 de la charte des investissements camerounaise qui dispose :

consentement réel et non équivoque de s'y soumettre. C'est le cas par exemple de la charte des investissements de la République Centrafricaine qui exprime l'engagement de ce pays à faire recours au règlement arbitral des différends en cas de survenance d'un litige. Ainsi, son article 22 dispose :

« Tout différend opposant un ou plusieurs investisseurs à l'État centrafricain concernant l'application de la Charte est réglé conformément à une procédure d'arbitrage et de conciliation découlant :

Soit du traité issu de l'application des procédures et arrêts de la Cour Commune de Justice et d'Arbitrage de l'Organisation pour l'Harmonisation en Afrique du Droit des Affaires (OHADA) à laquelle la République Centrafricaine a adhéré ;

Soit de la Convention du 10 mars 1965, pour le règlement des différends relatifs aux investissements entre l'État et les ressortissants d'autres États établis sous l'égide de la banque internationale pour la reconstruction et le développement (BIRD), ratifiée par la République Centrafricaine le 23 février 1963 ».

De même, l'article 8e. du Code togolais des investissements (loi 2012-001 du 20 janvier 2012), dispose :

« Tous différends entre l'entreprise ou l'investisseur et le ou les États d'une part, ou entre États d'autre part, au sujet de l'interprétation ou de l'application du présent code, qui n'auraient pas pu aboutir à un règlement amiable, pourront être soumis :

« 1) l'État est partie à des accords tant bilatéraux que multilatéraux en matière de garantie des investissements. Il adhère notamment :
À la convention de New York sur la reconnaissance et l'exécution, des sentences arbitrales internationales conclues sous les auspices des Nations Unies ;
À la convention de Washington instituant le centre international pour le règlement des différends relatifs aux investissements.
L'État dispose, grâce à son appartenance à l'espace OHADA, d'un mécanisme d'arbitrage, tant ad hoc qu'institutionnel, s'inspirant des instruments internationaux les plus performants tels la loi type de la commission des Nations Unies pour le droit commercial international de 1985 et le règlement d'arbitrage de la chambre de commerce internationale ».
Voir également l'article 2 de la charte des investissements du Gabon qui dispose :
« (…) *la République gabonaise a conclu des accords bilatéraux et fait partie des traités multilatéraux en matière de garantie des investissements ,dont celui de l'agence multilatérale de garantie des investissements(MIGA), destiné à garantir les investisseurs contre les risques politiques, et celui du Centre International pour le Règlement des Différends relatifs aux Investissements.*
La République Gabonaise adhère à la convention de New York sur la reconnaissance et l'exécution des sentences arbitrales internationales conclues en 1958 sous les auspices des Nations Unies ;
La République Gabonaise adhère à l'Organisation pour l'Harmonisation en Afrique du Droit des Affaires(OHADA), dont les instances comportent la Cour Commune de Justice et d'Arbitrage(CCJA), chargée du règlement des conflits relatifs à l'application du droit des affaires dans les pays membres ».

a. aux juridictions nationales de droit commun ;

b. à la Cour d'arbitrage du Togo (CATO) ;

c. à la Cour de Justice de l'Union Economique et Monétaire Ouest-Africaine (UEMOA) ;

d. à la Cour de Justice de la Communauté Economique des États de l'Afrique de l'Afrique de l'Ouest (CEDEAO) ;

e. à la Cour Commune de Justice et d'Arbitrage de l'Organisation pour l'Harmonisation du Droit des Affaires (OHADA) ;

f. au Centre International pour le Règlement des différends liés aux Investisseurs (CIRDI) ;

g. à toute autre instance arbitrale de leur choix ou qui aurait été expressément prévue soit dans un contrat en vertu d'une clause compromissoire ou d'un compromis d'arbitrage, soit en vertu des accords ou traités relatifs à la protection des investissements relatifs à la protection des investissements conclus entre la République togolaise ».

Ainsi, sur cette base, les investisseurs étrangers peuvent saisir le tribunal arbitral même en l'absence d'une convention d'arbitrage avec l'État hôte. Rien n'empêche donc qu'un investisseur étranger s'adresse au centre d'arbitrage de la CCJA pour le règlement d'un différend qui l'oppose à l'État hôte lorsque ce dernier a manifesté dans sa législation interne, sa volonté de se soumettre à l'arbitrage CCJA en cas de survenance d'un conflit.

Si l'investisseur peut saisir le tribunal arbitral sur la base d'une offre faite dans une législation interne, il convient de noter toutefois que l'offre publique d'arbitrage se développe surtout dans le cadre des accords d'investissements aussi bien bilatéraux que multilatéraux[959] .

2- Manifestation de la volonté de l'État hôte dans les traités d'investissement

Un traité d'investissement est un accord conclu entre deux ou plusieurs États dont l'objet est de protéger et de promouvoir les investissements des nationaux des États parties au traité[960]. Lorsque le traité est signé entre deux États, ce sont les ressortissants de l'un et l'autre qui sont protégés[961]. Lorsqu'il

[959]PRUJINER (A.), « L'arbitrage unilatéral : un coucou dans le nid de l'arbitrage conventionnel ? », *rev.arb.*, 2005, issue 1., p. 71.

[960]BEN HAMIDA (W.), « La participation des personnes publiques subsahariennes à l'arbitrage relatif aux investissements », Penant, *Revue trimestrielle de droit africain*, octobre-décembre 2012, n° 3, P.624.

[961] On parle alors de traité bilatéral d'investissement.

est signé entre plusieurs États, ce sont les ressortissants de tous les États parties au traité qui sont protégés par ce traité[962].

Les traités d'investissement constituent une mesure incitative efficace. En effet, ils contiennent non seulement des règles de protection substantielles, mais également des règles de protection procédurales avec un accent particulier sur le règlement arbitral des différends. C'est sans doute la raison pour laquelle, le législateur OHADA a entrepris des réformes dans ce sens[963], afin de permettre à l'investisseur étranger de saisir la CCJA non plus sur le fondement d'une convention d'arbitrage, mais sur celui d'un traité d'investissement. Ainsi, par l'insertion d'une clause arbitrale faisant référence à l'arbitrage CCJA dans les traités d'investissement, le recours à l'arbitrage communautaire est plus accessible à l'investisseur étranger qui ne sera plus tenu d'insérer une convention d'arbitrage dans le contrat le liant à son partenaire étatique. Pour attirer encore plus les investisseurs étrangers et vulgariser l'arbitrage CCJA, les États africains gagneraient donc à intégrer ce Centre d'arbitrage de façon systématique dans les traités d'investissement, étant donné que le recours à ces instruments est devenu très répandu dans la pratique internationale puisqu'ils offrent plus de sécurité à l'investisseur étranger. La violation du traité par l'État récepteur constituant une violation du droit international[964].

La grande majorité des affaires soumises aux institutions arbitrales en matière d'investissement le sont d'ailleurs sur la base de l'acceptation par l'État de recourir à l'arbitrage non pas dans un contrat conclu avec un investisseur, mais dans un traité d'investissement de telle sorte qu'on assiste aujourd'hui au déclin de la méthode traditionnelle d'expression du consentement de recours à l'arbitrage (clause compromissoire et compromis d'arbitrage)[965]. La saisine du tribunal arbitral se fait désormais sur la base du traité conclu entre l'État hôte et l'État de nationalité de l'investisseur[966].

Plusieurs traités d'investissement signés dans l'espace OHADA font recours à l'arbitrage CCJA[967] même si de façon formelle ce n'est qu'avec la réforme de novembre 2017 que ce mode de recours à l'arbitrage a été

962 Dans ce cas, on parle de traité multilatéral d'investissement.

963 Voir article 3 AUA de 2017.

964 WEIL (P.), « Problèmes relatifs aux contrats passés entre un État et un particulier », *Recueil des cours de l'académie de droit international,* 1969- II, p. 72.

965 HORCHANI (F.), « Le statut de l'investisseur étranger », in *L'étranger dans tous ses états*, HORCHANI (F.) et BOSTANJI (F.) (S/dir), Tunis 2006, disponible sur le site http://www.urdri.fdspt.rnu.tn/articles/etranger/etranger_horchani.pdf, consulté le 14 mars 2018, p.5.

966 *Ibid.*

967 C'est le cas de l'article 8 du TBI de 2007 conclu entre le Sénégal et la France, de l'article 10 du TBI entre le Tchad et le Bénin, de l'article 8.2a du TBI entre le Cameroun et le Togo, de l'article 11.2 du TBI entre la Guinée Équatoriale et l'Espagne pour ne citer que ceux-là.

officiellement intégré dans le système CCJA. Cette consécration textuelle légitime donc une pratique qui existait déjà.

Le consentement dissocié est donc une mesure incitative pour l'investisseur étranger étant donné qu'en principe, le consentement donné par l'État à l'avance dans une législation interne ou un traité d'investissement ne peut être unilatéralement révoqué par lui[968].

Ne se limitant pas au consentement dissocié, le législateur OHADA a également trouvé une formule d'harmonisation de la confidentialité et de la transparence de la procédure arbitrale pour une efficacité maximale.

B- Une meilleure articulation entre la confidentialité et la transparence par le législateur OHADA

Dans l'arbitrage d'investissement, le principe de transparence innerve toute la procédure. Alors que l'une des caractéristiques primordiales de l'arbitrage commercial est sa discrétion. En effet, hors des parties et de leurs arbitres, ainsi que de l'institution chargée d'administrer l'arbitrage, nul n'est censé en connaître l'existence969. L'arbitrage CCJA, de nature commerciale, appliquait à la lettre ce principe de confidentialité. Cependant, depuis la réforme de 2017 l'on peut observer dans la nouvelle législation en vigueur une certaine conciliation entre la transparence et la confidentialité à travers l'acceptation sous certaines conditions de la publicité de la procédure (1) et la possible publication des sentences (2).

1- L'acceptation sous certaines conditions du principe de publicité dans la procédure arbitrale de la CCJA

En principe, dans un contentieux d'investissement, les conflits surgissent la plupart du temps « *dans des secteurs de service public vitaux, très sensibles et relatifs au bien-être des populations tels que la fourniture d'eau, le pétrole et le gaz, l'électricité, l'évacuation des déchets, le transport et les télécommunications* »[970]. C'est cet état de choses qui fonde l'intérêt pour les citoyens de l'État partie à ce contentieux d' avoir un état des lieux du déroulement de la procédure à défaut de pouvoir assister aux audiences. Pourtant, le principe de confidentialité qui gouverne la procédure arbitrale dans un arbitrage commercial recommande que les informations relatives au

---

[968] Il s'agit en réalité d'une considération de bonne foi. Les arbitres saisis dans l'affaire SPP c/ Égypte l'ont mentionnée.

[969] PRUJINER (A.), « L'arbitrage unilatéral : un coucou dans le nid de l'arbitrage conventionnel », *op.cit.*, p.83.

[970]SOSSOU (J.) : *L'arbitrage OHADA à l'épreuve de l'arbitrage investisseur État, Master of Advanced Studies in International Dispute Settlement (MIDS* Université de Genève, 2008, disponible sur le site http://www.memoireonline.com/10/07/633/m_etude-comparee-reglementation-arbitrage-international-ohada-suisse40.html, consulté le 22 janvier 2018.

procès ne soient pas rendues publiques. C'est ce qui semble découler de l'article 14 du règlement d'arbitrage de la CCJA repris *in extenso* par la réforme de 2017 en ces termes : « *la procédure arbitrale est confidentielle (...) sous réserve d'un accord contraire de toutes les parties, celles-ci et leurs conseils, les arbitres, les experts, et toutes les personnes associées à la procédure d'arbitrage, sont tenus au respect de la confidentialité des informations et documents qui sont produits au cours de cette procédure* ».

Cependant, une analyse approfondie de cette disposition montre qu'elle essaie d'articuler de façon satisfaisante la transparence et la confidentialité dans la procédure arbitrale. En effet, les informations et documents produits au cours de la procédure arbitrale peuvent être rendus publics si les parties autorisent la diffusion. C'est dire que le principe est certes la confidentialité, qui cède la place à la publicité en cas d'autorisation préalable des parties au conflit. Ce serait donc un abus d'affirmer sans réserve que toute la procédure arbitrale est gouvernée par le principe de confidentialité. Une étude comparée avec l'arbitrage CIRDI montre que, même devant cette institution, le principe de transparence qui est tant proclamé, est également subordonné à la volonté des parties. C'est en tout cas ce qui ressort de la lecture de l'article 32 alinéa 2 de son règlement d'arbitrage qui dispose : « *sauf si l'une des parties s'y oppose, le tribunal, après consultation du Secrétaire Général, peut permettre à des personnes, autres que les parties, leurs agents, conseillers et avocats, les témoins et experts au cours de leur déposition, et les fonctionnaires du tribunal, d'assister aux audiences ou de les observer, en partie, ou en leur totalité sous réserve d'arrangement logistique approprié. Le tribunal définit, dans de tels cas, des procédures pour la protection des informations confidentielles ou protégées* ». En effet, dans l'arbitrage CIRDI, le public intéressé peut avoir accès aux salles d'audience à moins que les parties n'en conviennent autrement. En d'autres termes, tant que les parties n'interdisent pas à l'avance l'accès des tiers aux audiences, ceux-ci peuvent s'y rendre.

Si le silence des parties au procès vaut acceptation de celles-ci dans le système CIRDI, dans l'arbitrage CCJA, c'est l'autorisation expresse matérialisée par l'expression « *sous réserve d'un accord contraire de toutes les parties* » qui vaut acceptation. Il en ressort que dans le système CCJA, le principe c'est la confidentialité et exceptionnellement la transparence alors que dans le système CIRDI, le principe c'est la transparence et exceptionnellement la confidentialité. Or, à la question de savoir à qui profite la transparence, l'on se rendra très vite compte que le système de la CCJA est plus attrayant. En réalité, la transparence profite à l'opinion publique, mais pas forcément aux litigants. Le principe de transparence a été imposé par les personnes autres que les parties au litige. Il ne va pas de l'intérêt de celles-ci que la procédure soit divulguée. En effet, la diffusion de la procédure pourrait ternir leur image et anéantir leur crédibilité aux yeux des potentiels partenaires.

Ainsi, en optant pour une transparence conditionnée, l'on comprend bien que le législateur OHADA a voulu concilier les intérêts en présence. En effet, dans un arbitrage d'investissement, il y'a chevauchement entre deux types d'intérêts souvent contradictoires : les intérêts privés et des intérêts publics.

2- La publication des sentences arbitrales

La publication des sentences arbitrales permet d'établir une jurisprudence, laquelle pourrait aboutir à la construction d'une certaine jurisprudence arbitrale. Il s'agit d'un élément très important, dans la mesure où les arbitres se réfèrent souvent à ce qui a déjà été établi par d'autres tribunaux arbitraux. De même, les règles établies par les arbitres dans un contentieux peuvent éclairer les parties dans la signature des traités d'investissement. Cela ne peut être rendu possible que si les sentences arbitrales ont été publiées.

Par ailleurs, la publication des sentences arbitrales permet au public qui n'a pas pu assister directement aux audiences d'avoir un aperçu général du différend en question. En effet, d'après l'OCDE, « *les sentences arbitrales rendues en matière de différends relatifs aux investissements sont susceptibles d'avoir une incidence significative sur le comportement futur d'un État, le budget national et le bien-être des habitants (...) un nombre croissant de sentences arbitrales est appelé à influencer les affaires à venir et cet argument a été invoqué pour justifier la publication systématique et rapide des sentences* »[971]. C'est sans doute la raison pour laquelle le CIRDI a opté pour la publication de ses sentences. Il en ressort que « *le Secrétaire Général publie des informations appropriées sur les opérations du centre, y compris l'enregistrement de toutes les requêtes de conciliation ou d'arbitrage, la date à laquelle chaque instance prend fin et la façon dont elle s'est terminée* »[972]. Ainsi, sur le site du CIRDI[973], toute personne peut avoir une identification complète de la plupart des dossiers depuis la première affaire présentée en 1972[974], jusqu'à la dernière soumise. L'identité des parties est bien indiquée, ainsi que le nom des membres du tribunal arbitral dès qu'ils ont été nommés[975]. Cette publication se fait également dans des revues telles que *l'ICSID REVIEW* et le *FOREIGN INVESTMENT LAW JOURNAL.*

Dans le cadre de la CCJA, si la règle était, avant 2017, la non publication des sentences[976], la tendance a changé depuis lors. Depuis la réforme de

---

[971] OCDE, document de travail sur l'investissement international, n°2006/1, améliorer le mécanisme de règlement des différends entre investisseurs et État : vue d'ensemble. http://www.ocde.org/dataocde/26/38/38046824/pdf. (Consulté le 18 Aout 2016).

[972] V. article 22 du règlement administratif et financier du CIRDI.

[973]http://icsid.worldbank.org

[974] Il s'agit de l'affaire *Holiday Inns*.

[975]PRUJINER (A.), « L'arbitrage unilatéral : un coucou dans le nid de l'arbitrage conventionnel », *op.cit.*, p.84.

[976]Voir article 14.3 du règlement d'arbitrage de la CCJA de 1999 qui disposait : « *sous réserve d'un accord contraire de toutes les parties, celles-ci et leurs conseils, les arbitres, les experts, et toutes les personnes associées à la procédure d'arbitrage, sont tenus au respect de la*

novembre 2017, « *Le Secrétaire général est autorisé à publier des extraits de sentences arbitrales sans mentionner les éléments permettant d'identifier les parties* »[977]. C'est dire que la sentence peut être publiée, mais de façon anonyme, afin que l'identité des parties concernées soit gardée secrète.

Ce qui différencie fondamentalement donc le système de publication des sentences CIRDI et celui de la CCJA c'est l'anonymat des publications. Dans le système CIRDI, les noms des parties au différend peuvent être diffusés sauf volonté contraire de leur part, alors que dans le système CCJA, la sentence est publiée, mais les noms des parties restent dissimulés.

Cela montre que le législateur OHADA fait une meilleure combinaison des intérêts en présence. En effet, les parties ont plus intérêt à se diriger vers un système qui publie les sentences de façon anonyme, de sorte que leur identité soit maintenue secrète. En réalité, ce secret permettrait aux parties de conserver leur crédibilité sur la scène internationale, étant donné que la condamnation de l'une d'elles pourrait nuire à sa réputation. Sur ce point, la confidentialité est de loin préférable à la transparence, encore que le plus important n'est pas l'identité des parties en présence, mais la diffusion des règles établies lors du procès afin de faciliter la construction du régime de l'investissement international et d'enrichir le droit.

Conclusion

Contrairement à ce que l'on semble croire, le système d'arbitrage de la CCJA, au même titre que le CIRDI, est tout à fait apte à connaitre de façon efficace d'un arbitrage d'investissement. En effet, elle prend en compte les spécificités de ce type particulier d'arbitrage. La pratique a d'ailleurs montré que certaines règles spécifiques à l'arbitrage d'investissement telles que le recours à l'offre publique d'arbitrage étaient déjà applicables dans l'espace OHADA, bien qu'ayant été officiellement consacrées par la réforme de novembre 2017. Cette réforme, tout en consolidant les règles existantes, a également intégré de nouvelles règles dans l'optique de susciter encore plus le recours à l'arbitrage CCJA dans le règlement des différends liés aux investissements. Ainsi, rien en principe ne devrait désormais empêcher l'intégration massive du système d'arbitrage CCJA dans les traités d'investissement, les codes d'investissement et même les contrats d'investissement.

---

confidentialité des informations et documents qui sont produits au cours de cette procédure. La confidentialité s'étend, dans les mêmes conditions, aux sentences arbitrales ».

[977]Voir article 14.3 du règlement d'arbitrage de la CCJA de novembre 2017.

Bibliographie sélective

ADAMA (K.D.), *L'attractivité du droit de l'arbitrage de l'OHADA*, Thèse de Doctorat de l'Université Alassan Ouattara, Bouaké, 2019, 409 p.

BEGUIN (J.) et MENJUCQ (M.), (s/s la direction de), *Droit du commerce* international, éditions LexisNexis, 2011, 1294 p.

BEN HAMIDA (W.), « La participation des personnes publiques subsahariennes à l'arbitrage relatif aux investissements », Penant, *Revue trimestrielle de droit africain*, octobre-décembre 2012, pp. 468 et s.

BERNHEIM – VAN DE CASTEELE (L.), *Les principes fondamentaux de l'arbitrage, Bruylant*, 2012, 824 p.

BRINER (R.), « L'avenir de l'arbitrage : note introductive, dans l'arbitrage : un regard pour la décennie », cité par A. Rusca in « L'arbitrage, une stimulation à l'investissement, *Revue Camerounaise de l'Arbitrage,* n°7 octobre- novembre-décembre 1999.

GASSI MATAGO (E.C.), *Arbitrage et sécurité des investissements directs étrangers en Afrique Centrale*, Thèse de Doctorat PHD en droit public international, Université de Yaoundé 2, 445 p.

HORCHANI (F.), « Le statut de l'investisseur étranger », in *L'étranger dans tous ses états*, HORCHANI (F.) et BOSTANJI (F.) (S/dir), Tunis 2006, disponible sur le site http://www.urdri.fdspt.rnu.tn/articles/etranger/etranger_horchani.pdf, consulté le 14 mars 2018.

KAMTO (M.), «La participation des personnes morales Africaines de droit public à l'arbitrage OHADA », in *l'OHADA et les perspectives de l'arbitrage en Afrique*, FOUCHARD (Ph.) (S/dir.), Bruylant, Bruxelles 2000, pp.89-100.KATENDI (F.), PLACCA (J-B), « Savoir accepter la pauvreté : Interview de KEBA MBAYE », disponible sur le site www.afrology.com/eco/pdf/kebam.pdf, consulté le 22 janvier 2018.

POUGOUÉ (P-G), l'arbitrage dans l'espace OHADA, *Recueil des Cours de l'Académie de Droit International de La Haye*, 2015, pp. 120-279.

POUGOUE (P.-G.), TCHAKOUA (J.-M.), FENEON (A.), *Droit de l'arbitrage dans l'espace OHADA*, P.U.A, Yaoundé, 2000, 506 pages.

PRUJINER (A.), « L'arbitrage unilatéral : un coucou dans le nid de l'arbitrage conventionnel ? », *rev.arb.*, 2005, issue 1, p. 70 et s..

SOSSOU (J.) : *L'arbitrage OHADA à l'épreuve de l'arbitrage investisseur État, Master of Advanced Studies in International Dispute Settlement (MIDS* Université de Genève, 2008, disponible sur le site http://www.memoireonline.com/10/07/633/m_etude-comparee-reglementation-arbitrage-international-ohada-suisse40.html, consulté le 22 janvier 2018.

WEIL (P.), « Problèmes relatifs aux contrats passés entre un État et un particulier», *Recueil des cours de l'académie de droit international,* 1969- II, pp. 72 et s.

L'implication des CER et de l'UA dans la promotion du développement à travers les accords internationaux d'investissement

Par :

Julianna Vanessa BIKAT

Docteure PhD en droit public
Assistant, Université de Yaoundé II/Cameroun

Résumé

L'investissement international constitue un vecteur du développement, par le flux de capitaux et le transfert de technologies qu'il est capable de générer. Il est donc un moyen auquel recourent plusieurs États, qui veulent améliorer le sort de leurs économies. En revanche, il requiert une contrepartie. Ainsi, dans un contexte de mondialisation/libéralisation tous azimuts, les États soumis à la logique marchande doivent rendre leurs territoires respectifs attractifs. Entre autres, ils optent pour la sécurisation juridique des investissements internationaux, afin d'en attirer et/ou d'en préserver le maximum. La quasi-totalité des États africains ne déroge pas à cette logique, au vu des nombreux traités et accords internationaux de protection des investissements étrangers, qu'ils ont signés. À cela se greffe un ensemble d'instruments régionaux, lequel contribue à affirmer l'existence d'un arsenal normatif impressionnant, en matière de protection de l'investissement étranger. Pourtant, en dépit de cette abondante réglementation conventionnelle, voire communautaire, l'attractivité d'investissements importants sur le continent africain demeure controversée.

Le présent article vise à démontrer la réalité de l'implication des communautés économiques régionales (CER) et de l'Union africaine (UA) dans l'attrait des territoires africains, mais surtout dans la promotion du développement à travers les accords internationaux d'investissement (AII). Cependant, cette implication fait face à des limites. Les CER par exemple, sont confrontées à un chevauchement normatif peu propice à une large diffusion de la question du développement dans les AII. L'UA pour sa part, est marquée par la faible effectivité des initiatives mises sur pied en matière d'investissements étrangers. Ces limites ont un impact non négligeable sur l'insertion de questions liées au développement des États africains, dans le corpus des AII.

Mots et expressions clés : Investissement international-Accords internationaux d'investissement-Communauté économique régionale-Union africaine-développement-attractivité.

Introduction

À l'ère de la mondialisation/libéralisation, la promotion du développement en Afrique demeure une question cruciale. C'est pour cela que des stratégies et mécanismes unilatéraux ou multilatéraux[978] sont continuellement élaborés, faisant ainsi le témoignage du besoin pour les nations de se développer. Ici, il faut entendre par se développer, un processus inscrit dans l'espace et la durée, visant un « mieux-être »[979] des pays sous-développés. C'est dans une telle perspective que l'investissement international ou étranger est très sollicité. Ce type d'investissement[980] constitue une source de capitaux, d'acquisitions technologiques, de meilleures pratiques de gestion, ou de renforcement des compétences ; dont les États ont besoin pour développer leurs économies, d'où son attractivité. Seulement, l'attractivité des investissements étrangers requiert une pluralité de facteurs tant politiques, économiques, infrastructurels, fiscaux, que juridiques.[981] Pour ce qui est de ce dernier aspect, la sécurisation juridique des investissements étrangers en général, a semblé présenter une importance non négligeable pour accroitre le potentiel attractif

---

[978] Pierre-Marie DUPUY, Yann KERBRAT, *Droit international public*, Dalloz, 14e édition, 2018, n°595. En droit international économique, il existe dans le domaine du développement « un ensemble plus ou moins cohérent de mécanismes prétendant à la régulation, la correction ou la promotion d'une production et d'une circulation des richesses, voulues selon les cas plus efficaces ou plus équitables. »

[979] Alain PELLET, *Le droit international du développement*, Presses Universitaires de France, 1987, p.27

[980] Bruno POULAIN, « L'investissement international : définition ou définitions ? *in* Philippe KAHN, Thomas W. WÄLDE (*dir.*), *Les aspects nouveaux du droit des investissements internationaux*, Académie de droit international de la Haye, Leiden/Boston, Martinus Nijhoff Publishers, 2007, pp. 123-137. La définition de l'investissement en droit international n'est pas unique. Néanmoins, de manière synthétique il convient de considérer comme un investissement international ou étranger, toute opération comportant trois exigences. Premièrement, il s'agit de toute opération effectuée par des ressortissants ou sociétés d'un territoire, sur un autre territoire qui lui sert d'hôte. Deuxièmement, cette opération consiste en des apports en capitaux, en nature ou industrie, s'étendant sur une durée considérable et, comportant un risque, c'est-à-dire « dont la profitabilité comporte une part d'aléa » (*Cf.* Bruno POULAIN, *op.cit.* p. 127), de nature économique ou commerciale (*Cf.* Paul E. COMEAUX, N. Stephan KINSELLA, "Protecting Foreign Investment under International Law: Legal Aspects of Political Risk", *Transnational Corporations*, vol. 10, n°1, Avril 2001, pp. 156-166). Troisièmement, cette opération a pour finalité la production de biens, de services ou bien l'amélioration des méthodes de production. Ainsi, les investissements directs étrangers (IDE), et autres opérations d'origine étrangère dans le domaine du transfert de technologie, de la maintenance et gestion, de la construction et clés en main, des BOT (*Cf.* Walid BEN HAMIDA, « Les contrats BOT à l'heure du nouveau droit des investissements internationaux », *in* Philippe KAHN, Thomas W. WÄLDE (*dir.*), *Les aspects nouveaux du droit des investissements internationaux*, Académie de droit international de la Haye, Leiden/Boston, Martinus Nijhoff Publishers, 2007, pp. 275-308), peuvent entrer dans la catégorie d'investissements internationaux ou étrangers.

[981] OCDE, *Liste des critères pour apprécier les stratégies d'incitations à l'investissement direct étranger, Division de l'investissement*, Direction des Affaires financières et des entreprises, 2003, pp.112-152, notamment p.112, disponible sur www.oecd.org/investment

des États. C'est assurément la raison de la signature massive par les États africains des accords de protection des investissements étrangers, dès les années 90.

L'étude du droit de l'investissement étranger en Afrique est particulière. En fait, hormis l'existence d'un réseau de traités bilatéraux d'investissement (TBI) signés entre États, qui représente près du tiers des accords d'investissement signés dans le monde[982] ; on y trouve une mosaïque d'institutions régionales économiques, dont les instruments relatifs aux investissements étrangers s'enchevêtrent. On a ainsi une abondance normative en vue de l'attractivité des investissements étrangers. Toutefois, cette quantité de normes contraste avec la stagnation du flux d'investissements étrangers propices au développement des États africains.[983] En effet, le but des normes de protection d'investissements étrangers est de rendre un pays d'accueil attrayant, tandis que le flux relève de facteurs déterminés par des études économétriques.[984] De même, le caractère profitable de l'investissement étranger favorable à la balance des paiements ou au rehaussement d'une épargne nationale insuffisante n'est pas l'apanage des accords de protection des investissements étrangers. Cependant, le défaut du potentiel attractif a *ipso facto* un impact négatif sur les entrées d'investissements propices au développement et par conséquent, sur leur flux. Cela suscite donc des interrogations sur l'utilité de l'impressionnant arsenal normatif africain, dans son lien à l'attractivité de l'investissement étranger profitable à l'État d'accueil. En 2016, des représentants d'États dans le cadre de la Commission Economique pour l'Afrique (CEA) des Nations Unies, avaient discuté de la

[982] Makane Moïse MBENGUE, « Un Code panafricain d'investissement pour promouvoir le développement durable », *Afrique Passerelles*, volume 17-Numéro 5, 2016, disponible sur https://fr.ictsd.org

[983] Dans le cas spécifique des investissements directs étrangers (IDE), déjà en 2014, sur quelque 1,354 milliards de dollars d'IDE, 13 milliards à peine sont allés aux PED d'Afrique, et seulement 10 milliards sont allés aux « petits pays économiquement et structurellement faibles et vulnérables ». Le rapport sur l'investissement dans le monde de la Conférence des Nations Unies pour le Commerce et le Développement (CNUCED) du 24 juin 2016 a soulevé la question de savoir pourquoi l'Afrique reçoit toujours si peu, dans la mesure où elle est sevrée des IDE par rapport aux autres parties du monde. *Cf.* http://m.rfi.fr/emission/20160625-investissements-afrique-transparence-comme-ghana-jerry-rawlings. L'amélioration du flux d'investissements étrangers de ces dernières années laisse à désirer sur le continent Africain. En 2019, il a chuté de 10%, tandis que les prévisions pour 2020 portaient sur une chute de 25 à 40%. Bien que la pandémie de COVID 19 pèse fortement sur l'ensemble des économies à travers le monde, force est de constater la stagnation des entrées d'investissements étrangers, notamment d'IDE en Afrique, contrairement à d'autres régions du monde. Cf. CNUCED, Rapport sur l'investissement dans le monde 2020 : la production internationale à l'issue de la pandémie, Nations Unies, 2020, pp.9-10

[984] James MOUANGUE KOBILA, *Le Cameroun face à l'évolution du droit international des investissements*, Thèse de doctorat, Université de Yaoundé II-Soa, 2004, pp.24-26

question.[985] La quintessence de leurs échanges était relative à l'absence d'un impact réel des accords de protection des investissements internationaux sur leur flux et leur profitabilité, alors que des pays tels que la Chine ou le Brésil,[986] au compteur restreint de TBI ratifiés, connaissent des flux d'investissements internationaux bénéfiques. Il va sans dire que la sécurisation juridique des investissements étrangers jouerait un rôle mineur sur l'attractivité et la profitabilité contrairement à d'autres facteurs, comme la taille du marché, l'état des institutions et des infrastructures, la stabilité politico-économique du territoire.

Afin de résorber la carence imputée aux normes de protection d'investissements étrangers en matière d'attractivité et de profitabilité, certains États optent progressivement pour l'insertion dans leurs régimes sur l'investissement étranger, des mesures équitables et équilibrées en fonction de l'intérêt général. Dans ce sens, les cas de l'Équateur[987] ou de l'Afrique du Sud,[988] qui ont entièrement révisé leurs régimes juridiques, le démontrent à suffisance. Cette situation nouvelle, et non négligeable, contraste avec l'extension de l'obligation de protection des investissements dès les années 1990, ainsi que le développement de l'arbitrage investisseur État, que la prolifération des AII a généré au détriment des États d'accueil d'investissements.

Le nouveau tournant dans la matière du droit international des investissements semble être une option pour plusieurs États africains. Par exemple, sous les auspices de l'UA, ces États ont envisagé de réviser des engagements qui privilégieront le développement, économique et durable, avec une protection modérée de l'investissement étranger.[989] Cette considération a le mérite de révéler la part du régionalisme dans l'objectif d'accroissement du potentiel attractif des États africains, tout en promouvant davantage le développement à travers les AII. Cependant, l'implication des organisations régionales africaines en la matière conduit-elle à une bonne promotion du développement dans les AII ?

---

985 Commission Economique pour l'Afrique, *De nouveaux types d'accords bilatéraux d'investissement en Afrique : une chance pour des investissements significatifs*, disponible sur https://www.uneca.org

986 Nitish MONEBHURRUN, "Novelty in International Investment Law : The Brazilian Agreement on Cooperation and Facilitation of Investments as a Different International Investment Agreement Model", *Journal of international dispute settlement*, 2017, 8, pp.79-100

987 Le cas de l'Équateur est patent, car ce dernier État a renoncé à tous les traités bilatéraux d'investissement auxquels il était partie, https://www.lesechos.fr

988 Xavier CARIM, « Concilier les accords internationaux d'investissement avec la transformation structurelle de l'Afrique : l'expérience de l'Afrique du Sud », *Centre-Sud (Rapport sur les politiques liées à l'investissement)*, n°4, aout 2015, pp. 5-6

989 Makane Moïse MBENGUE, « Un Code panafricain d'investissement pour promouvoir le développement durable », Afrique Passerelles, volume 17-numéro 5,2016, disponible sur https://fr.ictsd.org.

Il convient de prime abord de dire qu'actuellement l'implication des CER[990] et de l'UA, bien qu'elle soit perceptible, apparait insuffisante à la promotion escomptée du développement dans les AII. L'affirmation provisoire ainsi formulée se précisera par l'analyse des traités constitutifs des CER et de l'UA d'une part, et du droit dérivé des CER, tout comme des actes internes de l'UA d'autre part.

Dans la mesure où l'harmonisation des organisations africaines prend corps dans le cadre régional pour être parachevée au niveau continental, il importera de voir une implication lacunaire des CER (I), tout comme de l'UA (II), dans la promotion du développement à travers les AII.

I- L'implication relative des CER dans la promotion du développement à travers les accords internationaux d'investissement

Les AII sont par excellence des instruments de protection des investissements étrangers. La promotion du développement n'y est que résiduelle, voire quasi inexistante. L'implication des CER dans l'amélioration de ce vide porte globalement sur la proposition d'une réglementation appropriée en matière d'investissements étrangers, incitant les États africains à s'en inspirer. À cet effet, les CER jouent un rôle dans le sens où elles construisent un cadre juridique qui, en accordant une place de choix aux investissements étrangers, tend à faire du développement une priorité (A). Cependant, des écueils d'ordre structurel remettent en question les ambitions des CER, qui consistent en l'attractivité d'investissements étrangers en phase avec l'objectif de développement des États africains (B).

---

990 Les CER en Afrique sont au nombre de quatorze : le Marché Commun pour l'Afrique de l'Est et l'Afrique Australe (COMESA), la Communauté de l'Afrique de l'EST (EAC), la Communauté de Développement de l'Afrique Australe (SADC), l'Autorité Intergouvernementale pour le Développement (IGAD), la Communauté Économique des États de l'Afrique de l'Ouest (CEDEAO), la Communauté Économique des États de l'Afrique Centrale (CEEAC), l'Union du Maghreb Arabe (UMA) et la Communauté des États Sahélo sahariens (CEN-SAD) et six Communautés Economiques Sous Régionales (CESR) : l'Union douanière d'Afrique Australe (SACU), la Commission de l'Océan Indien (COI), l'Union Economique et Monétaire Ouest-Africaine (UEMOA), l'Union du Fleuve Mano (MRU), la Communauté Economique et Monétaire de l'Afrique Centrale (CEMAC) et la Communauté Economique des Pays des Grands Lacs (CEPGL). Cependant, le Bureau du Conseil Spécial pour l'Afrique des Nations Unies, n'en recense que huit, comme les piliers de l'UA, notamment l'UMA, la CEDEAO, l'EAC, l'IGAD, la SADC, la COMESA, la CEEAC, la CEN-SAD.

A- La construction d'un dispositif juridique pour la promotion du développement à travers les accords internationaux d'investissement

L'appréciation du rôle des CER dans la promotion du développement par les AII, repose sur les compétences qui leur sont attribuées en matière d'investissements étrangers (1). Ceci leur permet d'élaborer des règles substantielles et des mécanismes favorables à une meilleure prise en compte du développement dans les AII (2).

1- Le fondement des compétences des CER en matière d'investissements internationaux

Toute communauté régionale ne possède que les compétences qui lui sont attribuées par le traité constitutif.[991] Ainsi, en vertu du principe d'attribution, les CER agissent dans tous les domaines qui leur sont dévolus par les États. Elles n'interviennent donc que par délégation de souveraineté.[992] La clarification des compétences exclusives, partagées ou d'appui, varie d'un traité constitutif à un autre. Toutefois, il s'agit d'un exercice important, qui permet de déterminer l'implication d'une institution régionale, dans un domaine tel que celui des investissements internationaux.

Cela étant, la question des compétences des CER en matière d'investissements étrangers, pose quelques problèmes. En effet, tandis que certains traités constitutifs semblent mettre l'accent sur un type d'investissements étrangers, en l'occurrence les investissements transfrontières ou les investissements intracommunautaires, d'autres n'en font pas mention. Par exemple, le traité instituant le COMESA, constitue une exception dans la détermination expresse de la compétence attribuée quant à la promotion, le traitement et la protection des investissements étrangers privés, mais surtout transfrontières. L'article 3, relatif aux objectifs de son Marché Commun spécifie la création d'un environnement propice aux investissements étrangers transfrontières et locaux, notamment la promotion conjointe de la recherche et l'adaptation de la science et de la technologie au développement.[993] En outre, l'article 159 (1) du même traité spécifie le traitement accordé aux investissements privés et transfrontières. L'IGAD va

---

991 Jean Claude TCHEUWA, « Les manifestations de la primauté des chartes constitutives des organisations internationales : Une contribution à la théorie générale de l'acte juridique international », *De l'esprit du droit africain, Mélanges en l'honneur de Paul-Gérard POUGOUE*, Wolters Kluwer, 2014, pp. 725-738

992 Séni Mahamadou OUEDRAOGO, « Les problèmes juridiques relatifs à la communautarisation du droit des investissements dans l'espace UEMOA », *AFDI*, volume 58, 2012, p.520

993 Article 3 (c) du traité du COMESA du 05 novembre 1993, entré en vigueur le 08 décembre 1994

également dans le sens du COMESA, puisqu'entre autres comme objectifs énoncés dans son traité constitutif, « la création d'un environnement favorable au commerce et à l'investissement étrangers, transfrontaliers et intérieurs »[994] est énoncée.

Le traité révisé de la CEDEAO énonce clairement la promotion d'un accord régional sur les investissements « trans-frontaliers »,[995] bien que par la suite, il n'y ait aucune précision sur le terme « investissements ».[996] La lecture cursive du traité modifié instituant l'EAC, montre qu'il en va de même pour ce traité,[997] puisqu'il ne formule de règles relatives aux investissements étrangers qu'une fois,[998] insistant sur la réglementation des investissements « attrayants ».[999] Quant à l'UEMOA, les fondements des compétences en matière d'investissements intracommunautaires sont clairement établis.[1000] La tâche est encore plus complexe dans le cas de la CEEAC ou de la CEMAC, où la compétence en matière d'investissements, à défaut d'être inexistante, est très vague.[1001] Aussi, dans le traité constitutif de l'UMA, il n'est aucunement fait mention du terme « investissement ».[1002]

Il est donc difficile de déterminer la compétence des CER en matière d'investissements étrangers, provenant des États tiers (non africains) aux CER, majoritairement classés comme pays développés. Pourtant, les investissements originaires de ces derniers pays sont jugés plus propices au développement.[1003] Par conséquent, certains auteurs ont clairement affirmé qu'une CER comme la CEDEAO n'a pas en principe vocation à réglementer

---

994 Article 7 de l'Accord du 21 mars 1996, établissant et réorganisant l'Autorité intergouvernementale pour le développement

995 Article 3 (2) (f) du traité CEDEAO révisé le 24 juillet 1993

996 Dans les articles 3 (2) (i), 34 (1) (b) (i), 53 (3) (d) du traité révisé CEDEAO, les rédacteurs ont juste évoqué le terme « investissements », sans autre précision. C'est également le cas de la CEN-SAD qui au terme du 1er article du traité l'instituant, évoque juste « l'investissement dans le domaine agricole, industriel, infrastructurel, énergétique, social et culturel. », *Cf.* Frédéric-Joël AÏVO, « La communauté des États sahélo-sahariens (CEN-SAD), acteur complémentaire ou concurrentiel de l'Union africaine ? », *AFDI*, volume 55, 2009, p.475

997 Il y a une récurrence du terme « investissement » sans précision supplémentaire du traité pour l'établissement de la Communauté d'Afrique de l'Est, tel que modifié le 14 décembre 2006 et 20 août 2007

998 Article 85 (c) du traité EAC

999 Article 127 (2) (a) du traité EAC

1000 Séni Mahamadou OUEDRAOGO, « Les problèmes juridiques relatifs à la communautarisation du droit des investissements dans l'espace UEMOA », *op.cit.*, pp.519-522

1001 La convention régissant l'UEAC prévoit en son article 2 (c) le marché commun, qui comporte sous certaines conditions et réserves (voir articles 7 et 16 de la convention) la mise en œuvre du principe de liberté de circulation des travailleurs, de liberté d'établissement, de liberté des prestations de services, de liberté d'investissement et de mouvement des capitaux.

1002 Traité UMA du 17 février 1980, entré en vigueur le 1er juillet 1989

1003 Evelyne Patience MEMPHIL NDI, *Attractivité économique des investissements directs étrangers en zone CEMAC : Harmonisation des instruments juridiques aux règles internationales*, Thèse de doctorat, Université Nice Sophia Antipolis, 2015, p.51

les investissements étrangers,[1004] tandis que d'autres ont évoqué la faible prise en compte des investissements directs étrangers dans le cadre de l'UEMOA.[1005]

Toutefois, la difficile identification des compétences en matière d'investissements étrangers dans de nombreuses CER, ne les rendrait pas incompétentes pour autant, dans ce domaine. En fait, certains arguments ont été avancés en doctrine pour justifier l'existence d'une compétence des CER en droit des investissements étrangers, qui n'est pas expressément consacrée dans les actes constitutifs. Il s'agit notamment du principe d'harmonisation des législations[1006] et de l'interprétation des textes.

L'harmonisation peut se définir comme « un phénomène d'intégration juridique qui implique le transfert des compétences étatiques de deux ou plusieurs États à une organisation internationale dotée de pouvoirs de décision et de compétences supranationales ou supra étatiques, en vue de réaliser un ensemble juridique unique et cohérent dans lequel les législations s'insèrent pour atteindre les objectifs économiques et sociaux que les États membres se sont assignés. »[1007]. Ainsi, le principe d'harmonisation des législations permet d'affirmer la compétence d'une institution régionale, qu'elle soit exclusive ou non. Ayant choisi le modèle de l'harmonisation, plusieurs CER tendent vers l'intégration des règles juridiques applicables à tous les membres et acteurs de la communauté et, dans plusieurs domaines. Ainsi, c'est dans une logique d'harmonisation que l'investissement étranger est régi au sein des CER.

En outre, c'est à travers l'interprétation des textes communautaires que la compétence des CER est déduite. Par exemple, la libre circulation des personnes, des services et des capitaux[1008] est le principe cardinal des CER. Or, ces libertés impliquent d'une manière ou d'une autre, des activités économiques conduisant à l'établissement des personnes et par conséquent

---

[1004] Papa Abdoulaye DIOP, *La protection internationale des investissements étrangers en Afrique de l'Ouest : espace CEDEAO (Communauté Économique des États de l'Afrique de l'Ouest)*, Thèse de doctorat, Université Côte d'Azur, 2018, p.34

[1005] Séni Mahamadou OUEDRAOGO, « Les problèmes juridiques relatifs à la communautarisation du droit des investissements dans l'espace UEMOA », *op.cit.*, p.522

[1006] Anne LIMPENS, « Harmonisation des législations dans le cadre du marché commun », *Revue internationale de droit comparé*, Année 1967, pp. 621-653

[1007] Félix ONANA ETOUNDI, « Les expériences d'harmonisation des lois en Afrique », *Revue de l'École Régionale Supérieure de la Magistrature (ERSUMA)* : Droit des affaires-pratique professionnelle, n°1-juin 2012, Doctrine

[1008] Pour la CEMAC on a l'additif du traité CEMAC relatif à la convention régissant l'Union Economique de l'Afrique Centrale (UEAC) du 25 juin 2008 (article 2 (c), article 2 (e) du traité instituant la CEEAC, article 4 alinéa 4 (c) traité instituant le marché commun de l'Afrique de l'Est et de l'Afrique australe (COMESA) de décembre 1994, articles 91, 92, 93 et 96 du traité UEMOA, article 2 alinéa (d) (iii) du traité CEDEAO

aux investissements internationaux.[1009] La compétence des CER se déduit donc du principe de la liberté.

En somme, l'on observe que la compétence semble aller au-delà d'une simple formulation textuelle. Le déploiement des mécanismes sous régionaux en matière d'investissements étrangers le démontre.

2- Les mécanismes sous régionaux de promotion du développement à travers les accords internationaux d'investissement

C'est par le biais de son droit dérivé, de protocoles, d'accords et d'institutions relatifs aux investissements étrangers, que les CER favorisent une meilleure promotion du développement dans les AII. La caractéristique de ces divers mécanismes est qu'ils proposent un rééquilibrage des rapports entre la protection de l'investissement étranger et la promotion du développement (a). De plus, afin que ces mécanismes aient un réel impact sur la promotion du développement à travers les AII conclus par les États membres ; les CER y insèrent des techniques flexibles visant à inciter, renforcer, compléter la réglementation des États membres en matière d'investissements internationaux (b).

a) L'énonciation d'un rééquilibrage entre l'investissement international et l'impératif de développement

Contrairement aux TBI et à plusieurs AII, qui privilégient la protection de l'investissement international, les instruments régionaux mettent en avant la promotion du développement. Par conséquent, tout domaine faisant l'objet d'une réglementation au sein des CER doit concourir à cette fin. La conciliation entre la protection des investissements étrangers et l'impératif de développement apparait comme un réel défi que les CER relèvent à titre principal par : la préférence de l'harmonisation à la protection excessive comme mécanisme d'attractivité des investissements ; l'insertion progressive de contraintes liées au développement, auxquelles les investisseurs devront se soumettre dans le cadre de leurs activités ; la restriction expresse de la protection excessive des investissements étrangers par la révision ou la suppression de certains standards de protection des investissements, jugés ambigus.

Premièrement, l'objectif d'harmonisation constitue un atout d'attractivité. L'ouverture sur les pays voisins permet de faire fructifier les échanges et de créer de grands marchés régionaux capables, d'absorber des produits

[1009] Patrick JUILLARD, « Chronique de droit international économique (Investissements privés) », *AFDI*, Vol. 30, 1984, pp. 744-802, p.775. Pour l'auteur, le problème des investissements internationaux est abordé par le biais de la réglementation conventionnelle des mouvements des capitaux.

manufacturés, tout en diversifiant la production. La taille du marché, le développement infrastructurel et industriel, ne pourra que booster davantage l'attractivité d'investissements plus importants, à l'échelle mondiale.[1010] L'analyse de certains instruments montre l'existence d'une stratégie qui pour atteindre ces objectifs, consiste à accroitre le réseau d'investissements intracommunautaires et intra-régionaux. Ainsi, l'on peut citer le règlement n°17/99/CEMAC-20-CM-03 du 17 décembre 1999 relatif à la charte des investissements, ainsi que le règlement portant harmonisation de la réglementation des changes dans les États membres de la CEMAC.[1011] Ces instruments visent à créer un cadre attractif pour les investissements étrangers, par une politique d'encouragement des investissements étrangers par les États membres. Cette politique passe entre autres par la promotion voire la garantie au niveau communautaire du mouvement ou du transfert des capitaux, des bénéfices et fonds acquis. Certains États à l'instar de la République démocratique du Congo s'en sont inspirés dans le cadre de leur réglementation nationale sur les investissements étrangers.[1012] L'on peut donc penser que ce type d'instruments a la capacité d'orienter les États dans la conclusion d'AII.

Deuxièmement, les CER insèrent progressivement dans leurs instruments impliquant la question des investissements étrangers, des contraintes liées au développement. À titre d'illustration, le code minier UEMOA de 2003,[1013] fait l'objet depuis 2019 d'un projet de révision relatif à l'optimisation des retombées de l'exploitation minière, la préservation de l'environnement, l'insuffisante prise en compte des intérêts des communautés des zones d'accueil des activités minières, entre autres.[1014] L'insertion de ces problématiques dans le code minier renforcerait le rôle de l'UEMOA dans la promotion du développement à travers les AII. Cependant, il s'agit d'une réglementation en pleine construction, à l'instar de nombreux autres instruments dont l'objectif est d'améliorer le sort de la question du développement économique et même durable, face au défi posé par la sécurisation des investissements étrangers en Afrique. L'on y inscrit à ce titre les initiatives de la CEDEAO, de la COMESA ou encore de la SADC.

[1010] Le COMESA l'a compris en mettant sur pied en 2006-2007, une Zone d'investissement commune. Son utilité est expliquée par le fait que les marchés nationaux de la plupart des États membres sont trop petits pour attirer des investissements à eux tous seuls, contrairement aux marchés régionaux. *Cf.* Le COMESA en Bref, Unité communication industrielle, 2018, p.9, disponible sur https://www.comesa.int/accord-sur-la-zone-dinvestissement-commune/

[1011] Règlement n°02/18/CEMAC/UMAC/CM portant réglementation des changes dans la CEMAC du 21 décembre 2018

[1012] Loi n°004/2002 du 21 février 2002 portant Code des investissements en République Démocratique du Congo

[1013] Règlement n°18/2003/CM/UEMOA du 23 décembre 2003 portant adoption du Code Minier Communautaire de l'UEMOA

[1014] UEMOA : Le Code minier communautaire en révision, disponible sur https://lefaso.net/spip.php?article90509

Ainsi, le code communautaire d'investissement[1015] de la CEDEAO est attendu pour « servir de cadre de référence aux États membres et permettre d'harmoniser les mesures d'incitation en s'inspirant des pratiques dans les pays émergents ».[1016] Cette ambition de la CEDEAO marque une volonté réelle de participer à la prise en compte du développement par des AII. En effet, sa politique est « plus exigeante sur le transfert de connaissances et de technologies durant les opérations d'investissements, et elle impose des sujétions plus contraignantes en ce qui concerne le développement durable et la préservation des intérêts des communautés locales ».[1017]

Le COMESA quant à lui, propose également des mécanismes qui intègrent le respect par les investisseurs étrangers, du niveau de développement de l'État d'accueil. Il s'agit par exemple d'un accord de la zone d'investissement commune du COMESA, signé le 23 mai 2007. Cet accord est un accord-cadre de l'Agence d'investissement régionale du COMESA, une institution de cette dernière, dont le siège est au Caire en Égypte.[1018]

Par ailleurs, dans le cadre de la SADC, la vision impulsée dans les instruments adoptés en matière des investissements étrangers démontre une réelle volonté de revoir la place de la problématique du développement à l'intérieur des AII. En effet, cette CER a de manière audacieuse institué un modèle de TBI,[1019] au même titre que les modèles français, américain ou canadien, qui sont proposés, et généralement admis par les États d'accueil d'investissement.

Troisièmement, la restriction de la protection généralement élargie des investissements étrangers, est perceptible dans certains instruments régionaux. À ce titre, la SADC prévoit depuis 2006 un protocole sur la finance et l'investissement.[1020] Les États membres ont initié, il y a peu de temps, une révision de ce protocole qui vise les standards de protection des investissements étrangers, notamment celui du traitement juste et équitable. Il est question du retrait de ce standard et de son remplacement par la clause du traitement national,[1021] qui est moins exigeante en matière de protection des investissements étrangers.

[1015] Traité CEDEAO, article 3, alinéa (i)

[1016] Politique industrielle commune de l'Afrique de l'Ouest (PICAO), *Cf.* Séni Mahamadou OUEDRAOGO, « Les problèmes juridiques relatifs à la communautarisation du droit des investissements dans l'espace UEMOA », *op.cit.*, p.531

[1017] *Ibid.,p.531.*

[1018] *COMESA, Le COMESA en bref*, Unité de communication institutionnelle, 2018, p.9, disponible sur www.comesa.int/2019/02

[1019] Eric DE BRABANDERE, "Fair and Equitable Treatment and Full Protection and Security in African Investment Treaties between Generalities and Contextual Specificity", *Journal of World Investment and Trade*, n°18, 2017, pp.545-548

[1020] *Ibid.*, p. 543

[1021] *Ibid.*, p.548

Ainsi, il existe des mécanismes qui révèlent une réelle volonté politique sous régionale qui vise tant l'attractivité de l'investissement étranger que sa profitabilité. L'objectif reste de progressivement édifier un meilleur aménagement des engagements des États membres relatifs aux investissements extracommunautaires.

Les mécanismes sous régionaux d'attractivité et de profitabilité des investissements étrangers, sont dotés de techniques permettant de favoriser une meilleure considération du développement dans les AII.

b) Les techniques flexibles d'insertion du rééquilibrage des accords internationaux d'investissement

Dans le cadre de certaines CER, les États ont délégué des compétences en matière d'investissements intracommunautaires, et par conséquent ont décidé de céder une part de souveraineté et de se soumettre à la réglementation communautaire en la matière. Ce choix pourrait alors avoir un impact non-négligeable sur le pouvoir normatif des États membres de la sous-région, notamment dans leurs rapports avec des États tiers. Par exemple, l'existence d'une réglementation communautaire impose que les États s'y conforment, même lorsqu'ils conservent leur pouvoir normatif. C'est entre autres la substance de l'article 87 du traité constitutif de l'UEMOA. Cela signifie que dans le cas de la conclusion d'AII avec des États et entités tiers, les États membres, notamment de l'UEMOA doivent se conformer aux instruments communautaires. En pratique, la difficulté de soumettre pleinement les États à générer des techniques au sein des mécanismes sous régionaux ; qui visent à inciter, les membres ou à renforcer, compléter, voire équilibrer les AII sur la base de la politique qu'ils proposent en faveur de l'impératif de développement. En effet, pour établir la cohérence entre les textes communautaires et les textes extérieurs à la CER, des mesures d'incitation et non de contrainte des États membres sont prises, pour les amener à harmoniser leur vision économique. Par exemple, l'article 87 du traité UEMOA stipule que « les États membres…alignent, *dans les meilleurs délais possible,*[1022] les conventions existantes sur les mesures d'harmonisation… ».

En outre, l'application d'un principe de flexibilité de la politique commune,[1023] dans le cadre de l'UEMOA, consiste en un aménagement des compétences communautaires devant laisser une marge de manœuvre aux États et tenir compte des contingences contextuelles.[1024]

1022 Italiques ajoutés.

1023 Séni Mahamadou OUEDRAOGO, « Les problèmes juridiques relatifs à la communautarisation du droit des investissements dans l'espace UEMOA », *op.cit.*, p.527

1024 Voir dans le cadre de l'article 2 de l'Acte additionnel n°1/2000 portant adoption de la politique minière commune de l'UEMOA, voir en outre l'article 5 du projet de code communautaire d'investissement qui prévoit que « dans le respect des actes communautaires

Au demeurant, les instruments régionaux sont loin de constituer une alternative[1025] face à l'incapacité des TBI et autres AII, de fournir un cadre normatif adéquat à la prise en compte du développement. Tout au plus, lesdits instruments régionaux pourraient servir de dispositif de renforcement ou de modélisation des AII à conclure ou à renégocier entre les États membres des CER et les États tiers. Seulement, atteindre cet objectif, revient à élaguer les obstacles au sein des CER, qui les empêchent d'être pleinement efficaces.

B- Les écueils structurels à l'implication concrète des CER dans la promotion du développement à travers les accords internationaux d'investissement

L'implication des CER est perceptible eu égard à l'analyse précédente. Seulement, cette implication demeure principalement substantielle. La mise en œuvre de la politique communautaire en matière d'investissements tarde toutefois à réellement influencer les AII signés par les États membres des CER. En fait, sur un plan endogène, le rôle des CER est entravé par l'imprécision des compétences communautaires, qui ne suffit pas à influer sur la production de normes d'investissements plus favorables aux États africains (1). De plus, la quantité de normes que créent les CER dans le domaine des investissements étrangers constitue un risque d'enchevêtrement (2).

1- Les dérives liées à l'imprécision des compétences communautaires en matière d'investissements internationaux

En matière d'investissements étrangers, le cadre juridique des CER tel qu'il est conçu n'est pas favorable à une bonne intégration des règles communautaires. L'imprécision des compétences communautaires en matière d'investissements étrangers permet d'évoquer une certaine volonté étatique de conserver le pouvoir normatif en la matière. Par conséquent, l'on observe une complication dans l'application interne, des textes des CER relatifs aux questions d'investissements étrangers. Autrement dit, la pénétration des normes communautaires dans les ordres juridiques nationaux des États membres n'est pas évidente et encore moins harmonieuse.

Ainsi, on sait que le règlement communautaire est un acte juridique de portée générale dont l'applicabilité directe lui permet de s'insérer dans les ordres juridiques des États membres. Dans cette veine, ceux-ci sont contraints

---

édictés et des Accords conclus par l'Union, il est convenu que les dispositions du présent Code ne font pas obstacle aux avantages et garanties plus étendus qui seraient prévus par les traités et accords conclus ou pouvant être conclus entre les États membres et d'autres États tiers ».

[1025] En cela, les textes régionaux pourraient devenir des conventions types, servant à préciser les dispositions communautaires au sein des États membres.

de prendre toutes les mesures de droit interne nécessitant son application.[1026] Pourtant, en pratique, l'impact qu'il est censé avoir sur la politique des États membres semble peu important en droit des investissements. En effet, la charte CEMAC de 1999 n'a pas fait l'objet d'une mise en œuvre effective depuis son adoption. Sa réception au niveau des différents ordres juridiques nationaux reste problématique encore aujourd'hui. Le problème se situe moins au niveau de son incorporation dans les chartes et codes d'investissement des différents membres de la sous-région.[1027] Encore faudrait-il que les dispositions de la charte CEMAC aient un effet direct qui s'impose dans tous les ordres juridiques nationaux des États membres. En fait, l'existence de mécanismes de contrôle de l'applicabilité des normes communautaires est ambigüe. Cela signifie qu'il n'y a pas de véritable organe de contrôle de l'applicabilité de la charte. Moins encore, le mécanisme de sanction lié à la violation de la charte ne peut être évoqué, du fait de l'immatérialité de la cour communautaire de justice sous régionale. À cet effet, bien que d'aucuns aient évoqué la cour de l'OHADA pour jouer la fonction de contrôle des actes de la CEMAC,[1028] ce rôle ne peut être véritablement approprié, car les objectifs des deux institutions en matière de protection des investissements étrangers sont spécifiquement élaborés.

La situation n'est pas meilleure dans le cadre de l'UEMOA. En fait, dans une perspective de conformité aux exigences communautaires, l'UEMOA prévoit un partage de compétences avec les États membres en ce qui concerne la conclusion d'accords commerciaux, comportant un volet lié à l'investissement.[1029] Cependant, la concrétisation de cette compétence par des directives[1030] ne peut avoir une réelle influence sur les engagements des États membres avec des institutions internationales ou même des États tiers.

Le cas de la SADC se démarque tout de même de ce qui se fait dans la majeure partie des CER. En fait, le protocole de finance et d'investissement

---

[1026] Joseph Serge EKANI EBO'O, *La mise en œuvre du règlement portant charte des investissements de la CEMAC dans les États membres : contribution à la réflexion sur l'intégration communautaire en zone CEMAC*, Diplôme d'Études Approfondies en droit public, Université de Douala, 2005, disponible sur www.memoireonline.com/10/12/6303/La-mise-en-œuvre-du-reglement-portant-charte-des-investissements-de-la-CEMAC-dans-les-etats-membr.html

[1027] La lecture attentive des codes d'investissement du Congo, du Tchad ou de la République centrafricaine, permet de voir combien les rédacteurs se sont inspirés de la charte CEMAC.

[1028] Joseph Serge EKANI EBO'O, *La mise en œuvre du règlement portant charte des investissements de la CEMAC dans les États membres : contribution à la réflexion sur l'intégration communautaire en zone CEMAC,*Diplôme d'Etude Approfondie en droit public,Université de Douala,2005,disponible sur www.memoireonline.com/10/12/6303/La - mise-en-oeuvre-du-reglement-portant-charte-des-investissements-de-la-CEMAC-dans-les-etats-membr.html.

[1029] Séni Mahamadou OUEDRAOGO, « Les problèmes juridiques relatifs à la communautarisation du droit des investissements dans l'espace UEMOA », *op.cit.*, p.526

[1030] *Ibid.,p.526.*

du SADC de 2006, comprenait un mécanisme de règlement des différends investisseur État. Seuls deux litiges ont été déclarés en vertu des termes de ce mécanisme de règlement des différends, notamment contre le Lesotho.[1031] En 2016, le protocole a été amendé, supprimant les clauses sur ce mécanisme, afin de limiter le champ de protection des investisseurs étrangers.[1032] Dès lors, seul le règlement d'État à État est envisageable.

Au final, l'État conserve un pouvoir souverain dans la production des normes d'investissements, dans le cadre de la plupart des CER. Il en est de même en ce qui concerne la sanction en cas de non-application du droit communautaire consacré aux investissements étrangers.

En somme, la difficile mise en œuvre du droit régional en matière d'investissements étrangers est un problème qui avant tout doit être résolu au sein des CER. Il en est de même pour l'enchevêtrement normatif créé par le nombre important de CER.

2- Le chevauchement des normes des CER dans le domaine des investissements internationaux

Les pays africains prennent part à un réseau vaste d'engagements économiques tant régionaux, bilatéraux que multilatéraux. Au niveau régional en particulier, cette situation crée une configuration des normes au niveau des CER, qui est à l'image d'une mosaïque ou d'un puzzle.[1033] Il peut donc y avoir des avantages, dans la mesure où le caractère quantitatif des normes dans un domaine tel que celui des investissements, peut permettre de combler des vides ou des lacunes. À titre d'illustration, l'on peut citer le cas de la CEDEAO dont les politiques en matière d'investissements semblent plus axées sur le développement et sur les intérêts étatiques, que dans le cadre de l'UEMOA. En effet, la CEDEAO a mis l'accent sur le transfert des technologies, le développement durable des communautés locales ou encore le respect des droits de l'homme par les investisseurs étrangers.[1034]

Cependant, en dépit de l'idée de complétude qui accompagne le nombre important de normes sous régionales, la multitude de CER crée entre autres « un vaste réseau de droits et d'obligations ainsi que des éléments de politiques économiques et commerciales complexes qui opèrent comme un

---

[1031] https://isds.bilaterals.org/?-africa-263-&lang=fr

[1032] Éric DE BRABANDERE, "Fair and Equitable Treatment and Full Protection and Security in African Investment Treaties between Generalities and Contextual Specificity", *op.cit.*, pp.545-548

[1033] Makane Moïse MBENGUE, « Un Code panafricain d'investissement pour promouvoir le développement durable », Afrique Passerelles,volume 17-Numéro 5,2016,disponible sur https://fr.ictsd.org.

[1034] Séni Mahamadou OUEDRAOGO, « Les problèmes juridiques relatifs à la communautarisation du droit des investissements dans l'espace UEMOA », *op.cit.*, p.531

écheveau difficile à démêler ».[1035] En effet, certains États appartiennent à plus d'une CER, bénéficiant de droits tantôt ici, tantôt ailleurs ; ou étant soumis à plus de restrictions dans une communauté que dans l'autre. Cela crée à la longue un chevauchement des règles difficile à concilier avec les objectifs et mécanismes propres à chaque CER. Pour reprendre le cas de l'UEMOA et de la CEDEAO, tout en sachant d'ores et déjà que la politique communautaire en matière d'investissements y est peu claire, l'on dénote tout de même une volonté communautaire d'aménagement du pouvoir normatif des États en matière de conclusion de conventions d'investissements. Ceci passe par la restriction souhaitée au sein de l'UEMOA, du « pouvoir de conclure des traités d'établissement »,[1036] dans une optique d'harmonisation. Cependant, cette entreprise est annihilée puisqu'au sein de la CEDEAO, les mêmes États membres conservent la liberté de conclure des traités.[1037]

Ainsi, lorsque des CER couvrent le même domaine, l'hypothèse de conflit ou d'incompatibilité des normes n'est pas à exclure. Dans ce cas, certains risques, notamment de *forum shopping*, pourraient impliquer des engagements qui bénéficient davantage aux investisseurs étrangers qu'aux États. Afin de pallier l'enchevêtrement que génèrent les institutions régionales, certaines CER ont entrepris de rationaliser leurs normes. C'est le cas de la CEMAC et de la CEEAC. En effet, une cellule d'experts du comité de pilotage de la rationalisation de ces CER en Afrique centrale[1038] a mené des travaux portant sur un rapport d'étude sur le rapprochement de leurs cadres institutionnels respectifs. De plus, des avant-projets de traité constitutif, conventions et protocoles devant régir les institutions, organes et agences d'exécution qui formeront la nouvelle architecture communautaire en Afrique centrale, ont été proposés. La rationalisation de ces CER par leur fusion, revêt plusieurs enjeux, dont l'enjeu économique, d'autant plus que le projet de leur réforme vise la fusion de leurs acquis afin de créer une communauté plus forte et compétitive, par l'ouverture d'un marché plus vaste.

In fine, les CER ont une implication notable afin de promouvoir la question du développement à travers les AII. N'ayant pour la plupart qu'une compétence supposée dans le domaine des investissements étrangers, les CER ne peuvent que proposer des instruments types, dont les États s'inspireront plus ou moins pour améliorer le contenu des AII auxquels ils sont parties ou comptent l'être. La réalisation de cet objectif n'est pourtant pas un acquis, surtout au vu des écueils internes dont les CER doivent se défaire pour une

---

[1035] Cheikh Tidiane DIEYE, « L'Afrique et le chevauchement des accords régionaux », *Revue Interventions économiques*, 55/2016, p.1

[1036] Séni Mahamadou OUEDRAOGO, « Les problèmes juridiques relatifs à la communautarisation du droit des investissements dans l'espace UEMOA », *op.cit.*, p.525

[1037] *Ibid.,p.525.*

[1038] https://www.cameroon-tribune.cm/article.html/36271/fr.html/fusion-cemac-ceeac-le-cadre-reglementaire-en-discussion

véritable efficacité de leurs instruments. De cela, dépend une implication au plan continental, qui devrait avoir une emprise bien plus considérable en faveur de l'impératif du développement.

II- La contribution limitée de l'UA à la promotion du développement à travers les accords internationaux d'investissement

Tout comme les CER, l'UA joue un rôle qui vise à mieux promouvoir la question du développement dans les AII. Il a été reproché à cette organisation continentale de négliger le domaine des investissements étrangers et partant, du développement en leur sein ; au profit des questions d'ordre politique, sécuritaire, ou de droits de l'homme. Par conséquent, des initiatives de l'UA dévolues aux questions des investissements étrangers sont relativement récentes (A). Dès lors, l'effectivité de telles initiatives repose encore sur des bases fragiles (B).

A- L'évolution des initiatives de l'UA en vue de la conciliation entre la protection des investissements internationaux et l'impératif de développement

L'UA a succédé à l'Organisation de l'unité africaine (OUA) dont l'attention se focalisait beaucoup plus sur les questions politiques, au détriment de la question des investissements internationaux.[1039] Dès lors, la possibilité d'entrevoir une certaine continuité fonctionnelle dans le cadre de l'UA[1040] n'a pas été exclue. La difficulté d'identifier l'implication de l'UA dans l'amélioration du sort de la question du développement à travers les AII pourrait planer. Toutefois, il n'en est rien, puisque certains protocoles de l'UA permettent d'accorder un sort non négligeable à la question des investissements. Entre autres, le protocole de l'UA sur la Banque Africaine d'Investissement peut être cité.[1041] L'objectif majeur de cette Banque est de favoriser « l'intégration économique et le développement à travers l'investissement dans les projets de développement conformément aux objectifs de l'Union ». En outre, des projets de protocoles semblent accorder une certaine place aux investissements internationaux, ainsi qu'à la promotion du développement. L'on peut citer le projet de protocole au traité instituant la Communauté Economique Africaine, relatif à la libre circulation des

1039 James MOUANGUE KOBILA, *Le Cameroun face à l'évolution du droit international des investissements*, op.cit. p. 79

1040 *Ibid.*, p. 85. Le Pr MOUANGUE KOBILA parle de « proximité géographique et idéologique de l'UA »

1041 https://au.int/fr/treaties/protocole-sur-la-banque-africaine-dinvestissement

personnes, au droit de séjour et au droit d'établissement[1042] ; ou le projet de protocole sur les relations entre l'UA et les CER.[1043] À côté de ces initiatives de l'UA, l'on en relève d'autres, qui mettent particulièrement en lumière le lien entre la protection des investissements étrangers et l'impératif de développement. Il s'agit notamment du *New Partnership for Africa's Development* (NEPAD) (1), ainsi que de la Zone de Libre-Echange Continentale (ZLEC) et du Code Panafricain d'Investissement (CPI) (2).

1- Le NEPAD

Le NEPAD bien que né sous l'égide de l'OUA, est un programme sous la tutelle de l'UA.[1044] En tant que tel, il vise entre autres à placer les pays africains sur la voie de la croissance et du développement durable. Afin de réaliser ses objectifs, le NEPAD a une stratégie qui s'étale dans plusieurs domaines. S'agissant de la question essentielle des investissements privés étrangers, le NEPAD, tout en visant l'augmentation des apports en capitaux privés venant de l'extérieur de l'Afrique,[1045] préconise l'assainissement de la perception de l'Afrique, afin d'éviter qu'elle soit considérée comme un continent dit à « haut risque », auprès des investisseurs privés étrangers. Ainsi, pour la diminution progressive de ces risques, le NEPAD a prôné les initiatives touchant au maintien de la paix et de la sécurité, à la bonne gouvernance politique et économique, à l'amélioration des infrastructures et à la réduction de la pauvreté.[1046] À ce titre, en tant que programme de l'UA, le NEPAD, loin d'être virtuel, ne se limite pas au niveau de l'organisation continentale, car il s'insère véritablement dans l'ordre juridique interne de certains États. L'on peut noter que quelques pays africains en ont fait une priorité, à l'instar du Sénégal.[1047] L'existence d'un programme de promotion de la bonne gouvernance dans ce pays, inspiré du NEPAD, démontre le rôle que peuvent jouer les institutions nationales pour appuyer les initiatives de l'UA.

Par ailleurs, des plans de garantie des crédits et la consolidation des cadres réglementaires et législatifs relatifs aux investissements sont prévus au sein du NEPAD, lequel œuvre également à la réalisation d'un programme de renforcement des capacités, utiles aux pouvoirs publics, dans la réglementation des transactions concernant les infrastructures et les services sociaux. Enfin, il préconise la promotion de l'amélioration des marchés

---

[1042] https://au.int/fr/treaties/protocole-au-traite-instituant-la-communaute-economique-africaine-relatif-la-libre

[1043] https://archives.au.int/handle/123456789/3514

[1044] En effet, le NEPAD a été approuvé au cours du sommet de l'OUA de Lusaka qui a mené à la création de l'UA, source : Afrique Relance, octobre 2001

[1045] Union Africaine, *Le Nouveau Partenariat pour le développement de l'Afrique (NEPAD)*, Programme d'action de l'Union Africaine, 2001, pp.41-42, § 150-151

[1046] *Ibid.,pp.41-42.*

[1047] www.nepad.org

financiers domestiques, leur harmonisation et leur intégration par-delà les frontières. Il envisage sur le long terme l'harmonisation des politiques et pratiques en matière d'économie et d'investissements.[1048]

Ces éléments prévus pour l'attractivité des investissements ne sont pas moins pertinents dans la mesure où ils pourraient s'intégrer par exemple dans la protection de l'investissement[1049] ; ou efficacement concourir à éclairer les pouvoirs publics pour les rendre plus avisés dans le domaine des investissements étrangers. Seulement, la formulation trop vague des priorités du NEPAD ne saurait s'ajouter à celle des TBI. C'est dans cette veine que l'UA avec des initiatives plus récentes tend à compléter les actions impulsées par le NEPAD.

2- La Zone de Libre-échange Continentale et le Code Panafricain d'Investissement

Lors du sommet extraordinaire de l'UA à Kigali (17-21 mars 2018), l'Accord qui crée la Zone de Libre Echange Continentale (ZLEC), a été signé. Ce qui n'était encore en 2012 (19e sommet de l'UA à Addis-Abeba) qu'au stade des négociations se matérialise progressivement, puisque depuis le 1er janvier 2021, la Zone est devenue une réalité.[1050] Ayant de nombreux objectifs, la Zone a pour principal but de stimuler les échanges commerciaux intra-africains. Il s'agit de baisser les droits de douane pour permettre au continent africain d'accroitre son potentiel et de le mener à bon escient.[1051] Pour le Commissaire au commerce et à l'industrie de la Commission de l'UA,[1052] la baisse des droits de douane d'ici 2022, augmentera le niveau du commerce intra-africain de 60%. À côté de cette préoccupation phare, un volet réservé à l'investissement tant intra-africain qu'extérieur est également visé dans l'un des Chapitres de l'Accord instituant la Zone.[1053] Pour ce dernier aspect,

---

[1048] Union Africaine, *Le Nouveau Partenariat pour le développement de l'Afrique (NEPAD)*, *op.cit.*, p.20, §92

[1049] Si l'on considère le standard de pleine protection et de sécurité intégrale, quasi présent dans les TBI, auquel on attribue les obligations de sécurité policière, l'initiative du NEPAD sur le maintien de la paix et de la sécurité, si elle est plus clarifiée pourrait renforcer ce principe. Sur ce standard de protection des investissements, *cf.* Éric DE BRABANDERE, "Fair and Equitable Treatment and Full Protection and Security in African Investment Treaties between Generalities and Contextual Specificity", *op.cit.*, pp. 530-555

[1050] Basillioh MUTAHI, Zawadi MUDIBO, « Zone de libre-échange africaine : qu'est-ce qui va changer ? », *BBC News/Afrique*, février 2021, disponible sur https://www-bbc-com.cdn.ampproject.org

[1051] https://afriqueexpansionmag.com/2018/04/26/zlec-porte-ouverte-aux-investissements-directs-etrangers/

[1052] *Idem.*

[1053] L'Accord portant création de la ZLEC prévoit déjà parmi ses objectifs majeurs (article 3 (c) de l'Accord), la facilitation de l'investissement, qui passera entre autres par la suppression de barrières tarifaires et non tarifaires (cinquième paragraphe du préambule de l'Accord et article 4 (a) et (c) de l'Accord). La troisième partie de l'Accord prévoit également en son

l'abolition des droits de douane sera un atout en faveur des investissements, notamment privés étrangers. Ainsi, l'implication de l'UA dans la promotion du développement se perçoit ici à travers l'introduction d'un accord de libre-échange traitant partiellement de l'investissement étranger, au même titre que des accords de libre-échange tels que l'accord de Libre-échange Nord-américain ou l'Association des Nations d'Asie du Sud-Est. Cette initiative démontre les efforts de l'UA en matière d'investissements, dans la mesure où la mise en œuvre d'un marché continental intensifierait la libre circulation des biens, des personnes et services et partant, de potentiels investissements, propices à la transformation structurelle du continent, en vue d'une croissance économique et d'un développement durable.[1054]

Dès lors, l'établissement de la Zone est une initiative louable de l'UA, qui marque certes son implication, mais de façon partielle, dans la mesure où un instrument encore plus ambitieux, celui du Code Panafricain d'Investissement (CPI) ; reflète directement les préoccupations sur l'investissement international ainsi que sur son impact sur le développement.

La fin de l'année 2015 a été marquée par la finalisation de la rédaction d'un CPI.[1055] Il est question d'un instrument juridique qui vise la promotion des Objectifs de Développement Durable (ODD) par l'harmonisation des règles d'investissement à une échelle continentale. L'objectif de cet accord est de faciliter l'investissement et d'attirer le flux d'investissements étrangers sur le continent. Pour y parvenir, le procédé de cette initiative repose entre autres sur ses caractéristiques, notamment sur sa spécificité et une recherche d'adaptation aux réalités du continent africain. En effet, le contenu du CPI semble se démarquer de celui des TBI qui ont été signés par les États africains, dans un contexte où ils se sont inspirés de modèles de traités rédigés par les États exportateurs d'investissements et laissant peu d'options de négociations aux États africains sous-développés. Contrairement à ce schéma, le CPI pour sa part se singularise par une formulation avant tout équilibrée, entre la protection de l'investissement étranger et de l'intérêt général des États membres de l'UA. Pour ce faire, l'accent est mis sur l'encadrement du flux d'investissement et sur les types d'investissement qu'il convient de protéger réellement.[1056] Ce défi se manifeste d'ores et déjà au regard de l'introduction

---

troisième article l'objectif de favoriser les investissements nationaux et étrangers (article 3, (2), (c))

[1054] CEA, *Les initiatives portant sur la cohérence dans la régulation des investissements et l'appui aux investissements pour la transformation de l'Afrique*, disponible sur https://www.uneca.org

[1055] Makane Moïse MBENGUE, « Un Code panafricain d'investissement pour promouvoir le développement durable », Afrique Passerelles,volume 17-Numero 5,2016,disponible sur https://ictsd.org.

[1056] *Idem.*

de nouvelles règles ou d'une omission de concepts controversés, bien que quasi présents dans les TBI. Il en est ainsi du traitement juste et équitable.[1057]

En dépit du caractère audacieux du CPI, sa force juridique reste à déterminer,[1058] car il n'a fait l'objet d'une adoption que par un comité d'experts de l'UA, en fin 2016. En effet, la version préliminaire du CPI présentée par la Commission de l'UA a été adoptée par le Comité technique spécialisé (CTS) sur les finances, les affaires monétaires, la planification économique et l'intégration de l'UA en octobre 2017 ; dans la forme d'un instrument non contraignant, pour orienter la politique d'investissement.[1059] Le même comité a aussi demandé à la Commission de l'Union Africaine de soumettre la version préliminaire du CPI aux autres CTS, y compris le CTS sur le commerce, l'industrie et les minéraux.

L'UA s'implique donc en faveur d'une réelle promotion du développement dans les AII. Cependant, la portée de ses initiatives, difficilement perceptible, révèle l'existence de certaines limites.

B- L'effectivité perfectible des initiatives de l'UA

La lecture cursive des différents instruments de l'UA initiés en matière d'investissements étrangers impose un constat. Il s'agit d'une réelle recherche de l'équilibre qui devrait prévaloir entre l'attractivité, la protection des investissements étrangers d'une part, et le respect des droits humains, la promotion du développement économique et durable d'autre part. Cependant, si du point de vue substantiel les initiatives de l'UA offrent des garanties souhaitées par les pays en développement du continent africain, la question de leur effectivité est cruciale à plus d'un titre. D'abord, plusieurs initiatives qui restent au stade de projets tardent à se concrétiser (1). Ensuite, pour les instruments déjà en vigueur, leur mise en œuvre est peu perceptible (2).

1- Le caractère inachevé de plusieurs initiatives de l'UA

En dépit des initiatives louables de l'UA visant à reformer le régime actuel relatif à l'investissement international, la plupart restent encore au stade de projets, s'étendant des fois sur plusieurs années. Les projets de protocole au traité instituant la Communauté Economique Africaine, relatif à la libre circulation des personnes, au droit de séjour et au droit d'établissement ; et sur les relations entre l'UA et les CER, ne peuvent pas concrètement contribuer à

1057 . *Makane Moïse MBENGUE, « Un Code panafricain d'investissement pour promouvoir le développement durable », Afrique Passerelles, volume 17-Numero 5,2016,disponible sur https://ictsd.org.*

1058 Il pourrait prendre la forme d'un instrument ayant force obligatoire ou être adopté comme un traité type servant de guide pour les négociations d'AII par chaque État membre.

1059 CEA, *Les initiatives portant sur la cohérence dans la régulation des investissements et l'appui aux investissements pour la transformation de l'Afrique*, disponible sur https://www.uneca.org

promouvoir la question du développement dans les AII. Il en est de même pour le CPI, du fait de sa nature juridique indéterminée. La durée moyenne de certains projets est d'autant plus encline à compliquer l'objectif d'une réforme du régime des investissements internationaux en Afrique. Par exemple, le projet de protocole sur les relations entre l'UA et les CER a été initié en 2007,[1060] et n'a véritablement pas évolué dans le sens de son adoption. De plus, l'on peut aussi relever l'enchevêtrement d'autres projets, ce qui à la longue peut remettre en question un aboutissement rapide. À titre d'illustration, le projet du CPI a été élaboré en fin 2016, mais n'a pas conduit à l'adoption d'un document effectif. Dans le même domaine, l'enchainement en 2018 avec le projet de protocole au traité instituant la Communauté Economique Africaine, relatif à la libre circulation des personnes, au droit de séjour et au droit d'établissement ; suscite des interrogations. Tout d'abord, l'on peut valablement questionner l'articulation des thématiques abordées dans ces différents instruments, par rapport au risque de répétition ou d'incompatibilité desdites thématiques.

Ensuite, la célérité liée à une adoption des différents instruments ciblés peut être interpellée. Le fait est qu'avec la longueur et la lenteur d'un processus, « les évènements économiques et les contraintes du développement s'accommodent mal d'un tel processus, en raison de l'urgence qui impose de réagir rapidement pour prendre les mesures requises. »[1061] Ainsi, il serait idoine d'accélérer les initiatives continentales en vue de leur effectivité. Cela est d'autant plus crucial, au vu des mutations qui s'opèrent depuis quelques années en droit international des investissements. En effet, des études de la CNUCED ont montré qu'entre 2013 et 2018 plusieurs traités de protection des investissements étrangers devaient arriver à expiration, avec pour conséquence la renégociation de nouveaux instruments.[1062] Précisément, en fin 2013, plus de 1300 TBI étaient à un stade où ils pouvaient prendre fin ou alors être renégociés à tout moment.[1063] De plus, près de 350 autres TBI devaient arriver au terme de leur période initiale entre 2014 et 2018.[1064] Dans l'élan d'une réelle dynamique du régime des investissements étrangers, l'effectivité rapide des initiatives de l'UA apparaitrait opportune, afin de marquer l'impact d'une renégociation des AII plus prometteurs des questions liées au développement des pays du continent africain.

[1060] https://archives.au.int/handle/123456789/3514

[1061] Ahmed MAHIOU, « Du droit économique au nouvel ordre économique international : quelques réflexions », *Revue internationale de droit économique*, 2013/4, p.528

[1062] CNUCED, *International Investment Policymaking in Transition: Challenges and Opportunities of Treaty Renewal*, IIA Issues Note No. 4 (Genève, 2013)

[1063] *Idem.* Voir aussi Xavier CARIM, « Concilier les accords internationaux d'investissement avec la transformation structurelle de l'Afrique : l'expérience de l'Afrique du Sud », *op.cit.*, p. 4

[1064] *Ibid*,p.4.

Une mise en œuvre réelle des mécanismes existant dans le domaine des investissements étrangers est également souhaitée afin de rendre l'implication de l'UA plus concrète dans la promotion du développement à travers les AII.

2- La difficile mise en œuvre des mécanismes existants

Les instruments édifiés par l'UA, qui démontrent son implication dans la promotion de la question du développement à travers les AII, connaissent une mise en œuvre qui est actuellement mitigée. Aussi bien pour le NEPAD, le protocole de l'UA sur la Banque africaine d'Investissement que pour la ZLEC, il est difficile d'identifier des actes qui concourent à l'amélioration des AII. Par exemple, le NEPAD en tant que programme panafricain de l'UA n'a qu'un impact mineur sur les pays du continent. Ainsi, il n'y a que quelques États africains qui ont intégré dans leur ordonnancement juridique le programme élaboré par le NEPAD. L'on a pu observer au Sénégal l'existence d'une promotion de la bonne gouvernance, basée sur les indications du NEPAD.[1065] Cependant, l'implémentation du programme du NEPAD ne se perçoit que peu, dans plusieurs pays en Afrique.

Au niveau sous régional, quelques actions sont notables, mais insuffisantes pour évaluer l'effectivité des initiatives de l'UA en matière d'investissements étrangers. En effet, des institutions telles que la Commission Economique pour l'Afrique (CEA) des Nations Unies épaule l'UA, afin d'interpeller les États membres de l'UA sur la nécessité de s'investir dans les initiatives, en fournissant des études et rapports, en organisant des rencontres entre experts, membres de la société civile, membres du gouvernement. Lors de la semaine du développement africain d'avril 2016, la CEA a lancé un rapport basé sur une enquête réalisée auprès de 37 pays, sur l'état du lien entre les AII signés par les États africains et l'investissement. La commissaire au commerce et à l'industrie de l'UA de l'époque invitait dans ce même cadre les décideurs politiques à se servir de ce rapport pour comprendre le rôle des traités d'investissements internationaux. Il y a donc une logique incitative pour contribuer à mettre en œuvre les politiques de l'UA. Seulement, le caractère limité et même souple de ce type de mécanismes impose des observations. En fait, bien que l'harmonisation continentale soit l'acheminement du processus d'intégration, il reste que l'UA ne peut y parvenir sans le soutien des CER. Elle semble en avoir conscience au regard du projet de protocole sur les CER. Pourtant, la question de l'effectivité des mécanismes initiés à cet effet demeure persistante.

La même question d'effectivité se pose également pour la ZLEC. Au vu de sa matérialisation récente, il est relativement tôt pour porter une évaluation sur sa mise en œuvre. En revanche, les hypothèses et prévisions émises par des experts économiques et financiers sont tout de même pertinentes, dans la

[1065] *Supra*, note 66

mesure où l'on peut noter la sollicitation d'un type d'investissements propices au développement aussi bien économique que durable. En effet, lors de la dernière réunion du programme de développement des infrastructures en Afrique (PIDA),[1066] organisée en ligne par la CEA et l'UA en janvier 2021 ; les différents orateurs ont indiqué la nécessité d'investir dans des infrastructures durables, adéquates et de qualité. Selon les orateurs, représentants de l'UA et des pays membres, ces infrastructures incarnent un atout incontournable pour atteindre l'objectif principal de la Zone qui est de stimuler le commerce intra-africain. L'on observe donc une volonté d'attirer des investissements profitables aux États africains. Il est par conséquent plausible de penser que le régime juridique qui découlera de la Zone en matière d'investissements étrangers mettra un accent sur la diffusion de la problématique du développement des pays africains.

Au vu de ce qui précède, l'implication de l'UA dans la promotion du développement à travers les AII, apparait mitigée. Tandis que la substance des initiatives élaborées à l'échelle continentale offre une option d'amélioration des AII, leur concrétisation reste à construire.

Conclusion

L'analyse sur l'implication des CER et de l'UA dans la promotion du développement à travers les AII permet de déceler des initiatives tant régionales que continentales. Certes, le cadre régional édifie une réglementation dont les États peuvent s'inspirer pour renégocier ou tout simplement conclure des TBI et autres AII, qui leur bénéficieront. Cependant, l'UA semble fournir une approche plus ambitieuse face au défi de la conciliation de la protection des investissements étrangers, avec l'impératif de développement. Encore faudrait-il que les instruments qui se mettent progressivement en place convergent avec le soutien des principaux acteurs, que sont les États membres.

Bibliographie

Additif du traité CEMAC relatif à la convention régissant l'UEAC, du 25 juin 2008

Règlement n°17/99/CEMAC-20-CM-03 du 17 décembre 1999 relatif à la charte des investissements

[1066] La réunion s'est tenue sous le thème, « Nouvelle décennie, nouvelles réalités, nouvelles priorités -Positionner le PIDA et le développement des infrastructures dans la croissance continue et la relance économique de l'Afrique ». Disponible sur https://www.uneca.org/fr/stories/infrastructures-essentielles-à-la-réalisation-de-la-zone-de-libre-échange-continentale

Règlement n°18/2003/CM/UEMOA du 23 décembre 2003 portant adoption du Code Minier Communautaire de l'UEMOA

Traité révisé de la CEDEAO du 24 juillet 1993

Traité du COMESA du 05 novembre 1993, entrée en vigueur le 08 décembre 1994

Traité modifié de l'UEMOA du 29 janvier 2003

Accord portant création de la ZLEC Africaine du 21 mars 2018

CARIM Xavier, « Concilier les accords internationaux d'investissement avec la transformation structurelle de l'Afrique : l'expérience de l'Afrique du Sud », *Centre-Sud (Rapport sur les politiques liées à l'investissement)*, n°4, août 2015, pp. 1-9

DE BRABANDERE Eric, "Fair and Equitable Treatment and Full Protection and Security in African Investment Treaties between Generalities and Contextual Specificity", *Journal of World Investment and Trade*, n°18, 2017, pp.530-555

DIEYE Cheikh Tidiane, « L'Afrique et le chevauchement des accords régionaux », *Revue Interventions économiques*, 55/2016, pp.1-9

DIOP Papa Abdoulaye, *La protection internationale des investissements étrangers en Afrique de l'Ouest : espace CEDEAO (Communauté Économique des États de l'Afrique de l'Ouest)*, Thèse de doctorat, Université Côte d'Azur, 2018, 525 p.

DUPUY Pierre-Marie, KERBRAT Yann, *Droit international public*, Dalloz, 14e édition, 2018, 2754 p.

EKANI EBO'O Joseph Serge, *La mise en œuvre du règlement portant charte des investissements de la CEMAC dans les États membres : contribution à la réflexion sur l'intégration communautaire en zone CEMAC*, Diplôme d'Études Approfondies en droit public, Université de Douala, 2005, disponible sur www.memoireonline.com/10/12/6303/La-mise-en-œuvre-du-reglement-portant-charte-des-investissements-de-la-CEMAC-dans-les-etats-membr.html

ETOUNDI Félix ONANA, « les expériences d'harmonisation des lois en Afrique », *Revue de l'École Régionale Supérieure de la Magistrature (ERSUMA)* : Droit des affaires-pratique professionnelle, n°1-juin 2012, Doctrine

JUILLARD Patrick, « Chronique de droit international économique (Investissements privés) », *AFDI*, Vol. 30, 1984, 744-802

LIMPENS Anne, « harmonisation des législations dans le cadre du marché commun », *Revue internationale de droit comparé*, Année 1967, pp. 621-653

MAHIOU Ahmed, « Du droit économique au nouvel ordre économique international : quelques réflexions », *Revue internationale de droit économique*, 2013/4, pp.523-532

MBENGUE Makane Moïse, « Un Code panafricain d'investissement pour promouvoir le développement durable », *Afrique Passerelles*, volume 17-Numéro 5, 2016, disponible sur https://fr.ictsd.org

MEMPHIL NDI Evelyne Patience, *Attractivité économique des investissements directs étrangers en zone CEMAC : Harmonisation des instruments juridiques aux règles internationales*, Thèse de doctorat, Université Nice Sophia Antipolis, 2015, 427 p.

MONEBHURRUN Nitish, "Novelty in International Investment Law : The Brazilian Agreement on Cooperation and Facilitation of Investments as a Different International Investment Agreement Model", *Journal of international dispute settlement*, 2017, 8, pp.79-100

MOUANGUE KOBILA James, *Le Cameroun face à l'évolution du droit international des investissements*, Thèse de doctorat, Université de Yaoundé II-Soa, 2004, 674 p.

OUEDRAOGO Séni Mahamadou, « Les problèmes juridiques relatifs à la communautarisation du droit des investissements dans l'espace UEMOA », *AFDI*, volume 58, 2012, 515-549

PELLET Alain, *Le droit international du développement*, PUF, 1987, 127 p.

POULAIN Bruno, « L'investissement international : définition ou définitions ? *in* Philippe KAHN, Thomas W. WÄLDE (*dir.*), *Les aspects nouveaux du droit des investissements internationaux*, Académie de droit international de La Haye, Leiden/Boston, Martinus Nijhoff Publishers, 2007, pp. 125-130

TCHEUWA Jean Claude, « Les manifestations de la primauté des chartes constitutives des organisations internationales : Une contribution à la théorie générale de l'acte juridique international », *De l'esprit du droit africain, Mélanges en l'honneur de Paul-Gérard POUGOUE*, Wolters Kluwer, 2014, pp. 725-738

CEA, *Les initiatives portant sur la cohérence dans la régulation des investissements et l'appui aux investissements pour la transformation de l'Afrique*, disponible sur https://www.uneca.org

CEA, *De nouveaux types d'accords bilatéraux d'investissement en Afrique : une chance pour des investissements significatifs*, disponible sur https://www.uneca.org

CNUCED, *Rapport sur l'investissement dans le monde 2020 : la production internationale à l'issue de la pandémie*, Nations Unies, 2020, pp.9-10

CNUCED, *International Investment Policymaking in Transition: Challenges and Opportunities of Treaty Renewa*l, IIA Issues Note No. 4 (Genève, 2013)

Le COMESA en Bref, Unité communication industrielle, 2018, p.9, disponible sur https://www.comesa.int/accord-sur-la-zone-dinvestissement-commune/

OCDE, *Liste des critères pour apprécier les stratégies d'incitations à l'investissement direct étranger*, Division de l'investissement, Direction des Affaires financières et des entreprises, 2003, pp.112-152, disponible sur www.oecd.org/investment

Union Africaine, *Le Nouveau Partenariat pour le développement de l'Afrique (NEPAD)*, Programme d'action de l'Union Africaine, 2001

http://m.rfi.fr/emission/20160625-investissements-afrique-transparence-comme-ghana-jerry-rawlings.

https://archives.au.int/handle/123456789/3514

https://au.int/fr/treaties/protocole-au-traite-instituant-la-communaute-economique-africaine-relatif-la-libre

https://au.int/fr/treaties/protocole-sur-la-banque-africaine-dinvestissement

https://www.uneca.org/fr/stories/infrastructures-essentielles-à-la-réalisation-de-la-zone-de-libre-échange-continentale

UEMOA : Le Code minier communautaire en révision, disponible sur https://lefaso.net/spip.php?article90509

Titre 4 :

LES ORGANISATIONS INTERNATIONALES AFRICAINES ET LE MAINTIEN DE LA PAIX

La menace terroriste au sein de l'Union africaine, regard critique sur la loi-modele contre le terrorisme

Par :

Salomon Mickson ABENELANG[1067]

Parmi les nouvelles menaces contre la paix et la sécurité internationales, le terrorisme constitue indiscutablement depuis le 11 septembre 2001, celle qui a le plus mobilisé la communauté internationale[1068]. En effet, la mondialisation des réseaux terroristes a généré une continentalisation de la prise de conscience, face à ce phénomène persistant de l'heure en Afrique. Il est vrai, certains auteurs, estiment que la problématique du terrorisme occupe une place moins importante dans le débat public[1069] des pays non occidentaux, toute chose qui semble discutable tout au moins pour quelques raisons.

D'abord, l'actualité internationale récente révèle que plus de la moitié des victimes d'actes terroristes, se trouvent dans cinq pays non occidentaux notamment Irak, Syrie, Afghanistan, Pakistan et Nigéria. Sous ce rapport, il serait quelque peu osé de croire que les autorités des États précités ne prennent pas au sérieux l'expansion de la menace terroriste aux confins de leurs espaces territoriaux respectifs.

Par ailleurs, pour ce qui est du cas particulier de l'Afrique, depuis plusieurs années, nombre de mesures sont prises à son initiative dans l'optique de combattre le terrorisme. En réalité, ce phénomène est devenu une véritable menace structurelle pour le continent. C'est pour cette raison que ses effets destructeurs font de lui un problème public nécessitant la mobilisation des États, des organisations régionales et sous régionales[1070]. La menace terroriste

---

1067 Le présent article a été rédigé en 2018 par ABENELANG Salomon Mickson, alors qu'il était en cours de finalisation de sa Thèse de doctorat. Titulaire d'un doctorat *Ph. D* en droit international à l'Université de Yaoundé II depuis janvier 2019, l'auteur est actuellement Chargé de cours à la Faculté des Sciences Juridiques et Politiques dans la même enceinte universitaire. Sous la direction du Professeur Narcisse MOUELLE KOMBI, sa Thèse a porté sur : *Les États africains et la lutte contre le terrorisme*.

1068 DUPUY (Pierre-Marie), « La communauté internationale et terrorisme », in *Les nouvelles menaces contre la paix et la sécurité internationales*, *SFDI*, Journée franco-allemande, Paris, Pedone, 2004, p. 35.

1069 BONIFACE (Pascal), *La géopolitique*, 2e édition, Paris, Eyrolles, 2017, p. 42.

1070 « *L'insertion d'un problème sur l'agenda des autorités constitue une des étapes de sa publicisation, pour cela, le terrorisme est devenu un problème public continental, inséré sur l'agenda politique du continent.* » Voir NZE BEKALE (Ladislas), « L'Union africaine et la

se présente désormais comme un problème public pour l'Afrique, occupant ainsi une place plus importante dans le débat public contrairement à ce que pensent certains analystes[1071].

Enfin, partant du constat que plusieurs organisations terroristes ont établi leurs refuges dans son espace[1072], l'Union africaine (UA) en sa qualité d'organisation continentale unique ayant vocation à proposer des solutions à toutes les problématiques qui sont de sa compétence[1073], s'est saisie du problème terroriste. Dans le registre des instruments normatifs qu'elle a adoptés, on peut citer principalement la convention de l'OUA sur la prévention et la lutte contre le terrorisme[1074], le Protocole à ladite convention[1075], le Plan d'action de l'UA pour la prévention et la lutte contre le terrorisme[1076] et la loi modèle contre le terrorisme entre autres.

Toutefois, contrairement aux principaux instruments normatifs continentaux relatifs à la lutte antiterroriste qui sont de véritables traités[1077], la loi modèle s'assimile à une norme à autorité atténuée que l'on regroupe dans la catégorie de la *soft Law*. Elle est un instrument concerté non conventionnel[1078], élaboré par des experts de l'organisation africaine pour

---

problématique du terrorisme. Aspect d'une politique publique continentale », *Thinking Africa*, Note d'analyse politique, n°47, septembre 2016, p. 4.

[1071] BONIFACE (Pascal), *La géopolitique*, *op. cit.*, p. 42.

[1072] L'expansion terroriste en Afrique se manifeste principalement par des organisations terroristes telles que : Al-Qaida au Maghreb islamique (AQMI), le Mouvement pour l'Unicité et le Jihad en Afrique de l'Ouest (MUJAO), Boko Haram, Ansaru, Al-Shabaab, la LRA, sans oublier Daesh et bien d'autres. Pour plus d'informations, voir ABENELANG (Salomon Mickson), *Les États africains et la lutte contre le terrorisme*, Thèse de droit, Université de Yaoundé II, 2019, précisément à l'introduction, pp. 1-55.

[1073] NZE BEKALE (Ladislas), « L'Union africaine et la problématique du terrorisme. Aspect d'une politique publique continentale », *op. cit.*, p. 2.

[1074] La Convention sur la prévention et la lutte contre le terrorisme a été adoptée lors de la 35e session ordinaire du Sommet de l'OUA, tenue à Alger, en Algérie, du 12 au 14 juillet 1999 [AHG/Dec.132(XXXV)].

[1075] Le Protocole a été adopté lors de la 3e session ordinaire de la Conférence de l'Union, tenue à Addis-Abeba, du 6 au 8 juillet 2004 [Assembly/AU/Dec.36(III) Rev.1].

[1076] Le Plan d'action a été adopté lors de la réunion intergouvernementale de haut niveau de l'UA sur la prévention et la lutte contre le terrorisme en Afrique, tenue à Alger, du 11 au 14 septembre 2002.

[1077] Traité ou convention s'entend d'un accord écrit entre deux ou plusieurs États énonçant leurs devoirs et leurs droits dans un domaine particulier. Voir BOUCHET-SAULNIER (Françoise), *Dictionnaire pratique du droit humanitaire*, Paris, La Découverte, 2013, p. 163.

[1078] L'origine des instruments concertés non conventionnels réside en général dans des instruments écrits. S'agissant de documents écrits, cette procédure est volontaire, définie dans sa conduite et son aboutissement par les parties elles-mêmes, sans se référer à des cadres juridiques préconstitués. Les pratiques sont très nombreuses, parmi celles-ci se trouvent des consultations. En réalité, les instruments concertés non conventionnels sont dépourvus de force obligatoire, mais non de tout effet juridique. Ils pourraient constituer des traités, mais précisément ils ne relèvent pas de cette catégorie, ce qui signifie que leur autorité et leurs effets

éventuellement renforcer, améliorer, harmoniser, canaliser voire uniformiser si possible l'ensemble des législations antiterroristes africaines. Face à un phénomène aussi polymorphe comme le terrorisme, l'on peut se poser la question de savoir, la loi-modèle regorge-t-elle un dispositif nécessaire, capable de satisfaire les attentes de la communauté africaine en matière de lutte antiterroriste ?

Pour y répondre, l'on retient l'hypothèse selon laquelle, la loi-modèle est un instrument à parfaire. D'un côté, l'on relève des avancées significatives en termes de répression des nouveaux actes terroristes. De l'autre en revanche, elle est demeurée muette sur certaines problématiques contemporaines préoccupantes. En considération de cette orientation, la présente réflexion adopte la méthode interprétative[1079] de la loi-modèle contre le terrorisme, laquelle se veut littérale[1080] ou téléologique[1081]. Pour parvenir à un raisonnement nettement critique[1082], l'on tentera dans la première approche de ressortir quelques innovations qui témoignent de l'originalité de cet instrument (I) tandis que dans la seconde, les insuffisances qui le caractérisent (II).

I- Les jalons d'une législation antiterroriste attractive

Ayant effectivement pris conscience de la solidarité agissante qui se développe entre les multiples réseaux terroristes incrustés en Afrique, une harmonisation des législations nationales antiterroristes entre États membres au sein de l'UA devenait nécessaire. La loi-modèle viserait donc

éventuels n'émanent pas du principe *Pacta sunt servanda.* Ils peuvent par exemple préparer l'apparition de normes obligatoires, s'incorporer dans une procédure conventionnelle, voire dans un processus coutumier. Voir COMBACAU (Jean) et SUR (Serge), *Droit international public*, 7e édition, Paris, Montchrestien, 2006, pp. 53-92. Pour plus de précisions, voir la deuxième partie du présent article.

1079 « *Interpréter c'est découvrir, c'est élucider le sens exact et véritable de la loi. Ce n'est pas changer, modifier, innover ; c'est déclarer, c'est reconnaitre... L'interprétation est donc une activité indispensable pour toute application de la loi à la vie réelle* ». Voir CHAMPEIL DESPLATS (Véronique), *Méthodologies du droit et des sciences du droit*, Paris, Dalloz, 2014, p. 380.

1080 « *L'interprétation littérale est variablement qualifiée de linguistique, sémantique ou encore syntaxique. Elle consiste à déterminer le sens d'un texte ou d'un énoncé en considérant ses propriétés lexicales.* » *Ibid.*, p. 385.

1081 La paternité de l'interprétation téléologique est souvent attribuée à JHERING. Il suggère de prendre en considération la finalité, le but des textes juridiques et de les intégrer dans la vie sociale. *Ibid.*, p. 388.

1082 Le raisonnement critique provient du sociologue allemand Max Weber, il a pour base l'évaluation attentive des prémisses et de l'évidence pour parvenir à des conclusions aussi objectives que possibles. Les différentes étapes de ce raisonnement sont : la connaissance de la règle consistant à la regarder dans son détail ; la description rigoureuse de la règle ou du principe juridique ; la comparaison de celle-ci pour envisager si elle est similaire ou différente d'autres... etc.

substantiellement à communautariser les législations antiterroristes des États africains, afin de disqualifier outre mesure toute activité favorable à ce phénomène.

A- Un repère pour l'harmonisation des lois nationales

Sans aucun doute, l'instance dirigeante de l'UA à travers sa consultation a envisagé un document sur la base duquel, l'ensemble des États de l'organisation a la possibilité de s'identifier, en vue de mieux réprimer les activités terroristes sur leurs territoires respectifs. Avant de démontrer le contenu réel de la loi-modèle africaine contre le terrorisme, il convient au préalable de préciser son fondement juridique.

1- Le fondement juridique de la loi-modèle africaine contre le terrorisme

S'attarder de prime abord sur le fondement juridique de la loi-modèle peut renvoyer naturellement à la question de savoir : quels sont les instruments juridiques de base qui justifient l'adoption de la loi-modèle contre le terrorisme en Afrique ? La réponse à cette interrogation est fondamentale, puisqu'il faut démontrer que la loi en question n'a pas été adoptée *ex nihilo*. En effet, l'organisation africaine a préalablement envisagé cette perspective dans les dispositions de ses instruments continentaux. Le Protocole du 8 juillet 2004, faisait déjà référence d'une législation type à laquelle les États devraient s'adapter. Au terme des dispositions de l'article 5 relatif au rôle de la Commission, le Commissaire en charge de la paix et de la sécurité a pour tâche entre autres, de : *« (...) la préparation de législation et de lignes directrices types afin d'aider les États membres à formuler des législations et autres mesures connexes de prévention et de lutte contre le terrorisme... etc. »*[1083].

La lecture de cette disposition est assez suggestive, dans la mesure où le Protocole attribue une compétence à la Commission, afin de procéder à la préparation d'une législation modèle qui devra être mise à la disposition de tous. Son but étant de soutenir et d'éclairer les États membres de l'UA engagés à l'élaboration d'un instrument pénal contre les activités terroristes. En outre, il convient de rappeler que bien avant le Protocole de 2004, le Plan d'action de l'UA sur le terrorisme en Afrique a envisagé en des termes similaires, l'hypothèse de la mise en œuvre d'une marque déposée de législation antiterroriste en Afrique. À cet effet, il ressort de ce Plan d'action que le Commissaire chargé de la paix et de la sécurité, assisté d'un personnel professionnel, aura pour tâche : *« de fournir des conseils sur les questions ayant trait à l'action antiterroriste, y compris la préparation de modèles types*

[1083] Voir article 5 paragraphe 2 (A) du Protocole du 8 juillet 2004 à la convention de l'OUA sur la prévention et la lutte contre le terrorisme.

de législations et des lignes directrices pour aider les États membres[1084]*...* etc. ».

Au demeurant, il se trouve que la consultation de l'UA sur la loi contre le terrorisme est une initiative dont le fondement juridique provient principalement des dispositions du Plan d'action de l'UA de 2002 et celles du Protocole de 2004. Sous ce rapport, il est admissible que ces deux instruments continentaux constituent indubitablement l'axe central du socle fondamental de la loi-modèle africaine contre le terrorisme. La validité de la base juridique concernant la loi-modèle au regard des deux instruments précités ne saurait donc être contestée, surtout avec son contenu qui parait dense.

2- Le contenu de la loi-modèle africaine contre le terrorisme

Sur le plan interne et sans préjudice de l'absence de son caractère obligatoire, l'on pourrait assimiler la loi-modèle contre le terrorisme à une loi-cadre[1085], c'est-à-dire une loi générale dont les champs d'application sont définis par les décrets. À titre d'illustration, les peines concernant l'ensemble des actes érigés en infractions terroristes dans la loi-modèle n'ont pas été précisées. Raison pour laquelle la fixation de celles-ci doit être entreprise par chaque État. Néanmoins, en opérant un regard d'ensemble sur le texte modèle contre les activités terroristes, quelques remarques notables méritent à juste titre d'être amplement relevées.

L'on constate qu'à la lecture de celui-ci, le terme terrorisme ou terroriste est employé pas moins de 120 fois. Cette redondance paradigmatique de l'expression de la terreur témoigne à suffisance le rejet de ce phénomène lequel les initiateurs de la loi-modèle ont voulu traduire. Il s'ensuit que le terrorisme ou les actes terroristes, quelles que soient leurs formes, doivent être rejetés outre mesure sur toute l'étendue de l'espace africain. Les dispositions qui découlent de cette loi laissent croire sans ambages qu'aucun acte terroriste ne devrait être admis, quelle que soit sa motivation, sous réserve de certaines dispositions[1086].

[1084] Voir le Point G du Plan d'action de l'UA sur le terrorisme, précisément l'article 18 en son alinéa C.

[1085] La loi-cadre est un texte législatif au contenu très général qui sert de cadre à des textes d'application et à des décrets. Elle décrit un programme avec des objectifs et des engagements. Celle-ci pose les principes généraux ou les grandes orientations d'une stratégie à observer dans un domaine précis. La loi-cadre laisse cependant au pouvoir exécutif la latitude de les développer dans le détail et de les mettre en œuvre par les moyens de son pouvoir réglementaire.

[1086] « *Malgré la définition d' "acte terroriste"... ce qui suit ne doit pas être considéré comme actes terroristes : (a) tout acte visé ... si l'acte est le résultat d'un plaidoyer, d'une protestation, de dissidence ou d'une action revendicative et n'est pas destiné à causer le dommage ou le comportement décrit dans l'un des paragraphes ... (b) la lutte menée par les peuples conformément à leur droit en vertu du droit international à la libération nationale et l'autodétermination, y compris la lutte armée contre le colonialisme, l'occupation, l'agression*

Concrètement, le contenu de la loi-modèle, outre son préambule facultatif, est structuré autour de dix (10) parties subdivisées en soixante-six (66) articles. Les infractions de terrorisme[1087], les problématiques liées aux mesures de prévention du blanchiment d'argent et du financement du terrorisme, occupent une place remarquable[1088]. En effet, elles sont rappelées itérativement dans l'optique de renforcer la transparence financière dans chaque État membre de l'UA. Aussi, les rédacteurs de cet instrument antiterroriste, pour éviter que des États ne soient exposés à certaines difficultés, ont-ils envisagé l'intégration de deux Annexes. Dans les dispositions de l'Annexe I, l'UA estime qu'il est nécessaire d'opérer quelques amendements, voire des abrogations, dans le microcosme législatif des États qui sollicitent de s'arrimer à la loi-modèle, afin de ne pas se retrouver en situation de conflits des lois. Ce faisant, l'on a logiquement prévu de façon indicative dans cette Annexe I, l'amendement ou l'abrogation de certaines lois pénales antérieures.

Quant à l'esquisse de l'Annexe II, relative à la liste des entités responsables, celle-ci s'inscrit dans le sillage de la responsabilisation des personnes ou entités impliquées dans les transactions financières et autre nature, en vue de mieux durcir et détruire les sources de financement du terrorisme. De la sorte, « *doit être considérée comme une entité responsable, toute personne ou entité qui exerce à titre commercial une ou plusieurs des activités ou des opérations pour ou au nom d'un client*[1089] ». Plusieurs secteurs d'activités, notamment le domaine financier et commercial, ont été les principales cibles, ceci dans la perspective de s'attaquer au blanchiment d'argent et au financement du terrorisme. L'insertion d'une annexe à la loi-modèle se rapportant à la liste des entités responsables, a pour objectif de rendre plus transparentes les transactions dans les secteurs d'activités auxquels on se réfère.

In fine, plusieurs dispositions relevées aussi bien dans le contenu de la loi-modèle que dans ses annexes invitent au rapprochement, voire à l'harmonisation des législations nationales antiterroristes. Cette loi regorge

---

et la domination par des forces étrangères ; (c) les actes couverts par le droit international humanitaire, commis dans le cadre d'un conflit armé international ou non international, par les forces gouvernementales ou des membres de groupes armés organisés ; à condition qu'un motif politique, philosophique, idéologique, racial, ethnique, religieux ou tout motif similaire ne soit pas considéré, pour une quelconque raison, y compris à des fins de poursuites ou d'extradition, comme un moyen de défense justifiable à l'égard d'une infraction qui s'inscrit dans la définition d'acte terroriste. » Voir l'article 4 Paragraphe Xli de la loi-modèle africaine contre le terrorisme.

[1087] La deuxième partie de la loi-modèle comprend trois chapitres parmi lesquels : l'infraction de terrorisme et des infractions associées ou liées aux actes terroristes ; des infractions de convention et enfin les autres infractions. Ces chapitres sont organisés autour de 20 articles.

[1088] Ce chapitre est structuré autour de 13 articles.

[1089] Voir l'Annexe II de la loi-modèle contre le terrorisme.

d'ailleurs un minimum incompressible pour tout texte réprimant les activités terroristes[1090]. On y trouve entre autres, une variété d'infractions dites terroristes[1091], les mesures de prévention du blanchiment d'argent et du financement du terrorisme[1092], la compétence des États sur les activités terroristes[1093], sans oublier les mécanismes de l'extradition et de l'entraide judiciaire[1094]. Si la loi qui fait l'objet de la présente analyse revêt un caractère attractif, en réalité c'est tout simplement à notre humble avis, parce qu'elle est porteuse de nombreuses innovations notables. Celles-ci participent immanquablement, à la modernisation de la criminalisation et de la pénalisation des actes terroristes dans l'espace continental.

B- Les innovations dans la criminalisation des activités terroristes

La consultation de l'UA concernant la loi-modèle contre le terrorisme, comme la tendance majoritaire des législations antiterroristes au plan local, continental et même universel, procède soit par le renforcement de la pénalisation de certaines infractions existantes, soit par la création de nouvelles, en vue de leur offrir toutes, une coloration terroriste. Fabrice Bikié explique à ce propos que « *le législateur organise l'incrimination du terrorisme suivant deux modalités : la technique binaire de l'incrimination par référence et les infractions terroristes dites autonomes*[1095] ».

Tout compte fait, cet instrument est révolutionnaire dans la mesure où il a fait basculer des comportements jadis « communément acceptables » dans les États africains, vers la catégorie des crimes terroristes. Certains parmi ceux-ci

---

1090 Selon le ministre délégué chargé des Affaires maghrébines et africaines Abdelkader MESSAHEL, la loi prévoit « *toutes les mesures légales pour prévenir et combattre les actes terroristes, dont la criminalisation et la pénalisation de l'acte terroriste, la mise en place de canaux de coopération, le renforcement des contrôles aux frontières, l'échange d'informations, l'entraide judiciaire, la lutte contre le financement du terrorisme et l'établissement de la compétence à connaitre les actes de terrorisme.* » Voir BETTATI (Mario), *Le terrorisme. Les voies de la coopération internationale*, Paris, Odile Jacob, 2013, p. 20.

1091 Confère partie II de la loi-modèle.

1092 Ibid., partie III.

1093 Ibid., partie IV.

1094 Confère partie IX, loi-modèle sur le terrorisme.

1095 Au sujet de la loi antiterroriste camerounaise de 2014, l'auteur constate que : « *S'agissant de l'incrimination du terrorisme par référence, (...) Une lecture des dispositions fait remarquer qu'à la base, plusieurs comportements déjà prohibés par le droit commun sont repris sauf qu'ici, c'est la finalité ou encore le but poursuivi qui les font basculer dans le champ de l'infraction terroriste... Quant aux mécanismes de l'incrimination autonome du terrorisme, ils sont l'objet des articles 4, 5 et 8 de la loi de 2014 sous les intitulés respectifs de blanchiment des produits des actes de terrorisme, de recrutement et formation et d'apologie des actes de terrorisme* ». En effet, il s'agit dans cette deuxième modalité de nouvelles infractions dans l'univers camerounais. Pour plus de précisions voir BIKIE (Fabrice), « Le droit pénal à l'aune du paradigme de l'ennemi », *La Revue des droits de l'homme*, décembre 2016, pp. 4-5.

étaient encore jusque-là admissibles dans la pratique quotidienne, puisqu'ils ne constituaient pas dans leur ensemble des infractions. Parmi les innovations les plus originales apportées dans les dispositions de cette loi, se trouve la consécration de l'interdiction du paiement des rançons pour la libération des personnes prises en otages.

1- Le paiement de rançons une clause qualificatoire d'acte terroriste

S'il est admis que l'objectif de la loi-modèle est de rapprocher toutes les législations antiterroristes des États membres de l'UA en vue de réduire certains décalages, il reste que fondamentalement, celle-ci est consubstantielle à l'anéantissement de toute activité susceptible d'être liée au terrorisme. Or, de tout temps, les chantres de la terreur ont toujours eu besoin de moyens, fussent-ils humains, matériels ou surtout financiers pour faire entendre davantage leurs voix. Il est utile de préciser que le financement du terrorisme, « *est sous-tendu par la nécessité pour les organisations terroristes d'assurer l'entretien personnel de leurs membres et des familles de ces derniers, d'acheter des armes et de la logistique, de préserver les canaux de communication, et d'adopter des mesures d'autoprotection* »[1096]. Il faut donc couper toutes les voies de financement du terrorisme y compris le paiement de rançons, longtemps usité dans de nombreux États africains.

L'introduction de l'interdiction du paiement de rançons dans la loi-modèle est la résultante d'un processus qui a débuté en 2009 au sein de l'UA. En effet, les rédacteurs de la loi-modèle ont été animés par une clairvoyance dans ce sens, en criminalisant et en pénalisant les actions liées aux paiements de rançon. Pourtant, ce type de comportements avant la décision de la Conférence de l'Union en 2009, n'a pas antérieurement retenu l'attention du législateur continental. On suppose à notre avis qu'il l'aurait esquivé volontairement. La preuve, nulle part dans les dispositions de la convention de l'OUA de 1999, encore moins dans son Protocole de 2004, la problématique du paiement des rançons a été relevée.

Désormais, il ne fait donc plus l'ombre d'aucun doute à l'aune de la loi-modèle africaine contre le terrorisme, que le paiement d'une rançon contre la libération d'un otage est un acte terroriste. Il ressort de la loi que toute « *personne ou entité qui directement ou indirectement paye ou contribue au paiement d'une rançon en échange de la libération de l'otage commet une*

[1096] FOMEGANG (Timothée), « La lutte contre le financement du terrorisme dans les organisations d'intégration économiques sous régionales africaines : les cas de la CEMAC et de l'UEMOA », in OLINGA (Alain Didier) (dir.), *Droit international, droits nationaux et lutte contre le terrorisme en Afrique*, Yaoundé, PUCAC, 2017, pp. 479-501.

infraction... »[1097]. Cette disposition a le mérite de participer au durcissement des moyens de financement des réseaux terroristes. À travers l'incrimination du paiement de rançons, les décideurs des États africains ont la possibilité de rompre définitivement un type de relations peu recommandables avec les agents de la terreur. L'on constate en réalité dans les faits que cette pratique a souvent été une arme de chantage, laquelle est exercée par les groupes terroristes à l'endroit des gouvernants.

Pour réduire la vulnérabilité des gouvernants y compris celle des particuliers devant des destructeurs de vies humaines, il faut impérativement interdire cette pratique qui a pignon sur rue dans plusieurs États en Afrique, malgré le fait que beaucoup de dirigeants continuent à clamer officiellement ne pas verser de rançons aux terroristes[1098]. Le paiement des rançons encourage d'autres enlèvements, il ne faut donc pas céder aux exigences des agents de la terreur, de peur de soutenir des industries terroristes sur son propre espace territorial[1099]. En sus de l'interdiction du paiement de rançons, on peut évoquer une autre marque de la révolution dans la loi-modèle, celle concernant l'infraction liée au canular.

2- Les canulars potentielle clause disqualificatoire dans l'univers de la communication

La criminalisation des actes liés à des canulars est certainement l'innovation la plus originale que l'on pourrait relever dans les dispositions de la loi-modèle. Le fait d'attribuer une figure de terroriste aux personnes qui véhiculent un certain type de canulars peut sembler osé, voire comique. Pourtant, cela est une réalité depuis que le législateur de l'UA a élaboré sa loi de référence sur les actes terroristes. Il se profile au terme de l'article 24, que toute « *personne qui, avec l'intention d'induire chez une personne partout dans le monde une fausse croyance qu'une substance*[1100], *une chose ou d'un dispositif est, ou contient, ou est susceptible d'être, ou de contenir une*

[1097] Voir l'article 16 Paragraphe 2 de la consultation de l'Union africaine sur l'élaboration de la loi modèle contre le terrorisme, *op. cit.*

[1098] Officiellement, la quasi-totalité des gouvernements du monde clame haut et fort ne pas négocier avec les groupes terroristes, l'on entend parfois certaines déclarations : Nous ne cédons pas face aux terroristes ; nous ne nous inclinons pas devant les terroristes ; nous ne payons jamais de rançons ; nous ne nous asseyons pas sur la même table de négociation avec les agents de la terreur ». Toutefois, il reste que la pratique au sujet du versement des rançons connait une controverse. En effet, c'est une situation très embarrassante pour tout État, car d'un côté il faut sauver la vie des personnes capturées, et de l'autre, éviter de « participer » au financement des activités terroristes. Voir ABENELANG (Salomon Mickson), *Les États africains et la lutte contre le terrorisme* », *op. cit.* , p. 130.

[1099] *Voir ABENELANG (Salomon Mickson), «* Les Etats africains et la lutte contre le terrorisme *»,op.cit.,p.130.*

[1100] La loi-modèle précise que « *la substance s'entend de tout agent biologique et de toute autre substance naturelle ou artificielle, quels que soient sa forme, son origine ou son mode de production.* » Voir article 24 paragraphe 2.

substance nocive ou une chose ou un explosif ou autre dispositif létal ... place cette substance, cette chose ou ce dispositif en tout lieu; envoie cette substance, cette chose, ce dispositif d'un endroit à un autre, par la poste, le rail ou par tout autre moyen que ce soit, est coupable d'infraction[1101] ».

La suite et la poursuite de ce même article révèlent par ailleurs que toute « *personne qui, directement ou indirectement, communique toute information, qu'elle sait ou aurait dû raisonnablement savoir ou suspecter, ou croit être fausse, avec l'intention d'induire chez la personne partout dans le monde une croyance qu'une substance nocive, une chose, un explosif ou autre dispositif létal est susceptible d'être présent (que ce soit au moment où l'information est communiquée ou ultérieurement), à n'importe quel endroit, est coupable d'une infraction*[1102] *et est passible d'une peine »,* fixée par l'État ayant adopté cette loi.

À l'observation des précédentes dispositions, il y a lieu de démontrer à juste titre le caractère fortement révolutionnaire, voire draconien, des mesures adoptées par le législateur de l'UA. Au fait, comment comprendre que la pratique de canulars tombe dans la nasse des infractions à caractère terroriste ? Une explication peut néanmoins être donnée en rapport à cela. En effet, il faut souligner une précision notable avant tout débat préalable : tous les actes liés à des canulars ne sont pas réprimés dans cette loi. Seuls quelques-uns parmi ceux-ci sont concernés, en l'occurrence les fausses nouvelles se référant à une substance[1103], une matière ou d'un dispositif. L'attitude du législateur au sujet de cette incrimination consiste à lutter contre des situations qui génèrent la panique ou la peur auprès des citoyens. En tout état de cause, l'encadrement des infractions liées à des canulars a une dimension téléologique, celle de réprimer des comportements qui instaurent un climat de peur, laquelle peut parfois être consubstantielle à la terreur[1104].

Prosaïquement, un canular s'entend d'une blague, d'une mystification. Or, mystifier c'est abuser de la crédulité, de la naïveté d'un individu pour s'amuser à ses dépens, le tromper en donnant de la réalité une idée séduisante, mais fausse. Le canular est une blague, mais alors une mauvaise blague, dans le sens qu'il s'agit de provoquer une sorte de panique, que l'on peut juger inadmissible lorsqu'elle est propagée à l'endroit de son destinataire. La

---

[1101] Article 24 paragraphe 1(a), Loi –modèle sur le terrorisme.

[1102] Article 24 paragraphe 1(b),Loi-modèle sur le terrorisme.

[1103] Au terme de la présente loi, « *substance comprend tout agent biologique et de toute autre substance naturelle ou artificielle (quels que soient sa forme, son origine ou son mode de production)* ». *Ibid.*

[1104] « *La notion de terreur s'entend, d'une peur extrême et l'auteur des actes illégaux doit avoir pour intention spécifique de répandre une telle terreur parmi la population civile.* » Voir *le Procureur c Stanislav Galic* (Tribunal pénal international pour l'ex-Yougoslavie, Chambre de première instance), jugement 5 décembre 2003, en ligne<http//www.un.org/icty>. Consulté le 6 juin 2017.

propagation de certaines fausses nouvelles peut être source de panique profonde, susceptible de déstabiliser la paix sociale dans une localité déterminée. Il faudrait que les personnes responsables de tels actes soient durement réprimées, afin que les citoyens africains dans leurs localités respectives, vivent à l'abri de situations terrifiantes, voire terrorisantes. Il est utile de rappeler que l'objectif du terroriste est de provoquer la panique au sein de la société, fut-elle par des voies mensongères. Il s'avère donc normal que le législateur antiterroriste à son tour, recherche à disqualifier tout comportement pouvant parvenir à cette fin.

Par extension, l'on pourrait retenir que l'intégration de la pratique de canulars dans la catégorie des actes terroristes est une forme implicite de responsabilisation, du sérieux, des personnes impliquées dans la gestion des substances, des matières ou d'un certain type de produits. Ceci semble d'autant plus évident qu'il peut arriver des moments, où les détenteurs de telles matières peuvent être tentés d'intimider d'autres personnes par des manœuvres mensongères. Mettre un terme à de tels comportements est donc nécessaire dans le domaine de la communication entre personnes. Toutefois, il reste que les activités terroristes demeurent perpétuellement changeantes pour cela, toute tentative répressive contre celles-ci peut s'avérer limitée.

II- Les imperfections de la loi-modele contre le terrorisme

La loi-modèle africaine contre le terrorisme, malgré ses nombreuses innovations dans la dynamique de l'anéantissement des activités terroristes, demeure néanmoins un instrument qui suscite quelques interrogations. Celles-ci proviennent sans doute des faiblesses qui la caractérisent sur le plan formel.

A- Les limites formelles

Adoptée depuis 2011, la loi-modèle africaine contre le terrorisme, telle qu'elle se présente, est loin d'être un instrument dénué de failles, voire de limites. Dans ses dispositions, elle regorge visiblement quelques lacunes. Ces dernières sont susceptibles de la rendre inopérante, raison pour laquelle il faut l'évaluer.[1105] Dans cette démarche, deux faits capitaux peuvent dans un premier temps se répercuter sur la loi-modèle, et relativiser ainsi son caractère attractif. Il s'agit aussi bien de sa nature que de la faible intensité d'adhésion que la communauté des États membres de l'organisation africaine continue de lui réserver depuis son adoption.

[1105] L'évaluation relève *« donc d'une démarche scientifique, visant à connaitre de manière objective et désintéressée l'ensemble des effets directs ou indirects, voulus ou non voulus d'une règle de droit »*. Voir Rangeon (F), « Réflexions sur l'effectivité du droit », *in* Centre universitaire de recherches administratives et politiques de Picardie (CURAPP), *Les usages sociaux du droit*, Paris, PUF, 1989, p. 140.

1- Un instrument fortement limité de par sa nature

Dans la nomenclature des normes internationales, il est généralement admis qu'il existe d'une part, les normes à autorité renforcée et d'autre part celles à autorité atténuée. L'instrument portant création de la loi-modèle africaine contre le terrorisme laisse sans aucun doute transparaitre que celui-ci appartient à la catégorie des normes à autorité atténuée ou *Soft Law*[1106]. Il est utile de rappeler que la loi-modèle africaine n'est pas un traité, mais plutôt un instrument concerté non conventionnel, une consultation de l'UA. Il s'agit d'un document écrit, dont la procédure est volontaire, déterminée dans sa conduite et son aboutissement par l'organisation africaine.

En ce qui concerne les instruments concertés non conventionnels, c'est la volonté des participants à l'accord qui exclut leur autorité conventionnelle et non une infirmité substantielle ou formelle[1107]. Par ailleurs, il y a lieu de retenir que c'est le contenu de ces instruments, ajouté à l'absence de toute procédure formelle requise pour engager un État qui la traduisent. La loi-modèle africaine contre le terrorisme est donc un outil *per se* porteuse de limites, parce que dépourvue de force obligatoire, mais non de tout effet juridique. Puisqu'à certains moments, cette pratique peut consister à répondre aux besoins des États qui veulent dans certaines situations, parfois par souci de compromis, écarter la rigueur des engagements conventionnels, sans pour autant nécessairement renoncer à conférer à ces accords une quelconque portée juridique[1108].

La considération que l'instrument de l'UA ne relève pas de *pacta sunt servanda,* ne lui fait pas pour autant sortir du champ du droit international. Nonobstant le fait que la loi-modèle ne soit pas une convention, lorsque sont rappelées dans cet instrument un ensemble de résolutions des Nations unies concernant la lutte contre le terrorisme, des conventions, actions et décisions de l'organisation africaine, il s'agit bien de règles obligatoires même si leur autorité ne découle pas de l'instrument. À ce propos, Serge Sur explique que ce type d'initiative, « *correspond également à la dynamique des instruments qui tendent à s'appuyer sur des normes existantes afin, d'une part, de valider leur propre contenu et, d'autre part, d'engager une avancée normative ou opérationnelle par rapport à elles, même sous forme non obligatoire* »[1109].

Mais à la vérité, il reste que l'UA, aura difficilement la capacité en l'espèce, d'obliger ses États membres à s'arrimer à sa loi-modèle, puisqu'elle

---

[1106] *Soft Law* c'est un « *terme qui fait image, et comme tel vague et multiple : pré-droit, droit mou, obligation flexible, inachevée, incomplète, mais aussi modalité informelle de création du droit.* » Voir COMBACAU (Jean) et SUR (Serge), *Droit international public*, *op. cit.* p. 88.
[1107] *Ibid.*, p. 87.
[1108] *Ibid.*, p. 88.
[1109] *Ibid.*, p. 91.

a volontairement dénué celle-ci de toute autorité conventionnelle. Aussi, en vertu de la souveraineté pénale des États, est-il admis que chaque entité étatique doit fixer et organiser librement les lois pénales sur son territoire[1110]. Même si l'on doit parallèlement admettre que le législateur national n'est plus seul maitre des frontières du droit de punir, du fait de la mondialisation, des normes du *jus cohens*[1111] et surtout du renouvellement des formes actuelles de la criminalité internationale marquée à cet effet par la persistance des activités terroristes. En tout état de cause, la loi-modèle, au-delà de l'absence de son caractère obligatoire, connait par ailleurs un faible taux d'adhésion assez déplorable.

2 Une adhésion à la loi-modèle faiblement exprimée

Les hésitations, mieux les réticences observées de la part des États africains en ce qui concerne leur adhésion à la loi-modèle méritent sérieusement d'être relevées. On est même en voie de s'interroger si effectivement, la loi-modèle est un modèle de loi. En fait, le caractère obligatoire ou non qui peut lier les États parties à un instrument pourrait déterminer leur intensité d'adhésion ou d'acceptation à celui-ci. Dans la pratique, sous réserve de certains cas précis[1112], la tendance laisse croire que plus un instrument est dépourvu du caractère obligatoire, moins celui-ci fait l'objet d'une adhésion massive de la part des États. Étant donné que la consultation de l'UA n'est qu'un instrument non conventionnel, cet aspect négatif signifie que leur autorité et leurs effets éventuels ne dérivent pas du principe *pacta sunt servanda.* En tant que tel, certains États du continent peuvent manifester une indifférence à l'égard de la loi-modèle parce que justement, n'ayant exprimé leur volonté à être lié par elle. Ils ne sont donc pas en réalité obligés, de formuler des demandes à la Commission pour mettre à leur portée les dispositions pertinentes de cette loi

[1110] La souveraineté pénale désigne le lien intime qui unit la souveraineté et le *ius puniendi* depuis la naissance de l'État moderne. L'expression est retenue pour son fort pouvoir évocateur, et non comme un écho à une conception matérielle de la souveraineté. Historiquement, le droit de punir est l'expression de l'autorité du souverain à l'égard de son peuple et de son territoire. Sa définition et son exercice s'inscrivent dans un projet de société dont ils participent autant qu'ils contribuent à le modeler. Voir Présentation du Colloque annuel, *SFDI* du 18 mai 2017, Université de Lille, portant sur « La souveraineté pénale des États au XXIe siècle ».

[1111] L'article 53 de la Convention de Vienne du 22 mai 1969 sur le droit des traités dispose qu'« *une norme impérative du droit international général est une norme acceptée et reconnue par la communauté internationale des États dans son ensemble en tant que norme à laquelle aucune dérogation n'est permise et qui ne peut être modifiée que par une nouvelle norme du droit international général ayant le même caractère* ».

[1112] Il est généralement admis que des instruments non obligatoires connaissent un faible taux d'adhésion. Toutefois, cette analyse est loin d'être totalement vraie, l'on en a pour preuve la Déclaration universelle des droits de l'homme. Non obligatoire de par sa nature, l'instrument en question a connu une forte intensité d'adhésion dans la communauté internationale des États. On trouve d'autres textes de même nature qui connaissent des taux d'adhésion impressionnants.

dans leurs législations pénales, car cela ne découle d'aucune convention qu'ils ont conclue.

Néanmoins, il est important de relever également que l'absence de portée juridique obligatoire d'un instrument ne se traduit pas systématiquement par un faible taux d'adhésion à celui-ci, sous prétexte qu'il n'est pas contraignant. Puisque dans un autre cas de figure, les instruments non conventionnels peuvent être d'autant plus facilement appliqués qu'ils ne sont pas obligatoires et tentent d'apporter une solution pratique, hors de toute préoccupation contentieuse, car ils échappent à un règlement juridictionnel des différends qu'ils pourraient susciter, comme à une responsabilité internationale en cas de méconnaissance[1113]. En ce qui concerne le taux d'adhésion à la loi-modèle, la présidente de la Commission soulignait avec regret en 2014, que seuls : « *trois États membres, à savoir le Ghana, Maurice et le Burkina Faso, ont formellement demandé à la Commission de mettre à leur disposition une expertise juridique, afin d'intégrer les dispositions pertinentes de la loi-type dans leurs législations pénales* ». Une telle intensité d'adhésion est à la vérité décevante, car se situant sûrement en dessous des attentes espérées par l'instance dirigeante du continent africain.

De 2011 à 2014, trois États seulement ont officiellement sollicité l'intégration des dispositions de la loi-modèle dans leurs législations pénales. Ce qui fait en moyenne, une demande par an. Si l'on s'en tient à ce rythme caméléonesque, il faudra peut-être attendre plus de cinquante années, avant que tous les États membres n'effectuent leurs demandes d'harmonisation aux dispositions de la loi-modèle. Ce constat déplorable est la manifestation patente d'un désintérêt de la part des pays africains à l'égard de la loi-modèle contre le terrorisme. Pourtant, entre la fin de l'année 2014 et le début de l'année 2015, huit (8) pays du continent ont modifié leurs législations pénales, pour y intégrer des dispositions antiterroristes[1114]. Le législateur national adopte parfois des lois sous le coup de l'émotion, sans daigner s'attarder préalablement aux exigences de la loi-modèle, ce que Jean Marc Sorel a qualifié de « *lois réactives* »[1115] dans le cadre français. En attendant que plus d'États sollicitent auprès de l'organisation continentale une harmonisation de leurs législations à cet instrument de référence, le constat est sans conteste : la loi-modèle, en dehors de sa nature problématique, mâtinée du faible taux

---

[1113] COMBACAU (Jean) et SUR (Serge), *Droit international public*, *op. cit.* p. 91.

[1114] Égypte, Cameroun, Maroc, Tchad, Côte d'Ivoire, Tunisie, Libye, Kenya.

[1115] Au sujet des lois antiterroristes, l'auteur fait remarquer qu'il s'agit le plus souvent de lois « réactives » intervenant après des attentats spectaculaires en France ou à l'étranger (notamment ceux de la rue de Rennes à Paris en 1986, de New York en 2001, ou de Madrid en 2004). Voir SOREL (Jean Marc), « Cadre universel et cadre national en matière de lutte contre le terrorisme : la difficile greffe d'instruments universels dans le droit national », in OLINGA (Alain Didier) (dir.), *Droit international, droits nationaux et lutte contre le terrorisme en Afrique*, Yaoundé, PUCAC, 2017, p. 31.

d'adhésion dont elle s'illustre, semble présenter d'autres manquements substantiels qui pourraient être préoccupants.

B- Les limites substantielles

La redondance proclamatoire de la condamnation de toute activité terroriste contenue dans la loi-modèle africaine ne souffre d'aucun doute. Toutefois, une lecture attentive de cet instrument permet de se rendre compte de quelques manquements ou imprécisions décisives, susceptibles de remettre même en question la qualification du caractère « modèle » que l'UA a bien voulu réserver à ce texte. Les manquements relevés à cet effet pourraient dans une certaine mesure constituer des motifs valables pour la violation des droits de l'homme.

1- L'indétermination des peines un potentiel signe attentatoire aux droits de l'homme

Il est indéniable que le droit de punir est l'expression de l'autorité du souverain à l'égard de sa population et de son territoire. En effet, la compétence pour fixer les peines, et donc punir ceux qui enfreignent aux lois de la république, appartient légitimement aux autorités étatiques de chaque État. Un instrument qui prétend s'ériger en modèle devrait être précis sur certains aspects fondamentaux, pour éviter de profonds décalages entre ceux qui envisagent d'arrimer leurs législations à celui-ci. La loi-modèle a pour objectif le rapprochement des différentes lois pénales sur le terrorisme. Pour cela, elle devrait être précise sur quelques aspects imprécis. Or l'on peut regretter que cette loi, bien qu'elle présente d'insignes innovations, s'illustre quelque peu par des manquements qui laissent présager une tendance à la violation aux droits fondamentaux de l'homme. Il est admis que tous les textes antiterroristes au monde, quels qu'ils soient, devraient impérativement mettre un accent sur les droits de l'homme[1116], même si le couple lutte contre le terrorisme et protection des droits de l'homme a de tout temps connu des controverses.

[1116] En mars 2005, lors de sa 61e session, la Commission des Droits de l'Homme des Nations Unies décidait d'aller plus loin et elle créa un poste de Rapporteur spécial sur la promotion et la protection des droits de l'homme et des libertés fondamentales dans la lutte contre le terrorisme. Ce mécanisme, remplaçant celui de l'expert indépendant, est investi d'un mandat plus large qui lui permet désormais d'adresser directement des recommandations aux États qui violent les droits de l'Homme dans le contexte de la lutte contre le terrorisme. Il faut préciser que l'ancien Secrétaire général des Nations Unies, devant le Conseil de sécurité en 2002, soulignait la nécessaire comptabilité des législations antiterroristes avec les droits de l'Homme et les principes démocratiques, pour le succès même de la lutte contre les auteurs d'actes terroristes. Voir Rapport d'analyse de la *Fédération internationale des ligues des droits de l'Homme*, sur « L'anti-terrorisme à l'épreuve des droits de l'Homme : les clés de la compatibilité », n°429, octobre 2005, p. 5.

Le préambule de la loi-modèle réaffirme que : « *la lutte contre le terrorisme doit être menée conformément au droit international, y inclus le droit international des droits de l'homme*[1117], ... *etc.* ». La protection des droits de l'homme dans le cadre des campagnes antiterroristes, concerne aussi bien les droits des victimes que ceux des terroristes. Parmi les droits des terroristes, se trouve principalement le droit à la vie. Il est vrai qu'une certaine branche de la doctrine estime que ce serait malsain d'évoquer les droits des terroristes. Pour les défenseurs de cette thèse, ils ne comprennent pas comment des destructeurs de vies humaines peuvent encore être candidats au droit à la vie[1118], alors qu'ils ont volontairement ôté celle des autres. Pour eux, c'est une grave aberration que de reconnaitre des droits aux individus qui ont pour seule mission de « tuer pour tuer ».

La loi-modèle africaine contre le terrorisme est silencieuse concernant la précision des peines que l'on doit infliger aux personnes qui ont commis des actes terroristes. Elle a laissé le soin à chaque État voulant s'arrimer à elle de fixer lui-même ses peines, toute chose qui peut nous sembler dangereuse. Lorsque cette loi laisse la latitude aux États membres de l'UA de fixer librement le maximum des peines, cela pourrait motiver davantage certains à intégrer, voire à maintenir dans cette veine, des peines de mort, qui jusque-là, n'ont pas démontré leur efficacité dans la lutte contre le terrorisme. À la lecture de la loi-modèle, il n'est précisé ni le minimum encore moins le maximum de la peine[1119] à infliger aux auteurs d'actes terroristes. Dans les faits, punir sans réellement préciser les peines semble donc être la stratégie du législateur de l'UA. Il a délibérément choisi l'abandon de la fixation des peines, une mesure susceptible d'inciter tout potentiel candidat à l'adaptation des dispositions de la loi de référence, à maintenir ou à intégrer la peine capitale dans sa législation antiterroriste.

Nous croyons humblement que c'était l'occasion pour l'organisation africaine, de donner le ton, en se prononçant sur l'acceptation ou pas de l'usage de la peine de mort dans les législations africaines, précisément en ce qui concerne la répression des activités terroristes. Même si cela relève du domaine de la souveraineté de chacun, il aurait été préférable que l'UA, lors

---

[1117] Voir le préambule facultatif de la consultation de l'Union africaine sur la loi-modèle africaine contre le terrorisme.

[1118] Pour quelques précisions, voir OWONA MBIDA (Otto Georges), « Une aporétique, la question des droits des terroristes », in OLINGA (Alain Didier) (dir.), *Droit international, droits nationaux et lutte contre le terrorisme en Afrique*, op. cit., pp. 479-501.

[1119] Selon les dispositions de l'article 5 par exemple, il en découle que : « *Toute personne qui se livre à un acte terroriste est coupable d'infraction, et est passible de ... [insérer le maximum de la peine*]. » L'article 6 présente la même caractéristique lorsqu'il énonce que : « *Toute personne qui se livre au financement du terrorisme commet une infraction et est passible de [insérer le maximum de la peine*]. » En somme, toutes les infractions contenues dans la loi-modèle africaine ne sont pas assorties de peines précises contre les auteurs d'actes terroristes.

de l'adoption de cet instrument de référence, déterminât l'encadrement des peines dans ce sens. On peut à ce titre faire le reproche au législateur continental, de s'être abstenu à propos de la fourchette des peines à infliger aux auteurs d'actes terroristes. Pourtant, lorsqu'on observe son homologue européen, tel n'est pas le cas. En effet, l'Union européenne, à travers sa décision-cadre du Conseil du 13 juin 2002, relative à la lutte contre le terrorisme, prévoit un seuil minimal commun pour les peines et sanctions applicables. Elle a envisagé huit (8) ans pour la participation et quinze (15) ans pour la direction d'un groupe terroriste, chaque fois que cela est avéré dans l'un des États membres de l'Union européenne.[1120].

En outre, un autre reproche peut être adressé au législateur africain à propos de la loi-modèle. À la vérité, il aurait été convenable pour les rédacteurs de la loi en question, de proposer une marge des délais de garde à vue, afin d'amoindrir ou de corriger les écarts qui existent entre différentes législations pénales du continent dans ce domaine. Le fossé observé en matière des délais de garde à vue en Afrique est nettement inquiétant. Il se trouve qu'un pays comme l'Égypte ne prévoit pas de durée spécifique de garde à vue. De la sorte, l'on peut soupçonner des gardes à vue arbitrairement prolongées. En revanche, dans d'autres États africains, quand la garde à vue est prévue par le législateur, elle peut sembler très élevée. À titre d'illustration, au Nigéria, la garde à vue est de 90 jours renouvelables une fois, alors qu'au Kenya celle-ci est plus excessive, se situant à 360 jours. À la lumière de ces remarques, l'instrument africain mérite de contenir nécessairement un ancrage juridique au sujet de cette problématique. Il est probable qu'en s'arrimant à la loi-modèle, vu son absence de précision sur la fixation des peines et des délais de garde à vue, cela soit un motif implicite à la régression de la protection des droits de l'homme pour certains États. Dans le même élan, on constate que les rédacteurs de la loi n'ont pas pris en compte le sort des victimes d'actes terroristes.

2- L'abandon de la question de l'indemnisation des victimes du terrorisme

Toute personne ou famille, victime d'un acte terroriste, devrait normalement avoir droit à une indemnisation. Il faut admettre que l'organisation africaine a pris conscience de son importance capitale, raison pour laquelle l'on envisage de mettre sur pied un Fonds pour les victimes d'actes terroristes. Toutefois, cette prise de conscience intervient après l'adoption de la loi-modèle africaine contre le terrorisme. En effet, lorsqu'on parcourt les dispositions pertinentes de cette loi, nulle part, il est fait mention au droit à l'indemnisation des personnes ayant subi les affres de la terreur. Le

1120 BETTATI (Mario), *Le terrorisme Les voies de la coopération internationale*, *op. cit.*, p. 181.

législateur de l'UA a complètement omis, voire abandonné le traitement de cet aspect de choses lors de l'élaboration de son instrument. Il est raisonnable qu'un instrument d'une telle ampleur intègre dans ses dispositions des mécanismes liés à l'indemnisation des victimes d'actes terroristes.

Il n'existe pas de terrorisme sans lien avec ses victimes. En d'autres termes, le terrorisme n'a de sens que parce qu'il provoque la terreur auprès de ses cibles. Dans plusieurs pays africains, nombre de personnes ou de familles des disparues (les ayants droit), sont régulièrement abandonnées à elles-mêmes après les attentats terroristes. Face à ce désagrément, l'instrument de l'UA contre le terrorisme devrait justement servir de modèle d'exemplarité, en proposant un dispositif d'indemnisation dans les États, encadré peut-être par une instance continentale. Les rédacteurs de la loi, pour manifester un intérêt à l'égard des victimes d'actes terroristes, auraient dû être animés par cette clairvoyance, en recommandant la création au sein de chaque État africain, d'un Fonds de garantie des victimes d'actes de terrorisme[1121]. L'on estime qu'une législation antiterroriste doit intégrer des éléments qui prennent en compte, les droits relatifs à l'indemnisation des victimes de terrorisme, qui plus est, celle que l'on caractérise de modèle.

Il y a donc lieu de regretter une fois de plus, que l'UA ait adopté une loi sur le terrorisme sans aucunement y intégrer les mesures nationales d'assistance aux victimes d'actes terroristes. Sous le regard silencieux, voire parfois théorétique, de l'organisation continentale, chaque État essaie autant que faire se peut d'organiser « précairement » les mécanismes d'indemnisation concernant les victimes du terrorisme. Il serait nécessaire d'introduire dans la loi, un volet consacrant l'assistance des victimes d'actes terroristes, en vue d'inciter davantage l'ensemble des États membres de l'UA à adopter cette démarche. La loi-modèle devrait servir de boussole pour l'ensemble des législations pénales antiterroristes. Dans cette spirale, il était nécessaire qu'elle contienne et regroupe un certain nombre d'éléments incontournables en son sein.

Un État qui souhaite harmoniser sa législation aux dispositions de la loi-modèle, alors même que cette dernière n'a pas intégré des aspects liés à l'indemnisation, pourrait avoir de la peine à véritablement valoriser le suivi des victimes d'actes de terrorisme. L'absence des mécanismes d'indemnisation des personnes victimes de la barbarie des adeptes de la terreur peut donc constituer un manquement à déplorer. Rappelons, qu'il ne s'agit nullement ici que la loi-modèle fixe les différents montants alloués aux

---

1121 À titre d'illustration d'un dispositif national d'assistance aux victimes, l'on peut évoquer le cas de la France. Dans ce pays en cas d'attentat, la victime ou ses ayants droit peuvent transmettre une demande d'indemnisation au Fonds de garantie des victimes d'actes de terrorisme. Voir BETTATI (Mario), *Le terrorisme, Les voies de la coopération internationale*, *op. cit.*, p. 109.

victimes, mais au moins, qu'elle prévoie un mode d'encadrement qui prendrait en compte quelques droits des victimes. Ces dernières méritent d'être traitées avec compassion et respect de leur dignité[1122]. Ce faisant, il aurait été certainement judicieux de la part de l'UA, de ne point omettre la dimension indemnisation dans sa législation. Ç'aurait été donc une opportunité pour renforcer les mécanismes de soutien à apporter aux victimes des actes terroristes, davantage pour ceux qui veulent formuler la demande à la Commission pour s'arrimer à la loi de référence sur le terrorisme.

Conclusion

L'adoption par l'UA de la loi-modèle africaine contre le terrorisme en 2011, a certainement été un insigne avancé dans l'exaltante campagne de la lutte antiterroriste que mène le continent. À la suite de plusieurs initiatives visant à s'attaquer à la menace terroriste aux confins de son espace, l'organisation continentale s'est résolue à adopter un socle législatif au travers duquel chaque État pourrait s'inspirer. Dans la perspective de donner une coloration quasi identique aux législations pénales antiterroristes des États membres de l'UA, il est impérieux d'élaborer un instrument qui regorge de multiples aspects touchant les activités de cette nature. Cela témoigne de la détermination commune des dirigeants du continent, à lutter contre les terroristes partout où ils se trouveraient en Afrique. À travers cet instrument qui doit servir de boussole aux législations antiterroristes de chaque État, on aura relevé que la loi-modèle contre le terrorisme est révélatrice de plusieurs innovations remarquables.

Toutefois, il y a lieu de mentionner que celle-ci appartient à la catégorie des normes à autorité atténuée, puisqu'elle n'est qu'une consultation de l'UA, laquelle invite les États membres à se référer à elle, en vue de renforcer leurs dispositifs existants en matière de terrorisme. Aussi, se trouve-t-il que cet instrument dans ses dispositions présente quelques limites décisives pour mieux répondre aux aspirations d'une législation antiterroriste contemporaine. C'est le cas à propos de la précision d'une marge des peines à attribuer aux terroristes et les mécanismes d'indemnisation des victimes d'actes terroristes qui n'ont pas été traités entre autres. Malgré ces multiples remarques, il convient de dire que la loi-modèle est un outil de réadaptation contre le phénomène polymorphe du terrorisme, d'où d'ailleurs l'intérêt de la présente réflexion. Les États membres de l'UA ont intérêt à adapter leurs législations à cet instrument, pour réprimer les activités liées au terrorisme aussi bien sur leur territoire qu'à partir des territoires étrangers.

1122 Voir le Guide publié par le chef de l'Office des Nations unies contre la drogue et le crime (ONUDC), Yuri Fedotov en novembre 2011.

Au regard de ce qui s'opère, le constat n'est pas reluisant en ce qui concerne l'adhésion à la loi-modèle. En effet, un tout petit nombre d'États seulement a sollicité l'intégration des dispositions de cette loi dans leurs législations pénales nationales. Une telle remarque ne participe pas à la pleine expression de cet instrument à vocation panafricaine. Pour cela, le concert des pays membres de l'UA, de façon plus active, devrait se l'approprier pour qu'il produise progressivement ses effets. Par exemple, il est souhaitable que l'organisation africaine opère une transformation de la loi-modèle, soumet celle-ci à une convention africaine à laquelle les États vont adhérer et qui sera obligatoire pour tous ses signataires. Généralement, il est admis que certains instruments concertés non conventionnels comme c'est le cas de la loi-modèle peuvent préparer l'apparition de normes obligatoires, s'incorporer dans une procédure conventionnelle voire dans un processus coutumier.

Et même, en dehors de cette éventualité, il faudrait que la loi africaine sur le terrorisme effectue un *aggiornamento* sur certains aspects pour plus d'efficacité. Car, n'oublions pas que l'efficacité suppose justement l'accomplissement d'un projet[1123]. Or, le projet de l'UA dans cette perspective consiste à harmoniser toutes les législations portant sur la répression du terrorisme à partir de la loi-modèle. En définitive, on aura compris que le législateur africain à travers la loi-modèle a voulu exprimer sa conception en ce qui concerne la répression des activités terroristes. Cette initiative bien qu'elle soit judicieuse, suscite une interrogation : peut-on prétendre élaborer une loi-modèle contre cette hydre de Lerne qu'est le phénomène du terrorisme ?

Bibliographie

ABENELANG (Salomon Mickson), *Les États africains et la lutte contre le terrorisme*, Thèse de droit, Université de Yaoundé II Soa, 2019, 558 pages.

BETTATI (Mario), *Le terrorisme Les voies de la coopération internationale*, Paris, Odile Jacob, 2013, 301 pages.

BIKIE (Fabrice), « Le droit pénal à l'aune du paradigme de l'ennemi Réflexion sur l'État démocratique à l'épreuve de la loi camerounaise n ° 2014/028 du 23 décembre 2014 portant répression des actes de terrorisme », in *La Revue des droits de l'homme*, décembre 2016, 21 pages.

BONIFACE (Pascal), *La géopolitique*, 2e édition, Paris, Eyrolles, 2017, 184 pages.

BOUCHET-SAULNIER (Françoise), *Dictionnaire pratique du droit humanitaire*, Paris, La Découverte, 2013, 825 pages.

1123 ROUVILLOIS(Frédéric), « L'efficacité des normes Réflexions sur l'émergence d'un nouvel impératif juridique », Fondation pour l'innovation politique, novembre 2006, p. 14.

COMBACAU (Jean) et SUR (Serge), *Droit international public*, 7e édition, Paris, Montchrestien, 2006, 813 pages.

DUPUY (Pierre-Marie), « La communauté internationale et terrorisme », in *Les nouvelles menaces contre la paix et la sécurité internationales, SFDI*, Journée franco-allemande, Paris, Pedone, 2004, pp. 35-43.

FOMEGANG (Timothée), « La lutte contre le financement du terrorisme dans les organisations d'intégration économiques sous régionales africaines : les cas de la CEMAC et de l'UEMOA », in OLINGA (Alain Didier) (dir.) *Droit international, droits nationaux et lutte contre le terrorisme en Afrique*, Yaoundé, PUCAC, 2017, pp. 479-501.

NZE BEKALE (Ladislas), « L'Union africaine et la problématique du terrorisme. Aspect d'une politique publique continentale », *Thinking Africa*, Note d'analyse politique, n°47, septembre 2016, 14pages.

OWONA MBIDA (Otto Georges), « Une aporétique, la question des droits des terroristes », in OLINGA (Alain Didier) (dir.) *Droit international, droits nationaux et lutte contre le terrorisme en Afrique*, Yaoundé, PUCAC, 2017, pp. 297-316.

RANGEON (F), « Réflexions sur l'effectivité du droit », *in* Centre universitaire de recherches administratives et politiques de Picardie (CURAPP), *Les usages sociaux du droit*, Paris, PUF, 1989, pp. 126-149.

ROCHE (Catherine), *L'essentiel du Droit international public*, 5e édition, Paris, Gualino, 2012, 135 pages.

ROUVILLOIS (Frédéric), « L'efficacité des normes Réflexions sur l'émergence d'un nouvel impératif juridique », Fondation pour l'innovation politique, Paris, novembre 2006, 34 pages.

TEXTES OFFICIELS

Convention de l'OUA sur la prévention et la lutte contre le terrorisme, 14 juillet 1999.

Protocole à la Convention de l'OUA sur la prévention et la lutte contre le terrorisme, 8 juillet 2004.

Plan d'action de la réunion intergouvernementale de haut niveau de l'Union Africaine sur le terrorisme en Afrique, 14 septembre 2002.

Loi-modèle africaine contre le terrorisme, 1er juillet 2011.

Rapport de la Présidente de la Commission de l'Union africaine sur le terrorisme et l'extrémisme violent en Afrique, 2 septembre 2014.

Rapport d'analyse de la Fédération internationale des ligues des droits de l'Homme, sur « L'anti-terrorisme à l'épreuve des droits de l'Homme : les clés de la compatibilité », n°429, octobre 2005.

Le rôle des organisations régionales africaines dans la crise Gambienne

Par :

Thierry THIAM TANKOU

Docteur PhD en droit public international et communautaire
Chercheur au CEDIC (Centre d'Études et de Recherche en Droit International et Communautaire) Université de Douala/Cameroun

Résumé

Suite à la volte-face du président sortant Yayha JAMMEH, une crise postélectorale naîtra le 9 décembre 2016. La résolution de celle-ci suscita l'intervention des organisations internationales que sont : l'ONU, l'UA et la CEDEAO. Après avoir dans un premier temps opté pour un rôle préventif qui s'est soldé par un échec partiel, ces organisations internationales ont ensuite emprunté une logique dissuasive en déployant une force militaire baptisée opération *Restore Democracy.* C'est grâce à ce dernier *modus operandi* que la crise Gambienne a pu être résolue. Si la gestion de la crise Gambienne s'est soldée par la réussite de la diplomatie préventive, mais sous la menace d'une intervention armée, il n'en demeure pas moins que la voie juridictionnelle prévue par l'ordre constitutionnel Gambien a été violée.

Introduction

Dès le lendemain des indépendances, le continent africain s'est engouffré dans une vague interminable de conflits armés[1124]. Ceux-ci sont pour la plupart des conflits armés internes c'est-à- dire des hostilités armées au sein d'un État opposant un gouvernement légal à un groupe d'insurgés ou des hostilités opposant des groupes rebelles entre eux. Dès lors, « *Les guerres africaines prennent le chemin d'une féodalité singulière où la privatisation de la violence et l'internalisation des conflits opposent des factions rivales imbues de la justesse dérisoire de leurs factices causes* »[1125]. Cette nouvelle forme de conflictualité à nulle autre pareille a des sources et des conséquences diverses. S'agissant de ces dernières, Monsieur ATCHE BESSOU Raymond relève qu' « *au Soudan, au Congo, au Libéria, au Rwanda, au Burundi, en Somalie... du fait de ces conflits, plus de cent cinquante millions d'habitants vivent presque tous dans des conditions épouvantables, outre difficiles. En 1999, le nombre de morts provoquées dans l'année par les guerres civiles est probablement de l'ordre du demi-million, dont plus de la moitié, en Afrique. En 1994, le nombre de morts dû aux guerres civiles a très probablement dépassé le million, dont plus de la moitié, au seul Rwanda. Dans le même temps, ces conflits provoquent une régression économique et sociale, bloquent du coup toute perspective de développement du continent* »[1126]. L'on peut également dire que pour Monsieur Patrice DUFOUR, les pays affectés par des conflits ou des crises se caractérisent par les infrastructures non entretenues, les enfants qui ne vont pas à l'école, et qui se promènent avec des kalachnikovs[1127]. Par conséquent, une fois les opérations de réhabilitation amorcées, la Banque mondiale aborde les problèmes de fond, c'est-à-dire qu'elle passe de la réhabilitation à la reconstruction[1128]. Selon le Professeur Gérard AIVO, les conflits armés ont des conséquences tant sur le plan politico- institutionnel que socio-économique. Cette situation ralentit par

---

[1124]TCHEUWA (J-C), « L'union africaine et les changements anticonstitutionnels de gouvernement », *Revue de la Recherche Juridique*, Droit prospectif, PUAM, N.XXXIV-127, 2009-2, p.995.

[1125]BOUKONGOU (J-D), « Considérations Générales sur la paix en Afrique », in BOUKONGOU (J-D), TCHEUWA (J-C), (dir.), *De la paix en Afrique au XXIe siècle,* Journées scientifiques du Centre d'études et de Recherche en Droit international et Communautaire (CEDIC), Yaoundé, Presses de l'UCAC, 2007, p.19. Voir également dans ce sens DUPUY (P-M) « L'enfer et le paradigme : libres propos sur les relations du droit international avec la persistance des guerres et l'objectif idéal du maintien de la paix », Mélanges offerts à HUBERT Thierry, *L'évolution du droit international*, Paris, Pedone, 1998, pp.196-197.

[1126]ATCHE BESSOU (R), *Les conflits armés internes en Afrique et le droit international,* Thèse, Université Cergy-Pontoise, Novembre, 2008, p.18.

[1127]DUFOUR (P), « L'assistance économique et financière de la banque mondiale dans le cadre des opérations de restauration de l'État », in DAUDET (Y) (dir.), les *Nations Unies et la restauration de l'État,* Colloque des 16 et 17 décembre 1994, Paris, Pedone, p.82.

[1128]*Ibid,* p.85.

ricochet le développement des pays en conflit[1129]. Au demeurant, « *tout conflit armé de quelque nature qu'il soit interne ou international, implique toujours le déni de certains droits essentiels de l'homme et au premier chef du droit à la vie pour les combattants, de même que, dans une mesure plus ou moins grande pour les populations civiles présentes sur le terrain des hostilités. Il en est de même souvent des populations se trouvant hors des zones de combat* »[1130].

Pour ce qui est des sources des guerres civiles en Afrique, il nous paraît opportun de mentionner par exemple le rôle néfaste joué par les armées africaines pour le développement des crises. En effet, « *dans un État moderne, l'armée qui est placée sous l'autorité et le contrôle des responsables politiques a pour rôle essentiel la défense du territoire national et la protection des citoyens contre les éventuelles agressions extérieures. En raison de l'absence d'un fonctionnement démocratique, dans les États africains, les armées ont été sorties de ces missions traditionnelles ... pour pallier leur insuffisante légitimité politique, de nombreux régimes civils africains ont laissé l'hégémonie militaire s'enraciner dans la gestion des affaires publiques. Il s'est en effet instauré entre ces régimes et les militaires une alliance objective pour la conservation du pouvoir* »[1131]. De même, les rivalités opposant parfois les gardes présidentielles aux armées nationales peuvent aussi être un important facteur d'instabilité politique comme le démontre l'exemple de la République Centrafricaine. Lors de l'accession de ce pays à l'indépendance en 1960, « *son premier président David DACKO, qui est aussi le fondateur du mouvement de l'évolution démocratique d'Afrique Centrale, instaure après l'indépendance du pays le système de parti unique. Au lendemain de la loi de janvier 1962 portant création de la garde républicaine, une décision d'août 1963 dote le pays d'une brigade de sécurité intérieure de l'État. Cette décision va marquer le point de départ des antagonismes divers qui progressivement vont priver l'armée Centrafricaine de son idéal républicain. La brigade de sécurité intérieure de l'État est placée sous le contrôle direct du chef de l'État. C'est le Président de la République qui assure lui même le recrutement de ses éléments et nomme par décret le secrétaire général chargé de la diriger. Le mode de recrutement de cette brigade, basé sur le clientélisme, son autonomie opérationnelle par rapport à la hiérarchie militaire nationale, son indépendance vis-à-vis de*

[1129]AIVO (G), « Le développement à l'épreuve des conflits armés en Afrique », Colloque de Lyon, S.F.D.I, *Droit international et développement*, Paris, Pedone, 2015, pp. 293-298. Voir également dans ce sens BOUKONGOU (J-D), « Considérations générales sur la paix en Afrique », op.cit., p.21.

[1130]ZOUREK (J), *L'interdiction de l'emploi de la force en droit international*, A.W. Sijthoff-leiden, Institut henry-dunant-Génève, 1974, p.10.

[1131]FOGUE TEDOM (A), « Le concept de sécurité dans l'analyse des conflits politiques africains », in *Revue Africaine d'Études Politiques et Stratégiques*, FSJP, Uy2-Soa, n°3, pp.184-185.

l'administration et sa vocation à servir un pouvoir et non la république sont autant d'éléments qui vont accroître les tensions entre elle et l'armée nationale. L'armée nationale Centrafricaine perçoit en effet dans la création et la valorisation de la brigade une marque de méfiance, voire de défiance du pouvoir. C'est dans ce contexte de rivalité entre l'armée nationale et la brigade de sécurité que, dans la nuit du 31 décembre 1965 au 1er janvier 1966, les soldats centrafricains apportent un appui opérationnel sans faille à leur chef d'état-major et commandant en chef, le colonel Jean BEDEL BOKASSA, qui grâce à un coup d'État met fin dans la violence au régime du président DACKO »[1132].

Par ailleurs, comme autre source d'instabilité interne il serait opportun de faire allusion à la mauvaise gouvernance démocratique. Car, « *en Afrique noire, la pauvreté et la misère des populations, conséquences de la mauvaise gouvernance des régimes au pouvoir souvent depuis des décennies, sont un ressort pour les violences politiques. Pour cela, il est essentiel d'intégrer le bien-être des populations dans la problématique de la sécurité en Afrique noire. Placées dans des conditions de précarité extrême, ces populations deviennent plus facilement réceptives à l'instrumentalisation des antagonismes tribaux ou religieux par une élite politique peu regardante sur les moyens de se maintenir au pouvoir ou alors d'y accéder. L'examen du conflit Rwandais de 1994, des guerres civiles congolaises (Congo-Brazzaville), de 1993 et 1997, de celui en cours en Côte d'Ivoire ou en RCA, confirme cette analyse. Dans ces différents conflits internes, l'engagement massif des jeunes dans les milices et mouvements rebelles en guerre s'explique principalement par l'absence de perspective, la misère quotidienne, le désœuvrement. Dans chacun des cas, s'engager aux côtés d'un chef de guerre ou rejoindre une des milices engagées dans le conflit apparait à leurs yeux comme une chance pour sortir de la misère à la fin de la guerre, et donc pour accéder à un emploi, échapper à la pauvreté des bidonvilles. Le désœuvrement de la jeunesse facilite le recrutement des miliciens en temps de guerre tout comme il favorise le développement du banditisme et du brigandage au quotidien. Toute réflexion sur les fondements de la violence en Afrique noire doit par conséquent conduire à une prise en considération de l'aspect social de la sécurité* »[1133]. L'extraversion politique des dirigeants africains[1134], les confrontations ethniques, religieuses[1135], la quête des ressources naturelles[1136], le trafic des armes légères permettant aux groupes dissidents au pouvoir

[1132]*Ibid*, p.187.
[1133]*Ibid*, pp.192-193
[1134]FOGUE TEDOM (A), *Enjeux géostratégiques et conflits politiques en Afrique noire*, Paris, Harmattan, 2008, pp.87-212.
[1135]REVEILLARD (C), « Les conflits de type infra-étatique en Afrique »,Géostratégiques n°25 10/ 09, pp.193-198.
[1136]BATCHOM (P-E*), L'Afrique dans les relations internationales réflexions sur des problématiques de la mondialisation,* Paris, Essai Doxa, 2016, pp.55-56.

central de le destituer, les interventions des puissances tierces capables de fomenter une guerre civile dans un État voisin, en servant de base arrière aux insurgés ou en leur fournissant les armes, les munitions et les équipements ne sauraient être ignorés. Selon le Professeur Gérard CAHIN, c'est avant tout la nature du pouvoir politique et de l'État africain qui constitue la source principale de conflit sur le continent, même s'il existe d'autres causes profondes des conflits[1137].

Face à cette situation qui constitue une atteinte réelle à la paix, à la démocratie et à l'État de droit, des initiatives et réflexions ont été menées afin de l'endiguer. Au plan régional l'on peut par exemple évoquer de manière non exhaustive dans le cadre de la défunte OUA (Organisation de l'Unité Africaine) : le mécanisme de l'OUA pour la prévention, la gestion et le règlement des conflits[1138], la déclaration sur le cadre pour une réaction de l'OUA face aux changements anticonstitutionnels de gouvernement[1139]. S'agissant de l'Union africaine, l'on pourrait évoquer à titre illustratif la Charte africaine de la démocratie des élections et de la gouvernance (30 janvier 2007), le règlement intérieur de la conférence de l'union (adopté en 2002 en Afrique du Sud). S'agissant des initiatives sous régionales, les Chefs d'État et de gouvernement de l'Afrique de l'Ouest ont par exemple mis sur pied le protocole relatif au mécanisme de prévention, de gestion, de règlement des conflits, de maintien de la paix et de la sécurité[1140]. De même ceux-ci ont également adopté le protocole A/SP1/12/01 sur la démocratie et la bonne gouvernance additionnel au protocole relatif au mécanisme de prévention, de gestion, de règlement des conflits, de maintien de la paix et de la sécurité le 21 Décembre 2001 à Dakar. Dans le cadre de l'Afrique Centrale, l'on pourrait mentionner le protocole relatif au Conseil de paix et de sécurité de l'Afrique Centrale (COPAX) adopté le 24 février 2000 à Malabo en Guinée Équatoriale par les Chefs d'État et de gouvernement des États membres de la Communauté Economique des États de l'Afrique Centrale (C.E.E.A.C). Cependant, malgré ces efforts, le continent africain continue d'être un terreau fertile aux guerres civiles.

Notre étude se base uniquement sur la crise postélectorale Gambienne qui éclata le 9 décembre 2016, lorsque le président sortant Yahya JAMMEH contesta le résultat de l'élection présidentielle du 1er décembre après avoir, dans un premier temps, reconnu sa défaite. Cette crise postélectorale qui dura

1137 CAHIN (G), « Les Nations Unies et la construction de la paix en Afrique : entre désengagement et expérimentation », *R.G.D.I.P.*, 2000-1, pp.76-77.

1138 Le mécanisme de l'OUA pour la prévention, la gestion et le règlement des conflits a été adopté au Caire en juin 1993.

1139 Voir notamment n°AHG/Decl.5 (XXXVI) du 10 au 12 juillet 2000.

1140 Ce protocole a été adopté à Lomé au Togo le 10 décembre 1999 par la conférence des Chefs d'État et de gouvernement de la communauté économique des États de l'Afrique de l'ouest (CEDEAO).

six semaines suscita l'intervention de l'Union africaine (UA), la Communauté économique des États de l'Afrique de l'Ouest (CEDEAO), et l'Organisation des Nations Unies (ONU).

La crise se définit comme une période décisive ou périlleuse de l'existence[1141]. C'est aussi une phase difficile traversée par un groupe social[1142]. Selon le vocabulaire juridique de Gérard CORNU, elle s'appréhende comme étant une situation troublée (souvent conflictuelle) qui, en raison de sa gravité, justifie des mesures d'exception[1143]. Pour le Professeur Philippe Moreau Defarges, la crise est : « *un moment dramatique, (...) où se rencontrent des mouvements en cours depuis des années, des décennies, des siècles, l'issue étant toujours l'avènement d'une réalité nouvelle* »[1144]. Les organisations régionales africaines dans le cadre de notre étude renvoient aux associations d'États souverains constituées sur la base d'un traité traditionnellement appelé acte fondateur ou charte constitutive[1145]. Il s'agit principalement ici de l'Union africaine et de la Communauté économique des États de l'Afrique de l'ouest. Concrètement, étudier le rôle des organisations régionales africaines dans la crise gambienne nous amène à nous poser la question suivante : quel a été le rôle des organisations régionales africaines dans la crise Gambienne ? Cette difficulté de droit ne manque pas de susciter un intérêt à la fois scientifique et pratique.

Sur le plan scientifique, il y'a lieu de se rendre à l'évidence que l'organisation panafricaine, tout comme la communauté économique régionale d'Afrique de l'Ouest prohibent toutes deux les changements anticonstitutionnels de gouvernement tout en prenant position en faveur de la démocratie, de la bonne gouvernance, les droits de l'homme et l'État de droit.

Sur un plan purement pratique, la résolution de la crise Gambienne a pu démontrer à suffisance la capacité des Africains à résoudre eux-mêmes leur propre conflit politique à l'abri de toute immixtion étrangère. La résolution de cette crise est également un succès de la diplomatie préventive, même si l'on

---

[1141]MERLET (P), *Petit Larousse*, Paris, Cedex 06, 2003, p.282.

[1142] *Ibid*, p.282.

[1143] CORNU (G), *Vocabulaire Juridique*, Paris, Puf, 7e édition, 2005, p.253.

[1144] DEFARGES (P-M), *Introduction à la géopolitique*, Seuil, Essais, 3e édition, 2009, p.231.

[1145]Voir en ce sens TCHEUWA (J-C), « Les manifestations de la primauté des chartes constitutives des organisations internationales : une contribution à la théorie générale de l'acte juridique international », in Mélanges en l'honneur de Paul Gérard POUGOUE, *De l'esprit du droit africain*, Wolters, Kluwer, 2014, pp.725-726., voir aussi MONACO (R), « Le caractère constitutionnel des actes institutifs d'organisations internationales », in mélanges offerts à Charles ROUSSEAU, *La communauté internationale*, Paris, Pedone, 1974, pp.155-161., VIRALLY (M), « La notion de fonction dans la théorie de l'organisation internationale », in mélanges offerts à Charles ROUSSEAU, *La communauté internationale*, Paris, Pedone, 1974, pp.282-288., enfin voir DIEZ DE VELASCO VALLEJO (M), *Les organisations internationales*, économica, collection droit international, Paris, 2002, 919p.

ne saurait ignorer le fait qu'il y'a eu une violation manifeste du droit constitutionnel Gambien.

Ainsi, le rôle des organisations internationales africaines dans la résolution de la crise Gambienne s'est traduit ou matérialisé selon une double approche. À travers leur intervention, elles ont joué dans un premier temps un rôle préventif (I). Ce dernier s'étant avéré limité, elles ont revêtu une autre casquette pour aussitôt jouer dans un second temps un rôle dissuasif (II).

I- Le rôle préventif des organisations régionales africaines en vue de la normalisation de l'État Gambien

Le déclenchement de la crise postélectorale en Gambie le 9 décembre 2016 a suscité l'intervention rapide des organisations régionales africaines à l'instar de la CEDEAO et de l'union africaine. Celles-ci, à travers leur intervention ou ingérence dans la crise politique Gambienne se sont évertuées à exercer la diplomatie préventive (A), qui s'est soldée par un échec partiel dans la mesure où le Président sortant Yahya JAMMEH après maintes médiations de la CEDEAO, a, dans un premier temps, refusé de céder le pouvoir, et ce en violation de la volonté librement exprimée du peuple (B).

A- La diplomatie préventive des organisations internationales africaines en vue de la normalisation de l'État Gambien

De prime abord, il sied de préciser que la diplomatie préventive participe de la prévention des conflits. Car elle « vise à éviter une crise »[1146]. Elle se distingue ainsi de la consolidation de la paix qui implique la démocratisation de l'État[1147]. Selon l'ancien secrétaire général des Nations Unies BOUTROS Boutros-Ghali « *La diplomatie préventive a pour objet d'éviter que les différends ne surgissent entre les parties, d'empêcher qu'un différend existant ne se transforme en conflit ouvert et, si un conflit éclate, de faire en sorte qu'il s'étende le moins possible* »[1148]. S'agissant précisément du cas Gambien, il faudrait souligner que la CEDEAO a exercé plus d'une mission de médiation afin de résoudre cette crise postélectorale. Le 13 décembre 2016 s'est ainsi déployée la première mission de médiation de la CEDEAO qui comprenait une délégation conduite par Ellen JOHNSON SIRLEAF Présidente du Libéria et Présidente de la Conférence des Chefs d'État et de gouvernement de la

---

1146SICILIANOS (L-A), « L'Onu, la consolidation de la paix et l'édification de la démocratie », in DUPUY (R-J), (dir.), *Droit et justice*, mélanges en l'honneur de Nicolas VALTICOS, Paris, Pedone, 1999, p.216.

1147 *Ibid*, pp.218-232.

1148 Agenda pour la paix, diplomatie préventive, rétablissement de la paix, maintien de la paix. Rapport présenté par le Secrétaire général en application de la déclaration adoptée par la Réunion au sommet du Conseil de sécurité le 31 janvier 1992, 17 juin 1992 (A/ 47/ 277-S/24111), p.6.

CEDEAO. Parmi cette délégation, l'on avait le Président Nigérian Muhamadu BUHARI, l'ancien Président du Ghana Dramani MAHAMA, le Président Sierra-Léonais Ernest BAI KOROMA, le représentant spécial de l'ONU en Afrique de l'Ouest Mohamed IBN CHAMBAS[1149].

Par ailleurs, lors du 50e Sommet ordinaire de la Conférence des Chefs d'État et de gouvernement de la CEDEAO tenu à Abuja le 17 décembre 2016, le Président Nigérian fut désigné Président de la médiation en Gambie et l'ancien Président Ghanéen John DRAMANI MAHAMA co-Président de la médiation. Lors de ce Sommet, la CEDEAO a demandé au président sortant Yahya JAMMEH de respecter le verdict des urnes qui reconnaissait ADAMA Barrow comme le seul vainqueur de l'élection présidentielle du 1er décembre 2016.

Le 13 janvier 2017, une nouvelle médiation de la CEDEAO s'était déployée en Gambie. Cependant, comme la précédente mission elle s'est avérée infructueuse.

Dans son souci de résoudre pacifiquement la crise gambienne, l'Union africaine a ainsi apporté son soutien inconditionnel à la diplomatie préventive. Cela s'est traduit à travers les communiqués du Conseil de paix et de sécurité de l'Union africaine aux dates du 12-12-2016 et du 13-01-2017[1150]. Toujours dans cette même lancée, le Président en exercice de l'Union africaine à l'époque des faits à savoir le Président Tchadien Idriss DEBY ITNO, à travers ses communiqués de presse,[1151] a également milité pour le dialogue afin de résorber cette crise.

Toutefois, il est important de relever que cette volonté de résoudre pacifiquement la crise Gambienne s'est avérée être un échec dans un premier temps au regard des missions infructueuses de la CEDEAO et des initiatives de l'Union africaine.

B- L'échec « partiel » de la diplomatie préventive des organisations internationales africaines

Les différentes médiations de la CEDEAO du 13 décembre 2016, et du 13 janvier 2017, de même que les initiatives de l'Union africaine, n'ont pu convaincre le Président sortant Yahya JAMMEH à renoncer au pouvoir. Ce dernier s'est accroché au pouvoir après avoir dans un premier temps reconnu sa défaite le 2 décembre 2016. Tout porte donc à croire que pour les organisations internationales intervenant dans cette crise ,et qui ont exclu la voie juridictionnelle, l'attitude du Président sortant Yahya JAMMEH s'inscrit

---

[1149]Https:// www. Letemps.ch/monde/2016/12/14/présidents-africains-n'ont-reussi-convaincre-yahya-jammeh-renoncer-pouvoir-gambie.Consulté le 22 décembre 2017.

[1150] CPS de l'Union africaine 12 décembre 2016. CPS 647e réunion 13/01/2017.

[1151] Voir en ce sens les communiqués de presse du 11-12-2016, et celui du 20 janvier 2017.

en marge ,non seulement de l'Acte Constitutif de l'Union africaine qui en son article 4 (p) condamne et rejette les changements anticonstitutionnels de gouvernement, mais aussi de l'article 23(4) de la Charte africaine de la démocratie, des élections, et de la gouvernance qui dispose que « *tout refus par un gouvernement en place de remettre le pouvoir au parti ou au candidat vainqueur à l'issue d'élections libres, justes et régulières* »[1152] constitue un changement anticonstitutionnel de gouvernement. L'on ne saurait éluder les dispositions pertinentes du protocole de la CEDEAO A/SP1/12/01 sur la démocratie et la bonne gouvernance additionnel au protocole relatif au mécanisme de prévention, de gestion, de règlement des conflits, de maintien de la paix et de la sécurité en date du 21 Décembre 2001. Qualifié par la doctrine de constitution régionale pour l'espace CEDEAO[1153]. Son article 1(c) dispose que : *« tout changement anticonstitutionnel est interdit de même que tout mode non démocratique d'accession ou de maintien au pouvoir »*.

L'article 9 quant à lui dispose qu' « à l'issue de la proclamation définitive des résultats des élections, le parti politique/ et/ou le candidat battu doit céder, dans les formes et délais de la loi, le pouvoir au parti politique et/ou au candidat régulièrement élu ». Il faudrait néanmoins préciser que la Gambie ayant ratifié ces principaux instruments juridiques est par conséquent contrainte de les respecter en vertu de la règle de droit international bien connue à savoir Pacta Sunt Servanda[1154]. Comme le dit le Professeur Élisabeth ZOLLER « on ne saurait admettre qu'un État puisse négocier, signer et ratifier un traité pour agir ensuite comme si cet accord n'existait pas. Le traité crée entre les cocontractants un ensemble de relations juridiques, plus précisément, il détermine un rapport juridique de réciprocité dans les droits et obligations qui découlent du traité »[1155].

Les missions infructueuses de la CEDEAO et les initiatives sans succès de l'Union africaine les ont amenées à adopter une attitude plus belliqueuse[1156] en autorisant le déploiement de l'opération « restaurer la démocratie », avec l'aval du Conseil de sécurité des Nations Unies. Le déploiement de cette

[1152]Article 23 (4) de la Charte africaine de la démocratie, des élections, et de la gouvernance, adoptée par la huitième session ordinaire de la conférence tenue le 30 janvier 2007, à Addis-Abeba (Éthiopie). Ce texte juridique est entré en vigueur le 15 février 2012 avec le dépôt du 15e instrument de ratification.

[1153]ANDZOKA ATSIMOU (S), *L'ingénierie constitutionnelle, solution de sortie de crise en Afrique : les exemples de l'Afrique du Sud, de la République Démocratique du Congo, du Burundi, et du Congo*, Université Cheikh Anta Diop de Dakar, 29 juin 2013, p.275.

[1154]Voir en ce sens l'article 26 de la convention de Vienne du 23 mai 1969 sur le droit des traités.

[1155]ZOLLER (E), *La bonne foi en droit international*, Paris, Pedone, 1977, p.84.

[1156]EYENGA (G), « La crise constitutionnelle en Gambie et l'action internationale », http://sentinelle-droit-international.fr, 30-01-2017, p.4. Consulté le 22 décembre 2017.

intervention militaire jouera ainsi un rôle dissuasif, car ayant contraint Yayha JAMMEH à accepter l'ultime médiation menée le vendredi 20 janvier 2017.

II- Le rôle dissuasif des organisations internationales africaines en vue de la normalisation de l'État Gambien

Le déploiement de l'opération baptisée « *Restore Democracy* » le 19 janvier 2017, traduit la volonté des Présidents africains d'utiliser des méthodes plus draconiennes afin de contraindre Yahya JAMMEH à céder le pouvoir à Adama BARROW. Ce déploiement a ainsi eu un effet positif, car sous la menace d'une intervention militaire ouest-africaine Yahya JAMMEH a enfin accepté l'ultime médiation menée le vendredi 20 janvier 2017. Le samedi 21 janvier, il quitta la Gambie et s'en alla en exil en Guinée Équatoriale (A). Le succès de la diplomatie préventive en Gambie sous la menace d'une intervention militaire met en exergue la revalorisation de la volonté librement exprimée du peuple de même qu'il traduit la violation de l'ordre constitutionnel Gambien (B).

A- Le déploiement de l' « *operation restore democracy* » et la reddition de Yahya JAMMEH

Le mercredi 18 janvier 2017, le Sénégal a en effet présenté un projet de résolution au Conseil de Sécurité des Nations Unies autorisant la CEDEAO à prendre « toutes les mesures nécessaires » pour assurer la passation de pouvoir entre les deux hommes. Cette formule qui a été supprimée du nouveau texte appelle dorénavant le Conseil de Sécurité à « apporter tout son soutien à la CEDEAO dans son engagement à assurer le respect de la volonté du peuple »[1157].

Le jeudi 19 janvier 2017 dans l'après-midi, le Conseil de Sécurité a adopté à l'unanimité la résolution 2337 « feu vert implicite à une intervention armée ».[1158]Ainsi, les troupes des armées du Sénégal, du Nigéria, du Ghana, du Mali et du Togo entrèrent en Gambie en mobilisant les moyens terrestres, maritimes et aériens[1159]. « S'il ne s'agit pas de la 1re opération militaire de la CEDEAO, elle peut surprendre par la rapidité de son déploiement et de son organisation. Il faut dire que le cas de la Gambie est particulier dans l'échiquier géopolitique ouest-africain : le Sénégal y est déjà intervenu militairement, en 1981, pour empêcher un coup d'État visant à renverser le

---

[1157]www.aujourdhui-en-guinée. Com/fichiers/blog 15-999. Php ? idc=fr_ gambie. Consulté le 22 Décembre 2017.

[1158]www.rfi.Fr/afrique /2017 01 20-suivez-direct-situation-gambie-temps-ultime-médiation. Consulté le 22 Décembre 2017.

[1159] Intervention militaire en Gambie : wikipédia Https : // fr.wikipédia. org/W/ index. Php?. Consulté le 22 décembre 2017.

premier Président du pays DAWDA Jawara. Ce dernier sera finalement renversé en 1994 par un putsch de l'actuel Président sortant Yayha JAMMEH. L'intervention a été facilitée, car les forces étaient déjà disponibles »[1160].

En outre dans la nuit du 19 au 20 janvier 2017, la CEDEAO a suspendu son intervention militaire afin de donner une chance à l'ultime médiation du vendredi 20 janvier 2017[1161]. Celle-ci sera menée par le Président Alpha CONDÉ de la Guinée Conakry, le Président mauritanien Mohamed OULD ABDELAZIZ et le représentant spécial du secrétaire général de l'ONU pour l'Afrique de l'ouest et le Sahel Mohamed IBN CHAMBAS[1162]. Grâce à cette ultime médiation, Yayha JAMMEH a renoncé au pouvoir le samedi 21 janvier 2017, et est parti en exil en Guinée Équatoriale. Toutefois, il serait opportun de préciser que sans la menace d'intervention militaire ouest-africaine, la diplomatie préventive n'aurait pas résolu la crise postélectorale Gambienne.

Au demeurant, il sied de préciser que l' « opération restaurer la démocratie » s'inscrit dans le cadre du Chapitre VIII de la Charte des Nations Unies qui prévoit notamment la décentralisation du maintien de la paix. Cette intervention militaire sous régionale était ainsi légale, car ayant reçu l'aval du Conseil de Sécurité des Nations Unies. « *L'organisme régional est tenu, en principe, pour la mise en œuvre des mesures coercitives, non seulement de requérir l'autorisation du Conseil conformément à l'article 53, mais aussi de tenir pleinement en tout temps le Conseil au courant de toute action entreprise ou envisagée… pour le maintien de la paix et la sécurité internationales* ».[1163] « *Autoriser signifie donner son accord, accorder. Cela signifie que tant que cette autorisation n'est pas obtenue, il n'y a pas lieu de recourir à la force. Il s'agit d'habiliter une organisation régionale à agir en lieu et place du Conseil de Sécurité de l'ONU* »[1164]. Tout ceci traduit donc la décentralisation du maintien de la paix et de la sécurité internationale[1165].

1160www.france24.com/fr/20170120-cedeao-gambie-yahya-jammeh-barrow. Consulté le 22 Décembre 2017.

1161Intervention militaire en Gambie : wikipédia https://Fr. wikipédia.org/w/ index.Php ?. Consulté le 22 Décembre 2017.

1162www.Jeune afrique.com/395589/ politique/ gambie-cedeao-tente-nouvelle-médiation-yahya-jammeh/. Consulté le 22 décembre 2017.

1163KAMTO (M), « Le rôle des accords et organismes régionaux en matière de maintien de la paix et de la sécurité internationales à la lumière de la Charte des Nations Unies et de la pratique internationale », in *R.G.D.I.P,* n°4, octobre- décembre 2007, Paris, Pedone, p.792.

1164OND TONYE (J-D-C) « L'union africaine et la responsabilité de protéger », *Juridis Périodique*, Avril-Mai-Juin 2016, pp.103-111.

1165 PETIT (Y), *Droit international du maintien de la paix*, Paris, L.G.D.J., 2000, pp.69-86. Voir aussi KAMTO (M), « Le rôle des accords et organismes régionaux en matière de maintien de la paix et de la sécurité internationales à la lumière de la Charte des Nations Unies et de la pratique internationale », *op.cit.*, p.800.

La dissuasion de l'intervention militaire ouest-africaine a eu comme portée la revalorisation de la volonté librement exprimée du peuple Gambien, mais aussi la violation de l'ordre constitutionnel Gambien.

B- La portée du succès de la diplomatie préventive des organisations régionales africaines

Le succès de la diplomatie préventive ouest-africaine obtenu grâce à la menace d'intervention militaire a permis non seulement de revaloriser la volonté librement exprimée du peuple Gambien, mais aussi ce succès traduit une violation manifeste du droit constitutionnel Gambien.

La résolution pacifique de la crise postélectorale Gambienne a permis de revaloriser la volonté librement exprimée du peuple Gambien conformément aux résultats publiés par la commission électorale indépendante le 2 décembre 2016. La volonté du peuple Gambien avait été violée par le Président sortant Yahya JAMMEH qui refusa d'admettre sa défaite à l'issue de l'élection présidentielle du 1er décembre 2016. En effet, la revalorisation de la volonté librement exprimée du peuple repose sur les « les deux éléments fondamentaux du régime représentatif, l'électorat fonction et le mandat représentatif »[1166].

Toutefois, il sied de préciser que dans le cadre du processus électoral en Gambie l'on ne saurait se limiter aux résultats publiés par la commission électorale indépendante. En effet, la Constitution de ce pays anglophone donne la possibilité à tout parti politique qui a participé à l'élection présidentielle ou tout candidat indépendant de saisir la Cour suprême. Cette saisine devrait intervenir dans un délai de 10 Jours. Le président sortant Yayha JAMMEH a d'ailleurs usé de cette voie de recours, mais faute de juges suffisants, la Cour suprême n'a pu se prononcer. La lecture qui se dégage de la résolution de la crise Gambienne est que les organisations internationales ont privilégié la voie diplomatique et exclu la voie juridictionnelle. Même si la Cour suprême Gambienne n'était pas au complet pour statuer sur le recours de JAMMEH, les organisations internationales en l'occurrence la CEDEAO aurait pu désigner de nouveaux juges qui ne seront à la cause d'aucun candidat[1167]. C'était la seule solution légale de sortie de crise[1168]. En agissant aux antipodes de la Constitution Gambienne, les organisations internationales l'ont de ce fait violée. Cette attitude des Nations Unies à imposer des solutions

---

[1166]TCHEUWA (J-C), « L'union africaine et les changements anticonstitutionnels de gouvernement », *op.cit.*, p.1013.
[1167] ADAMA (N), « La Cour suprême Gambienne, la meilleure voie de sortie de crise : quand la sécurité juridique et judiciaire de nos pays est mise en jeu », http:// Xalisman.com/ la-cour-suprême-gambienne-la-meilleure, consulté le 06 juin 2017.
[1168] *Ibid.*,

contraires au droit interne des États n'est pas à sa première manifestation. L'on peut citer les cas du Kosovo, d'Haïti, et de la Côte d'Ivoire[1169].

Conclusion

L'étude du rôle des organisations régionales africaines dans la crise Gambienne nous a conduit à la constatation de leur rôle dual, préventif et dissuasif. Grâce à l'action majoritaire des organisations internationales africaines (la CEDEAO et l'UA), soutenues par l'ONU, l'on a pu aboutir à un règlement pacifique de la crise Gambienne, mais sous la menace d'une intervention armée[1170]. Le précédent Gambien est donc une preuve que les Africains peuvent eux-mêmes résoudre leur propre conflit sans aucune immixtion étrangère. La gestion de la crise Gambienne se situe donc aux antipodes de la gestion des crises Ivoirienne (2010), Libyenne (2011), Malienne (2012), ou Centrafricaine (2012) où l'on a assisté à un important déploiement des forces internationales ou étrangères. Le constat qui se dégage est que dans le cadre de la résolution de cette crise postélectorale, la force l'a emporté sur le droit au regard de l'exclusion de la voie juridictionnelle par lesdites organisations internationales. Que dire en définitive sinon que la résolution de la crise postélectorale Gambienne s'inscrit dans la visée de l'ancien secrétaire général des Nations Unies Kofi ANNAN qui lors du sommet franco-britannique tenu à Londres le 30 octobre 1995 avait affirmé qu' : « *il appartient d'abord aux Africains de régler eux-mêmes leur conflit. Notre rôle (ONU), est de les y aider de manière pragmatique* »[1171].

Bibliographie

I. OUVRAGES

BATCHOM (Paul- Elvic), *L'Afrique dans les relations internationales réflexions sur des problématiques de la mondialisation*, Essai, Doxa, Paris, 2016, 310p.

DIEZ DE VELASCO VALLEJO (Manuel), *Les organisations internationales*, economica, collection droit international, Paris, L.G.D.J., 2002,919p.

FOGUE TEDOM (Alain), *Enjeux géostratégiques et conflits politiques en Afrique noire,* Paris, Harmattan, 2008, 418p.

[1169] CKRISTAKIS (T), « La violation du droit interne en tant que menace contre la paix ? », in colloque de Bruxelles, S.F.D.I., *l'État de droit en droit international*, Paris, Pedone, 2009, pp.118-122.

[1170] EYENGA (G), « La crise constitutionnelle en Gambie et l'action internationale », http:// sentinelle-droit-international.fr, 30-01 -2017, p.1.

[1171] Voir en ce sens MVE ELLA (L), « Le rôle des organisations africaines dans la crise malienne », Civitas Europa, 2013/2, (N°31), p.5.

MOREAU DEFARGES (Philippe), *Introduction à la géopolitique*, Seuil, Essais, 3e édition, 2009, 231p.

PETIT (Yves), *Droit international du maintien de la paix*, Paris, L.G.D.J., 2000, 213p.

ZOLLER (Élisabeth), *La bonne foi en droit international public,* Paris, Pedone, 1977,392P.

ZOUREK (Jaroslav), *L'interdiction de l'emploi de la force en droit international*, A.W. Sijthoff-Leiden- Institut Henry-Dunant, Genève, 1974, 151p.

II. ARTICLES

ADAMA (Ndao), « La cour suprême gambienne, la meilleure voie de sortie de crise », http:// Xalisman.com/ la-cour- suprême-gambienne-la meilleure

AIVO (Gérard), « Le développement à l'épreuve des conflits armés en Afrique », Colloque de Lyon, S.F.D.I, *Droit international et Développement*, Paris, Pedone, 2015, pp.291-302.

BOUKONGOU (Jean- Didier), « Considérations générales sur la paix en Afrique »,in BOUKONGOU (J-D), TCHEUWA (J-C), (dir.,), *De la paix en Afrique au XXIe siècle*, Journées scientifiques du Centre d'études et de recherche en droit international et communautaire (CEDIC), Yaoundé, Presses de l'UCAC, 2007, pp.13-21.

CAHIN (Gérard), « Les Nations Unies et la construction de la paix en Afrique : entre désengagement et expérimentation », *R.G.D.I.P.*, 2000-1, pp.73-105.

CHRISTAKIS (Théodore), « La violation du droit interne en tant que menace contre la paix ? », in colloque Bruxelles, S.F.D.I., *l'État de droit en droit international*, Paris, Pedone, 2009, pp.107-122.

DUFOUR (Patrice), « L'assistance économique et financière de la banque mondiale dans le cadre des opérations de restauration de l'État », in *les Nations Unies et la restauration de l'État* (dir), Yves DAUDET, colloque des 16 et 17 décembre 1994, Paris, Pedone, pp.82-85.

DUPUY (Pierre-Marie), « L'enfer et le paradigme : libres propos sur les relations du droit international avec la persistance des guerres et l'objectif idéal du maintien de la paix », Mélanges offerts à HUBERT Thierry, *L'évolution du droit international*, Paris, Pedone, 1998, pp.187-200.

EYENGA (Gabin), « La crise constitutionnelle en Gambie et l'action internationale », http:// Sentinelle-droit- international.fr, 30-01-2017, pp.1-4.

FOGUE TEDOM (Alain), « Le concept de sécurité dans l'analyse des conflits politiques africains », in *Revue Africaine d'Études politiques et stratégiques*, F.S.J.P, Uy2-Soa, n°3, pp.184-185.

KAMTO (Maurice), « Le rôle des accords et organismes régionaux en matière de maintien de la paix et de la sécurité internationales à la lumière de la Charte des Nations Unies et de la pratique internationale », in *R.G.D.I.P.*, n°4, Octobre-Décembre 2007, Paris, Pedone, pp.771-802.

MONACO (Riccardo), « Le caractère constitutionnel des actes institutifs d'organisations internationales », in mélanges offerts à Charles ROUSSEAU, La *Communauté internationale*, Paris, Pedone, 1974, pp.155-161.

MVE ELLA (Léandre), « Le rôle des organisations africaines dans la crise malienne », Civitas europa, 2013/2, (n°31), pp.123-144.

OND TONYE (Jeanne De Chantal), « L'union africaine et la responsabilité de protéger », *Juridis périodique*, Avril-Mai-Juin, 2016, pp.101-113.

REVEILLARD (Christophe), « Les conflits de type infra-étatique en Afrique », Géostratégiques n° 25 10/09, pp.193-198.

SICILIANOS (Linos-Alexandre), « L'ONU, la consolidation de la paix et l'édification de la démocratie », in DUPUY (R-J), (dir.), *Droit et justice*, mélanges en l'honneur de Nicolas VALTICOS, Paris, Pedone, 1999, pp.215-232.

TCHEUWA (Jean-Claude), « L'union africaine et les changements anticonstitutionnels de gouvernement », in *Revue de la Recherche Juridique*, Droit prospectif, PUAM, N.XXXIV-127, 2009-2, pp.995-1013.

TCHEUWA (Jean-Claude), « Les manifestations de la primauté des chartes constitutives des organisations internationales : une contribution à la théorie générale de l'acte juridique international », in Mélanges en l'honneur de Paul Gérard POUGOUE, *De l'esprit du droit africain*, Wolters, Kluwer, 2014, pp.725-726.

VIRALLY (Michel), « La notion de fonction dans la théorie de l'organisation internationale », in mélanges offerts à Charles ROUSSEAU, *La communauté internationale*, Paris, Pedone, 1974, pp.282-288.

III.THÈSES

ANDZOKA ATSIMOU (Séverin), *L'ingénierie constitutionnelle solution de sortie de crise en Afrique : les exemples de l'Afrique du Sud, de la République Démocratique du Congo, du Burundi et du Congo*, Université Cheikh Anta Diop de Dakar, 29 juin 2013, 712p.

AICHE BESSOU (Raymond), *Les conflits armés internes en Afrique et le droit international*, Thèse Université Cergy-Pontoise, novembre 2008,482p.

IV.DICTIONNAIRES

CORNU (Gérard), *Vocabulaire juridique*, Paris, Puf, 7e édition, 2005, 970p.

MERLET (Philippe), *Petit Larousse*, Paris, Cedex 06, 2003, 1885p.

V. DOCUMENTS OFFICIELS

L'Acte constitutif de l'Union africaine adopté le 11 juillet 2000 à Lomé au Togo.

La Charte des Nations Unies du 26 juin 1945.

La Charte africaine de la démocratie des élections et de la gouvernance, adoptée par la 8e session ordinaire de la conférence tenue le 30 janvier 2007 à Addis-Abeba (Éthiopie). Ce texte juridique est entré en vigueur le 15 février 2012 avec le dépôt du 15e instrument de ratification.

Le Communiqué du CPS de l'Union africaine du 12-12-2016.

Le Communiqué du CPS de l'Union africaine, 647e réunion, 13/01/2017.

Le Communiqué de presse du président en exercice de l'Union africaine en date du 11/12/2016

Le Communiqué de presse du président en exercice de l'Union africaine en date du 20/01/2017.

La Convention de Vienne du 23 mai 1969 sur le droit des traités.

Le Protocole A/SP1/12/01 sur la démocratie et la bonne gouvernance, additionnel au protocole relatif au mécanisme de prévention, de gestion, de règlement des conflits, de maintien de la paix et de la sécurité, fait à Dakar le 21 Décembre 2001.

Le rapport du secrétaire général des Nations Unies BOUTROS BOUTROS-GHALI sur l'agenda pour la paix (A/47/277/- S/ 24111 ; 17 juin 1992), 26p.

VI.SITES INTERNET

Https://www.Letemps.ch/monde/2016/12/14/présidents-africains-nont-reussi-convaincre-yahya-jammeh-renoncer-pouvoir-gambie

www.aujourdhui-en-guinée.Com/fichiers/blog15-999.Php?idc=fr_gambie

www.rfi.Fr/afrique/2017 01 20- suivez- direct-situation-gambie-temps-ultime-médiation.

Intervention militaire en gambie : wikipédiaHttps:// fr. wikipédia.org/W/ index.Php ?

www.france24.com/fr/201701120-cedeao-gambie-yahya-jammeh-barrow.

www.Jeuneafrique.com/395589/politique/gambie-cedeao-tente-nouvelle-médiation-yahya-jammeh/.

L'Union Africaine et le défi du maintien de la paix : l'étude du mandat de la Mission Internationale de Soutien à la République Centrafricaine (MISCA)[1172]

Par :

Alban Hervé SANDIO MOUAFO

Docteur PH.D en droit public
Université de Yaoundé II/Cameroun

Résumé

La persistance des conflits sur le continent africain est une situation qui interpelle et préoccupe les États Africains. La réponse à cette situation réside dans la prise en charge par l'Afrique elle-même de la résolution de ses propres conflits, la paix étant une des conditions préalables au développement du continent. C'est la raison pour laquelle à l'avènement de l'Union Africaine (UA), le Mécanisme pour la prévention, la gestion et le règlement des conflits de la défunte Organisation de l'Unité Africaine (OUA) a été remplacé par le Conseil de paix et de sécurité. Ce nouveau cadre permanent opérationnel et structuré ambitionne *a priori* des lendemains meilleurs pour la sécurisation du continent. Même si la coopération entre l'Union Africaine (UA) et l'Organisation des Nations Unies (ONU) reste permanente dans le domaine de la paix et de la sécurité dans le continent, l'UA doit davantage s'impliquer sur les théâtres des conflits. Mais courant 2012, le déclenchement de la guerre civile en République Centrafricaine (RCA) et l'intervention de l'UA à travers la création de la MISCA ont exposé toutes les virtualités et les difficultés de l'Organisation panafricaine à réaliser la paix dans le continent.

Cette étude se propose d'une part d'évaluer les réalisations de la MISCA à la mesure du mandat qui lui a été assigné et d'autre part de déceler les difficultés qui ont fragilisé cette mission avant d'apporter des solutions susceptibles de contribuer à un renouveau du maintien de la paix par les instruments propres à l'Afrique.

[1172] 19 décembre 2013 - 15 septembre 2014.

Abstract

The persistence of conflicts on the African continent remains a cause for concern and a challenge for African States. The solution to the persistent situation is that Africa itself should play and active role in the resolution of its own conflicts, peace being one of the prerequisites for the development of the continent. It is for this reason that, with the advent of the African Union (AU), the Mechanism for Conflict Prevention, Management and Resolution of the now defunct Organisation of African Unity (OAU) was replaced by the Peace and Security Council. This new permanent, operational and well-structured organ foreshadows a better future for the security of the continent. Even if cooperation between the African Union (AU) and the United Nations Organisation (UNO) remains permanent in the area of peace and security on the continent, the AU must be more involved in conflict-affected areas. In 2012, the outbreak of a civil war in the Central African Republic (CAR) and the intervention of the AU through the creation of the MISCA exposed the pan-African organisation's the strengths and challenges in achieving peace on the continent.

This study aims, on the one hand, to assess the achievements of the MISCA in line with the mandate assigned to it and, on the other hand, to identify the difficulties that have undermined this mission before proposing solutions that will contribute to the renewal of peacekeeping through instruments specific to Africa.

Introduction

L'Afrique est un continent en proie aux conflits armés qui menacent sérieusement son développement. Pour les éradiquer, les africains qui jadis s'étaient fait discret à la suite de la troublante et expérimentale aventure de l'Organisation des Nations Unies au Congo (ONUC)[1173], se sont résolument inscrits à l'école de la sécurité collective, motivés par l'Organisation des Nations Unies (ONU) qui, dans sa Charte constitutive, envisage au chapitre VIII, pour les organisations régionales, un rôle important dans le maintien de la paix et de la sécurité internationales[1174]. Pour montrer leur détermination à pacifier le continent, les dirigeants africains ont convenu, lors de leur rencontre au Sommet de Durban, en 2002, de créer l'Union Africaine (UA). Ils ont mandaté cette nouvelle organisation, entre autres, pour prévenir et résoudre les conflits, réaliser l'unité et la solidarité entre les États africains[1175]. L'Union Africaine doit pouvoir réagir rapidement lorsqu'une situation de crise sécuritaire surgit. Elle a même le droit d'ingérence, en ce qu'elle peut intervenir dans les affaires intérieures de ses États membres en cas de génocide, de crimes de guerre, ou de crimes contre l'humanité[1176]. Les déclarations d'intention se sont muées en actes, en 2003, lorsque les États africains ont fait un pas de plus, en créant un Conseil de paix et de sécurité

[1173] Au lendemain de la mission de l'ONUC, notamment de 1964 à 1989, les participations africaines aux opérations de maintien de la paix se sont faites discrètes. (B. TRAORE « L'Afrique dans les opérations de maintien de la paix : évolution d'une participation de plus en plus importante », *Rev. hist. archéal afr (GODO GODO)*, 2012, pp. 13-14).

[1174] L'engagement de l'UA en RCA trouve son fondement originel dans la Charte des Nations Unies. L'ONU est à l'origine gardienne de la paix dans le monde. D'ailleurs, l'article 1 de la Charte assigne à cette organisation la responsabilité première de « maintenir la paix et la sécurité internationales ». Et à cette fin, l'organisation doit prendre des mesures collectives en vue de prévenir et d'écarter les menaces à la paix, réprimer tout acte d'agression ou de rupture de la paix, et réaliser, par des moyens pacifiques, conformément aux principes de la justice et du droit international, l'ajustement ou le règlement des différends ou de situations, de caractère international, susceptibles de mener à une rupture de la paix (M. BEDJAOUI, « L'humanité en quête de paix et de développement », *RCADI*, vol.324, 2006, pp. 274-275) . La responsabilité de l'ONU en matière de maintien de la paix et de la sécurité n'est pas exclusive. Dans la dynamique qui l'amine, l'organisation encourage des initiatives régionales de relais qui s'inscrivent dans le registre de la décentralisation du maintien de la paix (Dans la Charte des Nations Unies, les articles 52 à 54 qui constituent le Chapitre VIII, règlementent les relations entre l'organisation universelle et les différents organismes régionaux susceptibles de participer au maintien de la paix et de la sécurité internationales (Voir Y. PETIT, *Droit international de maintien de la paix*, LGDJ, pp. 69-70.).

[1175] Cf. article 3 de l'Acte Constitutif de l'Union pour en savoir davantage sur les objectifs de l'Union Africaine.

[1176] L'Union Africaine souhaite faire la différence et elle a été mandatée à cet effet. L'ère de la non-intervention
dans les conflits internes semble terminée au moins dans sa phase théorique.

(CPS)[1177] inspiré du Conseil de sécurité des Nations Unies. Ce nouvel organe a pour mission spécifique de prévenir et résoudre les conflits sur le continent africain.

La sécurité constitue sans nul doute l'un des défis majeurs auquel l'Afrique contemporaine fait face[1178]. Elle est souvent gravement menacée par des tensions entre les différents groupes politiques, diverses communautés religieuses ou ethniques amenés à vivre ensemble. Aujourd'hui, il faut se rendre à l'évidence que rien de durable ne peut se construire dans une atmosphère d'insécurité. Lorsque les guerres ne viennent pas détruire tout ce qui a été construit sur des décennies, elles empêchent l'évolution et le progrès[1179].

Il est tout à fait légitime que les africains recherchent ensemble la paix et la stabilité, si tant est que le développement soit leur objectif commun[1180].

L'expression « maintien de la paix » évoquée dans l'intitulé de cette étude, dans sa phase active ou d'intervention, est couramment dénommée « opération de maintien de la paix ». Les opérations de maintien de la paix sont des épreuves pratiques et empreintes d'empirisme, qui dérivent de l'échec de la mise en œuvre des mécanismes de sécurité collective des Nations Unies. Elles ne sont pas expressément prévues par la Charte, mais sont en conformité avec celle-ci[1181]. Elles trouvent leurs fondements dans la pratique

---

[1177] Voir Protocole relatif à la création du Conseil de paix et de sécurité de l'Union Africaine ; Lire A. ZOZIME TAMEKAMTA, « L'architecture de paix et de sécurité de l'Union africaine : Articulations et enjeux de la gouvernance sécuritaire au XXIe siècle », *Institut de Recherche et d'Enseignement sur la paix, Thinking Africa, NAP n° 24*, janvier 2015, pp. 2-7, www.thinkingafrica.org ; consulté courant octobre 2017.

[1178] Car comme le souligne Stephen Smith, « plus de quarante ans après la conquête coloniale qui coïncidait dans les faits avec la fin de la traite négrière, il n'y a plus d'excuses, plus de mythes étiologiques. L'Afrique se meurt en grande partie parce qu'elle se suicide. C'est comme si, à bord d'une pirogue déjà prise dans la tourmente d'une mer démontée par la mondialisation, les passagers, au lieu de pagayer pour gagner une terre ferme, s'acharnaient à trouver la coque de leur frêle esquif ». Ces propos de Stephen Smith traduisent la réalité de la situation du continent africain. En effet, les Chefs d'État Africains face à la situation précaire de leurs populations, en lieu et place de trouver des solutions endogènes durables, se contentent de se tourner tout le temps vers l'Occident comme si le salut du continent viendrait de là. L'auteur va même plus loin en affirmant : « ça va mal, très mal. L'Afrique agonise ». Mais il termine tout de même sur une note d'espoir : « (…) heureusement, le cadavre bouge encore. Il y a des rescapés, des îlots de mieux- être dans un océan de malheur. Certes, à long terme, malgré les conflits, le sida (…) les africains s'en sortiront ». C'est ce cadavre qui bouge que l'Union Africaine doit diagnostiquer et ressusciter et c'est en cela qu'elle répondra aux attentes du peuple africain. (*Nécrologie : pourquoi l'Afrique meurt*, Hachette littératures, 2003).

[1179] ADINGRA (P.-F.) MENZAN, *Les enjeux de l'Union Africaine*, Mémoire ENA de Côte d'Ivoire, 2001, www.memoireonline.com, consulté courant 2018.

[1180] *Idem.*

[1181] Selon le Professeur Paul Tavernier, les Opérations de Maintien de la Paix sont « *toutes opérations militaires ou paramilitaires qui sont organisées sous la pression de la nécessité faute de pouvoir mettre en œuvre les mécanismes de l'article 43 et parfois faute de pouvoir*

des Nations Unies dont le souci premier est d'œuvrer pour la paix. Conçues par le Suisse Dag Hjalmar Agne Carl Hammarskjöld et l'Autrichien Lester B. Pearson, les opérations de maintien de la paix sont envisagées en cas de conflit susceptible de compromettre ou mettre en péril la paix et la sécurité internationales. Cette pratique de l'organisation mondiale relève d'une certaine aptitude qui consiste à manier le droit et à l'adapter aux faits[1182].

L'architecture de sécurité collective de la Charte des Nations unies a été en partie calquée par l'Union Africaine et insérée dans le Protocole relatif à la création du Conseil de paix et de sécurité (CPS). Ledit Protocole consacre le règlement pacifique des différends et des conflits au niveau régional, et envisage l'éventualité du maintien de la paix, de la sécurité et de la stabilité en Afrique[1183], avec pour ce faire un système continental d'alerte rapide[1184], et des forces africaines pré-positionnées[1185]. Cette armature juridique témoigne de ce que l'Union Africaine (UA) a fait de la paix un credo, et œuvre perpétuellement à assurer les conditions les plus favorables à son maintien sur le continent. C'est ce qui justifie son intervention en République Centrafricaine (RCA) où le fantôme de la violence est installé et durablement enraciné.

Depuis 2012, ce pays d'Afrique noire francophone vit à l'image de son passé historique, tourmenté, mouvementé, belligène[1186] ; des crises politiques

---

s'appuyer sur les décisions du Conseil de Sécurité » ; cet auteur conclut que l'opération de maintien de la paix « *est une force conçue sur la base des principes de la Charte, mais ne résultant pas cependant des dispositions précises de celle-ci* » ; voir P. TAVERNIER, *Les Casques bleus*, Que sais-je ? N°3169, PUF, 1996.

1182 A.-H. SANDIO MOUAFO, *Le mandant d'une opération de maintien de la paix : le cas de la Mission de l'Organisation des Nations Unies en République Démocratique du Congo*, Mémoire de DEA, Université de Yaoundé II-Soa, 2010, p. 5.

1183 Voir article 11 paragraphe 4.

1184 Voir article 12.

1185 Encore appelée Force africaine en attente ; voir article 13. Le siège de cette force est basé dans la ville de Douala au Cameroun ; il a été inauguré le 04 janvier 2018 par le Premier ministre camerounais d'alors, Yang Philémon.

1186 La guerre civile qui sévit en Centrafrique depuis 2012 est avant tout tributaire de son histoire post-coloniale. En effet, l'histoire postcoloniale de cet État, de l'indépendance à nos jours, peut être décrite comme turbulente, ou comme parfois « *ubuesque* » et « *chaotique* » (J.-M. BALENCIE, A. DE LA GRANGE, *Mondes Rebelles. Guérillas, milices, groupes terroristes*, Paris, Michalon, 2001, pp. 881-891) ; (A. MEYER, *L'intégration régionale et son influence sur la structure, la sécurité et la stabilité d'États faibles : L'exemple de quatre États centrafricains*, Thèse de doctorat en science politique, Institut d'Études politiques de Paris, École doctorale de Sciences Po programme doctoral relations internationales, Centre d'Études et de Recherches Internationales (CERI), pp. 79 et ss) ; G. FAES & S. SMITH, « République centrafricaine : La solitude et le Chaos » In *Politique Internationale*, été 2000, n° 88, p. 283 ; F. LALOUPO, « Centrafrique, un destin confisqué. Géopolitique Africaine », hiver 2003, n°9, pp. 217-229 ; J. BINOUA, *Centrafrique : l'instabilité permanente*. Paris, Harmattan, 2005, 67p. ; voir Rapport AFE 2005 ; Annexe II [en ligne], disponible sur : http://www.diplomatie.gouv.fr/fr/IMG/pdf/Pays_region.pdf.

permanentes, des guerres civiles épidémiques, ponctuées de brefs épisodes d'accalmie. La crise en République Centrafricaine s'appréhende comme l'ensemble des manifestations qui compromettent la continuité de l'État et l'ordre social et provoquent une rupture de la stabilité politique. Cette situation complexe[1187] a comme conséquence le morcèlement du territoire et la montée en puissance des factions. Ce faisant, l'État et son administration sapés, n'assurent plus les tâches essentielles qui permettent de mener à bien les politiques publiques.

En fait, le 10 décembre 2012, une coalition hétéroclite de rebelles regroupés sous le nom de *Séléka*[1188], composée de dissidents de mouvements ayant signé l'accord de paix et d'autres mouvements apparus courant septembre 2012, amorce à partir du Nord-Est un mouvement de conquête du pays. Devant l'incapacité des forces armées centrafricaines à faire face à cette situation, le Président François Bozizé acculé et isolé sur le plan politique sollicite l'intervention de la Force Multinationale d'Afrique Centrale (FOMAC) ainsi que la médiation de la Communauté Economique des États de l'Afrique Centrale (CEEAC). En réponse à cette demande, certains États voisins[1189] envoient des troupes, dès janvier 2013, pour renforcer la Mission de consolidation de la paix en RCA (MICOPAX) déployée en 2008, protéger la capitale Bangui et contraindre les rebelles aux négociations. Ces négociations avec les rebelles et l'opposition démocratique menées sous l'égide de la CEEAC aboutissent, le 11 janvier 2013 à Libreville, à un cessez-le-feu et à un accord politique prévoyant la nomination d'un Gouvernement d'union nationale ainsi que l'organisation d'élections anticipées. Après de nombreux blocages du fait des belligérants, le Président François Bozizé est renversé le 24 mars 2013 par la *Séléka*. Dès ce coup de force, la *Séléka* prend le pouvoir et Michel Djiotodia devient Président de la RCA. La *Séléka*, très désorganisée, va créer un contexte de violence exacerbée et une grande instabilité dans le pays. L'État, défaillant et déliquescent devient trop faible pour assurer à lui seul sa sécurité. Face à cette situation chaotique, également marquée par la dégradation de la situation humanitaire et la multiplication des affrontements intercommunautaires, interconfessionnels[1190], le CPS de l'UA

1187 International Crisis Group Working to Prevent Conflit World wide, *République Centrafricaine: Anatomie d'un État fantôme*, Rapport Afrique n°136 – 13 décembre 2007.

1188 *Séléka* signifie « Alliance » en Sango, langue officielle du pays avec le français (voir C. YABANDA, N. ARIDO, « Pour une résolution multilatérale du conflit en République Centrafricaine : Analyse et propositions de sortie pacifique de crise en RCA », publié le 7 février 2013 dans Afrique Notes de la Transnat, p. 2 ; disponible sur internet à l'adresse https://transnationale.eelv.fr, consulté courant octobre 2017.

1189 Le Cameroun, le Tchad, le Gabon, le Congo ; chacun de ces États a envoyé un contingent de 120 soldats. Le 06 janvier 2013, l'Afrique du Sud a envoyé 400 soldats afin de renforcer leur contingent déjà présent dans le territoire centrafricain.

1190 Voir à ce sujet A. FOGUE, « RCA. Crises et guerres civiles : Essai non encore concluant pour l'Architecture Africaine de Paix et de Sécurité (AAPS) de l'Union Africaine », disponible

décide, le 19 juillet 2013, du déploiement de la MISCA, « entérinée »[1191] par la résolution 2127 du Conseil de sécurité de l'ONU. La MISCA est officiellement déployée le 19 décembre 2013 sous l'autorité de l'UA. Le mandat de la MISCA repose essentiellement sur le chapitre VII de la Charte des Nations Unies. Elle a donc un mandat de coercition. Sa mission est d'imposer la paix en RCA.

L'effectivité de cette mission n'a jamais été discutée. Toutefois, la précarité sécuritaire qui prévaut lors de sa substitution par la MINUSCA (Mission multidimensionnelle intégrée des Nations unies pour la Stabilisation en Centrafrique)[1192], pose l'épineux problème de l'efficacité de son mandat. Le mandat de la MISCA découle de la Résolution 2127 du Conseil de sécurité. Son régime juridique repose sur les règles du droit international qui s'appliquent aux opérations de maintien de la paix. Si le Chapitre VII de la charte des Nations Unies, du point de vue théorique vise à garantir le retour à la paix, une question demeure lancinante quant à la mise en œuvre de la MISCA. Le mandat assigné à la MISCA a-t-il permis d'enrayer la violence en RCA ? Cette problématique s'inscrit dans le registre de l'efficacité. L'efficacité relève de l'univers des faits observables, l'ordre des phénomènes. Elle se définit comme la qualité, ce qui produit l'effet attendu[1193]. L'effet attendu d'un acte s'apprécie à la mesure de moyens mis en œuvre ; d'où le choix d'une approche juridique qui fait de la MISCA une force placebo.

Depuis 1960, c'est l'ONU qui intervenait en Afrique dans le cadre des opérations de maintien de la paix. Ces opérations étaient parfois critiquées pour des raisons diverses. On avançait la méconnaissance et l'ignorance des réalités africaines dans la gestion des crises en Afrique, on dénonçait également la complicité de l'organisation avec les Occidentaux pour continuer la colonisation et l'entreprise de pillage des ressources du continent. En outre, on prétendait l'absence de proximité entre l'ONU et le continent africain.

---

sur internet à l'adresse https://www.diploweb.com , 22-02- 2015, pp. 7-8, consulté courant Octobre 2017 ; voir également F. KILEMBE, « Assurer la sécurité en République Centrafricaine ? », *PUA* (Presses Universitaires d'Afrique), Friedrich Ebert Stiftung Cameroun/Afrique Centrale, 2014, disponible sur internet : http://www.fes-kamerun.org pp. 11-12, consulté courant 2017.

[1191] L'UA n'a pas fait montre de promptitude décisionnelle et opérationnelle dans le cas de crise en RCA. Elle a fait preuve de fixité, d'attentisme et d'immobilisme devant une situation requérant une intervention urgente et rapide. Elle a certes créé la MISCA, mais s'est montrée incapable de la projeter. D'ailleurs, il a fallu attendre l'appel du Secrétaire général de l'ONU suite à une situation devenue explosive pour que, lors de sa 358e réunion du 19 juillet 2013 (U.A, PSC/PR/COMM.2/CCCLXXXV du 19 juillet 2013), le CPS se saisisse du cas de la RCA, et décide du déploiement de la MISCA.

[1192] Le 15 septembre 2017, la MINUSCA créée le 10 avril 2017 par la résolution 2149 a pris le relais de la MISCA.

[1193] Voir dans ce sens l'allocution d'ouverture du Professeur Raymond RANJEVA à l'occasion des huitièmes rencontres internationales d'Aix-En-Provence des 10 et 11 décembre 1999. *Les Nations Unies et les sanctions : quelle efficacité ?*, Paris, Pedone, 1999, p. 13.

L'Afrique a une histoire particulière, et trouver une solution africaine aux problèmes africains est présente dans l'esprit des Africains[1194]. C'est d'ailleurs l'une des motivations de l'intervention de l'UA dans les crises en Afrique, *in casu*, la MISCA ; le modèle des opérations d'imposition de la paix des Nations Unies étant le baromètre. L'étude de l'efficacité du mandat de la MISCA impose que l'on examine au préalable le cadre juridique de son intervention (I) avant d'analyser son opérationnalité (II).

I- Un mandat d'imposition de la paix soutenu par des initiatives internationales

Dès sa création, la MISCA s'est vue doter un mandat robuste sous le chapitre VII (A). Ce mandat doit lui permettre d'enrayer la violence en RCA. Dans ses efforts d'imposition de la paix, elle est soutenue par des initiatives internationales (B).

A- Une robustesse du mandat de la MISCA fondée sur le Chapitre VII de la Charte des Nations Unies

Le chapitre VII de la Charte des Nations unies fait référence à toute action susceptible d'être entreprise en cas de menace contre la paix, rupture de la paix et acte d'agression. L'examen de la pratique du Conseil de sécurité laisse voir qu'au-delà des atteintes aux Droits de l'Homme, au droit international humanitaire et à la légalité constitutionnelle des États, c'est la défaillance de l'État qui est désormais objet de qualification de menace contre la paix.

On trouve dans le chapitre VII, la formule « prendre les mesures nécessaires ». Lesdites mesures visent aussi à protéger le personnel, les installations et le matériel des Nations Unies, et assurer la sécurité et la libre

---

[1194] L'OUA, ancêtre de l'UA contenait déjà les gènes d'un cadre de règlement de conflits. L'article 3 des textes de cette organisation posait déjà le principe du « règlement pacifique des différends » et « les États membres s'engageaient à régler leurs différends par des voies pacifiques ». L'article 7 de la Charte avait doté l'organisation d'un cadre de résolution des conflits exclusivement africains. Il s'agissait de la Commission de médiation, de conciliation et d'arbitrage. Cette Commission avait pour objectif de rechercher « le règlement pacifique des différends par des voies de négociation, de médiation, de conciliation et d'arbitrage ». Dans cette perspective, l'OUA avait créé plusieurs missions de maintien de la paix notamment au Tchad, au Burundi[1194], aux Comores.

Lors du lancement de l'UA à Durban en Afrique du Sud le 09 juillet 2002, est adopté en même temps le Protocole portant création du Conseil de paix et de sécurité. Ce Conseil élaboré sur le modèle du Conseil de sécurité de l'ONU permet à l'Union d'intervenir directement dans les pays en crise.

Le CPS, composé de quinze États membres, a pour mission la promotion de la paix, de la sécurité et de la stabilité en Afrique, de la diplomatie préventive, du rétablissement de la paix. Cet organe s'occupe également de la gestion des catastrophes et des missions humanitaires. Il est appelé à remplacer l'organe central du mécanisme pour la prévention, la gestion et le règlement des conflits en Afrique.

circulation de ce personnel. Il s'agit là d'une évolution très importante, car auparavant, cette protection relevait de la légitime défense et empêchait toute initiative de recourir à la force. Il apparaît ainsi clairement que le recours à la force ne s'inscrit plus seulement dans le cadre de la légitime défense. Il prend aussi en compte les dangers que rencontrent les militaires dans l'accomplissement de leur mission. Cette protection est aussi étendue aux agents humanitaires ou aux réfugiés et personnes déplacées.

Fort de son mandat, la MISCA doit prendre toutes les mesures nécessaires pour protéger les populations civiles et neutraliser les groupes armés qui refuseraient de se plier aux consignes de cantonnement et de désarmement. Son intervention se présente sous trois grands aspects : le rétablissement de la sécurité par la protection des individus et le traitement des armes (1), l'assistance à la réforme des forces nationales de sécurité (2), les aspects politique, économique et social (3).

1- Le rétablissement de la sécurité par la protection des individus et le traitement des armes

Le secteur de la sécurité constitue le fondement de la légitimité de l'État[1195]. Il comprend « l'ensemble des organisations qui ont le pouvoir d'utiliser ou d'ordonner l'usage de la force, de menacer par la force, de protéger l'État et ses citoyens, ainsi que les structures civiles qui ont la charge de la gestion ou du contrôle de ces organisations »[1196]. Face au problème de la faiblesse de la gouvernance en matière de sécurité, l'État centrafricain n'était plus en mesure de garantir un minimum de sécurité à sa population.

La MISCA avait été chargée de contribuer à la protection des civils, rétablir l'ordre public et la sécurité, stabiliser le pays et créer les conditions nécessaires ou favorables à l'acheminement de l'aide humanitaire aux populations durement affectées par la crise. Pour y parvenir, elle devait neutraliser le trafic des armes et des stupéfiants.

Les armes légères et de petits calibres sont des outils, dont la fabrication, la vente ou le transfert illicite et le détournement dans certaines régions du monde comme la RCA, menacent la paix et la sécurité internationales, favorisent la prolifération des conflits qui causent d'importantes pertes en vies humaines, contribuent à l'instabilité et à l'insécurité. Ces armes et les munitions qui leur sont associées peuvent être transportées et utilisées par un seul individu ou un petit groupe de personnes. Du fait de la permanence des bandes armées autour de la RCA et de la porosité des frontières, ce type

1195 A.-J. DOUI WAWAYE, *La sécurité, la fondation de l'État Centrafricain : Contribution à la recherche de l'État de droit*, Thèse de Doctorat, École Doctorale 491, Université de Bourgogne, 2012, p. 344.

1196 M. CHALMERS, *Security sector reform in developing countries: An EU perspectives*, Londres/Ebenhausen, Saferworld and conflict prevention network, 2000.

d'armes proliférait dans le pays. La violence et l'insécurité en RCA ont été également liées à l'utilisation de ces armes[1197]. La MISCA devait lutter contre les menaces qui découlaient de ce transfert illicite, de l'accumulation déstabilisante et du détournement de ces armes en RCA. Elle avait également pour mission d'assurer la sécurité de ses soldats, leur aptitude à exécuter leur mandat de maintien de la paix, la sûreté et la sécurité des agents humanitaires et leur aptitude à fournir l'aide humanitaire[1198]. L'un des préalables à la réalisation de cette mission était l'entreprise de Désarmement, Démobilisation et Réinsertion (DDR).

Le désarmement fait partie de la procédure de démobilisation et constitue une condition *sine qua non* pour accéder au statut de « *démobilisé* ». Dans le cadre du DDR, l'objectif principal était le rétablissement de la sécurité sur l'ensemble du territoire par l'exercice d'un contrôle effectif et efficace de ceux qui détiennent les armes[1199]. Le fond d'un tel programme visait, sans nul doute, la mise en place d'une armée nationale restructurée, républicaine, professionnelle, représentative et intégrée.

Aussi, l'objectif spécifique était-il de redonner à l'État un sens à sa mission régalienne de protection de la population, du territoire et des institutions[1200]. Ce programme pose en réalité la question de la réforme du secteur de la sécurité. Cette démarche exige au préalable une clarification du rôle de l'armée, et conduit à s'interroger sur la nécessité de créer une armée de métier[1201]. Cette solution devrait aboutir non seulement à la réduction de la violence en raison de l'amenuisement substantiel de la possession et de la circulation illégale des armes, mais également à l'incorporation immédiate des démobilisés dans des activités socio-économiques.

La MISCA devait soutenir l'initiative de désarmement, démobilisation et réintégration, voire de réinstallation ou rapatriement menée par les autorités de transition et coordonnée par le Bureau intégré des Nations Unies pour la consolidation de la paix en RCA (BINUCA)[1202]. Elle devait également fournir

---

[1197] A.-J. DOUI WAWAYE, *La sécurité, la fondation de l'État Centrafricain : Contribution à la recherche de l'État de droit*, *op.cit.*, p. 56.

[1198] Voir la résolution 2721.

[1199] M.-L. DUMAS, « Sécurité et désarmement », *in politique étrangère*, vol. 61, n° 4, 1996, p. 936.

[1200] V. PORTERET, *État-nation et professionnalisme des armées*, Paris, Editions, l'Harmattan, 2005, p. 35.

[1201] A. AYASSI, « Ordre militaire et désordre politique en Afrique », *in Le Monde diplomatique*, janvier
2003, pp. 20-21.

[1202] Le Programme de récupération des armes légères et de petits calibres amorcé avant le déploiement de la MISCA était soutenu par les partenaires du Gouvernement centrafricain notamment le Gouvernement français, les pays de la CEMAC, le PNUD et la Banque mondiale. Cette opération qui se déroule sous la supervision d'un coordonnateur de la Commission nationale des armes légères et de petits calibres pour le désarmement et la réinsertion (CNPDR),

des efforts nécessaires pour neutraliser la circulation des armes légères et de petits calibres fréquemment utilisées par les milices pour perpétrer les crimes et terroriser la population. La détention abusive d'armes en RCA constitue le facteur essentiel de la recrudescence de la violence. Il s'agit d'agressions, d'attaques ou de braquages à main armée dont est victime la société. Cette violence[1203] dans les relations aussi bien dans les paroles que dans les actes mine les fondements de l'État.

2- L'assistance à la réforme des forces nationales de sécurité

L'un des principes fondamentaux à observer dans toute démocratie aboutie est la soumission du secteur de la sécurité au pouvoir démocratiquement élu.

L'État, en tant qu'ultime dépositaire et garant de la sécurité, dépend de la capacité de ses dirigeants à conduire les affaires. Ceci impose que l'Armée, élément de la puissance de l'État, soit soumise aux organes politiques. L'armée ne doit jamais gérer les affaires de l'État ; elle doit être aux ordres des civils représentés dans le cadre gouvernemental[1204]. Le pouvoir légitime doit être protégé contre toute déstabilisation par l'armée.

Le secteur de la sécurité en République Centrafricaine a toujours été défini de façon restreinte. Il s'agit de la défense de l'intégrité territoriale de l'État confiée aux forces armées[1205]. Ce secteur recouvre en fait l'ensemble des dispositifs et moyens qui permettent à l'État de garantir sa sécurité intérieure et extérieure en exerçant à cette fin « le monopole de l'usage légitime de la force »[1206]. Il englobe l'ensemble de l'appareil de sécurité de l'État constitué des forces armées, des forces paramilitaires et non militaires telles que la police, la gendarmerie, la police de protection des frontières, les services de renseignement, les troupes spéciales, les gardes nationales et les services de

---

vise à encourager ceux qui détiennent illicitement les armes à les remettre volontairement aux autorités compétentes dans le but de « *sécuriser les populations* ». « *L'objectif global de ce plan d'opération vise à améliorer la sécurité des populations et à consolider la paix à travers la lutte contre la prolifération des armes légères et de petits calibres, la réduction de la violence armée. La population est au centre de cette activité sensible. D'autant que, les citoyens centrafricains qui seront sensibilisés auront à aider le Gouvernement à réussir cette mission délicate qu'est le ramassage des armes légères* ». Propos recueillis par la Rédaction du Journal, « Centrafrique : à la recherche des armes légères et de petits calibres » *in La plume*, Quotidien indépendant centrafricain, paru le 10 août 2009, [En ligne] URL : http://laplume-rca.info/Centrafrique-a-la-recherche-des-armes-legeres-et-de-petit-calibre_a292.html; l'entreprise du désarmement amorcé depuis le 6 août 2009, bien avant l'intervention de la MISCA, concerne les armes telles que les revolvers, les pistolets, les uzis, les carabines, les fusils de chasse ou les fusils automatiques, les mitrailleuses.

1203 C. DEBBASCH, *Lexique de politique*, Paris, 7e édition Dalloz-Sirey, 2001, p. 444.

1204 L. DIAMOND et al., *Consolidating Third Wave Democracies*. Baltimore: The Johns Hopkins University, 1997, p. 3.

1205 F. MOBEBOU (Général), « État des lieux des forces de défense » *in* Rapport final du comité préparatoire du séminaire, *La Réforme du secteur sécuritaire*, Bangui, 2008, pp.79-85.

1206 M. WEBER, *Économie et société,* Paris, Éditions Plon, coll. Pocket-Agora, 1971, p. 219.

renseignement[1207]. Le secteur de la sécurité à renforcer en République Centrafricaine vise la sécurité *lato sensu.* Pour atteindre cet objectif, il faut se doter de moyens humains, matériels et juridiques. La capacité de l'État à soumettre l'armée aux civils, dans un contexte démocratique, doit être assurée. Il est, à cet effet, nécessaire d'intégrer les politiques de défense dans les programmes nationaux de développement. Selon Nicole BALL « *le cœur de la réforme du secteur de la sécurité et le développement d'une surveillance civile efficace est la création d'institutions capables d'assurer la sécurité* »[1208]. La réforme du système de sécurité entreprise en RCA a été interrompue du fait de la crise.

La MISCA doit œuvrer pour la restructuration des forces de défense et la police nationale. Sa mission en la matière consiste à accompagner les efforts nationaux et internationaux menés par les autorités de transition et coordonnés par la BINUCA[1209], en vue de réformer et restructurer les secteurs de la défense et de sécurité. Cette réforme de la sécurité vise à rationaliser et moderniser les forces armées et la police afin d'accroître leurs capacités d'action[1210]. Dans le cadre de son mandat, et conformément à la résolution 2721, la MISCA est soutenue par de nombreux partenariats.

B- Un mandat soutenu par des initiatives internationales

Pour réaliser sa mission, la MISCA bénéficie de l'assistance financière et logistique extérieure (1) et d'un double soutien opérationnel (2).

1- L'assistance financière et logistique à la MISCA

Dans le cadre de son mandat, la MISCA bénéficie des soutiens financiers et logistiques de nombreux États africains tels l'Afrique du Sud, l'Algérie, la Côte-d'Ivoire, l'Éthiopie, la Gambie, la Namibie et le Nigéria.

Certains de ces partenaires multilatéraux et bilatéraux ont également investi dans la mission. Il s'agit outre l'Union Européenne (UE), des États comme la France, les États-Unis, le Canada, le japon, la Norvège. L'appui technique des Nations Unies est significatif.

[1207] A.-J. DOUI WAWAYE, *La sécurité, la fondation de l'État Centrafricain : Contribution à la recherche de l'État de droit*, *op.cit.*, p. 353.

[1208] N. BALL, J. KAYODE FAYEMI, F. OLONISAKIN, R. WILLIAMS, M. RUPIA, *Governance in the security sector.* 2003 (eds) Nicolas van de Walle and Nicole Ball (eds), Beyond Structural Adjustment, Palgrave, p. 268.

[1209] Le Bureau des Nations Unies pour la Consolidation de la Paix en RCA (BONUCA) a été transformé en avril 2009 par Bureau intégré des Nations Unies pour la Consolidation de la Paix en RCA (BINUCA).

[1210] A.-J. DOUI WAWAYE, *La sécurité, la fondation de l'État Centrafricain : Contribution à la recherche de l'État de droit*, *op.cit.*, p. 357.

La contribution de l'UE constitue une partie substantielle des ressources financières de la MISCA. En effet, faisant suite aux conclusions du Conseil des affaires étrangères formulées les 21 octobre et 16 décembre 2013, l'UE s'est engagée à contribuer financièrement au déploiement de la MISCA dans le cadre de la Facilité de soutien à la paix pour l'Afrique (APF). À ce titre, elle a annoncé courant décembre 2013, un financement à hauteur de 50 millions d'euros en faveur de la MISCA par le biais de l'APF, ainsi que son soutien au projet de l'UA d'organiser rapidement une conférence de donateurs pour la MISCA. Elle avait également promis, en février 2014, d'engager 25 millions d'euros supplémentaires en vue de la conférence des bailleurs de fonds de la MISCA.

La contribution européenne est destinée à financer les indemnités, les frais de logement et d'alimentation des composantes militaires et policières de la MISCA. Elle couvre également les salaires du personnel civil et d'autres frais opérationnels comme le transport, les communications et les services médicaux.

En 2014, une seconde contribution de 75 millions d'euros consentie porte le montant total engagé au titre de l'APF concernant la MISCA à hauteur de 125 millions d'euros.

L'assistance logistique concerne essentiellement le matériel militaire. À ce sujet, la Grande-Bretagne a proposé « une aide logistique limitée » à la France dans le cadre de leur coopération militaire fondée sur l'interopérabilité. Ceci s'est traduit par la mise à la disposition de la France d'un avion militaire C-17 *Globemaster* à grande capacité d'emport. L'Allemagne quant à elle, a mis à la disposition de la MISCA, des moyens de transport stratégique pour emmener le matériel et acheminer les hommes vers N'Djamena au Tchad et Libreville au Gabon. Il s'agit de cinq avions de type Airbus A310 et des avions de type ravitailleur en vol. La Belgique à la demande de la France, dans leur rapport de coopération, s'est engagée à fournir plusieurs avions en appui. Mais leur intérêt était limité compte tenu de la nature des opérations, essentiellement terrestres[1211]. Sur le plan opérationnel, conformément au mandat onusien, la MISCA est appuyée par les forces étrangères.

2. Les soutiens opérationnels à la MISCA

Les soutiens opérationnels à la MISCA sont doubles. Il s'agit d'une part de l'opération française baptisée Sangaris et d'autre part des forces de l'EUFOR.

1211 http://mobile.lemonde/fr/afrique/2013/12/11/I-union-européenne , consulté courant novembre 2017.

S'agissant de l'opération française Sangaris[1212], il faut noter qu'elle préexiste à la MISCA. L'intervention des forces françaises de l'opération Sangaris répond à une demande des autorités centrafricaines de transition[1213], dans le cadre d'une autorisation conférée par la résolution 2127 du Conseil de sécurité. Cette opération qui fait suite au cycle d'affrontements interconfessionnels vise à protéger les populations civiles et à éviter une nouvelle catastrophe humanitaire en RCA. .

Le 9 février 2014, Sangaris commence la sécurisation de Bangui et de ses environs. Elle doit œuvrer pour le désarmement de la *Séléka* et des *Anti-balaka*. L'une de ses stratégies est l'installation des *checkpoint* de part et d'autre afin de filtrer le passage des personnes, des véhicules et autres biens. Elle travaille en étroite collaboration avec la MISCA[1214] dont elle favorise l'installation. Ladite collaboration devait s'opérer à travers des mécanismes de coopération mis en place au niveau de l'état-major de la force de la MISCA et des bataillons burundais et rwandais, des rencontres régulières entre les commandants des deux opérations, des patrouilles conjointes régulières tant à Bangui que dans les autres provinces. Elle travaille également à la planification et à l'exécution d'opérations spécifiques avec les forces de l'UA. Sangaris s'est illustrée dans plusieurs batailles telles que les deux combats de Grimadi[1215], le combat de Boguila[1216], la bataille de Batangafo[1217], la mission de reconnaissance entre Bossangoa et Paoua[1218]. L'opération Sangaris subsiste en RCA même après la MISCA, car l'ombre de la violence est permanente.

Concernant l'EUFOR, il faut rappeler que l'initiative d'une opération militaire de l'UE en RCA, en soutien à la MISCA, émane de la France. Cette

---

[1212] *Ibid.* ; L'effectif de Sangaris compte successivement 1600 hommes de décembre 2013 à février 2014, 2000 hommes de février 2014 à juillet 2015, 900 hommes de juillet 2015 à mai 2016, 650 hommes de mai 2016 à juillet 2016, 350 hommes de juillet 2016 à octobre 2016.

[1213] Trois institutions majeures ont animé la transition en RCA : la Présidente de République, le Gouvernement de transition et le Conseil national de transition. La transition était chargée de diriger le pays jusqu'aux élections de février 2015.

[1214] https://fr.m.wikipedia.org/wiki/Op%C3%A9ration_Sangaris consulté courant novembre 2017.

[1215] *Ibid.*, « Centrafrique-combats dans une ville au nord de Bangui, 22 morts », *Reuters* ; Ministère de la défense : « opération Sangaris : point de situation du 25 avril 2014 », combats entre *seleka* et *anti-balaka.*

[1216] RFI : Centrafrique : attaque sanglante contre des locaux de MSF », RFI ; « RCA : traversée meurtrière de l'Onham par d'ex-*seleka* », RFI ; Ministère de la Défense : « Sangaris : attaque par un groupe lourdement armé au Nord-Ouest du pays » ; Accrochage entre forces françaises et un groupe armé en RCA », *Reuters*.

[1217] http://www.lefigaro.fr/flash-actu/2014/08/04/97001-20140804FILWWW00317-I-armee-francaise-prise-a-partie-en-centrafrique.php , consulté courant novembre 2017 ; « Combats entre Sangaris et *Séléka* à Batangafo, Bambari coupée en deux », RFI.

[1218] https://fr.m.wikipedia.org/wiki/Op%C3%A9ration_Sangaris consulté courant novembre 2017

initiative a été approuvée lors du Conseil des ministres des Affaires étrangères de l'UE du 20 janvier 2014.

C'est par la résolution 2134 du 28 janvier 2014 que le Conseil de sécurité autorise l'UE à déployer une opération en RCA. L'EUFOR est créée par décision 2014/73/PESC du Conseil de l'Union Européenne du 10 février 2014 et lancée officiellement le 1er avril 2014. L'opération militaire de l'UE qui vise à rétablir la sécurité en RCA doit fournir un appui temporaire à la création d'un environnement sûr et sécurisé dans la zone de Bangui[1219]. Cet autre appui qui travaille en coordination avec la MISCA doit permettre à celle-ci d'aller dans les localités de l'intérieur du pays. Dans le cadre de son soutien à la MISCA, l'EUFOR doit « prendre toutes les mesures nécessaires » conformément au Chapitre VII de la Charte des Nations Unies. C'est une opération militaire dont la mission consiste à protéger les civils en coordination avec les forces françaises et celles de l'Union Africaine. Elle est également chargée d'assurer la transition entre le contrôle de la ville par les forces françaises et le déploiement d'une nouvelle force en substitution de la MISCA, en occurrence la MINUSCA.

Tous ces efforts visant à pacifier la RCA ont été fragilisés dans la mise en œuvre, heurtant de fait le mandat assigné à la MISCA.

II- Un mandat fragilisé dans sa phase opérationnelle

La réalisation du mandat de la MISCA s'est heurtée à de nombreux obstacles qui ont exposé toutes les virtualités en termes de difficultés et faiblesses de cette force.

A- Une réalisation difficultueuse du mandat de la MISCA

Pour effectuer ses différentes activités opérationnelles (1), la MISCA dispose de moyens limités (2).

1- Les activités opérationnelles de la MISCA

« Les activités opérationnelles »[1220] que Dag Hammarskjöld désignait « *action exécutive*»[1221], sont des mesures coercitives du chapitre VII de la Charte des Nations Unies. C'est un ensemble de mouvements stratégiques destinés à faire réussir une attaque ou à organiser une défense.

Les activités opérationnelles de la MISCA désignent les actions par lesquelles celle-ci a élaboré ses stratégies de maintien de la paix. Il s'agit d'une

---

[1219] http://www.operationspaix.net/188-historique-eufor-eufor-rca.html , consulté courant novembre 2017

[1220] Y. PETIT, *Droit International de maintien de la paix*, *op. cit.*, p. 41.

[1221] *Idem.*

politique de mise en œuvre du mandat qui lui a été assigné par le Conseil de sécurité. Les forces de la MISCA et leurs partenaires militaires occidentaux ont amélioré la sécurité à Bangui la Capitale, favorisé la démission du Président Michel Djotodia, de son Premier ministre Nicolas Tiangaye[1222] et la dissolution théorique de la Séléka. Elles ont également œuvré pour la mise en place d'un gouvernement de transition, avec comme Présidente désignée, le Maire de Bangui, Catherine Samba Panza.

La présence de la MISCA soutenue par l'opération Sangaris et l'EUFOR a considérablement amélioré l'environnement sécuritaire, au regard de la situation qui prévalait après l'attaque lancée par les éléments *anti-balaka* contre la capitale Bangui, au début du mois de septembre 2013[1223]. La MISCA a, dans le cadre de sa mission, favorisé la reprise du fonctionnement des administrations publiques et des activités économiques qui étaient depuis longtemps mis en veille. L'un des résultats de l'intervention de la MISCA réside dans la sécurisation du corridor qui relie la frontière camerounaise de Garoua-Boulaï à la ville de Bangui. Ce tronçon routier vital pour le fonctionnement économique a également facilité l'acheminement de l'aide humanitaire. En effet, la MISCA a mis en place un dispositif d'escorte pour les véhicules et les personnes empruntant cette route. Au début de l'année 2014, escortée par des convois de la MISCA, la population musulmane en fuite est progressivement évacuée de Bangui vers le Tchad. Ce dispositif d'escorte a bénéficié à plusieurs milliers de véhicules transportant les marchandises et des biens humanitaires[1224].

En dépit des améliorations observées, la situation sécuritaire est restée précaire. Le personnel de la MISCA et la population civile ont été régulièrement victimes d'attaques. Il faut toutefois rappeler que l'action de la MISCA n'a pas suffi à enrayer les exactions vindicatives des milices chrétiennes et animistes *anti-balaka* contre les populations musulmanes[1225].

2- Les moyens opérationnels à la MISCA

Pour exercer son mandat, la MISCA dispose des moyens humains et matériels.

L'effectif de la MISCA est composé de militaires, policiers et personnels civils. Selon le principe entériné par le Conseil de paix et de sécurité de l'UA le 17 juin 2013, les éléments de base de la MISCA englobent les contingents

[1222] https://fr.m.wikipedia.org/wiki/Op%C3%A9ration_Sangaris consulté courant novembre 2017 ; « RCA : démission de Djotodia officialisée à Ndjamena », *RFI*.

[1223] M. ODZOLO-MODO, « Les opérations de paix conduites par les organisations régionales africaines », *Paix et sécurité Européenne et internationale*, Chronique « opérations de paix », 2014-2015, p. 27.

[1224] *Idem*.

[1225] Voir https://fr.m.wikipedia.org/wiki/Op%C3%A9ration_Sangaris. consulté courant novembre 2017.

affectés à la mission de la CEEAC pour la consolidation de la paix en Centrafrique (MICOPAX). Celle-ci compte, au 31 octobre 2013, 2599 hommes en uniforme, dont 2220 militaires et 379 policiers[1226]. Ceux-ci viennent du Cameroun, du Gabon et du Tchad ; ils sont appuyés par environ 1600 militaires des forces françaises. Le 21 mars 2014, le CPS décide d'autoriser le déploiement de personnels de police supplémentaires et des capacités spécialisées. L'effectif de la MISCA passe donc de 4500 à 6000 hommes[1227].

L'équipe dirigeante de la MISCA est exclusivement composée de personnalités issues des pays de la sous-région Afrique centrale. Elle est chapeautée par le général congolais Jean Marie Michel Mokoko. Ce dernier assure le rôle de représentant spécial de l'UA en RCA. Il est assisté dans l'ordre hiérarchique du Général camerounais Martin Tumenta Chomu et du Colonel gabonais Patrice Ostangue Bengone respectivement chargés du commandement militaire et chef de la composante police de la MISCA[1228].

La composante civile de la mission inclut le personnel technique et d'appui affecté dans un premier temps au quartier général de la mission à Bangui puis dans les quatre autres quartiers généraux déterminés, d'après les premières prévisions de l'UA.

Pour mieux accomplir les tâches qui lui incombent en vertu de son mandat, la MISCA dispose de moyens logistiques pour la plupart issus des dons de ses partenaires occidentaux, tels l'Allemagne, la Grande-Bretagne et les États-Unis, etc. Ceux-ci se sont investis dans l'opération en fournissant à la MISCA, des moyens logistiques appropriés ou de qualité, mais de quantité insuffisante pour réaliser son mandat. L'omni-dépendance logistique de la MISCA s'explique par le fait que la quasi-totalité des industries de fabrication de matériels militaires se trouve dans ces États où cette fabrication s'opère sur leurs contrôle et expertise. L'UA n'a donc pas de moyens financiers nécessaires pour acquérir une logistique de pointe. Ceci rend difficile l'opérationnalité de la MISCA.

1226 M. ODZOLO-MODO, « Les opérations de paix conduites par les organisations régionales africaines », *op. cit.*, pp. 23-24.

1227 Voir https://fr.m.wikipedia.org/wiki/Mission_internationale-de-soutien-a-la-centrafrique-sous-la-conduite-de-lunion–africaine , consulté courant octobre 2017 ; Jeune Afrique : Centrafrique : la MISCA prend officiellement le relais de la FOMAC ; RFI : Centrafrique : le Tchad dénonce le « lynchage médiatique et politique ».

1228 Voir Centrafrique : les enjeux de l'intervention française – JeuneAfrique.com, disponible sur internet à l'adresse http://jeuneafrique.us2.list-manage.com/subscribe?u=6f73d53fb63e8c665c4e3800d&id=9e88e09281, p. 3. Consulté courant 2017.

B- Les difficultés et faiblesses de la MISCA

La MISCA est dépourvue des capacités managériales nécessaires (2), de moyens logistiques et opérationnels suffisants pour assurer l'efficacité de sa mission (1).

1- Les difficultés matérielles et financières

Bien avant son déploiement, la MISCA était déjà confrontée à des problèmes de planification, de logistique et de financement. C'est d'ailleurs la première difficulté à laquelle la mission a été confrontée. En fait, sur le plan financier, la MISCA dépendait totalement des bailleurs de fonds extérieurs. C'est par exemple l'Union Européenne qui supporte en grande partie les soldes des militaires déployés dans le cadre de cette opération. Les États-Unis contribuent à la fourniture des troupes en matériels, les États membres de l'Union Africaine ne payant pas leurs contributions. À cela s'ajoute la complexité des circuits financiers de l'Union africaine, dont la désorganisation administrative a pour conséquence d'entamer sa crédibilité quant à la gestion des fonds dont elle bénéficie. Pour illustration, sur les 50 millions d'euros provisionnés par les bailleurs de fonds pour le financement de la MISCA, l'Union Africaine n'a été en mesure de fournir de justificatifs de dépenses qu'à hauteur de 5 millions d'euros.

Les moyens de transport et de communication ont également fait défaut aux soldats de paix africains de la MISCA. En outre, le faible effectif dont elle disposait ne pouvait pas lui permettre de mieux quadriller ou couvrir l'étendue du territoire centrafricain[1229]. À cela s'ajoutent les difficultés de management.

2- Les difficultés managériales de la MISCA

Les difficultés managériales se traduisent par le manque de cohésion interne, la méfiance à l'égard de l'armée tchadienne. La MISCA a manqué de cohésion interne dans son mandat. En fait, courant Noël 2013, des affrontements ont opposé les soldats burundais et tchadiens appartenant pourtant à la même force. Cet incident démontre à suffisance les failles dans la gestion des composantes militaires.

En outre, dans l'esprit des populations centrafricaines, il existe une méfiance nourrie à l'égard des Tchadiens en raison de leurs implications présumées dans les affaires politiques centrafricaines[1230]. Le rôle du Tchad est

---

1229 wwwopérationsdemaintiendelapaix.net.

1230 Ce retrait, cumulé avec la distance qui s'est créée entre le Président tchadien Idriss Déby et la présidente de transition centrafricaine, Catherine Samba Panza, prive la MISCA d'un interlocuteur incontournable dans le processus d'apaisement des tensions entre les *ex-séléka* et les autres parties du conflit centrafricain (M. ODZOLO-MODO, « Les opérations de paix

jugé ambigu par les autorités centrafricaines. Les décisions des autorités tchadiennes sont parfois perçues comme des manifestations d'hostilité à l'égard des autorités centrafricaines de transition[1231]. Ceci a conduit le Tchad à annoncer le retrait d'environ 850 soldats des forces de la MISCA, fragilisant davantage la force africaine qui avait d'ailleurs difficilement réuni 6000 militaires. Il faut relever que les soldats tchadiens, parmi les plus aguerris, ont joué un rôle crucial dans la stabilisation du nord du pays ,et que grâce à leur présence, la sécurité des populations vivant dans ces zones a pu être assurée.[1232] Ce retrait a eu un impact négatif sur la situation humanitaire.

Conclusion

Évaluée à l'épreuve du maintien de la paix au sujet de la MISCA, l'Union Africaine n'a pas entièrement relevé le défi du retour intégral de la paix, tant les enjeux étaient énormes. Si le résultat de son action n'a pas été totalement à la hauteur du mandat d'imposition de la paix qui lui a été assigné par le Conseil de sécurité et de la finalité pour laquelle elle a été créée, il reste que la MISCA a limité l'ampleur de la violence. Le bilan de la MISCA peut être défendu si l'on met en rapport les moyens disponibles et les résultats atteints. La MISCA avait reçu mandat d'imposer la paix en RCA, mais à la fin de sa mission, le pays n'était pas entièrement sécurisé. Néanmoins, son action, aidée par l'opération SANGARIS et l'EUFOR, a sensiblement contribué à améliorer la situation sécuritaire à Bangui. L'action de la MISCA limitée dans le temps et chaperonnée par les forces françaises et européennes était plus empreinte d'enthousiasme que de réalisme. L'ombre de la violence est toujours présente en RCA. On a pu parler d'espoir déçu d'un rétablissement de la paix par la MISCA. Cette expérience a mis en lumière la volonté politique de l'UA en faveur de la pacification et de la sécurisation du continent. Cette volonté s'est manifestée dans la floraison des sommets au sujet de la RCA[1233]. Mais, il reste que l'UA est encore trop timide et hésitante. On a pu observer ces tares dans les lenteurs à la prise des décisions et leur implémentation. En dehors du cadre juridique qu'elle s'est offert dans le domaine du maintien de la paix, l'UA n'est pas encore suffisamment outillée

conduites par les organisations régionales africaines », *Paix et sécurité Européenne et internationale*, Chronique « opérations de paix », 2014-2015, p. 28).

1231 Voir la note d'information de la Commission de l'UA sur l'incident survenu à Bangui le 29 mars 2014 et le retrait par la République du Tchad de son contingent au sein de la MISCA.

1232 *Idem.*

1233 Centrafrique : sommet extraordinaire de la CEEAC au Tchad : le 21 octobre 2013. ; Réunion des donateurs à Addis Abeba, les conclusions de la 5e réunion du Groupe International de contact sur la République Centrafricaine à Addis Abeba, le lundi 07 juillet 2014 ; 4e réunion du Groupe International de Contact sur la République-Centrafricaine qui s'est tenue en République du Congo le 21 mars 2014 ; etc

pour suppléer totalement l'ONU. Voilà pourquoi elle se laisse guider par la grande organisation.

L'insuffisance des effectifs et de la logistique, le manque de fonds ont déteint sur l'efficacité opérationnelle de la MISCA. Pour relever le défi du maintien de la paix en Afrique, l'UA doit combiner ou alterner pro-activité et réactivité. Elle doit avoir le sens de l'anticipation par son investissement dans la prévention des conflits. Si malgré tout, le conflit survient et qu'une intervention s'impose, elle doit être prompte à intervenir, taire ses divergences, dépasser l'idée d'États dotés d'intérêts contradictoires et faire confiance aux différents États voisins du pays en crise. Elle doit également homogénéiser les armées disparates, discipliner les troupes à sa disposition, diversifier ses sources de financement et respecter les règles d'engagement et les obligations financières y afférentes.

Éléments de bibiographie

ADINGRA (P.-F.) MENZAN, *Les enjeux de l'Union Africaine*, Mémoire, ENA de Côte d'Ivoire, 2001.

AYASSI (A.), « Ordre militaire et désordre politique en Afrique », *in Le Monde diplomatique*, janvier

2003, pp. 20-21.

BALENCIE (J.-M.), DE LA GRANGE (A.), *Mondes Rebelles. Guérillas, milices, groupes terroristes,* Paris, Michalon, 2001, p. 1677.

BEDJAOUI (M.), « L'humanité en quête de paix et de développement », *RCADI*, vol.324, 2006, pp. 13-529.

BINOUA (J.), *Centrafrique : l'instabilité permanente*. Paris, Harmattan, 2005, 67p.

CHALMERS (M.), *Security sector reform in developing countries: An EU perspectives*, Londres/Ebenhausen, Saferworld and conflict prevention network, 2000.

DEBBASCH (Ch.), *Lexique de politique*, Paris, 7ème édition Dalloz, 2001, 460p.

DIAMOND (L.) et al., *Consolidating Third Wave Democracies*. Baltimore: The Johns Hopkins University, 1997.

DOUI WAWAYE (A.-J.), *La sécurité, la fondation de l'Etat Centrafricain : Contribution à la recherche de l'Etat de droit*, Thèse de Doctorat, Ecole Doctorale 491, Université de Bourgogne, 2012, 715p.

DUMAS (M.-L.), « Sécurité et désarmement », *in politique étrangère*, vol. 61, n° 4, 1996.

FAES (G.) & SMITH (S.), « République centrafricaine : La solitude et le Chaos », In *Politique Internationale*, été 2000, n° 88.

FOGUE TEDOM (A.), « RCA. Crises et guerres civiles : Essai non encore concluant pour l'Architecture Africaine de Paix et de Sécurité (AAPS) de l'Union Africaine », https://www.diploweb.com , 22-02- 2015.

KILEMBE (F.), « Assurer la sécurité en République Centrafricaine ?», *Presses Universitaires d'Afrique*, Friedrich Ebert Stiftung Cameroun/Afrique Centrale, 2014.

LALOUPO (F.), « Centrafrique, un destin confisqué. Géopolitique Africaine », 2003, n°9.

MEYER (A.), *L'intégration régionale et son influence sur la structure, la sécurité et la stabilité d'Etats faibles : L'exemple de quatre Etats centrafricains*, Thèse de doctorat en science politique, Institut d'Etudes Politiques de Paris, Ecole doctorale de sciences po programme doctoral relations internationales, Centre d'Etudes et de Recherches Internationales .

MOBEBOU (F.), « État des lieux des forces de défense », *in* Rapport final du comité préparatoire du séminaire, *La Réforme du secteur sécuritaire*, Bangui, 2008 pp.79-85.

ODZOLO-MODO (M.), « Les opérations de paix conduites par les organisations régionales africaines », *Paix et sécurité Européenne et internationale*, Chronique « opérations de paix », 2014-2015.

PETIT (Y.), *Droit international de maintien de la paix*, Paris, LGDJ, 2000, 218p.

PORTERET (V.), *Etat nation et professionnalisme des armées*, Paris, Editions, l'Harmattan, 2005.

SANDIO MOUAFO (A.-H.), *Le mandant d'une opération de maintien de la paix : le cas de la Mission de l'Organisation des Nations Unies en République Démocratique du Congo*, Mémoire de DEA, Université de Yaoundé II-Soa, 2010.

TAVERNIER (P.), *Les casques bleus*, Que sais-je ? N°3169, PUF, 1996, 126p.

TRAORE (B.), « L'Afrique dans les opérations de maintien de la paix : évolution d'une participation de plus en plus importante », *Rev. hist. archéal afr (GODO GODO)*, 2012, pp. 13-14.

ZOZIME TAMEKAMTA (A.), « L'architecture de paix et de sécurité de l'Union africaine : Articulations et enjeux de la gouvernance sécuritaire au XXIème siècle », *Institut de Recherche et d'Enseignement sur la paix, Thinking Africa, NAP n° 24*, janvier 2015, pp. 2-7.

WEBER (M.), *Economie et société,* Paris, Editions Plon, coll. Pocket-Agora, 1971.

Titre 5 :

LES ORGANISATIONS INTERNATIONALES AFRICAINES ET LES ORDRES JURIDIQUES

Une identité en quête de son identité : l'identité constitutionnelle dans le régionalisme africain

Par :

Achille Magloire NGAH

Docteur PhD en droit public
Chargé de cours, Université de Yaoundé II/Cameroun

Résumé

Le problème de l'effectivité des organisations d'intégrations africaines est d'une actualité poignante, en ce sens que les ordres juridiques qui incarnent ces organisations peinent à atteindre leurs objectifs de façon automatique, alors que leur nature est de s'intégrer directement dans les ordres juridiques nationaux et de primer sur ces derniers. En dépit de cette vocation intégrative, l'on constate que les États membres gardent une marge de contrôle sur l'évolution du processus d'intégration tout en s'assurant que les valeurs fondamentales qui font leur identité propre soient préservées par l'ordre juridique communautaire. C'est ce que nous qualifions de souci de préservation de l'identité constitutionnelle des États[1234]. Cette nécessité vitale pour les deux systèmes juridiques que sont les ordres constitutionnels des États membres d'une part et l'ordre juridique communautaire d'autre part apparait finalement comme un droit dont la garantie est réclamée et défendue par les États et comme un devoir conditionnant l'existence pérenne de l'ordre juridique communautaire.

[1234] NGAH (A.M.), *L'ordre juridique communautaire et les constitutions des États membres de la CEMAC et de la CEDEAO,* Thèse, Université de Yaoundé II, 2018, P.289

Introduction

D'après l'un des fervents promoteurs de la prise en compte de l'identité constitutionnelle ou nationale par l'ordre juridique communautaire J.D. MOUTON, « la montée de la prise en considération de l'identité [...] comme la reconnaissance que [l'ordre juridique communautaire] est fondé sur les États-Nations et qu'[il] n'a pas vocation à remettre en cause ce qui procède de [...] leur essence politique »[1235] est indéniable. En d'autres termes, Monsieur le Professeur MOUTON veut démontrer que l'ordre juridique communautaire reste filialement attaché aux ordres constitutionnels qui lui ont donné droit à l'existence. Et étant donné aussi que c'est par ces ordres constitutionnels que la pérennité de l'existence des organisations d'intégration est assurée, la préservation de leur identité devient tout aussi une exigence existentielle[1236] pour l'ordre juridique communautaire lui-même. En effet, tant que les organisations d'intégration ne sont pas des États (États fédéraux ou super États), elles doivent composer avec les États membres qui n'ont rien perdu de leur caractère étatique. D'où la nécessité évidente, qui incombe aux organisations d'intégration, de respecter les particularités intrinsèques des États membres.

Nonobstant cette évidence, la détermination, mieux la définition du concept adéquat pouvant englober tous les contours de l'identité des États, est une véritable quadrature de cercle. Cependant, un essai de conceptualisation est entamé par la doctrine et les juges européens (communautaires et internes), mais le débat demeure sur le contenu de l'identité constitutionnelle par rapport au concept voisin de l'identité nationale[1237] plus usitée par la doctrine

---

1235 MOUTON (J.D.), « Réflexions sur la prise en considération de l'identité constitutionnelle des États membres de l'Union européenne », in BOUTAYEP (C.), MASCLET (J.-C.), RODRIGUES (S.) et RUIZ FABRI (H.) (dir.), *l'Union Européenne : union de droit, union des droits, Mel. en l'honneur de Philippe MANIN*, Paris, Pedone, 2010, pp. 145 et ss.

1236 PESCATORE (P.), Le droit de l'intégration, Bruxelles, Bruylant, Coll. « droit de l'Union européenne, 2005, p. 85 ; NGAH (A.M.), « L'épineuse question de la place du droit communautaire au sein de la hiérarchie des normes internes : Un droit hors hiérarchie ? Réflexion à la lumière des systèmes constitutionnels des États d'Afrique francophones », *European Scientific Journal*, Avril 2019, vo.15,N°11, P.196, disponible sur www.eujournal.org ; voir aussi NGAH (A.M.), *L'ordre juridique communautaire et les constitutions des Etats membres de la CEMAC et de la CEDEAO*, Thèse, Université de Youndé II, 2018

1237 Le préambule du traité révisé CEMAC énonce que les États membres sont tous «Désireux de renforcer la solidarité entre leurs peuples dans le respect de leurs identités nationales respectives » ; voir aussi l'article 8 de la Convention UEAC qui dispose que « l'Union Économique agit dans la limite que le Traité CEMAC et la présente Convention lui assignent. Elle respecte l'identité nationale de ses États membres » ; *idem* pour la Convention UMAC qui à son article 2 dispose que « L'Union Monétaire agit dans les limites des objectifs que le Traité de la CEMAC et la présente Convention lui assignent. Elle respecte l'identité nationale de ses États membres.». En droit communautaire comparé, l'article 6 paragraphe 3 du TUE dispose que« L'Union respecte l'identité nationale de ses États membres»

européenne[1238]. Aussi, faut-il noter que certaines juridictions constitutionnelles telles que celles de la France et de l'Allemagne ont développé le concept d'identité constitutionnelle comme limite à l'ouverture tous azimuts au droit communautaire[1239].

Ainsi la prise en compte de l'identité constitutionnelle par l'ordre juridique communautaire s'avère capitale pour les États. Mais pour en juger, il est en même temps utile de savoir si l'identité nationale et l'identité constitutionnelle traduisent la même réalité ou s'il s'agit de deux concepts distincts. En guise de réponse, la Cour de Justice de l'Union européenne (CJUE), par la voix de son Avocat Général Poiares MADURO laisse entendre que « l'identité nationale visée comprend à l'évidence l'identité constitutionnelle de l'État membre»[1240] ; comme pour dire avec Sébastien MARTIN que ces deux concepts ont des éléments matériels communs[1241] qui peuvent se décliner en trois matières essentielles que sont : « [l]es droits fondamentaux (…) l'organisation institutionnelle et les langues officielles »[1242]. Bien que pareille énumération paraisse restrictive, il faut tout de même noter que ce sont là autant de principes que la plupart des organisations d'intégrations africaines considèrent comme des « principes constitutionnels communs à tous les États membres »[1243] , mais aussi de tous les États démocratiques modernes, de sorte que l'on assiste clairement à ce que Jean Du BOIS DE GAUDUSSON a qualifié de « rapprochement des normes qui caractérise le droit constitutionnel contemporain »[1244]. En effet, le droit européen révèle que « Ces éléments, inscrits dans la majorité des Constitutions des États d'Europe et mis en

---

1238 BARBATO (J.C) et MOUTON (J.D.) (dir), *Vers la reconnaissance de droits fondamentaux aux États membres de l'Union Européenne ? Réflexion à partir des notions d'identité et de solidarité*, Bruxelles, Bruylant, 2010, 332P

1239 DECHATRE (L.), « L'identité constitutionnelle comme limite à l'ouverture au droit international et européen en Allemagne et en France », in LAGRANGE (E.), HAMMAN (A.), SOREL (J.-M.) (dir.), *Si proche, si loin, la pratique du droit international en France et en Allemagne*, Société de législation comparée, 2012, pp. 57-85

1240 M. Poiares MADURO, conclusions présentées le 8 octobre 2008 dans l'affaire C 213/07, *Michaniki* AE c/. *Ethniko Symvoulio Radiotileorasis, Ypoyrgos Epikrateias, Elliniki Technodomiki*, cité par SÉBASTIEN MARTIN, L'identité de l'État dans l'Union européenne : entre « identité nationale » et « identité constitutionnelle », *RFDC*, 2012, P. 21

1241SÉBASTIEN MARTIN, L'identité de l'État dans l'Union européenne : entre « identité nationale » et « identité constitutionnelle », *RFDC*, 2012/3 N°91, p. 21, soulignons tout de même que cet auteur est de ceux qui pensent qu'il faut opérer « une distinction claire des concepts d''identité nationale'' et ''d'identité constitutionnelle''

1242*Ibid.* P.23

1243 Article 1er du Protocole CEDEAO A/SP1/12/01 sur la Démocratie et la Bonne Gouvernance additionnel au protocole relatif au Mécanisme de Prévention, de Gestion, de Règlement des Conflits, de Maintien de la Paix et de la Sécurité

1244 DU BOIS DE GAUDUSSON « Le constitutionnalisme en Afrique », in Les Constitutions publiées en langue française, tome2, La documentation française, Bruxelles, Bruylant, 1998, P.11

exergue dans les jurisprudences nationales, se retrouvent au niveau de l'Union européenne, à la fois dans les traités et dans la jurisprudence de la Cour de justice, confirmant ainsi l'hypothèse suivant laquelle le concept européen d'identité nationale intègre le concept national d'identité constitutionnelle. Parallèlement, des arrêts de la Cour de justice du vieux continent ont également pris en considération des règles nationales relatives aux langues officielles, à l'organisation institutionnelle ou aux droits fondamentaux »[1245]. En Afrique, chaque loi fondamentale africaine s'insère régionalement dans un « espace d'isomorphisme constitutionnel »[1246]. Dans ce sillage, la plus haute instance du continent, à savoir l'Union Africaine donne le ton avec la signature le 30 janvier 2007, de la Charte Africaine de la Démocratie, des élections et de la gouvernance qui, dans ses objectifs[1247] et ses principes[1248], dessine un patrimoine constitutionnel commun[1249]. Bien avant l'organisation continentale, la CEDAO en 2001 a adopté une quasi-constitution sous-régionale à travers le Protocole sur la Démocratie et la bonne gouvernance, additionnel au Protocole relatif au Mécanisme de Prévention, de gestion, de règlement des Conflits, de Maintien de la Paix et de la sécurité. Cet intérêt poussé des organisations d'intégration régionales et sous-régionales pour la chose constitutionnelle fait dire à Laurent DECHATRE que : « les garanties apportées à l'identité constitutionnelle nationale par le droit constitutionnel et par le droit communautaire [...] vont main dans la main »[1250,1251]. Cependant de quelle identité s'agit-il ? Est-ce l'identité globale, pouvant être comprise comme ce qui est commun ou identique à tous ou alors l'identité singulière considérée comme des éléments propres, particuliers et subjectifs permettant de distinguer un individu ou un système ? La raison est que les constitutions qui fondent l'ordre juridique communautaire n'ont pas entendu diluer ou dissimuler leur identité, celle-ci reste prégnante et clairement démarquée par rapport à l'ordre juridique communautaire. De plus, l'identité

1245 SÉBASTIEN MARTIN, L'identité de l'État dans l'Union européenne : entre « identité nationale » et « identité constitutionnelle », *op cit.* pp.23-24

1246 BOLLE (S.), « Vers un droit constitutionnel commun en Afrique » in https://la-constitution-en-Afrique.over-blog.com consulté le 20/04/2020 à 13h33 ; voir aussi CABANIS (A) et MARTIN (M.L.), « Un espace d'isomorphisme constitutionnel : l'Afrique francophone » in *Mélanges Dmitri Georges LAVROFF*, Paris, Dalloz, 2005, pp. 343 et SS.

1247 Chapitre II

1248 Chapitre III

1249 BOLLE (S.), « Vers un droit constitutionnel commun en Afrique » *op. cit.*

1250 DECHÂTRE (L) « L'identité constitutionnelle comme limite à l'ouverture au droit international et européen en Allemagne et en France » *op cit.* 70

1251 Ce qui est aussi de l'avis de Pierre-Etienne LEHMANN d'après lui, ce principe d'identité nationale « est le pendant d'une exigence qu'ils (les États) ont pour nombre d'entre eux formulé au niveau interne, le droit de l'Union ne doit pas avoir pour conséquence de porter atteinte à leur identité constitutionnelle » LEHMANN (P.-E.), *Réflexion sur la nature de l'Union Européenne à partir du respect de l'identité nationale des Etats membres,* Thèse, Université de Lorraine, 1993, p.1

constitutionnelle a le mérite de fédérer toutes les identités qui forment l'identité de l'État. En ce sens, la constitution, qui révèle l'identité nationale, ne constitue certes pas l'identité collective. Mais, en la matérialisant et en la garantissant, elle participe au renforcement de sa construction, car elle est le corpus référentiel de l'identité de l'État. Ainsi l'on ne peut que trouver un lien entre la constitution qui en ressort et l'identité collective et nationale. Ce lien se résume en système constitutionnel qui nous permet de dépasser l'imprécision apparente de la notion d'identité constitutionnelle nationale[1252]. Et l'imprécision, soulignons-le, n'est vraiment qu'apparente, car à la réalité, nous convenons avec Hilème KOMBILA que « l'identité constitutionnelle nationale est comparable à un système au sein duquel l'identité collective structure la constitution et la constitution structure l'identité nationale. »[1253]. Ce qui nous amène à étudier le rôle que ce principe joue dans l'effectivité des organisations d'intégrations africaines (II), après avoir ressorti son caractère insaisissable et sa prise en compte embryonnaire dans le régionalisme africain (I)

I- L'identité constitutionnelle des États ou l'arlésienne du droit communautaire africain

Il peut être clairement constaté dans la législation communautaire tant de l'UA, organisation continentale que de la CEMAC et de la CEDEAO organisations sous régionales que le concept d'identité constitutionnelle n'est ni défini, ni précisé clairement, il est tout simplement deviné et généralement confondu au patrimoine constitutionnel commun (A), mais le comportement des États au sein des institutions communautaires laisse par contre planer l'ombre de la nécessité de la consécration officielle de l'identité singulière de chaque État ou système constitutionnel(B)

A- Un principe flou, en mal de qualification par les ordres juridiques communautaires africains.

S'il est possible de déceler dans certaines dispositions des textes communautaires des allusions se rapportant à l'identité constitutionnelle des États, ce concept n'est nullement mentionné expressément. La CEMAC parle d' « identité nationale » à côté, la CEDEAO opte pour le concept « diversité », sans aucune autre précision, tandis que les textes de l'UA semblent simplement exprimer leur déférence vis-à-vis de la suprématie de la

---

[1252] KOMBILA (H.), « Les principes constitutionnels face au droit communautaire, l'union dans la diversité de l'identité constitutionnelle européenne », *VIIe CONGRES de l'AFDC*, 2008, disponible sur www.droitconstitutionnel.org consulté le 10 octobre 2014 07h46
[1253] *Ibid.* p.3

constitution(1), cependant, le silence des ordres constitutionnels eux-mêmes est encore plus criard (2).

1- L'identité constitutionnelle telle que prise en compte par les législations communautaires africaines

D'emblée, le préambule du texte constitutif de la CEMAC affirme l'attachement des membres de l'organisation *« au respect des principes de démocratie, des droits de l'homme, de l'État de droit, de la bonne gouvernance, du dialogue social et des questions de genre ».* Bien que pouvant paraitre très générale et théorique comme énoncé, cette disposition manifeste le souci pour les États membres de préserver les valeurs fondamentales de leur système constitutionnel.

En effet, le chapitre 2 de la Convention UEAC de 2009 dédié aux *politiques sectorielles* consacre la 8e section à « *la Bonne Gouvernance, les Droits de l'Homme, le Dialogue Social et les Questions de Genre ».* On y lit que *« le Conseil des ministres définit, par voie de règlement, sur proposition du Président de la Commission et à la majorité de ses membres, les actions en vue de (...) promouvoir la démocratie, la dignité humaine, la justice sociale et le pluralisme, dans le respect de la diversité au sein des sociétés des États membres ... »*[1254]. On voit bien à travers l'usage redondant du verbe *promouvoir* que les États, maîtres du traité, entendent confier la charge de promoteurs des valeurs fondamentales de leurs ordres constitutionnels à l'ordre juridique communautaire. En d'autres termes, les États font de l'ordre juridique communautaire le conservateur de leur patrimoine constitutionnel commun.

Cependant, en dépit de ces bonnes intentions très générales, il peut être constaté que cette disposition ne définit, ni ne garantit l'identité constitutionnelle prise singulièrement, c'est-à-dire pouvant être considérée *comme le ou les caractères propres et fondamentaux d'un ordre constitutionnel*[1255]. Mais un énoncé laisse pourtant planer le doute sur l'intention ou non des maîtres de la Convention à consacrer cette facette déterminante et primordiale de l'identité constitutionnelle. Il s'agit de l'alinéa *a* de l'article 47 suscité qui stipule que le Conseil des ministres agit « *dans le respect de la diversité au sein des sociétés des États membres ».* Il est vrai que

---

[1254] Article 47 de la Convention UEAC de Libreville 2009

[1255] Les italiques sont de nous, de cette proposition définitionnelle nous tirons trois mots clés : *caractère*, *propres* et *fondamentaux*. Le caractère renvoie à une empreinte, à un signe ou à une marque distinctive ; c'est « ce qui distingue une personne, une chose » des autres (dictionnaire *Hachette*, p.288). L'adjectif *propre* quant à lui désigne tout ce qui est particulier ou exclusif à un individu ; à ce titre, il traduit lui aussi ce qui distingue cet individu ou cette chose des autres, son usage ici marque une certaine emphase, le souci de traduire un rapport de possession entre les empreintes ou marques distinctives et l'État lui-même. Le concept *Fondamental* enfin renvoie à ce qui est essentiel, mieux à ce qui constitue la base, la raison d'être de quelque chose.

pris au mot, ce libellé pourrait dérouter et laisser plutôt croire au respect, par l'ordre juridique communautaire, de la diversité culturelle ou ethnique ; surtout du fait de l'évocation de « *la diversité au sein des sociétés* des États ». Ce à quoi, à première vue, l'identité constitutionnelle ne saurait s'y réduire. Mais à bien y regarder, la diversité culturelle et/ou ethnique d'un État ne fait-elle pas partie de l'identité constitutionnelle du pays ? En effet, l'expérience européenne milite à suffisance en faveur d'une réponse affirmative. De l'avis d'Annie HÉRITIER, « se référer à un droit fondamental à l'identité nationale et à la diversité culturelle [...], est un préalable nécessaire permettant *a priori* de croire en l'existence d'un droit fondamental au respect du patrimoine culturel, ce dernier étant constitutif de l'identité nationale »[1256]. En se référant au respect de la diversité des États par l'ordre communautaire de la CEMAC, peut donc être déduit le respect des particularités culturelles qui font cette diversité et qui par conséquent font partie intégrante de leur identité constitutionnelle.

C'est la même généralité qui transparaît clairement dans la section première du Protocole CEDEAO, sur la Démocratie et la Bonne Gouvernance, additionnel au protocole relatif au Mécanisme de Prévention, de Gestion, de règlement des Conflits, de Maintien de la Paix et de la Sécurité. Intitulé *« des principes de convergence constitutionnelle »,* l'article premier fait une énumération de ce qu'il est convenu d'appeler, d'après le texte lui-même, « *principes constitutionnels communs à tous les États membres de la CEDEAO* »[1257].

Cette confusion sur l'appréhension que se font les législations communautaires de la CEMAC et de la CEDEAO de l'identité ou du patrimoine constitutionnel propre aux États de ce qui leur est commun, est une preuve supplémentaire qu'il n'existe pas encore, dans ces ordres juridiques, une définition permettant de cerner ce qui est convenu d'appeler : identité constitutionnelle des États. C'est-à-dire ce qui est propre, particulier, subjectif à chaque État.

La Charte des droits fondamentaux de l'Union Européenne a pourtant réussi à faire cette distinction claire et nette entre le patrimoine constitutionnel commun et l'identité constitutionnelle propre à chaque État, à partir du principe de diversité culturelle. En effet, le préambule de cette charte stipule que l'Union contribue à la préservation et au développement de valeurs

---

1256 HÉRITIER (A.), « Le respect du patrimoine culturel des États membres dans le droit de l'Union Européenne », in *Vers la reconnaissance de droits fondamentaux aux États membres de l'Union Européenne ? Réflexion à partir des notions d'identité et de solidarité* BARBATO (J.C) et MOUTON (J.D.) (dir), , Bruxelles, Bruylant, 2010, pp 73 et ss.

1257 Article 1er du Protocole A/SP1/12/01 sur la Démocratie et la Bonne Gouvernance additionnel au protocole relatif au mécanisme de prévention, de Gestion, de règlement des conflits, de maintien de la Paix et de la Sécurité

communes dans le respect de la diversité des cultures et traditions des peuples de l'Europe, ainsi que de l'identité nationale des États membres. Or l'Union Africaine en entrant dans les fonts baptismaux à une époque marquée par la mondialisation ,et le souci qu'elle implique pour les États de défendre leur identité propre, on se serait attendu à ce que les textes qui la fondent soulignent la garantie de la préservation de l'identité constitutionnelle de chaque État. Loin de cela, la charte de l'UA pour la démocratie, des élections et de la gouvernance se fixe entre autres objectifs généraux, la promotion et le renforcement de l'État de droit « fondés sur le respect et la suprématie de la Constitution et de l'ordre constitutionnel », « condamner tout changement anticonstitutionnel de gouvernement dans tout État membre »[1258]. De même qu'il est indiqué à l'article 5 de la même Charte pour la démocratie que l'UA assure « le respect de l'ordre constitutionnel, en particulier le transfert constitutionnel de pouvoir ». Dans cet esprit plus porté vers la préservation de l'indépendance et la souveraineté des États, la Charte constitutive de l'UA elle-même, dans son article 4, stipule que l'Union Africaine fonctionne conformément aux principes de l' « égalité souveraine et interdépendance de tous les États membres [...] » et du « respect des frontières existant au moment de l'accession à l'indépendance ». On le voit bien, aucune mention de l'identité constitutionnelle particulière de chaque État n'est faite par la législation de l'UA. Le même silence est constaté au sein des ordres constitutionnels, membres à part entière de ces organisations.

2- L'identité constitutionnelle et le silence des ordres constitutionnels

En s'arrangeant pour que soient prises en compte leur identité ou leur diversité par l'ordre juridique communautaire, on se serait attendu à ce que les ordres constitutionnels définissent, dans leurs lois fondamentales, les contours de cette identité ou que le juge constitutionnel africain clarifie son contenu. Force est de constater que, ni les constitutions elles-mêmes, ni la jurisprudence ne renseignent sur le contenu de l'identité constitutionnelle. Cependant, en prenant appui sur le droit constitutionnel comparé européen de la vision que peuvent avoir les constitutions elles-mêmes de leur identité, l'on peut considérer que relèvent de l'identité constitutionnelle, les éléments qui déterminent la nature même du système constitutionnel, éléments sans lesquels il n'y aurait plus État.

Au rang de ces fondamentaux, l'on peut citer les réserves constitutionnelles non susceptibles de révision. En effet, les constitutions de bon nombre d'États d'Afrique francophone déterminent toutes, un empêchement dirimant qui ne

---

[1258] Article 2

saurait faire l'objet d'aucune révision[1259]. Ces limites constituent le seuil du permis que le Conseil Constitutionnel français a qualifié de « conditions essentielles d'exercice de la souveraineté nationale ».[1260] Une révision qui violerait l'un de ces principes fondamentaux des États évoquerait forcément une véritable aliénation, mieux, un abandon sans retour de la souveraineté, et induirait la disparition ou la modification de l'identité originelle de l'ordre constitutionnel. D'où l'interdiction de porter atteinte à ces valeurs, car l'on considère que l'« ouverture constitutionnelle à l'ordre juridique communautaire ne saurait aller jusqu'à autoriser un abandon des fondements de l'ordre constitutionnel national qui confère à ce dernier son identité »[1261].

Cette approche est aussi celle du juge constitutionnel sénégalais qui estime qu'« un engagement international par lequel le Sénégal consentirait à abandonner sa souveraineté dans ce but (de l'unité africaine) serait conforme à la Constitution à condition que cet abandon de souveraineté se fasse sous réserve de réciprocité et dans le respect des droits de l'homme et des peuples, ainsi que des libertés fondamentales garantis par des dispositions de valeur constitutionnelle»[1262]. Ce qui signifie qu'en cas de non-respect des droits de l'homme et des peuples, ainsi que des libertés fondamentales garanties par la constitution, l'engagement international ne serait pas constitutionnellement acceptable, car violant l'identité de la loi fondamentale. Cette attitude du juge constitutionnel sénégalais serait-elle un début de définition du concept d'identité constitutionnelle ? Rien n'est moins sûr. Cependant, sa lecture rappelle fortement les positions des juges allemands et français dont le zèle a contribué de plus en plus à l'élaboration des critères de définition de l'identité constitutionnelle par la juridiction commune européenne. Malgré ces avancées outre-Méditerranée, les institutions communautaires des organisations africaines telles que la CEMAC peinent à rassurer les États, d'où le dictat perceptible de ces derniers qui influencent grandement l'autonomie des institutions communautaires.

B- L'identité constitutionnelle travestie en égoïsme national dans la vie institutionnelle de la CEMAC

Il ressort de l'étude de l'organisation institutionnelle de la CEMAC et de la CEDEAO que les institutions de la première organisation restent fortement

[1259] Article 64 de la Constitution camerounaise, article 103 de la Constitution sénégalaise, article 156 de la Constitution béninoise, article 185 de la Constitution congolaise.

[1260] Décision du 19 juin 1970

[1261] RITLENG (D.), « Le droit au respect de l'identité constitutionnelle nationale », », in *Vers la reconnaissance de droits fondamentaux aux Etats membres de l'Union Européenne ? Réflexion à partir des notions d'identité et de solidarité* BARBATO (J.C) et MOUTON (J.D.) (dir), , Bruxelles, Bruylant, 2010, p.25

[1262]CC (Sénégal), Décision n°3/c/93 du 16 décembre 1993 portant sur la conformité à la constitution du traité OHADA

marquées par l'emprise des ordres juridiques constitutionnels des États. C'est le cas de deux institutions phares de la CEMAC, à savoir la Commission (1) et le parlement (2).

1- La Commission de la CEMAC

Pour une réalisation efficace de ses objectifs, l'ordre juridique de la CEMAC dispose d'une Commission qui est créée par l'article 25 du traité révisé de Libreville 2009. La composition de la Commission fait état de six commissaires, à raison d'un commissaire par État membre. Cette coïncidence du nombre de commissaires avec le nombre d'États membres, loin d'être anodine, laisse songeur sur les réels motifs de cette équivalence. L'on sait d'ailleurs que la création de la commission fait suite à la réforme institutionnelle impulsée par les contestations d'une entente politique, dite consensus de Fort-Lamy qui ne cadrait plus avec le renouvellement des rapports de force économique et politique au sein de la Communauté. Le contestataire en chef du *statu quo ante*, le Président équato-guinéen Théodoro OBIANG NGUEMA MBASOGO, à qui avait aussi été confiée la charge de piloter le programme de réforme institutionnelle de la communauté, avait alors rendu ses travaux en 2007 à Ndjamena, et la résolution phare de ce jour fut la création de la Commission en lieu et place du Secrétariat Exécutif.

Il est donc clair que, née dans un contexte de revendications hégémoniques, la composition de la Commission CEMAC[1263] reflète plus certainement l'égalité souveraine des États que la recherche de l'efficacité qui devrait caractériser un organe de cette envergure. Choix certainement préjudiciable à l'efficacité de l'action de la Communauté, car, non seulement cette recherche d'égalité parfaite entre les souverainetés peut créer des blocages dus aux conflits d'intérêts entre les commissaires, chacun courant le risque de se comporter en représentant de l'État, et par conséquent, défenseur des intérêts et de l'identité constitutionnelle de ce dernier[1264]. De plus, cette recherche

---

[1263] L'organigramme actuel montre un réel souci de représentation égalitaire de tous les six États membres de la CEMAC. Ainsi, l'on a comme Président un congolais en la personne de M. Pierre MOUSSA, une Vice-Présidente équato-guinéenne Mme Rosario MBASOGO KUNG NGUIDANG, Un Commissaire du Département des infrastructures et du Développement Durable de nationalité tchadienne M. Hassan ADOUM BAKHIT, une Commissaire du Département de l'Éducation, de la Recherche et du Développement Social chargé de Droits de l'Homme et de la Bonne Gouvernance de nationalité centrafricaine M. Jean Eudes TEYA, un Commissaire du Département du Marché Commun de nationalité Gabonaise M. Pascal YOUBI LAGHA, un Commissaire du Département des Politiques Economiques, Monétaires et Financières de nationalité Camerounaise M. Paul TASONG NJUIKANG

[1264] Pareille remarque est faite par un auteur contemporain sur la Commission de l'UE. : «même s'il semble que les cabinets des commissaires aient moins tendance depuis 1999 à agir comme porte-parole de leur capitale nationale et les réunions des chefs de cabinet à ressembler à des mini-Conseils (…), les États membres ont continué d'utiliser d'autres moyens pour s'assurer que leurs intérêts sont exprimés et protégés au sein de la Commission. Il est clair [cependant] que la tendance et la capacité des États membres à placer et à utiliser leurs ressortissants dans

d'égalité à tout prix entre les États a certainement obligé les concepteurs de l'organigramme de la Commission à contracter les compétences des différents départements pour réussir à n'en créer que quatre ; tandis que la CEDEAO en compte neuf, et que l'U. E. en compte 28[1265]. Toutes ces précautions souverainistes peuvent sans doute constituer une lourdeur freinant drastiquement l'émergence de la CEMAC.

Ceci étant, la CEMAC gagnerait à rompre avec ce mimétisme du modèle européen[1266], et prendre exemple sur la CEDEAO qui, bien que comptant 16 États membres, a fait le choix de limiter le nombre de ses commissaires à neuf[1267], avec neuf comités également[1268]. De par cet exemple, la CEMAC pourrait opter pour une augmentation du nombre de Commissaires à neuf ou à dix membres, dans l'optique d'alléger la tâche des commissaires et fluidifier davantage leur travail. En plus de ces ajustements numéraires possibles, un accent mis sur les garanties statutaires d'indépendance des commissaires serait aussi un atout. En effet, l'on sait que la Commission joue un rôle pivot dans la sincérité des relations entre les États membres et l'ordre juridique communautaire. Et pour la crédibilité de l'ordre communautaire, il est important de se rassurer ou de rassurer que « la Commission [n'] obéit [pas] servilement à des États membres, qui la surveillent en permanence et qui agissent en vue de leurs intérêts propres, [mais plutôt qu'] elle (la commission) est un acteur autonome, capable d'exercer sa propre influence sur la direction de l'intégration (…) et la conduite des politiques [communes] »[1269]. Pour ce faire, la proscription du renouvellement du mandat[1270] des commissaires et

---

la Commission comme sources d'informations et d'influence varient considérablement, mais l'indépendance de la Commission est de toute façon mise à mal. Voir, ANAND MENON (H.K.), « Les États membres de l'UE et la Commission Prodi», *RFSP* 2003/4, Vol. 53, p. 491-511. Préc.504.

1265 Le nombre de commissaires de l'UE est égal au nombre d'États c'est-à-dire 28 commissaires. Là encore des voix s'élèvent pour critiquer cet effectif pléthorique de commissaires qui peut alourdir le travail en collégialité. De plus, cette multiplicité de commissaires peut être source de dépenses, compte tenu du fait que chaque commissaire bénéficie des indemnités de service et une administration particulière affectée à son service. Pour Hussein Kassim ANAND MENON, « il est bien admis que le nombre élevé de commissaires rend un véritable fonctionnement collégial difficile, exacerbe les problèmes de coordination et entraîne des complications inutiles dans la responsabilisation des services. », voir ANAND MENON (H.K.), « Les États membres de l'UE et la Commission Prodi», *op cit.* p.503

1266 La Commission Européenne compte 28 membres dont un Commissaire par État membre.

1267 Article 17 nouveau du Protocole Additionnel 2/SP.1/O6/O6 portant amendement du traité révisé de la CEDEAO. D'après l'alinéa 3 de la même disposition, « la Conférence peut, si elle le juge nécessaire, restructurer la Commission et modifier le nombre de Commissaires.

1268 Équivalence des départements dans l'ordre juridique CEMAC

1269ANAND MENON (H.K.), « Les États membres de l'UE et la Commission Prodi», *op cit.* p.491

1270 Signalons ici que la polémique qui a entrainé le limogeage inattendu de Monsieur Antoine NTSIMI MENYE à la tête de la Commission de la CEMAC en 2012 était teintée de l'envie

l'interdiction de leur destitution par l'État d'origine[1271] seraient un atout. Bien que la présidence de la Commission soit rotative ,et le candidat devant être proposé par le chef de l'État concerné, il serait loisible que l'accent soit mis sur le profil et les qualités de la candidature. Ainsi, en lieu et place d'une proposition discrétionnaire, un appel à candidatures constituerait une voie meilleure pouvant garantir un choix objectif d'une personnalité au-dessus de toute pression[1272].

2- Le Parlement de la CEMAC

L'on sait que la coopération internationale met plus sur la scène les diplomates et les Chefs d'État, tandis que l'intégration prône le brassage des populations, c'est d'ailleurs à l'aune du niveau de brassage de ces populations, à travers le principe de libre circulation des personnes et des biens[1273], que peuvent être évaluées les avancées d'une intégration économique. Pour ce qui est de la CEMAC, le constat fait par certains observateurs, à l'exemple de Joël TCHUINTE, est qu' « au stade actuel de l'intégration (…), on observe que le processus est essentiellement, voire exclusivement une affaire d'États et plus précisément du sommet des États concernés »[1274]. Pour pallier cette dérive, l'on aurait pu penser que l'avènement du Parlement communautaire aurait constitué une panacée à la marginalisation que subissent les peuples des six États membres de l'organisation sous-régionale. Que non ! car non seulement « les représentants [des] peuple[s] que sont les parlementaires disposent d'un pouvoir de contrôle inconsistant qui n'a jamais été mis en œuvre »[1275], mais

---

manifestée par ce dernier de briguer un second mandat, Voir *Jeune Afrique*n°2673, du 1er au 7 avril 2012 ; n° 2677, du 29 avril au 5 mai 2012

Cette volte-face témoigne à suffisance que le principe de renouvellement des mandats garde les responsables en poste à la solde de leurs États, ou de leur chef d'État ou leur gouvernement d'origine, et les exposerait à des manipulations de conscience de toutes sortes dans l'optique de ce renouvellement.

[1271] Ce qui pourrait créer une distance objective entre le commissaire et son gouvernement d'origine

[1272] Notons au passage que dans une polémique qui a secoué la CEMAC et qui a abouti à la fin du mandat de Monsieur Antoine NTSIMI MENYE à la tête de la commission, la presse a laissé entendre que la source de la crise qui a conduit le Président de la Centrafrique de l'époque François BOZIZE à déclarer Monsieur Antoine NTSIMI *persona non grata* dans son pays, est que ce dernier affichait un comportement condescendant à son égard et ce parce qu'il estimait qu'il jouissait de la protection du Président camerounais Paul BIYA dont il serait un proche connu. Voir *Jeune Afrique*n°2673, du 1er au 7 avril 2012.

[1273] Pour Joël TCHUINTE, la libre circulation des personnes et des biens est un « principe clé du droit communautaire », ou encore le « pilier du processus communautaire », *voir* TCHUINTE (J.), *L'application effective du droit communautaire en Afrique Centrale,* Thèse, Université de Cergy Pontoise, 2011, P.259

[1274] *Ibid.* p.29.

[1275] *Idem.*

aussi de par leur nombre, ces parlementaires semblent représenter plus les États souverains que les populations de ces États.

En effet, composé de 60 membres, en raison de 10 membres par État[1276], le parlement communautaire de la CEMAC a fait le choix de la représentation des États sur le même pied de l'égalité souveraine, à celle de la représentation du peuple au prorata de la densité de la population. Un tel choix est aléatoire et en contradiction avec la vocation naturelle d'un Parlement, qui est celle de représenter les populations qui forment les citoyens de la communauté. Dans une pareille situation, il n'est pas évident que cette institution soit le reflet des aspirations du peuple. Et même dans l'optique où les députés communautaires de la CEMAC deviendraient éligibles au suffrage universel ; avec la forte densité de certaines populations comme celle du Cameroun ; le risque qu'il se crée un fossé entre le peuple et ses représentants du fait de l'éloignement des uns par rapport aux autres est inévitable. De ce fait, J. TCHUINTE soutient qu' « il importe aujourd'hui d'inverser cette tendance en initiant une intégration non pas seulement pour les populations, mais avec les populations »[1277]. D'où le bien-fondé dans le cas de l'espèce de la représentation proportionnelle qui permettrait de rapprocher significativement les représentants du peuple de leurs populations. C'est ce que fait déjà l'Union Européenne, et plus proche encore, la CEDEAO.

Pour ce qui est de la CEDEAO, son Parlement rentré dans les fonds baptismaux le 6 Août 1994 avec le Protocole A/P.2/8/94 fonctionne depuis 2001. Mais c'est en 2006, à travers le Protocole Additionnel SP/3/06/06 modifiant sa devancière de 1994 que cette auguste institution a opéré la mue qualitative qui lui vaut aujourd'hui d'être cité en exemple. Parmi ses particularités, l'on cite bien entendu la représentation proportionnelle qui y est de mise. En effet, l'institution compte 115 membres, répartis par État membre au prorata de la population. Ainsi, le Nigéria, de loin le pays le plus peuplé compte le plus grand nombre de sièges, soit 35 au total. Il est suivi par le Ghana avec 8 sièges seulement, tandis que le Sénégal et le Bénin ont respectivement 6 et 5 sièges. Cette formule proportionnelle a sans nul doute prospéré grâce au choix opéré par les membres de taire les questions d'égo personnel des hommes d'État et de leadership telles que cela a toujours été le cas avec le légendaire couple Cameroun-Gabon,[1278] et maintenant en voie de devenir un cercle vicieux à trois États : Cameroun-Gabon-Guinée Équatoriale au sein duquel les égoïsmes nationaux semblent primer sur l'intérêt communautaire.

1276 Article 06 de la Convention régissant le Parlement communautaire

1277 TCHUINTE (J.), *L'application effective du droit communautaire en Afrique Centrale*, *op cit.* p. 91

1278 Voir à ce sujet AWOUMOU (G.), *Le couple Cameroun-Gabon au sein de la CEMAC*, l'Harmattan, 2008.

II- La survie de l'ordre juridique communautaire à l'épreuve des identités constitutionnelles des États membres

Selon un auteur contemporain, les traités sont « le produit de l'accord d'États souverains »[1279]. Et en tant que tel, il apparait, à la lumière des analyses du même auteur que pour ceux qui ont institué les organisations d'intégration telles que la CEMAC et la CEDEAO, ces organisations, « par leur nature même de traités internationaux, [tâchent de] préserve[r], implicitement, mais nécessairement, l'identité étatique de leur signataire. » Cette analyse trouve sa justification non seulement dans le mode de prise de décisions importantes telles que la modification du traité (A), mais aussi par l'entrée en vigueur conditionnée des traités modifiés à travers une nouvelle ratification interne conforme aux règles constitutionnelles nationales des États membres (B).

A- L'emprise souveraine dans les modifications des traites constitutifs

L'influence des États membres des organisations d'intégration dans la vie des traités qui les ont instituées est indéniable. Les États restent et demeurent les « maîtres des traités »[1280] constitutifs. Par conséquent, aucune modification du traité ne peut s'opérer sans le consentement de tous les États membres. C'est pour cette raison que la plupart des traités constitutifs des organisations d'intégration instaurent un mode de prise de décision en matière de révision des traités primaires très respectueux des souverainetés. Il s'agit de l'unanimité .

L'unanimité traduit le consentement de tous au cours d'un vote. Selon le dictionnaire Hachette, cette procédure traduit la « conformité des avis de tous », mieux l'« accord des suffrages de la totalité des membres d'un groupe ». Cette définition littérale du concept expose l'unanimité au risque de la confondre avec le concept de commun accord. Pour Jean-Paul JACQUÉ, « l'unanimité doit être distinguée du commun accord [qui] exige le vote positif de tous les membres (...) alors qu'en ce qui concerne l'unanimité, [...] les

---

1279 LEVADE (A.), « Quelle identité constitutionnelle nationale préserver face à l'Union Européenne ? », in ANDRIANTSIMBAZOVINA (J.), BLUMANN (C.), GAUDIN (H.) et PICOD (F.), *Annuaire de droit européen*, Bruxelles, Bruylant, 2004, p. 181

1280 RITLENG (D.), « Les États membres face aux entraves », in AZOULAÏ (L.) (*dir.*),*L'entrave dans le droit du marché intérieur*, Bruxelles, Bruylant, 2011, p. 304. Selon lui, par la souveraineté, les États membres gardent leur qualité de « maîtres des traités », ils la conservent formellement, nonobstant les transferts de compétences consenties» à l'ordre juridique communautaire.

abstentions des membres présents ou représentés ne font pas obstacle à celle-ci. »[1281]

De ce fait, il ressort des usages en droit international que l'unanimité traduit le consentement explicite de tous les suffrages exprimés. Autrement dit, elle entraine nécessairement le vote de tous les participants, sans dissensions. Par conséquent, elle interdit toute opposition, mais autorise des abstentions. Elle est exigée dans les procédures de prise de décision les plus solennelles et décisives. C'est le cas des modifications des traités originaires des organisations internationales et communautaires. L'article 57 du Traité CEMAC stipule clairement que : *«tout État membre peut soumettre à la Conférence des Chefs d'État des projets tendant à la révision du présent Traité ou des Conventions de l'UEAC et de l'UMAC. Les modifications sont adoptées à l'unanimité des États membres.* » Tandis que celui de la CEDEAO, en son article 90, exprime la même procédure sans affirmer l'exclusivité de l'unanimité pour l'adoption des modifications ou des amendements. Cependant, tout porte à croire que c'est de l'unanimité que fait référence cette disposition lorsqu'elle renvoie l'adoption des amendements ou révisions, par la Conférence des Chefs d'État, conformément aux dispositions de l'article 9[1282].

Par cette exigence de l'unanimité dans la révision des traités, est saillante la volonté souveraine des États membres à vouloir préserver leur identité constitutionnelle, en ce sens que tout se passe comme si les États ne voudraient pas qu'une quelconque évolution, de la nature ou des objectifs de l'organisation qu'ils ont créée, échappe à leur emprise. D'où la vigilance des États membres sur les éventuels changements que pourraient subir les traités constitutifs qui, de ce fait, ne peuvent être modifiés sans l'accord unanime de tous, sans dissensions ni opposition. Ainsi, comme l'observe si bien P-E. LEHMANN, « Chaque État abstraction faite des autres peut enrayer et influencer cette procédure multilatérale, notamment en vue de protéger son identité. Il convient désormais d'observer ces traces implicites comme explicites qui, figurant dans les stipulations conventionnelles des traités (...), garantissent une préservation souveraine de leur identité constitutionnelle par les États membres. »[1283]Au demeurant, il est remarquable, comme l'affirme

---

[1281] JACQUÉ (J.P.), « Les évolutions de la majorité qualifiée au Conseil », *in La prise de décision dans le système de l'Union européenne,* BLANQUET (M.) (*dir.*), Bruxelles, Bruylant, 2011, p. 63

[1282] Article 90 du traité CEDEAO : « Tout État peut soumettre des propositions en vue de l'amendement ou de la révision du présent Traité (...) Les amendements ou révisions sont adoptés par la Conférence conformément aux dispositions de l'Article 9 du présent Traité et soumis à tous les États Membres pour ratification selon leurs procédures constitutionnelles respectives.... »

[1283]LEHMANN (P.-E.), *Réflexion sur la nature de l'Union Européenne à partir du respect de l'identité nationale des Etats membres, op cit,* p.59

Béligh NABLI[1284] que la règle de l'unanimité est l'expression même de la souveraineté de l'État et un instrument efficace de préservation de son identité constitutionnelle.

Mais s'il est une disposition conventionnelle qui exprime ce souci de préservation souveraine de leur identité constitutionnelle par les États membres, c'est bien entendu l'exigence de la ratification des traités modifiés par les États conformément à leurs règles constitutionnelles respectives.

B- La maitrise constitutionnelle des « reratifications »[1285] des traités modifiés

Les États membres des organisations internationales en général et celles d'intégration en particulier ont, en tant que faiseurs des traités, largement ménagé leur identité constitutionnelle, notamment leur souveraineté, nonobstant la poursuite de l'objectif communautaire. En effet, aucune modification des traités constitutifs ou originaires ne peut se faire en violation ou en ignorance des souverainetés des États membres et (en même temps) parties dont l'accord unanime des volontés est nécessaire pour que soit validé un projet de révision des traités fondateurs de l'organisation d'intégration. Cependant, cette phase intégrée et multilatérale de l'entretien du consentement des États à être lié ne se suffit pas à elle-même. Elle est complétée et scellée par une autre phase unilatérale ,et tout aussi protectrice de l'identité constitutionnelle des États, voire plus protectrice encore; il s'agit de la ratification, ou mieux des « reratifications »[1286]. Au même titre que les exigences procédurales conditionnant toute révision des traités, le caractère déterminant des « reratifications » est consacré par les traités eux-mêmes ,et ses effets sur la survie ou l'évolution de ces derniers sont évidents s'il arrivait que l'identité constitutionnelle d'un État membre fût violée.

En effet dans les clauses finales des traités successivement modifiés de la CEMAC et de la CEDEAO, et même de l'acte constitutif de l'Union Africaine, il est énoncé que l'entrée en vigueur, des traités et/ou des modifications de ces derniers, opère après la ratification, par les hautes parties

---

[1284]NABLI (B.), « L'état membre : l'« hydre » du droit constitutionnel européen », *AFDC*, 2008, disponible sur www.droitconstitutionnel.org consulté le 26 août 2014 02h39

[1285] C'est nous qui le disons, en ce sens que le traité modifié a généralement d'abord été au départ ratifié, soit lors de sa toute première introduction dans les ordres internes, soit lors de la précédente modification. C'est une façon de traduire que ce traité fait l'objet d'une énième ratification.

[1286] Nous désignons ainsi la procédure de ratification d'une modification d'un traité originaire qui avait déjà fait l'objet d'une ratification au moment de sa première entrée en vigueur dans les ordres constitutionnels.

contractantes, conformément à leurs règles constitutionnelles respectives[1287]. Cette condition fait donc de la « reratification » une étape vitale de l'entrée en vigueur d'un traité modifié. Ceci conduit à dire qu'un traité dûment signé ou bien un autre unanimement modifié par les plénipotentiaires de tous les États membres ne devient pas, par la seule force de cette étape multilatérale, source de droits et d'obligations à l'égard des États parties. La « reratification » est l'étape charnière qui scelle définitivement la volonté de l'État membre, d'où sa consécration par les traités eux-mêmes comme condition ultime de l'entrée en vigueur du traité ou de ses modifications subséquentes.

Par ce fait de la conditionnalité de l'entrée en vigueur des traités modifiés moyennant les « reratifications » préalables des États membres, c'est l'identité constitutionnelle, à travers la préservation de la souveraineté des États qui est sauvegardée. En ce sens que l'État membre garde ici son entière liberté de s'opposer unilatéralement à un traité ou à la modification d'un traité qui contreviendrait à son identité nationale et bloquer ainsi un processus d'approfondissement de l'ordre juridique communautaire. Les cas les plus éloquents ont été observés en Europe. D'entrée de jeu, l'histoire de la naissance des Communautés européennes, devenues Union Européenne révèle dès le départ de ce projet intégrateur, l'étonnant rejet, le 30 août 1954[1288] par la France, du projet de création d'une Communauté Européenne de Défense. Chemin faisant, l'on peut ensuite relever le cas danois de refus de ratification du Traité de Maastricht par le référendum du 02 juin 1992. Le cas irlandais où par deux référendums successifs, deux traités européens majeurs, celui de Nice et celui de Lisbonne ont fait l'objet d'un rejet populaire. Enfin, les cas français et néerlandais qui en 2005 (le 29 mai pour la France et le 1er juin 2005 pour les Pays-Bas) ont rejeté, par référendum aussi, le projet de traité établissant une Constitution pour l'Europe.

Pour ces deux derniers cas, Monsieur LEHMANN fait une corrélation judicieuse des incidences de la « reratification », surtout de son refus sur la vie d'un traité. Selon lui, « quelles que soient (...) les raisons du ''non'', le défaut de ratification français et néerlandais permit vraisemblablement de faire primer les intérêts nationaux sur la poursuite de la construction européenne. En effet, fut décidée à leur suite, une solution pour le moins radicale et originale par le Conseil européen, celle d'interrompre le processus de ratification et d'abandonner le TECE (Traité Etablissant une Constitution

---

[1287] Articles 57, 65 et 66 du traité constitutif CEMAC de 2009 ; Articles 100 et 101 Convention UEAC, 37 et 38 Convention UMAC. Article 89 et 90 du traité CEDEAO. Article 32 de l'Acte constitutif de l'UA

[1288] Le vote du 30 août 1954 écarte définitivement la CED sans débat de fond, puisque les parlementaires opposants au projet proposent le vote d'une question préalable (Motion de procédure parlementaire qui a pour objet de faire décider qu'il n'y a pas lieu à délibérer sur le projet de texte présenté (texte non opportun ou contraire à la Constitution). Si la question préalable est adoptée, le texte est rejeté.) , adoptée par 319 voix contre 264.

pour l'Europe). Cette prise en compte apparente des oppositions populaires apparaît comme une solution garantissant la maîtrise souveraine de l'évolution du projet européen par les États membres et leur population.»[1289] Il n'y a assurément pas de preuve plus évidente pouvant mieux clarifier l'incidence des « reratifications » sur la vie ou même la survie des traités. Et à travers la menace qu'elles constituent, c'est la souveraineté des États membres qui reste prégnante et partant, leur identité constitutionnelle.

Bibliographie

ANAND MENON (H.K.), « Les États membres de l'UE et la Commission Prodi», *RFSP* 2003/4, Vol. 53, p. 491-511. Préc.504.

AWOUMOU (G.), *Le couple Cameroun-Gabon au sein de la CEMAC*, l'Harmattan, 2008.

BARBATO (J.C) et MOUTON (J.D.) (dir), *Vers la reconnaissance de droits fondamentaux aux États membres de l'Union Européenne ? Réflexion à partir des notions d'identité et de solidarité*, Bruxelles, Bruylant, 2010, 332P

BOLLE (S.), « Vers un droit constitutionnel commun en Afrique » in https://la-constitution-en-Afrique.over-blog.com consulté le 20/04/2020 à 13h33 ;

CABANIS (A) et MARTIN (M.L.), « Un espace d'isomorphisme constitutionnel : l'Afrique francophone » in *Mélanges Dmitri Georges LAVROFF*, Paris, Dalloz, 2005, pp. 343 et SS.

DECHATRE (L.), « L'identité constitutionnelle comme limite à l'ouverture au droit international et européen en Allemagne et en France », in LAGRANGE (E.), HAMMAN (A.), SOREL (J.-M.) (dir.), *Si proche, si loin, la pratique du droit international en France et en Allemagne*, Société de législation comparée, 2012, pp. 57-85

DU BOIS DE GAUDUSSON « Le constitutionnalisme en Afrique », in Les Constitutions publiées en langue française, tome2, La documentation française, Bruxelles, Bruylant, 1998.

HÉRITIER (A.), « Le respect du patrimoine culturel des États membres dans le droit de l'Union Européenne », in *Vers la reconnaissance de droits fondamentaux aux États membres de l'Union Européenne ? Réflexion à partir des notions d'identité et de solidarité* BARBATO (J.C) et MOUTON (J.D.) (dir), , Bruxelles, Bruylant, 2010, pp 73 et ss.

JACQUÉ (J.P.), « Les évolutions de la majorité qualifiée au Conseil », *in La prise de décision dans le système de l'Union européenne,* BLANQUET (M.) (*dir.*), Bruxelles, Bruylant, 2011, p. 63

[1289] LEHMANN (P.-E.), *Réflexion sur la nature de l'Union Européenne à partir du respect de l'identité nationale des Etats membres, op cit.* P82

KOMBILA (H.), « Les principes constitutionnels face au droit communautaire, l'union dans la diversité de l'identité constitutionnelle européenne », *VIIe CONGRES de l'AFDC*, 2008, disponible sur www.droitconstitutionnel.org ; www.yumpu.com; consulté le 23 avril 2020 07h46

LEHMANN (P.-E.), *Réflexion sur la nature de l'Union Européenne à partir du respect de l'identité nationale des États membres,* Thèse, Université de Lorraine, 1993 ;

LEVADE (A.), « Quelle identité constitutionnelle nationale préserver face à l'Union Européenne ? », in ANDRIANTSIMBAZOVINA (J.), BLUMANN (C.), GAUDIN (H.) et PICOD (F.), *Annuaire de droit européen*, Bruxelles, Bruylant, 2004, p. 181

MOUTON (J.D.), « Réflexions sur la prise en considération de l'identité constitutionnelle des États membres de l'Union européenne », in BOUTAYEP (C.), MASCLET (J.-C.), RODRIGUES (S.) et RUIZ FABRI (H.) (dir.), *l'Union Européenne : union de droit, union des droits, Mel. en l'honneur de Philippe MANIN*, Paris, Pedone, 2010, pp. 145 et ss.

NABLI (B.), « L'état membre : l'« hydre » du droit constitutionnel européen », *AFDC*, 2008, disponible sur www.droitconstitutionnel.org consulté le 26 août 2014 02h39

NGAH (A.M.), « L'épineuse question de la place du droit communautaire au sein de la hiérarchie des normes internes : Un droit hors hiérarchie ? Réflexion à la lumière des systèmes constitutionnels des États d'Afrique francophones », *European Scientific Journal*, Avril 2019, vo.15,N°11, P.196, disponible sur www.eujournal.org ;

NGAH (A.M.), *L'ordre juridique communautaire et les constitutions des États membres de la CEMAC et de la CEDEAO,* Thèse, Université de Youndé II, 2018, P.289

PESCATORE (P.), Le droit de l'intégration, Bruxelles, Bruylant, Coll. « droit de l'Union européenne, 2005, p. 85 ;

RITLENG (D.), « Le droit au respect de l'identité constitutionnelle nationale », in *Vers la reconnaissance de droits fondamentaux aux États membres de l'Union Européenne ? Réflexion à partir des notions d'identité et de solidarité* BARBATO (J.C) et MOUTON (J.D.) (dir), , Bruxelles, Bruylant, 2010, pp21 et ss.

RITLENG (D.), « Les États membres face aux entraves », in AZOULAÏ (L.) (*dir.*),*L'entrave dans le droit du marché intérieur*, Bruxelles, Bruylant, 2011, p. 304.

SÉBASTIEN MARTIN, L'identité de l'État dans l'Union européenne : entre « identité nationale » et « identité constitutionnelle », RFDC, 2012/3 N°91, pp. 13-44

TCHUINTE (J.), *L'application effective du droit communautaire en Afrique Centrale,* Thèse, Université de Cergy Pontoise, 2011,

Le droit des peuples à disposer d'eux-memes à l'épreuve de l'ingérence démocratique en afrique sub-saharienne

Par :

Jean Baptiste CHOUAMO

Docteur PhD en droit public international et communautaire
Chargé de cours à la faculté des sciences juridiques et politiques de l'Université de DOUALA (Cameroun)

Résumé

L'ingérence démocratique qui est monnaie courante en Afrique apparaît *a priori* comme une contradiction à l'affirmation du droit des peuples africains à disposer d'eux-mêmes. Cependant, cette ingérence s'avère légitime et conciliable avec le droit à l'autodétermination des peuples africains dans la mesure où elle peut concourir à l'expression effective de ce droit. L'intérêt des peuples africains à s'autodéterminer politiquement s'oppose à l'intérêt des Occidentaux à perpétuer leur hégémonie. Néanmoins, une lecture finaliste largement conçue en faveur de l'expression effective du droit des peuples fait miroiter le caractère louable de ces interventions en faveur de la démocratie chez un peuple qui a de la peine à se mouvoir dans leur démocratie encore titubante.

Summary

The regular democratic interference in Africa appears as a contradiction to the assertion of the right of African people to self-determination. However, this interference is lawful and reconcilable with the right to self-determination of African people in the case. It can contribute to the effective expression of that right. The interest of African people to self-determine politically is against the interest of westerners to perpetuate their hegemony. Nevertheless, a finalist reading widely conceived in favor of the effective expression of the right to self- determination shows the laudable character of these interventions for the democracy in people who cannot move easily with their democracy.

La démocratie exerce une certaine influence sur l'orthodoxie du droit international à travers les valeurs qu'elle incarne[1290]. Autrement dit, l'impératif démocratique contribue à mettre en évidence une sorte d'ingérence pro-démocratique[1291] par le biais des interventions qui contredisent notamment les règles relatives aux droits des peuples à disposer d'eux-mêmes. Après avoir été l'instrument efficace de décolonisation en Afrique, le droit à l'autodétermination des peuples africains qui aurait dû tomber en désuétude pourrait encore être malheureusement converti en droit à l'autodétermination démocratique. On pouvait s'attendre à ce que les peuples africains nouvellement indépendants se prévalent de leur attribut de souveraineté pour choisir librement le régime politique qui leur convient. Or, depuis les années 1990, le « vent de l'Est » a soufflé en Afrique, amplifié du discours de la Baule entrainant à son passage une vague de démocratisation qui n'a pas épargné les peuples africains dans le choix délibéré de redéfinition du contrat social entre acteurs politiques internes. Après s'être arrimée à la mouvance de gouvernance démocratique considérée comme modèle, l'Afrique ne cesse d'assister à une « importation » des pratiques démocratiques[1292]. Cette tendance à la généralisation de la démocratie libérale ne pouvait que faire penser à l'entrée irréversible du continent noir dans la galaxie des pays démocratiques[1293]. Cependant, la plupart de ces États semblent encore montrer des balbutiements en termes de *modus operandi* démocratique en bafouant allégrement ses piliers[1294].

Ce non-respect des droits démocratiques du peuple par certains dirigeants africains semble fonder une tierce ingérence nécessaire à la restitution du pouvoir au peuple. Cette ingérence démocratique postule la non indifférence devant les entorses à la démocratie. Tout en étant un acte par lequel un sujet de droit international intervient dans les affaires d'un autre avec généralement

[1290]La démocratie est considérée comme le régime politique le mieux apte à créer un cadre d'expression des droits et libertés des peuples. Ces derniers ne peuvent trouver leur bonheur sous l'autorité. Autrement dit, le système autoritaire ne peut exprimer de manière excellente le droit des peuples. Ce régime est susceptible d'empêcher le peuple d'être le véritable acteur de son propre destin.

[1291]Oscar SCHACHTER, « The legality of pro- democratic invasion », *A.J.I.L.*, 1984, Vol. 70, n° 3, p. 645.

[1292]Hilaire De Prince KAMGA, « Communauté internationale et gouvernance démocratique en Afrique » *in* F.M . AKOA & G. FAY (dir.), *Affaire stratégique*, Paris, Harmattan, 2012, p.9 ; Voir aussi Vincent DARRACQ & Victor MAGNANI, « Les élections en Afrique un mirage démocratique ? » *in Politique étrangère*, *I.F.R.I.*, 2011/4, p. 839.

[1293]Babacar GUEYE, « Démocratie en Afrique : succès et résistances », *Pouvoir*, 2009/2, n° 129, p. 6 ; Cette euphorie des transitions démocratiques n'a toujours pas montré à l'image des indépendances, le signe de maturité à tel point qu'elle puisse déjà s'en passer d'une forme de *néodémocratisation*.

[1294]Voir Sidney TOUANI, « Le droit des peuples à disposer d'eux-mêmes à l'épreuve de l'histoire », *Controverses*, Essais, 2005, p. 278.

pour but de conduire ce dernier à agir selon sa volonté[1295], ces interventions, à finalité démocratique, ont pour but soit d'instituer un régime démocratique soit de veiller à l'application scrupuleuse de ses règles. Plus de trois décennies après la vague de démocratisation, l' « intervention » démocratique en tant que catégorie de l'action publique internationale s'est affermie au point où il n'est pas outrancier de parler de l'institutionnalisation de l' « ingérence démocratique » en direction de l'Afrique. C'est une intervention tendant directement ou indirectement à imposer un régime démocratique à une entité souveraine par des moyens de pression multiforme[1296]. La montée de la démocratie comme impératif politique dans le monde semble enfin trouver son moyen d'expression sur le plan international. Tout se passe comme si le droit international avait consacré une exigence relative à l'origine démocratique des gouvernants[1297]. Contrairement à cette tendance à imposer la démocratie comme valeur universelle à laquelle tous les peuples doivent se soumettre, la non-intervention est au service de la souveraineté parce qu'elle garantit le droit des peuples à disposer d'eux-mêmes, l'égalité et la liberté des États[1298]. Ce droit des peuples exclut toute forme d'assujettissement et d'assistance de toute autre entité extérieure et promeut l'autodétermination marquée par la faculté de déterminer soi-même son régime politique[1299]. Ce droit à l'autodétermination est au peuple, ce que la souveraineté est à l'État : son critère fondamental[1300]. Il s'agit de la faculté reconnue aux peuples de

[1295]L'ingérence est l' « action de s'immiscer c'est-à-dire de s'introduire indûment sans être requis ou en avoir le droit dans les affaires des autres » Voir Jean SALMON (dir.), *Dictionnaire de droit international public*, Universités francophones, Bruxelles, Bruylant, 2001, p. 579. Cette définition ne fait pas de distinction fondamentale entre la notion d'ingérence et celle d'intervention qui est la principale modalité d'ingérence qui peut se traduire par des mesures de contrainte politique. Il s'agit d'une sorte d'intervention non désirée dans les affaires d'une tierce partie.

[1296] Joseph KEUTCHEU, « L'ingérence démocratique » en Afrique comme institution, dispositif, scène », *Études internationales*, Vol. 45, n° 3, septembre 2014, p. 426.

[1297]Jean D'ASPREMONT, « Émergence et déclin de la gouvernance démocratique en droit international », *R.Q.D.I.*, Vol. 22, 2014, p. 78.

[1298]Sale TIEREAUD, *Le droit international et la pratique de l'ingérence armée démocratique depuis 1945*, Thèse, Université Nancy II, 2009, p. 44. Le professeur Maurice KAMTO pense que tout comme l'ingérence humanitaire, l'ingérence démocratique est une exigence devenue universelle. Elle serait nécessaire pour le respect de la démocratie. Cette ingérence est revendiquée au nom d'un certain humanisme fondé sur l'universalité des droits fondamentaux ainsi qu'à l'attachement des choix populaires des gouvernants. Voir Maurice KAMTO, « Constitution et principes de l'autonomie constitutionnelle » *in Constitution et droit international, Recueil des cours 8, Académie Africaine de Droit Constitutionnel*, Tunis, 1999, p156.

[1299]Maurice KAMTO, « Constitution et principes de l'autonomie constitutionnelle », *op.cit.*, p.128.

[1300]Alain PELLET, « Quel avenir pour le droit des peuples à disposer d'eux- mêmes ? » *in Le droit international dans un monde en mutation, Liber amicorum, professeur Jimenez De Arechaga*, Montevideo, fondacion de cultura Universitaria, 1993, p. 266. Le peuple est un

chaque État de choisir librement un régime ou un gouvernement qui réponde complètement à ses aspirations[1301]. Ce droit collectif ne peut être mis en œuvre que par un peuple.

Le peuple est d'abord considéré comme un groupe humain présentant une certaine homogénéité identitaire au sein d'un État capable de réclamer soit une autonomie organisationnelle soit une indépendance[1302]. Il s'agit d'une réalité historique, linguistique et géographique ; ensuite comme l'ensemble des citoyens d'un État. Ainsi, le peuple ici se présente à l'échelle d'un État comme une unicité, une collectivité indifférenciée soumise à l'ordre juridique de l'État[1303]. Le concept de peuple tel qu'il est utilisé par l'État ne renvoie pas à un autre sujet de droit international autre que l'État lui-même,[1304] à tel point que, reconnaître qu'une collectivité humaine revêt juridiquement la qualité de peuple équivaut aujourd'hui à lui reconnaître automatiquement son droit à la constitution d'un État indépendant[1305].

L'idée selon laquelle le peuple est la seule source de légitimité du pouvoir s'est imposée au fil du temps avec force de l'évidence[1306]. Le peuple est alors appelé à exercer sa souveraineté sans entrave aucune. Sans cette souveraineté accordée au peuple, il n'y aurait donc pas de démocratie. Il ne peut non plus avoir de démocratie sans peuple. Les professeurs Pierre avril et Jean Gicquel définissent d'ailleurs la démocratie comme un régime politique dans lequel le peuple dispose de la souveraineté[1307]. C'est un « gouvernement du peuple par

---

groupe humain qui a le droit de disposer de lui-même. Tout groupe humain ayant ce droit est un peuple. L'État essaie de confisquer ce droit des peuples et prétend l'exercer en son nom.

1301 Antonio CASSESSE, « Commentaire de l'article 1 paragraphe 2 » *in* J.P. Cot & A. Pellet (dir.) *La Charte des Nations Unies, Commentaire articles par articles*, Economica, 2e ed., 1990, p. 46.

1302 Abdoulaye SOMA, « Le peuple comme contre-pouvoir en Afrique », *Revue de droit public*, 2014, n° 4, p. 1020. Le peuple serait une réalité historique, géographique et linguistique.

1303 Hans KELSEN, *La démocratie, sa nature, sa valeur*, paris, Economica, 1989, p. 24. Cette acception semble partager le sens de l'expression latine *populus* qui signifie le peuple constitué de citoyens qui ont voix au chapitre dans les délibérations publiques. Voir Gérard BRAS, « Le peuple du droit contre le peuple de la politique », *Dissenssus (en ligne) Dossier Mondialisation et cosmopolitisme*, n° décembre 2008.

1304 Antoine MEKINDA BENG, « Le droit des peuples à disposer d'eux-mêmes dans la conjoncture institutionnelle actuelle des États du tiers-monde en mutation », *RTDH*, 2004, Vol. 58, p. 514.

1305 Marcelo G. KOHEN, « Sur quelques vicissitudes du droit des peuples à disposer d'eux-mêmes » *in Pouvoir du droit, droit du pouvoir, Mélanges Jean Salmon*, Paris, Pedone, 2007, p.899.

1306 Pierre ROSANVALLON, *La légitimité démocratique, impartialité, réflexivité, proximité*, Paris, Ed. Seuil, 2008, p.10.

1307 Pierre AVRIL & Jean GICQUEL, *Lexique de droit constitutionnel*, Paris, PUF, 2003, p. 42. La démocratie est un régime représentatif, pluraliste et compétitif. Voir Philippe MARCHESON, *Démocratie et développement*, Tiers monde, 2004, t. 45, p. 487. La démocratie serait aussi une traduction dans l'ordre juridique des droits et devoirs des membres de la communauté politique. Elle est par nature à la fois un régime politique et un système de

le peuple pour le peuple » dont la politique est susceptible d'exprimer l'idéal de liberté et d'autonomie du gouvernement humain[1308]. La démocratie tire sa légitimité du peuple qui en est aussi bien le créateur que le destinataire. Chaque peuple a la faculté d'exprimer son droit à l'autodétermination démocratique. Ce peuple serait une entité permanente dont l'unité fonde l'action politique. La notion de souveraineté du peuple ne peut donc être dissociée de celle de démocratie. Cependant, l'autodétermination du peuple en tant qu'un droit, semble peu compatible avec la prééminence de l'ingérence prétendument démocratique en Afrique. La souveraineté d'un peuple limiterait certainement celle de l'autre peuple. Ce droit de chaque peuple à disposer de lui-même est renforcé par la Résolution 2131 de l'Assemblée Générale des Nations Unies du 21 décembre 1965 portant « Déclaration sur l'inadmissibilité de l'intervention dans les affaires intérieures de l'État ». Est-ce à dire que ces deux concepts apparemment antinomiques sont absolument contradictoires ? Autrement dit, est-il possible de concilier le droit des peuples à disposer d'eux-mêmes et l'ingérence démocratique désormais omniprésente en Afrique ? Le professeur Dodzi Kokoroko reconnait d'ailleurs qu' « il n'est pas de notion juridique fondamentale qui ne soit néanmoins limitée dans certains de ses effets, car elle heurte souvent une autre notion tout aussi digne de respect »[1309]. Le droit des peuples à disposer d'eux-mêmes n'est désormais ni absolu ni exclusif. Une brèche semble ouverte avec le devoir d'ingérence démocratique. Dans un contexte où la légitimité démocratique dans sa version libérale est devenue un principe directeur des relations internationales[1310], le but aujourd'hui affirmé de ces ingérences de nature démocratique est la restauration et la consolidation du droit des peuples surtout dans un continent où les atteintes à la démocratie sont légion. Le phénomène omniprésent d'ingérence démocratique en Afrique, de par ses vertus affichées, aurait fini par masquer le caractère contradictoire qui sous-tend les deux concepts. Or, les contraintes liées à la mondialisation et à l'homogénéisation de la démocratie semblent avoir un impact considérable sur le droit souverain des peuples à disposer d'eux-mêmes. Si la démocratie semble avoir acquis une certaine réputation en tant que forme légitime en soi de gouvernement des Hommes, cette tendance à l'universalisation irait de pair avec sa dilution juridique.

---

gouvernement dans lequel la souveraineté appartient au peuple. Voir à cet effet Bantchin NAPAKOU, « De la souveraineté du peuple en démocratie », *Peer Review*, www.metabasis, 2017, n° 23, p. 66.

[1308]Olivier DAHUMEL & Yves MENY, *Dictionnaire constitutionnel*, Paris, P.U.F., 1992, p. 283.

[1309] Dodzi KOKOROKO, « Souveraineté étatique et principe de légitimité démocratique », *RQDI*, VOL. 16/1, 2003, p. 39.

[1310]Maurice KAMTO, « Constitution et principe de l'autonomie constitutionnelle », *op.cit.*, p. 129.

L'analyse juridique des contradictions entre d'une part le droit des peuples à disposer d'eux-mêmes et d'autre part le phénomène émergent de l'ingérence démocratique comme moyen d'universalisation du régime démocratique s'avère indispensable pour la prise de conscience des États africains du sud du Sahara, de la nécessité de prendre en main leur destin politique. Il va de soi qu'une opposition latente découle de la simple juxtaposition des deux termes. L'ingérence démocratique qui est en nette progression en Afrique contredit *a priori* l'affirmation du droit des peuples à disposer d'eux-mêmes (I). Cependant, cette ingérence peut être légitime et conciliable avec le droit à l'autodétermination des peuples dans la mesure où elle concourt à l'expression effective de ce droit (II).

I- Le droit des peuples a disposer d'eux-memes et l'ingérence démocratique en afrique : deux concepts apparemment contradictoires

Le droit international contemporain est basé sur l'égalité souveraine entre les peuples. Ce droit a consacré le principe de non-ingérence pour protéger les peuples de toute immixtion extérieure dans les affaires relevant de la compétence exclusive de l'État. En effet, ce principe est à la source de la souveraineté et de l'indépendance politique de l'État[1311]. Chaque peuple détermine souverainement et discrétionnairement son statut politique et les modalités d'exercice du pouvoir politique[1312]. Le droit des peuples à la libre détermination politique et à l'autonomie institutionnelle fait obstacle à toute ingérence démocratique entretenant ainsi une contradiction aussi bien du point de vue du droit international (A) que du droit interne de l'État (B).

A- Une contradiction prononcée du point de vue du droit international

En tant qu'ordre juridique, les États déterminent leur autonomie qui, sur le plan substantiel, est marquée par l'auto affirmation et l'auto-organisation du droit des peuples ayant vocation à s'appliquer *erga omnes*. Une quelconque ingérence dans la vie politique des peuples ne peut que se heurter de front à de multiples consécrations du droit des peuples à disposer d'eux-mêmes (1) et à l'un de ses corolaires qui est l'égalité souveraine entre les peuples en droit international (2)

[1311]Nicolaï Alexandrovitch OUCHAKOV, « Compétence interne de l'État et non-intervention dans le droit international contemporain », *R.C.A.D.I.*, 1974, p. 5.

[1312]Dodzi KOKOROKO, « Souveraineté étatique et principe de légitimité démocratique », *R.Q.D.I.*, 2003, Vol. 16, p. 40.

1- L'ingérence démocratique, une contradiction au droit à l'autodétermination des peuples du fait de ses diverses consécrations.

L'ingérence démocratique constitue indubitablement une manifestation de la puissance et demeure contraire au droit à l'autodétermination largement consacré par les textes et la jurisprudence. Ce droit des peuples à disposer d'eux-mêmes est érigé en règle générale par la Charte des Nations Unies qui énonce en son article premier paragraphe 2, l'un des buts des Nations Unies qui est de « développer entre les nations les relations amicales fondées sur le respect du principe de l'égalité de droits des peuples et de leurs droits à disposer d'eux-mêmes … ». Comme s'il était nécessaire d'insister sur la question, l'article 55 de la même charte dispose qu' « en vue de créer les conditions de stabilité et de bien être nécessaires pour assurer entre les nations des relations amicales fondées sur le respect du principe de l'égalité des droits des peuples et de leur droit à disposer d'eux-mêmes, les Nations Unies favorisent : …le respect universel et effectif des droits de l'Homme et des libertés fondamentales pour tous (…) ». Pour sa part, l'article premier commun aux deux pactes des Nations Unies de 1966, fait du droit des peuples à disposer d'eux-mêmes, un droit premier c'est-à-dire, un droit dont la reconnaissance préalable et le respect sont des conditions *sine qua non* pour l'exercice des droits de l'Homme. Droit premier parmi les droits de l'Homme, la violation des droits des peuples est forcément une violation des droits de l'Homme[1313].

En vertu du droit des peuples à disposer d'eux-mêmes, chaque peuple détermine librement son statut politique, assure librement son développement économique, social et culturel. La Résolution 2625 (XXV) revient sur ce contenu en soulignant la dimension internationale de l'autodétermination en ces termes : « Tout État a le droit inaliénable de choisir son système politique économique, social et culturel sans aucune forme d'ingérence de la part d'un autre État ». Pour le professeur Maurice Kamto, l'expression « droit inaliénable » renforcée par le groupe de mots « sans aucune forme d'ingérence » semble écarter toute limite ou la moindre inflexion au principe[1314]. Cette Résolution était destinée à stabiliser les acquis de la coexistence pacifique en réitérant les principes relatifs au droit de s'abstenir de toute intervention dans les affaires relevant de la compétence domestique

---

[1313] Rafaâ Ben ACHOUR & Mouna KRAIEM-DRIDI, « Les droits de l'Homme et droits des peuples à disposer d'eux-mêmes », R. Ben Achour & S. Lagmani (dir.), *Les droits de l'Homme, une nouvelle cohérence pour le droit international*, Paris, Pedone, 2008, p. 15.

[1314] Maurice KAMTO, « Constitution et principe de l'autonomie constitutionnelle », *op.cit.*, p.136 ; Il en est de même pour la Charte de Paris pour une Nouvelle Europe du 21 novembre 1990 qui mentionne le droit des peuples donnant faculté de « déterminer leur statut politique interne et externe sans ingérence extérieure et de poursuivre à leur gré leur développement politique, économique, social et culturel ».

des États conformément à la Charte des Nations Unies. Cette dernière organise une protection de ces droits des peuples au paragraphe 7 de l'article 2 faisant ainsi obstacle aux tendances hégémoniques de la démocratisation : « Aucune disposition de la présente charte n'autorise les Nations Unies à intervenir dans les affaires qui relèvent essentiellement de la compétence nationale d'un État... ». Par son caractère général, l'énoncé de cet article a vocation à proscrire toute intervention de l'ONU dans les matières relevant de la compétence nationale de l'État à tel point qu'on est tenté de questionner le domaine qui échapperait à ce verrouillage si ce n'est les « mesures coercitives prévues au chapitre VII ».

De ce point de vue, aucune disposition de la Charte n'est susceptible de fonder de manière explicite la compétence des Nations-Unies dans le domaine des élections dans un État. Ce domaine relève essentiellement de la compétence nationale. L'ONU devrait s'abstenir de s'impliquer dans le processus d'attribution de pouvoir qui relève de l'expression de l'autonomie de la politique interne de l'État. Le droit des peuples exprime ainsi la négation de toute subordination étrangère et implique une puissance normative autonome doublée d'une autonomie de cette puissance[1315]. Le droit international consacre alors l'abstention pour les États et organisations internationales corrélativement au droit des peuples à l'autodétermination dans sa composante politique. Ces sujets de droit international ont le devoir de respecter ce droit en conformité avec la Charte. La Résolution 46/130 de 17 décembre 1991 fait référence au strict respect du principe de souveraineté des États et de la non-ingérence dans les affaires internes de ceux-ci[1316].

L'instauration et la consolidation de la démocratie en tant que régime politique relèvent de la compétence discrétionnaire de chaque peuple. Cette compétence se veut exclusive, pleine et autonome[1317]. Les assistances régulièrement fournies aux États africains dans la mise en œuvre de leur démocratie sous le paravent de la communauté internationale, témoignent d'une grande permissivité manifestement contraire aux prescriptions normatives internationales. Le droit international serait encore hésitant dans la permission de l'intervention dans le but d'établir des gouvernements démocratiques dans de tiers États. Le rétablissement des gouvernements démocratiques procèderait des actes de force contraires à la légitimité[1318] et surtout à l'autonomie des peuples.

[1315]Sidney FLOSS, « Non-ingérence et égalité des États : des principes indépendants des concepts de souveraineté », *R.B.D.I.*, 2014/2, p. 459 ; La finalité de l'ingérence repose sur l'imposition des points de vues ou du comportement. Elle résulte d'une politique de domination.
[1316] *Résolution 46/ 130 du 17 décembre 1991, A/RES/46/130.*
[1317] Charles ROUSSEAU, *Droit international public*, Paris, t. 2, 1974, p. 72.
[1318] Florentino RUIZ RUIZ, « L'intervention démocratique : analyse juridique de sa légalité », *RHDI,* Vol. 53, 2000, p. 6.

Le fondement de l'autorité du pouvoir public demeure la volonté du peuple. Ni le droit d'ingérence démocratique, encore moins le droit de contrôle du respect des règles de procédure démocratique ne sont formellement consacrés par la jurisprudence internationale. La CIJ déclare pour s'en défendre qu'elle « ne saurait concevoir la création d'une règle nouvelle faisant droit à une intervention d'un État contre un autre pour le motif que celui-ci aurait opté pour une idéologie ou un système politique particulier »[1319]. Le choix du système politique relèverait essentiellement du domaine réservé de l'État et par conséquent devrait échapper à tout intéressement dans l'ordre juridique international. Comme l'affirme expressément la Cour : « L'orientation politique interne d'un État relève de la compétence exclusive de celui-ci pour autant qu'elle ne viole aucune obligation internationale. Chaque État possède le droit fondamental de choisir et de mettre en œuvre comme il entend son système politique, économique et social »[1320]. La Cour précise que ce principe de non-ingérence qui va de pair avec le droit des peuples à disposer d'eux-mêmes « perdrait assurément toute signification réelle comme principe de droit si l'intervention pouvait être justifiée par une simple demande d'assistance formulée par un groupe d'opposants dans un État »[1321]. Le principe de non–intervention interdit donc à tout État ou groupe d'États d'intervenir directement ou indirectement dans les affaires intérieures ou extérieures d'un autre État[1322]. On pourrait d'ailleurs se demander si le droit à l'autodétermination des peuples demeure une norme impérative de droit international général « acceptée et reconnue » par la « Communauté internationale dans son ensemble » ou si ce droit a épuisé son utilité et sa raison d'être avec la fin de la décolonisation[1323] en Afrique. La Cour mondiale a érigé le droit à l'autodétermination au moins au rang des « ...principes essentiels du droit international contemporain » opposable *erga omnes*[1324] qui ne saurait contrarier le principe d'égalité entre États souverains.

[1319]*C.I.J., Activités militaires et paramilitaires au Nicaragua et contre celui-ci, Rec. 1986, §. 263.*

[1320]*Ibid., §.* 258.

[1321]*Idem.*

[1322]*C.I.J., Détroit de Corfou, Rec. 1949, p. 135, §.*205 ; Dans son arrêt rendu le 20 juin 1986, la Cour a décidé entre autres que les USA en entrainant, armant et équipant, finançant et approvisionnant les forces *contras*, et en encourageant, appuyant de toute autre manière des activités militaires et paramilitaires au Nicaragua et contre celui-ci, ont à l'encontre de la République de Nicaragua, violé l'obligation que leur impose le droit international coutumier de ne pas intervenir dans les affaires d'un autre État ; de ne pas porter atteinte à la souveraineté d'un autre État.

[1323] Pierre-Christian LABEAU « Le droit des peuples à disposer d'eux-mêmes : son application aux peuples autochtones », *Les cahiers de droit*, Vol. 37, n°2, 1996, p. 152.

[1324]*C.I.J., Timor oriental, (Portugal c. Australie) ,30 Juin 1995.*

2- L'ingérence démocratique, une contradiction au principe d'égalité entre les peuples

Le droit des peuples a pour corolaire l'égalité, l'insubordination d'un peuple par rapport à l'autre. En ce sens, l'article 19 de la Charte africaine des droits de l'Homme et des peuples stipule que « tous les peuples sont égaux (…), jouissent de la même dignité et ont les mêmes droits ». L'État est l'instrument d'exercice de ce droit entre les mains des peuples qui le composent[1325]. Le principe de l'égalité souveraine implique que chaque État jouisse des droits inhérents à la pleine souveraineté parallèlement à un devoir pour chaque État de « respecter la personnalité juridique des autres États » en leur laissant l'entière liberté de choix de leurs systèmes politique, économique et social, mais également en leur donnant la possibilité de s'autogérer les aléas de la vie politique dans leur État respectif. La démocratie est ainsi inséparable de l'idée d'autodétermination parce qu'elle est fondée sur un ordre institutionnel et constitutionnel qui garantit la participation du peuple à la vie politique. L'instauration d'un ordre démocratique, fût-il, dépend en principe des aspirations de chaque peuple. Cela constitue l'expression de la souveraineté politique de ce peuple. Tel qu'on sait qu'aucun peuple n'entend renoncer à sa souveraineté, toute ingérence dans ce domaine semble illégitime.

Si les États ont la liberté de choix de leur régime politique, ce n'est pas seulement parce qu'ils sont tous libres, mais aussi parce qu'ils sont égaux. Le principe d'égalité entre États frappe ainsi d'illégalité l'intervention d'un État, fût-il, puissant dans la sphère politique d'un autre État aussi faible soit-il. Toute intervention idéologique et civilisationnelle se trouve ainsi proscrite en raison de l'égalité souveraine des États. La démocratie serait alors l'expression de chaque peuple à disposer de lui-même. Inverser cette logique afin d'imposer la démocratie équivaudrait tout simplement à disposer de la volonté du peuple.

Le principe de non-ingérence, corolaire du droit des peuples à disposer d'eux-mêmes, devrait servir de fondement juridique à l'inertie et à l'indifférence de la communauté internationale quant à la pratique démocratique en Afrique subsaharienne. Ces peuples africains ne doivent être obligés que par leur propre volonté dans les limites des principes supérieurs de droit, et conformément aux buts spécifiques et collectifs qu'ils sont appelés à réaliser[1326]. La libre disposition des peuples signifie absence d'un processus d'harmonisation des droits impliqués dans cette liberté. Il est évident de constater que, quoi que l'on fasse, le monde est composé d'entités politiques

---

[1325]Melik ÖZDEN & Christophe GOLAY, « Le droit des peuples à l'autodétermination et la souveraineté permanente sur les ressources naturelles sous l'angle des droits Humains », *Une collection du programme droits humains du centre Europe-tiers monde,* 2012 p. 12.

[1326] Voir Louis Le FUR, *État fédéral et confédération d'État*, Paris, Panthéon Assas, 2000, p. 443.

distinctes contrairement à un rêve de monde unifié qui favorise l'ingérence induite par l'effort d'uniformisation qui n'épargne pas le domaine politique.

En considérant que les États sont tous membres égaux de la communauté internationale malgré les différences factuelles, la notion de légitimité démocratique devrait tout au plus s'imposer aisément à l'esprit, au lieu d'être très vite envisagée sous le prisme des relations internationales. L'intervention des États puissants dans les États faibles ou sous-développés ne peut que renforcer ou maintenir l'écart préexistant entre les deux États. On ne peut remettre en cause l'existence d'un droit des peuples à disposer d'eux-mêmes, mais on peut être légitimement fondé à se demander si malgré l'égalité postulée par la Charte, la souveraineté n'indique pas au contraire de profondes inégalités qui peuvent malheureusement faire penser que la souveraineté des États en développement n'est pas identique à celle des États développés[1327]. Non seulement la position de l'ONU sur le droit à l'autodétermination démocratique fait état d'incohérence, mais traduit une logique de « deux poids deux mesures » du point de vue du respect du droit des peuples constituant ainsi une atteinte au principe d'égalité. Les élections en Europe n'enregistrent presque pas d'observateurs africains. Malheureusement, en Afrique, lorsque les élections se font sans l'œil vigilant des occidentaux et des représentants des Nations Unies, il y a lieu d'invoquer une présomption de fraude pour discréditer le résultat qui s'en sort alors même que leur présence n'a jamais empêché ces fléaux qui ont cours dans la plupart des démocraties du monde. Le droit ou devoir d'ingérence démocratique serait un nouveau concept servant de fondement juridico-diplomatique à certaines interventions dans le processus démocratique des États lorsque ces derniers apparaissent aux yeux des grandes puissances comme susceptibles de troubler l'ordre social au sein de la communauté internationale. L'ONU gagnerait à mieux définir le concept tout en précisant les conditions de sa mise en œuvre afin qu'il n'apparaisse plus comme un concept à géométrie variable exploitable au gré des intérêts[1328].

L'égalité souveraine ne devrait pas seulement être perçue comme un vœu pieux qui ne résiste pas à la comparaison des inégalités flagrantes entre États dans divers domaines[1329]. Le principe de non-intervention dans les affaires intérieures de l'État trouve son fondement dans cet autre principe dit d'égalité souveraine qui est un principe structurel de la société internationale. Le droit des peuples à disposer d'eux-mêmes semble être une application

---

1327 MADJID BENCHIKH, « La souveraineté des États post coloniaux et droit des peuples à disposer d'eux-mêmes », *R.Q.D.I.*, 2012, Hors-série, p. 74.

1328 Arsène CAPOCHICHI, « L'Afrique face au défi du nouvel ordre mondial », *Société Africaine de Droit international et Comparé*, 1993, p. 204.

1329 Jean François DOBELLE, « Commentaire article 1 paragraphe 2 de la charte des Nations Unies », J.P. COT & A. PELLET, *Charte des Nations Unies commentaire article par article*, Paris, Economica, 2005, p. 347.

directe des droits de l'Homme et du citoyen. De même qu'un Homme ne doit dominer un autre, un peuple ne doit dominer un autre. Tous les peuples sont égaux en droit et doivent jouir des mêmes obligations[1330]. Il parait relativement paradoxal que le droit à l'autodétermination des peuples qui a pour vocation de protéger ce peuple dans un État soit appelé à faire face à la mondialisation de la démocratie devenue à la mode et présentée par les Occidentaux comme le régime apte à garantir le développement[1331]. Ne serait-ce qu'au titre d'une compétence d'attribution, le droit international réserve un important domaine au droit interne notamment celui du choix du régime politique ainsi que leur gestion.

B- une contradiction affirmée du point de vue du droit interne de l'État

La démocratie se pose en s'opposant à d'autres régimes politiques. Elle ne peut faire sens que suivant cette approche relationnelle[1332]. Selon cette approche, elle demeure une culture spécifique de la politique parmi tant d'autres. Ce régime varierait d'ailleurs en fonction de la diversité culturelle des peuples. Le droit des peuples qui est à l'avant-garde de l'égalité des États n'est qu'une application de démocratie souveraine qui implique l'autodétermination quasi absolue du régime politique (1) et l'autonomie de gestion des procédures fussent-elles démocratiques (2).

1- L'ingérence démocratique, une contradiction à affirmation quasi absolue de l'autodétermination du régime politique

Avec l'avènement de la SDN en 1919, la structure de l'ordre juridique international fut fondée sur l'identité des régimes politiques. L'ONU qui lui a succédé en 1945 a opté pour le libre choix des systèmes et le droit des peuples à disposer d'eux-mêmes[1333]. C'est ainsi que la démocratie, l'un des régimes politiques, postule l'acceptation de la différence, la reconnaissance de l'autre comme étant semblable et différent. Or, le processus de démocratisation à tout prix tend à devenir une valeur universelle propre à chaque peuple.

[1330]Sidney TOUANI, « Droit des peuples à disposer d'eux-mêmes à l'épreuve de l'histoire » in *Controverses*, 2005, p. 278.

[1331]Marie GUIMEZANES, Mondialisation, démocratie, État de droit », *Globalozation, democracy law, legal analysis of globalisation*, Etudes caribéenne, *op.cit*

[1332]Luc SIDJOUN, « La démocratie est-elle soluble dans le pluralisme culturel ? Élément pour une discussion politiste de la démocratie dans les sociétés plurielles », *Colloque international Francophonie, Commonweath,* 24- 26 janvier 2000, p.2.

[1333]Louis SABOURIN, « La mondialisation en quête de gouvernance démocratique : contradiction nationale, contrainte internationale », *Pontifical Academy of Social Science, Act 4,* Vatican city, 1999, p. 372. Le rêve d'un ordre international gouverné par le droit a été pris à défaut par l'absence des différents pouvoirs.

Nouveaux venus sur la scène de la modernité démocratique, les peuples anciennement colonisés ne sont certainement pas encore arrivés au stade des progrès occidentaux du droit démocratique et à la prise de conscience de l'universalité de ce droit[1334]. Un écart persiste entre les systèmes traditionnels africains qui aspirent à la démocratie et les systèmes démocratiques occidentaux. Cet écart met en évidence des oppositions très marquées du point de vue de la civilisation et des valeurs. Tandis que la référence est faite d'un côté à l'égalité, à la laïcité, à l'individualisme, de l'autre côté, on peut noter plutôt l'inégalité, la sacralisation, la solidarité, la légitimité traditionnelle. Dans ce sillage, on peut croire que le droit démocratique n'est que l'expression des valeurs culturelles, philosophiques, morales et religieuses du mode européen dont la civilisation a été modulée par les schémas intellectuels de sa propre antiquité païenne gréco-romaine et par les schémas spirituels et religieux de ses origines judéo-chrétiennes[1335]. La démocratie qui frise la perfection ne pourrait qu'être trouvée majoritairement que dans les signes distinctifs d'une pensée occidentale qui ne s'est épanouie qu'en occident[1336]. Selon cette logique, on peut se demander, avec Danic Parenteau si la démocratie est-elle encore universelle au même titre que le sont les lois de la physique newtonienne ? L'origine et la mise en œuvre de la démocratie sont-elles à trouver uniquement dans la civilisation du couchant[1337] ? La réponse à ces questions serait négative pour plusieurs raisons. Non seulement la démocratie est protéiforme et adaptable aux réalités de chaque peuple, mais il n'existe pas de système politique auquel tous les peuples doivent se conformer ou qui conviendrait à tous les peuples du monde[1338]. La République que portent les États africains ne se limite pas au nom de l'État-nation et de son régime. Elle est aussi ,et à part entière, un modèle d'intégration nationale qui se fonde sur un concept universaliste de citoyenneté et consacre la figure

---

1334X. DIJON, « Le masque du droit en Afrique. Une lecture européenne des sources de la norme », *Revue de droit international et de droit comparé*, 2009, n°4, p. 571 ; De nouvelles démocraties en quête d'institutions fortes se sont enracinées peu à peu à l'intérieur des États africains et continuent à susciter une dynamique qui mènera à son extension au milieu social international.

1335Yadh BEN ACHOUR, « Au service du droit démocratique et du droit constitutionnel international », *Revue de droit public*, 2014/2, n°2, p. 420.

1336Danic PARENTAUX, « La démocratie des autres, pourquoi la liberté n'est pas une invention de l'occident ? d'Amatya Sen,Paris, Ed. Payot, Rivages, 2005, 86p », *Politique et société*, Vol. 24, n°2 et 3, 2005, p. 211.

1337*Idem.*

1338Comme hier, la démocratie populaire, certains États peuvent aujourd'hui revendiquer d'autres formes de démocratie. La démocratie représentative serait déjà contenue dans l'autonomie du politique comme auto fondation de la société ; Voir Marcel GAUCHET, *La démocratie contre elle-même*, Paris, Guillimard, 2002. L'Assemblée Générale des Nations Unies a reconnu qu'il n'existe pas de système politique unique ni de modèle unique de processus électoral qui convienne à tous les peuples et que ces systèmes politiques et électoraux sont conditionnés par des facteurs historiques, politiques, culturels et religieux ; *Voir Résolution 45/51 du 18 décembre 1990, A/RES/45/51.*

abstraite de personne juridique porteuse des droits égaux ainsi que les valeurs de civisme et de civilité qui sont des fondements d'une société émanant d'un contrat[1339]. On peut aussi douter de la solubilité du contenu donné par les peuples occidentaux à la démocratie dans le contexte spécifiquement africain et selon les modalités identiques.

Même si les Nations Unies ambitionnent de promouvoir l'idéal démocratique, son respect en pratique ne saurait être toujours identique. Cet idéal demeure difficile à atteindre. Le déséquilibre dans les progrès économiques et sociaux peut ou non être à l'origine de l'application hétérodoxe des règles démocratiques[1340]. Toute ingérence visant la démocratisation des peuples africains pourrait constituer une forme d'occidentalisation de la politique ou la mise sous tutelle de la démocratie africaine. Dans cette logique, la démocratie serait un régime politique exportable ,et donc transposable au sein des peuples où elle ne s'est pas spontanément épanouie[1341]. On est tenté de dire qu'à chacun sa démocratie et le philosophe Hegel l'avait bien compris lorsqu'il affirmait que « chaque peuple a le gouvernement qu'il mérite ». D' ailleurs, « il n'y a pas de légalité internationale des gouvernants. Il n'y a qu'une légalité interne que les États étrangers n'ont pas le droit de contrôler ». Au lieu de demeurer d'éternels assistés, le peuple africain doit désormais prendre en main son destin politique et assumer son libre choix du régime politique. Le fait de choisir librement un régime politique devient un droit fondamental pour chaque peuple. Toute intervention extérieure dans ce choix est illicite. Pour le professeur Jean Salmon, le droit des peuples à disposer d'eux-mêmes et la non-intervention sont deux faces d'une même médaille[1342]. Le peuple détient le monopole de l'intégralité du pouvoir politique sans aucune interférence dans le régime[1343]. Le droit des peuples à disposer d'eux-mêmes doit être mobilisé en Afrique comme un instrument de liberté indissociablement lié au principe de non-

---

[1339]Suzana VILLAVICENCIO, « La République, la nation et la démocratie à l'épreuve de la diversité », *Diogène*, 2004/4, n°220, p. 9. L'État au service du peuple jouit d'une légitimité qui ne saurait être contestée, parce que fondée sur le contrat social et la loi.Voir Jean Jacques ROUSSEAU, *Du contrat social*, Paris, Garniers-Flamarion, 1992, p. 42 et 43.

[1340]Certains auteurs vont jusqu'à avancer l'idée selon lequel il existerait une corrélation ou un lien de causalité entre le système démocratique et la croissance économique. Or la mise en place d'une démocratie dans une société pourrait être sans effet sur le développement économique qu'il soit positif ou négatif et vice-versa.

[1341]Max GOUNELLE, « La démocratisation, politique publique internationale », *L'évolution du droit international, Mélanges offert à Hubert Thierry*, Paris, Pedone, 1996, 206.

[1342]Jean SALMON, « Vers l'adaptation d'un principe de légitimité démocratique », *A la recherche d'un ordre juridique international*, Bruxelles, Ed.Complexes, 1993, p. 65.

[1343]François RIGAUX, « Droit des peuples », *Mélanges Dehousse*, Paris, Bruxelles, 1970, p. 91.

intervention pour donner corps à la réalité existentielle de la souveraineté étatique[1344] arraché de haute lutte et même au prix du sang.

L'État dispose d'une sphère privée où il décide et agit librement par sa réglementation nationale. Dans ce domaine, le droit international ne peut lui imposer de règles de conduite. Le choix du régime politique et son implémentation relèvent de ce domaine réservé[1345]. Toute intervention extérieure dans la mise en œuvre de la démocratie dans un État ne peut qu'être contraire au droit international.

2- L'ingérence démocratique, une contradiction à l'autonomie de gestion du processus démocratique

L'institution d'un ordre démocratique dépend en principe de la compétence interne de l'État et constitue l'expression de la souveraineté politique de ce dernier[1346]. Le droit des peuples à l'autodétermination n'est rien d'autre qu'un droit collectif permettant le respect des droits de la personne et visant à garantir à tous les peuples une représentativité réelle[1347]. L'autonomie politique permet au peuple d'être à la fois législateur et garant de la citoyenneté. Cette autonomie s'incarne dans l'auto-organisation du processus électoral par le biais de la volonté souveraine. La communauté autonome dispose des institutions politiques propres, capable d'assurer son épanouissement en se distinguant des autres communautés et en s'affranchissant de toute intervention étrangère.

La démocratie n'est qu'un régime politique dont l'appareil institutionnel donne corps à l'idéal d'un pouvoir exprimant la volonté du peuple concerné[1348]. Nul corps étranger, quelle que soit sa nature ne peut être considéré comme source de légalité démocratique. Seul le peuple comme corps politique est l'instance légale[1349]. La pratique de la démocratie ne peut

---

1344Sale TIEREAUD, *Le droit international et la Pratique de l'ingérence armée démocratique depuis 1945*, Thèse, Université Nancy II, p. 47.

1345Oumar THIAM, *L'évolution du droit international public et la notion de domaine de compétence nationale de l'État*, Thèse de doctorat, Université de Reims Champagne-Ardenne et Cheikh Anta Diop de Dakar, 2014, p. 11. Les attributs essentiels de l'État exigent que certaines matières demeurent sous son appréciation propre. Voir P.C. ULIMUBENSHI, *L'exception du domaine réservé dans la procédure de la Cour internationale de justice, Contribution à l'étude des exceptions dans le droit judiciaire de la Cour Internationale de Justice*, thèse de doctorat, Université de Genève, 2003, p. 35.

1346Dozdi KOKOROKO, « Souveraineté étatique et principe de légitimité démocratique », *R.Q.D.I.*, Vol.16, 2003, p. 39.

1347Christian CHARBONEAU, « Le droit des peuples à disposer d'eux-mêmes : un droit collectif à la démocratie… et rien d'autre », *R.Q.D.I.*, 1996, p. 112.

1348BOUTROS BOUTROS-GHALI, *Agenda pour la démocratisation*, A/51/512 du 18 octobre 1996 portant promotion et consolidation des démocraties nouvelles ou rétablies.

1349Bantchin NAPAKOU, « De la souveraineté du peuple en démocratie », *op.cit.*, p. 67 ; il appartient au peuple de décider des méthodes à suivre et des institutions à mettre en place aux

être déconnectée de son assise institutionnelle. Il est possible d'auto-diffuser la démocratie en Afrique en respectant la spécificité de l'âme africaine. Le processus électoral ressortit du domaine des affaires relevant exclusivement de la compétence interne de l'État et constitue l'expression libre de la volonté politique de ce dernier. L'élection en tant que procédé de constitution des organes législatifs et exécutifs est prévue par la constitution ainsi que le droit d'y participer. Que ces élections aient lieu ou non, qu'elles aient été ajournées ou non, qu'elles aient été frauduleuses ou viciées, devraient laisser le droit international indifférent au nom du principe du droit des peuples à disposer d'eux-mêmes[1350]. L'élection permet donc aux démocraties africaines comme partout ailleurs d'avoir un gouvernement conforme à leur aspiration nationale et dévoué à son indépendance et à la poursuite du bien-être de la population. Cette pratique est conforme à la résolution 58/189 adoptée le 22 décembre 2003 énonçant le principe de souveraineté nationale et la diversité des systèmes démocratiques en ce qui concerne les processus électoraux. La multiplicité des peuples reflète la diversité des procédures électorales qui existent dans le monde et qui sont fondées sur la particularité nationale, régionale et des spécificités culturelles[1351].

Il s'agit d'une promotion des droits de l'homme à la gouvernance démocratique[1352]. Si la mondialisation accroit indiscutablement l'efficience et parfois l'effectivité de la démocratie en termes de procédure, elle ne garantit en aucune façon le développement de la démocratie comme culture[1353]. Les actes juridico-politiques internes de l'État y compris les élections sont considérés traditionnellement en droit international comme de simples faits qui échappent *a fortiori* au droit international pour autant qu'ils n'entrent pas

---

fins du processus électoral ainsi que les moyens de mettre ce processus en œuvre conformément à la constitution et à la législation nationale. L'autonomie d'un peuple conduit nécessairement à leur indépendance et à leur autogestion statutaire à l'intérieur d'un État déjà constitué ; voir Ahmed Ali ABDALLAH, « Réflexion critique sur le droit à l'autodétermination des peuples autochtones dans la déclaration des Nations Unies du 13 septembre 2007 », *RQDI,* Vol. 27/1, 2014, p. 64.

[1350]Hector GROSS-ESPIEL, « Liberté des élections et observation internationale des élections. Rapport général » *in Liberté des élections et observation internationale des élections, Colloque de la Laguna,* Bruxelles, Bruylant, 1994, p. 79.

[1351]Le caractère multiculturel de la démocratie a été mis en exergue par l'ancien secrétaire général de l'ONU Boutros Boutros-Ghali lors de son discours d'ouverture de la conférence de Vienne en 1993 « … la démocratie n'appartient à personne. Elle doit être assimilée par toutes les cultures. Elle est susceptible de s'incarner dans toutes les cultures dans les formes multiples afin de mieux s'inscrire dans la réalité des peuples. La démocratie n'est pas un modèle à copier sur certains États, mais un objectif à atteindre par tous les peuples. Elle est l'expression politique de notre patrimoine commun. Voir *N.U., D.H.,* 84, p.446.

[1352]T.M. FRANCK, « The emergency right of democracy governance », *AJIL,* Vol. 86, n°1, 1999, p.46.

[1353]ZAKI LAÏDI, « Mondialisation et démocratie », *Politiques étrangères,* Vol.66, n°3, 2001, p.4.

dans le cadre de l'application de celui-ci ou qu'il ne viole pas ses normes[1354]. La CIJ conforte cette acception en affirmant : que « les orientations politiques d'un État relèvent de la compétence exclusive de celui-ci pour autant qu'elle ne viole aucune obligation internationale »[1355].

Si un régime politique non démocratique ne peut rendre licite une intervention extérieure[1356], combien de fois une intervention suite à de simples entorses à la démocratie ? Sur le plan spécifiquement juridique, on ne peut prendre des mesures attentatoires aux droits des peuples à déterminer librement leur statut politique au nom du maintien de la paix, car cela heurte en même temps la souveraineté de l'État[1357]. L'intervention de la communauté internationale en Côte d'Ivoire à la suite des élections querellées pourrait être considérée comme un échec de la démocratie imposée. Cette imposition est souvent moins soucieuse de la capacité de réception du modèle par le « récepteur »[1358]. Il s'agit d'une menace à l'intégrité des droits nationaux dont l'effectivité repose sur le principe de la souveraineté, mais également, sur la primauté des normes constitutionnelles[1359]. Il y aurait d'ailleurs une part de naïveté à vouloir imposer la démocratie, pire encore à imposer un changement de régime de l'extérieur sans s'attacher au travail de longue haleine visant à établir les soubassements d'une véritable démocratie institutionnelle[1360].

Même si les préceptes fondamentaux de l'idéologie démocratique sont de plus en plus clairs et tendent à s'universaliser, il n'en demeure pas moins que la démocratie est susceptible de degré et possède un contenu encore protéiforme. On peut considérer de nos jours que la démocratie est un idéal politique difficile à atteindre. La réalisation de cet idéal exigerait l'accomplissement des conditions sociopolitiques d'un ordre sublime

[1354]Maurice KAMTO, « Constitution et principe de l'autonomie constitutionnelle », *op.cit.*, p.129.

[1355]*CIJ, Activités militaires et paramilitaires au Nicaragua et contre celui-ci, 27 juin 1986, §. 258.*

[1356]Jean François DOBELLE, « Commentaire article 1 paragraphe 2 de la charte des Nations Unies », J.P. Cot & A. Pellet (dir.) *Charte des Nations Unies, Commentaire articles par articles*, Paris, Economica, 2005, p.347.

[1357]Olivier CORTEN & Pierre KLEIN, « L'action des Nations Unies en Côte d'Ivoire. Jusqu'où le conseil de Sécurité peut-il intervenir dans l'ordre juridique des États » *in L'Afrique et le droit international, variation sur les organisations internationales, Liber amicorum en l'honneur de Raymond Ranjeva*, Paris, Pedone, 2013, p.84.

[1358]Kathia Martin CHENUT, « Droit international et démocratie », *Diogène*, 2005/4, n°222, p. 45

[1359]Daniel MOCKLE, « Mondialisation et État de droit », *Cahier de droit,* Vol.41, 2000/2, p. 240.

[1360]Emmanuel DECAUX, « Peut-on restreindre la démocratie au nom de la nécessité de la défendre ? », S.F.D.I., *La nécessité en droit international*, Colloque de Grenoble, Paris, Pedone, 2007, p. 249.

supérieur à la nature humaine[1361]. C'est ce que semble affirmer Jean Jacques Rousseau lorsqu'il déclare : « s'il y avait un peuple de Dieu, il se gouvernerait démocratiquement »[1362]. Le fondement philosophique ou éthique de la non-ingérence démocratique réside dans l'axiome selon lequel le peuple ne saurait être assujetti à l'autorité d'un régime qu'il n'a pas librement accepté et intériorisé. La volonté de chaque peuple africain de s'épanouir dans un régime démocratique fait son chemin avec la recherche de la paix dès lors qu'il est établi que les régimes démocratiques ont moins de propension à se lancer dans la guerre[1363]. On peut toujours y voir en la démocratie en Afrique, une sorte de « *jus cogens* régional » s'imposant à tous les États du continent. L'exercice du droit des peuples n'a pas un caractère absolu. Il trouve l'une de ses limites majeures dans la faculté émergente d'assistance démocratique pour le grand bien des peuples.

II- Le droit des peuples a disposer d'eux-memes et l'ingérence démocratique : deux concepts cependant conciliables

La démocratie serait un régime politique ambitieux qui, non seulement s'est introduit chez les peuples africains comme ayant une valeur universelle, mais a réussi à s'imposer comme un impératif politique. Si la théorie souverainiste considérait l'État comme l'unique vecteur de la démocratie dans la sphère internationale, les évolutions du droit international laissent à penser que tel n'est plus le cas. On assiste à une montée en puissance du droit des peuples qui s'apparente à un droit transnational avec les modalités d'expression propre à tous les peuples et qui forge progressivement ce que certains appellent « *Gobal democracy* »[1364]. Cessant d'être un langage de l'État, la démocratie est devenue un patrimoine commun des hommes, des peuples et des nations[1365]. De ce fait, l'ingérence démocratique pourrait être justifiée lorsqu'elle vise à restaurer (A) et à consolider (B) le droit des peuples à disposer d'eux-mêmes partout où besoin est, même s'il faut passer outre la souveraineté de l'État.

[1361]Abdoulaye SOMA, « Sur le principe d'une obligation des États africains de se « démocratiser » : élément de droit constitutionnel et droit international public », *African yearBook of international law,* 2008, p. 378.

[1362]Jean Jacques ROUSSEAU, *Du contrat social*, Paris, Garnier-Flamarion, 1996, p. 107 et s

[1363]Christian DOMINICE, « organisation internationale et démocratie », *Ordre juridique international, système juridique en quête d'équité et d'universalité, Liber amicorum Georges Abi-Saab*, The Hague, 1993-1995, p. 732.

[1364]Marie GUIMEZANES, « Mondialisation, démocratie, État de droit, analyse juridique de la mondialisation », *op.cit.*, p.

[1365]Boutros BOUTROS-GHALI, « Pour un droit international de la démocratie », *op.cit.*, p.108.

A- Les fondements plausibles d'une ingérence démocratique du point de vue de la restauration du droit des peuples

Tous les États africains du sud du Sahara sont souverains, mais très peu d'entre eux ont toujours offert une réelle garantie de la démocratie considérée comme cadre propice à l'expression effective du droit des peuples. Certes, l'ingérence démocratique constitue une limite au droit à l'autodétermination des peuples, mais cette limitation n'est pas gratuite. Elle constitue une réponse au fonctionnement peu orthodoxe de la démocratie et une correction à des imperfections des régimes défaillants. C'est ainsi que l'ingérence démocratique comme le nom l'indique, peut légitimement être mis en branle lorsque l'un des piliers de la démocratie comme les droits de l'Homme est violé (1) et lorsque l'effectivité de jouissance des droits des peuples est remise en cause (2).

1- La violation des droits de l'homme comme fondement de l'ingérence démocratique

Les droits de l'Homme ont toujours été l'un des piliers majeurs de la démocratie et son respect a souvent servi de baromètre pour l'évaluation de ce régime. Il y a une propension à respecter ces droits dans les régimes démocratiques que tout autre régime. Ce dernier ouvre un cadre propice à l'exercice de toute liberté individuelle. Les auteurs de l'ingérence démocratique ont tendance à justifier leur comportement en invoquant la sauvegarde des droits fondamentaux de la personne humaine. On semble passer outre le droit de la charte dans l'objectif d'assurer le respect des droits fondamentaux. La plupart des États démocratiques sont parties à des conventions relatives aux droits de l'Homme. Ces conventions sont de simples énoncés qui n'acquièrent une valeur sociale, une portée collective que lorsqu'elles sont reconnues valables pour l'ensemble des sujets qui en sont parties[1366]. Il s'agit d'un rapport entre commandement et obéissance. À travers les États, le peuple doit se soumettre aux règles de droit international auxquelles il a participé ,et qui s'imposent à sa volonté souveraine.

La démocratie est posée comme une exigence qui ouvre les possibilités d'une intervention lorsque ses principes sont en souffrance. Cette exigence de démocratie est un droit des peuples qui, par suite d'une révolution sociale, politique et intellectuelle, a fini par admettre que le pouvoir politique tient sa légitimité du degré de protection qu'il reconnait à la liberté de la personne humaine, à l'égale participation de ce dernier à la désignation des responsables politiques et à la gestion des affaires de la cité[1367]. Les droits de l'Homme qui

---

[1366]Miguel PIMENTEL, « Reconnaissance et désaveu : contribution à une théorie du droit politique » *Revue internationale de droit politique,www.juspublicum.com,* 2008, n°1, p. 1.

[1367]Yahd BEN ACHOUR, « Au service du droit démocratique et du droit constitutionnel international », *op.cit.,* p.419.

sont un pilier de la démocratie ont quitté le terrain de l'interne pour entrer dans celui de l'international[1368]. La méconnaissance flagrante des règles basiques de la démocratie dans l'ordre juridique interne peut produire les conséquences néfastes dans l'ordre juridique international conduisant la communauté internationale de s'en saisir. Le principe de l'indifférence tend à s'estomper en sorte que le cloisonnement qui existait entre l'interne et l'international devient plus poreux malgré la vigueur de l'article 2 paragraphe 7 de la Charte.

Au lendemain des indépendances, les États africains ont mis en place un système de parti unique, qui est une confiscation du droit à l'autodétermination puisque ces partis étaient une sorte d'épouvantail qui cachait d'autres forces politiques réduites au silence et à la clandestinité tandis que leurs responsables étaient emprisonnés ou contraints à l'exil. L'ingérence démocratique vise aujourd'hui à lutter contre la « démocratie de façade » qui est essentiellement une construction tendant à habiller les institutions et la scène politique et sociale des habits qui caractérisent généralement les systèmes démocratiques. Cette pratique vise à occulter le système autoritaire et surtout éviter l'alternance en offrant quelques ouvertures politiques contrôlées[1369]. Il s'agit d'élaguer certaines branches du système autoritaire pour modifier ses apparences et tenter ainsi de prolonger son existence dans les conditions nouvelles. Ce fut le cas lorsque Hissène Habré était au pouvoir au Tchad avec l'existence d'une police politique qui constituait un obstacle infranchissable à un réel processus de démocratisation. Dans cette atmosphère où le peuple est étouffé, surpassé par les obstacles à l'exercice de son droit, il ne peut fonder son espoir que sur les dénonciations neutres venant de l'extérieur.

Dans le contexte de démocratie bafouée, le droit d'ingérence peut être légitimé puisqu'il vise à restaurer le droit du peuple et par ricochet, la démocratie. L'indifférence pouvant être interprétée dans ce contexte comme étant au moins une complicité. Ce droit d'intervention repose sur la théorie selon laquelle le non-respect par l'État des droits de l'humanité fonde toute tierce ingérence pour protéger les victimes[1370]. Il postule la non indifférence devant les souffrances humaines, le respect universel de la dignité et de la valeur humaine ainsi que les lois de l'humanité dont la communauté internationale est garante[1371]. On assiste progressivement à l'émergence

---

[1368] Yves DAUDET, « L'exercice de compétences territoriales par les Nations Unies », http://www.oas.org/es/sla/ddi/docs/publicationes-digitaal_XXXIV_curso derecho internacional_2007_M-Yves Daudet.pdf, p. 25.

[1369]MADJID BENCHID, « Souveraineté des États post coloniaux » et droit des peuples à disposer d'eux-mêmes », *op.cit.*, p. 83.

[1370]Pascal HEREN, *L'intervention internationale au nom des droits de l'Homme. L'autorité de l'approche finaliste*, Paris, L.G.D.J., Genève, Schultness, 2016, p. 43.

[1371]Mario BETTATI, *Le droit de l'ingérence, mutation de l'ordre international*, Paris, éd. Odile Jacob, 1996, p. 36.

tendancielle de l'instauration d'un ordre public démocratique dans l'ordre juridique international, susceptible de limiter l'action des États en les obligeant de se comporter conformément aux règles de transparence démocratique. Le devoir d'ingérence démocratique rentre ainsi dans le « seuil de la juste cause »[1372]. La démocratie comme horizon perpétuel redéfini d'un ordre humain possible[1373] devrait œuvrer pour la promotion des droits humains parmi lesquels leur droit politique. Aucun gouvernement se trouvant dans une situation où la population est torturée, brutalisée, ou bien la liberté d'opinion bafouée, les leaders des partis d'opposition molestés par les forces nationales censés assurer leur sécurité et leur protection, ne peut légitimement au nom de la souveraineté empêcher le monde extérieur de s'interposer pour offrir la protection ou assistance[1374].

La mondialisation de la démocratie a dû bénéficier du caractère évolutif du droit international avec l'apparition de nouveaux sujets que sont l'individu et le peuple. Ce droit qui leur fait des sujets de droit international permet en retour à la société internationale de se pencher légitimement sur les problèmes que connaît la jouissance de leur droit. Les interventions en vue de la restitution du droit des peuples à disposer d'eux-mêmes s'expliquent en partie par le fait que le peuple renait indépendamment de l'État ,et qu'à une démocratie par l'État, devrait succéder une démocratie internationale directe[1375]. Avec la démocratie considérée comme politique publique internationale, la société internationale se greffe ainsi un sentiment qu'il revient aux « grands États » de maintenir l'ordre démocratique dans les démocraties encore titubantes comme ceux d'Afrique du sud du Sahara, même si c'est au prix de la violation du principe de souveraineté et d'intangibilité des frontières. Contrairement à l'indifférence par rapport au régime politique[1376], l'ingérence démocratique permet aux citoyens de jouir effectivement de leur droit politique et offre une garantie contre la confiscation de leur liberté[1377].

[1372] Yves DAUDET, « L'exercice de compétences territoriales par les Nations Unies », *op.cit.*, p. 21.

[1373]Suzana VILLACENCIO, « La république, la nation et le peuple à l'épreuve de la diversité », *op.cit.*, p. 93.

[1374]I. William ZARTMAN, « L'effondrement de l'État : désintégration et restauration du pouvoir légitime », *Nouveau horizon*, 1995, p. 232.

[1375]Marie GUIMEZANES, « Mondialisation démocratique, État de droit, une analyse juridique de la mondialisation », *Études caribéenne*, *Mondialization, democracy, Law, legalanalysis, http//journals.des élections .org/études caribéenne/3876.*

[1376]L'invocation rituelle du principe de non-ingérence peut être un couteau à double tranchant, car elles peuvent viser à protéger les intérêts nationaux en facilitant en même temps la longévité des dictateurs qui se maintiennent frauduleusement au pouvoir.

[1377]Voir Jean CHARPENTIER, « Le droit des peuples à disposer d'eux-mêmes et le droit international positif », *R.Q.D.I.*, 1984, p. 212.

2- La restauration de l'effectivité de jouissance des droits des peuples comme fondement plausible de l'ingérence démocratique

La communauté internationale doit-elle rester indifférente face au non-respect des règles démocratiques en Afrique par des dirigeants qui continuent à prendre à défaut le droit des peuples ? Une conduite démocratique commande que l'implication des peuples soit assurée ainsi que les fruits de la croissance équitablement partagés[1378]. La communauté internationale pourrait légitimement se demander comment faire participer les citoyens à la vie de leur communauté politique en assurant l'expression des différentes opinions individuelles, et ce, malgré la dislocation des structures sociales. Conscient de la nécessité de préserver la dignité humaine, elle consent des efforts pour instaurer un ordre politico-juridique dans lequel les droits des peuples au sein de la vie publique soient mieux protégés. L'intervention des Nations Unies vise notamment à restaurer l'effectivité du droit des peuples à disposer d'eux-mêmes. Non seulement, elles sont neutres, mais ces interventions, en cas des conflits internes, visent à canaliser les acteurs au respect de la constitution en condamnant par principe tout changement anticonstitutionnel de pouvoir.

La légitimité démocratique devient l'un des contenus des relations internationales qui élève la démocratie au rang des obligations juridiques pesant sur les États en quête de développement. Le besoin de ces interventions restauratrices est encore plus urgent en Afrique qui capitalise le plus grand nombre de coups d'État, de violations massives et flagrantes des droits de l'Homme, sans compter l'étrange longévité de certains chefs d'État au pouvoir. À l'échelle africaine, un idéalisme démocratique semble communautairement reconnu et garanti par la charte de l'Union[1379]. Cette dernière promeut l'État de droit dans lequel le droit des peuples devrait être mieux respecté. La démocratie est quelque peu voilée dans une société marquée par les conflits internes. L'état de paix sociale est un élément indispensable à la légitimité démocratique dans la société moderne. L'Assemblée Générale des Nations Unies condamne les coups d'État parce qu'ils sont perpétrés contre les gouvernements démocratiquement et constitutionnellement élus. Leurs auteurs sont généralement privés de toute

[1378]Pierre ROSANVALLON, « Légitimité démocratique et gouvernance », *Chronique de gouvernance,* 2009-2010 ; Dans plusieurs démocraties en Afrique, la fortune se construit à l'ombre des pouvoirs ; la corruption fait rapidement corps avec l'exercice de celui-ci. L'État et ses ressources sont mis au service des familles, des clans et des réseaux. Les revendications populaires et pacifistes sont vite traduites en émeute.

[1379]L'article 4p de la charte de l'Union africaine traite de la condamnation et du rejet du changement anticonstitutionnel de gouvernement.

légitimité externe[1380]. D'autre part, l'élection périodique ne suffit pas. Encore faut-il qu'il y ait une prise en compte effective des voix de la majorité[1381].

L'ingérence demeure utile lorsque la légitimité du régime est menacée. Non seulement elle délivre la puissance étrangère de l'obligation négative de non-ingérence, mais elle lui crée un droit, voire un devoir d'assistance[1382]. C'est le cas de la faillite de l'État qui semble ouvrir un droit supplémentaire d'intervention de la communauté internationale parce qu'elle livre la population de l'État à elle-même[1383]. L'ingérence démocratique parait dans cette atmosphère comme une nécessité de pallier l'impuissance ou la défaillance des peuples qui n'ont pas su assumer la gouvernance démocratique que leur impose le droit à disposer d'eux-mêmes. La reconstruction dans ces « États faillis » en Afrique n'est pas exclusivement une affaire d'infrastructure détruite par les combats. Pour les donateurs étrangers, il s'agit de « rebâtir un État fonctionnel capable d'assurer toutes les fonctions régaliennes en respectant tendanciellement les usages de la démocratie »[1384].

Si traditionnellement le mode de légitimation des gouvernants était considéré comme exclusivement relevant des affaires intérieures de l'État, aujourd'hui cet état de choses semble être remis en cause. Les organisations internationales et certains États relativement plus puissants qui manifestent de l'intérêt à la démocratisation des États paraissent avoir un droit de regard sur le caractère légitime des gouvernants en Afrique. Cela témoigne du fait que le principe de l'Égalité souveraine ne correspond ni à la réalité du droit international, ni à la conduite des États. L'égalité par rapport au droit ne peut prétendre occulter les inégalités de fait. Le principe d'égalité ne signifie donc autre chose que la nécessité de traiter de manière égale les situations définies

---

1380 Jean D'ASPREMONT, « La licéité des coups d'État en droit international » *in L'État de droit in droit international*, SFDI, Colloque de Bruxelles, Paris, Pedone, 2007, p. 136. L'Union Africaine a essayé de prévenir les changements de gouvernement par la force en créant un important dispositif de sanction plus ou moins institutionnalisé. Cette sanction concerne particulièrement les coups d'État qui mènent au renversement d'un gouvernement démocratiquement élu. Des sanctions systématiques sont prévues à l'encontre de leur auteur.

1381 Hilary CHARLESWORTH, « Democracy and international law », *R.C.A.D.I.,* 2014, p. 65.

1382 Bertrand BADIE, *Le monde sans souveraineté*, Paris, Fayard, 1999, p. 92.

1383 OUSSENI ILLY, « L'État en faillite » en droit international », *R.Q.D.I.*, 2015, p. 56 ; Avec le renversement de l'ex-président centrafricain François Bozizé et l'installation des rebelles de la Seleka au pouvoir, une confusion s'en était suivie avec la faillite des institutions de l'autorité de l'État livrant la population à de multiples exactions. L'intervention française et des Nations Unies a précipité le départ du chef de la Seleka Michel Djotodia et incité la mise en place d'un gouvernement de transition en janvier 2014 et a conduit à l'élection présidentielle avec une pluralité de candidat le 30 décembre 2015 et 14 février 2016.

1384 Thierry VIRCOULON, « L'ambigüité des interventions internationales en République du Congo », *Politique africaine*, 2005/2, n° 98, p. 80.

comme égales et de façon inégale les situations inégales[1385]. Dans cet ordre d'idée, les atteintes au droit des peuples à disposer d'eux-mêmes dues à l'ingérence démocratique de la part de la communauté internationale ou de certains États pris isolément au mépris de l'égalité souveraine entre États constituent une opportunité[1386] plutôt qu'une menace à l'exercice de ce droit surtout lorsque cette assistance démocratique vise la consolidation du droit des peuples à disposer d'eux-mêmes[1387]. L'ingérence démocratique vise à éviter que l'essence de ce système politique procédant du peuple ne soit trahie ou que ses attributs substantiels ne soient altérés.

B- Les fondements plausibles d'une ingérence démocratique du point de vue de la consolidation du droit des peuples

A priori difficilement conciliables, le droit des peuples à disposer d'eux-mêmes et l'ingérence démocratique peuvent toutefois se rencontrer dès lors qu'on envisage cette dernière comme moyen de consolidation de l'autodétermination des peuples. Au-delà de la diversité modale d'ingérences démocratiques, il est possible d'affirmer l'unité de leur objectif : consolider le droit des peuples à disposer d'eux-mêmes dans un État de droit (1). L'ingérence démocratique participerait à un processus de généralisation de la démocratie comme modèle dans une perspective régulatrice. Cette généralisation n'entend pas faire attention à la particularité et au relativisme, mais milite en faveur du mouvement global de décentrement des démocraties[1388] et partant, de l'universalisation de celle-ci (2).

[1385] Jerzy KRANZ, « Réflexion sur la souveraineté », *Theory of international law at the threshold of the 21st century, Essays in honor of Krzystof Skubisewski,* Kluwer law international, Boston, 1996, p. 207.

[1386] Les États africains ont besoin de mieux se démocratiser même si cela leur est imposé de l'extérieur. Dans son « agenda pour le développement », proposé en 1994, Boutros Boutros-Ghali a insisté sur le lien naturel qui existe entre le développement et la démocratie et a montré que la démocratie et le développement relèvent d'une conditionnalité réciproque.

[1387] Le principe de l'égalité légitime du régime politique envisagé comme corolaire du droit des peuples tend à céder le pas au principe de légitimité démocratique. Cela semble être dû au fait que les États affaiblis dans le tiers monde aient pris conscience de l'échec des régimes non démocratiques et du lien entre les exigences du développement et le respect des droits de l'Homme, soit qu'ils cèdent à la pression exercée par les grandes puissances démocratiques. Voir Hubert THIERRY, « L'État et l'organisation de la société internationale », *in L'État souverain à l'aube du XXIe siècle, S.F.D.I., Colloque de Nancy*, Paris, Pedone, 1994, p.146 et s

[1388] Yadh BEN ACHOUR, « Au service du droit démocratique et du droit constitutionnel international », *Revue de droit public*, 2014/2, n° 2, p. 419.

1- La diversité modale d'ingérence démocratique en faveur de la consolidation du droit des peuples

La conceptualisation d'un droit international de la démocratie fait son chemin marqué par de multiples interventions sous diverses formes[1389]. Ces interventions dans le domaine réservé de l'État peuvent être considérées comme une réponse à un constat alarmant. Dans la plupart des États d'Afrique du sud du Sahara, l'administration continue à être au service des dirigeants, des groupes d'intérêts alliés ,et pas forcément les citoyens. On assiste quelquefois à la dénaturation des dispositifs constitutionnels et légaux qui tiennent à la manipulation des élections : bourrage des urnes, manipulation des listes électorales et des résultats, fraude massive avec vote multiple, l'intervention de l'administration dans le processus électoral, la partialité avérée des organes chargés des élections du fait de leur allégeance aux autorités désignateurs, l'influence des élites, autorités administratives et traditionnelles acquises pour la cause partisane. Or, le fait que le vote de la majorité établisse la légitimité du pouvoir a été universellement considéré comme une politique identifiée à l'essence même du fait démocratique[1390]. De ce fait, il est malheureusement observable que la démocratie électorale qui devrait être normalement une pacification de la lutte pour le pouvoir en Afrique se mue très souvent en un facteur de tension violente[1391] ; d'où la nécessité d'une force d'interposition neutre venant de l'extérieur pour ramener la sérénité parmi les peuples.

La sincérité des votes et l'effectivité du suffrage universel dépendent de la modalité d'organisation de l'élection. Cette nouvelle donne a conduit de nombreux États africains à accepter la présence des observateurs internationaux pour surmonter la suspicion des fraudes à travers des avis neutres sur son déroulement[1392]. L'observation vient compléter l'assistance et permet de dissuader les États qui seraient tentés de procéder à une parodie d'élection. Elle est instituée pour garantir la liberté et l'équitabilité des élections pouvant ainsi conduire à l'absence de contestation post – électorale tout en permettant à la communauté internationale d'avoir une idée plus ou moins exacte de la sincérité des résultats et de la bonne pratique démocratique dans le pays. Certaines entités internationales impliquées dans la pratique des observations internationales des élections en Afrique effectuent une mission préalable afin de s'assurer que le cadre légal entourant le processus électoral

---

[1389] Boutros BOUTROS-GHALI, « Pour un droit international de la démocratie », *Theory of international law at the threshold of the 21st century, Essays in honor of Krzystof Skubisewski*, Kluwer law international, Boston, 1996, p. 100.

[1390] Pierre ROSANVALLON, *La légitimité démocratique, impartialité, réflexivité, proximité*, Paris, éd. Seuil, 2009, p. 9.

[1391] Guy ROSSATANGA-RIGNAUT, « Identité et démocratie en Afrique entre hypocrisie et faits têtus » *in Afrique contemporaine*, 2012/2, n° 242, p. 59.

[1392] Babacar GUEYE, « Démocratie en Afrique : succès et résistances », *Pouvoir*, 2009/2, p. 14.

est conforme aux standards minimaux prônés par la communauté internationale. Cette observation internationale des élections est devenue le cheval de Troie du nouveau constitutionnalisme[1393] africain, indispensable en contexte de transition politique. Les organisations internationales trouvent de plus en plus la nécessité d'accompagner les États membres sur le chemin de la démocratie via la tenue des élections libres et équitables grâce à deux procédures leur permettant d'agir directement en matière électorale : l'assistance électorale et l'observation électorale[1394]. Tandis que l'assistance électorale place la tenue des élections sous la tutelle de la communauté internationale, l'observation électorale la place sous le témoignage de cette communauté[1395].

Tant que l'ingérence démocratique n'impose pas un comportement déterminé, on ne peut parler d'une contradiction avec le droit des peuples à disposer d'eux-mêmes. C'est le consentement de l'État qui fait et défait le droit international[1396]. Il n'y a pas atteinte au droit des peuples à disposer d'eux-mêmes lorsque la limitation à ce droit résulte du libre consentement dans l'objectif de permettre que ce peuple ne soit pas pris à contre-courant de son droit. Il ne s'agit pas de l'abandon de ce droit, mais d'une simple restriction volontaire qui est par conséquent une manière libre de l'exercer[1397]. Par les sollicitations unilatérales des États eux-mêmes d'une assistance électorale, ces États visent à faire miroiter à la communauté internationale, la tenue des élections démocratiques pour préserver leur image.

Les États africains semblent avoir compris l'intérêt qu'ils pourraient tirer de l'accompagnement sur le chemin de la démocratie en faisant une bonne

---

[1393]Luc SINDJOUN, « La formation du patrimoine constitutionnel commun des sociétés politiques : élément pour une théorie de civilisation politique internationale », *Conseil pour le développement de la recherche en science sociale en Afrique*, Dakar, 1997, p. 27.

[1394] D.K. KOKOROKO, *Contribution à l'étude de l'observation internationale des élections*, Thèse de doctorat, Poitier, 2005, p. 5. L'assistance et l'observation électorale ne sont pas contraires au droit international sans un motif de subordination de la volonté souveraine du peuple. Traditionnellement, les deux objectifs essentiels de l'assistance électorale mainte fois rappelés dans les Rapports du Secrétaire Général sont : permettre à l'État demandeur d'amorcer dans des conditions convenables le processus de démocratisation vers lequel il veut tendre et lui permettre à long terme de pouvoir lui-même sans assistance extérieure mener son processus électoral du début jusqu'à la fin.

[1395]Matthieu FAU-NAUGARET, « Approche critique du rôle des organisations internationales en matière électorale », *R.B.D.I.*, 2009, p. 59 ; La politique de soutien aux élections est devenue une véritable politique publique internationale.

[1396]Juan Antonio CARRILLO-SALCEDO, « Droit international et la souveraineté des États, cours général de droit international public », *R.C.A.D.I.*, 1996, Vol. 257, p. 74.

[1397]Pour être mise en œuvre, l'assistance électorale doit composer avec le gouvernement local puisque leur présence et leur action dépendent du gouvernement hôte. La Résolution A/46/137 de l'Assemblée Générale créée au sein du Département des Affaires Politiques, une Division de l'Assistance Electorale. Cette assistance peut être accordée en réponse à la sollicitation expresse émanant d'un gouvernement.

réception même contre leur gré du pluralisme politique et en s'inscrivant dans la mouvance de l'État de droit. Cela se traduit en Afrique par la prise en compte de la démocratie comme pré requis pour avoir la qualité de membre de certaines organisations. Ces organisations régionales ont souvent invoqué leur pouvoir de suspension des membres qui violent de manière flagrante les règles de démocratie. L'Union Africaine et la SADEC ont par exemple suspendu Madagascar en 2009 ; le Commonweath a suspendu le Zimbabwe en 2002 pour mauvaise règle électorale et violation des droits de l'Homme. Les Chefs d'État de l'Union Africaine ont par exemple décidé à Alger en juillet 1999 d'exclure désormais des sommets de l'organisation continentale tout gouvernement qui se serait emparé du pouvoir par le coup d'État. La Communauté internationale dans son ensemble semble condamner les mouvements rebelles et les changements anticonstitutionnels de gouvernement par un soutien au gouvernement légitime. Ce changement anticonstitutionnel s'accompagne de l'abrogation, la suspension ou la modification de la constitution et de l'interruption du processus démocratique[1398].

La doctrine du droit d'intervention en faveur de la démocratie a contribué à rétrécir l'autonomie constitutionnelle et à tendre vers un système international policé. C'est ainsi que, lorsque le 25 mai 1997 en Sierra Leone, le gouvernement militaire fidèle au commandement Johnny P. Korama renversa le président démocratiquement élu Ahmed Tejan Kabbah, la réaction conjointe CEDEAO-ONU ne s'est pas fait attendre. Celle-ci a réussi en mars 1998 à rétablir le gouvernement légitime. Cette même logique a motivé l'installation par les forces de la CEDEAO de Monsieur Adama Barrow à la tête de l'État en Gambie en lieu et place de Yaya Jammeh qui s'obstinait à ne pas respecter le verdict des urnes suite aux élections du premier décembre 2016. C'est dans ce même registre qu'il faut classer le gel des avoirs des autorités zimbabwéennes par les USA et L'UE face à la situation post-électorale au Zimbabwe[1399]. Ces diverses actions substantifient le principe de légitimité démocratique.

L'article 2 paragraphe 7 de la charte des Nations Unies, comme une forteresse assiégée, se trouve quelque peu corrodé [1400]par l'action des Nations

---

[1398]Muna NDOLO, « L'interdiction du changement anticonstitutionnel de gouvernement », *Union Africaine : Cadre juridique et institutionnel*, Manuel sur l'organisation panafricaine, Paris, Pedone, 2013, p. 223.

[1399]*Président des États-Unis, executive order : Blocking poperty of persons, undermining democratic processus or institutions in Zimbabwe, 7 Mars 2003, en ligne* http://www.stategov.p/*of/nes/18542 htm; CE, Conseil, Position commune du conseil du 18 Février 2002 concernant les mesures restrictives à l'encontre du Zimbabwe.*

[1400] Pierre-Marie DUPUY, « Considération élémentaire sur la vie privée des États » in P. D'Argent, B. Bonafé & J. Combacau (dir.), *Les limites du droit international, essai en l'honneur de Joe Verhoeven*, Bruxelles, Bruylant, 2015, p. 40.

Unies elles-mêmes. La nouvelle génération des opérations de maintien de la paix onusienne est polyvalente[1401] parce qu'elles intègrent les élections ainsi que la transformation des mouvements armés en véritables partis politiques institutionnalisés nécessaires pour une consultation électorale discutée. Ce fut le cas de la RENAMO en Mozambique et de l'UNITA en Angola. La conditionnalité démocratique de l'aide au développement si chère à l'Union Européenne et les institutions de BrettonWoods a contaminé les relations bilatérales[1402] entre États et incité les États africains à se démocratiser. Ces institutions font de l'État de droit et de la bonne gouvernance, leur condition d'aide.

2- L'idée d'universalisation des préceptes démocratiques comme ceux d'un régime politique apte à promouvoir le droit des peuples.

Tandis que la démocratie est considérée par les uns comme « *a universal value that people anywhere may have reason to see as valuable* »[1403] pour les autres, c'est « la forme finale du gouvernement humain »[1404]. À l'évidence, la démocratie n'est plus seulement un système national de gouvernance, car elle subit après le concept de démocratie cosmopolitique, celui de démocratie régionale et internationale. Elle est devenue un impératif juridique aux yeux de la communauté internationale à laquelle tous les peuples doivent se sacrifier. Au moment où la mondialisation de la démocratie semble se renforcer, l'organisation du monde basée sur la souveraineté et l'égalité de l'état ne peut être que remise en cause au profit de la garantie universelle des droits humains. Les États paraissent insérés dans un réseau d'obligations de se démocratiser à tel point qu'il devient difficile de croire qu'ils sont l'unique maître de leur politique[1405]. Désormais, le progrès vers un ordre démocratique universel est considéré de plus en plus comme un objectif ultime de tous les efforts internationaux en vue du maintien, de l'imposition et de la

---

[1401]Linos Alexandre SICILIANOS, « L'ONU, la consolidation de la paix et l'édification de la démocratie », *Droit et justice, Mélanges en l'honneur de Nicolas Valticos*, Paris, Pedone, 1999, p. 220.

[1402]Dès juin 1990, le Président de la République française François Mitterand déclare au sommet franco-africain de la Baule que l'aide de son pays sera plus généreuse pour ceux des États africains qui s'engageront fermement dans la voie de la démocratie.

[1403]AMARTYA SEN, « Democracy as a universal value », *Journal of democracy*, 1992, Vol.10, n° 3, p. 3.

[1404]Françis FUKUYAMA, *The end of history and the last man*, New York, Free press, 1992, p. 4.

[1405]Charles Albert MORAND, « La souveraineté, un concept dépassé à l'heure de la mondialisation ? », *in l'ordre juridique international, un système en quête d'unité et d'universalité, Liber amicorum Georges Abi-Saab*, The Hague/ London/ Boston, 1993-1995, 153.

consolidation de la paix[1406]. Bien que ses modalités puissent varier d'une culture à l'autre, la démocratie est la forme la plus répandue de gouvernement qui a une valeur presque universelle. Il s'agit d'un idéal basé sur des valeurs communes partagées par le peuple du monde entier malgré les différences culturelles[1407]. Les États tendent quasiment tous à revendiquer le caractère démocratique de leur système politique par-delà la diversité de leur mode d'expression. La démocratie n'est censée appartenir à aucun ciel. Elle honore l'homme dans sa diversité, ses couleurs, son histoire, sa culture particulière et son identité. Elle méprise cependant la géographie close et les cultures tyranniques[1408]. Le droit international de la démocratie encore embryonnaire continue à faire son chemin[1409]. Certains standards de la démocratie font déjà partie de la coutume internationale. C'est le cas par exemple de l'article 21 de la déclaration universelle des droits de l'homme relatif au fondement de l'autorité du pouvoir public, des élections périodiques, du suffrage universel, du droit de prendre part aux affaires publiques directement et par l'intermédiaire des représentants élus. Cette extension mondiale du droit démocratique semble entrainer dans sa course celle du droit constitutionnel. Certains objectifs sociaux qu'on retrouve énoncés dans les constitutions nationales sont envisageables au-delà du seul droit domestique.

La mondialisation démocratique semble être une utopie qui projette des images globalisantes, simplificatrices, mais mobilisatrices autour d'un noble projet : celui du respect des droits de la personne humaine, quel que soit le groupement humain auquel il appartient. On semble avoir mondialisé la démocratie et démocratisé la mondialisation. Une souveraineté absolue et exclusive ne peut aller de pair avec cette réalité sociétale. L'idée d'une communauté humaine universelle et de la valeur universelle de la démocratie peut légitimer l'intervention étrangère dans les affaires privées de l'État dans le but de corriger les imperfections de ce régime qui possède actuellement le monopole de légitimité sur la scène internationale[1410]. La relativisation de cette universalité ne peut conduire qu'au non-respect de ses

[1406]Dodzi KOKORO, « Souveraineté étatique et principe de légitimité démocratique », *op.cit.*, p.44.

[1407]T.K. BIAYA, « Quelle démocratie pour l'Afrique ? Réflexion sur les possibilités et ses caractéristiques », *unponl.un.org/intro doc/groups/public/document/cafrad/unpon*, Dakar, 1998, p.14.

[1408]Yadh BEN ACHOUR, « Au service du droit démocratique et du droit constitutionnel international », *Revue de droit public*, 2014/2, n° 2, p. 425.

[1409]BOUTROS BOUTROS-GHALI, « Pour un droit international de la démocratie », *op.cit.*, p. 99 ; l'objectif essentiel du droit international de la démocratie est de promouvoir la valeur universelle de la démocratie, promouvoir la tenue régulière des élections libres et transparentes, institutionnaliser une autorité de gouvernement légitime.

[1410]François DEBRAS, « Le monopole de légitimité démocratique. Tentative d'analyse du système démocratique à travers sa critique », *Revue de la faculté de droit de l'université de Liège*, Larcier, 2015, p. 395.

règles ,et par conséquent, à la dénaturation de ce régime. Alors que le modèle occidental de démocratie mondialisée ne peut exister de manière solitaire, l'Afrique jouirait au moins des expériences extérieures reformulées dans ses variantes à travers sa dissolution dans les cultures africaines de manière à constituer un modèle hybride[1411] pouvant quand même se réclamer de régime démocratique. Cette dernière s'est d'ailleurs imposée elle-même comme l'expérience la plus originale de la globalisation politique jamais atteinte dans l'histoire de l'humanité. L'acceptation des pratiques démocratiques de l' « autre » peuple en tant qu'entité objective différente capable d'assumer la réalité du système juridique et politique spécifique est rendue possible. Cette tendance inexorable vers l'uniformisme n'est que l'espoir d'un idéal de démocratie universelle[1412].

Conclusion

L'approfondissement d'une curieuse contradiction entre le droit des peuples africains à disposer d'eux-mêmes et l'impératif démocratique à vocation universelle montre que le droit international serait employé à contenter tous les acteurs. Se faisant, il servirait les intérêts contradictoires : l'intérêt des peuples africains à s'autodéterminer politiquement et l'intérêt des Occidentaux à perpétuer leur hégémonie. Le Professeur Charles Chaumont affirmait d'ailleurs que « Le droit international est fondé sur des contradictions » et ses règles sont basées sur des facteurs idéologiques qui camouflent la réalité de puissance des plus forts sur les plus faibles[1413]. Certes, l'ingérence démocratique semble incompatible avec le droit des peuples à disposer d'eux-mêmes, mais ce droit reste positif et sa portée demeure incertaine eu égard à l'engouement des États et organisations internationales à s'ingérer dans les processus démocratiques en Afrique sub-saharienne[1414]. On peut noter le passage du droit des interdictions rigides à un droit marqué par la sensibilité aux réalités sociopolitiques des peuples. Une lecture finaliste largement conçue en faveur de l'expression effective du droit des peuples à

[1411] P. QUANTIN, « Démocratie en Afrique à la recherche d'un modèle », *Pouvoirs*, n° 129, 2002, p. 67.

[1412] Stéphane Monney MUANDJO, « Universalisme démocratique et autonomie constitutionnelle à l'épreuve des mutations politiques contemporaines », *Processus constitutionnels et processus démocratiques, les expériences et perspectives,* Présentation, Marrakech, 29-30 mars 2012, p. 4.

[1413] Charles CHAUMONT, « Cours général de droit international public », *R.C.A.D.I.,* 1970, Vol. 2, p. 347, 361.

[1414] La promotion de l'assistance démocratique comporte un risque de limitation sensible au droit des peuples à disposer d'eux-mêmes. On espère quand même que ce droit n'est pas en train de se dissoudre avec l'intensité toujours croissante des interventions dans les processus démocratiques. Même si les deux concepts sont *a priori* difficilement conciliables, ils peuvent se rencontrer et faire bon ménage dès lors qu'on n'envisage pas une approche maximaliste du droit à l'autodétermination des peuples.

disposer d'eux-mêmes témoigne d'un équilibre entre le réalisme politique et l'idéalisme juridique. Il est évident que le droit des peuples perdrait son intégrité dès lors que les règles démocratiques sont bafouées. Pour aussi louables que soient les ingérences démocratiques pour la promotion des droits démocratiques des peuples africains, ne devraient-elles pas trouver ses limites dans un monde où la liberté des États est supposée s'arrêter là où commence celle des autres États ?

Éléments de bibiographie

BEN ACHOUR Yadh, « Au service du droit démocratique et du droit constitutionnel international », *Revue de droit public, Lextenso*, 2014/2, n°2, pp. 419-436.

BOUTROS BOUTROS-GHALI, « Pour un droit international de la démocratie », *Theory of international law at the threshold of the 21st century, Essays in honor of Krzystof Skubisewski,* Kluwer law international, Boston, 1996, pp. 99-108.

CAPOCHICHI Arsène, « L'Afrique face au défi du nouvel ordre mondial », *Société Africaine de Droit international et Comparé*, 1993, pp. 197-211.

CARRILLO-SALCEDO Juan Antonio, « Droit international et la souveraineté des Etats, cours général de droit international public », *R.C.A.D.I.*, 1996, Vol. 257, pp. 35-211.

CHARBONEAU Christian, « Le droit des peuples à disposer d'eux-mêmes : un droit collectif à la démocratie… et rien d'autres », *R.Q.D.I.,* 1996, pp. 111- 130.

CHARLESWORTH Hilary, « Democracy and international law », *R.C.A.D.I.,* 2014, p. 65

CHARPENTIER Jean, « Le droit des peuples à disposer d'eux-mêmes et le droit international positif », *R.Q.D.I.*, 1984, pp. 195-213.

CHENUT Kathia Martin, « Droit international et démocratie », *Diogène*, 2005/4, n°222, pp. 36-48.

D'ASPREMONT Jean, « Emergence et déclin de la gouvernance démocratique en droit international », *R.Q.D.I.*, Vol. 22, 2014, pp. 57-80.

DUPUY Pierre-Marie, « Considération élémentaire sur la vie privée des Etats » *in* P. D'Argent, B. Bonafé& J. Combacau (dir.), *Les limites du droit international, essai en l'honneur de Joe Verhoeven*, Bruxelles, Bruylant, 2015, pp. 40.

GOUNELLE Max, « La démocratisation, politique publique internationale », *L'évolution du droit international, Mélanges offert à Hubert Thierry*, Paris, Pedone, 1996, 206., « La démocratisation, politique publique internationale », *L'évolution du droit international, Mélanges offert à Hubert Thierry*, Paris, Pedone, 1996, pp.201-2015.

GROSS-ESPIEL Hector, « Liberté des élections et observation internationale des élections. Rapport général » *in Liberté des élections et observation internationale des élections, Colloque de la Laguna,* Bruxelles, Bruylant, 1994, pp. 79-106.

GUEYE Babacar, « Démocratie en Afrique : succès et résistances », *Pouvoir*, 2009/2, n° 129, pp. 5- 26.

GUIMEZANES Marie, « Mondialisation démocratique, Etat de droit, une analyse juridique de la mondialisation », *Etudes caribéenne, Mondialization, democracy, Law, legalanalysi,*. ttps://journals.openedition.org/etudescaribeennes/5876, consulté le 11 Mai 2021.

KAMTO Maurice, « Constitution et principes de l'autonomie constitutionnelle » *in Constitution et droit international, Recueil des cours 8, Académie Africaine de Droit Constitutionnel*, Tunis, 1999, pp.156.

KOHEN Marcelo G., « Sur quelques vicissitudes du droit des peuples à disposer d'eux-mêmes » *in Pouvoir du droit, droit du pouvoir, Mélanges Jean Salmon*, Paris, Pedone, 2007, p.961-981.

KOKOROKO Dodzi, « Souveraineté étatique et principe de légitimité démocratique », *R.Q.D.I.,* 2003, Vol. 16, pp. 37-59.

MADJID BENCHIKH, « La souveraineté des Etats post coloniaux et droit des peuples à disposer d'eux-mêmes », *R.Q.D.I.*, 2012, Hors-série, pp. 73- 99.

MEKINDA BENG Antoine, « Le droit des peuples à disposer d'eux-mêmes dans la conjoncture institutionnelle actuelle des Etats du tiers-monde en mutation », *R.T.D.H.,* 2004, Vol. 58, pp. 503-526.

MORAND Charles Albert, « La souveraineté, un concept dépassé à l'heure de la mondialisation ? », *in L'ordre juridique international, un système en quête d'unité et d'universalité, Liber amicorum Georges Abi-Saab*, The Hague/ London/ Boston, 1993-1995, pp. 153-175.

NAPAKOU Bantchin, « De la souveraineté du peuple en démocratie », *Peer Review, www.metabasis,* 2017, n° 23, pp. 60-81.

NDOLO Muna, « L'interdiction du changement anticonstitutionnel de gouvernement », *Union Africaine* : *Cadre juridique et institutionnel, Manuel sur l'organisation panafricaine*, Paris, Pedone, 2013, pp. 223-242.

OUCHAKOV Nicolaï Alexandrovitch, « Compétence interne de l'Etat et non intervention dans le droit international contemporain », *R.C.A.D.I.,* 1974/1, pp. 1-254.

PELLET Alain, « Quel avenir pour le droit des peuples à disposer d'eux- mêmes ? » *in Le droit international dans un monde en mutation, Liber amicorum, professeur Jimenez De Arechaga,* Montevideo, Fondacion de CulturaUniversitaria, 1993, pp. 255-275.

QUANTIN Patrick, « Démocratie en Afrique à la recherche d'un modèle », *Pouvoirs*, n° 129, 2002, pp. 65-76.

ROSSATANGA-RIGNAUT Guy, « Identité et démocratie en Afrique entre hypocrisie et faits têtus » *in Afrique contemporaine*, 2012/2, n° 242, pp. 59-71.

SCHACHTER Oscar, « The legality of pro- democratic invasion », *A.J.I.L.*, 1984, Vol. 70, n° 3, pp. 645- 650.

SOMA Abdoulaye, « Le peuple comme contre-pouvoir en Afrique », *Revue de droit public*, 2014, n° 4, pp. 1019- 1049.

SOMA Abdoulaye, « Sur le principe d'une obligation des Etats africains de se « démocratiser » : élément de droit constitutionnel et droit international public », *African YearBook of international law,* 2008, pp. 373-407.

TOUATI Sidney, « Le droit des peuples à disposer d'eux-mêmes à l'épreuve de l'histoire », *Controverses*, Essais, 2005, p. 274-283.

VILLAVICENCIO Suzana, « La République, la nation et la démocratie à l'épreuve de la diversité », *Diogène*, 2004/4, n°220, pp. 92- 100.

ZAKI LAÏDI, « Mondialisation et démocratie », *Politiques étrangères*, Vol.66, n°3, 2001, pp.603-618.

VIRCOULON Thierry, « L'ambigüité des interventions internationales en République du Congo », *Politiqueafricaine*, 2005/2, n° 98, pp. 79-95.

Les droits de l'homme et la coopération judiciaire dans les normes juridiques d'Afrique centrale et occidentale : articulations respectives en faveur de la lutte contre l'impunité

Par :

Antoine Bienvenu NYIMI ONDOUA[1415]

Docteur PhD, Université de Yaoundé II/Cameroun
Doctorant en relations internationales,
Institut des relations internationales du Cameroun

Introduction

L'évolution des rapports entre le droit pénal et le droit communautaire laisse entrevoir une difficulté d'interactions[1416] due notamment à la réticence des États à faire des concessions en matière criminelle. Cette réticence justifiée par la perception du droit pénal comme le dernier bastion de la souveraineté nationale s'accommode mal de l'adhésion des États aux organisations de solidarité sous-régionale dont l'effet inéluctable est la circulation des criminels.

Or, le droit communautaire est plus à même de favoriser la lutte contre la criminalité internationale, qui sans doute constitue un frein aux multiples desseins de prospérité partagés par les États. Du fait de la mise en commun des actions entre États d'une région donnée, la coopération judiciaire s'avère être le moyen par lequel les crimes doivent être maîtrisés au-delà des frontières nationales.

À ce titre, la mobilisation du droit communautaire pour l'étude de la coopération judiciaire et les droits de l'homme revêt un intérêt juridique indéniable. Le cadre juridique est un support pour la lutte contre la criminalité internationale, en sus de la prééminence reconnue aux questions de nature économique et politique, et c'est en cela que cette branche du droit

---

[1415] L'auteur prépare actuellement une Thèse de doctorat en droit sur le thème : « La coopération judiciaire à l'épreuve des droits de l'homme : contribution à l'étude de la lutte contre l'impunité des crimes internationaux en Afrique centrale et occidentale ».

[1416] J. BORE, « La difficile rencontre entre du droit pénal français et du droit communautaire », Mélanges Vitu, *Droit pénal contemporain*, Paris, Cujas, pp. 25-49, cité par E.- A. GATSI, « Coopération judiciaire entre les États de la CEMAC : vers un espace judiciaire ? », *Revue de droit international et de droit comparé*, 2016, n°2, p. 177.

international[1417], marquée du sceau de la spécificité[1418], peut prétendre à l'efficacité[1419].

En Afrique, la construction des communautés économiques régionales (CER)[1420] intègre corrélativement les préoccupations de nature pénale. Si le droit communautaire à vocation économique, au sens large, semble acquis, les règles du droit communautaire pénal sont encore en voie de maturation. Ainsi, en Afrique centrale et occidentale, le droit communautaire procède aussi à l'incrimination des comportements dangereux pour son éclosion d'une part et pose les normes de coopération judiciaire nécessaires à la conduite des procédures de lutte contre l'impunité des criminels qui bénéficiaient jusque-là des cloisonnements étatiques.

Certes, la question a été longtemps marginalisée du fait de la seule volonté d'exaltation de l'espace d'intégration économique, mais désormais au niveau des finalités, le droit communautaire s'inscrit dans la dualité consistant à la quête du développement économique et à la lutte contre les crimes qui transgressent les frontières[1421]. Qu'on prenne l'exemple de la CEMAC, la CEEAC, la CEDEAO, les États membres sont conscients des défis qu'implique la criminalité internationale. Ainsi, des normes substantielles ont déjà été élaborées dans les instruments communautaires, notamment l'incrimination du terrorisme, du blanchiment d'argent, des trafics illicites d'armes, de drogue, d'êtres humains[1422]. Bref, la criminalité transnationale

---

[1417] On est loin de rentrer ici dans le débat doctrinal qui distingue frontalement le droit communautaire du droit international public. Il demeure cependant que les règles du droit international public sont à l'origine de la formation du droit communautaire. Voir J. KENFACK, « Le juge camerounais à l'épreuve du droit communautaire et de l'intégration économique », *Juridis Périodique*, n°63, 2005, p. 71. La spécificité du droit communautaire réside par exemple sur les principes de la primauté, de l'effet direct et de l'immédiateté. Voir Affaire *VAN GEND & LOOS* devant la CJCE du 5 février 1963.

[1418] J. MEGRET, « La spécificité du droit communautaire », *Revue de droit international et comparé*, vol.19, n°3, 1967, pp. 565-577.

[1419] A. HUET, R. KOERING-JOULING, *Droit pénal international,* coll. Thémis, 3e éd., Paris, PUF, 2005, p. 133.

[1420] Décision Assembly/UA.Dec.112 (VII) relative au moratoire sur la reconnaissance des Communautés économiques régionales, adoptée par la Conférence de l'Union au cours de sa 7e session ordinaire, tenue à Banjul en Gambie, du 1er au 2 juillet 2006. Au terme de cette Décision, l'Union africaine compte huit Communautés économiques régionales, à savoir : la CEEAC, le COMESA, la SADC, la Communauté d'Afrique de l'Est (CAE), l'Autorité intergouvernementale pour le Développement (IGAD), la Communauté économique des États de l'Afrique de l'Ouest (CEDEAO), la Communauté des États sahélo-sahariens (CENSAD) et l'Union du Maghreb arabe (UMA).

[1421] J. KAZADI MPIANA, « La problématique de l'existence d'un droit communautaire africain. L'option entre mimétisme et spécificité », *Revue libre de droit*, 2014, pp. 38-78.

[1422] Voir Article 6 du Protocole de Malabo relatif au Conseil de Paix et de Sécurité en Afrique centrale (COPAX) du 24 février 2000.

organisée fait l'objet d'un traitement dans les communautés d'intégration régionale en Afrique.

Dans ce cadre, il est question de mettre en lumière les instruments juridiques sous-régionaux ou communautaires dédiés à la coopération judiciaire, avec un accent sur la garantie des droits de l'homme. Les traités qui existent en Afrique centrale et occidentale sont utiles pour faciliter la poursuite des auteurs des crimes internationaux par un allègement des procédures et un rapprochement des législations des États. Du moins, ils constituent un cadre de confiance mutuelle favorable bien évidemment à l'éclosion des droits de l'homme. Les engagements souscrits dans les instruments communautaires sont obligatoires et recommandent la mise en cohérence des ordres juridiques internes. En filigrane, l'on note également la volonté de pallier les lourdeurs bureaucratiques occasionnées par les procédures administratives de la coopération judiciaire, notamment en matière d'extradition.

Une étude comparative des cadres juridiques communautaires en Afrique centrale et occidentale s'avère capitale, parce que les avancées ou les embûches ont un effet sur la protection des droits de l'homme du point de vue processuel et substantiel. En Afrique centrale, la coopération judiciaire se construit dans les cadres de la CEMAC et la CEEAC, mais leurs États membres sont demeurés longtemps régis par la Convention multilatérale d'entraide en matière de justice répressive adoptée à Tananarive le 21 septembre 1961, dans le cade de l'Organisation Commune Africaine et Malgache[1423]. On pouvait y retrouver des États comme le Cameroun, le Bénin, la Côte-d'Ivoire, le Gabon, le Burkina Faso, le Niger[1424], etc.

Dans la nouvelle configuration en Afrique centrale et en Afrique occidentale, il y a lieu de noter que les normes matérielles de protection des droits de l'homme prescrivent la coopération judiciaire comme modalité de lutte contre l'impunité (**I**), de même que les instruments de coopération judiciaire aménagent efficacement les droits de l'homme (**II**).

I- La prescription de la coopération judiciaire par les normes matérielles des droits de l'homme

Les États d'Afrique centrale et occidentale ont réussi le pari de l'articulation de la coopération judiciaire dans des instruments juridiques qui portent sur la protection des droits de l'homme, notamment la protection des droits de l'enfant et des femmes. C'est une protection qui tend à préserver ces catégories de personnes des trafics et exploitations divers. Les conventions

---

[1423] Cette convention est devenue caduque pour certains États. Voir en ce sens Ph. KEUBOU, *Le droit pénal camerounais et la criminalité internationale*, op.cit., p. 216.
[1424] Ph. KEUBOU, *Le droit pénal camerounais et la criminalité internationale*, op.cit., p. 214.

internationales portant sur la lutte contre les atteintes aux droits spécifiques de l'homme ont été adoptées par la majorité des États de ces deux sous-régions (A), mais de manière intéressante, les normes communautaires articulent suffisamment la garantie des droits de l'homme avec la coopération judiciaire. Il s'agit précisément des règlements communautaires (B).

A- Les conventions de protection des personnes vulnérables

Parmi les activités criminelles qui ont longtemps profité de la porosité des frontières en Afrique centrale et occidentale, l'on retient la traite des enfants et des femmes. C'est ainsi qu'une année avant l'adoption de l'Accord multilatéral de coopération en matière de lutte contre la traite des personnes entre les États de la CEEAC et de la CEDEAO (2), les États d'Afrique de l'Ouest avaient déjà conclu un Accord de coopération contre la traite des enfants (1).

1- L'Accord multilatéral de coopération en matière de lutte contre la traite des enfants en Afrique de l'Ouest

De très nombreuses voix convergent quand il faut assurer à l'enfant une protection particulière. L'on est même allé jusqu'à ériger la notion d'intérêt supérieur pour cette catégorie de personnes[1425]. C'est donc à juste raison que la protection de l'intérêt de l'enfant véhicule en soi l'idée d'une coopération[1426] ou d'une convergence des vues.

Dans les récents travaux de l'UNICEF, il est clairement indiqué que « *l'élimination de la traite d'enfants exige les efforts coordonnés de toutes les parties concernées, des gouvernements aux communautés locales, au sein d'une campagne soutenue par la coopération internationale* »[1427]. Cette solution est préconisée pour faire face au transport et à la vente de milliers d'enfants comme marchandises.

[1425] Ce concept figure en bonne place à l'article 3 de la Convention des Nations Unies du 20 novembre 1989 sur les droits de l'enfant : « *Dans toutes les décisions qui concernent les enfants, qu'elles soient le fait des institutions publiques ou privées de protection sociale, des tribunaux, des autorités administratives ou des organes législatifs, l'intérêt supérieur de l'enfant doit être une considération primordiale* ». Ces dispositions sont reprises de manière concise à l'article 4 de la Charte africaine des droits et du bien-être de l'enfant de 1990.

[1426] M. KING, C. KRATZ, « La notion d'intérêt de l'enfant en droit : vecteur de coopération ou d'interférence ? » in *Droit et Société*, n°22, 1992, pp. 607-638.

[1427] CENTRE DE RECHERCHE INNOCENTI DE L'UNICEF, *La traite des enfants en Afrique de l'Ouest*, étude inédite,

En réaction au *procès* fait aux pays en développement de ne pas respecter les droits de l'enfant[1428], neuf (09)[1429] gouvernements des États de l'Afrique de l'Ouest se sont engagés dans l'Accord de coopération contre la traite des enfants en 2005. Surtout qu'on remarque que dans cette aire géographique, le Nigéria et le Bénin font partie des États où les trafics sont élevés ; le premier pays étant souvent indexé d'utiliser une forte main-d'œuvre constituée en majorité des enfants du Bénin pour l'exploitation des ressources minières[1430].

L'engagement souscrit par les États de la CEDEAO en 2005 a été opportunément suivi par d'autres engagements bilatéraux[1431] ainsi que des mesures nationales.

La démarche des États ici est de s'attaquer aux agissements qui sont de nature à porter moralement et physiquement atteinte à la personne de l'enfant. Cette catégorie, convient-il de le réitérer, bénéficie au plan international et national d'une protection particulière. La référence aux conventions onusiennes et régionales ne peut donc qu'être intéressante pour prémunir l'enfant contre tout type de trafic ou de traite.

La Convention des Nations Unies relative aux droits de l'enfant du 20 novembre 1989 est une source d'inspiration des États d'Afrique de l'Ouest, en ce qu'elle fait interdiction à l'exploitation préjudicielle voire criminelle de l'enfant en même temps qu'elle oblige les États à prendre des dispositions multilatérales, bilatérales et nationales pour empêcher l'enlèvement, la vente ou la traite des enfants[1432].

L'autre aspect intéressant est la convergence des vues dans le cadre d'une coopération accentuée entre certains États de l'Afrique de l'Ouest. Sa perception est générale en ce qu'elle porte sur l'« *ensemble des stratégies développées entre les pays, avec les organisations internationales, les organisations de la société civile et les communautés de base pour créer les conditions d'un partenariat efficace contre la traite des enfants* »[1433].

1428 A. LAROSA, *La protection de l'enfant en droit pénal international*, Mémoire de Master en droit international, Université de Lille 2-Droit et Santé, 2003/2004, p. 147.

1429 Le Bénin, le Burkina Faso, la Côte-d'Ivoire, la Guinée Conakry, le Libéria, le Mali, le Niger, le Nigéria et le Togo.

1430 M. L. SEDEGNAN, *Contribution à la lutte contre la traite transfrontalière des enfants de l'Ouest*, Mémoire de fin de cycle 1 en Diplomatie et Relations générales internationales, ENAM, 2008, 87 p.

1431 Voir par exemple l'Accord de coopération en matière de lutte contre la traite transfrontalière des enfants entre la Côte-d'Ivoire et le Burkina Faso du 17 octobre 2013 et l'Accord de coopération en matière de lutte contre la traite des enfants entre le Bénin et le Congo du 20 septembre 2011.

1432 Voir Articles 32 et 35 la Convention des Nations Unies relative aux droits de l'enfant du 20 novembre 1989.

1433 Article 1 de l'Accord multilatéral de coopération en matière de lutte contre la traite des enfants en Afrique de l'Ouest du 27 juillet 2005.

Cependant, en matière d'entraide judiciaire, il est convenu d'incriminer et de réprimer toute action favorisant la traite des enfants, d'extrader les auteurs et complices de la traite des enfants ou de faciliter leur remise de police à police. L'un des atouts majeurs de cet instrument en faveur de la protection des droits de l'homme par la coopération est relatif à son statut d'accord en forme simplifiée, en vigueur du fait de la signature par les États.

En tout état de cause, de l'engagement des États, il y a une véritable exaltation de la dignité de l'enfant en tant qu'être humain, alignée sans doute à la vision de la protection de cette catégorie de personne en droit international pénal[1434]. Ainsi, une telle volonté a permis l'articulation de la coopération judiciaire par l'obligation d'incriminer tout acte qui participe de la traite des enfants (a), mais aussi d'extrader les personnes poursuivies des faits rentrant dans ce champ (b).

a- L'obligation d'incriminer les actes de traite des enfants

La traite des enfants, à l'instar de nombreux autres trafics, est une sérieuse violation des droits humains à laquelle les États sont de plus en plus conscients de la nécessité de déterminer les incriminations. Les normes de conduite en la matière prolifèrent au plan international, à charge pour les États de les sanctionner.

Cette obligation spécifique dans l'accord susmentionné est voulue et acceptée par les États parties dans une perspective de rapprochement et d'harmonisation des législations. La définition proposée de la traite des enfants est empreinte de vacuité, parce que du point de vue du droit pénal, il n'est pas aisé de qualifier « *tout acte de recrutement, de transport, de transfert, d'hébergement, ou d'accueil d'enfants à l'intérieur ou à l'extérieur d'un pays, aux fins d'exploitation quels que soient les moyens utilisés* »[1435]. La difficulté tient au rattachement ou à l'identification des personnes dont la responsabilité doit être engagée, et évidemment à l'intention de tous les protagonistes de la traite des enfants.

En tout état de cause, la définition de la traite des enfants s'inscrit forcément dans une tendance harmonieuse des différentes législations, ce d'autant plus que les nombreux instruments internationaux ont suffisamment balisé le terrain en la matière.

Toujours dans le cadre de la traite des enfants, une insistance est faite sur leur exploitation, qui mérite aussi d'être incriminée. L'exploitation s'entend de la prostitution des enfants ou d'autres formes d'exploitation

---

[1434] A. LAROSA, *La protection de l'enfant en droit international pénal*, Mémoire de Master en droit international, Université de Lille 2-Droit et Santé, 2003/2004, 171 p.

[1435] Article 1 (b) de l'Accord multilatéral de coopération en matière de lutte contre la traite des enfants en Afrique de l'Ouest.

sexuelle, le travail ou les services forcés, l'esclavage ou les pratiques analogues à l'esclavage, la servitude ou le prélèvement d'organes.

Pour une parfaite maîtrise de ces infractions, il incombe aux États de préciser les éléments constitutifs des actes de traite des enfants et l'identification des auteurs. Cela passe par l'adaptation des législations internes dans l'optique de poursuivre et réprimer efficacement les auteurs de la traite des enfants. Un État tel que le Sénégal, généralement présenté comme respectueux des droits de l'homme et des libertés individuelles, s'est vite lancé dans l'adoption d'un plan d'action et d'une loi spécifique de la lutte contre la traite des enfants et des femmes. La loi n°2005-06 du 29 avril 2005 procède justement à l'incrimination de la traite en tant qu'infraction autonome et de l'exploitation des personnes vulnérables que sont les femmes et les enfants. Cette volonté politique culmine avec la détermination précise des sanctions des différents trafics et autres asservissements. D'autres pays ont mis sur pieds des plans d'action nationaux de lutte contre la traite des enfants ; c'est le cas du Mali, du Togo, de la Côte-d'Ivoire et du Nigéria.

Bien que n'ayant pas été clairement détaillée dans l'Accord multilatéral de coopération en matière de traite des enfants en Afrique de l'Ouest, une autre forme de traite ou d'exploitation des enfants est relative au contexte des conflits armés[1436], à savoir l'enrôlement des enfants dans les groupes armés. L'on a assisté à un moment donné à la montée du phénomène d'enfants soldats dans certains pays d'Afrique subsaharienne, notamment en Sierra Léone, au Libéria, au Tchad, en Côte-d'Ivoire, au Congo, etc.

C'est le lieu d'indiquer que les textes internationaux pertinents auxquels l'accord ci-dessus fait allégeance, notamment dans le préambule, interdisent leur enrôlement dans les forces armées afin de les faire participer aux conflits. En l'occurrence dans la Charte africaine des droits et bien-être de l'enfant, « *les États parties à la présente Charte prennent toutes les mesures nécessaires pour veiller à ce qu'aucun enfant ne prenne directement part aux hostilités et en particulier, à ce qu'aucun enfant ne soit enrôlé sous les drapeaux* »[1437]. La Convention n°182 de l'Organisation Internationale du Travail condamne les pires formes de travail des enfants et exige leur élimination immédiate.

Pour venir à bout de ces phénomènes de violations des droits des enfants, les États ont convenu de faciliter l'extradition de leurs auteurs et complices (b).

[1436] Pour une étude intéressante sur la question, voir A. AYISSI, C. MAIA, « La lutte contre le drame des enfants soldats ou le Conseil de Sécurité contre le terrorisme à venir… », *Revue trimestrielle des droits de l'homme*, n°58, 2004, pp. 341-352.

[1437] Article 22 (2) de la Charte africaine des droits et du bien-être de l'enfant de 1990.

b- La facilitation de l'extradition des auteurs et complices de traite des enfants

La coopération internationale en matière de lutte contre la traite des enfants est recommandée dans une multitude d'instruments internationaux et dans de nombreux travaux scientifiques. Or la dimension criminelle des actes y relatifs commande qu'on accorde une importance particulière à la coopération judiciaire pénale. Le combat contre l'impunité de la traite des enfants commande ainsi l'allègement de l'extradition de leurs auteurs et complices. Les États de l'Afrique de l'Ouest l'ont compris depuis plus d'une dizaine d'années, et se sont engagés à coopérer en matière judiciaire pour protéger les droits de l'enfant. Serait-ce à ce titre qu'ils ont prévu une coopération simplifiée, en envisageant la remise de police à police ? La coopération policière internationale est encadrée par l'OIPC-Interpol, qui a d'ailleurs permis l'adoption de l'Accord d'Accra du 19 décembre 2003 sur la coopération en matière de police criminelle.

Bien que n'étant pas clairement indiqué dans l'accord, il se dégage une volonté d'échanges directs d'informations, de renseignements et d'actes de procédure entre autorités judiciaires, si l'on s'en tient au fait que les autorités de police travaillent sous les ordres des chefs de parquets notamment des procureurs qui, d'une manière ou d'une autre, ont une certaine latitude de faciliter les procédures.

2- L'Accord de coopération contre la traite des personnes CEEAC/CEDEAO

Cet Accord a été adopté le 6 juillet 2006 à Abuja entre les États de la CEEAC et ceux de la CEDEAO dans l'optique de lutter spécifiquement contre le trafic des femmes et des enfants. Au-delà de ce qu'il est un instrument de lutte contre la criminalité internationale et de protection des droits de l'homme, cet Accord constitue une parfaite illustration des interactions entre espaces communautaires. Il tend à ce propos à rapprocher l'Afrique occidentale et l'Afrique centrale autour d'un certain nombre d'enjeux sécuritaires importants. Plus intéressant encore est l'engagement en faveur de la coopération judiciaire sur la base des normes internationales pertinentes. L'avantage de cet Accord se situe au moins à deux niveaux : la consécration de l'entraide judiciaire en matière pénale pour une lutte efficace contre le trafic des femmes et des enfants dans les deux sous-régions (a), l'aménagement des garanties procédurales des personnes mises en cause (b).

a- La consécration de l'entraide judiciaire en matière pénale

À travers cet Accord multilatéral interrégional, la coopération judiciaire est fortement centrée sur la protection des droits de l'homme, dans leur dimension catégorielle, à savoir les droits des femmes et des enfants. Dans sa conceptualisation même, la cause des droits de l'homme s'articule parfaitement avec la lutte engagée contre la criminalité internationale dont la coopération judiciaire en est l'incarnation.

Avant de mettre un accent sur les différents aspects de la coopération judiciaire, les États se sont engagés à prendre des mesures internes visant à incriminer la traite des personnes. C'est un exercice nécessaire voire un préalable à une collaboration interétatique efficace[1438]. En guise d'illustration, le Cameroun a adopté la loi n°2011/024 du 14 décembre 2011 sur le trafic et la traite des personnes dont la substance est reprise dans le nouveau Code pénal.

En matière d'entraide pénale, les États parties s'accordent l'assistance *via* l'identification et la localisation des personnes poursuivies et des victimes, la signification des actes judiciaires, le recueil des témoignages et des dépositions, les perquisitions, la saisie, le gel et la confiscation des produits du crime, l'arrestation et la détention de toute personne en vue de son extradition[1439]. Les domaines de l'entraide judiciaire sont très variés. Mais en tout état de cause, les personnes poursuivies se voient reconnaître, de façon moins affirmée, des garanties procédurales.

b- L'affirmation des garanties procédurales des mis en cause

L'Accord multilatéral de coopération régionale dans la lutte contre la traite des personnes entre la CEEAC et la CEDEAO a été conclu en consacrant une protection plus accrue aux victimes des trafics. Serait-ce sous l'effet de l'émotion des rédacteurs du texte que les principes fondamentaux du droit à un procès équitable n'ont pas connu le savant dosage pour un véritable équilibre des garanties.

À défaut d'énumérer toutes les garanties en faveur des mis en cause, le texte s'est contenté de faire référence à la Déclaration universelle des droits de l'homme au titre des instruments internationaux de protection des droits de l'homme. Bien loin de réfuter l'existence de l'essentiel des règles du procès équitable dans cet instrument onusien, une certaine rigueur permettrait de rappeler certains textes plus contraignants comme le Pacte international relatif aux droits civils et politiques, et d'autres textes proches des États parties comme la Charte africaine des droits de l'homme et des peuples.

Au regard de ce que l'Accord de coopération régionale de lutte contre la traite des personnes contienne vaguement des formulations de la présomption d'innocence et du délai raisonnable, les garanties des personnes poursuivies pourraient être recherchées dans les législations des États parties, qui, en vertu

[1438] *Supra.*
[1439] Cf. Article 14.

de leur engagement en faveur de l'État de droit, sont tenus de respecter toutes les règles du procès équitable.

B- Les règlements communautaires incriminant les violations des droits de l'homme

Les règlements font parties des actes juridiques des organisations internationales d'intégration régionale[1440], généralement adoptés par le Conseil des ministres selon qu'ils relèvent d'une Union économique ou encore par le Conseil ministériel quand ils se rapportent à une Union monétaire.

En théorie, l'on pense que les règlements communautaires sont d'application immédiate, c'est-à-dire qu'ils ne nécessitent pas une formalité supplémentaire pour être appliqués dans l'ordre juridique interne des États membres. Si cela est valable pour certaines matières, le domaine pénal qui tend à réprimer les infractions attentatoires aux droits de l'homme continue de poser problème. Les règlements qui adoptent par exemple les conventions en matière de lutte contre le terrorisme ne sont pas disposés à être directement appliqués dans les ordres juridiques internes. D'où l'interpellation constamment faite aux États de prendre des mesures internes d'incrimination. Quoi qu'il en soit, l'on note une avancée en matière de protection des droits de l'homme quant à la saisie du terrorisme et infractions connexes dans les règlements communautaires adoptés en zone CEMAC (1) et en zone CEDEAO (2).

1- Les règlements CEMAC sur le terrorisme et infractions connexes

En droit communautaire CEMAC, plusieurs règlements ont été adoptés par les Gouvernements des États membres pour combattre le terrorisme, directement et indirectement. À défaut de retenir tous les instruments pertinents du droit dérivé, une attention mérite d'être accordée au règlement n°08/05-UEAC-057-CM-13 du février 2005 portant adoption de la Convention contre le terrorisme en Afrique centrale (a) et le règlement n°01/CEMAC/UMAC du 11 avril 2016 modifiant le règlement n°01/03-CEMAC-UMAC du 04 avril 2003 portant prévention et répression du blanchiment des capitaux et financement du terrorisme (b).

a- Le règlement du 07 février 2005 portant adoption de la Convention contre le terrorisme

Le règlement de 2005 reprend à son compte la foultitude des conventions internationales qui portent sur le terrorisme ; en majorité, les conventions

---

[1440] J. KENFACK, *Les actes juridiques des communautés et des organisations internationales d'intégration en Afrique centrale et occidentale*, Thèse de doctorat en droit, Université de Yaoundé II, 2003, 416 p.

onusiennes portant sur la piraterie aérienne et aussi la Convention de l'OUA du 14 juillet 1999.

D'emblée, l'on note que la quasi-totalité des États d'Afrique centrale est parties à ces instruments internationaux à titre individuel. Cependant, il ne faut y voir derrière la démarche commune des États de la CEMAC la prétention de s'écarter de la tendance mondiale et africaine, mais d'assurer une réponse de proximité et de nécessaire rapprochement des législations. D'ailleurs, il n'y a qu'à remarquer que les incriminations ou les définitions des actes terroristes ne sont pas nouvelles.

Ainsi, la Convention contre le terrorisme qui tend à garantir les droits des victimes procède à une meilleure articulation de la coopération judiciaire. C'est un instrument de protection des droits de l'homme, qui, dans ses différents chapitres et articles, prescrit l'assistance mutuelle, l'adaptation des législations nationales, l'arrestation des personnes ayant commis ou tenter de commettre un acte terroriste, la mise en œuvre des procédures d'extradition, d'entraide et de remise de police à police.

L'on doit se réjouir des garanties du procès équitable exigées dans ces procédures de collaboration interétatique notamment le respect des droits de la défense, l'assistance judiciaire obligatoire des suspects. L'essentiel des garanties d'une justice équitable est prévu suivant la formulation des conventions de coopération judiciaire de la CEMAC. Bien que n'étant pas encore en vigueur, certains États de la CEMAC sont déjà en avance sur l'adaptation de leurs législations nationales concernant le terrorisme et les procédures de coopération respectueuses des droits de l'homme. C'est le cas du Cameroun avec la loi du 23 décembre 2014 et du Tchad avec la loi de 2015.

b- Le règlement du 11 avril 2016 portant prévention du blanchiment des capitaux et financement du terrorisme et la prolifération...

Le blanchiment d'argent a de plus en plus un rapport avec le financement du terrorisme. L'adoption d'un règlement en avril 2016 n'est pas neutre au contexte actuel d'insécurité dominant dans la sous-région et en Afrique subsaharienne[1441]. Les formes de terrorisme sont très variées et bénéficient de l'appui des acteurs multiples. Les fonds qui participent à son alimentation sont issus des trafics aussi complexes qu'obscurs. L'on sait qu'aujourd'hui même les institutions bancaires sont au centre des mouvements des ressources aux fins de terrorisme.

Par définition, le financement du terrorisme est le fait pour toute personne physique ou morale de fournir ou de réunir pour une autre personne, par

[1441] L'on pense par exemple au terrorisme entretenu par le mouvement BOKO HARAM dans le Bassin du Lac Tchad et au Nigéria.

quelque moyen que ce soit, des fonds dans le but de les voir utilisés ou en sachant qu'ils seront utilisés pour commettre un acte terroriste. Du moins, la définition du règlement de 2016 a beaucoup évolué et paraît claire par rapport à celle du règlement de 2003. Elle intègre désormais le terrorisme animé par les personnes morales et les moyens obscurs par lesquels il peut être financé. Elle tient donc compte de la complexité et de la connexité des agissements autour du terrorisme.

Les États membres de la CEMAC sont conscients d'une telle connexité, au point de réviser fondamentalement le premier règlement qui avait été adopté en 2003. Il est aussi, et surtout question de s'adapter et prévenir les risques véhiculés par le secteur bancaire.

Le terrorisme est ainsi visé de manière sous-jacente ou comme conséquence du blanchiment d'argent. La structure du règlement de 2016 accorde une grande importance au terrorisme dont les actes sont définis et visés à titre prioritaire.

Malgré le caractère volumineux du document, le règlement consacre la coopération judiciaire, cette fois selon des procédures simplifiées, qui permettent des échanges et une collaboration étroite entre autorités judiciaires des États de la CEMAC. Au terme de l'article 160, « *lorsque la demande concerne une personne ayant commis l'une des infractions au présent Règlement, elle est adressée directement au Procureur Général compétent de l'État requis, avec ampliation, pour information, au ministre chargé de la Justice* ».

Si l'on s'en tient à cette simplification des procédures, cela est déjà un motif de satisfaction pour la garantie des droits de l'homme en justice. Il y a en soi l'idée de célérité et de facilitation pour des personnes interpellées qui, à un moment de la procédure, bénéficient de la présomption d'innocence. Toujours au profit des droits de l'homme, la procédure d'extradition reste subordonnée aux conditions substantielles et processuelles prévues par la plupart des conventions internationales, à savoir, la non-extradition vers les destinations dangereuses, c'est-à-dire vers les États susceptibles de pratiquer les traitements inhumains, cruels et dégradants ou la torture. En outre, l'extradition est subordonnée au respect de la règle *non bis in idem*.

En Afrique de l'Ouest, les États membres de l'UEMOA ont choisi de passer par le gel des fonds et autres ressources financières propices au terrorisme. Le gel des fonds est déjà lui-même une forme de coopération contre les crimes internationaux, parce qu'en dehors des échanges entre les États, les auteurs ou les personnes poursuivies sont directement sanctionnés.

2- Le règlement UEMOA sur le gel des fonds et autres ressources financières

L'Afrique de l'Ouest représentée par l'Union économique et monétaire brille par un dispositif juridique dense pour le combat contre la criminalité internationale. La nomenclature de ses textes est constituée entre autres par les directives[1442] et les règlements émanant pour l'essentiel du Conseil des ministres. Cependant, le choix porté sur le règlement tient à sa valeur très importante du point de vue des sources du droit, et surtout à la dimension opératoire des normes juridiques communautaires.

En effet, le règlement n°14/2002/CM/UEMOA relatif au gel des fonds et autres ressources financières dans le cadre de la lutte contre le financement du terrorisme entre les États membres de l'UEMOA a été adopté à Cotonou le 19 décembre 2002.

Le texte est non seulement moins détaillé et explicite, mais aussi la coopération s'entend dans une approche trop générale, et concerne presque exclusivement les établissements bancaires : « *Les banques et établissements financiers visés à l'article 3 ci-dessus, sont tenus, dès qu'ils en ont connaissance, de fournir immédiatement à la Banque Centrale et à la Commission Bancaire, toute information de nature à favoriser le respect du présent Règlement, notamment en ce qui concerne les fonds et ressources financières gelés conformément à l'article 4. Ils coopèrent avec la Banque Centrale et la Commission Bancaire afin de vérifier, le cas échéant, cette information. Toute information fournie ou reçue conformément au présent article ne peut être utilisée à d'autres fins que celles prévues par le présent Règlement* »[1443].

[1442] La directive n°02/2015/CM/UEMOA du 02 juillet 2015 relative à la lutte contre le blanchiment des capitaux et le financement du terrorisme dans les États membres de l'UEMOA accorde une attention particulière à d'autres infractions qui touchant directement aux droits de la personne humaine comme la traite d'êtres humains, en sus des actes visés dans son intitulé qui atteignent aussi les droits de l'homme. Elle accorde une place de choix à la coopération internationale, notamment l'entraide judiciaire à son article 116. Bien avant la directive sus indiquée, une autre n°04/2007/CM/UEMOA du 04 juillet 2007 portait spécifiquement sur la lutte contre le financement du terrorisme. Ce dernier instrument participe aussi sans doute de la protection des droits de l'homme que les agissements de nature ou à finalité terroriste atteignent. La coopération judiciaire y est prévue de manière indirecte et directe. De manière indirecte, obligation est faite aux organismes financiers et autres entreprises bancaires de satisfaire aux exigences de déclaration de soupçon et de vigilance particulière. Dans le registre spécifique de la coopération judiciaire, les États membres de l'UEMOA veillent au renforcement de l'entraide judiciaire entre eux pour venir à bout du financement de terrorisme à travers la recherche et de l'exécution d'autres mesures d'assistance, notamment les échanges des renseignements dans le cadre des enquêtes et des investigations.

[1443] Article 5 du Règlement UEMOA du 19 septembre 2002 sur le gel des fonds et autres ressources…

Cet instrument est mobilisable pour la mise en œuvre de la coopération judiciaire. Si le gel des fonds participe de la coopération, la Banque centrale des États de l'Afrique de l'Ouest a commis un document portant sur le dispositif de lutte contre le blanchiment des capitaux et le financement du terrorisme. Elle intègre justement le règlement de 2002 dans ce dispositif.

II- La garantie des droits de l'homme dans les conventions de coopération judiciaire

Adoptée certes dans le cadre communautaire, la nature juridique des conventions de coopération judiciaire d'Afrique centrale et occidentale semble soulever un problème, aboutissant à leur difficile insertion dans la nomenclature des actes juridiques communautaires. L'on préfère plutôt parler d'actes juridiques communautaires atypiques, ayant connu le même formalisme que les traités originaires.

Toujours en guise d'observation préalable, il convient de mentionner que l'émergence d'un droit communautaire de la coopération judiciaire dans les deux sous-régions relève d'un double régime. En Afrique de l'Ouest, la CEDEAO fonctionne sur la base de la compétence générale, et accorde ainsi toute l'importance à l'entraide judiciaire dans son droit originaire ou primaire. *A contrario*, en Afrique centrale, la coopération judiciaire relève du principe des compétences implicites des organisations internationales au sens de la jurisprudence de la CIJ[1444]. En outre, la démarche des États s'inscrit dans la dualité des organisations internationales à vocation communautaire qui caractérise l'Afrique occidentale et centrale.

En Afrique centrale, les États ont adopté une convention de coopération et d'entraide judiciaire dans le cadre de la CEEAC, tandis qu'en zone CEMAC, il existe deux conventions qui portent toutes sur la coopération judiciaire. En Afrique occidentale, les États ont fait le choix d'une convention d'extradition et d'une convention d'entraide judiciaire.

A- Les garanties inscrites dans les conventions de coopération judiciaire d'Afrique centrale

En l'état actuel du fonctionnement des organisations d'intégration d'Afrique centrale, les questions de nature pénale sont réduites à une portion congrue. La pratique en matière d'entraide judiciaire internationale est encore très faible, et l'on se contente généralement de l'analyser à l'aune des instruments juridiques adoptés il y a plus d'une décennie.

[1444] CIJ, *Réparation des dommages subis au service des Nations Unies*, Avis Consultatif du 11 avril 1949.

La distinction mérite ainsi d'être établie entre l'instrument de la CEEAC (**1**) et les deux textes de la CEMAC (**2**), avec notamment une consécration intéressante des garanties des personnes mises en cause dans les procédures de coopération judiciaire.

1- La Convention CEEAC de coopération et d'entraide judiciaire

Cette convention, adoptée le 18 mars 2006 et non encore en vigueur, deviendra le cadre juridique processuel de collaboration interétatique contre les crimes internationaux dans la zone CEEAC. La démarche au sein de la CEEAC est la consignation dans un document unique des mécanismes de coopération judiciaire les plus usités, à savoir l'extradition, les commissions rogatoires, l'exécution des décisions judiciaires, la remise aux juridictions pénales internationales.

En ce qui concerne spécifiquement les droits des personnes mises en cause, cette convention prévoit la non-extradition vers les États où la peine de mort fait partie de l'arsenal répressif (a) et le droit à l'assistance judiciaire (b).

a- La peine de mort comme motif de refus de l'extradition

La peine de mort continue d'être au cœur des débats autour de la protection internationale des droits de l'homme. Par rapport à cette sanction capitale, l'extradition est en avance sur la tendance majoritaire à son abolition. Ainsi, l'engagement de certains États ayant la peine de mort dans leur législation pénale à cette convention est déjà en soi un obstacle à la coopération efficace en Afrique centrale.

Le Cameroun, qui a ratifié cet instrument par décret n°2008/110 du 12 mars 2008, est loin de bénéficier de l'extradition des personnes réclamées, même ayant subi des crimes les plus graves. Cet État, malgré la réforme de sa législation pénale, prévoit toujours l'application de la peine de mort à certaines infractions, en l'occurrence les actes de terrorisme.

b- Le droit à l'assistance judiciaire

L'assistance judiciaire fait partie des garanties les plus essentielles du droit à un procès équitable ; un principe qui permet de mesurer effectivement le respect des droits de l'homme dans une procédure judiciaire.

À titre de rappel, avec une terminologie aujourd'hui variée, l'assistance judiciaire renvoie de manière générale à une garantie permettant à un plaideur ou à un justiciable de faire valoir ses droits en justice par le concours d'un avocat ou d'un conseil. Cette garantie vise un double objectif, à savoir combler l'inconfort intellectuel et l'indigence matérielle du justiciable. Dans un premier temps, le plaideur peut directement solliciter les services d'un avocat dans le cadre de l'assistance judiciaire facultative en raison de ses capacités cognitives limitées dans le domaine concerné par la procédure.

Dans une autre dimension, l'assistance est dite de plein droit, et consiste en l'obligation faite à la juridiction compétente d'attribuer d'office un avocat au plaideur en vertu de la loi. Cette dernière garantie est reconnue au justiciable qui n'est pas en mesure de couvrir les frais occasionnés par une procédure judiciaire. L'assistance judiciaire est une préoccupation inscrite dans l'ordre juridique communautaire. À cet effet, la Convention de coopération et d'entraide judiciaire de la CEEAC prévoit que les ressortissants étrangers de chaque État membre bénéficient de l'assistance judiciaire sur le territoire des autres dans les mêmes conditions que les nationaux de ces États membres.

2- Les conventions de coopération entre les États de la CEMAC

La CEMAC, mieux que sa devancière l'UDEAC[1445], met un point d'honneur sur la nécessité de maîtriser la criminalité consécutive à la libéralisation des échanges et de la circulation des personnes. Bien au-delà de la criminalité transnationale, les instruments juridiques adoptés serviront aussi à combattre les violations graves des droits de l'homme, ce d'autant plus que les États de la sous-région ont souvent connu de véritables drames humanitaires.

L'Afrique centrale CEMAC est plus prolifique en termes d'instruments de lutte contre la criminalité internationale. Le contexte de l'entrée en fonction de la CEMAC était déjà favorable à la lutte contre certains agissements criminels qui devaient entraver le bon fonctionnement de l'institution. Les normes juridiques élaborées dans le cadre du droit dérivé portent autant sur les infractions transnationales que sur la coopération judiciaire entre les États membres de la CEMAC. L'avantage de ces instruments est d'assurer une protection importante des droits de l'homme, c'est-à-dire les droits des victimes et les droits procéduraux des personnes poursuivies. Cela est perceptible aussi bien dans les conventions matérielles d'incrimination que dans les conventions spécifiques de coopération judiciaire.

Les États ont opté pour deux engagements en matière d'entraide répressive internationale. Ils ont ainsi adopté à la même date du 28 janvier 2014 un Accord d'extradition et un Accord général de coopération judiciaire. Ce qui est intéressant dans ces instruments juridiques, est la prise en compte d'un certain nombre de garanties des droits de la personne humaine, à savoir les garanties matérielles et les garanties procédurales des mis en cause.

[1445] Union Douanière et Economique des États d'Afrique Centrale.

a- Les droits protégés par l'Accord d'extradition du 28 janvier 2004

L'Accord d'extradition CEMAC a été adopté lors de la cinquième Conférence des Chefs d'État et de gouvernement tenue à Brazzaville en janvier 2004. Tous les États membres de la CEMAC sont signataires de cet instrument par lequel ils entendent assujettir la collaboration judiciaire à un certain nombre de conditions en vue de garantir les droits de l'homme.

Ainsi, dans une procédure de collaboration répressive, les garanties les plus importantes en matière des droits de l'homme ont trait à la non-extradition pour les raisons discriminatoires, à la règle *non bis in idem*, à la peine capitale et à la règle de la spécialité, entre autres. L'Accord d'extradition du 28 janvier 2004 s'est arrimé à l'approche dominante de plusieurs conventions internationales et régionales de coopération judiciaire.

Les États de la CEMAC s'engagent donc à rejeter toute demande d'extradition dont la poursuite ou le jugement dissimule un but touchant la race, la religion, la nationalité ou les opinions politiques du mis en cause. Dans la même veine, l'extradition sollicitée ne saurait être accordée si la personne visée fait l'objet d'une procédure judiciaire ou a déjà été définitivement jugée par les autorités de la partie requise, notamment pour les mêmes infractions.

Pour ce qui est de la peine capitale, dont la tendance majoritaire des États est à l'abolition, elle peut aussi constituer un motif de refus de l'extradition, quand l'État requis n'offre pas les assurances de son inapplication. La motivation d'une telle disposition à ne pas appliquer la peine de mort est liée à l'intérêt majeur de la protection du droit à la vie de l'individu, d'autant que la sanction capitale est de plus en plus perçue comme une atteinte grave aux valeurs de l'humanité.

Par ailleurs, les personnes visées par une procédure d'extradition sont protégées par la règle de spécialité, en ce qu'elles ne peuvent être poursuivies, jugées ou détenues pour une infraction antérieure à la remise, ou autre que celle ayant motivé l'extradition. Cette condition est relativisée par le consentement de la partie requise.

b- Les droits protégés par l'Accord de coopération judiciaire du 28 janvier 2004

Le même contexte de la cinquième Conférence des Chefs d'État et de gouvernement a permis l'adoption de l'Accord de coopération judiciaire du 28 janvier 2004. On peut d'ailleurs questionner l'opportunité de mettre en place deux instruments portant sur la coopération judiciaire.

La méthode utilisée par l'Accord de coopération judiciaire entre les États de la CEMAC du 28 janvier 2004 est de protéger les droits de l'homme par un ensemble de garanties relatives à l'accès aux juridictions d'une part, et par la simplification des procédures, notamment l'extradition en forme simplifiée d'autre part. L'esprit dominant ici est celui longtemps tracé par la Convention générale de coopération en matière de justice de Tananarive du 12 septembre 1961.

L'accès aux juridictions, dénommé par ailleurs, le droit au juge ou encore le droit à un recours effectif, intègre une multitude de garanties judiciaires reconnues aux ressortissants des différents États membres de la CEMAC de saisir les tribunaux nationaux pour faire valoir un droit. Les justiciables bénéficient ainsi d'un libre et facile accès au juge sans contrepartie, en sus du droit à l'assistance des avocats inscrits aux barreaux des États de la sous-région.

En outre, une garantie favorable aux droits de l'homme prévue à l'article 8 procède de l'allègement des procédures, à savoir la transmission directe d'actes et documents entre les autorités judiciaires des États de la CEMAC. Il y a forcément là une avancée notable pour la diligence et la célérité des procédures, en ce sens que les droits des mis en cause et des victimes sont protégés contre les lourdeurs des procédures diplomatico-administratives.

Des dispositions similaires étaient inscrites dans la Convention générale de coopération en matière de justice sus évoquée, qui liait cinq États d'Afrique centrale, à l'exception de la Guinée Équatoriale. La voie d'une extradition simplifiée et de la transmission directe des commissions rogatoires étaient également prévues dans ce dernier instrument.

c- La consécration de la remise de police à police dans l'Accord de coopération en matière de police criminelle

L'Accord de coopération en matière de police criminelle d'Afrique centrale du 29 avril 1999[1446] a été adopté par règlement n°4/CEMAC/058-CM-04 du 21 juillet 2000 sous l'égide de l'OIPC-Interpol, comme suite à la politique de régionalisation engagée par cette organisation internationale depuis les années 1980[1447]. L'objectif d'une telle politique est de rapprocher les mécanismes de coopération sur les terrains opérationnels de poursuite et de répression efficaces de toutes les formes de criminalité transfrontalière[1448]. Cet instrument consacre la remise directe de police à police des personnes poursuivies et les techniques d'enquêtes conjointes ou droit de suite.

[1446] Cet Accord a été signé lors de la deuxième réunion du Comité des chefs de police d'Afrique centrale (CCPAC) tenue à Yaoundé en 1999.

[1447] J. B. AYISSI AFANA, *La lutte contre le trafic illicite des stupéfiants au sein de l'OIPC-Interpol : le cas du Bureau central national-Interpol du Cameroun*, Mémoire de Master en droits de l'homme et action humanitaire, UCAC, 2004/2005, p. 43.

[1448] Idem.

L'avantage pour les droits de l'homme est la célérité dans les échanges d'information, des saisies et transmissions, compte tenu de la procédure généralement complexe qui caractérise l'extradition.

B- Les garanties aménagées dans les conventions de coopération judiciaire d'Afrique occidentale

Avant d'analyser les conventions spécifiques de coopération judiciaire, il sied de relever que cette matière figure en bonne place dans le Traité révisé de la CEDEAO adopté à Cotonou le 24 juillet 1993, notamment à l'article 57. Les États membres s'engageaient ainsi à promouvoir la coopération judiciaire en vue d'harmoniser leurs systèmes judiciaires et juridiques. Cependant, il fallait organiser ce volet technique de leur collaboration en adoptant des instruments spécifiques, à savoir la Convention d'extradition établie à Abuja en 1994 (1) et la Convention d'entraide judiciaire conclue à Dakar en 1992 (2).

1- La Convention d'extradition CEDEAO

Depuis le 06 août 1994, seize gouvernements des États de l'Afrique occidentale relevant de la CEDEAO se sont engagés à coopérer en matière judiciaire pour combattre l'impunité. Ils ont choisi l'extradition qui constitue sans doute le mécanisme principal de la coopération judiciaire internationale. La Convention d'extradition entre les États membres de la CEDEAO permet de s'attaquer aux violations graves des droits de l'homme et aux autres crimes du droit international. À l'instar de bien d'autres conventions internationales, elle prévoit la clause de non-discrimination dans la mise en œuvre de la coopération judiciaire, notamment la procédure d'extradition. Les États de l'Afrique de l'Ouest s'engagent à ne pas extrader les individus pour des actes relatifs aux considérations de race, de tribu, d'opinions politiques, de religion, de sexe ou de statut[1449].

À la suite d'une telle formulation, il convient de remarquer que la Convention d'extradition CEDEAO ne donne pas de précision quant aux critères qui permettent de déterminer qu'une demande d'extradition cache des velléités discriminatoires, dans la mesure où il n'est pas « *aisé pour les autorités du pays requis de la démasquer* »[1450]. Ceci peut évidemment rendre le travail du juge complexe, dont l'interprétation ne saurait se démarquer des éléments précis.

a- Les garanties substantielles des personnes mises en cause

La protection des personnes mises en cause dans une procédure d'extradition ou d'entraide judiciaire contre les mauvais traitements, insérée

---

1449 Cf. Article 2 de la Convention d'extradition ci-dessus évoquée.

1450 M. MAHOUVE, H. KEMBO TAKAM G., *Les droits de l'homme dans la procédure pénale camerounaise*, Bruxelles, Bruylant, 2016, p. 501.

dans plusieurs instruments juridiques internationaux tels que la Convention contre la torture du 10 décembre 1984, est reprise dans la Convention d'extradition de la CEDEAO. Ainsi, aucune extradition n'est possible dans la sous-région Afrique de l'Ouest si la personne pour laquelle l'extradition est demandée encourt l'application des peines cruelles, des traitements inhumains et dégradants ou encore si son âge et son état de santé sont réputés vulnérables.

Dans le même ordre d'idées, l'extradition est refusée si la personne en cause est poursuivie pour des infractions militaires et des infractions politiques. Cette dernière exclusion est absolue, alors que les infractions fiscales ou économiques sont extradables compte non tenu de la condition de la double incrimination. Du moins, aucune précision n'est donnée sur les définitions ou les critères des infractions politiques ou militaires.

S'agissant des infractions politiques qui constituent un motif de refus d'extradition, la Convention CEDEAO s'inspire des anciennes conventions occidentales en matière d'extradition. Aussi bien la Convention européenne d'extradition du 13 mai 1957 que les traités bilatéraux conclus entre les USA et le Royaume-Uni, les traités conclus entre la France et d'autres États, y compris africains, il est souvent indiqué que : « *l'extradition n'est pas accordée si (...) l'infraction pour laquelle elle est demandée est considérée par la partie requise comme une infraction politique (...) ou la personne réclamée prouve que la demande d'extradition a, en fait, été présentée aux fins de la poursuivre ou de la punir pour une infraction de caractère politique* »[1451].

Cette notion d'infraction politique, rarement clarifiée en doctrine, encore moins par la jurisprudence, soulève de nombreuses difficultés. L'on tend à montrer que d'un point de vue objectif, l'infraction politique fait référence aux actes ou agissements dirigés contre un gouvernement ou les institutions politiques établies. Ce qui d'emblée amène à exclure les infractions de droit commun auxquelles renvoient aujourd'hui de nombreux agissements terroristes et les crimes les plus graves du droit international.

À la différence des États d'Afrique occidentale, les États d'Afrique centrale n'ont pas entendu intégrer de telles exclusions dans leurs instruments de coopération judiciaire.

Toujours en guise d'exclusions, la Convention CEDEAO prévoit le rejet de toute demande d'extradition dont le mobile inavoué tient à la race, à la religion, à la tribu, au sexe ou aux opinions politiques des mis en cause.

Il est en outre prévu la règle de la spécialité qui voudrait que la personne en cause soit exclusivement poursuivie pour des faits et agissements motivant sa réclamation au titre de l'extradition. La peine capitale pose également un

---

1451 Voir Traité d'extradition entre les USA et le Royaume-Uni du 08 juin 1972.

problème au regard de cet instrument juridique, dans la mesure où elle peut être un obstacle à la procédure d'extradition si d'aventure elle ne fait pas partie de l'ordre juridique des deux États requérant et requis.

b- Les garanties organiques et procédurales

Conformément aux dispositions de l'article 8 de la Convention d'Abuja du 06 août 1994, les infractions au cœur de la procédure d'extradition relèvent des juridictions de droit commun, de sorte que les demandes émanant des juridictions d'exception sont vouées au refus.

Cette convention protège en outre les mis en cause d'une pluralité des poursuites judiciaires en vertu de la règle *non bis in idem*. À ce propos, l'État requis est en droit de refuser l'extradition d'un individu dont les poursuites sont déjà en cours dans un autre État ou qui a déjà été définitivement jugé. Les États membres de la CEDEAO sont ainsi conscients de la place que cette règle occupe dans la prééminence du droit[1452] ,et l'ont éclatée suivant sa version latine originelle : *nemo debet bis vexari pro una et eadem causa*[1453] d'une part, d'autre part *nemo debet bis puniri pro uno delicto*[1454]. C'est la substance des articles 12 et 13 de la Convention d'extradition CEDEAO qui traitent des poursuites en cours pour les mêmes faits et des infractions définitivement jugées.

2- La Convention CEDEAO relative à l'entraide judiciaire en matière pénale

Cet instrument juridique du droit dérivé de la CEDEAO adopté à Dakar au Sénégal le 29 juillet 1992 est en vigueur depuis le 28 octobre 1998. Il fixe le cap en affirmant « *la nécessité, dans le respect de la dignité humaine et l'intérêt d'une bonne administration de la justice, d'assurer l'organisation de la poursuite des infractions entre les États membres (...)* »[1455]. Une telle formulation semble ramener ou recentrer l'essentiel de l'entraide judiciaire autour de la protection des droits de l'homme.

Les États d'Afrique occidentale se sont engagés à coopérer en matière judiciaire dans l'optique de renforcer l'intégration par la lutte contre l'impunité, tant il est vrai que cette sous-région est en proie aux menaces criminelles transnationales et internationales. C'est un important foyer de trafics illicites de stupéfiants, d'armes légères, de traite d'êtres humains, de blanchiment d'argent et de terrorisme. Telles sont les formes de criminalité visées par l'entraide judiciaire interétatique qui donne un double sens à la

---

1452 Ch. KARAKOSTA, « *Ne bis in idem* : une jurisprudence pour un droit intangible », *RTDH*, 2008/73, p. 25.

1453 Nul ne doit être poursuivi deux fois pour la même cause.

1454 Nul ne doit être poursuivi deux fois pour la même infraction.

1455 Cf. Préambule de la Convention de Dakar en matière d'entraide judiciaire pénale.

protection des droits l'homme : la protection des mis en cause (a) et la protection spécifique des tierces personnes, à savoir les témoins et les victimes (b).

a- La protection des personnes en cause dans une procédure d'entraide

Les personnes qui font l'objet d'une procédure d'entraide en matière pénale sont protégées contre les demandes déguisées, c'est-à-dire celles pour lesquelles les poursuites sont fondées sur la race, le sexe, la religion, l'ethnie ou la nationalité. La Convention de Dakar intègre ainsi la clause de non-discrimination qui figure parmi les garanties matricielles des droits de l'homme.

Une protection particulière leur est également accordée en ce qui concerne les demandes d'entraide judiciaire initiées pour des poursuites axées sur leurs opinions politiques. Du moins, l'engagement des États de la CEDEAO entend se démarquer des préoccupations politiques, au-delà de ce que l'expression des opinions politiques participe de la consolidation de la démocratie. Bien plus, il est démontré qu'en Afrique, les oppositions farouches des leaders politiques aux régimes en place sont souvent perçues comme dangereuses et suffisantes pour motiver des poursuites pénales à leur encontre. KEBA MBAYE relève à ce propos que « *la persécution politique est la cause traditionnelle des mouvements de réfugiés en Afrique* »[1456].

En outre, les mis en cause sont protégés par la diligence et la célérité dans l'exécution des mesures d'entraide. Il y a dans les dispositions de l'article 6 de la Convention CEDEAO, l'idée de la conduite des procédures suivant les exigences du délai raisonnable.

b- La protection des tierces personnes (les témoins et les victimes)

Parmi les garanties reconnues aux personnes qui ne sont pas directement concernées par les procédures, certaines sont propres aux témoins alors que d'autres visent à protéger les victimes. Les individus invités à témoigner ont le droit de refuser de jouer ce rôle dans deux hypothèses :

> *« Si la législation de l'État membre requis donne droit ou fait obligation à cette personne de témoigner dans des circonstances analogues dans une procédure engagée sur le territoire de l'État requis ; ou*
> *« Si la législation de l'État membre requérant donne droit ou fait obligation à cette personne de refuser de témoigner dans des*

1456 KEBA MBAYE, *Les droits de l'homme en Afrique*, 2e édition, Paris, A. Pedone, 2002, p. 287.

circonstances analogues dans une procédure engagée sur le territoire de l'État membre requérant ».

Les témoins et les autres personnes sollicitées pour aider la conduite des enquêtes bénéficient de la liberté personnelle, de sorte qu'ils ne peuvent être détenus, poursuivis ou punis de quelque acte que ce soit, antérieur à leur départ du territoire de l'État membre requis.

S'agissant de la protection spécifique des victimes, les États requis et requérant veilleront à ce que leurs droits soient respectés au moment des transferts des personnes ou de la transmission des actes de procédure. Leurs droits portent notamment sur la restitution et la réparation.

Conclusion

La construction d'un espace d'intégration visant à terme le développement économique ne peut être efficace qu'en composant avec une véritable politique judiciaire. Les organisations d'intégration en Afrique centrale et occidentale s'arriment de plus en plus à cette donne. C'est ainsi que la collaboration en matière judiciaire est inscrite dans les textes juridiques de la CEDEAO, de l'UEMOA pour ce qui est de l'Afrique de l'Ouest et dans les instruments de la CEEAC et de la CEMAC représentant l'Afrique centrale. Si ces instruments juridiques communautaires et sous-régionaux portent directement et indirectement sur la coopération judiciaire pour la maîtrise de la criminalité internationale, les textes spécifiquement dédiés à cette entraide ne sont pas encore en vigueur en Afrique centrale à la différence des instruments analogues d'Afrique de l'Ouest. Cependant, l'on doit reconnaître que les approches en termes d'aménagement de la collaboration répressive sont quasi-identiques, de sorte que l'on retrouve suffisamment cette matière dans les conventions de protection des droits de l'homme au même titre que les préoccupations relatives aux droits de l'homme sont minutieusement intégrées dans les instruments de coopération judiciaire. À charge pour les organes compétents de procéder à une mise en œuvre rigoureuse de ces instruments juridiques, au profit de la lutte efficace contre l'impunité.

Éléments de bibliographie

AYISSI (A.) et MAIA (C.), « La lutte contre le drame des enfants soldats ou le Conseil de Sécurité contre le terrorisme à venir… », *Revue trimestrielle des droits de l'homme*, n°58, 2004, pp. 341-352.

GATSI (E.- A.), « Coopération judiciaire entre les Etats de la CEMAC : vers un espace judiciaire ? », *Revue de droit international et de droit comparé*, 2016, n°2, p. 177.

HUET (A.) et KOERING-JOULING (R.), *Droit pénal international,* coll. Thémis, 3è éd., Paris, PUF, 2005.

KAZADI MPIANA (J.), « La problématique de l'existence d'un droit communautaire africain. L'option entre mimétisme et spécificité », *Revue libre de droit*, 2014, pp. 38-78.

KEBA MBAYE, *Les droits de l'homme en Afrique*, 2è édition, Paris, A. Pedone, 2002, p. 287.

KENFACK (J.), « Le juge camerounais à l'épreuve du droit communautaire et de l'intégration économique », *Juridis Périodique*, n°63, 2005, p. 71.

KENFACK (J.), *Les actes juridiques des communautés et des organisations internationales d'intégration en Afrique centrale et occidentale*, Thèse de doctorat en droit, Université de Yaoundé 2, 2003, 416 p.

KEUBOU (Ph.), *Le droit pénal camerounais et la criminalité internationale*, Thèse de doctorat en droit, Université de Poitiers, 2012.

KING (M.) et KRATZ (C.), « La notion d'intérêt de l'enfant en droit : vecteur de coopération ou d'interférence ? », *Droit et Société*, n°22, 1992, pp. 607-638.

LAROSA (A.), *La protection de l'enfant en droit pénal international*, Mémoire de Master en droit international, Université de Lille 2-Droit et Santé, 2003/2004, p. 147.

MAHOUVE (M.) et KEMBO TAKAM (H.), *Les droits de l'homme dans la procédure pénale camerounaise*, Bruxelles, Bruylant, 2016, p. 501.

MEGRET (J.), « La spécificité du droit communautaire », *Revue de droit international et comparé*, vol.19, n°3, 1967, pp. 565-577.

LISTE DES CONTRIBUTEURS

- **TCHEUWA Jean-Claude,** *Agrégé des Facultés de droit, Professeur, Université de Yaoundé II/Cameroun*
- **COUESSU' Jean-Marc II**, *Docteur PhD, Chargé de cours en droit public, Université de Yaoundé II/Cameroun*
- **TCHAGNA TAKWI Arsène**, *Docteur PhD, Université de Yaoundé II/Cameroun*
- **NGUEJO THAYOH Adelaïde**, *Docteure PhD, Université de Yaoundé II/Cameroun*
- **GUEAZANG NGUEPI Gauthier**, *Docteur PhD, Université de Yaoundé II/Cameroun*
- **MBIDA ELONO Thomas D'Aquin**, *Docteur PhD, Chargé de cours en droit public, Université de Yaoundé II/Cameroun*
- **TCHOUGNA DIBANDOU Idriss Martial**, *Doctorant en Droit public, Université de Douala/Cameroun, Chercheur au CEDIC de l'Université de Yaoundé II*
- **FOPY Sylvain Christian**, *Docteur PhD, Chargé de cours en droit public, Université de Yaoundé II/Cameroun*
- **FOTSING TAKAM Serges Roméo**, *Docteur PhD, Université de Yaoundé II/Cameroun*
- **CHIMANYE MOTIO Aristide**, *Doctorant en droit public, Université de Yaoundé II/Cameroun*
- **AWA NOA Luc Roger**, *Docteur PhD, Chargé de cours en droit public, Université de Yaoundé II/Cameroun*
- **BIENDA Gilbert**, *Docteur PhD, Université de Yaoundé II/Cameroun*
- **GASSI MATAGO Estelle Carine**, *Docteure PhD, Chargé de cours en droit public, Université de Yaoundé II/Cameroun*
- **BIKAT Julianna Vanessa**, *Docteure PhD, Assistant en droit public, Université de Yaoundé II/Cameroun*

- **THIAM TANKOU Thierry**, *Docteur PhD en droit public, Université de Yaoundé II/Cameroun*
- **ABENELANG Salomon Mickson,** *Docteur PhD, Chargé de cours en droit public, Université de Yaoundé II/Cameroun*
- **SANDIO MOUAFO Alban Hervé**, *Docteur PhD, Université de Yaoundé II/Cameroun*
- **NGAH Achille Magloire**, *Docteur PhD, Chargé de cours en droit public, Université de Yaoundé II/Cameroun*
- **CHOUAMO Jean Baptiste,** *Docteur PhD, Chargé de cours en droit public, Université de Douala/Cameroun*
- **NYIMI ONDOUA Antoine Bienvenu**, *Docteur PhD, Université de Yaoundé II/Cameroun, Doctorant en Relations Internationales, Institut des Relations Internationales du Cameroun*

TABLE DES MATIÈRES

Structures éditoriales du groupe L'Harmattan

L'Harmattan Italie
Via degli Artisti, 15
10124 Torino
harmattan.italia@gmail.com

L'Harmattan Hongrie
Kossuth l. u. 14-16.
1053 Budapest
harmattan@harmattan.hu

L'Harmattan Sénégal
10 VDN en face Mermoz
BP 45034 Dakar-Fann
senharmattan@gmail.com

L'Harmattan Cameroun
TSINGA/FECAFOOT
BP 11486 Yaoundé
inkoukam@gmail.com

L'Harmattan Burkina Faso
Achille Somé – tengnule@hotmail.fr

L'Harmattan Guinée
Almamya, rue KA 028 OKB Agency
BP 3470 Conakry
harmattanguinee@yahoo.fr

L'Harmattan RDC
185, avenue Nyangwe
Commune de Lingwala – Kinshasa
matangilamusadila@yahoo.fr

L'Harmattan Congo
219, avenue Nelson Mandela
BP 2874 Brazzaville
harmattan.congo@yahoo.fr

L'Harmattan Mali
ACI 2000 - Immeuble Mgr Jean Marie Cisse
Bureau 10
BP 145 Bamako-Mali
mali@harmattan.fr

L'Harmattan Togo
Djidjole – Lomé
Maison Amela
face EPP BATOME
ddamela@aol.com

L'Harmattan Côte d'Ivoire
Résidence Karl – Cité des Arts
Abidjan-Cocody
03 BP 1588 Abidjan
espace_harmattan.ci@hotmail.fr

Nos librairies en France

Librairie internationale
16, rue des Écoles
75005 Paris
librairie.internationale@harmattan.fr
01 40 46 79 11
www.librairieharmattan.com

Librairie des savoirs
21, rue des Écoles
75005 Paris
librairie.sh@harmattan.fr
01 46 34 13 71
www.librairieharmattansh.com

Librairie Le Lucernaire
53, rue Notre-Dame-des-Champs
75006 Paris
librairie@lucernaire.fr
01 42 22 67 13

www.ingramcontent.com/pod-product-compliance
Lightning Source LLC
LaVergne TN
LVHW021134061026
849535LV00002B/242